PLUTARQUE FRANÇAIS

LE

PLUTARQUE FRANÇAIS.

IMPRIMÉ PAR PLON FRÈRES, 36, RUE DE VAUGIRARD.

Dessiné par Gleyre. Gény-Gros, imp. rue du Plâtre 18. Paris. *Gravé par Alph. François*

LE

PLUTARQUE

FRANÇAIS,

VIES DES HOMMES ET DES FEMMES ILLUSTRES DE LA FRANCE

DEPUIS LE CINQUIÈME SIÈCLE JUSQU'A NOS JOURS,

AVEC LEURS PORTRAITS EN PIED GRAVÉS SUR ACIER;

OUVRAGE FONDÉ PAR M. ÉD. MENNECHET.

DEUXIÈME ÉDITION,

PUBLIÉE SOUS LA DIRECTION DE M. T. HADOT.

TOME CINQUIÈME.

DIX-HUITIÈME SIÈCLE.

PARIS.

LANGLOIS ET LECLERCQ, ÉDITEURS,

81, RUE DE LA HARPE.

MDCCCLXVI

Peint par Guillemin[illegible] Geny-Gros, imp. rue du Plâtre, 28. Paris Gravé par Delan[illegible]

VILLARS.

VILLARS

NÉ EN 1653, MORT EN 1734.

Louis XIV assiégeait Maëstricht en personne. Pour prévenir toute témérité dangereuse, et peut-être pour ménager un sang noble et précieux, le jeune prince, imposant aux autres une modération qu'il pouvait à peine obtenir de lui-même, avait défendu aux volontaires, dont il s'était réservé le commandement, de prendre aucune part aux attaques, sans une permission expresse émanée de lui-même.

Un jeune homme osa braver l'ordre royal. Ayant appris, un soir, qu'on devait attaquer le lendemain matin le chemin couvert qui favorisait les sorties des assiégés, il profita de la nuit pour quitter son poste et se glisser dans les rangs des grenadiers désignés pour l'assaut.

A peine en marche avec eux, il gagne la tête de leur colonne et s'avance le premier jusque dans la demi-lune. Là, un fourneau joue et l'enterre presque entièrement. Il se dégage, reparaît aussi promptement qu'il avait disparu, poursuit sa marche et sa victoire, enlève la position avec les braves qui le secondent, les installe dans leur conquête, et se hâte de regagner son poste dans la tranchée, sous les tentes des volontaires. Mais le roi, qui, pour assister à l'action, avait enfreint sa propre défense, aperçoit le victorieux fugitif et le fait amener devant lui :

« Jeune homme, lui dit-il d'un ton sévère, qui a pu vous inspirer » l'audace de transgresser mes ordres ? »

« Sire, » répond le volontaire sans perdre contenance, et d'un air parfaitement en rapport avec la conduite qu'il vient de tenir, « j'ai pensé » que Votre Majesté ne saurait me punir d'être allé apprendre le métier » de l'infanterie pendant que la cavalerie n'avait rien à faire. »

Louis XIV, heureux de pouvoir pardonner une faute qu'il aurait commise, donna pour toute punition au coupable sa main royale à baiser, et l'engagea, en souriant, à être une autre fois moins téméraire et plus docile.

Ce jeune volontaire, c'était Louis-Hector de Villars. Il n'avait pas vingt ans, et il faisait ses premières armes sous un roi dont il devait un jour sauver les états. La faute qu'il venait de commettre annonçait sa vie, et la justification qu'il en donnait expliquait son caractère. On va en juger par le résumé rapide de l'une et de l'autre.

Louis-Hector de Villars naquit à Moulins, en 1653. Sa mère était cette Marie Gigault de Bellefonds, dont les *Lettres sur l'Espagne* ne laissaient pas d'inspirer quelque jalousie à madame de Sévigné; et son père fut ce brillant marquis de Villars, dont la même madame de Sévigné a raconté si plaisamment la burlesque aventure avec M. de Montchevreuil, à la procession des chevaliers du Saint-Esprit [1].

Villars fit ses premières études au collége de Juilly, et en sortit pour entrer aux pages de la grande-écurie du roi, où il ne tarda pas à se faire remarquer de Louis XIV. Dès cette époque, il eut des pressentiments de sa haute destinée.

Un jour que son père se plaignait de l'ingratitude du sort : « Moi, dit-» il, je ne demande qu'à vivre pour faire une grande fortune. Je cher-» cherai si assidûment les occasions de me distinguer, qu'il faudra bien » que l'on fasse attention à moi. »

Entré aux volontaires du roi à l'âge de dix-neuf ans, il commença à tenir sa promesse par plusieurs exploits semblables à celui que nous avons raconté. Il se distingua au passage du Rhin, aux siéges d'Orsay, de Doësbourg et de Zuphten, au point de faire dire à Louis XIV, « qu'on ne » pouvait tirer un coup de fusil nulle part sans que ce petit garçon sortît » de terre pour s'y trouver. » La cornette des chevau-légers de Bourgogne, disputée par plusieurs rivaux éminents, fut la première récompense du courage de Villars.

Cette faveur militaire fut suivie de près par une faveur diplomatique, qui permit au jeune officier de prouver qu'il saurait représenter son pays dans les cours aussi bien qu'il le défendait sur les champs de bataille. Chargé d'aller complimenter le roi d'Espagne sur sa convalescence, le marquis de Villars (il profita de cette occasion pour prendre le titre que lui avait laissé son père) fut reçu avec des honneurs particuliers par Charles II, et revint comblé des présents et des éloges de ce monarque. Ce fut alors qu'il rejoignit le roi au siége de Maëstricht.

De Maëstricht, il suivit Turenne en Franconie, puis Condé à Senef. Il montra dans cette sanglante journée autant de sagesse que de courage.

Au moment d'ordonner la charge, le prince et ses officiers remarquèrent un mouvement dans l'armée ennemie, et ces derniers prétendirent qu'elle se disposait à une retraite générale. « Non, s'écria Villars, elle » veut seulement opérer un changement de front. »

[1] Lettres à madame de Grignan, des 26 février 1680 et 3 janvier 1680.

A ces mots, Condé se détourna vivement :

« Jeune homme, dit-il, qui donc vous en a tant appris ?

« Il voit plus clair que nous, ajouta-t-il en regardant ses officiers, et il » a parfaitement raison. »

La charge fut ordonnée en conséquence. Villars, grièvement blessé au premier choc, fit bander sa blessure à la hâte, et retourna à son poste auprès du prince, dont la douleur seule put le séparer en le jetant à bas de son cheval.

A la nouvelle de cet intrépide dévouement, Louis XIV nomma Villars colonel d'un régiment de cavalerie. Il avait vingt et un ans.

Du service du prince de Condé, il passa à celui du maréchal de Luxembourg. A la bataille de Cassel, où il commandait un corps de réserve, il se préparait à décider la victoire en prenant en flanc l'aile droite de l'ennemi, lorsqu'un ordre de Monsieur lui signifia de renforcer le centre. Il hésita quelques instants, et obéit en frémissant de regret et de douleur. L'aile qu'il allait détruire fut sauvée, et quand il se plaignit, après la bataille, au maréchal de Luxembourg :

« Ah ! lui dit ce dernier, plût au ciel que le cheval de l'aide-de-camp » qui vous a porté ce maudit ordre se fût cassé la jambe avant d'arriver » à vous ! »

Un tel suffrage était bien fait pour consoler Villars d'un exploit manqué. Il ne tarda pas à s'en consoler par lui-même à l'assaut de Fribourg, où il monta à la tête de ses grenadiers, et à l'affaire de Kockberg, où il jeta sa cuirasse au plus fort de la mêlée, en prononçant ces mots, dignes d'être médités par tous les hommes qui disposent de l'existence des autres : « Je ne tiens pas ma vie plus précieuse que celle de mes soldats, » puisque leur courage est aussi grand que le mien. »

Ces paroles méritaient bien la prédiction que le maréchal de Créqui fit à Villars, sur la brèche du fort de Kehl :

« Si Dieu te laisse vivre, jeune homme, tu auras ma place plutôt que » personne. »

Après six ans de combats, la paix de Nimègue (1678) vint imposer à Villars un repos dangereux pour un homme de son âge et de son caractère. Placé haut à la cour de Louis XIV, où sa bonne mine, sa haute taille et ses belles manières lui donnaient auprès des dames autant d'avantages que sa valeur lui en avait donné contre les ennemis de la France, il dépensa en passions et en intrigues galantes la chaleur de cœur et l'activité d'esprit qu'il avait déployées dans les camps. Pour composer un tableau piquant de ces aventures avec les mémoires et les chroniques scandaleuses de l'époque, il n'y aurait que l'embarras du choix ; mais, dans cette partie de l'histoire de Villars, la vérité se trouve mêlée de tant d'inventions et de calomnies, qu'il convient à la sévère intégrité du biographe de s'abstenir et de se taire, dût son récit perdre quelque intérêt et son lecteur quelque plaisir.

Ce qui est notoire, et ce qu'il n'est pas permis de passer sous silence, c'est que les amours de Villars lui attirèrent l'animadversion d'un roi qui exigeait de ses courtisans une sagesse dont il était loin de leur donner l'exemple, et que le colonel émancipé reçut l'ordre de rejoindre son régiment.

Toutefois, cette disgrâce, si c'en était une, ne fut pas de longue durée. Louis XIV, à qui nul rôle n'était plus difficile à jouer que celui de mentor, en fait de galanterie, rendit promptement sa faveur à Villars, en lui confiant les importantes ambassades de Vienne et de Munich.

Dans cette dernière mission, que Villars reçut peu de temps avant la fameuse coalition connue sous le nom de ligue d'Augsbourg, il s'agissait de rallier aux intérêts de la France l'électeur de Bavière, beau-frère du dauphin. L'ambassadeur français, à son arrivée à Munich, y trouva le parti autrichien tellement maître des esprits, qu'il ne put rester dans la ville sans compromettre sa sûreté, et n'eut que le temps de gagner le territoire suisse.

Une aventure, moitié plaisante, moitié désagréable, signala son passage à Saint-Gall. Arrivé aux portes de cette ville à une heure avancée de la nuit, et par un temps affreux (on était alors au plus fort de l'hiver), il n'avait rien de plus pressé que de prendre quelque repos et de passer inaperçu, lorsque le principal magistrat de la cité, accouru cérémonieusement à sa rencontre, l'arrêta court pour lui débiter un compliment infini, dans lequel il lui prouva, par mille raisons, que l'ambassadeur du roi de France ne pouvait traverser la ville de Saint-Gall sans recevoir les honneurs dus à son rang. Obligé de se rendre à l'honorable avis de ses hôtes, Villars s'abandonne à eux et se résigne à être fêté. Un banquet considérable est servi, et tous les notables du pays y arrivent avec leurs familles. Après le banquet, un bal se prépare, et l'ambassadeur est à peine sorti de table qu'on vient le chercher pour le mener à la danse. Cette fois, Villars, qui n'avait pas dormi depuis deux jours, trouve que ses convives le reçoivent trop bien; il se révolte contre le nouvel honneur qu'on lui apprête, et obtient, bon gré mal gré, la permission de se mettre au lit pendant quelques heures. Le lendemain matin, il se lève à la hâte, espérant bien éviter les adieux de ses hôtes, lorsqu'un exprès vient le trouver de leur part, armé d'une longue feuille de papier. Villars, croyant que c'est un nouveau discours, ne sait comment l'éviter. Pour couper au plus court, il prie l'envoyé de lui remettre son manuscrit, et, en même temps, il le lui prend des mains; mais à peine y a-t-il jeté un coup d'œil, qu'il reconnaît, au lieu d'un discours...., un mémoire détaillé des frais du festin que lui a donné le magistrat de Saint-Gall.

La mystification était un peu forte; mais, réfléchissant qu'il est plus prompt de payer que de se fâcher, Villars fait verser la somme sans demander quittance, et part à l'instant pour Bâle. Là, un nouvel accident l'arrête; il tombe dans un fossé, où il manque de périr, et il arrive en France à peine convalescent.

Villars se dédommagea bientôt de ces petites contrariétés, par la part glorieuse qu'il prit à l'expédition du maréchal d'Humières en Flandre, à la célèbre journée de Leuze, et aux engagements de Joyeuse avec le prince de Bade, sur les bords du Rhin.

La paix de Nimègue l'avait laissé colonel; celle de Ryswick (1697) le trouva lieutenant-général. Il profita du loisir que ce dernier traité lui rendit, pour prendre, à Vienne, une éclatante revanche de son échec diplomatique en Bavière.

Le roi d'Espagne, Charles II, allait mourir. Les vues de Louis XIV sur la succession de ce prince alarmaient la cour d'Autriche, et il fallait, pour lever cette terrible opposition, un homme aussi ferme qu'habile. Louis XIV espéra trouver cet homme dans Villars, et son espérance ne fut pas trompée.

Jamais plus grandes difficultés n'avaient entouré une mission diplomatique. La cour d'Autriche était tellement indisposée d'avance contre l'ambassadeur extraordinaire de Louis XIV, qu'il fut d'abord insulté, au milieu d'une fête, par le prince de Lichtenstein, gouverneur de l'archiduc Charles, compétiteur du petit-fils du roi de France pour la couronne d'Espagne.

Villars se comporta, en cette occasion, avec une noblesse et une fierté dignes du roi qu'il représentait. Il exigea des excuses solennelles, et le prince de Lichtenstein reçut l'ordre de les lui faire immédiatement. C'était beaucoup, mais ce n'était rien auprès de ce qu'il restait à faire.

La cour de Vienne avait obtenu du faible Charles II une autorisation secrète de s'emparer, après sa mort, de toutes les possessions espagnoles en Italie. Villars eut l'adresse de pénétrer ce redoutable mystère, et l'adresse, plus étonnante encore, d'amener l'empereur à promettre, par écrit, qu'il n'userait point de l'autorisation du roi d'Espagne. Cette opération assurait le triomphe du duc d'Anjou sur ses concurrents. Aussi l'empereur ne tarda pas à se repentir de ce qu'il avait signé; et Villars faillit payer cher son succès, lorsque la cour de Vienne apprit l'acceptation du testament de Charles II par Louis XIV. Pour commencer à se venger du roi de France, on osa impliquer son ministre dans une conspiration tramée par des Hongrois. Villars sortit de ce piége à son honneur, et les persécutions de ses ennemis ne servirent qu'à augmenter sa gloire. Ce fut alors que le prince Eugène donna à l'Autriche un noble exemple. Plus la cour affectait d'éviter Villars, plus il rechercha sa compagnie et son amitié. Cette liaison entre deux rivaux près de se combattre étonna les courtisans autrichiens.

« Messieurs, leur dit Villars, je veux le plus de bien possible au prince » Eugène, comme je suis convaincu qu'il me souhaite toutes sortes de » prospérités, abstraction faite de l'intérêt de nos maîtres respectifs ; » mais si vous voulez que je vous dise où sont les véritables ennemis du » prince Eugène, ils sont à Vienne, comme les miens à Versailles. »

Ce n'était pas la première fois que Villars se plaignait des ennemis qui lui nuisaient auprès du roi. Le plus funeste avait été le ministre de la guerre Louvois. Son fils et son successeur, le marquis de Barbezieux, avait hérité de toutes ses préventions fâcheuses contre le parent du maréchal de Bellefonds[1]. Villars dénonça un jour à Louis XIV lui-même les intrigues envieuses du marquis et de ses complaisants.

« Croyez-vous donc, dit le roi, que ces gens-là puissent perdre un » homme que je connais aussi bien que vous ?

— » Hélas ! sire, répondit Villars, ces gens-là ont le privilége d'appro» cher tous les jours Votre Majesté, tandis que vos généraux jouissent à » peine de cet honneur une fois par an. »

Les méfiances de Villars n'étaient que trop fondées ; il en eut une preuve cruelle dans les jugements injustes et mesquins de la cour de Versailles sur les résultats de son ambassade à Vienne. Après avoir assuré, par sa seule habileté, l'avénement du duc d'Anjou au trône d'Espagne, il vit ce succès attribué à d'autres ; et, comme il l'écrivait à Chamillard, dans sa franchise originale et pittoresque, « il trouva, à son retour, qu'il avoit battu les » buissons, et que c'étoient ses camarades qui avoient pris les oiseaux. »

Heureusement, Louis XIV ne partagea pas tout à fait l'erreur de ses courtisans, et témoigna publiquement à son ambassadeur la reconnaissance qu'il devait à ses services.

Ce fut à peu près à cette époque que Villars devint amoureux de mademoiselle de Varangeville. Il se hâta de l'épouser, sans se demander si elle était aussi propre à assurer son bonheur qu'à satisfaire sa passion, et il ne tarda pas à s'apercevoir que la beauté de cette femme serait le tourment de sa vie. On a beaucoup parlé de la jalousie de Villars ; nous y reviendrons.

Louis XIV fit son cadeau de noces à Villars, en lui donnant le commandement en chef d'une expédition. L'électeur de Bavière venait de prendre les armes en faveur de la France, dans la grande querelle qui divisait l'Europe. Investi de tous côtés par les troupes autrichiennes, il attendait du secours, et il fallait lui en porter à travers mille obstacles plus effrayants les uns que les autres. Villars se chargea sans hésiter de cette difficile et périlleuse mission. La manière dont il s'en acquitta serait un titre suffisant pour le placer en première ligne parmi les plus grands capitaines. Il nous a laissé lui-même le récit de cette campagne, comme de la plus belle époque

[1] Mémoires de Villars. — *Histoire de France*, par Anquetil.

de sa vie militaire, et ce n'est qu'en renvoyant nos lecteurs à cet intéressant Mémoire que nous nous consolons de ne pouvoir en transcrire ici les principaux détails. Du reste, tous les historiens du grand siècle ont raconté longuement les prises de Kehl et de Hornbeck, les combats de Huningue et de Hochstett.

Ce fut sur le champ de bataille même de Huningue que l'armée de Villars le déclara, de sa propre autorité, maréchal de France. Instruit de ce fait, Louis XIV se hâta d'envoyer le bâton de maréchal à Villars, en lui écrivant qu'il « unissait sa voix à celle de ses braves soldats (1702). »

Malgré ses triomphes, Villars ne fut vainqueur qu'à demi, grâce à la faiblesse et aux indécisions de l'électeur de Bavière; et, après l'avoir rejoint et sauvé deux fois, il prit le parti de demander son rappel. Il l'obtint, et ce fut le salut de l'Autriche. En 1714, au traité de Rastadt, le prince Eugène avoua que si, dix ans plus tôt, l'électeur de Bavière avait laissé à Villars la liberté de marcher sur Vienne, la paix aurait été, dès cette époque, conclue « à l'avantage de la France. » Et alors que de calamités de moins!

La campagne des *Camizards* succéda à celle de Bavière. Quelques écrivains, qui veulent tout mesurer à leur taille, ont avancé que Louis XIV effrayé avait arrêté le cours des triomphes de Villars en Allemagne, pour ravaler ce grand capitaine à une misérable « guerre de fanatiques. »

Pour démentir cette folle assertion, il suffit de rétablir les faits. Après avoir, à regret, accordé au maréchal son rappel en France, le roi le reçut en ami plus qu'en maître, le combla de bontés et d'honneurs, lui donna un appartement à Marly, et enfin lui proposa le commandement des troupes d'Italie, de concert avec le duc de Vendôme.

Le duc de Vendôme était l'aîné de Villars; ce dernier comprit qu'avec un tel collègue il ne pourrait agir par sa propre volonté; et, se souvenant encore des désagréments qu'il venait de souffrir auprès de l'électeur de Bavière, il osa refuser l'offre de Louis XIV, et le supplia de l'employer ailleurs qu'en Italie.

« Eh bien, dit le roi, vous êtes fait pour conduire de grandes guerres, » mais je vous avoue que vous pouvez me rendre un service bien important, » si vous vous chargez d'arrêter une révolte qui peut devenir d'autant plus » dangereuse pour moi, qu'ayant en ce moment toute l'Europe à combattre, » je suis fort embarrassé de soutenir encore la guerre au cœur même de » mes états.

— » Sire, répondit le maréchal, j'accepte la mission que Votre Majesté » me propose, et je lui demande seulement la permission d'être dans cette » campagne plutôt pacificateur que guerrier. »

Villars tint sa parole, et, en une seule année, il calma les dissensions religieuses qui agitaient le Languedoc, le Dauphiné et la Provence (1704).

L'éloignement du maréchal du théâtre de la guerre européenne ne l'empéchait pas d'en suivre avec attention les moindres vicissitudes. L'armée qu'il avait laissée en Bavière attirait surtout ses vœux et sa pensée. Quand il vit la marche qu'elle prenait dans les plaines de Donawerth, il annonça qu'elle allait à sa perte, et le désastre de Hochstett ne tarda pas à vérifier sa prédiction. On publia et on montra à Louis XIV la lettre qui contenait cette prophétie militaire. Le roi en fut si frappé, que, ne croyant pas avoir encore assez récompensé le mérite de Villars, il lui donna le cordon bleu, et le mit dans tous les secrets de sa politique au dedans et au dehors.

Cette dernière faveur séduisit le maréchal plus que la première; dans le transport de sa joie, il écrivit à madame de Maintenon : « Le roi est le » meilleur maître du monde, et celui qui mérite le mieux d'être bien servi. » Avant d'avoir la gloire d'être admis à certaines conversations dans les- » quelles Sa Majesté s'épanche avec ses serviteurs, je ne pouvois penser » que, parmi tout ce que nous avons vu de grand en lui, il y eût autant » de bonté, d'affabilité, de raison et d'humanité, que j'en ai connu par » moi-même. »

Cet éclatant témoignage de reconnaissance ne fut pas assez pour le grand cœur de Villars. Il écrivit au ministre de la guerre que le bonheur de servir le roi lui suffirait désormais; qu'en conséquence, non-seulement il renonçait aux appointements de ses places, qui se montaient à plus de trente-six mille livres, mais en outre qu'il priait Sa Majesté de daigner agréer pour le trésor royal les trente-cinq mille livres de rente qui formaient son patrimoine, se trouvant, disait-il, assez riche des neuf cent mille livres que lui avaient rapportées ses victoires sur les ennemis de la France.

Louis XIV ne pouvait accepter une telle offre, par cela même qu'il était capable d'en comprendre l'héroïque désintéressement. Il répondit à Villars en le chargeant de rassurer, par son nom et son épée, les frontières de l'est, où les succès des alliés commençaient à répandre l'alarme. Cette campagne fut pour le maréchal l'occasion de nouveaux triomphes, dont le court espace où nous sommes enfermé nous permet à peine de donner la liste. L'affaire mémorable du camp de Sirck, où Marlborough échoua à la tête de cent dix mille hommes; la prise de Trèves et de Sarrebourg, l'enlèvement des lignes de Weissembourg, l'excursion au delà du Rhin, jusqu'aux gorges des montagnes Noires; la défaite complète des Impériaux à Stolhoffen, l'occupation de leur camp tout entier, avec ses deux cents pièces de canon, ses munitions, ses vivres, et jusqu'à ses magasins d'habillements, toutes ces victoires achevèrent de gagner au maréchal l'admiration de l'Europe entière.

De l'armée du Rhin, Villars passa à celle du Dauphiné; sa destination était de courir là où le péril était le plus grand. Aussi fut-il encore obligé de quitter le Dauphiné pour voler en Flandre.

« L'ennemi assiége Lille, avait dit Louis XIV au maréchal, que faut-il faire?

— » Donner bataille pour dégager Lille, » répondit l'infatigable guerrier. « Turenne, notre maître à tous, ajouta-t-il, avoit pour maxime qu'il faut » combattre pour sauver les places de première ligne, parce que plus » tard on se voit toujours forcé de le faire pour celles de second ordre. »

Mais la division se mit dans l'armée française, « et Lille fut assiégée et » prise contre toutes les règles de la guerre. »

Ce fut peu de temps après ce malheur que l'armée de Flandre se vit en proie à cette affreuse disette de 1709, au milieu de laquelle Villars déploya en même temps une fermeté de caractère et une fécondité d'esprit dont nul général peut-être n'avait donné l'exemple avant lui. Nuit et jour dans la chambrée ou sous la tente avec les soldats, il mangeait comme eux et auprès d'eux la ration de pain d'avoine; il leur faisait oublier leur souffrance et leur misère présente par les espérances et les promesses de l'avenir; il leur communiquait, par son entraînant enthousiasme et son inaltérable gaieté, l'exaltation vraiment française de sa belle âme; aussi, quand les soldats le voyaient et l'entendaient, ils étaient consolés. Sa présence et ses paroles les nourrissaient, disaient-ils dans leur naïf attachement; et ils lui criaient de loin, lorsqu'ils l'apercevaient sur son cheval : *Panem nostrum quotidianum da nobis hodie!*

Dans ces tristes conjonctures, Villars osa livrer au prince et à Marlborough cette célèbre bataille de Malplaquet, dont la fatalité et la faute d'un officier général l'empêchèrent de faire le miracle de sa vie militaire, et d'où il se tira par une retraite si habile et si ferme, après avoir jonché le champ du carnage de trente-cinq mille Impériaux, sans avoir perdu lui-même plus de sept mille hommes. Étrange résultat, qui fit dire que Villars avait mieux su perdre la bataille que ses ennemis la gagner.

Jamais capitaine ne paya de sa personne autant que le maréchal le fit dans cette sanglante journée. Au moment où il se disposait, après une première charge foudroyante, à en commander une seconde, un coup de fusil abattit son cheval. Relevé aussitôt, un autre coup l'atteint lui-même et lui casse le genou. Il se relève pour la seconde fois, se fait panser sur place, monte sur un brancard, et, porté ainsi à travers les rangs de son armée, continue de donner ses ordres. Mais bientôt ses forces s'en vont avec son sang, et on l'emporte évanoui. Le lendemain, aussi peu découragé par son échec que par la souffrance, il veut reprendre immédiatement l'offensive; on lui annonce, à la fois, que l'ennemi rétrograde, et que l'état de sa blessure réclame une amputation qui pourra lui enlever la vie. Il se prépare à mourir, lorsque les médecins s'aperçoivent qu'il suffit de découvrir l'os de sa jambe et de le racler avec soin. Il supporte sans sourciller cet affreux supplice, et parvient, au bout de quarante jours, à se faire transporter à Paris. Là, son sang lui est payé du prix le plus flatteur et le plus glorieux. Louis XIV lui offre au palais de Versailles l'appartement du prince de Condé, l'y reçoit lui-même, lui annonce qu'il est pair de France, et revient chaque matin, avec toute sa cour, lui renouveler les marques de son attachement et de son admiration. Villars ne s'endort pas au milieu de tant d'honneurs. A peine convalescent, il monte à cheval, le genou encore emboîté d'un appareil en fer, et il va reprendre le commandement de son armée. Mais, au moment de terminer la guerre par une bataille décisive, il sent sa blessure se rouvrir, retombe plus malade que jamais, et se voit forcé de réclamer un successeur, pour revenir à Paris se guérir définitivement.

Cependant l'instant approchait où Villars devait être, non plus seulement la gloire et la force de la monarchie française, mais son dernier espoir et son salut.

Après avoir vu le sang de ses sujets couler en vain sur les champs de bataille, Louis XIV voyait le sien propre s'épuiser en quelque sorte dans les veines de ses enfants, et sa royale famille tomber autour de lui, comme si une faux invisible eût passé sur elle.

Le vieux roi, qui avait été si grand, et qui se voyait ainsi crouler lui-même avant de descendre tout entier dans la tombe, n'avait plus que deux espérances pour sa race et pour ses états : le berceau de Louis XV et l'épée de Villars.

Il fit venir ce dernier. « Des larmes, dit le maréchal, s'échappoient de » ses yeux; je voulus lui parler de ses malheurs domestiques; il m'inter- » rompit pour me dire : Oublions mes peines, et ne songeons qu'à sauver » la France! »

La France était en effet dans le plus grand péril. Toutes les barrières qui la protégeaient étaient levées, et l'ennemi pouvait venir l'attaquer au cœur.

« Maréchal, dit le roi à son dernier défenseur, partez! Vous avez dans » la main mon sort et celui de la patrie. Si mon armée est vaincue, » retirez-vous derrière la Somme. Cette rivière est très-difficile à passer. » J'irai vous y rejoindre; et là, nous sauverons l'État, ou nous périrons » ensemble. »

Villars répondit à son roi et à la France par l'immortelle victoire de Denain; et quand il reparut à Versailles, Louis XIV se jeta dans ses bras devant toute la cour, en s'écriant : « Voilà l'homme qui nous a sauvés » tous. » L'honorable paix de Rastadt fut signée peu de temps après.

Depuis cette époque jusqu'à sa mort, Villars ne cessa d'être utile à la France. Il s'opposa à tout ce qui se fit de mal sous la régence, et prit part à tout ce qui se fit de bien. A l'âge de quatre-vingt-un ans, il se remit à la tête d'une armée française, et, au cœur de l'hiver, « n'ayant pas le temps » d'attendre, » comme il le disait, il la mena de conquête en conquête à travers le Milanais et le duché de Mantoue. Enfin, il tomba malade à

Turin, de fatigue et d'épuisement, et dit, en apprenant que Berwick venait d'être tué d'un coup de canon à Philipsbourg : « Cet homme-là a toujours » été plus heureux que moi! »

Ce mot fut son dernier soupir.

On a reproché à Villars le défaut de Vespasien. Cette accusation tombe d'elle-même devant les marques de désintéressement qu'il donna toute sa vie, et dont nous avons cité la plus belle. Sa fortune fut acquise aux dépens de l'ennemi, et assez loyalement pour qu'il ne manquât pas une occasion de s'en vanter tout haut.

On a prétendu aussi qu'il était orgueilleux; on eût mieux fait de dire, comme Voltaire, qu'il était un peu fanfaron :

> « L'heureux Villars, fanfaron plein de cœur. »

Du reste, ce défaut ne s'explique que trop par les mille petites jalousies de cour qui ne cessèrent de s'attacher, pour les déprécier, aux plus belles actions de Villars. Voyant qu'on ne lui rendait jamais justice, il succomba naturellement à la tentation de se la rendre lui-même.

Le vainqueur de Denain eut deux véritables faiblesses, d'autant plus répréhensibles qu'elles étaient contradictoires : il fit la cour aux femmes, et fut jaloux de la sienne. Nous avons déjà réduit aux termes de la vérité ses galanteries, que quelques écrivains ont exagérées jusqu'à l'impossible.

Quant à sa jalousie, on ne peut disconvenir qu'elle ne fût excessive. Il fallut plus d'une fois que Louis XIV l'empêchât de se faire suivre de sa femme dans ses expéditions, et souvent il profita d'un moment de trêve pour revenir secrètement surveiller la maréchale. La seule faute de celle-ci fut sans doute d'être extrêmement jolie, par conséquent adorée de tous, et de ne pouvoir aimer d'amour un homme qui passait les deux tiers de sa vie à remporter des victoires. On sait que Voltaire fut un des plus passionnés adorateurs de la maréchale de Villars [1].

A côté de ces légers reproches, incapables de faire tache sur le nom du maréchal de Villars, on peut placer quelques éloges dont sa gloire n'a pas besoin. Il était doué d'une vivacité d'esprit et d'une fécondité d'imagination également prodigieuses : ses nombreuses lettres en sont autant de preuves. Ce furent là sans doute les titres de sa réception à l'Académie française,

[1] Dans une lettre à son ami d'Aigueberre, sur le triomphe qui suivit la première représentation de *Mérope*, Voltaire raconte ainsi l'origine singulière de sa passion : « On m'est venu » prendre dans une cache où je m'étais tapi; on m'a mené de force dans la loge de madame la » maréchale de Villars, où était sa belle-fille. Le parterre était fou; il a crié à la duchesse de » Villars de me baiser, et il a tant fait de bruit qu'elle a été obligée d'en passer par là, par » l'ordre de sa belle-mère. J'ai été baisé publiquement, comme Alain Chartier par la princesse » Marguerite d'Écosse; mais il dormait, et j'étais fort éveillé..... »

car il fut des quarante ; et, en répliquant à son discours, qui avait été un court éloge de la valeur militaire en général, et de Louis XIV en particulier, le chancelier de l'Académie lui dit qu'il regrettait de ne pas être un Cicéron pour répondre à un César.

PITRE-CHEVALIER.

Dessiné par A. Guillaumot — Geny-Gros, imp. rue du Plâtre, 28. Paris — Gravé par D.

VENDÔME.

VENDOME

NÉ EN 1654, MORT EN 1712.

« De toutes les resveries du monde, dit Montaigne, la gloire est la plus » receue et la plus universelle. » Il y a plusieurs sortes de gloires; celle qui s'attache à de grands succès militaires a seule un long retentissement dans l'histoire. Son premier effet est d'éblouir; mais bientôt on l'analyse, on la juge comme les autres, parce qu'il est dans notre nature de ne louer qu'avec réflexion et presque à regret ce qui s'élève et brille au-dessus du vulgaire. Or, si la plus belle médaille a son revers, il est bien peu de héros dont on ne découvre le côté faible. Nous avons à raconter les faits glorieux d'un grand capitaine; les ombres viendront d'elles-mêmes se placer dans le tableau.

Louis-Joseph, duc de Vendôme, naquit le 1er juillet 1654. Arrière-petit-fils de Henri IV, il avait pour père le fils aîné de César de Vendôme, et pour mère Laure Mancini, une des nièces du cardinal Mazarin. Il débuta dans la carrière des armes comme simple garde-du-corps, et, parvenu au rang de colonel, suivit, en 1672, Louis XIV dans son expédition de Hollande. Il prit part aux dernières campagnes de Turenne, et il se trouvait, le 27 juillet 1675, à peu de distance de ce grand homme, lorsqu'il fut emporté par un boulet de ce canon « chargé depuis une éternité, » comme disait madame de Sévigné. Vendôme se distingua dans la retraite qui eut lieu après cette perte irréparable. Le duc de Lorges lui avait confié la garde du pont d'Altenheim, sur lequel l'armée française passa le Rhin. Montécuculli, voulant se rendre maître de ce poste important, fit faire des décharges terribles sur le régiment commandé par le jeune prince, qui fut blessé.

Promu au grade de brigadier en 1677, le duc de Vendôme fut employé en cette qualité à la campagne de Flandre, sous le maréchal de Créquy. Il attira encore sur lui les regards et les éloges aux siéges de Condé et de Cambrai, et obtint par suite d'être fait maréchal-de-camp. Créquy n'avait pas tardé à dire au roi que ce jeune homme serait un jour un des plus illustres capitaines du siècle.

A la paix de Nimègue (1678), Vendôme se retira dans son château d'Anet, qu'il orna de belles plantations, et où il donna des fêtes splendides. Il y reçut, en 1686, le grand dauphin Monseigneur, et fit représenter devant lui *Acis et Galatée*, de Campistron, dernier des opéras mis en musique par Lulli [1].

Il prit, à la fin de 1680 ou au commencement de 1681, possession du gouvernement de Provence, auquel il avait été appelé dès 1669. Dans cet intervalle, le comte de Grignan l'avait remplacé en qualité de lieutenant-général pour le roi, et madame de Sévigné, dans sa jalouse maternité, gémissait de ce qu'au bout de dix ans la jouissance d'un aussi beau commandement échappait à son gendre.

En 1688, le duc fut nommé lieutenant-général et chevalier des ordres. Ce fut deux années après (1690) que le roi lui dit qu'il eût à songer à être de l'Académie, *lui qui se piquait d'avoir de l'esprit.* « Moi, Sire, reprit-il, » je ne m'en flatte pas; mais ces messieurs me feraient peut-être grâce, et » puis je ne pense pas qu'il faille avoir tant d'esprit pour cela. »

Vendôme avait signalé sa valeur et son habileté à la prise de Luxembourg, en 1684; il les signala encore en 1691, à la prise de Mons, dont Louis XIV dirigeait le siége en personne.

Dans le cours de cette année, il eut à l'armée une maladie qui fit craindre pour ses jours. Ce fut le roi lui-même qui annonça la guérison du duc, et la nouvelle s'en répandit à Paris avec une vitesse extrême. La Fontaine, pour qui il avait été un bienfaiteur généreux, lui écrivit à ce sujet deux lettres en vers, dont l'une surtout était destinée à l'égayer dans sa convalescence.

Vendôme figura ensuite avec honneur en différents combats livrés en Flandre, et surtout à celui de Steinkerque (4 août de la même année 1692). Le maréchal de Luxembourg, malade, et faussement renseigné sur la marche du prince d'Orange et de l'archiduc Maximilien, avait en conséquence mal fait ses dispositions. Voyant Vendôme à la droite de la première ligne, il lui cria : « Pour vous, mon prince, je n'ai rien à vous dire. — « Monsieur le maréchal, répondit le duc, mort ou vif, je mériterai » aujourd'hui l'estime des honnêtes gens. »

Le général en chef ne parvint à repousser les Anglais qu'à la suite de trois charges sanglantes commandées par le duc de Vendôme, et par son frère, le grand-prieur, qui donna également en cette occasion des preuves d'intrépidité et de présence d'esprit.

[1] Palaprat, secrétaire des commandements du grand-prieur, frère du duc, a décrit d'une manière assez intéressante, dans sa préface du *Grondeur*, les amusements dramatiques du carnaval d'Anet en 1691. C'était lui qui était particulièrement chargé de les diriger, et toujours en l'honneur du fils de Louis XIV. Il avait avec le grand-prieur, comme avec le duc de Vendôme, une familiarité tantôt rude et tantôt piquante, qui faisait trembler pour lui le maréchal de Catinat. « Rassurez-vous, monsieur, lui dit un jour Palaprat, ce sont là mes gages. »

Bientôt de vives discussions entre Vendôme et Luxembourg empêchèrent le premier de suivre en Flandre sa fortune. C'était en l'année 1693. Il préféra servir en Italie sous Catinat : il contribua souvent dans ce pays à la victoire, et entre autres à la bataille de la Marsaille, gagnée le 4 octobre sur le duc de Savoie.

En 1694, Louis XIV lui accorda rang au parlement au-dessus des pairs, ce qui fixa sa place immédiatement après celle des princes légitimés. Il le nomma, de plus, général des galères, sur la démission du duc du Maine. Cet honneur valut à Vendôme les félicitations de Chaulieu, dans des vers qui contenaient pour lui l'éloge le plus flatteur et le mieux motivé comme guerrier, en même temps qu'un témoignage infiniment honorable rendu à son caractère.

Le maréchal de Catinat continuait à commander en Piémont, ayant MM. de Vendôme pour lieutenants-généraux; mais il ne se passa rien alors de très-important de ce côté; les grands coups devaient se porter bientôt en Catalogne.

Le duc de Vendôme était en Provence, lorsqu'il reçut, en 1695, l'ordre de se rendre en Espagne, pour y remplac.r le maréchal de Noailles. C'était la première fois qu'il commandait en chef : il avait alors quarante et un ans. En peu de temps, quoique avec des forces inférieures, il rétablit les affaires, qu'il avait trouvées en triste état.

Sa plus glorieuse campagne eut lieu en 1697. La négociation de la paix de Ryswick avait fait cesser la guerre partout ailleurs qu'au delà des Pyrénées. Les Espagnols élevant des difficultés, on résolut d'entreprendre d'abord le siége de Barcelone, qui fut investie par terre et par mer. Une armée nombreuse avait été envoyée, sous les ordres de François de Velasco, pour attaquer les assiégeants. Vendôme marche à sa rencontre, le surprend dans son camp et le met en déroute. La place est prise le 10 août, après cinquante-deux jours de siége et vingt-cinq de tranchée ouverte. Par suite, l'Espagne donne son adhésion à la paix proposée.

La vie du duc s'écoula sans grands événements jusqu'en 1702, époque où commença la guerre de la succession. Envoyé en Italie pour réparer les effets de l'impéritie de Villeroy, qui avait été battu et fait prisonnier à l'affaire de Crémone, il prit le commandement des armées de France et d'Espagne, supérieures en nombre aux forces des Impériaux. Ceux-ci avaient pour chef Eugène de Savoie, le plus entreprenant et le plus fécond en ressources des généraux de son temps; c'était lui, c'était le prince Eugène qui, après avoir lutté contre Catinat, venait de triompher si complétement de Villeroy.

Le duc de Vendôme débuta d'une manière éclatante par la défaite entière de Visconti, auquel on avait confié le commandement de l'arrière-garde de l'armée impériale. Cette défaite eut lieu à Santa-Vittoria, près de Grostolo, le 26 juillet. Par suite, le prince Eugène fut obligé de lever le siége de Mantoue (1er août 1702).

Vendôme ne mettait pas toujours assez de profondeur dans ses desseins : il eut mainte et mainte fois à expier le tort de n'avoir combiné qu'avec trop peu de maturité ses opérations. Il se laissa surprendre, le 15 août, par son illustre antagoniste, dans la plaine de Luzzara. L'armée française courut de grands dangers; mais elle en fut tirée par le sang-froid et la bravoure de son général, qui, dans les moments critiques et décisifs, retrouvait les inspirations du génie, et se montrait tout à la fois sage et vigoureux.

Après de longs et sanglants efforts, qui coûtèrent trois mille hommes aux Français et le double aux Impériaux, la bataille, à laquelle prit part Philippe V, passé récemment d'Espagne en Italie, resta indécise. Philippe V et le prince Eugène couchèrent l'un et l'autre sur le champ de bataille; mais la prise de Luzzara, suivie de celle de Guastalla, attesta que l'avantage appartenait aux armées réunies de France et d'Espagne.

Vendôme voulut prouver qu'il savait au besoin mêler l'activité à l'indolence, qui était dans sa nature, il faut bien le reconnaître. Il fit contre Eugène une guerre vive d'artifices, de surprises, de marches, de passages de rivières, de petits combats. Il y eut des batailles funestes par les pertes d'hommes qu'elles occasionnaient, et douteuses dans leur résultat. Vendôme était sûr de triompher tant qu'il n'avait pas affaire à son rival en personne; mais le trouvait-il en face de lui, la victoire se rangeait assez fréquemment du côté opposé.

De nouveaux malheurs avaient rappelé Philippe V dans son royaume pendant la seconde partie de l'année 1702 : à peine de retour, il envoya l'ordre de la Toison d'or à son illustre défenseur.

Vendôme réussit bientôt à chasser les Impériaux de poste en poste, à s'avancer vers le Trentin, et à prendre plusieurs places qu'il fut forcé ensuite d'abandonner par la défection du duc de Savoie, assez mal inspiré pour préférer une alliance avec l'empereur à tous les liens qui l'unissaient à la France. Il désarma, le 19 août 1703, cinq mille hommes que le prince avait laissés à la merci des Français. Entré à la fin du mois suivant dans le Piémont, il s'y rendit maître d'Asti et d'autres postes importants.

Un des faits les plus honorables de la campagne de 1704 et 1705 est le grand avantage que Vendôme, avec une poignée de braves, finit par remporter le 16 août sur le prince Eugène, à Cassano, près de l'Adda. Il s'était d'abord trompé sur le point d'attaque; mais la valeur française et des hasards heureux suppléèrent à l'imprévoyance du général, qui parvint à repousser toutes les forces de son illustre adversaire. Celui-ci n'en revenait pas d'admiration.

A la bataille de Calcinato (19 avril 1706), il battit les Autrichiens commandés par le comte de Reventlaw, Danois de naissance. Eugène, arrivé le lendemain, ne put soutenir l'approche du général français, qui poursuivait sa victoire et défit encore le même jour plus de deux mille hommes. Force fut au prince de Savoie de se retirer dans le Trentin pour y attendre des secours de l'Allemagne. Les mesures de Vendôme étaient si bien prises en cette occasion, qu'il vérifia l'annonce d'un succès complet qu'il avait faite au roi en partant de la cour.

Ce fut alors qu'il fut rappelé en Flandre par suite de la bataille de Ramillies. On disait que sa mission était de réparer encore une fois les pertes désastreuses de Villeroy et de rendre la confiance aux troupes; mais la politique de cour pouvait bien entrer pour quelque chose dans la détermination prise en ce moment. D'ailleurs on ne lui laissa pas le temps d'atteindre le but proposé. Il vit arriver, pour être son successeur en Piémont, le duc d'Orléans. On s'était flatté d'obtenir par ce prince, comme dédommagement, la prise de Turin, préparée à grands frais; mais le neveu de Louis XIV, dépourvu d'expérience, et ne sachant pas inspirer confiance et soumission aux généraux qu'il avait droit de commander, fut malheureux en tout, blessé lui-même; et, loin de se rendre maître de la capitale du Piémont, il eut à gémir d'une déroute générale qui entraîna la levée du siége (7 septembre 1706).

Depuis le 13 mai jusqu'au 15 juin, le duc de Vendôme, campé au bord de l'Adige, avait favorisé ce siége avec des forces nombreuses disposées pour fermer le passage au prince Eugène; mais, avant de quitter l'Italie, il ne s'occupa point assez d'empêcher son habile et dangereux rival de traverser cette rivière, et le Pô même, qui est bien autrement large et difficile. Par là il mit Eugène en mesure de pénétrer jusqu'auprès de Turin. Ainsi Vendôme, en s'éloignant, laissait au delà des Alpes les affaires dans une grande crise, tandis qu'elles ne paraissaient pas inquiétantes en Flandre, en Allemagne et en Espagne.

On était informé que le prince de Savoie et le duc de Marlborough méditaient de porter le principal théâtre de la guerre et tous les efforts des armées alliées dans les Pays-Bas. Louis XIV se persuada que la présence de son petit-fils, de l'héritier de la couronne, relèverait l'esprit des troupes, et qu'il ramènerait une noble émulation. Le duc de Bourgogne était nommé généralissime d'une armée de cent mille hommes : Vendôme et le maréchal de Matignon furent destinés à commander sous ses ordres; mais le vain titre qui avait été décerné au jeune prince ne devait être pour lui qu'une décoration accordée à sa naissance, et les instructions qu'il avait reçues du roi le subordonnaient aux avis de M. de Vendôme.

Fénelon avait bien prévu les inconvénients de cette association : dans un mémoire adressé au duc de Beauvilliers, il passait en revue les généraux à employer, et, comme en prévision des malheurs de la campagne de 1708, il excluait Vendôme, non pas qu'il ne rendît justice à la valeur et au génie naturel de ce grand capitaine sur un champ de bataille, mais parce que, disait-il, « on a tout à redouter de son esprit roide, opiniâtre et hasardeux. » Il faut remarquer encore que celui-ci tenait à la cabale du grand dauphin, jaloux des vertus austères de son fils. Aussi les appuis, les partisans du duc de Bourgogne, surtout madame de Maintenon et les *saints de la cour*, se déchaînaient contre le duc de Vendôme en toute occasion. L'élève de l'archevêque de Cambrai croyait tout ce qu'on disait des mauvaises mœurs du duc et le méprisait, ce que Vendôme ne pouvait ignorer : de là une véritable antipathie.

Le nouveau chef de l'armée de Flandre la trouva manquant de tout. Il voyait de nouveau, en face de lui, Eugène, qui reprit avec promptitude la supériorité qu'il avait eue souvent sur les Français. Il eut à combattre en même temps Marlborough. Les deux généraux qui lui étaient opposés s'accordaient parfaitement entre eux; Vendôme ne put jamais s'entendre avec le duc de Bourgogne. Voltaire, différant d'avis avec Fénelon, qui établit que ce fut essentiellement la faute du duc de Vendôme, prétend que celui-ci ne fut pas assez écouté, et que le conseil du petit-fils du roi balança d'une manière fâcheuse les raisons de l'homme qui était véritablement chargé du commandement.

Quoi qu'il en soit, le début de cette campagne fut assez heureux. Des intelligences ouvrirent au duc de Bourgogne les portes de Gand et d'Ypres (juillet 1708); mais les manœuvres de guerre firent évanouir le fruit des manœuvres de politique. Vendôme ne sut pas mettre le temps à profit, tandis que les chefs ennemis n'en perdaient nullement. S'étant laissé surprendre auprès d'Oudenarde, il chercha, par des prodiges de valeur, à réparer le tort que lui avait fait sa négligence; mais il n'essuya pas moins une véritable déroute. Ce n'était pas une grande bataille perdue, mais c'était une retraite doublement funeste dans les tristes circonstances où la France se trouvait.

Le lendemain de cette journée malheureuse, le duc de Vendôme désirait ardemment recommencer le combat. On tint conseil de guerre. Le petit-fils de Louis XIV parla dans le sens de la retraite; Vendôme le fit taire : Puységur et Matignon soutinrent le prince du sang, et Vendôme dit avec humeur : « Puisque ces messieurs le veulent tous, retirons-nous. » On se retira en effet. Aigri contre l'homme qui s'était montré envers lui dur et impérieux, le duc de Bourgogne écrivit au roi pour se donner raison. Vendôme écrivit de son côté. Louis XIV l'avait toujours aimé; il se prononça pour lui, mais sans éclat, et s'en tint à dire que son petit-fils ne serait jamais un grand militaire.

Ce fut un surcroît terrible de tribulations que la prise de Lille, où Boufflers se défendait en héros, à la *Fabius* : elle eut lieu en 1708. L'héritier présomptif de la couronne et ses entours, le duc de Vendôme et les siens, se rejetèrent encore mutuellement les fautes commises. Malgré celles que ce dernier pouvait avoir à se reprocher, il conserva une grande réputation d'habileté : toute l'armée donna tort au duc de Bourgogne, qui, toujours brave, mais circonspect, n'avait pas voulu attaquer, et bientôt la cour le jugea avec la même sévérité. Mais Vendôme savait que ses défauts étaient représentés au roi sans réticence; le dégoût l'avait pris : il se démit du commandement, vendit ses équipages et alla se retirer de nouveau dans son château d'Anet. Il y resta environ deux ans, beaucoup plus occupé de plaisirs que d'affaires.

En 1710, il épousa Marie-Anne de Bourbon, petite-fille du grand Condé, après s'être réconcilié avec le duc de Bourgogne. Il était alors âgé de cinquante-cinq ans.

C'est encore en 1710 que s'ouvrit pour le duc de Vendôme une nouvelle carrière, qui fut le troisième acte de sa vie militaire. Philippe V se trouvait dans une position presque désespérée, à tel point qu'il fut contraint de quitter sa capitale. Ce n'était plus pour lui le cas de demander un renfort de troupes à Louis XIV, qui, comblé de gloire et de bonheur dans la longue durée de son règne, était réduit alors à défendre toutes ses frontières, humilié par ceux qu'il avait vaincus, et pouvait craindre de voir s'écrouler la monarchie personnifiée en lui. Une heureuse inspiration sauva Philippe. Il pensa, son conseil et tous les grands de son royaume pensèrent avec lui que, l'Espagne n'ayant aucun capitaine à opposer à Stahremberg, regardé comme un autre Eugène, il fallait demander Vendôme. On s'adressa au roi de France, sur l'ordre duquel le duc partit, le 22 août, avec trois mille hommes : sa présence valut une armée, et l'on vit bientôt, suivant le mot heureux du grand roi, « ce que c'est qu'un homme de plus. »

La réputation que Vendôme avait acquise en Italie frappait toujours de plus en plus Philippe V et les habitants de la péninsule hispanique. La noble simplicité de ses manières, sa libéralité, sa franchise, son amour pour les soldats, lui conciliaient les cœurs. Son nom suffit pour attirer une foule de volontaires : tous les débris de l'armée vinrent se rallier à lui; toutes les bourses se délièrent pour le seconder; un esprit d'enthousiasme avait saisi la nation entière. Pouvait-il n'être point partagé par les Français qui étaient encore dans ce pays?

Profitant de cette ardeur, il part à la tête de vingt-quatre mille hommes, force l'archiduc d'Autriche à quitter Madrid, poursuit ceux qui jusqu'alors avaient été victorieux, et ramène, ainsi qu'il l'avait promis, le roi dans sa capitale. Il oblige les ennemis de se retirer vers le Portugal, marche sur leurs traces, passe le Tage à la nage le 9 décembre, et fait prisonnier, dans Brihuega, Stanhope avec six mille Anglais. Le lendemain, étant parfaitement secondé par les Espagnols, il gagna sur Stahremberg la célèbre bataille de Villaviciosa (10 décembre 1710). Philippe V se mit à la tête de l'aile droite; Vendôme prit la gauche, et il entra en vainqueur dans Saragosse.

Ainsi, en quatre mois, le duc, arrivé en Espagne quand on croyait tout perdu, abat le parti de l'archiduc, rétablit l'ordre partout, et affermit la couronne sur la tête du petit-fils de Louis XIV.

On assure qu'après la bataille de Villaviciosa, Philippe V n'ayant pas de quoi se coucher, parce que les équipages espagnols étaient restés en arrière : « Je vais vous faire, lui dit Vendôme, le plus beau lit qui ait jamais été dressé pour un roi. » C'étaient tous les étendards et drapeaux pris sur l'ennemi.

Il était parvenu au plus haut point de sa gloire. Le roi le déclara prince du sang, et lui accorda les mêmes distinctions dont avait joui autrefois le fameux D. Juan d'Autriche. Quelque temps après, les galions d'Espagne étant arrivés, le monarque préleva une somme de cinq cent mille livres pour la lui offrir : « Sire, dit le duc, je suis sensible à la magnificence de » Votre Majesté; mais je la supplie de faire distribuer cet or aux braves » Espagnols dont la valeur lui conserva tant de royaumes en un jour. »

Bientôt les intrigues et les déprédations recommencèrent. Une langueur funeste engourdit toutes les parties de l'administration, et la vigueur du général français fut comme paralysée pendant le reste de l'année 1711. Il faut dire que, dans toute la Péninsule, les succès avaient enflé les cœurs et causé plus d'orgueil encore que de joie. On ne se disposait plus à la guerre, mais on ne parlait de paix que dédaigneusement, sans se mettre en peine de ce que souffrait encore la France, à qui tant de reconnaissance était due.

Vendôme était péniblement affecté de tout ce qu'il voyait et entendait : il était ennuyé surtout de la cour de Madrid, où il se regardait comme exilé. Néanmoins, il partit pour la Catalogne vers la fin de 1711, résolu de poursuivre Stahremberg de poste en poste. Il était sur le point de chasser le général de cette province et de le réduire entièrement; mais il se décida tout à coup à laisser l'armée sous la conduite de ses lieutenants-généraux et à s'arrêter dans un bourg appelé Vinaroz, dans le royaume de Valence. Il serait difficile d'expliquer, par le dégoût seul, une telle renonciation. On peut croire que, s'il prolongea son séjour en ce lieu, ce fut parce qu'il pouvait s'y livrer à sa paresse, qu'il n'y était point gêné dans ses goûts. Entouré d'un petit cercle de complaisants, amis comme lui du plaisir facile et de la bonne chère, il gagna, à force d'intempérance, une maladie dont la diète et l'exercice auraient pu être le véritable remède. On le traita d'une façon contraire à son état : bientôt il se trouva sans ressources, et dans l'impossibilité de signer un testament qu'on lui présentait, non plus qu'une lettre au roi pour lui demander le retour de son frère à la cour. Ce dernier était disgracié depuis la bataille de Cassano, parce que son genre de vie, analogue à celui du duc de Vendôme, l'avait empêché d'y prendre part. Il est triste d'admettre que Vendôme fut, non-seulement abandonné de ses courtisans, mais encore dépouillé de tout par ses valets. Il mourut le 11 juin 1711, âgé de cinquante-huit ans. La princesse des Ursins, toute-puissante alors auprès du roi d'Espagne, fit ordonner que l'on portât le corps du duc dans le tombeau des rois, à l'Escurial; mais il n'est nullement certain que cet honneur lui ait été en effet rendu.

Il fut amèrement pleuré, de l'armée surtout. Philippe V voulut que la nation espagnole prît le deuil pour ce général, dont la perte produisit aussi en France une grande sensation. Dans les deux pays on lui fit de superbes oraisons funèbres.

Il ne laissait point d'enfants : le duché de Vendôme fut, après sa mort, réuni à la couronne (1712), suivant la condition à laquelle il avait été donné par Henri IV à César son fils.

En faisant d'abord la part de l'éloge, nous dirons que le petit-fils de Henri IV était, comme lui, intrépide, bienfaisant, ne connaissant ni la haine, ni l'envie, ni la vengeance. Un peu gros, mais vif et alerte, il réunissait à un visage noble, à une grâce sans apprêt dans le maintien et la parole, un esprit naturel et de plus assez cultivé, enfin une grande connaissance du monde et de la cour. Il n'était courtisan que du roi, et il aimait à faire sentir aux autres qu'il avait Henri IV pour aïeul. Ce genre de vanité plaisait à Louis XIV, qui, faible comme l'avait été son grand-père pour ses enfants illégitimes, voulait les égaler aux princes mêmes de son sang. Il s'attachait à Vendôme par l'analogie qui existait entre eux et lui.

Fier auprès des princes du sang, Vendôme était, a dit Saint-Simon, familier et populaire avec le commun, ce qui le faisait aimer du vulgaire. Les soldats l'adoraient véritablement : il poussait pour eux la bonté et la facilité jusqu'à la plus extrême tolérance. Généreux, même avec excès, « il n'avait rien à lui que sa gloire, » a dit Montesquieu. Aussi ceux qui servaient sous ses ordres auraient-ils donné leur vie pour le tirer des mauvais pas où la précipitation de son génie l'entraînait quelquefois. Ils étaient persuadés que le suivre au combat c'était courir à la victoire. Comme le grand Condé, il était né avec la science de la guerre pour ainsi dire infuse : c'était le même courage, le même sang-froid au milieu des plus grands dangers, le même coup d'œil juste et rapide.

Ce fut pour lui un avantage sur le prince Eugène; ce fut une exception, couronnée souvent par le succès, que de ne pas faire de calcul à l'avance : il déroutait par là les plans et la prudence de son adversaire. Comme il ne tenait point de conseil avec ses officiers-généraux, on ne savait jamais ce qu'il voulait entreprendre. Il travaillait peu, parce qu'il concevait rapidement, entrait en campagne sans plan fixe, et ne s'embarrassait guère de ceux que la cour lui indiquait. Ce dont on le blâmait le plus, c'était de négliger trop les détails et de laisser périr la discipline militaire : ensuite, la table et le sommeil lui dérobaient beaucoup de temps. Mais, un jour d'action, il remédiait à tout par sa promptitude d'esprit et sa valeur sans égales; il trouvait des lumières que le péril rendait plus vives, répandait le courage comme une heureuse contagion, en un mot il faisait face à tout; et ces jours d'action, il les cherchait toujours. Dans sa campagne d'Italie, le laisser-aller, l'habitude de se lever tard, les sacrifices à plus d'un genre de plaisirs, lui firent manquer les plus belles occasions de battre l'ennemi. Il se mit maintes fois dans le cas de voir écraser son armée faute de prévoyance; mais ceux qui commandaient sous lui étaient actifs et vigilants; et puis on vient de voir que dans les moments décisifs il se relevait, se montrait brave et sage, comme son rival le prince Eugène.

Insouciant sur plusieurs des choses ordinaires de la vie, le défaut d'ordre, d'exactitude, de régularité, qu'on lui reprochait dans les armées, se retrouvait dans sa maison et même sur sa personne. Son frère, le grand-prieur, qui commanda sous lui en Italie, était aussi négligent, aussi désordonné, mais ne se le faisait point pardonner par d'aussi éminentes qualités.

Rappelons ici quelques traits de ce grand homme de guerre, et quelques-uns de ses mots caractéristiques.

Il n'est personne qui n'ait entendu parler de la *fraîcheur* et du *brouillard* de M. de Vendôme, expressions devenues proverbiales. La fraîcheur était un soleil ardent et le brouillard une grosse pluie. C'est qu'il marchait et manœuvrait par toute sorte de temps. On aime à croire que le plus habituellement il avait pour but d'aguerrir ainsi ses soldats, et que la paresse seule ne l'obligeait pas à braver au dernier moment, tantôt un soleil brûlant, tantôt l'humidité la plus fâcheuse.

Dans sa campagne d'Italie contre le prince Eugène, un régiment lâchait pied, et les officiers voyaient avec désespoir tous leurs efforts inutiles pour retenir leurs soldats. Vendôme va se jeter au milieu d'eux : « Je les connais, dit-il, laissez-les faire; c'est là-bas, ce n'est point ici, qu'ils doivent se reformer. » La troupe voulut prouver que son général avait eu raison de ne point mettre sa valeur en doute, et se rallia en effet au lieu désigné.

Il disait plaisamment que, dans la marche des armées, il avait souvent examiné les querelles entre les mulets et les muletiers, et qu'à la honte de l'humanité la raison était presque toujours du côté des mulets.

Philippe V ayant témoigné un jour au duc de Vendôme sa surprise de ce qu'étant fils d'un père dont le génie n'avait jamais été remarqué, il excellât à ce degré dans l'art militaire : « Mon esprit vient de plus loin, » répondit Vendôme, qui n'oubliait jamais qu'il descendait de Henri IV.

Fénelon, madame de Maintenon, Saint-Simon, étaient loin d'aimer le duc de Vendôme. Louville, ambassadeur de France sous Philippe V, lui a été plus favorable. Voltaire est tout à fait partial à son égard.

Il est aisé de s'accorder sur ceux de ses défauts que nous avons reconnus nous même; mais on a eu tort de le peindre comme un pourceau d'Épicure, il était seulement le disciple de ce philosophe.

Pour ne parler ici que de ses relations avec les hommes de lettres qui ont honoré son époque, nous rappellerons qu'il avait vécu dans la société de Racine. Ce grand poète lui présenta Campistron, qu'il prit ensuite pour être son secrétaire des commandements. Vendôme était, avec son frère, un des principaux ornements, non-seulement de la société du Temple, mais de la maison de la duchesse de Bouillon, nièce du cardinal Mazarin. La Fontaine, dans une de ses épîtres, l'appelle tour à tour prince vaillant et sage,

« Prince qui faites les délices
» Et de l'armée et de la cour. »

C'est à lui que le fabuliste adressa son petit poème de *Philémon et Baucis*, tiré des *Métamorphoses* d'Ovide, où il lui donne de cet encens qui va droit au cœur. Chaulieu était tout à la fois l'ami, le compagnon de plaisirs et l'homme d'affaires du duc et du grand-prieur. On a dit que le duc de Vendôme, si bien célébré par sa muse, avait eu le projet de faire écrire les mémoires de ses campagnes par le poète qu'à tort ou à raison on a quelquefois appelé l'Horace français.

Vendôme avait encore des rapports intimes avec La Fare, Quinault, J.-B. Rousseau, Houdard de La Mothe, qui l'a chanté à son tour. Palaprat a composé pour lui des morceaux de poésie, qui sont parfois détestables, il faut en convenir, mais où la louange s'adresse à un homme qui, de l'aveu de tout le monde, la méritait.

On a beaucoup parlé des mœurs du duc, comme étant aussi dissolues que ses talents militaires étaient distingués. Nous nous garderons bien, pour l'excuser, d'invoquer les goûts et les faiblesses de plus d'un héros ancien ou moderne; mais peut-être, à l'armée, n'afficha-t-il assez souvent le cynisme, le mépris de certaines règles consacrées par un long usage, que par un calcul qui a été celui de Souwaroff. Vendôme voulait saisir l'esprit du soldat plutôt qu'il ne se livrait à son naturel.

Qualités et défauts compensés, il nous sera permis de conclure que de tant de hauts faits de guerre, de tant de services rendus à la France, il résulte pour le duc de Vendôme une somme de gloire qui ne lui sera pas déniée, dans un pays où l'on a toujours eu en si haute estime la profession des armes et les exploits guerriers. Certes, il est beau de marquer sa place dans l'histoire après Condé et Turenne, de la prendre à côté des Catinat, des Luxembourg, des Villars, enfin de figurer avec éclat parmi les grands hommes de ce siècle où tout fut grand comme le monarque qui lui a donné son nom.

H. DE LA PORTE.

Dessiné par Perlet. Gravé par Mauduison

REGNARD.

REGNARD

NÉ EN 1656, MORT EN 1710.

Au dix-septième siècle, à une époque où les moyens de communication entre les peuples étaient aussi coûteux que difficiles, un homme, un Parisien, entraîné par ses goûts naturels, quitte la France, pays que ne quittent guère ceux qui ont le bonheur d'y avoir reçu le jour. Cet homme parcourt l'Italie; il est conduit en Afrique; il réside à Alger; il passe deux ans à Constantinople. Il revient dans sa patrie, et bientôt il se rend dans le Nord. Il visite la Flandre, la Hollande, le Danemarck, la Suède. Les rigueurs septentrionales de cette contrée n'arrêtent pas son ardeur aventurière; au contraire, celui qui a vu le soleil de l'Orient, Byzance et les voluptueux Ottomans, celui-là veut voir Torneo et les Lapons. Il va, il va là où personne n'est encore allé. Il ne pousse pas plus loin parce que le monde lui manque, et il revient en France à travers la mer Baltique, Dantzick, la Pologne, la Hongrie et l'Allemagne.

Au dix-septième siècle, après avoir fait jouer à Paris onze ouvrages sur un théâtre d'ordre inférieur, un homme s'élance sur la scène que Molière avait rendue si imposante. Cet homme compose pour le Théâtre-Français beaucoup de comédies, presque toutes en vers. Il réussit. Rien ne manque à son succès; on le compare à Molière : il n'est pas de l'Académie (c'était pourtant un malheur alors), et ses ouvrages sont encore joués cent ans après sa mort, aux applaudissements d'un public qui croyait avoir le droit d'être difficile à toutes les époques, parce qu'à toutes les époques il avait applaudi des ouvrages qui étaient loin d'être des chefs-d'œuvre.

Ce voyageur, ce poète, c'est Regnard.

Et, si ces deux physionomies ne suffisent pas pour composer la physionomie de Regnard, j'ajouterai : Le fils et l'unique héritier d'un riche marchand de la capitale gagne au jeu des sommes considérables. Grand amateur de tous les plaisirs d'un monde dissolu, il ne se refuse à aucune dépense, à aucun luxe, à aucune débauche. Il a maisons de ville et de campagne; je me trompe, c'est une espèce d'hôtel qu'il possède à Paris, avec laquais et équipage; il y reçoit le propriétaire de Chantilly et le roi de Pologne : c'est une terre, c'est un château dont il jouit à quelques lieues de la capitale; il y passe son temps à faire grande chère, à courir le cerf. La fortune lui sourit toujours; il achète des charges, des honneurs. Il est trésorier de France, lieutenant des chasses et des eaux et forêts, grand bailli de sa province : jeune, beau, spirituel, gai, riche,

Il est aimé des grands, il est chéri des belles!

Ce voluptueux, ce financier, cet ambitieux, ce libertin, c'est tout un avec le voyageur et le poète, c'est toujours Regnard.

Voilà son caractère, voilà sa gloire, voilà sa vie; il ne me reste plus qu'à l'écrire.

Regnard est né on ne sait quel jour, je pourrais ajouter on ne sait quelle année, car ses divers biographes placent l'époque de sa naissance, les uns en 1647, les autres en 1656; mais ils s'accordent tous à en ignorer la date précise. C'est là sa plus grande ressemblance avec Molière.

C'est tout au plus, en effet, si l'on sait quel jour est né Molière, malgré les recherches consciencieuses et les assurances incertaines de M. Beffara sur ce point. Mais il y a moins d'incertitude pour Regnard; on n'en sait absolument rien. Du reste, à qui cela importe-t-il? Rien n'est plus fréquent dans l'histoire des siècles antérieurs que cette ignorance sur l'époque de la naissance d'une foule de gens célèbres; alors on se contentait de naître; pour les familles, la notoriété et la possession d'état étaient tout. En revanche, il y a moins d'incertitude sur la date des décès. La célébrité de la vie donnait de l'authenticité à la mort; et la douleur des héritiers n'a jamais laissé d'incertitude sur la date d'un opulent inventaire. Nous savons donc que Jean-François Régnard mourut le 5 septembre 1710[1]. Les pieux regrets de ses collatéraux ou l'admiration de ses amis nous ont même fait savoir que ce fut un jeudi.

Son père le laissa riche et orphelin comme il achevait ses études. Avait-il alors vingt ans ou vingt-neuf ans? — Cette question semble d'abord oiseuse, pourtant je m'étonne qu'elle n'ait pas été faite par les biographes; elle aurait pu les aider à éclaircir l'époque de sa naissance. La réponse à cette question conduit en effet à penser que Regnard était né en 1656, puisque ce fut vers 1676 qu'il fit son premier voyage en Italie, tout plein de la double passion des femmes et du jeu. Naturellement, il devait être plus entraîné à la satisfaire dans l'extrême jeunesse que dans un âge plus avancé.

[1] Le buste de Regnard, placé dans le foyer de la Comédie française, porte cependant que cet auteur est mort en 1709.

Quarante mille écus de la succession de son père, et dix mille écus de bénéfice au lansquenet, augmentèrent le goût de Regnard pour l'Italie, où il retourna, et pour les bonnes fortunes, qui lui devinrent si funestes. Il s'amouracha d'une Bolonaise, jeune assurément, et belle comme toute femme qu'on adore. Elle était mariée, ce qui dans les mœurs du temps était un obstacle si peu considérable que cette femme, d'origine provençale, désirant revenir en France, Regnard l'y ramena avec son mari. Ils furent convenablement payés, l'époux de sa complaisance imbécile, l'amant de sa folle passion, et la femme de sa faiblesse adultère. Embarqués sur une frégate anglaise qui de Civita-Vecchia se rendait à Toulon, ils furent tous trois enlevés, le 4 octobre 1678, par des pirates barbaresques, et conduits en esclavage à Alger.

Regnard, sa maîtresse et son valet de chambre furent achetés par le même maître, Achmet-Talem, qui les mena à Constantinople, où ils passèrent deux ans dans toutes les rigueurs d'une cruelle captivité. Quant au mari, personne ne s'en inquiéta; cela va sans dire. Les *gens aimables*, élevés dans l'esprit et dans les mœurs des bouffonneries du théâtre, seraient tentés peut-être de demander à cette occasion : Qu'est-ce qu'un mari? Qu'ils se rassurent. Celui qui veille à tout et sur tous avait répondu d'avance à ce quolibet, dont Regnard ne se serait peut-être pas refusé le plaisir au théâtre de la Comédie italienne. Tandis que la famille du futur grand-bailli de Hurepoix lui envoyait douze mille livres, pour racheter sa liberté, celle de sa maîtresse et de son domestique, deux religieux de la miséricordieuse Rédemption délivraient, dans le fond de l'Afrique où il avait été envoyé, cet époux malheureux. A peine les deux amants étaient-ils de retour en France, croyant à la mort du mari, et se disposant à réparer par le mariage le scandale de leur liaison précédente, que l'époux se présente, vivant et sans rancune, pour réclamer et reprendre un bien conjugal dont il aurait pu se montrer moins jaloux.

Cette chaîne étant brisée, Regnard, qui avait rapporté et conservé dans son cabinet les fers dont ses membres esclaves avaient été chargés en Turquie, voulut, pour se distraire de tant de chagrins, essayer d'un nouveau voyage. Le Midi lui avait été fatal; il s'enfonça dans le Nord. Accompagné de MM. de Fercourt et de Corberon, il quitta la France le 26 avril 1681, et le 22 août de la même année, après avoir pénétré par la Laponie jusqu'à la mer Glaciale, il gravait, sur la cime de la montagne de *Metawara*, à l'extrémité du cap Nord, cette inscription latine, laquelle, comme toutes les inscriptions latines, ne manque en latin ni de nombre, ni d'élégance, ni de trait, mais dont la traduction française, comme toutes les traductions françaises, ne peut donner qu'une image pâle et effacée :

Gallia nos genuit, vidit nos Africa; Gangem
Hausimus, Europamque oculis lustravimus omnem;

Casibus et variis acti terrâque marique;
Hic tandem stetimus, nobis ubi defuit orbis.

De Fercourt, de Corberon, Regnard.

Anno 1681, die 22 augusti.

La Harpe en a donné une paraphrase rimée, que je rapporte ici comme preuve de ce que je disais plus haut sur les traductions :

Nés Français, éprouvés par cent périls divers,
Le Gange nous a vus monter jusqu'à ses sources,
L'Afrique affronter ses déserts,
L'Europe parcourir ses climats et ses mers;
Voici le terme de nos courses,
Et nous nous arrêtons où finit l'univers.

Regnard revint à Paris à la fin de l'année 1683. Sa fortune s'était sans doute accrue pendant ses voyages. Il ne songea plus qu'à jouir des plaisirs que peut procurer l'argent, et Regnard n'en manquait pas. Si la noblesse et le clergé tenaient le premier rang dans l'État, la finance, dont le règne commençait à poindre, prenait une position dans le monde. Elle la prenait à l'aide des richesses qu'elle avait acquises pendant les longues et dispendieuses guerres de Louis XIV, et avec la perception d'impôts considérables que les fermiers généraux étaient chargés de lever. La dépense et le faste des gens de finance les amenaient à l'égalité des habitudes des gens de cour; et comme tout ce qui tenait à l'État en retirait, outre quelques priviléges, le crédit et la considération qui étaient attachés à des fonctions publiques, Regnard voulut que rien ne manquât à son établissement. Par sa fortune déjà hors de la classe où il était né, attirant par l'élégance et la bonne chère qu'on faisait chez lui les gens de plaisir, qui, quel que soit leur rang, mettent plus d'empressement que de convenance à aller partout où l'on s'amuse, Regnard voulut encore, par quelques emplois qu'il acheta, pouvoir frayer avec tous ceux que la naissance ou la faveur avaient mis au-dessus de lui. Il acquit donc d'abord la charge de trésorier de France au bureau des finances de Paris; puis, lorsqu'il eut fait l'acquisition de la terre de Grillon, située dans la province de Hurepoix, près de Dourdan, à onze lieues de la capitale, il traita successivement de la charge de lieutenant des eaux et forêts de Dourdan, puis de celle des chasses, puis enfin de celle de grand-bailli.

Cette situation, qui lui permettait de participer à presque tous les avantages sociaux de son temps, se fortifiait et s'embellissait encore de l'existence qu'il s'était faite à Paris. Regnard habitait au bout de la rue Richelieu, près de la rue Grange-Batelière, une maison à lui, élégamment disposée et ornée, où l'agrément de son humeur, tout autant, il faut le croire, que les bons mets et les bons vins qu'il y faisait servir, attirait les hommes les plus distingués et les plus aimables.

Il paraît que les soins qu'il consacra à cet établissement social et *fashionable*, comme on dirait aujourd'hui, absorbèrent l'esprit et l'activité de Regnard pendant cinq ans. La première pièce qu'il donna au théâtre date de 1688. Cet homme, que le théâtre rendit depuis si célèbre, avait donc au moins trente-deux ans, et peut-être en avait-il quarante, lorsque son instinct, son goût, car on ne peut dire son génie, le lancèrent dans la carrière dramatique. Jusqu'en 1708, c'est-à-dire pendant vingt ans, il s'occupa sans cesse de pièces de théâtre, et avec des succès qui devaient l'exciter à en obtenir de nouveaux. Dans cette période, chaque année est presque marquée par un nouvel ouvrage. On ne conçoit pas alors comment, sa santé et sa fortune ne lui donnant aucun souci, Regnard, jeune encore, passa les deux dernières années de sa vie sans produire aucune nouvelle comédie. La mort le frappa inopinément. Il avait pris de l'embonpoint; son appétit, ou sa gourmandise, s'était également augmenté. Le mercredi 4 septembre 1710, un excès de table, suite de nombreux abus du même genre, le dérangea beaucoup. Fantasque et volontaire, Regnard prit de lui-même ou se laissa administrer une préparation pharmaceutique que l'on est obligé de qualifier textuellement de *médecine de cheval*, puisqu'elle était semblable à celles dont on faisait usage dans ses écuries. Ce violent *récipé* vint aggraver l'incommodité, et bientôt le danger d'une réplétion gastronomique. Regnard était alors à Grillon, où il avait passé la belle saison au milieu de tous les plaisirs de la table et de la chasse. On prétend aussi que ce fut après cette médecine, prise si mal à propos, et à la suite de laquelle il était allé immédiatement chasser, que Regnard compléta toutes ses imprudences précédentes en buvant un verre d'eau glacée dont ses sens furent saisis. L'autre version semble plus naturelle et plus probable. Celle-ci rapporte que resté chez lui, après avoir avalé l'espèce de poison qu'il avait voulu ou que son docteur campagnard lui avait fait prendre, Regnard, dans la nuit, sentit qu'il étouffait. Il se leva et essaya de marcher dans ses appartements. On accourut au bruit que les domestiques avaient entendu. Tout empressement devint bientôt inutile. Il expira presque sur-le-champ, également éloigné des soins de la médecine et des secours de la religion.

Les ouvrages de Regnard, comme les principales circonstances de sa vie, se partagent en trois parties bien distinctes :

Les relations de ses voyages;

Ses pièces de théâtre;

Et des épîtres sur différents sujets.

Voyages. — Selon l'ordre chronologique, préférable à l'ordre suivi par les divers éditeurs de Regnard, il faut rapporter d'abord son voyage en

Italie, terminé par son esclavage en Afrique. Il n'en a pas publié le récit sous la forme d'une relation ordinaire; il en a fait une sorte de *nouvelle* qu'il a intitulée *la Provençale*. C'est l'histoire ou plutôt c'est le roman de ses amours et de ses aventures avec la femme qui fut la cause de sa captivité. Il les raconte sans donner les véritables noms des personnages. Regnard s'affuble de celui de Zelmis; il nomme la femme Elvire, et le mari de Prade.

Dans cette historiette, la réalité des faits n'est pas mieux observée que la vérité des sentiments. A peu de chose près, tout est écrit d'un style galant et mignard. Par la tournure des phrases, par l'afféterie des discours, par la fausseté et l'exagération des sentiments, on dirait d'un roman de mademoiselle de Scudéry. Le mélange de romanesque, de faux et de vrai dans les faits, et le ton que Regnard donne aux personnages, enlèvent à cette relation ou à cette nouvelle toute espèce d'intérêt et de charme, pour ne lui laisser que cette couleur d'emphase amoureuse, de passion *précieuse* et de prétention ridicule dont le goût a depuis si long-temps appris à se moquer. Si à cette époque tous les auteurs eussent écrit de cette façon, si cette relation datait du règne de Louis XIII et du temps où la Calprenède et le frère de l'*illustre personne* à qui le monde devait l'*incomparable* roman de *Clélie* tenaient le sceptre des lettres et donnaient le ton aux ouvrages de leurs contemporains, il ne faudrait adresser aucun reproche à Regnard. Mais lorsqu'il écrivit cette nouvelle (probablement de 1683 à 1687), on avait depuis long-temps fait justice de toutes ces billevesées littéraires, et vraiment Regnard est sans excuse d'avoir suivi de si ridicules modèles, quand il en avait tant de meilleurs sous les yeux.

Ce qui n'est pas moins étrange, c'est que de tous les éditeurs de Regnard, de tous les gens de lettres qui ont tant et si bien disserté sur ses œuvres, et qui se sont répétés comme des échos depuis 1731 jusqu'en 1822, aucun ne s'est avisé ou n'a eu le courage de remarquer et de critiquer cette relation. Au contraire, ils se sont accordés à la louer, et *la Provençale*, grâce à cette partialité, à ces ménagements ou à cette insouciance, est restée avec quelque réputation et quelque faveur dans l'opinion commune, dans la prévention vulgaire. Ce qu'on peut penser de mieux à ce sujet, c'est que ces éditeurs, ces biographes et ces critiques n'avaient point lu *la Provençale*, et qu'ils ont adopté les jugements tout faits et la tradition établie par les amis de l'auteur. Il est vrai, d'un autre côté, qu'ils n'ont point accordé à Regnard autant de louanges qu'il en méritait pour la narration de ses voyages dans le Nord. C'est peut-être aussi qu'ils ne les avaient pas lus davantage. Les uns, décidés ou habitués à louer Regnard en tout et pour tout, les autres, craignant d'attaquer ou d'apprécier avec équité une réputation imposante, tous enfin ont négligé le voyageur amusant et éclairé, absorbé d'ailleurs par l'éclat du poète comique.

Cependant, Regnard n'aurait pas eu d'autre titre à la célébrité, qu'il eût pu obtenir une distinction fort honorable dans l'estime de la postérité par son voyage en Laponie, et par le récit qu'il en a laissé

Ce n'est pas seulement l'agrément de la narration, le nombre des anecdotes, la variété des caractères et des portraits, l'exacte connaissance de tous les souverains, ministres, personnages éminents des cours du Nord, et le ton convenable du style, qui donnent à cet itinéraire un prix infini; ce sont encore les observations de mœurs, de statistique et de minéralogie qui en font un ouvrage singulièrement intéressant. Les gens qu'il faut croire sur cette matière assurent que les documents fournis par Regnard sur l'exploitation et la valeur des mines de toute nature dont le Danemarck et la Suède sont sillonnés, offrent encore aujourd'hui autant d'intérêt pour la science que pour l'industrie. La description qu'il fait de ses visites aux mines et des incidents si variés de ses excursions, est pittoresque, animée, et semble dictée par une grande vérité d'observation et de sentiment. Aucune relation subséquente n'a fourni des renseignements plus complets et plus piquants sur les Lapons, leur religion, leurs usages, les villes, les animaux et les productions de ce pays si inconnu, si *infréquenté*.

Le *Voyage de Normandie*, récit mêlé de prose et de vers, adressé à Artemise, et le *Voyage de Chaumont*, raconté en couplets sur l'air *Vive le Roi et Bechamel*, faits l'un et l'autre par Regnard en joyeuse compagnie d'amis et d'amies, sont gais, comme toutes les pièces de ce genre, pour les gens avec qui ces voyages ont été faits, et pour ceux qui en reçoivent les détails encore tout frais. Ils n'ont d'autre intérêt aujourd'hui que de constater la bonne humeur de Regnard, et la facilité négligente qu'il mettait à écrire en vers et en prose.

Du reste, cette vie préliminaire de courses vagabondes, de projets inconstants, de table, de vin, de jeu, de femmes, et par conséquent de dissipation et de libertinage, me fournit une transition bien facile pour arriver aux pièces de théâtre de Regnard, dans lesquelles on retrouve le *laisser-aller* de son caractère, la surabondance de son tempérament joyeux, et la *moralité* de ses habitudes.

Théâtre. — Il n'est pas de genre dramatique auquel Regnard n'ait touché.

Je regrette que l'étendue de cette notice ne me permette pas de donner quelques détails sur l'origine et les fortunes diverses du Théâtre-Italien. Il faut bien cependant laver la mémoire, ou, comme on le dit, la gloire de Regnard, de la tache que semble lui imprimer l'opinion banale que cet auteur a travaillé pour le spectacle des foires Saint-Laurent et Saint-Germain. C'est une erreur. Regnard n'a jamais écrit aucun ouvrage pour ces tréteaux de la populace, ou de la prétendue bonne compagnie qui les fréquentait. Le Théâtre-Italien, dont les comédiens jouaient alternativement avec la troupe de Molière dans la même salle, et ensuite, depuis 1680, à l'hôtel de Bourgogne où ils étaient seuls; le Théâtre-Italien, dis-je, ne peut en rien être assimilé aux spectacles forains de Saint-Laurent et de Saint-Germain, consacrés, jusqu'en 1697, à l'exhibition des animaux et des phénomènes, à des exercices d'acrobates et de joueurs de gobelets.

Un an avant la suppression de la Comédie italienne (1697), Regnard avait même entièrement cessé de travailler pour ce théâtre, dont il avait pu s'occuper sans trop de dérogation à sa position sociale, et sans nuire d'avance à la célébrité qui l'attendait. Ce théâtre, bien éloigné sans doute de la régularité du Théâtre-Français, offrait cependant aux poètes comiques les moyens d'essayer leurs forces, de combiner quelques intrigues, de peindre quelques caractères. Ces caractères, à la vérité, étaient tous à peu près taillés sur le même patron; c'étaient toujours Arlequin, Colombine, Isabelle, Octave; les noms des personnages étaient ceux des acteurs eux-mêmes, et les lazzi, les pointes, les jeux de scène les plus grotesques, composaient le fond du comique de ces sortes d'ouvrages : mais des scènes françaises, en plus grand nombre que les scènes italiennes, y étaient mêlées, et servaient au développement de l'action et des caractères. Soumis aux restrictions du privilége qu'ils avaient obtenu, les comédiens étaient obligés de conserver une partie des costumes italiens qui avaient servi à les faire connaître et à les dénommer; mais ils n'en revêtaient pas moins les noms et les habits des personnages et des professions du temps, ce qui permettait aux auteurs de peindre les mœurs et les événements du jour. Arlequin, avec son pantalon bariolé et son masque noir, mettait un habit de financier, un uniforme d'officier, un frac de marquis, et mélangeait ses habits nationaux et obligés de tous les traits satiriques sur les goûts et les usages français. On a peine à concevoir de telles bizarreries : elles étaient imposées aux comédiens italiens, et par conséquent aux auteurs qui leur étaient attachés, par le Théâtre-Français, dont les acteurs craignaient toujours de voir un autre répertoire régulièrement comique entrer en concurrence avec le leur.

Mais ce qu'on a plus de peine encore à concevoir et à expliquer, c'est la licence extraordinaire des jeux de mots et des quolibets : les équivoques de toute nature y sont d'une clarté et d'une grossièreté telles que, sans affectation de délicatesse, il n'en est aucune que nous osions rapporter ici. Regnard était là dans son élément; il nageait en pleine eau de libertinage et de débauche d'esprit. Quelle était donc la société qui pouvait supporter de pareils spectacles?

Du moins, pourrait-on dire, la partie honnête de la société, celle qui ne dit point anathème au théâtre, mais qui veut trouver dans le spectacle une distraction à la fois spirituelle et convenable, ne se rendait point à la Comédie italienne : élevée par les pièces de Molière, elle évitait les quolibets et les dépravations du théâtre de Regnard. Des ouvrages d'une telle nature ne déshonoraient point la scène française : dans leurs principaux ouvrages, Molière et ses premiers imitateurs étaient restés dans les limites de toutes les bienséances; et si des plaisanteries hasardées, des situations forcées et des caractères exagérés ou de convention théâtrale, se laissaient voir dans *les Fourberies de Scapin*, dans *Pourceaugnac*, et dans des ouvrages d'auteurs inférieurs, ces ouvrages étaient si évidemment des farces, que l'on ne pouvait jamais les prendre pour des imitations vraies de la vie du monde; d'ailleurs celles de Molière étaient toutes imprégnées d'un si haut comique qu'elles ne pouvaient répandre la corruption et le faux goût. Ainsi, pourrait-on ajouter, le Théâtre-Français, fort distinct du Théâtre-Italien, restait une école de bonnes manières et de bonnes mœurs, toujours appuyée, sinon sur la vivacité et l'agrément des intrigues, du moins sur le bon sens et la vérité des caractères et des combinaisons.

Tout cela est juste. Maintenant nous allons voir ce que le Théâtre-Français est devenu entre les mains de Regnard.

Depuis la mort de Molière jusqu'à lui, c'est-à-dire de 1673 à 1688, aucun auteur comique, par des ouvrages de premier ordre, ne changea le goût et la direction du théâtre et du public. C'est vingt ans après la perte de Molière que Regnard vint frapper aux portes de la Comédie française; encore *la Sérénade* et *Attendez-moi sous l'orme* n'étaient que de petites pièces sans influence sur la masse des spectateurs et les destinées du Théâtre-Français. Jusque-là Regnard, l'enfant de cette société nouvelle que Louis XIV avait remuée par ses guerres, ses amours et ses dépenses, Regnard avait porté à la Comédie italienne l'esprit et les habitudes de toutes les classes au milieu desquelles il avait vécu. Cette bouffonnerie licencieuse, dont nous avons vu quelques exemples, était restée concentrée au théâtre de la rue Mauconseil. C'est donc à partir de 1696, époque de la première représentation du *Joueur*, comédie en cinq actes et en vers, qu'il faut apprécier les *chefs-d'œuvre* de Regnard, leurs rapports avec la société, leur action sur la littérature dramatique, et la valeur des éloges qui ont été accordés à leur auteur.

Quoi que les protestants et les philosophes aient pu dire de la rigidité ou de l'hypocrisie de mœurs établie ou commandée par Louis XIV et madame de Maintenon, depuis la révocation de l'édit de Nantes (1685), il serait difficile d'en trouver des traces bien réelles dans la vie publique ou privée de la nation. Toutes les anecdotes, tous les mémoires secrets des trente dernières années du règne de ce prince témoignent assez, au contraire, de la dissolution qui circulait dans toutes les classes; et si l'on pouvait en douter encore, il suffirait de lire les ouvrages dramatiques représentés pendant cette période.

Le théâtre de Regnard, tant à la Comédie italienne qu'à la Comédie française, me dispensera d'aller chercher d'autres preuves dans d'autres pièces. Il n'en est point qui aient eu plus de succès que les siennes. Et, puisqu'il faut le dire, aujourd'hui que le jour de la justice semble être enfin arrivé pour Regnard, le fond de ses ouvrages est partout le même : soit que, sans retenue aucune, lorsqu'il travaille pour les comédiens italiens, il jette à pleines mains, sur le théâtre de la rue Mauconseil, les équivoques les plus grossières, les quolibets les plus effrontés, les intrigues les plus basses, dont les personnages les plus hors nature, les plus imbéciles, les plus vils et les plus criminels sont les dupes et les héros; soit que, forcé à quelques ménagements, et ayant à faire agir et parler des comédiens d'un ordre supérieur, il place au Théâtre-Français des tableaux plus vastes, qu'il élève la qualité des personnages, qu'il développe davantage les caractères, et fasse usage d'un style plus châtié et plus élégant, Regnard est toujours le poète de la transformation de l'art, le peintre et le conseil de la dissolution des mœurs, le corrupteur de la vraie comédie au Théâtre-Français.

C'est lui qui, le premier, par le nombre et le succès de ses ouvrages, a accoutumé le public à des caractères de pure convention, à des traits d'esprit sans solidité, à des combinaisons sans vraisemblance et sans bon sens, à des personnages faux, exagérés, fantasques, dont les moyens de comique sont des *charges*, dont les ridicules sont des extravagances, des vices ou des crimes. Si les pièces de Regnard au Théâtre-Italien valaient la peine qu'on prendrait à les analyser, on verrait dans toutes des pères ou des tuteurs qui pensent, pour eux, à des unions extravagantes, qui veulent contraindre leurs enfants ou leurs pupilles à des mariages absurdes avec des prétendus stupides, éconduits par des valets ou des soubrettes, lesquels sortent de prison ou méritent d'y être, et se vantent de le mériter. Si ce n'est là tout le fond des ouvrages, c'est qu'il s'agit parfois d'une anecdote, d'un événement, d'une curiosité de la ville ou de la cour, dans laquelle les escrocs, les filles et les libertins jouent toujours les premiers rôles, à moins que ce ne soient de jeunes personnes d'une innocence effrayante ou d'une effronterie sans mesure.

Eh bien! que voit-on dans les chefs-d'œuvre de Regnard au Théâtre-Français?

Que le lecteur se souvienne ou qu'il relise, et il verra si, dans *le Retour imprévu*, *le Joueur*, *le Distrait*, *les Ménechmes*, *les Folies amoureuses*, *Démocrite*, *Attendez-moi sous l'orme* et *le Légataire universel*, ce n'est pas toujours un Géronte, une folle, un fripon, un libertin, un valet, une soubrette, une Agnès ou une effrontée, qui s'agitent dans un cercle de sentiments misérables et d'intérêts impossibles, avec des moyens et des dialogues toujours semblables; si bien que, quand on lit de suite les œuvres complètes de Regnard, il semble à la fin qu'on n'a lu qu'une seule pièce, appelée tantôt d'un nom, tantôt d'un autre, soit à la Comédie italienne, soit à la Comédie française.

Je n'ignore pas qu'en jugeant de cette façon le théâtre de Regnard, j'attaque et blesse les traditions et les préjugés, plutôt que la raison et les jugements, de ceux qu'un juste attachement au *théâtre classique* tient encore courbés sous la réputation de ce poète. Je n'ai jamais pu m'expliquer ce respect et cette prédilection si mal fondés. Que leur goût, leurs raisonnements, leurs habitudes se soient *classiquement* formés sur les chefs-d'œuvre de Molière, sur le *Turcaret* de Lesage, sur une grande partie des ouvrages de Dancourt et de Destouches, sur *la Métromanie* de Piron, sur quelques comédies de la fin du dix-huitième siècle, et, en dernier lieu, sur les ouvrages de Picard, cela se conçoit. Non-seulement tout ce théâtre est régulier dans les formes, mais encore, outre le plus ou le moins de vérité dans les caractères et dans les mœurs, le plus ou le moins de bon sens dans les combinaisons, il offre toujours une leçon, une moralité directe ou indirecte, qui conservent à la scène des rapports nécessaires et honnêtes avec la société, et qui font que le théâtre, loin d'être un objet d'inquiétude et parfois d'éloignement pour les familles, peut être vraiment un utile supplément aux idées générales, aider à la correction des défauts et des travers, au redressement des manières et du goût. C'est ainsi, et seulement ainsi, que le théâtre *classique* peut être compris et défendu dans sa régularité.

A Dieu ne plaise que je veuille que le théâtre moralise et instruise toujours! Il doit amuser, il doit plaire; mais c'est aux hommes de goût qu'il doit plaire, ce sont les honnêtes gens qu'il doit amuser : quant aux classes inférieures, qui doivent participer aux délassements du théâtre plus que les autres encore, elles ont besoin de trouver dans les plaisirs de la scène de la vérité, du goût, des bienséances, afin de rectifier leurs manières, d'exciter et de cultiver leur intelligence. Pour toutes les classes enfin, l'honnêteté au théâtre est de droit rigoureux, et tout ouvrage dramatique doit ainsi, en distrayant et en amusant par les moyens de chaque époque, renfermer directement ou indirectement une moralité, une leçon qui serve à l'amélioration, à la civilisation de la société. Rencontre-t-on rien de pareil dans les œuvres de Regnard?

Quand je les apprécie de ce point de vue, quand je mesure ainsi le charme et la portée du théâtre, m'écarté-je des vrais principes de la littérature *classique?* Suis-je donc le premier et le seul qui ait distingué entre la comédie et la bouffonnerie, ce que l'une offrait d'agréable amusement et d'influence heureuse, et ce que l'autre renfermait de dégoût et de corruption? Certes, j'y aurais regardé à plusieurs fois avant de substituer mon sentiment et mon jugement sur Regnard et ses ouvrages, aux opinions généralement favorables à cet auteur, si je ne m'étais vu appuyer, à cet égard, par l'autorité la plus puissante en cette matière, par l'homme que les *classiques* ont raison de respecter et presque d'adorer, par le maître éternel de la raison et du goût, par Boileau enfin, qui, à propos des pièces de Regnard, qu'on essayait de défendre auprès de lui comme des ouvrages de mœurs et de caractères, répondait à M. Delome de Monchesnay :

« Il y a deux sortes de rire : l'un qui vient de la surprise, et l'autre qui » réjouit l'âme intérieurement, et fait rire plus efficacement, parce qu'il » est fondé sur la raison. L'effet naturel de la raison, c'est de plaire ; et » quand vous voyez sur le théâtre une action qui se suit et des caractères » heureusement représentés, vous ne sauriez vous défendre d'applaudir, » si ce n'est par des éclats de rire violents, au moins par une satisfaction » que vous sentez au dedans de vous-même. Or, les bouffonneries qui » excitent la risée ont véritablement quelque mérite ; mais quand on les » oppose au plaisir que produit un caractère naturel et bien touché, c'est » un bâtard auprès d'un enfant légitime. Il n'y a que la belle nature et le » véritable comique auxquels il appartienne de renvoyer l'esprit légiti- » mement satisfait, et plein d'une délectation sans reproche. Voilà, disait- » il, le seul attrait que les honnêtes gens demandent à la comédie ; et » c'est aussi le seul qui peut attirer de la réputation à un auteur. »

Donc je ne fais ici que proclamer l'arrêt souverain de Boileau, trop long-temps étouffé sous le mauvais et faux goût du dix-huitième siècle : je fais ce qu'il n'a pas eu le temps ou ce qu'il a dédaigné de faire ; je viens, autant que cela peut être nécessaire aux yeux de quelques-uns, fortifier par des preuves l'opinion sacrée de Boileau. Voyons donc, en effet, si Despréaux s'était par hasard trompé sur Regnard : prenons de cet auteur les deux pièces qui passent pour ses chefs-d'œuvre, *le Légataire universel* et *le Joueur*.

C'est, dit-on, une aventure du temps qui a fourni à Regnard le sujet du *Légataire universel*. Passons ; car ce ne peut être là une justification ni une excuse.

Un vieux garçon cacochyme et avare, privé d'héritiers directs, tombe dans une léthargie dont son neveu et ses valets abusent pour fabriquer un testament par lequel ce neveu est institué légataire universel, au détriment de tous les autres collatéraux, et peut épouser la jeune personne qu'il aime.

Qu'est-ce que cette *donnée* dramatique devient entre les mains de Regnard ? Un chef-d'œuvre si l'on veut, mais un chef-d'œuvre de bouffonnerie. Cette subreption testamentaire, qui, en bonne justice, mériterait les galères à ceux qui la commettent, est présentée avec un tel luxe de gaieté bouffonne, de quolibets hasardés, d'allusions plaisantes, que Crispin, Lisette et Éraste sont et demeurent excusés ou excusables aux yeux des spectateurs. Que reste-t-il après cette pièce étincelante d'esprit, de traits et de situations comiques ? Rien qu'une fort mauvaise conclusion. Eh bien, cette donnée aurait fourni au génie de Molière, comme elle a fourni plus tard au talent et à l'honnêteté de Colin-d'Harleville, un ouvrage qui, non moins amusant, eût encore présenté au public une leçon dont il aurait pu retirer quelque fruit. Les inconvénients, les ennuis, les tourments du vieux célibataire seraient à chaque instant sortis, comme moralité obligée, de la situation, de tout le comique qu'on aurait conservé dans les personnages principaux et subalternes. Le bonheur et la nécessité du mariage, lien et base de toute société régulière, se seraient incessamment présentés aux réflexions du spectateur. Molière n'y eût pas manqué sans doute. Regnard n'y a seulement pas pensé : il a tiré une *farce* en cinq actes et en vers d'un sujet où Molière aurait trouvé une *comédie*. Boileau avait-il tort?

Aurait-il eu tort aussi, lorsqu'après avoir rendu au caractère du joueur toute la justice que mérite le rôle de Valère, il eût montré combien ce chef-d'œuvre est incomplet, infructueux, et combien l'absence de toute moralité dans la combinaison et dans le dénoûment l'affaiblit et lui ôte même le vrai comique dont il devait être entouré? Regnard, enclin à la passion du jeu, s'est peint lui-même dans le personnage de Valère. Le rôle, je le répète, est charmant de gaieté et de nuances; le style de cet ouvrage est plein de saillies et de verve, et la bonhomie malicieuse d'Hector est tout à fait plaisante; le personnage de l'usurière, madame de la Ressource, tient bien au sujet, et ne manque pas de vérité : mais Géronte, Angélique et Dorante sont d'une pâleur qui va jusqu'à la nullité; la comtesse est une folle, le marquis un escroc, et ces deux *caractères* sont poussés à des *charges* indignes et de cet ouvrage et de tout théâtre régulier : mais aussi, et c'est ce qu'il faut remarquer avant tout, Valère est plutôt un libertin qu'un joueur. Il ne résulte rien, ni leçon, ni moralité pour le public, du *Joueur* de Regnard; et vraiment Boileau avait bien raison encore quand il voulait que, pour plaire, la comédie fût à la fois honnête et instructive.

A propos de cette dernière pièce, il faut bien rappeler la mauvaise chicane que l'on fit à Regnard, en l'accusant d'en avoir volé le plan et les détails principaux à Rivière-Dufresni, son contemporain et son ami, avec lequel il avait fait de société, au Théâtre Italien, *les Chinois*, *la Baguette de Vulcain*, *la Foire Saint-Germain* et *les Momies d'Égypte*. Il y avait bien quelque chose de vrai dans l'accusation : les deux amis avaient travaillé ensemble sur le même sujet, et le traitèrent ensuite séparément quand ils furent brouillés. La comédie en vers de Regnard eut un grand succès; *le Chevalier joueur* de Dufresni, en prose, n'en eut aucun : c'est donc Regnard qui eut raison.

Cela est incontestable, bien que *le Joueur*, non plus que *le Distrait*, ne soit pas, à proprement parler, un *caractère*. Dans ces deux ouvrages, comme dans les autres, quoiqu'à un moindre degré, Regnard, sous le rapport des caractères et des mœurs, est resté dans la nature exceptionnelle, grotesque ou exagérée. Aucune de ses pièces ne porte l'empreinte de cette généralité réelle dont la comédie doit frapper les travers ou les ridicules des hommes. Dans *le Légataire universel*, quel caractère vrai aperçoit-on ? quel dans *les Ménechmes ?* quel dans *les Folies amoureuses ?* quel dans *Démocrite ?*

Ce dernier ouvrage, qu'on ne représente plus depuis long-temps, renferme une des plus jolies scènes qui soient au théâtre : elle se passe entre Strabon et Cléanthis, mari et femme, qui, après avoir été long-temps séparés, se rencontrent à la cour sans se reconnaître d'abord, s'aiment, et sont sur le point de se remarier, lorsqu'ils se séparent de nouveau après s'être reconnus. La situation était vraie dans ce moment; et, les sentiments antipathiques des deux époux étant fondés et naturels, cette scène est vraiment un chef-d'œuvre. C'est, du reste, ce qu'il faudrait dire d'une scène au moins de chacun des grands ouvrages de Regnard; car la sévérité avec laquelle j'ai osé parler du fond et de la forme des comédies de cet auteur trop célébré, ne m'empêche ni de sentir le mérite répandu sur quelques parties de ses pièces, ni d'être équitable envers lui. Quand on peut oublier un moment au milieu de quelles folles intrigues, de quels caractères faux, de quels personnages vicieux il a placé le spectateur, il est impossible de ne pas rire souvent et beaucoup des situations, des mots, des plaisanteries qui échappent à son intarissable verve de bonne humeur. Ses traits sont concis et piquants; ils surprennent et éblouissent. Il court toujours après l'esprit; jamais le bon mot, l'expression comique, ne sortent naturellement de la situation ou du caractère, et cela, je le répète, parce que les caractères et les situations sont toujours exagérés, grotesques ou contraires au bon sens : mais les jeux de mots, les pointes, les quolibets, les lazzi se succèdent avec une telle vivacité; son style, quoique négligé, est partout si étincelant, si animé, si rapide, que quand on a commencé à rire avec Regnard, il faut rire presque sans cesse.

Ce n'est point là un mérite commun, mais c'est un mérite dangereux, et quoique ce trait distinctif du talent de Regnard ait dû lui obtenir et puisse lui conserver un des premiers rangs parmi les auteurs dramatiques, il faut reconnaître pourtant que cet auteur a été plus funeste qu'utile à la scène française; il l'a jetée et maintenue pendant long-temps dans une voie fausse et nuisible. Il a marqué, hâté et propagé la décadence de l'art de la comédie, qu'il a restreinte et réduite à de misérables jeux de scènes ou d'expressions, à des conventions sans mérite et sans vérité. Il est à remarquer que c'est à mesure qu'on s'éloignait du grand goût du dix-septième siècle, des larges et profonds tableaux de Molière, du style naturel et nerveux de ce sublime écrivain, que les ouvrages de Regnard et de ses successeurs et imitateurs obtinrent le plus de faveur. Du vivant de Regnard, ses comédies n'eurent pas le succès qu'on leur vit depuis sa mort. C'est le dix-huitième siècle, préparé par lui, par le régent et par Voltaire, qui exalta la réputation de Regnard.

Depuis quinze ans, on donne rarement les pièces de Regnard au Théâtre-Français, excepté peut-être *les Folies amoureuses*, pour commencer ou finir le spectacle le jour de la première représentation d'une comédie nouvelle. Ce n'est pas le temps et l'épuisement qui ont amené ce résultat; mais on s'est aperçu du vide et du faux des ouvrages de Regnard, et l'on s'est dégoûté et éloigné de son théâtre. Malgré beaucoup d'apparences contraires, il est pourtant réel qu'à notre époque auteurs et public cherchent dans la comédie, sans l'avoir encore suffisamment trouvé, l'intérêt de l'action uni à la vérité des caractères et au naturel du dialogue. Le théâtre de Regnard ne présente presque aucune de ces qualités. Regnard n'est pas comique, il est bouffon; il n'est pas gai, il est fou. Il n'est pas un seul des personnages importants de ses ouvrages qui ait le sens commun; et pourtant la raison, qui est nécessaire partout, est indispensable pour qu'un chef-d'œuvre dramatique soit au moins une comédie. Dans les comédies de Regnard, tous les pères sont imbéciles, les fils libertins, les valets coquins, les soubrettes friponnes, les jeunes personnes insensées ou nulles, les femmes âgées folles ou débauchées; et, malgré l'agrément du style, le dialogue est modelé sur le patron des personnages.

Regnard est le père du quolibet au théâtre. Il a autorisé, par les succès que lui a accordés la société sceptique, matérialiste et sensuelle dont il faisait partie, toutes les sottises effrontées, toutes les équivoques graveleuses, toutes les situations dangereuses dont le théâtre en général a offert depuis le triste tableau. On chercherait vainement dans Regnard un père qui sache parler à son fils, une fille qui sache répondre à sa mère, un ami qui sache causer avec son ami. Les comédies de Regnard découragent, par la réputation que le dix-huitième siècle leur a faite, ceux qui voudraient défendre le théâtre contre les reproches les plus sérieux de mauvais exemple et de corruption de mœurs. Jamais une heureuse leçon, une fructueuse moralité, ressort-elle des combinaisons ou des discours de ses comédies? Quelle est la maxime honnête que l'on pourrait extraire des œuvres de Regnard? Aucun de ses personnages n'a même le caractère de l'honnêteté. Il faudrait presque retourner l'éloge que Voltaire a fait de lui, et dire que « quand on » est digne d'admirer Molière, on ne se plaît point aux comédies de Re» gnard. » Boileau l'a mieux jugé, lorsqu'il a répondu à ceux qui exaltaient Regnard, « que cet auteur n'était pas médiocrement plaisant. » C'est à cet éloge qu'il faut s'en tenir, puisqu'il est du plus sincère ami des mœurs, du goût et de la vérité.

Épîtres, satires et poésies diverses. — Regnard n'était pas satisfait sans doute de cet éloge. Parmi le recueil de ses épîtres et poésies diverses, car il a fait aussi des épîtres, un sonnet, des stances et des chansons, on trouve une pièce de vers contre Boileau : j'en parlerai plus bas. Ces épîtres sont généralement satiriques, ou du moins elles ont la prétention de l'être. Comme dans les autres ouvrages de Regnard, la peinture des mœurs et des caractères y est exagérée, jusque-là qu'elle détruit toute la vérité des portraits et toute la confiance qu'il faut avoir dans la sincérité de la satire pour qu'elle puisse être agréable et utile. L'emportement de Regnard à l'égard des travers et des vices de son temps est hyperbolique, et froid par conséquent. On sent que ce n'était pas par amour de la vertu et de la vérité qu'il écrivait et cherchait à s'échauffer contre les ridicules et les erreurs des hommes; au contraire, il ne croit, lui, ni à la vérité ni à la vertu. Le sentiment philosophique qui domine dans ses épîtres n'est pas celui d'une morale douce quoique railleuse, sincère et sérieuse au fond quoique plaisante et vive dans la forme; c'est un scepticisme cynique qui règne chez Regnard, et la pensée de toutes ses satires vient se résumer dans ces quatre vers de son épître à M. du Vaulx :

Tout mortel porte un cœur corrompu, vicieux;
Le plus saint est celui qui se cache le mieux;
Et la vertu qu'on voit, si l'on en voit quelqu'une,
N'est qu'un effet de l'art ou bien de la fortune.

Ce n'est pas ainsi que vivait et qu'avait écrit Boileau, qui, à l'âge de soixante et onze ans, s'applaudissait de n'avoir rien laissé dans ses œuvres qui choquât les bonnes mœurs. « C'est une consolation, disait-il, pour les » vieux poètes qui doivent bientôt rendre compte à Dieu de leurs actions. »

Regnard ne se contenta pas de chercher à imiter Despréaux, il voulut lutter avec lui. L'ami de Racine avait fait une satire contre les femmes; Regnard en fit une contre les hommes, dans laquelle il insulta vivement Boileau, et lui reprocha son attaque contre le *beau sexe*. Le vieux satirique, qui était plein de mépris pour la bouffonnerie du théâtre, et qui l'exprimait hautement, avait pourtant déjà consenti à retirer le nom de Regnard de ses satires, et Regnard lui avait dédié sa comédie des *Ménechmes*. Dans cette épître, il n'est sorte de louanges que Regnard n'adresse à Boileau. Elle se termine par ces deux vers :

Et, pour disciple enfin si tu veux m'avouer,
C'est par cet endroit seul qu'on pourra me louer.

Il est vrai que, tout admirateur hyperbolique qu'il se montrât de Despréaux, il avait professé une admiration semblable pour Quinault, à qui il adressa aussi une épître dans laquelle il le compare simplement à Ovide et à Homère; et afin que l'égalité de son admiration pour Quinault et pour Boileau fût complète, il dit à l'auteur de l'*Astrate* et du *Faux Tibérinus* :

Si mon foible travail s'attire quelque gloire,
Je te la devrai plus qu'aux filles de mémoire;
Et pour élève enfin si tu veux m'avouer,
C'est par cet endroit seul qu'on pourra me louer.

Il faut assurément renoncer à expliquer un plagiat pareil, fait à soi-même, et à la fois si inconséquent, si ridicule, et même, disons-le, d'une duplicité si fâcheuse pour le goût et pour le caractère de Regnard.

Telle est la vie, telles sont les œuvres de Regnard, de ce poète comique que quelques écrivains ont loué si démesurément, qu'on le cite encore lorsque l'on a parlé de l'homme de génie à qui la France doit *Tartufe!* S'il y a une place après ou à côté de Molière, elle est à l'auteur de *Turcaret.*

A. DELAFOREST.

Impie Geny-Gros rue du Plâtre, 28, Paris.

FONTENELLE.

FONTENELLE

NÉ EN 1657, MORT EN 1757.

Si une enfance heureuse, une jeunesse sans orages, une grande modération de caractère, quatre-vingts ans de succès et surtout de considération littéraire, une vieillesse honorée, et puis mourir ou plutôt s'éteindre doucement, sans souffrance, au bout d'un siècle, entouré de nombreux amis, si tout cela est le bonheur, on trouvera rarement des hommes qui puissent se dire plus heureux que notre Fontenelle. Peu de nuages dans cette vie si longue; et quand la force des choses en a fait naître quelques-uns, un esprit sage, une philosophie bien entendue, les ont vite dissipés.

Fontenelle a grandi à côté et dans la société des illustrations du siècle de Louis XIV; il a pu observer et connaître la plus belle partie de ce siècle-roi. Il a vu naître et se développer, sous ses yeux et en partie sous son influence, l'école morale et littéraire du dix-huitième siècle. Trop faible, sans doute, pour essayer de retenir sa génération dans les idées du premier, trop habile pour n'avoir pas pressenti le second, il n'a voulu renier ni l'un ni l'autre; il a accepté la gloire que tous les deux ont voulu lui départir. Souriant dans son adieu à l'époque de sa jeunesse, sans trop de regrets il tendit une main amie à l'ère nouvelle qui s'ouvrait devant lui. Esprit heureusement né, qui sut accommoder sa vie à la marche du temps et des idées, et les suivre sans s'en faire ni trop l'esclave ni trop l'adulateur!

Bernard le Bovier de Fontenelle naquit à Rouen, le 11 février 1657. Son père, d'une famille noble et ancienne, exerçait la profession d'avocat, chose assez rare à cette époque pour être signalée. Sa mère, Marthe Corneille, était une femme de mérite et de beaucoup d'esprit. « Je lui » ressemblais, a-t-il répété souvent, et je me loue en le disant. » Cet homme, qui devait atteindre la plus longue vie, vint au monde si faible qu'on lui accordait à peine quelques heures d'existence : on ne put le baptiser qu'au bout de trois jours; jusqu'à l'âge de seize ans, le moindre exercice violent l'accablait et lui faisait cracher le sang; le jeu de billard même était un exercice trop fort pour sa frêle constitution. Cependant cette faiblesse physique ne nuisait point aux études du jeune Fontenelle. Elles furent aussi brillantes que rapides : il était en rhétorique à treize ans chez les jésuites de Rouen, et il était le premier de sa classe. Aussi fit-on tout ce que l'on put pour le déterminer à entrer dans l'ordre. Avec leur tact admirable, les maîtres devinaient que leur élève, suivant l'expression de Voltaire, *ressemblait à ces terres heureuses qui portent toute espèce de fruits* Mais le jeune rhétoricien avait déjà les yeux fixés sur le grand homme qui illustrait la scène française, et le génie de Corneille, son oncle, lui inspirait le désir de succès bien en dehors de la sévérité du cloître. Fontenelle eut toute sa vie du goût pour les compositions dramatiques et pour la poésie légère, deux prédilections assez malheureuses; car il tiendrait peu de place dans l'histoire des lettres s'il n'avait écrit que ses opéras, tragédies, comédies, pastorales, de quelque esprit qu'il ait su les semer, surtout ces dernières.

Au sortir de ses études, Fontenelle fut obligé de faire son droit pour plaire à ses parents, et fut reçu avocat; mais, avant l'âge de vingt ans, il ne s'occupait déjà plus de la science du légiste. En 1679, il arrivait à Paris pour s'y livrer entièrement à la littérature. Il vint demeurer chez son oncle Thomas Corneille. Là, il se lia bientôt avec des jeunes gens qui partageaient ses goûts et s'y livraient avec ardeur. Parmi ceux qu'il affectionnait plus particulièrement, se trouvaient l'historien Vertot; cet abbé de Saint-Pierre, si célèbre par ses vœux d'honnête homme, auxquels il n'a jamais manqué, pour le bonheur de l'humanité, que de pouvoir se réaliser; et le mathématicien Varignon, au sujet duquel Fontenelle a dit : « Nous nous rassemblions avec un extrême plaisir, jeunes, pleins de la » première ardeur de savoir, et, ce que nous ne comptions peut-être pas » pour un assez grand bien, peu connus. » Sages paroles, que la conscience ou la politique arrache assez souvent aux hommes qui parlent en public, mais qui ne furent pas, malgré l'esprit de prudente modération dont on le loue avec justice, adoptées bien rigoureusement par Fontenelle, dans la vie pratique. Il est vrai qu'il n'eut jamais cette ambition héroïque qui veut occuper la terre de soi; mais l'ambition des cercles parisiens, celle-ci, il l'eut et en soigna toute sa vie les succès avec un art et un talent remarquables. Cette observation est ici d'autant mieux à sa place, que c'est à cette première époque de sa vie que Fontenelle jeta les fondements de cette réputation d'homme de salon et de bel esprit, qu'il a laissée rivale, au moins, sinon supérieure à sa réputation de philosophe et de savant.

Fontenelle entra dans la carrière des lettres avec quelques pièces fugitives que le *Mercure galant* produisit. Une entre autres, l'*Amour noyé*, fut très-louée par les rédacteurs de ce journal, qui étaient Thomas Corneille et Visé. Dans le même temps, le jeune littérateur aidait son oncle Thomas dans la composition de ses pièces de théâtre; il concourait à diverses reprises, mais inutilement il est vrai, pour le prix de poésie à l'Académie française; il faisait représenter une petite comédie sous le nom de Visé, et fréquentait le monde le plus qu'il pouvait. Ce début, quoique ne manquant point d'activité et de bon vouloir, ne pouvait cependant donner encore un rang dans les lettres. Mais voici un ouvrage sur lequel se fondent les plus brillantes espérances : c'est une tragédie. Le grand Corneille va-t-il renaître dans son neveu? De nombreux amis le proclament. L'*Aspar* va donc fonder une nouvelle gloire? Hélas! non; jamais les bruits de salon ne se trouvèrent en désaccord plus complet avec l'opinion publique. C'était en 1680, la chute fut éclatante, incontestable; et la gloire de Racine, qu'une coterie et le journalisme du temps avaient menacé de l'*Aspar*, ne reçut pas la plus légère atteinte. Fontenelle eut le bon esprit de se rendre justice et de brûler sa pièce. Racine ne sut pas se refuser la légère malice de l'excellente épigramme, si connue, sur l'origine des sifflets, qui finit par ces trois vers :

« Mais quand sifflets prirent commencement,
» C'est (j'y jouois, j'en suis témoin fidèle),
» C'est à l'*Aspar* du sieur de Fontenelle. »

On attribue à Racine et à Boileau une chanson, également épigrammatique, faite à la même époque. Elle pourrait prouver que déjà Fontenelle, probablement plus à cause de l'importance de ses protecteurs que de la sienne propre, n'était pas traité avec indifférence. En voici le second couplet :

« Mon aventure est étrange :
» On m'adoroit à Rouen;
» Dans le *Mercure galant*
» J'avois plus d'esprit qu'un ange.
» Cependant je pars demain,
» Sans argent et sans louange,
» Un bâton blanc à la main. »

Le bruit que ses partisans faisaient du talent de Fontenelle n'était pas, comme on le pense bien, le seul motif de ces malicieuses plaisanteries des illustres représentants de la gloire littéraire du grand siècle. L'affectation, qu'on affichait chez Thomas Corneille, de comparer sans cesse Corneille et Racine, aux dépens de ce dernier, devait être un motif beaucoup plus déterminant. La thèse, si chaudement agitée alors, de la prééminence des anciens et des modernes, et sur laquelle Fontenelle et son ami La Mothe se montraient d'un avis si différent de celui des écrivains de l'école de Boileau, ne contribua pas peu, aussi, à irriter ces derniers. La question paraissait si sérieuse, que La Bruyère crut devoir, de son côté, lancer un sarcasme contre l'enfant gâté des salons et des femmes, contre le dépréciateur audacieux des poëtes et des orateurs d'Athènes et de Rome. Le portrait qu'il en a fait, dans *les Caractères*, sous le nom Cydias, est aussi spirituel que piquant; et en le lisant, on conçoit qu'il eût fallu un esprit singulièrement impassible pour ne pas en être vivement choqué. On ne voit pourtant pas que le *sage* et *discret* Fontenelle se soit trop ému de ces attaques; et s'il se permit aussi, lui, quelques épigrammes, dont la meilleure fut celle qu'il fit au sujet de l'*Ode sur la prise de Namur* et de la *Satire sur les femmes*, son irritation tomba bien vite. Il était trop adulé pour pouvoir long-temps douter de son mérite, trop ami de sa tranquillité pour envenimer les discussions par une vivacité extrême. Ses illustres antagonistes firent cependant qu'il ne put entrer à l'Académie qu'en 1691, malgré les puissantes intrigues qui l'y poussaient depuis long-temps. Mais, jusque-là, les satisfactions d'amour-propre ne lui manquèrent pas. Tragédies, opéras, comédies, petits vers sous toutes les formes, occupèrent constamment de lui le public et firent le charme de ses nombreux amis. De tout ce menu bagage littéraire, on ne peut plus citer aujourd'hui que trois ou quatre pièces de vers remarquables : *Ismene*, pastorale charmante de douleur et de naturel, malgré quelques taches d'afféterie; l'apologue de l'*Amour* et de l'*Honneur*, petit morceau très-heureusement tourné; *le Portrait de Clarice;* et le célèbre sonnet de *Daphné*, parfait de grâce, et l'un des meilleurs de la langue.

Je suis (crioit jadis Apollon à Daphné,
Lorsque tout hors d'haleine il couroit après elle,
Et lui contoit pourtant la longue kyrielle
Des rares qualités dont il étoit orné),

Je suis le dieu des vers, je suis bel-esprit né;
Mais les vers n'étoient point le charme de la belle.
Je sais jouer du luth, arrêtez. Bagatelle!
Le luth ne pouvoit rien sur ce cœur obstiné.

Je connois la vertu de la moindre racine;
Je suis, par mon savoir, dieu de la médecine!
Daphné fuyoit encor plus vite que jamais.

Mais s'il eût dit : Voyez quelle est votre conquête,
Je suis un jeune dieu, toujours beau, toujours frais,
Daphné, sur ma parole, auroit tourné la tête.

La Harpe a caractérisé les pastorales de Fontenelle en écrivant dans son Cours de Littérature : « Ses bergers en savent trop en amour, et il en

» sait trop peu en poésie. » Et quand Fontenelle fit à Voltaire le reproche d'avoir mis trop de poésie dans *Œdipe*, Voltaire lui répondit : « Cela se » peut bien, et pour m'en corriger je vais relire vos pastorales. »

Venons à des titres plus solides, aux principaux ouvrages en prose de Fontenelle. Les *Dialogues des Morts* eurent une vogue incroyable à leur apparition; et, malgré le grand nombre d'opinions paradoxales dans lesquelles s'est joué l'esprit de l'auteur, il en est quelques-uns que l'homme de goût peut lire avec un véritable plaisir. Les pointes et la recherche qui les déparent étaient chose de mode alors, et furent même la principale cause de leur immense succès.

Les *Entretiens sur la pluralité des Mondes* vinrent accroître la réputation de l'écrivain qui avait fait les dialogues, et même la faire grandir au point de le placer parmi le petit nombre de véritables savants qui ont su rendre des idées saines dans un style clair et précis. Cet ouvrage, comme le précédent, a été loué avec exagération. On lui reproche aussi du bel esprit hors de propos, un badinage ingénieux, mais intempestif, des tournures complimenteuses qui ressemblent parfois à de la fadeur, des faits incertains ou peu exacts; mais il n'en est pas moins très-supérieur aux *Dialogues*, très-remarquable de style, et il reste un modèle pour ceux qui veulent rendre la science populaire.

Aux *Entretiens sur la pluralité des Mondes* succéda l'*Histoire des Oracles*. Ce livre fit du bruit; il était encore bien approprié aux idées du jour. Ce qu'on a appelé les esprits forts se multipliaient alors dans le grand monde, et ils crurent devoir saluer, de toute l'explosion d'une vive admiration, un nouvel adepte de la philosophie. Ce n'est pas que l'*Histoire des Oracles* contienne, rigoureusement parlant, rien de contraire aux doctrines catholiques, comme le prétendirent et Letellier et son organe Baltus, qui se chargea d'une lourde réfutation; mais on y a soumis à un examen purement philosophique une question que le clergé était habitué à résoudre dans le sens le plus favorable à des idées de merveilleux, ou tout au moins à laisser sans solution positive. Voltaire dit que la puissante protection du marquis d'Argenson écarta seule la persécution qui fut sur le point d'atteindre l'auteur de l'*Histoire des Oracles*. Du reste, Fontenelle n'avait fait qu'arranger et embellir l'ouvrage de Van Daale; ouvrage d'une érudition très-indigeste et très-ennuyeuse, dans lequel ce savant s'était efforcé de prouver que les oracles n'avaient jamais été l'œuvre des démons, et qu'ils n'avaient pas cessé à la venue de Jésus-Christ. Aussi l'écrivain français se contenta-t-il de répondre, avec sa modération ordinaire, aux vives attaques dirigées contre lui : « Ce seroit plutôt à M. Van Daale à se défendre qu'à moi; il est mon garant, je ne suis que son interprète, et » j'aime mieux que le diable ait été prophète, puisque le père jésuite le » veut, et qu'il trouve cela plus orthodoxe. » Le savant hollandais Basnage répondit pour Fontenelle. L'*Histoire des Oracles* ouvrit à son auteur la porte de l'Académie des Inscriptions et Belles-Lettres.

L'ouvrage le plus estimé de Fontenelle est l'*Histoire de l'Académie des sciences;* c'est là, et particulièrement dans ses éloges des académiciens, qu'il faut chercher ses connaissances variées, la flexibilité heureuse de son style, l'esprit, la grâce ou la finesse de ses aperçus, et, le plus souvent, la solidité d'un jugement qui attache le lecteur d'aujourd'hui, comme il charmait autrefois le corps devant lequel ces discours étaient prononcés. La flatterie, cette dangereuse tentatrice de l'orateur, la reconnaissance ou l'amitié, ces sentiments plus nobles, et auxquels il est si doux de se laisser aller, se retrouvent bien parfois sous la plume de l'illustre auteur des éloges; mais, en général, la puissance de ce sceptre moral qu'il porta si long-temps au sein de l'Académie, il n'en abusa pas; cette sorte de dictature sur la réputation de ses collègues descendus dans la tombe, il l'exerça avec une sagesse, une rectitude de vues que la postérité, venue déjà depuis long-temps pour eux, n'a fait que sanctionner. Tous les hommes de goût aiment à voir, dans les rayons de leur bibliothèque, au rang des bons livres, les Éloges de Fontenelle. Il les composa tous pendant les quarante-deux ans qu'il occupa la place de secrétaire perpétuel de l'Académie des sciences. Voltaire, qui avait raillé plus d'une fois l'auteur des pastorales et des madrigaux, *le vieux Berger normand* qui apprenait *aux beaux esprits à traiter galamment les grands sujets en style de ruelle*, Voltaire ne peut refuser de sincères éloges aux éloquents travaux du secrétaire de l'Académie des sciences :

« L'ignorant l'entendit, le savant l'admira. »

Il l'appela encore, dans le *Siècle de Louis XIV*, « le premier parmi les savants » qui n'ont pas eu le don de l'invention. » Fontenelle fut singulièrement flatté de l'exception que fit Voltaire en sa faveur, lorsque, dérogeant à ce qu'il s'était prescrit pour les écrivains vivants, il le plaça, avec le président Hénault, dans son catalogue du siècle de Louis XIV.

Dans cette courte biographie, qui ne peut donner que des indications sommaires, on n'attend pas que nous parlions de toutes les autres productions littéraires ou scientifiques du célèbre académicien. Beaucoup d'entre elles ne sont plus guère connues que pour figurer dans les nomenclatures bibliographiques. Nous ne dirons un mot de la *Géométrie de l'Infini* que pour rappeler les paroles assez plaisantes que Fontenelle adressa au régent en lui présentant cet ouvrage : « Monseigneur, voilà un livre que huit » hommes seulement, en Europe, sont en état de comprendre, et l'auteur » n'est pas de ces huit-là. » La *Géométrie de l'Infini* fut extrêmement vantée, lorsqu'elle parut, par une quantité d'hommes qui n'étaient pas des huit de Fontenelle : aujourd'hui elle est oubliée.

Mero et Énegu, opuscule anonyme, dans lequel l'auteur, sous leur anagramme, voulait désigner Rome et Genève, suscita plusieurs attaques très-violentes contre les opinions religieuses de Fontenelle, auquel on l'attribua. Rien n'est cependant moins prouvé que cette supposition. Mademoiselle Bernard, sa nièce, en a été regardée long-temps comme l'auteur, mais sans plus de raisons solides. Bayle, sur l'autorité duquel est fondée cette assertion, serait plus probablement le véritable père de *Mero et Énegu*, qui parut pour la première fois dans les *Nouvelles de la république des lettres*, que le célèbre sceptique fit paraître en janvier 1686 ; et il est plus naturel et plus dans l'esprit de l'ouvrage de l'attribuer à Bayle qu'à mademoiselle Bernard ou à Fontenelle, qui, malgré toute sa faiblesse pour les philosophes, et pour Voltaire en particulier, dont il aimait les flatteries, ne se montra jamais anti-religieux. Il ne rougissait pas de pratiquer en public tous les devoirs que prescrit la religion, et c'est lui, comme on le sait, qui a dit, dans la vie de Corneille, en parlant de l'*Imitation de Jésus-Christ* : « C'est le plus beau des livres sortis de la main des hommes, puisque » l'Évangile n'en vient pas. » N'était-ce pas encore lui qui répétait souvent que la religion chrétienne est la seule qui ait des preuves?

Il fut un temps où l'esprit voltairien cherchait à recruter toutes les gloires, saisissait la moindre occasion de compromettre la tendance religieuse d'un homme de quelque célébrité, et usait, suivant le besoin, ou de la flatterie ou de la satire pour l'amener à soi. De là ces éloges exagérés que Fontenelle reçut souvent de Voltaire et de son école ; de là cette espèce d'apothéose que l'Académie française imagina de lui décerner un jour, comme à un des précurseurs de la liberté de penser, comme à un des hommes qui avaient ouvert la voie à la philosophie du dix-huitième siècle.

La dernière moitié de la vie de Fontenelle fut entourée d'une considération peu commune ; mais il faut convenir aussi que peu d'hommes ont possédé comme lui cette précieuse philosophie de la modération, qui donne le bonheur toutes les fois qu'il est possible. Dépouillé pour ainsi dire de ces trop vifs aiguillons d'amour-propre qu'il n'avait pu contenir lors de son début dans la carrière des lettres, il profita des souvenirs de sa jeunesse pour rendre agréable son existence d'homme fait et de vieillard. Le secrétaire perpétuel de l'Académie des sciences abandonna l'audace de ses prétentions contre la gloire de Racine, de même qu'il oublia les épigrammes de Boileau et de La Bruyère. Homme du monde aussi spirituel que recherché, savant laborieux et considéré, il sut se renfermer dans ce cercle, assez vaste pour son ambition, et son ambition ne fut pas déçue. Il eut des amis, quoiqu'on l'ait accusé de froideur et d'insensibilité. La gloire avait des attraits pour lui ; la société des femmes lui plaisait infiniment ; mais jamais ni une ambition trop ardente, ni d'orageuses amours ne vinrent troubler le cours de cette vie, qu'il se glorifiait de préparer et d'arranger chaque jour avec le soin le plus étudié. Lui qui avait disputé si chaudement dans la querelle des anciens et des modernes, il craignait, sur ses vieux jours, toutes les discussions qui pouvaient amener des luttes trop vives : « Quand j'aurois les mains pleines de vérités, disait-il, je ne les ouvrirois » pas, » et ce mot n'était pas de l'égoïsme, puisque sa pensée s'explique par ce passage d'un de ses écrits, qui nous semble parfaitement juste : « Le commun des hommes n'a ni assez de raison ni assez d'instruction pour se passer de préjugés. »

Dans le monde, qu'il fréquenta toujours beaucoup, Fontenelle fut de la société la plus aimable. Il avait de l'enjouement et de l'à-propos. Il jouissait, à un degré supérieur, de l'heureux don de savoir écouter les autres, aussi bien que de celui de se faire écouter lui-même. S'il plaisantait, ses plaisanteries étaient toujours de bon goût, jamais marquées au coin de la médisance, cet instrument si commode de ceux qui manquent d'esprit. Il se vantait de n'avoir jamais donné le plus petit ridicule à la plus petite vertu; personne ne l'a contredit. Il savait faire valoir l'esprit des autres; chose si rare, mais de si bon air, et qui profite souvent plus que l'esprit qu'on montre de son propre fonds. Lorsque le régent lui eut donné au Palais-Royal, l'appartement qu'il occupa jusqu'en 1730, époque à laquelle il le quitta pour aller demeurer chez son neveu Richer d'Aube, il soupait souvent chez le prince. A une de ces réunions, madame d'Argenton dit un bon mot qui ne fut pas saisi : « Ah! Fontenelle, où es-tu? » s'écria-t-elle aussitôt. A propos du régent, il est bon de rappeler la noble réponse faite à ces paroles : « Fontenelle, je crois peu à la vertu.—Monseigneur, » répondit le philosophe, il y a pourtant d'honnêtes gens; mais ils ne vien» nent pas vous chercher. »

Du vivant même de Fontenelle, la marquise de Lambert a tracé de lui un portrait dans lequel elle dit : « Nul sentiment ne lui est nécessaire, » il est libre et dégagé; aussi ne s'unit-on qu'à son esprit, et on échappe » à son cœur. Il ne demande aux femmes que le mérite de la figure : dès » que vous plaisez à ses yeux, cela lui suffit, et tout autre mérite est perdu. » Il y a, selon toute apparence, un peu d'exagération dans la tournure sarcastique de ces expressions; et madame de Lambert dut les écrire dans un de ces moments où l'amitié, même la plus tendre, subit quelques-unes de ces éclipses que ne peut jamais éviter tout à fait la faiblesse humaine. Voici un trait conservé par l'abbé Trublet, qui doit contrebalancer un peu l'effet des paroles de la marquise de Lambert.

Fontenelle avait à Rouen un ami d'enfance nommé Brunel, avocat ou procureur; il l'aima constamment, et le cultiva toujours avec un grand soin. Brunel écrit un jour, de Rouen, à Fontenelle, à Paris, ces seuls mots : « Vous avez mille écus, envoyez-les-moi. » Fontenelle répond : « Lorsque » j'ai reçu votre billet, j'allais placer mes mille écus, et je ne retrouverai

» pas aisément une aussi belle occasion ; voyez donc. » Brunel ne répliqua rien autre chose que : « Envoyez-moi vos mille écus ; » et Fontenelle les envoya, charmé du laconisme de son ami.

Fontenelle mourut sans souffrance vive, le 9 janvier 1757, à l'âge de cent ans moins un mois et deux jours. Il conserva jusqu'à ses derniers moments sa tranquillité d'âme. Il disait à son médecin : « Je ne souffre pas ; mais je » sens une difficulté d'être. »

H^{te} GAUCHERAUD.

ROLLIN.

ROLLIN

NÉ EN 1661, MORT EN 1741.

Dans une des rues les plus lointaines, les plus ignorées d'un de nos vieux faubourgs, celle-là même où se retira Bernardin de Saint-Pierre pour écrire ses *Études de la Nature*, on voit encore une maison [1] de modeste apparence qui abrita la vieillesse de Rollin, quand il lui fallut, chose étrange! un abri hors de ces colléges où elle aurait dû finir. On y lit, sur une porte intérieure, au lieu où l'avait fait placer Rollin, cet élégant témoignage de sa résignation philosophique et chrétienne :

Ante alias dilecta domus, qua, ruris et urbis
Incola tranquillus, meque Deoque fruor.

Jouir de Dieu, jouir de lui-même, c'était pour Rollin, non pas l'oisiveté d'une pieuse quiétude, mais la persévérante pratique de ces devoirs auxquels, par une sorte d'engagement sacré, il avait dévoué sa vie, et dont il ne lui semblait pas que l'intrigue et la persécution, en le condamnant prématurément à la retraite, eussent eu le droit ni le pouvoir de le dégager. En vain on avait éloigné de la jeunesse le plus digne maître qu'elle eut jamais; il continuait à s'occuper d'elle dans des ouvrages dont elle était l'unique but, où revivaient, pour étendre et perpétuer leur influence, la science et le goût du professeur, les sages directions du principal, les vues de réforme et d'amélioration du recteur. Jamais il n'avait travaillé plus activement à l'instruction, à l'éducation publique, que depuis qu'on lui avait retiré, pensait-on, toute action directe sur cet objet de sa constante sollicitude. L'autorité de son expérience, de sa raison, la puissance persuasive de son langage, animé d'une sorte de tendresse paternelle, lui soumettaient toutes les écoles, les maîtres comme les disciples. Ils lui appartiennent

[1] Rue Neuve-Saint-Étienne, n° 14.

encore aujourd'hui, et ne cesseront de lui appartenir. Le plus simple des hommes, qui, dans la modestie de sa carrière et de ses vœux, n'apercevait guère la gloire, l'a obtenue sans la demander, et s'est placé au rang de ce qu'elle illustre le plus, comme le modèle accompli, le type idéal de l'instituteur public : car il est des lumières, des vertus, un dévouement, qui échappent au progrès, qu'on ne surpasse pas, qu'on n'égale pas, dont on serait heureux d'approcher.

Nous ne reverrons plus de maîtres, je ne veux pas dire égaux, mais semblables à ceux de l'Université de Paris au temps où elle produisit Rollin, car ce temps lui-même ne saurait se revoir. Il y avait alors un pays latin, véritablement séparé du reste du monde, où presque rien de lui ne pouvait pénétrer : là s'élevaient, la plupart par le bienfait de généreuses fondations, de jeunes écoliers, orphelins ou pauvres, que les succès de leurs études désignaient d'avance comme les successeurs de leurs maîtres, comme les maîtres futurs des enfants de leurs camarades : le caractère ou seulement le costume ecclésiastique, des habitudes régulières et pieuses les avaient consacrés de bonne heure à la gravité de leur état, rendus étrangers aux intérêts et aux distractions de la société ; le collége était devenu leur unique patrie, comme la classe devait rester leur seule famille : toute leur existence, qui ne changeait guère en passant des bancs à la chaire, se composait uniformément des petits accidents de la vie scolastique, et du spectacle assidu de cette antiquité, leur préoccupation habituelle, le texte de tous leurs enseignements. De là de fortes études classiques, une sorte de commerce familier avec ces Grecs et ces Romains, précepteurs reconnus du bon goût et de la sagesse, des notions littéraires, des règles de conduite puisées à la fois aux mêmes sources, un système parfaitement lié d'instruction et d'éducation dont les lettres profanes étaient la base, et la morale chrétienne le couronnement. On comptait sur l'expérience du monde pour corriger un jour ce qu'il pouvait y avoir de trop exclusivement antique dans cette manière d'élever la jeunesse française. La concurrence d'autres corporations enseignantes, avec la diversité de leur esprit et de leurs méthodes, le grand sens, la gravité, l'austérité de Port-Royal, l'élégance mondaine des Jésuites, modifiaient heureusement, même à son insu, l'enseignement universitaire, et le préservaient de la routine où mènent à la longue les meilleures traditions. Un grand siècle littéraire venait de placer à côté des modèles antiques d'autres modèles qui renouvelaient l'admiration, rajeunissaient la critique, et, par les procédés d'une imitation tout originale, enhardissaient à une plus libre admiration des anciens. C'est sous ces diverses influences que se formèrent les mœurs, la vertu, la science, le goût de Rollin, cet interprète moderne, cet intelligent successeur de Quintilien, auquel Racine mourant léguait l'éducation de son fils.

Rollin avait contracté dès ses plus jeunes ans une dette qu'il ne crut jamais avoir complétement acquittée. Second fils d'un coutelier de Paris [1], destiné, comme son frère aîné, à la profession paternelle, et même pourvu de bonne heure, ainsi que lui, de lettres de maîtrise, il est probable qu'il n'eût jamais quitté, comme il l'a dit agréablement dans une épigramme latine, l'antre des Cyclopes pour le Parnasse, si un bon religieux, un bénédictin des Blancs-Manteaux, dont il entendait et quelquefois servait la messe, frappé de ses heureuses dispositions, n'eût levé les obstacles qu'opposaient à leur développement la médiocrité de sa condition et les ressources bornées de sa mère restée veuve, en lui obtenant une bourse au collége des Dix-Huit, dont les élèves suivaient les cours publics du collége du Plessis. Jamais bienfait ne fut mieux placé. Le jeune boursier se livra au travail avec une joie et une ardeur qui annonçaient et devaient amener de rapides et brillants succès. Le bruit en parvint jusque dans le monde, où, comme le raconte Plutarque de l'enfance de Cicéron, des personnes considérables s'en émurent, curieuses de connaître le redoutable rival, l'heureux vainqueur de leurs fils, empressées de leur donner pour compagnon de plaisirs aussi bien que d'études cet enfant du meilleur naturel, et en qui la modestie et l'amabilité relevaient les grâces et la promptitude de l'esprit. Devant l'humble boutique de son heureuse mère s'arrêtait souvent le carrosse d'un ministre du grand roi, du successeur de Colbert, M. Le Pelletier, dont les enfants, camarades de Rollin, venaient le prendre ou le ramener ; l'égalité du collége, par l'ordre du sage magistrat, subsistait jusque dans ce carrosse, où des écoliers de condition si diverse se rangeaient suivant l'ordre de la classe, et où souvent Rollin, à la grande surprise de sa mère, montait et se plaçait sans façon le premier. Ainsi naissait entre les jeunes condisciples une amitié, entretenue dans la suite par cette communauté de graves études et d'austères devoirs, par ces rapports de patronage qui liaient alors la magistrature, où l'un des fils de M. Le Pelletier avait trouvé sa place héréditaire, à l'Université, dont Rollin, son enfant d'adoption, était devenu le chef. Les récits du temps nous ont conservé un intéressant témoignage de cette liaison. En 1695, dans la première année de son rectorat, Rollin fit présenter à l'enfant de son ancien camarade et ami Louis Le Pelletier, âgé à peine de cinq ou six ans, un cierge semblable à celui que l'Université avait coutume d'offrir le jour de la Chandeleur aux premiers présidents. Il lui écrivit en même temps, dans des vers ingénieux, qu'il lui fallait s'accoutumer de bonne heure aux prérogatives d'une dignité réservée à son père, et plus tard à lui-même :

Te manet hæc sedes : summum Themis ipsa tribunal,
Vera cano, patri destinat, inde tibi.

[1] Charles Rollin était né le 30 janvier 1661.

L'événement donna à ce compliment quelque chose de prophétique, car le père et le fils parvinrent l'un après l'autre à cette première présidence, dont ils étaient tous deux bien éloignés quand Rollin la leur promettait.

Mais revenons au temps où le recteur n'était encore qu'un écolier, de grande espérance il est vrai, appelé *divin* par ses maîtres, choisi par eux, comme par le public, pour prendre leur place. Lorsque Hersan, dont les souvenirs pieux du *Traité des Études* ont immortalisé le savoir, le goût, les vertus, cédant aux instances paternelles d'un ministre que d'ailleurs on ne refusait pas, dut quitter, pour s'attacher à l'éducation de l'abbé de Louvois, sa chaire de rhétorique du collége du Plessis, c'est Rollin, son élève chéri, qu'il voulut avoir pour successeur. Rollin se refusa à l'éclat de ce début : il passa d'abord, et ce ne fut pas sans peine qu'on l'obtint de sa modestie, par la chaire de seconde, ainsi qu'avait fait Hersan lui-même, dont au bout de quelques années il lui fallut bien cependant recueillir l'héritage, et l'héritage tout entier. Hersan, rompant pour lui ses derniers engagements, lui résigna, avec l'agrément du roi, la survivance de la chaire d'éloquence du Collége Royal, et le porta ainsi fort jeune encore, et comme malgré lui, aux plus éclatantes fonctions de l'enseignement public.

Les succès qu'il y obtint, pendant neuf ans environ (de 1683 à 1692) qu'il professa la seconde et la rhétorique au collége du Plessis, pendant quarante-huit ans (de 1688 à 1736) qu'il enseigna l'éloquence au Collége Royal, nous sont attestés par le suffrage des contemporains, et expliqués par ce livre où, dans le modèle idéal du professeur, Rollin, comme sans y penser, nous a laissé ses propres Mémoires. Ce savoir discret, ce bon sens, ce bon goût, ce sentiment juste et délicat du vrai et du beau, ces judicieuses tentatives pour étendre le cercle des études en y mêlant l'histoire à la critique, en y rappelant la littérature grecque trop négligée, en y introduisant les lettres françaises trop ignorées; ces libres allures d'un jugement qui pouvait contrôler par la pratique la plus ancienne, comme par les expériences les plus modernes, les règles étroites du pédantisme; cette attention à faire sortir de tous les enseignements quelque utile précepte de conduite, à sanctifier l'éloquence et la poésie par la morale, la sagesse antique par la piété chrétienne; ce souvenir toujours présent du but de l'éducation publique, dont la société doit attendre, non pas seulement des savants, des orateurs, des poètes, pour l'ornement de ses académies et de ses chaires, des serviteurs d'élite pour ses hauts emplois, mais, ce qui ne lui est pas moins nécessaire, un peuple d'hommes laborieux et honnêtes, d'un commerce aimable, qui honorent et relèvent toutes les professions, tous les rangs; l'importance donnée à l'art si difficile et si indispensable de connaître la mesure des esprits, la diversité des caractères, de les mener, par les voies qui leur sont propres, aux résultats dont ils sont capables, et d'accorder ainsi, avec la généralité d'un enseignement destiné à tous, la conduite intelligente de chacun; ces divers mérites d'un traité où Rollin devançait de loin des réformes que nous croyons très-récentes, et d'autres que nous attendons encore, avaient été auparavant les mérites de ses leçons; ils nous en font connaître la substance et l'esprit, ils nous les font presque entendre.

Nous prêtons moins volontiers l'oreille aujourd'hui à ces discours, à ces poèmes latins par lesquels Rollin et les professeurs les plus distingués de ce temps célébraient les grandes solennités académiques, ou égayaient le cours sérieux de la vie du collége. Les sujets de toutes ces pièces ont perdu pour nous une bonne part de leur intérêt : le panégyrique annuel de Louis XIV, prononcé dans *la salle extérieure de Sorbonne*, devant *le corps de ville* qui l'avait fondé; de fréquents panégyriques du Dauphin et des princes à l'occasion de leurs campagnes; des discours pour la clôture ou la reprise des études, pour certaines élections, certains services religieux; des compliments aux grands personnages du conseil du roi, de la magistrature, de l'église, qui étaient dans l'usage de venir présider les actes publics, ou aux rejetons des grandes familles qui se commettaient dans ces exercices; des prologues, des idylles allégoriques pour ouvrir des examens ou des distributions de prix; l'éloge d'un principal, d'un régent respecté, dont on célébrait la fête ou dont on pleurait la mort; d'innocentes satires, particulièrement contre les Pères de la Société de Jésus, qui ne manquaient pas de répondre et bien souvent attaquaient; des traductions de poèmes français, des hymnes pour les fêtes de l'église; quelque thèse littéraire, par exemple la défense de l'antique mythologie bannie des vers et de la prose par une piété trop sévère; quelque querelle plus profane, comme le fameux procès du vin de Bourgogne et du vin de Champagne; telle était cette littérature scolastique, qui avait son théâtre principal à la salle des actes ou au réfectoire, qui circulait en feuilles dans tout le pays latin, s'étalait en recueils chez les libraires de l'Université, soulevait les passions rivales des colléges et des diverses corporations enseignantes, pénétrait même dans le monde du palais et de la cathédrale, mais dont la ville, dont la cour ne s'occupaient guère, et que la postérité a totalement oubliée. Rollin y prit la part que l'usage exigeait de lui; il s'y distingua entre tous, non pas peut-être par l'éloquence dont le félicite magnifiquement la *Gazette de France* de ce temps-là, ou par une inspiration poétique qui ne peut davantage se rencontrer dans ces espèces de pastiches convenus de Cicéron, de Virgile et d'Horace; mais par la singulière aisance de ce langage emprunté, par la pureté et l'élégance de son style, par beaucoup de sens et de goût. Peu de personnes désormais affronteront les majestueuses pages où il a habillé à la romaine, comme faisaient d'ailleurs Bouchardon ou Le Brun, la gloire de Louis XIV; il y en aura même, et on ne peut les blâmer, qui redouteront de comparer au texte sa traduction, d'ailleurs si élégante, de la prétendue ode pindarique de Boileau sur la prise de Namur. Mais on peut lire encore avec plaisir certaines pièces sur des sujets plus rapprochés de lui, plus à sa portée, qu'animent, et quelquefois fort heureusement, des idées, des sentiments plus personnels. On n'a peut-être jamais mieux loué Théocrite qu'il ne l'a fait dans des vers composés en 1689, pour un acte public où l'abbé de Louvois devait répondre sur les idylles du poète de Syracuse. L'amour grossier de son jeune *cyclope*, la pauvreté de ses *pêcheurs* y sont exprimés en traits pleins de charme, avec une intelligence de ces sortes de beautés naïves, qui semble une dernière tradition de Fénelon, à une époque voisine de la fausse pastorale de Fontenelle et de ses dédains pour la rusticité de Théocrite. Lorsqu'en 1690 mourut le docteur de Sorbonne Gobinet, homme vénérable, qui depuis trente-sept ans dirigeait le collége du Plessis, patrie adoptive de Rollin, il donna cours à ses regrets dans un poème touchant et grave où revivaient les vertus du digne principal, où s'annonçait cet esprit de sage gouvernement qui devait bientôt, dans la même carrière, animer son panégyriste. Les années qui suivirent, de 1693 à 1700, furent toutes marquées par de petits envois poétiques destinés à accompagner ses étrennes annuelles à son ami Bosquillon, et qui attestent, avec la constance de sa grave et tendre affection, l'agrément de son esprit. Cet esprit ne fut pas toujours sans malice. Rollin était de l'Université, il était janséniste; il avait ses passions, passions de corps et de secte, que durent blesser plus d'une fois les menées de ses intrigants voisins du collége de Clermont. Comment, dans les guerres de plume de ce temps, où pleuvaient les vers latins, n'eût-il pas été tenté, lui aussi, du démon de l'épigramme? Jouvency reproduisait-il, pour de récentes victoires, des vers composés à l'occasion de plus anciennes, les attribuant seulement, dans la vue de dépayser la mémoire des érudits, à un de ses élèves, Rollin, dans de piquants hendécasyllabes, le félicitait des talents d'un disciple en tout si conforme à son maître. Santeuil expliquait-il en cent façons, retournait-il, rétractait-il, désavouait-il son épitaphe d'Arnauld, pour sauver sa pension menacée par le ressentiment des Jésuites, et son repos troublé par les satires des Commire, des Ducerceau, et des mille faiseurs d'épigrammes, troupes légères de la Société, Rollin lui faisait faire amende honorable de cette faiblesse dans le *Santolius pœnitens*, où c'est moins le pauvre poète dans l'embarras qu'il attaque que ses intolérants adversaires. Nul fiel d'ailleurs dans ces badinages. Personne n'a mieux loué Jouvency, et particulièrement son livre *De Ratione discendi et docendi*, que l'auteur du *Traité des Études*. Il en fut de même pour Santeuil; et quand ce grand faiseur d'épitaphes en eut besoin d'une à son tour, l'auteur, resté long-temps inconnu, du *Santolius pœnitens*, qui était son ami, et plus d'une fois s'était fait son panégyriste, rendit un dernier hommage à ses talents poétiques dans de beaux distiques qu'on a lus long-temps sous le cloître de l'abbaye de Saint-Victor.

Rollin, au reste, eut le bon esprit d'apprécier à leur juste valeur ses succès oratoires et poétiques. Un homme d'autant de goût savait bien où étaient alors l'éloquence et la poésie. Il les admirait, il les louait avec émotion chez Bossuet, chez Racine, et ne voyait dans la prose et les vers du collége qu'une réminiscence érudite, d'industrieux larcins, un exercice que son utilité spéciale pour des hommes chargés d'enseigner une langue morte, et qui, afin de la mieux savoir, devaient quelquefois l'écrire, ne sauvait pas de quelque puérilité. L'Université lui semblait même trop éprise de ces stériles amusements de l'esprit, trop indifférente pour les solides travaux d'érudition et d'histoire, autrefois son partage, et dont elle abandonnait la gloire à l'ordre savant des Bénédictins. C'est ce qu'il lui dit une fois à elle-même, avec une franchise hardie, au moment de la conduire, comme recteur, dans l'église de l'abbaye Saint-Germain-des-Prés, à un de ces services solennels où elle allait processionnellement, avec une pompe qui rappelait ses anciennes grandeurs, prier pour la patrie et pour le prince, et que, dans sa langue toute romaine, elle appelait du nom de *supplicatio*.

Après plusieurs années fort laborieuses, pendant lesquelles ses utiles leçons avaient formé quantité de gens de lettres, de professeurs, donné au clergé, à la magistrature, à toutes les conditions de la société, au métier même des armes, nombre de sujets de grand mérite, Rollin sentit le besoin du repos. Il quitta le collége du Plessis, et ne retint de ses fonctions publiques que celle de professeur d'éloquence au Collége Royal; encore ne l'exerça-t-il assez long-temps qu'à titre de survivance, sans aucun émolument. Il avait six à sept cents livres de rentes; il se croyait riche, et par conséquent il l'était. Il goûtait à peine les charmes long-temps désirés de son studieux loisir, lorsque, vers la fin de 1694, l'Université, qui ne pouvait long-temps se priver de ses services, le rappela à elle en qualité de recteur. Il n'avait ni demandé ni souhaité cette dignité, mais il l'accepta avec reconnaissance, heureux de tout ce qu'elle avait d'honorable, résigné à tout ce qu'elle exigeait de dévouement. On peut, sans injustice pour le présent, sans engouement pour le passé, comprenant, approuvant même les changements qui se sont faits dans nos mœurs et nos institutions, regretter, pour le corps enseignant, le temps où ses libres suffrages lui donnaient des chefs de son choix, où la durée temporaire, la transmission rapide du rectorat, en faisaient une récompense accessible à beaucoup de services, même simplement utiles, qu'elle couronnait d'un éclat durable. Des noms modestes étaient à jamais ennoblis par ce titre de recteur, auquel se rattachaient les souvenirs du grand rôle autrefois joué par l'Université au sein des conseils publics et des conciles, parmi les querelles des papes, des peuples et des rois; qu'entouraient encore, dans la décadence nécessaire de la puissance d'un corps restreint désormais aux devoirs de l'enseignement, d'éclatantes prérogatives; qui, dans cette république littéraire des *nations* et des facultés, dont les assemblées s'appelaient des *comices*, et disaient décerner à leurs élus *la pourpre* et les *faisceaux*, semblait, par ces formes empruntées à l'antiquité romaine, une sorte de consulat. Ce consulat, glorieux à obtenir, ne s'exerçait pas sans peine. Rollin, au moment où il entrait en charge, en était moins ébloui qu'effrayé. Maintenir le rang, les honneurs, les droits de l'Université; la défendre des entreprises de corporations rivales; concilier les prétentions opposées des compagnies de diverse origine dont elle se composait; rappeler chacun à son devoir, et accorder avec le soin de l'utilité publique de justes égards pour les personnes; savoir braver au besoin les malignes interprétations, les soupçons offensants, le mécontentement, la haine; tous ces devoirs, tous ces dangers de la charge qui lui était commise, Rollin ne se les dissimulait pas; il les a plus d'une fois rappelés dans les discours par lesquels, aux divers renouvellements de son autorité, il renouvelait ses engagements, et qui contiennent comme l'histoire morale de son rectorat. Le reste est dans ces beaux *mandements* qui nous attestent son zèle pour la religion et les mœurs, le maintien de la discipline, l'avancement des études.

Ce fut pendant la durée de sa magistrature académique, et sans doute par son influence, que fut rétablie pour Bossuet, récemment nommé par le Roi grand-maître de Navarre, la dignité autrefois si importante, si redoutable même, mais depuis long-temps à peu près honorifique et presque abolie, de Conservateur des priviléges de l'Université. Dans un discours prononcé à cette occasion, et qui retraçait avec une conviction éloquente, dont l'expression intéresse vivement chez un contemporain, son admiration pour le génie, son estime pour le caractère de l'évêque de Meaux, Rollin se félicita, au nom de son corps, de pouvoir honorer d'un titre nouveau, quelque vain qu'il fût, cette glorieuse et *aimable* vieillesse. Un de ses principaux soins fut de rappeler à l'utilité de leur institution, de laquelle ils avaient fort dégénéré, ces gardiens des lois et des usages de l'Université auxquels les *nations* qui les élisaient donnaient magnifiquement, par un nouveau souvenir de Rome, le nom de censeurs. Enfin il remit aussi en vigueur le sage statut qui enjoignait au recteur de faire, avec les censeurs et les procureurs des nations, et les doyens des Facultés, la visite des colléges. Il voulut, et nous en avons pour garant ses propres paroles, que cette visite ne se bornât point à un stérile appareil, mais qu'elle profitât réellement au bon ordre, à la prospérité des établissements d'instruction publique.

Le bien est difficile à faire, et ne se fait guère impunément. Rollin, soutenu par le sentiment de son devoir, avait pu triompher de sa modestie naturelle au point d'engager avec des personnages puissants, pour la défense de certaines prérogatives honorifiques, précieuses au corps qu'il représentait, des luttes qui n'étaient pas toujours sans danger, et qui lui ont valu, à lui qui, simple particulier, n'eût disputé le pas à qui que ce fût, une mention de l'auteur du *Traité des Préséances* : il avait pris assez sur sa douceur pour forcer, dans l'intérêt des réformes utiles, quelques résistances, et faire respecter, au dedans aussi bien qu'au dehors, l'autorité dont il avait le dépôt : une juste reconnaissance l'avait, ce qui était rare alors, perpétué pendant deux ans, jusqu'en 1696, dans sa charge de recteur; mais, près d'en déposer le fardeau, il lui fallut, cela est triste à penser, et l'on en croit à peine ses propres plaintes, élever douloureusement la voix contre une malveillance qui mêlait de beaucoup d'amertume de si honorables témoignages. Ce chagrin paraît s'être rencontré avec un grand malheur domestique, la perte de sa mère. Un touchant discours nous le montre encore qui se rejette avec amour dans le sein de sa mère adoptive, l'Université, et qui lui dévoue ses travaux, ses pensées, le reste de sa vie.

Une occasion se présenta bientôt d'accomplir cette promesse, occasion redoutable, ainsi qu'en jugeait Rollin, et à laquelle, par excès de scrupule, il se serait refusé sans les chrétiennes instances de son pieux autant que savant ami Duguet. L'abbé Vittement devant quitter, pour l'éducation des enfants de France, la place de coadjuteur à la principalité du collége de Beauvais, l'avait obtenu pour successeur, du Parlement, auquel appartenait l'administration immédiate de ce collége. Après d'assez longues hésitations, Rollin accepta, en 1699, un emploi auquel lui seul paraissait ignorer son aptitude, et qu'il devait lui être si pénible de résigner dans la suite, en 1712, après treize années environ des plus honorables et des plus éclatants succès.

Le collége de Beauvais, fondation du quatorzième siècle, qui, dans ses années de gloire, avait compté parmi ses professeurs François Xavier et d'Ossat, parmi ses disciples Despréaux, était tombé, à cette époque, dans une décadence d'où le zèle et l'habileté du respectable abbé Vittement ne l'avaient pu tirer. Rollin, plus heureux, l'eut bientôt fait remonter à un degré de splendeur qu'il n'avait jamais connu, même dans ses meilleurs temps. Son premier soin fut, en lui restituant le nom de *Dormans-Beauvais*, qui le rattachait à l'antique souvenir de son fondateur, le cardinal de Dormans, évêque de Beauvais, de le rendre indépendant de l'administration rivale et des désordres communs d'un collége limitrophe, le collége de Presles, auquel on l'avait réuni, au grand détriment de la discipline, sous le nom de *Presles-Beauvais*. La séparation obtenue des parties intéressées et de l'autorité publique, il restait à la consommer par l'établissement d'un mur de clôture et quelques constructions nécessaires pour lesquelles les fonds manquaient. Ici reparaît, dans l'histoire de Rollin, comme sa providence assidue, son vieux maître Hersan, qui donne de sa bourse deux mille écus, pour un objet qui ne l'intéressait en rien, sinon par l'affection qu'il portait au nouveau principal et par l'amour du bien public. Voilà comme ces maîtres, vraiment admirables, plaçaient leurs économies!

Ce n'est pas en pierres seulement, mais en hommes, selon la piquante expression de Pasquier, que se bâtit un collége. Rollin assure les fondements du sien par le choix habile et heureux de ses coopérateurs. Il obtient d'abord le concours de Duguet pour la partie religieuse de sa tâche ; pour le reste, il s'entoure de jeunes maîtres pleins de science comme de vertu : de Guérin, qui a étudié sous lui la rhétorique, et qu'il charge, bien jeune encore, de l'enseigner ; de Coffin, qu'avec une perfidie presque diplomatique il emprunte, pour ne point le rendre, à son collègue le principal du collége du Plessis, et qu'au moyen de sacrifices pécuniaires dont il avait l'habitude, et par lesquels il faillit enlever aussi à Harcourt le jeune Grenan, son espoir, il s'attache irrévocablement ; de Crevier, enfant d'artisan ainsi que lui, dont il remarque et cultive généreusement, en souvenir des secours donnés à sa jeunesse, et dans la même espérance, les dispositions naissantes. Peut-être faut-il y joindre Heuzet, son élève et son ami, modeste auteur d'un livre excellent, qu'il inspira, et qui a gardé jusqu'à nous sa place dans la bibliothèque de l'enfance, du *Selectæ è profanis scriptoribus historiæ*. Par eux et d'autres encore, dont les noms honorables sont restés plus cachés, Rollin pourvoit à la solidité, à la durée de son ouvrage ; par eux, quoi qu'il arrive, il continuera long-temps de gouverner le collége de Beauvais.

C'est encore au *Traité des Études* qu'il nous faut renvoyer pour l'histoire de ce gouvernement. Nous ne le supposons pas gratuitement : un contemporain, un témoin, un disciple, Crevier [1], l'atteste avec une simplicité persuasive, disant de Rollin précisément ce que Rollin lui-même a dit de Quintilien [2] : « Il s'est peint lui-même, sans le vouloir, dans le tableau qu'il a tracé d'un excellent principal, à la fin de son premier ouvrage, si ce n'est peut-être qu'il a mieux fait encore qu'il n'a dit. » On saurait donc, rien que par ce livre, quand on ne pourrait pas l'apprendre d'ailleurs, combien Rollin était habile à entretenir la concorde parmi ses maîtres, à leur communiquer, même aux plus subalternes, une part de sa considération, de son autorité, de son influence, à les animer de son zèle, à les éclairer de ses lumières ; avec quel art il démêlait les caractères des élèves, gagnait leur confiance, leur affection, sans rien perdre de leur respect, les conduisant, par un mélange adroit de sévérité et de condescendance, comme à leur insu, tenant d'une main aisée et sûre, ainsi qu'il l'a dit si bien, sans penser le dire de lui-même, *les rênes de tant d'esprits divers*. Il apportait à sa tâche une vigilance de tous les instants, qui du reste ne lui coûtait guère. Cette tâche lui était chère et sacrée ; il avait pour l'enfance des entrailles vraiment paternelles, et il se croyait responsable d'elle à Dieu. De là une

[1] *Hist. de l'Univ. de Paris*, liv. IV, t. II, p. 474.

[2] « . . . . *Dum boni præceptoris speciem adumbrat, ipse non cogitans expressit suam...* » Préface de son édition de Quintilien.

dignité affectueuse, pleine d'autorité et de charme, et, dans ses rapports avec le monde, avec les personnes du plus haut rang, une liberté polie, qui faisait de cet homme de collége un modèle de savoir-vivre.

La confiance qu'inspirait un si digne chef eut bientôt repeuplé la solitude de *Dormans-Beauvais*. Cette maison devint trop étroite pour la jeunesse qui y affluait. Il y eut tel père qui fit au principal une sorte de violence pour qu'il acceptât son fils; tel élève, ainsi reçu, que celui-ci, faute de place, dut loger d'abord dans son propre cabinet. Heureux Rollin, si sa piété, plus dégagée de l'esprit de secte qui animait alors l'Université aussi bien que la magistrature, n'eût pas prêté des armes dangereuses à l'intolérante jalousie d'une société inquiétée par la prospérité de son collége, et empressée d'en borner le cours.

C'était le temps où les Jésuites, maîtres de la conscience d'un roi mourant, lui imposaient, comme expiation, l'oppression de leurs adversaires. Ils avaient rasé Port-Royal, dispersé les cendres de ses solitaires et de ses docteurs; chaque jour ils envoyaient en prison ou en exil les partisans de ses principes proscrits. Le fidèle attachement de Rollin pour quelques amis ainsi persécutés, son penchant connu, et dont témoignaient plusieurs de ses écrits, pour ce qu'on poursuivait en eux, servirent de prétexte à sa propre disgrâce. A l'accusation assez fondée de jansénisme, on ajouta habilement de prétendues plaintes contre lesquelles protestèrent plus tard ceux qu'on avait calomnieusement fait parler, ses propres boursiers, objet particulier de ses attentions; enfin, en 1712, il reçut l'ordre de quitter le collége de Beauvais. Seulement, par un reste de considération pour tant de vertu et de si utiles services, de respect pour l'opinion publique, on l'autorisait à demeurer jusqu'aux vacances prochaines. Rollin, dans l'intérêt du collége, qu'un changement de direction à cette époque eût privé sans doute d'un assez grand nombre d'élèves, ne crut pas devoir différer sa retraite. Aussitôt qu'il eut fait agréer au premier président de Mesmes le successeur qu'il s'était choisi, il accomplit le douloureux sacrifice. Après quelques mots d'adieu, mêlés d'une manière touchante à une dernière instruction, mais qui ne furent pas d'abord compris, après une dernière prière à la chapelle, il sortit seul de cette maison, où éclatèrent, quelques instants après, à la nouvelle inattendue de son départ, des transports de douleur. Il y laissait toutefois en sa place un autre lui-même, Coffin, qui, d'abord comme coadjuteur et ensuite comme principal, la dirigea pendant trente-sept ans avec le même succès, d'après ses exemples, et, jusqu'au moment où il put s'y remontrer librement et l'animer encore de sa présence, d'après ses secrètes inspirations.

Rollin, professeur à vingt-deux ans, recteur à trente-trois, principal à trente-huit, n'en avait guère plus de cinquante lors de l'intrigue par laquelle on prétendit priver l'Université d'un serviteur si utile. La manière dont il sut employer les loisirs qu'on lui avait faits trompa de telles espérances. Il s'occupa d'abord de préparer une édition classique de Quintilien. Cet auteur lui plaisait par sa solidité, son agrément, et l'instruction morale mêlée à tous ses préceptes. Il le lisait avec ses amis, il l'expliquait au Collége Royal, et il eût voulu introduire ses *Institutions* dans les classes, les regardant comme le meilleur traité de rhétorique qu'on y pût étudier. Dans cette vue il abrégea le livre d'un quart environ, élaguant les obscurités, les subtilités qui en rendent la lecture difficile, retranchant ce qu'il offre de trop particulier aux exercices oratoires de l'antiquité, de trop étranger aux nôtres ; il mit des sommaires raisonnés en tête des chapitres, partagea le texte en alinéas, l'accompagna de petites notes choisies, et, au commencement de 1715, le fit paraître sous cette forme nouvelle, avec une préface d'une latinité élégante, où il expliquait ses intentions, et qui est un excellent morceau de critique.

Cependant l'Université, à laquelle Rollin se rendait ainsi présent, ne pouvait l'oublier. La Nation de France l'élut, en 1717, pour son procureur. C'était une distinction fort honorable. Les procureurs des Nations dont se composait la Faculté des arts, placés au premier rang dans la hiérarchie académique, formaient le conseil du recteur, et, réunis aux doyens des trois autres Facultés, de théologie, de droit et de médecine, le conseil de l'Université.

Vint l'année 1719, où, sous le rectorat et par l'habile entremise de Coffin, eut lieu l'établissement de l'instruction gratuite, et, au moyen d'une part plus considérable du revenu des postes, sur lequel l'Université avait d'anciens droits, l'attribution aux membres du corps enseignant de traitements et de pensions de retraite, qui les rendaient indépendants de tout salaire et fixaient honorablement leur sort. Rollin fut chargé de célébrer ce bienfait du jeune roi Louis XV, ou plutôt du Régent, par une harangue publique qu'il prononça dans la salle extérieure de Sorbonne, au milieu d'un nombreux concours, et avec un universel applaudissement. Le tableau qu'il y retraça du plan d'éducation suivi dans les établissements de l'Université, et qui la rendait digne des faveurs du souverain, parut à sa compagnie si flatteur et si vrai que, par une délibération expresse, elle l'invita à lui donner, dans un ouvrage spécial, les développements que n'avait pu comporter la rapidité d'un discours.

C'est encore à Rollin qu'on songea, lorsqu'en 1720 il fut question d'une révision des statuts de l'Université. Son expérience, son autorité, étaient nécessaires à cette réforme. Il fut réélu recteur ; mais le jansénisme, son mauvais génie, ne le laissa pas long-temps en possession de ce titre. Un discours, où il touchait peut-être indiscrètement à des querelles que le gouvernement s'occupait de pacifier, provoqua son éloignement. Il lui fallut quitter une seconde fois les emplois publics, et se réduire à ne plus servir l'éducation de la jeunesse que de sa plume. Ne l'en plaignons pas trop, puisque ses écrits, dénoûment d'une vie si active et si utile, lui ont fait une sorte de rectorat bien autrement important que celui qui lui échappait. L'ouvrage que la confiance de son corps lui avait comme imposé, et à la composition duquel l'avaient si bien préparé ses études sur Quintilien et les autres illustres rhéteurs de l'antiquité, tant d'années passées dans l'exercice de toutes les fonctions universitaires, ne se fit pas long-temps attendre. Les deux premiers volumes parurent en 1726, les deux autres en 1728. C'était ce livre où il a si admirablement exposé *la manière d'enseigner et d'étudier les belles-lettres*, son immortel *Traité des Études*.

Rollin n'eut pas la prétention d'y établir, *à priori*, d'après certaines données sur la nature humaine et la société, les règles de l'éducation. Il ne chercha point à s'y distinguer par la nouveauté du système, la singularité des procédés. Il pensait, comme tout le monde alors, qu'il n'y avait guère de découvertes à faire dans un art si anciennement, si universellement cultivé, et il se borna modestement à en recueillir, à en rassembler les pratiques les plus approuvées chez les anciens et chez les modernes. De ces traditions d'époques différentes, il forma un tout si bien lié, que les révolutions et les siècles qui les séparent disparaissent presque lorsqu'on le lit, et qu'on serait tenté de croire à l'espèce de légende racontée, en 1469, par cet avocat de l'Université qui disait « qu'elle avoit été d'abord à Athènes, et ensuite à Rome, avant d'être à Paris. » Ce n'est pas qu'il soit tombé dans le défaut, quelquefois reproché à ceux de son corps, de méconnaître la diversité des temps et des lieux, qu'il ait montré pour l'antiquité une admiration superstitieuse, pour les méthodes de ses devanciers une déférence servile. C'eût été démentir l'expérience tout en l'invoquant, renier les utiles amendements faits par lui-même au régime des études, et qu'il lui appartenait plus qu'à personne de recommander. Son livre, à peu près contemporain de ceux de Fénelon et de Locke sur le même objet, et qui, de son aveu, en reproduisait quelque chose, ouvrait la voie à un progrès raisonnable, et choqua même par là certains esprits pédants et routiniers. Peu s'en fallut que le discret Rollin ne fût traité de novateur téméraire par son censeur habituel, Gibert, dans le long et violent factum qu'il publia en 1727, au nom des saines doctrines, contre les dangereuses hérésies du *Traité des Études*.

Gibert, professeur estimé du collége Mazarin et auteur d'ouvrages sur la rhétorique, que ne recommande guère sa critique de Rollin, passait pour connaître à fond les règles de l'art. Il n'en possédait que la lettre ; il n'avait pas ce qui en est l'esprit, le sentiment du vrai, l'amour du beau, ces passions du goût, si on peut s'exprimer ainsi, qui donnent aux leçons de Rollin un accent si persuasif, qui font que chez lui, comme chez Fénelon dans sa *Lettre à l'Académie françoise*, les citations toutes seules ont quelque chose d'éloquent. Le public trouva un charme infini à ce grec, à ce latin, qui, pour venir du collége, n'avaient rien de pédantesque ; à ce français surtout, tout parfumé d'antiquité, clair, abondant, fleuri, d'un abandon élégant et noble, tel que n'en avait encore jamais écrit professeur de l'Université. L'Université ne s'exprimait que dans la langue de Cicéron ; c'était pour être plus utile que Rollin, à plus de soixante ans, s'était risqué à composer dans la nôtre. Le bonheur de ce début tardif causa une surprise qui peut nous surprendre aujourd'hui. « Vous parlez le françois comme si c'étoit votre langue naturelle, » écrivait à Rollin d'Aguesseau. Cet habile artisan de langage croyait devoir expliquer un tel phénomène. « Vous faites voir, ajoutait-il, ce que j'ai toujours pensé, qu'il y a une beauté de style qui est de toutes les langues, et à laquelle elles ne fournissent que des mots, parce que le tour, l'arrangement et la grâce du discours sont dans l'esprit de celui qui écrit, beaucoup plus que dans la langue qu'il met en œuvre. »

Le succès du *Traité des Études* encouragea Rollin à compléter sa tâche par la composition d'ouvrages d'histoire qui manquaient à l'enseignement. Un penchant naturel l'avait toujours porté vers l'étude des historiens de l'antiquité. Xénophon faisait ses délices ; Plutarque l'accompagnait dans ses promenades ; les *Décades* de Tite-Live furent pendant plusieurs années, au collége de Beauvais, le texte de doctes conférences par lesquelles il se délassait de ses travaux, dans la compagnie de quelques professeurs, de quelques amis, et où se préparèrent la traduction de Guérin et l'édition de Crevier. Il se mit à l'œuvre avec une ardeur qui ne se reposa plus : il l'a comparée lui-même à celle d'un ouvrier qui attend sa subsistance du travail de sa journée. Mais le temps le pressait : on n'en peut point perdre à soixante-sept ans, quand on a l'*Histoire ancienne* à écrire. Il fit assez de diligence pour se mettre en état d'en publier les deux premiers volumes en 1730 ; les autres suivirent, au nombre de onze, jusqu'en 1738, où tout était terminé. Cet ouvrage offrait, rassemblées et fondues dans un seul corps de récit, toutes les relations qui nous sont restées sur *les Égyptiens, les Carthaginois, les Assyriens, les Babyloniens, les Mèdes et les Perses, les Macédoniens, les Grecs ;* on y trouvait aussi, sur tout ce qui se rapporte aux antiquités, les résultats des travaux modernes que l'auteur avait librement mis à contribution. Il ne s'en cachait pas ; au contraire, faisant profession de songer à l'utilité du public plus qu'aux intérêts de son amour-propre, n'ambitionnant pas la gloire d'un travail original, il se réduisait modestement, c'est lui-même qui l'a dit, au rôle de compilateur. Mais c'était, selon l'expression si juste de l'auteur du *Siècle de Louis XIV*, qui l'a quelquefois démentie par certaines duretés de sa correspondance et de ses pamphlets, un compilateur éloquent : il se rendait propre tout ce qu'il empruntait, par l'intérêt de son exposition, et surtout une chaleur d'âme qui, pour le bien de la jeunesse, se répandait en éloges chrétiens de la vertu païenne.

en réflexions, en moralités. C'est là proprement le caractère de ce livre, celui qui l'a établi, qui le fera vivre, malgré les progrès faits depuis par la critique et la philosophie historiques, et dont il serait peu généreux d'abuser contre lui. A ceux, et il s'en trouve, qui dédaignent comme puéril un mérite de ce genre, on pourrait opposer le sentiment de Montesquieu : « Un honnête homme a, par ses ouvrages d'histoire, enchanté le public. C'est le cœur qui parle au cœur. On sent une secrète satisfaction d'entendre parler la vertu : c'est l'abeille de la France. » De son vivant, en 1732, Voltaire l'avait placé dans *le Temple du Goût*, rendant hommage à l'aisance et à l'attrait de son langage, dans ces vers si souvent cités :

> Non loin de là, Rollin dictait
> Quelques leçons à la jeunesse;
> Et, quoiqu'en robe, on l'écoutait.

On l'écoutait! non pas seulement le collége, mais le monde, et le plus grand monde, en France et à l'étranger. « Je ne sais, disait le duc de » Cumberland, comment fait M. Rollin; partout ailleurs les réflexions » m'ennuient : elles me charment dans son livre, et je n'en perds pas » un mot. » Nous avons une suite de lettres écrites à Rollin par le jeune prince qui allait bientôt rendre si éclatant le nom de Frédéric. Elles témoignent, en termes fort vifs, du plaisir qu'il prenait à la lecture de l'*Histoire Ancienne*, et de l'estime profonde, de l'affection que l'ouvrage lui inspirait pour son auteur. Les lettres de Rollin, alors même que son royal correspondant est monté sur le trône, sont des modèles de liberté respectueuse. Frédéric y trouve *les conseils d'un sage, l'empressement d'un ami*, et, ajoute-t-il, peut-être avec ironie, *la tendresse d'une nourrice.* » Rollin, en effet, va jusqu'à le prêcher, et, acceptant d'un roi ce titre d'ami : « Oui, Sire, dit-il, je le serai toute ma vie. Mais c'est trop peu » pour moi : que me reste-t-il encore de temps à vivre? Je souhaite l'être » pendant toute l'éternité; cet unique vœu dit beaucoup de choses. » Frédéric avait alors un autre correspondant, qui le prêchait aussi, et plus efficacement, mais dans l'intérêt de cette religion du siècle nouveau dont Voltaire était alors l'apôtre, et dont plus tard on devait l'appeler le patriarche.

C'est un fait bien honorable de la vie de Rollin, qu'âgé de soixante-seize ans, pouvant se regarder comme quitte envers le public et vivre désormais pour lui-même, c'est-à-dire, comme il l'eût souhaité, se préparer à mourir par le détachement des choses profanes et la considération chrétienne de sa fin, il se soit imposé le lourd devoir d'ajouter à son *Histoire Ancienne* une *Histoire Romaine.* Il pensa, avec ses amis, que sa vocation était marquée par la bénédiction qui avait accompagné jusque-là ses travaux, et qu'il ne pouvait rien faire de plus agréable à Dieu que d'y persévérer. Sans doute il était peu probable qu'il vît la fin de ce qu'il commençait; il n'en commença pas moins avec un singulier redoublement de zèle, se hâtant, comme pour prendre l'avance sur la mort et soustraire à son atteinte la plus forte part possible de son œuvre. Il publia en trois années cinq volumes, laissa le sixième et le septième prêts à paraître, le huitième achevé, et le neuvième fort avancé. Crevier eut peu de chose à faire pour conduire cette histoire au terme que s'était fixé l'auteur, c'est-à-dire jusqu'à la bataille d'Actium. Elle fut jugée généralement inférieure à la précédente : la fatigue de l'âge et la précipitation du travail s'y faisaient plus sentir : c'était plus visiblement une compilation à laquelle les disciples de Rollin, qu'il appelait maintenant ses maîtres, Crevier, comme reviseur et continuateur, Guérin, par les nombreux emprunts faits à sa traduction de Tite-Live, avaient une grande part. Toutefois il y restait assez de l'âme et du style de Rollin, pour que Frédéric pût lui écrire sans trop de complaisance : « Vous nous ferez » croire tout ce que l'antiquité a feint du chant harmonieux des cygnes » avant leur mort. »

Les livres d'histoire de Rollin eurent leur critique, ou plutôt leur détracteur, comme le *Traité des Études*. A la malveillance de Gibert, succéda celle d'un docteur de Sorbonne, nommé Bellanger, qui, dans un livre imprimé en Hollande et sous le nom emprunté de Vandermeulen, reprocha à Rollin, entre autres choses, d'ignorer le grec, dont il s'était occupé toute sa vie avec une sorte de prédilection, et de transcrire, sans les citer, des auteurs auxquels il se proclamait, dans sa préface, fort redevable. Rollin répondit à l'un comme à l'autre en peu de mots, avec beaucoup de modération, se plaignant doucement de la forme acerbe de leurs censures, mais acceptant la sévérité du fond, en remerciant, comme de conseils donnés dans son intérêt, promettant, s'il y avait lieu, d'en faire son profit, et se félicitant d'ailleurs, en chrétien qui craint l'enivrement du succès, des petites mortifications de son amour-propre.

Rollin, né dans la seconde moitié du dix-septième siècle, est un des écrivains qui en ont perpétué le plus long-temps dans le dix-huitième les graves traditions. Il ne prétendit point au titre, depuis si prisé, d'homme de lettres; il n'écrivit que par devoir, sans aucune vue de vanité, d'ambition, sans jamais penser au succès, à plus forte raison au profit. Il ne tira rien de ses ouvrages, si bien accueillis, si répandus, même hors de France. Dans ses arrangements avec son libraire il n'avait guère stipulé pour lui-même que le droit de le dédommager en cas de mauvais succès.

Le désintéressement, la générosité sont au nombre des traits les plus frappants de ce caractère antique. Bien venu des grands et même des princes, Rollin eût pu, s'il l'eût voulu, arriver à quelque fortune. Il refusa les bénéfices qui lui furent offerts en dédommagement de ce qu'on lui ôtait, ne se reconnaissant nul droit sur les biens ecclésiastiques, et se disant d'ailleurs *plus riche que le roi*. Sa richesse, pour parler comme lui, il la dépensait royalement en bienfaits. C'est ainsi que les émoluments de sa place, au collége de Beauvais, allèrent tout entiers, soit à la maison elle-même dans ses besoins urgents, soit à ses professeurs, ses maîtres de quartier, qu'un peu plus de bien-être pourrait y attacher plus étroitement, soit enfin à quelques-uns de ses pauvres écoliers, à Crevier entre autres, élevé des deniers du principal, comme son enfant. On peut être curieux de savoir à quelle somme s'élevaient les revenus de Rollin au temps de sa plus grande aisance, dans les dernières années de sa vie. Il avait de sa fortune personnelle, et de l'héritage de son frère aîné, quinze cents livres de rentes; ses pensions réunies de doyen des professeurs royaux et de professeur émérite de l'Université pouvaient y ajouter environ deux mille livres. Cela nous paraît bien peu; c'était beaucoup pour Rollin, qui eût eu quelque peine, sans sa charité, à mettre en équilibre, comme nous disons aujourd'hui, les dépenses avec les recettes. Un jour il s'aperçut avec confusion qu'il possédait mille écus d'argent comptant; mais, par une abondante distribution de secours, il y eut bientôt mis bon ordre. Il donnait régulièrement cent livres par mois, sans compter les libéralités extraordinaires, quelquefois considérables. Beaucoup de ses bienfaits durent passer, pendant quelques années, par les mains de son frère aîné, qui, retiré du commerce, était devenu le trésorier des pauvres de la paroisse qu'ils habitaient ensemble. Mais le distributeur ordinaire de ses aumônes, son trésorier, son intendant, c'était son fidèle Dupont, qui le servit quarante-trois ans, et qu'il traitait moins en domestique qu'en ami, le faisant manger à sa table, et même n'oubliant pas, lorsqu'il s'absentait, de lui écrire pour sa fête. Voici ce qu'il lui mandait de la campagne, le 4 octobre 1740 : « Je n'ai pas oublié, mon cher ami, quelle fête il est aujourd'hui, et mon compagnon de prières a bien voulu se joindre à moi et demander à Dieu pour vous, par l'intercession de votre patron, toutes les vertus par lesquelles il s'est sanctifié. L'amour des pauvres et de la pauvreté, qui n'en est pas une des moindres, me fait songer aux pauvres que la cherté du pain doit faire souffrir beaucoup. Il faut doubler la distribution ordinaire pour le mois passé et pour celui-ci, et même tripler si vous le jugez nécessaire. Ne craignez point de m'appauvrir en donnant trop : c'est placer mon argent à un gros intérêt. »

L'habitude de l'économie, le goût de la médiocrité, fournissaient de reste à ces charitables prodigalités. Sa vie était frugale et simple. Il n'eut jamais d'autre mobilier que celui qu'il se fit faire lorsqu'il fut nommé professeur, d'autre maison que celle où il se retira au sortir du collége de Beauvais. Elle était bien petite, mais il s'y trouvait au large : c'était sa maison de ville et sa maison des champs. Laissons-le encore parler lui-même. Il écrivait en 1697 au protecteur de sa jeunesse, devenu son ami, M. Le Pelletier : « .... Je commence à sentir et à aimer plus que jamais la douceur de la vie rustique, depuis que j'ai un petit jardin qui me tient lieu de maison de campagne, et qui est pour moi Fleury et Villeneuve. Je n'ai point de longues allées à perte de vue, mais deux petites seulement, dont l'une me donne de l'ombre sous un berceau assez propre, et l'autre, exposée au midi, me fournit du soleil pendant une bonne partie de la journée, et me promet beaucoup de fruit pour la saison. Un petit espalier couvert de cinq abricotiers et de dix pêchers fait tout mon fruitier. Je n'ai point de ruches à miel, mais j'ai le plaisir tous les jours de voir les abeilles voltiger sur les fleurs de mes arbres, et, attachées à leur proie, s'enrichir du suc qu'elles en tirent sans me faire aucun tort. Ma joie n'est pourtant point sans inquiétude, et la tendresse que j'ai pour mon petit espalier et pour quelques œillets me fait craindre pour eux le froid de la nuit que je ne sentirais point sans cela.... »

Ces charmantes paroles ont été écrites dans la même rue, nous l'avons dit en commençant, où Bernardin de Saint-Pierre devait écrire l'histoire de son fraisier. Rollin était sensible aux beautés de la nature; il aimait la campagne et y passait assez régulièrement les étés, soit dans les terres de la famille Le Pelletier, à Fleury, à Villeneuve, auxquels il s'égalait presque tout à l'heure, soit chez MM. d'Asfeld, à Colombes, qu'il regardait, par le droit de l'amitié, comme son bien propre, tenté, a-t-il dit quelque part, d'en dater ses ouvrages, et de dire à l'exemple des anciens : *e Columbano meo*. Là, en effet, furent composées en grande partie l'*Histoire ancienne* et l'*Histoire romaine*. Le maréchal d'Asfeld revoyait les batailles racontées par l'ancien recteur; l'abbé d'Asfeld, son conseil littéraire, lui faisait des critiques de goût et de style. C'était un maître en l'art d'écrire : nous le savons par d'admirables lettres mêlées à la correspondance de Rollin, auquel l'unissaient le goût des mêmes études et une grande conformité de sentiments, et dont il fut constamment le plus intime ami.

Duguet avait avec l'abbé d'Asfeld la plus grande part à la confiance et à l'amitié de Rollin. On peut nommer après eux, outre ceux dont les noms ont déjà trouvé place dans ce récit, Boivin le jeune, Pluche, Le Nain, Cochin; beaucoup de personnes considérables dans les lettres, la magistrature, le clergé, à la cour même, qui mêlaient à leur estime pour lui une affection qu'on ne pouvait lui refuser.

Apprécié, dans le grand siècle, d'un Bossuet, d'un Racine, d'un Boileau, Rollin fut dans le siècle suivant célébré par Jean-Baptiste Rousseau. C'était le prix des consolations que ce poëte, aigri par des malheurs et un opprobre en partie mérités, avait trouvées dans son commerce, indulgent sans faiblesse et sévère avec charité.

Nous avons d'eux une suite de lettres où il est principalement question du choix d'un précepteur pour les enfants du duc d'Aremberg, Mécène du poète exilé. Rollin fut bien souvent consulté sur un sujet où son opinion était naturellement d'un grand poids; il ne se plaignit jamais de ce que d'autres eussent pu appeler une importunité; il s'y prêta au contraire avec une complaisance et un zèle qui avaient leur principe dans son amour pour la jeunesse, sa passion dominante. Le bonheur qu'il trouvait à exercer cette sorte d'influence, le porta même dans sa vieillesse à répondre aux empressements du monde plus qu'il n'eût convenu à ses goûts de retraite et à sa vie occupée. Mais quand, par ses conseils, son entremise, il avait assuré l'avenir de quelque éducation, il ne regrettait pas sa peine et ne croyait pas avoir perdu sa journée. Son dévouement alla quelquefois jusqu'à se charger des modestes fonctions de pédagogue, comme on disait alors; et pour qu'aucune des formes sous lesquelles peut se donner l'instruction ne lui restât étrangère, il fit à une certaine époque le catéchisme dans l'église Saint-Étienne-du-Mont, sa paroisse. Il avait étudié en théologie, et, sans être engagé dans les ordres, il était cependant clerc tonsuré, et portait l'habit ecclésiastique. Qui croirait que l'esprit de parti ait pu s'alarmer de cet humble enseignement auquel se réduisait, comme autrefois Gerson, le plus illustre maître de l'Université, et que le cardinal de Noailles, qui avait de l'amitié pour Rollin, ait cru devoir lui conseiller de ne pas continuer ces instructions?

Cette petite disgrâce se place, par sa date, entre celles dont nous avons déjà parlé, et qui enlevèrent Rollin, en 1712 à la direction du collége de Beauvais, en 1720 à l'exercice de son second rectorat. Toutes se rapportent à la constante persécution que lui valut son attachement pour des doctrines qu'il avait puisées, comme à leur source, dans son commerce avec le père Quesnel, qui étaient celles de ses maîtres, de ses amis dans l'Université, la magistrature, le clergé, et même l'épiscopat; doctrines auxquelles les préoccupations du temps, l'ardeur de la dispute, la révolte contre l'oppression, lui faisaient, comme à tant d'autres, attacher une importance qu'elles ne peuvent avoir à nos yeux. Il les confessa courageusement, et souffrit pour elles sous tous les régimes, au temps de Le Tellier, sous Dubois, cet étrange arbitre des querelles théologiques, qui se fût, dit Voltaire, employé pour l'Alcoran comme pour la bulle *Unigenitus*, pour peu que le chapeau de cardinal eût dépendu de cette complaisance. Le cardinal de Fleury, parvenu aux honneurs de la pourpre, par la même voie que Dubois, que Tencin, en s'offrant à servir les fureurs anti-jansénistes de la Compagnie de Jésus, ne pouvait traiter Rollin avec plus de faveur. On le lui avait dénoncé comme dirigeant par ses conseils beaucoup de personnes de ce qu'on appelait le parti, ce qui ne s'accordait guère avec ses habitudes de réserve et de modestie, comme donnant l'exemple de l'assiduité à Saint-Médard, où avait pu le conduire une ou deux fois, il l'a avoué, non pas sa foi dans de prétendus miracles que sans doute n'admettait point sa raison, mais le souvenir d'un homme dont il avait connu et admiré l'humilité profonde, l'austère pénitence et la solide piété. Enfin, en 1732, des avis précis et détaillés firent connaître à l'autorité que Rollin donnait asile dans les souterrains de sa maison à des imprimeurs jansénistes, et que c'était de là que sortaient les feuilles des *Nouvelles ecclésiastiques*. Des perquisitions furent faites dans sa cave et jusque dans son puits, et cette ridicule recherche ne servit qu'à mettre en évidence l'innocence de Rollin et la malignité de ses calomniateurs. Il se plaignit au ministre, dans des lettres où s'exprime avec éloquence le sentiment de sa probité méconnue et de sa dignité blessée : «.... Je suis un homme de rien, et je ne tiens nul rang dans l'état, mais cependant je crois mériter qu'on se fie à ma parole. Il est bien triste que, sur le simple rapport de malheureux délateurs, convaincus cent fois de faux, d'honnêtes gens se trouvent tous les jours exposés à de si indignes traitements.... Je croyois, monseigneur, que l'ouvrage que j'ai entrepris, qui doit certainement occuper un homme tout entier, me servirait d'apologie auprès de votre éminence, et de preuve certaine que je ne me mêle point d'autre chose. En effet, j'écarte avec une sévère rigidité tout ce qui peut m'en distraire ; je ne fais ma cour à personne ; je n'importune point les puissances ; je ne sollicite point de grâces, vous le savez, monseigneur ; il n'y a point de place, quelque lucrative ou honorable qu'elle puisse être, qui soit capable de me tenter : il n'est pas nécessaire de m'en fermer la porte ; je m'en exclus moi-même pour vaquer sans partage à un travail qu'il me semble que la Providence m'a imposé.... » Rollin signait cette noble réclamation : Votre très humble, très obéissant et *très désintéressé* serviteur. Le pouvoir, qui n'aime guère qu'on se déclare ainsi indépendant, même de ce qu'il refuse, ne cessa de lui marquer, avec toutes les formes de la considération, sa secrète malveillance. On louait ses talents, on reconnaissait ses services, mais on ne permettait point à l'Académie Française, à laquelle il manquait, de se l'associer ; on lui refusait, à lui le plus ancien des professeurs royaux, la place d'inspecteur du Collége de France. L'année 1739 mit le comble à cette défaveur. La Faculté des arts s'étant prêtée à une rétractation de son appel au futur concile, Rollin, âgé de soixante-dix-huit ans, sortit de sa retraite pour venir, avec quelques autres de ses confrères, protester énergiquement contre cette rétractation. Il fut dès lors, ainsi que tous ceux qui avaient signé avec lui, exclu des assemblées générales et particulières de l'Université. On traita Gibert plus sévèrement. Il avait, comme syndic de la Faculté des arts, conclu contre la mesure. Le souvenir de ses longs services dans l'enseignement et de ses cinq rectorats ne put le sauver de la destitution et de l'exil. La générosité de Rollin éclata en cette occasion. Il fit à son ancien critique, lors de son départ, des offres de services que celui-ci, heureusement, n'eut pas besoin d'accepter.

Rollin, frappé en 1741, à quatre-vingts ans, par le retour d'une maladie à la première atteinte de laquelle il avait résisté l'année précédente, ne vécut pas assez pour que la religieuse sérénité de ses derniers moments pût être troublée, comme elle l'eût peut-être été plus tard, par les violences du fanatisme[1]. On n'en était pas encore à priver ceux qu'on accusait, qu'on soupçonnait de jansénisme, des consolations du chrétien, ainsi qu'en 1749 on en priva Coffin, auteur de tant de belles hymnes dont s'était enrichie la liturgie de l'Eglise. Seulement il fut interdit à l'Université, qui assista en corps à ses funérailles, d'y rendre hommage, par un discours public, à celui qui l'avait tant honorée. Aucune parole ne fut prononcée sur sa tombe, aucune épitaphe n'y fut inscrite. C'est dans l'enceinte du collége de Beauvais que, quelques semaines après, Crevier, son enfant adoptif et son héritier, se hasarda à glisser à la fin d'un discours de rentrée l'expression de sa reconnaissance, de ses regrets, des regrets de tous. Il la renouvela en tête de sa continuation de l'*Histoire romaine*, et dans son *Histoire de l'Université*, avec une émotion qui anime heureusement la sécheresse trop habituelle de son style. Il disait alors, avec tout le monde dans l'Université, le grand Rollin. La postérité a mieux aimé dire le bon Rollin, comme elle dit le bon Henri au lieu de Henri-le-Grand.

Rollin avait droit à un éloge dans le sein de l'Académie des Inscriptions et Belles-Lettres, à laquelle il appartenait depuis 1701. Ce fut *une affaire d'état* d'obtenir la permission de faire cet éloge, comme le dit le secrétaire de l'Académie, de Boze, qui, du reste, dans un discours d'une élégante simplicité, sut accorder habilement avec les ménagements qui lui étaient imposés ce qu'il devait à la mémoire de son illustre confrère.

Cet éloge, souvent reproduit, fut placé, dans l'année 1771, en tête du recueil où l'on réunit tardivement, sous le titre d'*Opuscules* de Rollin, ce que sa modestie avait laissé dispersé, ses harangues latines, ses pièces de vers latins, ainsi que ce qu'on put rassembler de lettres de ses diverses correspondances. A la suite du discours furent mises des notes biographiques fort intéressantes, écrites d'après les souvenirs de Crevier. De là sont sorties toutes les notices composées depuis sur Rollin, et parmi lesquelles on doit citer de préférence celles de MM. Guéneau de Mussy[2] et Andrieux[3], historiens fort compétents, qui ont semblé écrire, l'un au nom de la nouvelle Université, l'autre du nouveau Collége de France. Notre barreau, notre magistrature d'aujourd'hui, semblent aussi avoir acquitté

[1] Rollin mourut le 14 septembre de cette même année 1741.

[2] Édit. stéréot. du *Traité des Études;* Paris, 1813.

[3] *Répert. de Litt. anc. et mod.*, t. XXIV.

leur dette envers une mémoire si chère à la magistrature et au barreau d'autrefois, par l'*Éloge de Rollin* de M. Berville, que l'Académie Française a couronné en 1818, dans un concours où se mesurèrent des rivaux de grand mérite. Les œuvres de Rollin, traduites dans plusieurs langues étrangères, ont été reproduites chez nous par un grand nombre d'éditions; elles ont eu en dernier lieu des annotateurs dont les noms seuls suffiraient à leur éloge, MM. Guizot et Letronne. L'auteur du *Génie du Christianisme* a loué éloquemment, dans une des plus belles pages de son livre, les histoires de Rollin; M. Villemain ne l'a pas moins dignement célébré dans ses leçons de la Sorbonne, presque aux lieux mêmes où la voix de Rollin s'était fait entendre autrefois.

Une nouvelle étude de cette belle vie et de ces utiles et aimables ouvrages n'était certes pas nécessaire, elle n'était même guère possible, et celle qui s'ajoute à tant d'autres ne prétend qu'au mérite, quelquefois négligé, d'avoir fait ressortir chez Rollin ce qui était le trait saillant de son caractère, ce qui chez lui dominait tout le reste, son dévouement à l'éducation de la jeunesse; de l'avoir ramené en quelque sorte de ce monde littéraire, où il se regardait comme étranger, aux écoles, sa véritable patrie, parmi ses maîtres et ses disciples; d'avoir mêlé à son image celle de cette Université des dix-sept et dix-huitième siècles, peut-être un peu déchue de sa grandeur littéraire comme de son importance politique, mais pleine encore de science et de vertu, et dont Rollin eut la gloire d'interrompre avec éclat et de retarder la décadence.

Patin,

de l'Académie française.

Dessiné par P. Flandrin. Gravé par Prudhomme.

MASSILLON.

MASSILLON

NÉ EN 1663, MORT EN 1742.

Il était réservé à la France de posséder tous les trésors de l'éloquence chrétienne. Bossuet étonnait encore ses contemporains par la hauteur sublime de son génie, lorsque Fénelon vint les charmer par toutes les séductions d'un style enchanteur : à côté de la puissance qui commande, c'est la grâce qui s'insinue. Apparaît ensuite Bourdaloue, raisonneur toujours exact, toujours sévère, et qui, par l'abondance de ses preuves, attache invinciblement la raison humaine. Après eux, Massillon se crée une place à part. De toutes les qualités de ses prédécesseurs, nulle ne lui manque ; mais il en est une qu'il possède à un si haut degré qu'elle constitue le cachet particulier de son génie : c'est l'onction, qui est non-seulement une des ressources de l'orateur, mais encore une des vertus qui charment dans le prêtre. Heureux privilége de nature, l'onction ne s'acquiert jamais par l'étude ; aussi tous les événements de l'existence de Massillon sont dans un accord parfait avec l'ensemble de son style, et l'on peut dire de lui qu'il a vécu comme il a écrit.

Jean-Baptiste Massillon naquit à Hyères, le 24 juin 1663 ; il était fils d'un notaire, et appartenait à cette classe intermédiaire à laquelle la France doit tant de savants et de littérateurs qui ont contribué à répandre sa gloire. Massillon, dès sa plus tendre enfance, se montra studieux et recueilli ; néanmoins, il avait à peine terminé sa troisième, lorsque son père témoigna le désir de l'avoir pour successeur dans sa modeste charge ; les supérieurs de l'Oratoire intervinrent, et leur jeune élève entra définitivement dans la congrégation, le 10 octobre 1681.

Massillon continua ses études avec ardeur ; en 1692, il fut ordonné prêtre, et tenta quelques apparitions dans la chaire : on le remarqua, mais à cette époque il remplissait plutôt un saint devoir qu'il n'obéissait à une forte vocation. Les pères de l'Oratoire, qui l'avaient vu réunir autour de lui ses condisciples pour leur répéter les sermons qu'ils venaient d'entendre en commun, étaient convaincus qu'il brillerait un jour dans l'éloquence de la chaire ; ils le poussaient donc dans cette carrière : mais il hésitait ; il faisait même plus, ainsi que le prouve une lettre qu'il adressa dans ce temps au père Sainte-Marthe, et dans laquelle on trouve le passage suivant : « Je » considère que je ne suis dans la congrégation que pour lui être utile ; et » comme mon talent et mon imagination m'éloignent de la chaire, j'ai cru » qu'une chaire de philosophie ou de théologie me conviendrait mieux. » Vers la même époque, son goût pour les sciences exactes lui fit contracter une liaison intime avec le père Malebranche. Cependant les événements l'entraînèrent bientôt ; il prononça quelques panégyriques qui commencèrent pour lui l'ère d'une brillante réputation. La conscience du prêtre s'effraya des succès de l'orateur, et Massillon se réfugia dans l'abbaye de Sept-Fonds, dont la règle était aussi sévère que celle de la Trappe. Assujetti aux plus rigoureuses austérités, il vivait confondu au milieu de cénobites plus recommandables par la sainteté de leur vie que par l'étendue de leur intelligence. Si les hommes supérieurs ont souvent à souffrir des piéges que tend sous leurs pas la médiocrité envieuse et tracassière, il y a une compensation pour eux ; c'est cette nécessité inévitable qui force à réclamer leur appui : on peut les haïr pour les services mêmes qu'on leur demande, mais seuls ils peuvent les rendre. Cette fois les passions humaines furent étrangères au début d'une renommée qui plus tard devait être si éclatante. Massillon avait bien su choisir le lieu de sa retraite, et une circonstance toute simple vint l'arracher à sa pieuse obscurité. Le supérieur de l'abbaye reçut de M. le cardinal de Noailles un de ses mandements ; il fallait répondre au prélat : on s'adressa tout naturellement au nouveau venu, qui avait déjà fait ses preuves. Le cardinal de Noailles fut étonné du charme de style que respirait la missive de l'abbé de Sept-Fonds ; et il le pria, au nom de l'Église, de lui faire connaître l'auteur d'un si admirable écrit. Massillon fut nommé ; M. le cardinal de Noailles, qui était archevêque de Paris, voulut que son véritable correspondant se rendit dans la capitale, où, en présence des plus beaux modèles, son talent devait parvenir à la perfection. Il fallut obéir, et Massillon se trouva placé sur-le-champ à la tête du séminaire de Saint-Magloire, que le célèbre cardinal de Retz avait confié aux oratoriens : c'était un poste d'honneur.

Massillon suivit avec assiduité les maîtres de la chaire, qui, à cette époque de profonde piété, attiraient une foule avide d'instruction et inquiète sur l'avenir de son salut. Bourdaloue se faisait entendre : le jeune oratorien fut saisi de respect et d'admiration ; mais Bourdaloue ne devint pas son modèle. Massillon avait alors le pressentiment que lui aussi serait orateur, c'est-à-dire inspiré à sa manière. Il fallait d'abord qu'il recueillît ses forces ; il composa donc ses premières *Conférences ecclésiastiques* pour le séminaire de Saint-Magloire : elles révélèrent à l'Église de France la certitude d'une splendeur nouvelle; c'était un soldat de plus qui allait vaincre et conquérir au profit de l'éternelle vérité. Les supérieurs de Massillon, qui veillaient attentifs sur le développement de ses progrès, ne manquèrent pas de lui demander quelle opinion il avait conçue des grands prédicateurs de la capitale; il répondit : « Je leur trouve bien de l'esprit et du talent; mais » si je prêche, je ne prêcherai pas comme eux; » et il tint parole.

Montpellier avait jadis reçu les enseignements religieux de Bourdaloue; Massillon, par suite d'une mission qu'il reçut, prêcha dans la même ville. Le rapprochement était périlleux, le triomphe fut complet : il devait en être ainsi. Le jeune orateur possédait déjà le germe de toutes les qualités qui passionnent les habitants du midi : ils sont doués d'une oreille musicale, et toutes les phrases de Massillon sont pleines d'harmonie; leur sensibilité est vive, et Massillon possède tous les secrets qui attendrissent les cœurs et arrachent les larmes; enfin, ils ont une imagination inépuisable, et Massillon est un des orateurs qui ont le plus souvent rencontré de ces combinaisons d'images et de style, de ces mots risqués avec audace, mais fondus dans l'ensemble avec un si rare bonheur, qu'ils touchent et remuent les âmes sans jamais manquer aux règles du goût.

Dès ce moment, le pas le plus difficile était franchi; l'oratorien avait subjugé l'attention publique. Louis XIV jeta les yeux sur lui et le désigna comme prédicateur de la cour pour l'Avent de 1699, et le grand monarque, qui mesurait si bien la louange au mérite, dit à Massillon : « Mon père, j'ai entendu plusieurs grands orateurs dans ma chapelle, j'en ai été fort content; pour vous, toutes les fois que je vous entends, je suis mécontent de » moi-même. » Louis XIV voulut l'entendre encore pendant les Carêmes de 1701 et de 1704.

Massillon était monté en chaire dans la capitale avant de paraître à la cour; on craignait pour lui une épreuve aussi délicate. La spirituelle madame de Coulanges écrivant à madame de Sévigné, sa cousine, ne pouvait passer sous silence l'objet de la préoccupation générale. « Massillon, dit-elle, réussit à Versailles comme il a réussi à Paris. »

Maintenant, à part l'onction et la tendresse, ce qui explique tous les triomphes de l'illustre orateur, c'est l'étendue, la variété et la souplesse de son génie; toutes les classes l'applaudissent et l'aiment; tous les âges le sentent et le comprennent; il a des preuves multipliées pour ceux qui se débattent dans le doute, des enseignements nouveaux pour ceux qui méditent afin de mieux s'instruire. Là ne se borne pas son victorieux ascendant; où les lumières manquent, il ébranle les sentiments : s'il ne foudroie pas toujours les riches et les puissants, c'est par pitié pour leur propre faiblesse; mais il les inquiète dans l'enivrement de leurs jouissances, il les trouble dans l'orgueil de leurs prospérités, il les flétrit dans l'iniquité de leurs commandements, et, les condamnant à retrouver des larmes, il les améliore par la sensibilité qu'il leur restitue. Il n'est pas jusqu'à l'enfance que Massillon n'ait fait réfléchir; et de tous ces prodiges il reste des preuves irrécusables. Rollin, qui devait aussi laisser de si touchants souvenirs, mena les pensionnaires de Beauvais entendre Massillon à Saint-Leu. Le sermon roulait sur *la sainteté du chrétien*. Ces pauvres enfants furent si profondément touchés, qu'ils rentrèrent tout silencieux, et s'imposèrent des pénitences dont il fallut tempérer la rigueur. Des soldats, que des circonstances fortuites donnèrent pour auditeurs à Massillon, eurent horreur de leur vie passée, et ne retrouvèrent un instant de repos qu'après qu'il les eut consolés au tribunal de la pénitence. C'était un comte de Rosemberg, neveu du cardinal de Forbin-Jeanson; c'était un colonel Armand de Courville, qui, après avoir été ramené à Dieu par le grand prédicateur, reçut une mort glorieuse sur le champ de bataille d'Almanza. Un homme de la cour était en route pour se rendre à l'Opéra; un nombre immense d'équipages se croisaient; les uns volaient au théâtre, les autres à l'église : désespérant d'arriver à temps où le plaisir l'attendait, il se fit descendre à la porte du lieu saint; Massillon prêchait; le courtisan éprouva une révolution si complète, que jusqu'à la fin de ses jours il fut cité comme le modèle de la plus parfaite piété. Les comédiens eux-mêmes, envers lesquels le christianisme se montre sévère, accouraient aux sermons du célèbre oratorien : à part les hautes vérités qu'ils y recueillaient, et dont tous profitèrent, ils admiraient cette simplicité évangélique si naturelle dans sa marche, mais si prodigieuse dans ses effets. Massillon ne montait pas en chaire audacieusement, il s'y glissait; ses yeux étaient baissés, sa voix douce, son débit pénétrant; il allait droit au cœur, mais doucement, comme à une conquête qui ne pouvait lui manquer : aussi Baron, fort assidu à l'entendre, disait un jour à un de ses camarades : *Mon ami, voilà un orateur; nous ne sommes que des comédiens*. Mais, fallait-il frapper un grand et dernier coup : alors le regard de Massillon s'enflammait, et il en jaillissait des éclairs d'autant plus terribles qu'ils étaient plus rares. Tel il parut lorsque, dans son sermon sur le petit nombre des élus, il s'écria : « Je suppose, » mes frères, que c'est ici votre dernière heure et la fin de l'univers; que » les cieux vont s'ouvrir sur vos têtes. Jésus-Christ paraîtra dans sa gloire » au milieu de ce temple.... Restes d'Israël, passez à la droite; froment de » Jésus-Christ, démêlez-vous de cette paille destinée au feu.... Oh Dieu! » où sont vos élus? et que reste-t-il pour votre partage? »

C'est dans l'église de Saint-Eustache que furent proférées ces paroles. D'un mouvement unanime, tous les auditeurs se levèrent, comme fuyant la justice divine, dont l'arrêt irrévocable semblait déjà les écraser. La sensation que produisit l'orateur se renouvela lorsqu'il répéta le même sermon à Versailles : il fit tressaillir le prince et sa cour.

L'éloquence de Massillon était alors comme un titre de gloire nationale; du plus grand jusqu'au plus petit, chacun en réclamait un reflet; c'était à qui se vanterait d'avoir le premier entendu le fameux sermon du *petit nombre des élus*[1]. Les uns tâchaient de retenir ses sermons par cœur, d'autres les écrivaient au moment même où il les prononçait. Des copies, fautives sans doute, mais très-nombreuses, se multipliaient sous toutes les formes. Les prédicateurs à leur tour répétaient en chaire ces discours si parfaits, et se faisaient ainsi admirer sans qu'il leur en coûtât grands frais d'imagination. Un curé de campagne, parlant de ses paroissiens, disait avec naïveté : « Ils m'écoutent toujours volontiers quand je leur prêche Massillon. » Déjà un suffrage plus flatteur, parce qu'il venait d'un des plus grands maîtres de la chaire, avait propagé le nom de l'oratorien. Bourdaloue, après avoir assisté à un des premiers sermons que prononça son rival à Paris, dit : *Illum oportet crescere, me autem minui*[2]. Qu'on ne s'étonne donc pas si des populations tout entières se levaient pour accourir dans les lieux où Massillon était appelé à exercer son ministère. Le duc de Lorraine le pressa de venir prêcher à sa cour pendant le carême, et les auditeurs accoururent de plus de trente lieues à la ronde.

La France était alors gouvernée par la vieillesse de Louis XIV : c'était la gloire qui s'acheminait au tombeau, non sans un reste d'éclat, mais enfin timide et méfiante, surtout en ce qui touchait les questions du salut. Les jésuites étaient maîtres de la conscience du monarque. Ils avaient pour antagonistes des hommes sincèrement pieux et des congrégations entières, préconisant des doctrines toutes différentes. Il convient de dire que Massillon, élève de l'Oratoire, appartenait à un corps exclu des faveurs de la cour, et qui, suspect de jansénisme, ne pouvait prétendre à de hautes récompenses : elles occupaient peu d'ailleurs la pensée du premier orateur qu'on possédât alors. Il put donc attendre et continuer à rendre de précieux services à l'Église : ouvrier habile et diligent, il aimait l'œuvre pour elle-même. Louis XIV mourut, et ce fut le prêtre qu'il n'avait point inscrit sur la liste des prélats où il avait placé les Bossuet, les Fléchier et les Fénelon, qui eut la mission de le louer en face des autels..... Quarante-cinq années de splendeur avaient précédé Louis XIV dans l'éternité. L'élite de la nation, dont ce prince avait agrandi la place dans l'histoire, se presse autour de son cercueil ; toutes les pompes humaines qui, pour la dernière fois, entourent la majesté éteinte des maîtres du monde, se trouvent réunies, et dans la chaire de vérité, qui seule ne périt point, se présente Massillon. Il jette un regard désolé sur cette enceinte, où il ne reste plus que le néant d'une gloire qui, il y a peu de temps, occupait encore le monde entier. En

[1] Les mémoires du temps parlent du sonneur de Saint-Eustache, qui allait répétant partout : « C'est moi ! c'est moi qui l'ai sonné, ce *fameux sermon*. » Une loueuse de chaises disait : « Oui-dà, oui-dà, vous allez voir que l'on vous donnera du Massillon pour douze sous ! »

[2] Celui-ci doit grandir, et moi diminuer.

présence de tant de souvenirs, l'orateur succombe un instant; mais il recueille ses forces, et de sa bouche sortent ces mots : *Dieu seul est grand, mes frères!* L'émotion fut immense, elle fut universelle. Simple ministre de Jésus-Christ, Massillon, dès l'exorde, s'était élevé plus haut que Louis XIV.

Le temps de la justice arriva, et, en 1717, Massillon fut nommé à l'évêché de Clermont, en Auvergne, par un prince qui était loin sans doute d'être religieux, mais qui sympathisait avec tous les genres de génie. L'élève des oratoriens était resté si pauvre au milieu de tant de succès, que le régent fut obligé de payer ses bulles. Placé à la tête d'un diocèse, Massillon donna l'exemple de toutes les vertus chrétiennes; et à une époque où il paraissait si difficile de vivre loin de la cour, il se montra fidèle à la règle de la résidence jusqu'à la fin de sa carrière, c'est-à-dire pendant l'espace de près de vingt-trois ans. On ne le vit à Paris que dans quelques rares circonstances où il avait encore l'occasion d'être utile, ou bien lorsqu'il eut à remplir des devoirs de reconnaissance. C'est ainsi qu'il prêcha devant Louis XV le carême de 1719, connu sous le titre de *Petit Carême*, et qu'il vint prononcer l'oraison funèbre de la mère du régent, qui ne l'appelait jamais que son *bon ami*.

Massillon touchait à sa cinquante-cinquième année, lorsqu'aux Tuileries même, et du haut de la chaire, il dut exposer devant un prince encore enfant les premières notions de la foi. Pour bien juger les hommes, il ne faut jamais les séparer de l'époque où ils ont vécu. Les services que Louis XIV avait rendus à son pays étaient immenses; mais on souffrait encore sous le poids de tant de sacrifices qu'il avait imposés. La France était dans une espèce de réaction contre les idées du grand roi ; elle était convaincue qu'il avait trop exagéré les devoirs du peuple, et trop agrandi les droits du prince : un vague instinct poussait tous les esprits à limiter l'autorité royale. Massillon comprit son temps : c'est un *Cours de Morale religieuse* qu'il composa. En laissant au christianisme une noble place, il plaça en regard les maux, les misères et les douleurs des masses. La raison de Louis XV n'était pas encore assez formée, assez forte pour qu'on déroulât devant elle les grandes et solennelles vérités de la foi, qui exigent de longs et sévères développements ; mais son cœur pouvait déjà être touché : c'est donc à la sensibilité de l'enfant royal que Massillon s'adressa. L'effet qu'il produisit, non-seulement à la cour, mais dans toute la France, fut grand, nous devons même ajouter populaire. Le maréchal de Villeroi, dont Louis XIV avait tant de fois excusé les fautes, fut le premier à demander à Massillon une copie de son *Petit Carême*, qu'il plaça sous les yeux du prince, âgé de neuf ans, et auquel il en fit apprendre par cœur les morceaux les plus saillants. Cette œuvre si admirée, et d'ailleurs si digne de l'être, ne coûta que six semaines de travail à son auteur; il l'écrivit de verve dans la maison de campagne des oratoriens. Aux yeux des gens du monde, et surtout des littérateurs, qui sont plus sensibles aux charmes de la diction qu'à la solidité de l'instruction, le *Petit Carême* est non-seulement le chef-d'œuvre de Massillon, mais l'un des chefs-d'œuvre les plus exquis de la prose française. Nul doute qu'il n'y ait un fond de justesse et de vérité dans cet arrêt, qui a déjà pour lui l'autorité de plus d'un siècle. J'accorde encore que, relativement aux circonstances et surtout à l'âge de Louis XV, il était impossible de mieux faire ; mais, d'un autre côté, il faut convenir que le *Petit Carême* est dépourvu de cette ampleur, de cette magnificence, de cette majesté chrétienne, qui caractérisent les grandes œuvres oratoires de Massillon. Ce qui en explique la popularité, c'est que le type du christianisme n'y laisse pas une empreinte absolue. Les philosophes du siècle dernier, guidés par Voltaire, ont pu louer un ouvrage où, sous des formes toujours pleines de convenance et de séduction, les monarques trouvent des leçons que les peuples peuvent leur rappeler, puisqu'elles émanent de la religion, qui nous oblige tous indistinctement. Il y a peu de temps encore, qu'avec le texte du *Petit Carême*, on parvenait à faire sans péril une opposition qui n'était pas sans résultat. C'est peut-être, au reste, dans cet ouvrage qu'on rencontre le plus souvent de ces alliances de mots qui rajeunissent la langue, et qui sont si habilement risquées qu'il faut souvent une seconde lecture pour en comprendre toute la hardiesse. On ne saurait donc trop lire et relire, comme étude de style, le *Petit Carême* de Massillon, surtout aujourd'hui où l'on croit qu'oser c'est réussir.

Massillon, quelque temps avant de prêcher son *Petit Carême*, avait été reçu à l'Académie française, où il remplaça l'abbé de Louvois. Une autre grande illustration, mais d'un genre différent, l'abbé Fleury, reçut à l'Académie le premier prédicateur du temps, et déplora l'absence à laquelle ses devoirs d'évêque allaient le condamner. Massillon ne s'occupa jusqu'à son dernier soupir que de consoler toutes les douleurs, de panser toutes les plaies ; et aux enseignements qu'il donnait à toutes les classes de la société, il joignit la puissance de l'exemple. Apprenant qu'un père de famille était sur le point d'être jeté en prison parce qu'il ne pouvait payer une somme de deux mille francs, l'évêque de Clermont lui envoya sur-le-champ vingt-cinq louis. Cet homme vint se précipiter aux pieds de son bienfaiteur : « Je vous dois la vie ; je vous dois encore plus, monseigneur, je vous dois l'honneur. » Le relevant aussitôt, Massillon lui répondit : « Je suis assez payé ; donnez cette somme à vos créanciers, et dites-leur que je suis caution pour le reste. » Des religieuses souffraient toutes les extrémités de la faim, et elles cachaient leur détresse, tant elles craignaient qu'on ne vînt à fermer leur maison. Massillon leur fit parvenir à diverses reprises des sommes d'argent considérables, et le nom du donateur ne fut connu qu'après sa mort. Oubliant même ses triomphes, il laissait de côté toutes les pompes de son éloquence, et, comme un simple prêtre, il faisait au peuple de son diocèse des exhortations qui naissaient, pour ainsi dire, de la circonstance. La ville de Clermont tout entière et les villageois des environs venaient l'écouter en foule. Quant aux ecclésiastiques placés sous ses ordres, il les rassemblait souvent pour les fortifier dans la pratique des vertus que commande le saint ministère, et ce fut dans ces synodes qu'il prononça ses célèbres conférences, un de ses plus beaux titres à l'admiration de la postérité. Mais si le talent et le génie de Massillon ont créé sa fortune, la douceur et la modération de son caractère ont encore fait plus; elles l'ont rendu heureux. Vivant à une époque de déplorables querelles religieuses, il ne chercha qu'à adoucir et à pacifier les esprits. Devenu évêque, il eut le pouvoir de réaliser dans sa sphère le bien qu'il méditait : c'était toujours la concorde qu'il allait prêchant aux uns et aux autres. Convaincu que, rapprocher des hommes ou des corporations hostiles, ne fût-ce qu'en passant, c'est déjà avoir commencé l'œuvre de la réconciliation, il réunissait, dans sa maison de campagne, des jésuites et des oratoriens. Souvent il les mettait aux prises devant un jeu d'échecs, leur recommandant de ne se jamais faire de guerre plus sérieuse.

Massillon, à l'exemple de Bossuet, était partisan des libertés de l'Église gallicane; aussi fut-il nommé membre du conseil de conscience sous la régence du duc d'Orléans. Mais l'évêque de Clermont était convaincu qu'il y avait, dans la vérité même, une certaine mesure dont il ne fallait jamais s'écarter: c'est ce que prouvent ses lettres à son confrère M. de Soanen; elles sont tout à la fois un modèle de courage, de bonté et de sagesse.

L'Auvergne, dont la capitale servait de résidence à Massillon, était accablée d'impôts; elle était aussi exposée à de fréquentes disettes : alors le malheur du peuple n'avait plus de bornes. Le saint évêque, qui se tenait éloigné de toutes les affaires de la cour, ne craignait pas, dans ces crises, de s'adresser aux ministres du roi; voici une lettre qu'il écrivit au cardinal de Fleury.

« Monseigneur, je supplie très-humblement votre éminence de ne pas » trouver mauvais que je sollicite une fois son cœur paternel pour les pau- » vres peuples de cette province; je sens toute l'importunité de pareilles » remontrances; mais, monseigneur, si les misères du troupeau ne vien- » nent pas jusqu'à vous par la voix du pasteur, par où pourraient-elles » jamais y arriver? Il y a long-temps que tous les états et toutes les com- » pagnies de cette province me sollicitent de représenter à votre éminence » leur triste situation. Ce ne sont point des plaintes et des murmures de leur » part, vous méritez trop de régner sur tous les cœurs; c'est uniquement leur » confiance en votre amour pour les peuples qui emprunte ma voix. Ils » vous regardent tous comme leur père et l'ange tutélaire de l'État, et sont » trop persuadés que si, après avoir été informé de leurs besoins, vous ne

» les soulagez pas, c'est que le secours aurait peut-être des inconvénients » plus dangereux que le besoin même, et que le bien public, qui est le plus » grand objet du génie sage et universel qui nous gouverne, rend certains » maux particuliers inévitables.

» Il est d'abord de notoriété publique, monseigneur, que l'Auvergne, » province sans commerce et presque sans débouchés, est pourtant, de » toutes les provinces du royaume, la plus chargée, à proportion, de sub- » sides. Le conseil ne l'ignore pas; ils sont poussés à plus de six millions, » que le roi ne retirerait pas de toutes les terres d'Auvergne s'il en était » l'unique possesseur; aussi, monseigneur, les peuples de nos campagnes » vivent dans une misère affreuse, sans lit, sans meubles; la plupart même, » la moitié de l'année, manquent de pain d'orge ou d'avoine, qui fait leur » unique nourriture, et qu'ils sont obligés de s'arracher de la bouche et de » celle de leurs enfants pour payer leurs impositions.

» J'ai la douleur d'avoir chaque année, monseigneur, ce triste spectacle » devant les yeux dans mes visites. Non, monseigneur, c'est un fait certain, » que, dans tout le reste de la France, il n'y a pas de peuple plus pauvre et plus » misérable que celui-ci; il l'est au point que les nègres de nos îles sont » infiniment plus heureux, car en travaillant, ils sont nourris et habillés, » eux, leurs femmes et leurs enfants, au lieu que nos paysans, les plus la- » borieux du royaume, ne peuvent, avec le travail le plus opiniâtre, avoir » du pain pour eux et pour leur famille, et payer leurs subsides; s'il s'est » trouvé dans cette province des intendants qui aient pu parler un autre » langage, ils ont sacrifié la vérité et leur conscience à une misérable » fortune.

» Mais, monseigneur, à cette indigence générale et ordinaire de cette » province se sont jointes, ces trois dernières années, des grêles et des sté- » rilités qui ont achevé d'accabler les pauvres peuples. L'hiver dernier sur- » tout a été si affreux, que si nous avons échappé à la famine, et à une » mortalité générale, qui paraissait inévitable, nous n'en avons été rede- » vables qu'à un excès et à un empressement de charité que des personnes » de tous les états ont fait paraître pour prévenir tous les malheurs. Toutes » les campagnes étaient désertes, et nos villes pouvaient à peine suffire à » contenir la multitude innombrable de ces infortunés qui y venaient cher- » cher du pain; la bourgeoisie, la robe et le clergé, tout est venu à notre » secours; vous-même, monseigneur, avez déterminé la bonté du roi à » nous avancer soixante mille livres. C'est uniquement à la faveur de ce » secours que la moitié de nos terres, qui allaient toutes rester en friche » par la rareté et la cherté excessive des grains, ont été ensemencées; le » prix des grains a diminué de plus de moitié; mais le pauvre peuple, qui, » pour ensemencer ses terres, a été obligé d'emprunter du roi et des par- » ticuliers, et d'acheter des grains d'un prix alors exorbitant, va être obligé,

» par la vilité du prix où ils sont maintenant, d'en vendre trois fois autant » qu'il en a reçu pour rembourser les avances qu'on lui a faites; de sorte » qu'il va retomber dans le même gouffre de misère, si votre éminence n'a » pas la charité de faire accorder cette année quelque remise considérable » sur les impositions que le conseil va régler incessamment. Au reste, » monseigneur, je supplie instamment votre éminence de ne pas regarder » ce que je prends la liberté de lui écrire comme un excès de zèle épisco» pal. Outre tout ce que je vous dois déjà, je vous dois encore plus » la vérité; ainsi, loin d'exagérer, je vous proteste, monseigneur, que » j'ai ménagé les expressions, afin de ne pas affliger votre cœur. Je » ne doute pas que notre intendant, quoiqu'il craigne beaucoup de dé» plaire, n'en dise encore plus que moi; que votre éminence ait la bonté » de s'en faire rendre compte. Je sens bien que dans une première place » on ne peut ni tout écouter, ni remédier à tout; cette maxime pouvait être » admise sous les ministères précédents, mais sous le vôtre tout est écouté; » les grandes affaires qui décident du sort de l'Europe ne vous font pas » perdre de vue les plus petits détails. Rien ne vous échappe de cette im» mensité de soins, et rien presque ne paraît non-seulement vous accabler, » mais même vous occuper. C'est dans cette confiance que j'ai hasardé cette » lettre : avec un vrai père, on ose tout; et quand on lui parle pour ses » enfants, on peut bien l'importuner, mais on est bien sûr qu'on n'a pas » le malheur de lui déplaire. »

Au moment où de pareils désastres frappaient ses ouailles, Massillon croyait que ce n'était pas assez d'écrire, et qu'en attendant une réponse, il fallait commencer par donner lui-même : telle fut toujours la règle de sa conduite. C'est ainsi qu'en 1740 il envoie quatre mille livres à l'Hôtel-Dieu de Clermont : en 1741, c'est quinze mille livres qu'il lui donne, mais en secret. En 1742, il lègue au même hospice un contrat de cinquante mille livres sur le clergé; enfin, par son testament, il institue l'Hôtel-Dieu de Clermont son légataire universel.

Laissons parler maintenant un philosophe du siècle dernier. Marmontel raconte, dans ses Mémoires, qu'il eut le bonheur de voir, dans une de ses promenades avec ses condisciples, le vénérable Massillon. « L'accueil plein » de bonté que nous fit ce vieillard illustre, dit-il, la vive et tendre impres» sion que firent sur moi sa vue et l'accent de sa voix, est un des doux » souvenirs qui me restent de mon jeune âge. Dans cet âge où les affections » de l'esprit et celles de l'âme ont une communication réciproquement si » soudaine, où la pensée et le sentiment agissent et réagissent l'un sur » l'autre avec tant de rapidité, il n'est personne à qui quelquefois il ne soit » arrivé, en voyant un grand homme, d'imprimer sur son front les traits » du caractère de son âme ou de son génie. C'était ainsi que sur les rides » de ce visage déjà flétri, et dans ces yeux qui allaient s'éteindre, je croyais

» démêler encore l'expression de cette éloquence si sensible, si tendre, si » haute quelquefois, et si profondément pénétrante. »

Chargé d'ans, de gloire et de bonnes œuvres, Massillon mourut à Clermont d'une attaque d'apoplexie, le 18 septembre 1742; il était dans sa quatre-vingtième année. Il ne laissa ni dette ni argent. Dans son testament, on trouva le vœu suivant : « Je demande tous les jours à Jésus-Christ qu'il » calme les troubles qui agitent l'Église de France, et qu'il daigne y rétablir » la paix que nous avons tâché de conserver dans ce grand diocèse; » c'est là le résumé de sa carrière épiscopale.

M. David, chanoine de la cathédrale de Clermont, prononça une oraison funèbre sur la tombe de Massillon; un professeur de rhétorique attaché au collége de Riom fit l'éloge du prélat en latin. La douleur de ses peuples dura de longues années, et, après tant d'événements et de révolutions, le nom de Massillon est encore cher à l'Auvergne.

A côté de regrets si profonds, nous devons, pour compléter notre tâche, rappeler que Massillon eut à souffrir de la calomnie. Cette douceur, cette amabilité, la grâce qu'on retrouve dans toutes ses productions, il les portait dans les rapports ordinaires de la vie. La marquise de Simiane, petite-fille de madame de Sévigné, qui, par son esprit, soutenait dignement l'honneur de la famille, recevait quelquefois Massillon dans une communauté religieuse où elle habitait. Là, elle se plaisait à entendre dans un petit cercle l'homme qui édifiait la France; mais jamais les mœurs n'eurent à souffrir d'une liaison que tout explique, même la communauté d'origine : car madame de Simiane, comme Massillon, appartenait à la Provence. On lui a encore reproché d'avoir assisté en qualité d'évêque au sacre de l'abbé Dubois, et de lui avoir accordé un certificat de bonnes vie et mœurs, lorsqu'il postulait le cardinalat. Mais les désordres de l'ancien précepteur du Régent n'avaient pas alors la publicité qu'ils ont reçue depuis, et la malignité contemporaine les a d'ailleurs fort exagérés, ainsi que l'ont démontré de nouvelles recherches historiques. La conduite de Massillon dans cette circonstance fut ce qu'elle devait être, surtout si l'on considère que Dubois était, sous un gouvernement monarchique, ministre principal, et possédait d'ailleurs des qualités dont la France n'a pas été sans tirer profit.

A.-J.-C. Saint-Prosper.

Dessiné par V. Bailly. Gravé par A. Bailly.

LE SAGE.

LE SAGE

NÉ EN 1668, MORT EN 1747.

Le Sage, qui vécut trente-deux ans dans le dix-septième siècle et quarante-sept dans le dix-huitième, reçut tour à tour l'influence de la littérature brillante et polie du règne de Louis XIV, et de la société franchement corrompue de la régence et de Louis XV. Contemporain de deux époques si rapprochées et pourtant si dissemblables, il forme, sous le rapport du style, un des derniers anneaux de la chaîne des écrivains du grand siècle, et, par la nature de ses idées, il commence la liste des écrivains frondeurs de cet âge de scepticisme, où Voltaire fut roi avec la plume, comme Louis XIV l'avait été avec l'épée et avec le sceptre. Les premiers regards de Le Sage tombèrent sur un monde qui, jaloux de plaire à un monarque grave et pieux, rendait à la vertu l'hommage de l'hypocrisie : la cour affichait la dévotion et la retenue, mais la ville se gênait moins, et les petits soupers de Paris semblaient narguer les sermons de la chapelle de Versailles. A la mort de Louis XIV, il y eut une explosion presque générale de folies, de débauches et d'irréligion. Le siècle s'émancipa comme un de ces fils de famille qui n'attendent que leur majorité pour dissiper l'héritage paternel. La composition de *Turcaret* et de la moitié de *Gil Blas* précéda cette époque de libertinage effronté ; mais l'auteur de ces deux chefs-d'œuvre, par la prescience d'un génie observateur, semble avoir deviné les fanfaronnades de vices prêtes à éclater sous la régence. D'ailleurs la riche bourgeoisie, qui se contraignait moins que la noblesse, lui offrait déjà plus d'un modèle à ridiculiser. Les scandaleuses fortunes des traitants et des maltôtiers, les orgies du lansquenet et de la table, l'immoralité des chevaliers d'industrie ne lui laissaient que l'embarras du choix. Le Sage, qu'on a blâmé d'avoir peint surtout des fripons et des intrigants, trouve son excuse dans la physionomie d'un siècle où le vice était la règle et la vertu l'exception. Le copiste est-il responsable des défauts de l'original? Doué de cet instinct qui consiste à saisir le côté plaisant des personnes et des choses quelquefois les plus graves, Le Sage ne manque jamais à la vocation de son génie; tout en frondant les travers de l'humanité, il élève la satire jusqu'à la hauteur de la morale. Toujours il nous laisse le soin de déduire les conclusions des faits qu'il a développés. De cette manière, l'impression est plus vive, plus durable, plus intime, parce que c'est notre propre intelligence qui remplit l'emploi de moraliste.

Le Sage se montra comique dans ses comédies, ce qui est toujours un mérite peu commun; mais, ce qui est plus rare, il le fut également dans ses autres compositions. Par lui le roman fit alliance avec le théâtre; *Gil Blas* et *Turcaret* sont frères. Un véritable examen de ses principaux ouvrages nous fera voir son habileté à déguiser la profondeur de sa pensée morale sous l'agrément qui naît de la vérité des caractères, de la gaieté des situations, et de la verve d'une prose dont Molière n'avait pas emporté tout le secret.

Alain-René Le Sage naquit le 8 mai 1668, à Sarzeau, petite ville de la presqu'île de Rhuys, en Bretagne. Orphelin à quatorze ans, il demeura sous la tutelle d'un oncle dont la négligence laissa dépérir la petite fortune que son père avait amassée dans sa triple charge de greffier, de notaire et d'avocat. Après de brillants succès au collége de Vannes, sous la direction des Jésuites, il vint à Paris en 1692, pour y apprendre le droit et la philosophie. L'enjouement de son esprit, les charmes de sa figure, lui valurent un accueil favorable dans la meilleure, ou plutôt dans la moins mauvaise société du temps. C'est là qu'il forma d'abord avec une riche et noble dame une liaison de cœur. Mais il épousa, en 1694, Marie-Élisabeth Huyard, fille d'un honnête bourgeois de Paris, et se fit recevoir avocat au parlement. Son existence ne devait pas se consumer dans les débats de la chicane. D'après le conseil de Danchet, son camarade d'études, il débuta dans la carrière littéraire par la traduction des lettres galantes d'Aristénète, auteur grec du quatrième siècle. Cette traduction n'obtint pas de succès. Loin de se décourager, le jeune écrivain quitta la Grèce pour l'Espagne, dont il étudia la langue sous les yeux de l'abbé de Lyonne, qui le prit en amitié et lui assura une rente de 600 livres. La littérature espagnole, dont toujours il eut soin d'éviter l'enflure et la recherche, et que par là il contribua à relever de la déchéance qu'elle avait encourue depuis long-temps, devint dès lors l'âme de tous ses travaux, et plus tard le fondement d'une grande partie de sa gloire. Ses premières imitations dramatiques furent *Don Félix de Mendoce* de Lopez de Véga, *le Traître puni* et *le Point d'honneur*, de don Francesco de Roxas. Cette dernière pièce, intriguée à peu près comme *le Jodelet duelliste* de Scarron, fut jouée en 1702 à la Comédie-Française, mais sans éclat. *Les Nouvelles aventures de don Quichotte, traduites d'Avellanéda*, ne produisirent guère plus de sensation. Le Sage avait près de quarante ans; il approchait de cette phase de l'existence où la plupart des hommes de génie ou de talent se sont déjà révélés. Nulle œuvre importante n'avait encore témoigné de sa véritable vocation. Il pouvait douter de lui-même, lorsque la même année annonça à la France un nouvel auteur comique et un nouveau romancier. C'est en 1707 que parurent *le Diable boiteux* et *Crispin rival de son maître*. *Crispin* réussit complétement, grâce à la vivacité de l'intrigue, à la finesse des saillies, à la franchise du dialogue. Le Sage a peut-être une trop abondante facilité de style; mais il écrit avec naturel, parce qu'il observe avec promptitude et justesse. La gaieté chez lui n'exclut pas le bon sens. S'il n'a pas toute la folie de Regnard, il déploie plus de verve que Dancourt et que Dufresny. Exempt de la froideur de Destouches et de l'afféterie de Marivaux, il a la gloire d'avoir ramassé quelques épis oubliés dans le vaste champ des vices et des ridicules, où l'auteur de *l'Avare* et de *George Dandin* a si largement moissonné.

Le succès de *Crispin* imposa à Le Sage la loi de consacrer son talent au théâtre. Il refit en cinq actes les *Étrennes*, petite pièce que les comédiens avaient refusé de jouer. De cette refonte sortit un chef-d'œuvre, et ce chef-d'œuvre s'appela *Turcaret*. *Turcaret*, avant sa représentation, excita autant de curiosité que *Tartuffe* quarante-deux ans auparavant, et *le Mariage de Figaro* soixante-quinze ans plus tard. Le Sage démasquait les déprédations de la finance, comme Molière la fausse dévotion, et Beaumarchais les vices de la noblesse. Ces trois auteurs attaquaient la puissance du siècle, avec cette différence, toutefois, que le défaut châtié par le premier devait survivre aux coups vengeurs de la satire. Le traitant de Louis XIV ne se reproduit-il pas dans les agioteurs de la rue Quincampoix, dans les fournisseurs de la république, dans les banquiers et les hommes de bourse d'aujourd'hui? Sous des noms différents n'est-ce pas toujours M. Turcaret, avec moins de sottise apparente, mais avec le même fond d'immoralité? L'aristocratie de l'argent a résisté et résistera toujours au choc des révolutions qui nivèlent tant de supériorités; elle se charge de donner un éternel démenti à l'inapplicable théorie de l'égalité des conditions.

Les financiers et tous leurs acolytes, c'est-à-dire toutes les coquettes, tous les joueurs, tous les usuriers, tous les fripons, s'alarmèrent d'un ouvrage destiné à les frapper de l'arme terrible du ridicule. Les gens corrompus croient qu'il est facile de corrompre. Une compagnie de traitants offrit donc cent mille livres à l'auteur pour acheter son silence; je n'ai pas besoin de dire quelle fut sa réponse. Le trait suivant prouve encore mieux avec quelle susceptibilité d'amour-propre il conservait son indépendance et sa dignité d'homme de lettres. La duchesse de Bouillon, qui tenait chez elle un bureau d'esprit, avait réuni une brillante et nombreuse assemblée pour entendre la lecture de *Turcaret*. Le Sage, dont on jugeait ce jour-là un procès important qu'il perdit, ne put arriver aussitôt qu'il l'avait annoncé. La maîtresse de la maison lui reprocha son peu d'exactitude : « Madame, lui répondit-il en se retirant, je vous ai fait perdre deux heu-

» res ; je veux vous les faire gagner. Je n'aurai pas l'honneur de vous lire » ma pièce. »

Un caractère si honorable ne pouvait sacrifier, au besoin de flatter ou à la crainte de déplaire, ni ses convictions, ni l'espérance de sa gloire. Il ne se rebuta point de tous les obstacles qui retardaient la représentation de *Turcaret*. La cour heureusement lui prêta assistance dans cette lutte de l'art et de la morale contre la sottise et le vice. Pour déjouer les manéges de la cabale, il ne fallut rien moins qu'un ordre exprès du Dauphin, consigné sur les registres de la Comédie-Française, à la date du 13 octobre 1708. « Monseigneur, étant informé que les comédiens du roi font diffi- » culté de jouer une pièce intitulée *Turcaret* ou *le Financier*, ordonne aux- » dits comédiens de l'apprendre et de la jouer incessamment. » Ainsi le fils du prince à qui la scène française devait *Tartuffe* la dota d'un nouveau chef-d'œuvre dans *Turcaret*.

La pièce, jouée le 14 février 1709, n'obtint que neuf représentations, à cause de la rigueur extraordinaire de l'hiver ; mais chaque reprise a été l'occasion d'un nouveau triomphe. C'est la destinée promise à ces ouvrages qui, sous couleur de peindre les mœurs passagères d'une époque, stigmatisent les impérissables travers du cœur ou de l'esprit humain. Un épais traitant tout cousu d'or, tout chamarré de bêtises et de ridicules, exploité par un valet, *mis à feu et à sang* par une coquette, humilié par une revendeuse à la toilette qui est sa sœur, et démasqué par une comtesse de contrebande qui est sa femme ; un marquis qu'on prend pour un assez honnête homme parmi des fripons, mais qui ne semblerait qu'un fripon parmi d'honnêtes gens ; M. Frontin héritant des dépouilles de M. Turcaret, afin qu'il n'y ait pas d'interrègne dans l'empire de la corruption financière ; tout ce *ricochet de fourberies le plus plaisant du monde* sera toujours neuf, toujours vrai, toujours instructif. Une intrigue animée par une rapide succession d'événements, des traits profonds de caractère, un dialogue semé d'heureuses saillies et de mots devenus proverbes, tant de mérites placent *Turcaret* immédiatement après les chefs-d'œuvre de Molière. Turcaret en est plus proche parent que *le Joueur*, *le Glorieux*, le *Méchant* et *la Métromanie*. Regnard, Destouches, Gresset, Piron, n'ont voulu corriger que des défauts exceptionnels, tandis que Le Sage attaque dans la cupidité un vice qui est la source de presque tous les autres.

Les acteurs auraient dû demander une nouvelle comédie à l'homme qui venait de les enrichir de *Turcaret* ; loin de là, ils élevèrent des difficultés au sujet d'une petite pièce fort spirituelle, *la Tontine*, composée en 1708, et représentée seulement en 1732. Justement blessé de leur mauvais procédé, Le Sage se dégoûta de travailler pour un théâtre qui se montrait si peu reconnaissant. Il transporta sa muse sur les tréteaux des foires Saint-Laurent et Saint-Germain, où l'on jouait des parodies et des arlequinades, soit en monologues, soit par *écriteaux*. Les quatre-vingt-huit pièces que, pendant vingt-six ans, il composa seul ou avec la collaboration de d'Orneval, de Piron, de Fromaget, de Lafont, d'Autreau et de Fuselier, jurent, en quelque sorte, la monnaie des grands ouvrages qui moururent dans son imagination, et dont l'art doit déplorer la perte. Au lieu d'augmenter ses titres à une solide gloire, il obtint du moins la célébrité du jour. Rien alors n'était plus en vogue que ces spectacles forains. Les grands seigneurs et les petits bourgeois venaient s'y associer aux plaisirs du peuple. Les dames même y couraient avec fureur et ne dédaignaient pas de partager *le goût de leurs laquais et de leurs cochers*, comme le dit Asmodée dans la *Critique de Turcaret par le Diable boiteux*. Pour satisfaire les amateurs de ces jeux burlesques, Le Sage abaissa quelquefois son talent jusqu'à la bouffonnerie, sa gaieté jusqu'à la licence. Mais, dans ces légères esquisses, on voit encore la touche du maître. Le visage et le cœur de l'homme se retrouvent sous le masque d'Arlequin et sous la veste de Gilles. Ce genre de pièces, moitié prose, moitié couplets, donna naissance à l'opéra comique et au vaudeville, qui comptèrent Le Sage au rang de leurs plus féconds et de leurs plus spirituels fondateurs.

Le Sage, quoique livré à des travaux d'un mérite secondaire, n'en était pas moins tourmenté du désir de répandre sur quelque œuvre capitale cette verve comique qui fermentait dans son esprit. Banni de la scène française par les cabales et les coteries, il se réfugia dans le roman, dont il fit

> Une ample comédie à cent actes divers.

Ce que *Turcaret* avait été à *Crispin*, *Gil Blas* le fut au *Diable boiteux ;* après le coup d'essai vint le coup de maître ; au roman à tiroirs succéda le roman de caractère. C'est dans *el Diablo cojualo* de *Louis Velez de Guevera* que sont puisés le titre et le sujet du *Diable boiteux*. Mais les désignations de localités, les noms de personnages, y cachent un fond français sous une enveloppe espagnole. Là commence cette guerre de bonne plaisanterie, achevée dans *Gil Blas*, contre toutes les classes de la société. Le Sage fait tomber le masque de tous les ridicules de Paris, comme Asmodée enlève les toits de toutes les maisons de Madrid. Dans cette galerie de portraits, une foule d'allusions contemporaines piquèrent la curiosité du public. On reconnut sans peine le maltôtier Bourvalais, la galante Ninon et le célèbre Baron, qui, aux yeux de Le Sage, était surtout coupable d'être comédien. Dans l'édition de 1726, le chapitre X fut augmenté de l'aventure de Dufresny, qui chargea le mariage de solder le compte de sa blanchisseuse. *Le Diable boiteux* se recommande autrement que par le mérite de ces malicieuses applications. Si on peut lui reprocher trop de simplicité dans sa conception, trop peu d'intérêt dans son ensemble, on ne saurait assez louer dans les détails cette verve railleuse, cette mordante ironie, dont les traits acérés ne tombent jamais à faux. Jusqu'alors le roman avait été burlesque, cynique, galant, héroïque, pastoral; il n'avait oublié qu'une chose, c'est d'être vrai. *Le Diable boiteux* lui ouvrit une nouvelle carrière dans la peinture de la vie réelle; il le rendit aussi amusant, aussi moral que la comédie. L'ouvrage de Le Sage mérita une vogue attestée par deux éditions consécutives, et ce chiffre, qui prouverait presque une chute aujourd'hui, signifiait alors un grand succès. Chacun se disputa le plaisir de le lire le premier. On sait le duel de ces deux jeunes seigneurs qui s'en arrachèrent, l'épée à la main, un dernier exemplaire. Ce qui doit étonner, c'est que Boileau n'ait point paru partager l'engouement général. S'il faut croire ce qu'en dit Rousseau dans sa correspondance, ayant trouvé un jour ce roman entre les mains de son valet, il le menaça de le chasser, si le livre couchait dans sa maison. Dans un de ces accès de mauvaise humeur, causés par l'âge et la maladie, il a pu s'emporter contre un domestique que la lecture arrachait au travail; mais l'auteur des *Satires* pouvait-il blâmer sincèrement un ouvrage qui semblait formé à son école? Boileau condamnant Le Sage n'aurait-il pas été un maître injuste envers son élève?

Le talent du peintre, déjà si remarquable dans *le Diable boiteux*, s'élargit dans *Gil Blas* avec le cadre du tableau. L'*Histoire de Gil Blas de Santillane*, composée de deux volumes en 1715, augmentée d'un troisième en 1724, et d'un quatrième en 1735, a pris son rang parmi ces œuvres qu'on lit d'abord avidement, et qu'on aime à relire pour en savourer tout le charme. Le grand mérite de ce roman est de n'être pas romanesque. C'est un livre de haute morale qui fait penser en faisant rire; c'est un panorama de la vie humaine qui présente à chaque spectateur un tableau propre à le divertir aux dépens de ses voisins ou à le corriger lui-même par l'image de ses propres défauts. La critique a reconnu l'art avec lequel l'auteur passe en revue les travers de tous les états, la vanité et les jalousies des auteurs, l'impertinence et les déréglements des comédiens, la souplesse des courtisans, l'entêtement systématique des médecins, la fatuité des petits-maîtres, l'arrogance des parvenus de la finance ou de la noblesse; mais ce qu'on n'a peut-être pas loué suffisamment, c'est la vérité du caractère principal; mélange d'irrésolution et d'égoïsme, ni tout à fait honnête, ni tout à fait fripon, n'ayant du courage qu'autant qu'il en faut pour n'être point accusé de poltronnerie, assez enclin au libertinage et à la sensualité, mais incapable de grandes passions en bien comme en mal, Gil Blas doute un peu de tout, même de la vertu, et, quand son intérêt est en jeu, il est rare qu'il ne soit pas disposé à lui sacrifier son devoir. Un tel personnage, choisi dans la classe moyenne, n'excède pas les limites de la capacité de l'homme; comme il a plus de points de contact avec le plus grand nombre, il peut plus fréquemment servir d'exemple que s'il ressemblait à ces héros dont le vulgaire désespère d'atteindre la perfection idéale. Depuis son départ d'Oviédo jusqu'à sa retraite dans son château de Lirias, à combien de chances d'une vie aventureuse n'est-il pas contraint de se plier! Tour à tour valet et maître, riche et pauvre, passant du service d'une troupe de voleurs à celui d'un licencié, du cabinet d'un premier ministre dans la tour des prisonniers d'état, tantôt favori d'un vieil archevêque, tantôt pourvoyeur des plaisirs d'un jeune prince, d'abord corrompu par la bonne fortune, ensuite corrigé par le malheur, il se retire enfin dans les paisibles jouissances de l'existence privée, comme dans un port où il sauve des naufrages du monde les débris de sa probité; et là, l'ancien amant des princesses et des soubrettes de théâtre, devenu l'heureux époux d'une femme légitime, amuse ses vieux jours par l'éducation de deux enfants dont il croit *précisément être le père*. Dans un seul homme l'histoire de *Gil Blas* nous montre donc la personnification de tous les accidents de l'humanité. Un de ses défauts (il y en a même dans les chefs-d'œuvre), c'est la multiplicité des épisodes d'amour qui interrompent l'unité du plan et ne présentent qu'une nature conventionnelle, parce que Le Sage, peintre des mœurs et non des passions, substitue au langage d'un sentiment sérieux l'esprit frivole de la galanterie. Mais comme ce tort est amplement racheté par la sagacité profonde avec laquelle il dresse l'inventaire de toutes les faiblesses de la nature humaine! La satire de Le Sage n'est pas faussement ingénieuse comme celle de Fontenelle, ni philosophiquement décourageante comme celle de Voltaire. Loin de disserter sur les vices, il les fait agir; d'autres se complaisent à décrire l'homme, il se borne à le peindre, et ses coups de pinceau nous l'expliquent mieux que l'analyse la plus minutieuse. Telle est la manière des grands maîtres. Sous ce rapport, Le Sage est de l'école de Molière.

Voltaire, malgré ses préventions contre Le Sage, qui l'avait blessé par quelques épigrammes, ne peut s'empêcher de convenir que *Gil Blas est demeuré parce qu'il y a du naturel*. Mais, comme s'il se repentait de cet éloge, il le tempère par un correctif, en avançant que l'ouvrage est entièrement pris du roman espagnol intitulé : *la Vida del escudero don Marcos de Obrego*. Cette injuste accusation a été réfutée par une dissertation de François de Neufchâteau. *Gil Blas*, qui a été traduit dans la langue de Michel Cervantes, aurait-il eu besoin de l'être s'il eût existé un *Gil Blas* espagnol, qu'on n'aurait pas manqué de publier, pour démontrer le plagiat du romancier français? Mais ce qui atteste plus victorieusement l'originalité de *Gil Blas*, n'est-ce pas *Gil Blas* lui-même? Le Sage y a donné encore plus de preuves d'invention que dans *Turcaret*. Nulle part il n'a signalé d'une manière plus directe les ridicules titrés ou bourgeois dont la société française lui offrait les types variés. Les allusions y fourmillent. Le docteur Sangrado, c'est le janséniste Hecquet; l'auteur qui n'affectionne que l'horrible, c'est le poète Crébillon; le nouveau traducteur d'Horace, c'est le jésuite Tarteron. On retrouve l'acteur Baron dans Carlos Alonzo de la Ventoleria, la marquise de Lambert dans la marquise de Chaves, le célèbre Marcel dans Martin Ligero, et le maréchal de Rantzau dans ce pauvre Annibal de Chinchilla, à qui la guerre a si cruellement dépareillé les yeux, les jambes et les bras. L'aventure de don Valerio de Luna est imaginée d'après celle d'un fils de Ninon. D'autres personnages, d'autres anecdotes révèlent une origine française; ou, pour mieux dire, le fond de ce roman appartient à tous les pays, puisqu'il présente une des plus savantes études que l'art ait jamais faites du cœur humain. Don Quichotte ne fronde qu'un ridicule propre à une seule nation, et qui d'ailleurs a péri depuis long-temps. *Gil Blas* est la satire complète des travers vivaces de tous les hommes et de tous les siècles. Ce mérite d'intérêt général lui a valu d'être traduit dans presque toutes les langues. Le hasard a voulu que ce chef-d'œuvre naquît en France, mais le reste du monde le revendique comme son bien.

Le Sage rencontra la gloire dans le chemin des lettres, mais il n'y trouva point la fortune. Il enrichit les théâtres et les libraires, et il vécut pauvre. Indépendant par goût, modeste par nature, ne briguant aucun titre littéraire, n'étant rien, *pas même académicien*, de même que son confrère Piron, il ne demanda jamais qu'à sa plume le soutien de sa laborieuse existence. Aussi fut-il contraint de produire des ouvrages qui ajoutèrent peu à sa renommée, et quelquefois même trahirent ou la précipitation du travail ou la décadence du talent. Il publia successivement : une nouvelle traduction de *Roland l'amoureux*; l'histoire de *Gusman d'Alfarache*, et celle d'*Estévanille de Gonzalez; les Aventures de Robert, dit le chevalier de Beauchéne, capitaine de flibustiers, tué à Tours par les Anglais, en* 1731; la quatrième édition du *Diable boiteux, augmentée de l'Entretien des cheminées de Madrid et des Béquilles du Diable boiteux;* une *Journée des Parques, songe divisé en deux séances; la Valise trouvée;* un *Mélange amusant de saillies d'esprit et des traits historiques les plus frappants;* enfin, *le Bachelier de Salamanque*, ou *les Mémoires de don Chérubin de la Ronda, tirés d'un manuscrit espagnol.* Sans doute, dans la plupart de ces compositions brille encore une partie des qualités de Le Sage, un style naturel, une gaieté franche, des caractères exempts d'exagération; mais trop souvent le romancier fait jouer des ressorts employés déjà par d'autres ou par lui-même, et la bizarrerie, la diversité des incidents, ne peuvent suppléer à l'originalité. *Le Bachelier de Salamanque*, qui a été l'objet de sa prédilection, est peut-être le plus faible de ses derniers ouvrages. Le Sage, en chérissant l'enfant de sa vieillesse, oubliait la leçon des homélies de l'archevêque de Grenade.

S'il n'eut pas toujours le loisir de ne travailler que pour sa gloire, parce qu'il travaillait pour vivre, et que la littérature d'alors, différente de celle d'aujourd'hui, rapportait moins qu'elle ne valait, du moins il n'abdiqua jamais cette dignité de caractère qui le tint éloigné de la protection souvent humiliante des grands seigneurs, et des coteries souvent mesquines des gens de lettres. Sa position, intermédiaire entre les classes élevées et les classes inférieures, eut l'avantage de lui fournir les occasions de juger sans prévention les unes et les autres : n'étant placé ni trop haut ni trop bas, il a pu tout voir avec plus de sagacité, tout critiquer avec plus de franchise. Le genre de société qu'il fréquentait ne le fit point dévier de la droiture de ses principes; ses succès purent lui attirer des envieux, mais la douceur de son esprit l'empêcha d'avoir des ennemis. Il ne savait pas plus haïr que flatter. Cet homme si malin, si caustique dans ses écrits, se montra toujours affectueux, bienveillant dans ses relations privées. Toute sa conduite dément cette opinion, que la vie d'un auteur se réfléchit dans ses ouvrages. En effet, si son imagination inventa tant de scènes de friponnerie et promena ses personnages à travers tant de contrées et tant d'aventures, nulle existence ne fut plus honnête, plus sédentaire, plus rangée que la sienne. Il habita long-temps, dans le faubourg Saint-Jacques, une petite maison à laquelle attenaient un jardin et deux pavillons, ses cabinets de travail. Quoique sourd et déjà vieux, il avait l'habitude de passer ses soirées dans les cafés, alors le rendez-vous des beaux-esprits. Là il se plaisait à raconter de piquantes et joyeuses anecdotes; on faisait cercle autour de lui; la jeunesse grimpait sur les chaises, montait sur les tables pour mieux voir, pour mieux entendre ce représentant d'un autre âge, qui, en retraçant les folies du passé devant une génération nouvelle, pouvait encore sourire de la ressemblance des enfants avec leurs pères.

Heureux au milieu de ses amis, Le Sage ne le fut pas toujours dans sa famille. Il eut une fille, que, faute de dot, il ne put marier, et qui, après la mort de tous ses parents, réduite à la misère, finit ses jours dans un hospice. De ses trois fils, le second fut chanoine, les deux autres furent acteurs; le premier, sous le nom de Montménil, se fit avantageusement connaître à Paris; le dernier, sous celui de Pittenec, végéta tristement en province. Le Sage, qui avait des motifs personnels de se plaindre des comédiens, dut s'affliger de voir ses enfants embrasser une profession objet de son blâme et de son mépris, comme le témoignent plusieurs passages de ses romans. Il se brouilla avec Montménil. Mais on raconte que le théâtre, qui avait causé leur mésintelligence, se chargea de leur réconciliation. Un jour, entraîné par des amis communs, il assista à une représentation de *Turcaret*. Montménil, qui jouait le premier rôle, déploya un talent si vrai, que Le Sage ne put contenir les transports de sa joie. L'auteur avait applaudi le comédien; le père pardonna au fils. Depuis cet heureux dénouement, tous les deux, jaloux de réparer le temps perdu pour leur bonheur, vécurent dans une intimité plus tendre que jamais. Montménil vint demeurer avec sa famille, que les appointements de son état contribuèrent à soutenir. Quand il mourut, en 1743, Le Sage ressentit une si profonde douleur, qu'il prit en dégoût et en haine le séjour de Paris; il se retira, avec sa femme et sa fille, à Boulogne-sur-Mer, pour chercher quelque consolation auprès de son second fils, qui y possédait un canonicat. Des soins affectueux entourèrent les infirmités de son grand âge; mais ses forces s'affaiblissaient par degrés; son esprit même, ne reprenant quelque vivacité qu'à l'heure où le soleil était au milieu de sa course, semblait chaque soir, avec cet astre, décliner et s'éteindre. Il expira enfin le 17 novembre 1747. Ainsi, l'auteur de tant de romans et de comédies, qui avait fait ses premières études dans un collége de Jésuites, passa ses dernières années dans la maison d'un chanoine. La religion, qui présida à son éducation, adoucit sa mort, comme reconnaissante de n'avoir jamais provoqué de sa part une de ces violentes satires auxquelles pouvait donner lieu la nature railleuse de son talent. S'il plaisante quelquefois sur les défauts des membres du clergé, jamais il n'attaque le clergé lui-même dans son principe; c'est moins le prêtre que l'homme qu'il censure. Il en est de même des autres ordres de l'État, dont il blâme les individualités et non pas la masse. Habitué, par ses impressions de jeunesse, au respect du pouvoir, il ne cherche pas à saper la monarchie dans sa base; il ne s'en prend qu'aux courtisans, dont il signale les ambitieuses petitesses. Son but n'est donc point de détruire, mais de réformer : en cela il diffère de l'école philosophique du dix-huitième siècle, qui s'efforça de démolir, à coups d'idées, l'édifice des croyances religieuses et des dogmes politiques. Dans un genre en apparence plus borné et plus frivole, il résume la société d'une manière plus large et plus profonde. Ce n'est point au service des passions d'une seule époque qu'il enrôle son génie; sa mission est de peindre les mœurs de tous les temps : aussi n'a-t-il pas éprouvé le malheur de tant d'écrivains qui ont survécu à leur gloire. Sa renommée n'a fait que grandir. *Turcaret* d'une main et *Gil Blas* de l'autre, Le Sage présente à la postérité deux tableaux satiriques de la friponnerie et de la sottise humaine, qui vivront autant que leurs originaux : c'est dire assez qu'ils sont immortels.

A. Bignan.

Dessiné par Dupré

Geny-Gros, imp. rue du Plâtre, 28. Paris.

Gravé par A. Pourtrain

D'AGUESSEAU.

D'AGUESSEAU

NÉ EN 1668, MORT EN 1751.

Il est des familles dans lesquelles les vertus de même que les talents sont héréditaires, et où les générations ne se succèdent que pour reproduire sous d'autres formes ce type en quelque sorte primordial de moralité et de génie qui constitue leur attribut essentiel. Un nom pur et irréprochable est comme une loi tacite pour les descendants, auxquels la nature impose l'obligation de le continuer avec honneur, et leur existence semble se régir tout entière par l'autorité si respectable des traditions domestiques. La famille d'Aguesseau fut une de ces familles privilégiées. Également distinguée par l'élévation et l'ancienneté de son origine, elle avait produit plusieurs magistrats vertueux et célèbres avant de donner le jour au grand magistrat qui devait mettre le sceau à son illustration. Henri d'Aguesseau, son père, fils d'un premier président du parlement de Bordeaux, exerçait les fonctions assez obscures de président au grand conseil, lorsqu'un de ces traits d'indépendance qui plaisent rarement aux hommes puissants, vint fixer sur lui l'attention et la bienveillance de Colbert. Henri d'Aguesseau avait été chargé de rapporter au conseil une affaire à laquelle ce ministre prenait un vif intérêt. Mais le magistrat reconnut que l'avis du contrôleur général était contraire à l'équité, et le combattit avec franchise et courage. Colbert étonné prit bientôt une opinion avantageuse de la droiture de son jeune antagoniste, et l'appela à l'intendance de Limoges, qui vint à vaquer peu de temps après. Ce fut là l'honorable principe de la fortune politique de M. d'Aguesseau. Administrateur éclairé, citoyen plein de zèle, et par-dessus tout homme de bien, il remplit successivement, avec autant de talent que de probité, les intendances de Bordeaux et de Montpellier, et fut rappelé de ce dernier emploi, parce que son caractère loyal et tolérant n'inspirait point une entière sécurité aux imprudents ministres qui méditaient la révocation de l'édit de Nantes. Il revint à Paris, captiva bientôt, par son mérite et ses hautes vertus, l'estime et l'admiration de Louis XIV, qui le nomma conseiller royal des finances. Il eut la gloire de faire adopter à ce prince l'idée de la création de l'ordre de Saint-Louis, et fut chargé par lui de dresser l'édit d'amnistie publié en faveur des calvinistes. La mort de sa vertueuse compagne, mère du célèbre chancelier, fit naître un incident que nous rapporterons, car il peint mieux que nous ne saurions l'exprimer l'élévation des sentiments dont cette famille entière était animée. Madame d'Aguesseau avait, par son testament, institué l'aîné de ses fils, alors procureur général, son légataire universel; mais elle avait omis de signer la dernière page de cet acte, et cette omission entraînait la nullité de la disposition. M. d'Aguesseau père fit connaître avec l'expression du regret cette circonstance à ses enfants réunis. Mais tous, d'une commune voix, sans hésitation, sans partage, s'écrièrent que les formalités testamentaires n'étaient pas faites pour une famille comme la sienne, et leur frère, vivement ému, se vit contraint de céder à leurs généreuses instances et aux exhortations de son père, en profitant de la disposition imparfaite dont il était l'objet. Ce dernier lui ménagea plus tard, par une délicatesse ingénieuse, l'occasion de reconnaître un procédé si noble. Après avoir régulièrement disposé en sa faveur, il partagea entre ses enfants, par un acte également informe, une somme de cent mille livres sur laquelle il n'avait pas compté, et son fils aîné exécuta avec joie au profit de ses frères et sœurs des volontés dont l'observation était protégée, pour ainsi dire, par leur propre impuissance.

Henri d'Aguesseau couronna, le 27 novembre 1716, par une pieuse mort, une vie à laquelle aucune vertu n'était demeurée étrangère. Modeste, affable, bienfaisant à l'excès, il avait désarmé jusqu'aux rigueurs de la censure la moins indulgente, et c'est un mot du sévère Despréaux qui a devancé et fixé en quelque sorte pour lui le jugement de la postérité. « Comment puis-je aimer, disait-il avec cette brusquerie qui n'excluait chez lui ni l'équité ni la bonhomie, comment puis-je aimer un homme si digne d'estime, si irréprochable, et sur lequel la satire ne saurait trouver aucune prise ! »

La vie du chancelier d'Aguesseau, vouée tout entière à l'exercice des fonctions austères de la magistrature, offre peu de texte à ces aperçus généraux et philosophiques, à ces brillants accessoires du mouvement historique, qui sont entrés de nos jours dans le domaine de la biographie. Éloigné d'un siècle corrompu, par inclination autant que par devoir, nul homme n'en ressentit moins l'influence, et n'aspira moins à lui faire porter son empreinte personnelle. En lui, le magistrat effaça complétement l'homme d'État, et la paisible protestation d'une vertu toujours modeste, toujours égale à elle-même, fut la seule qu'il opposa aux images d'aberration, de licence et d'iniquité dont ses yeux furent témoins. Reproduire avec une fidélité scrupuleuse, mais avec une certaine sobriété de développements, sans luxe, sans recherche de style, les faits nombreux qui composent cette destinée si pleine et si pure, ce sera donc nous conformer au caractère de simplicité qui lui est propre, et rendre en quelque sorte hommage à la haute portée de ces exemples de dignité et de vertu qui commandent assez par eux-mêmes l'imitation et le respect.

Henri-François d'Aguesseau, chancelier de France, était né à Limoges le 27 novembre 1668. Une intelligence précoce, beaucoup de goût pour l'étude, des inclinations droites et vertueuses, firent pressentir de bonne heure tout ce qu'il devait être un jour. La sollicitude ingénieuse de son père pourvut à son éducation au milieu des soins multipliés de l'intendance qui lui était confiée. Il se faisait accompagner dans ses tournées par un petit nombre d'hommes instruits, et ces voyages, charmés par des entretiens également solides et agréables, étaient pour le jeune d'Aguesseau la source d'une instruction précieuse. L'illustre élève répondit aux soins qui lui furent prodigués; en peu de temps, les langues anciennes, la philosophie, les mathématiques, l'histoire, lui devinrent familières, et son père, qui dirigeait ses études avec une prudence et un discernement bien dignes de la reconnaissance de la postérité, n'eut besoin que de modérer un excès d'ardeur qu'il fallait ménager pour des connaissances plus essentielles à son avenir. Henri-François d'Aguesseau fit des progrès rapides dans la science du droit, et à vingt-un ans il se trouva en état de remplir avec distinction les fonctions les plus élevées de la magistrature. Il débuta par la charge d'avocat du roi au Châtelet, poste d'une importance modeste, mais qui lui fournit l'occasion de se faire avantageusement connaître, et de préparer son passage à des emplois plus éminents. Il ne l'occupa que trois mois. En novembre 1690, une troisième charge d'avocat général ayant été créée au parlement de Paris, Louis XIV la donna au jeune magistrat, sur la simple recommandation de son père : « Je le connais assez, dit à cette occasion le monarque, pour être sûr qu'il ne voudrait pas me tromper, même sur son propre fils. » Une aussi noble confiance fut dignement justifiée par les succès éclatants qui accompagnèrent d'Aguesseau dans ses nouvelles fonctions. Jurisconsulte profond, logicien habile, orateur éloquent, il déploya dans le ministère d'avocat général toutes les ressources qu'il avait recueillies à la faveur de ses longues et laborieuses études. Sa diction oratoire, grave et pleine de dignité, est encore aujourd'hui citée comme le plus parfait modèle de l'élocution propre à la partie publique. Ses plaidoyers, justement admirés pour le mérite de la doctrine, sont remarquables par la clarté des développements, et souvent par l'élévation des sentiments qui y sont exprimés; l'éloquence en est toujours simple, noble, et tirée sans effort du fond du sujet. C'est surtout à ceux qu'il prononça dans les causes si importantes du prince de Berghes et de la duchesse de Nemours, que ces éloges sont applicables. La fameuse affaire de ce La

Pivardière, dont la vie et la mort furent tour à tour contestées devant les tribunaux, fit éclater aussi son étonnante sagacité. Mais ce qui contribua surtout à la renommée oratoire de d'Aguesseau, ce furent ses trois discours de rentrée sur *l'indépendance de l'avocat, la connaissance de l'homme, et les causes de la décadence de l'éloquence*, et ses admirables mercuriales, monuments achevés d'élocution et de philosophie. Pour bien apprécier la révolution véritable que l'avénement de ce grand magistrat opéra dans l'éloquence judiciaire, il faut se pénétrer de l'espèce de dégradation que cette éloquence avait subie, après avoir la première secoué les traces de barbarie dont elle était infectée au même degré que celle de la chaire, avant le règne de Louis XIV. L'abus des citations, la profusion, la bizarrerie, l'incohérence des images, l'emploi d'un style ambitieux et affecté, tels étaient ses principaux caractères : tels furent les défauts dont d'Aguesseau réussit à la purger. A son exemple, la langue du barreau cessa désormais d'être en opposition avec les lois de la raison et du bon goût, et l'éloquence judiciaire prit en France la place éminente à laquelle elle était naturellement appelée. D'Aguesseau complétait, par une vie pure et dévouée à la pratique de tous les devoirs du chrétien et de l'homme de bien, la définition, j'ai presque dit l'image que les anciens nous ont laissée du véritable orateur. L'austérité de ses mœurs n'exerçait pas moins d'influence que le charme de son élocution ou la solidité de ses raisonnements sur la magistrature dont il préparait les oracles, et la renommée de sa vertu était le plus puissant auxiliaire de son éloquence. La mort de M. de La Briffe, procureur général au parlement de Paris, fournit à Louis XIV l'occasion de récompenser un mérite si universellement apprécié. Malgré son âge encore peu avancé, d'Aguesseau succéda, le 19 novembre 1700, à ce magistrat. Cette promotion le flatta faiblement. Les attributions plus utiles qu'éclatantes attachées à l'office de procureur général convenaient moins à ses goûts que l'exercice brillant du ministère de la parole ; mais il sut bientôt faire violence à ses inclinations personnelles, pour ne céder qu'au sentiment du devoir. Il embrassa avec ardeur ses nouvelles fonctions, et recueillit dans leur accomplissement une renommée plus imposante, plus solide peut-être que celle qui avait marqué sa carrière d'avocat général. La poursuite des crimes et des délits, spécialement commise à sa vigilance, trouva en lui un magistrat aussi ferme qu'éclairé. La surveillance des prisons, l'administration des hospices, excitèrent toute sa sollicitude. Infatigable dans les soins qu'il prodiguait aux pauvres, dont il était le père et l'appui, il refusait, dans ces termes que l'histoire a retenus, de prendre le repos qu'on exigeait de lui : « *Le puis-je,* disait-il, *tant que je sais qu'il y a des hommes qui souffrent !* » Un fléau produit par le trop mémorable hiver de 1709, la famine, fit surtout éclater son zèle et sa prévoyance. Devenu par ses lumières l'âme d'une commission que le contrôleur général Desmarets avait formée pour obvier à ces circonstances douloureuses, il ne cessa d'y faire prévaloir les mesures les plus utiles, découvrit par sa vigilance les amas de blé sur lesquels spéculait une cupidité criminelle, et fit renouveler et exécuter avec une inflexible sévérité les règlements établis contre les accapareurs. Des attributions d'une autre nature mettaient d'Aguesseau à même de déployer son érudition et sa sagacité. Il consacrait à la défense du domaine de la couronne tous les loisirs que lui laissait l'activité de son vaste ministère. On vit avec étonnement renaître entre ses mains des titres ensevelis depuis longtemps dans l'oubli, et ces titres, remis en valeur par ses judicieux avis, servirent de fondement au domaine pour l'exercice de plusieurs revendications importantes. Quand on lit quelques-uns des nombreux mémoires que d'Aguesseau composa dans ces vues, on est étonné de sa profonde connaissance de nos monuments historiques; on ne l'est pas moins de l'élocution élégante et facile dont il a su revêtir des développements arides et fastidieux. Peu d'écrivains, en effet, ont possédé au même degré l'art d'embellir, par les grâces de l'expression, des idées vulgaires ou abstraites, et ce n'est pas une chose indigne de remarque que cette perfection de style donnée au moindre de ses ouvrages, par cet homme qui n'en destinait aucun aux honneurs de l'impression. Ses lettres familières, ses mémoires, ses instructions à son fils aîné, toutes productions réservées à ne jamais franchir les limites étroites du sanctuaire domestique, portent l'empreinte d'un égal mérite d'exécution; et ce mérite a de quoi surprendre quand on le rapproche du grand nombre de ses œuvres, et de la multiplicité prodigieuse des matières sur lesquelles il a écrit. Mais, de tous les titres qui recommandent à l'attention de l'histoire la magistrature de d'Aguesseau, le plus incontestable est dans les efforts qu'il déploya pour la défense des libertés de l'Église gallicane, menacées par les empiétements du Saint-Siége et par la molle condescendance de Louis XIV. Ce monarque, qui, peu d'années avant, avait provoqué, dans la mémorable déclaration de 1682, la consécration des principes fondamentaux de ces libertés, était loin de conserver dans sa vieillesse ce sentiment énergique de ses droits et de ses prérogatives qui avait contribué si puissamment à la grandeur et à l'éclat de son règne. Docile aux suggestions passionnées du Père Letellier, son confesseur, il présentait sans murmurer sa tête au joug que Clément XI, enhardi par les dissensions religieuses qui partageaient alors l'Église de France, se préparait à lui imposer. D'Aguesseau, chargé spécialement par son ministère de combattre les envahissements de la cour de Rome, comprit tout ce que les circonstances ajoutaient à l'importance et à la sainteté de ses devoirs. Il entreprit de défendre les priviléges de la monarchie en dépit du monarque lui-même. Il usa noblement de la confiance que lui témoignait Louis XIV, pour l'éclairer sur la portée dangereuse de plusieurs brefs publiés à Rome contre les jansénistes, et réussit à en suspendre ou en faire modifier l'acceptation. Mais ses efforts furent moins heureux contre la trop fameuse bulle *Unigenitus*, par laquelle le pape, sous prétexte de condamner le livre des *Réflexions morales* du père Quesnel, attentait gravement aux droits de l'épiscopat français. D'Aguesseau ne put dissuader Louis XIV de la faire présenter à l'enregistrement du parlement de Paris; mais il provoqua lui-même, assisté des membres de son parquet, et surtout de l'avocat-général Joly de Fleury, des modifications essentielles à l'approbation de sa compagnie. Le résultat de ces modifications fut de priver la bulle de toute sanction pénale, et conséquemment de tout effet politique. Les jésuites et les ultramontains jetèrent des cris de détresse, et le monarque, ému par leurs doléances, n'épargna aucun effort pour vaincre l'opposition de son fidèle et généreux mandataire. Il le fit venir seul à Versailles, espérant que l'appareil de la majesté royale intimiderait son courage. En prenant congé de sa femme, d'Aguesseau lui dit froidement qu'il n'était pas bien sûr de ne point coucher à la Bastille : « Allez, monsieur, lui répondit cette héroïque épouse, oubliez devant le roi femme et enfants... J'aime mieux vous voir aller avec honneur à la Bastille, que de vous voir revenir ici déshonoré! » La fermeté de d'Aguesseau ne se démentit point en présence du roi. Il opposa une résistance respectueuse aux ordres et même aux menaces de Louis XIV, et revint à Paris sans avoir pu fléchir l'opiniâtreté du monarque. Sa disgrâce était imminente. Il était question de transporter ses fonctions à l'avocat-général Chauvelin, dont la docilité n'était point suspecte, et de déposer le cardinal de Noailles, archevêque de Paris, chef de l'opposition du clergé, lorsque la mort de Louis XIV vint dissoudre ces projets, et procurer une paix momentanée à l'Église. La conduite que d'Aguesseau tint à cette occasion est un des traits qui honorent le plus sa vie. On ne saurait voir sans admiration ce citoyen intrépide affronter, dans l'intérêt seul du devoir, et avec les seules armes de l'éloquence et de la vertu, la toute-puissance royale représentée par le plus impérieux des princes, et s'exposer à toutes les conséquences du courroux de Louis XIV, plutôt que d'asservir son ministère à une injonction qui blessait les lois de sa conscience. Il appartenait au magistrat le plus intègre, le plus éclairé, le plus éloquent que la France ait jamais eu, de donner un tel exemple, et de faire revivre ces résistances fameuses aux volontés despotiques de nos rois, dont la tradition s'était pour ainsi dire perdue à la suite des premiers siècles de la monarchie.

A la domination brillante et absolue de Louis XIV, avait succédé le régime licencieux de la régence. Un prince qui gâtait par la corruption la plus effrénée des qualités séduisantes et des talents incontestables, Philippe d'Orléans, avait, au mépris des volontés de Louis XIV, été investi par l'autorité du parlement de l'administration suprême de l'État. Ce prince, qui se connaissait en hommes, estimait particulièrement d'Aguesseau, dont l'influence n'avait pas été étrangère à cette détermination de la magistrature. On a répandu sans aucun fondement que la promesse de son élévation à la première dignité civile du royaume avait été la condition de son dévouement. Ce dévouement s'explique assez par les espérances que la capacité du duc d'Orléans inspirait à d'Aguesseau, et surtout par l'éloignement qu'un homme aussi vertueux devait concevoir pour une combinaison politique qui aurait en quelque sorte consacré l'immoralité en transportant le pouvoir suprême au duc du Maine, ce fruit des amours adultères du roi et de madame de Montespan. On peut croire aussi que ce grand magistrat éprouvait quelque répugnance à voir continuer, dans la personne de ce prince, le règne des idées théocratiques qu'il avait combattues avec tant de courage et d'habileté. Les jansénistes, pleins de confiance dans l'appui du nouveau gouvernement, avaient à leur tour usé sans modération de leur triomphe. Mais d'Aguesseau, étranger à tout esprit de secte, et ennemi seulement de la violence et des persécutions, à quelque rang qu'elles appartinssent, s'appliquait à réprimer ces dangereux écarts, et à rappeler aux principes de la tolérance ces hommes qui avaient si amèrement censuré l'intolérance de leurs adversaires. Cette époque de la vie si pleine de d'Aguesseau fut celle peut-être où son beau caractère se déploya avec le plus d'éclat. Justement entouré de la considération publique, estimé du Régent, médiateur plein d'autorité entre les sectes dissidentes, devenu l'oracle du parlement par ses lumières et la renommée de sa vertu, son élévation à la première magistrature de l'État n'ajouta rien à son crédit ni à sa popularité. Il succéda le 2 février 1717 au chancelier Voysin, qu'une mort subite avait enlevé la veille. Le Régent, instruit de cette nouvelle, manda sur-le-champ d'Aguesseau auprès de lui; mais celui-ci, qui entendait la messe à l'église de Saint-André-des-Arts, sa paroisse, fit répondre qu'il se rendrait au Palais-Royal après l'office, et n'obéit qu'à un second message du prince. Le duc d'Orléans le présenta en qualité de chancelier aux personnes présentes dans son cabinet, et le mena chez le roi. Le nouveau dignitaire reçut avec modestie les compliments qui lui furent adressés, et, annonçant sa promotion à Joly de Fleury, son fidèle auxiliaire : « Ce qui me console, ajouta-t-il, c'est que vous êtes procureur général! » Jamais choix peut-être n'obtint une approbation plus universelle que celui de d'Aguesseau; la cour seule le vit avec ombrage, et ce grand homme lui-même pressentit que son indépendance ne tarderait pas à y paraître importune. L'événement justifia bientôt ses prévisions. Un étranger fameux avait réussi, à force de persévérance, à faire accueillir au Régent un plan de finances dont le résultat devait être d'acquitter en peu de temps toutes les dettes de l'État, et d'élever la France à un degré de prospérité et de splendeur jusqu'alors inconnu. Sans combattre d'une manière absolue, comme on l'a dit mal à propos, les théories financières sur lesquelles reposait le système de Law, d'Aguesseau avait démontré qu'il recevrait nécessairement une extension qui en amènerait la ruine. Mais il blâmait surtout avec force les déceptions à l'aide desquelles on cherchait à l'accréditer. Ses avis furent négligés, et les premiers essais du système, il faut bien en convenir, contrarièrent ouvertement ses pronostics. Ces essais furent heureux, et l'opposition que le parlement, inspiré par d'Aguesseau, mit à ses développements, ne fut point encouragée par la faveur publique. L'éloignement du vertueux chancelier fut résolu par ce même prince qui recherchait naguère avec tant d'empressement ses conseils et l'appui de son intégrité. Privé des sceaux, l'illustre disgracié partit le 29 janvier 1718 pour sa terre de Fresnes, et adressa en route au cardinal de Polignac les vers suivants, où se peignent également la sérénité de son âme et la liberté de son esprit :

Chez les humains, fortune favorable
Mène souvent à sa suite amitié,
Mais amitié coquette et peu durable :
Avec l'esprit n'est le cœur de moitié.
Donc, au départ de fortune volage,
Leste amitié tôt a plié bagage ;
Amis de cour délogent sans pitié
Avec faveur : voilà le train vulgaire.
Or, en ce cas advient tout le contraire :
Bonheur s'en va, reste seule amitié.

L'exil de d'Aguesseau n'opéra qu'une faible sensation sur les esprits préoccupés des richesses inépuisables que promettait le calculateur écossais : sa vertu d'ailleurs n'était pas du caractère de celle qui fait des enthousiastes et des martyrs. Le parlement seul témoigna une irritation qui s'accrut quand il apprit que les sceaux avaient été confiés au lieutenant de police Voyer d'Argenson, homme capable et laborieux, mais dur, despotique, et depuis long-temps l'ennemi déclaré de la magistrature. La lutte, devenue plus vive par suite de cette antipathie personnelle, recommença avec ardeur, et le système de Law, paralysé dans ses ressorts les plus essentiels, allait périr d'inaction, lorsque l'abbé Dubois, ce négociateur du fameux traité de la quadruple alliance, arriva de Londres au secours de Law et de d'Argenson. Il fit tenir, le 26 août 1718, un lit de justice, où les derniers actes du parlement furent brisés avec éclat, et cette compagnie déchue du droit de remontrance qui lui avait été restitué par le Régent. Ce coup d'état, suivi de quelques mesures de rigueur dont le parlement fournit lui-même l'occasion, amena quelque trêve aux hostilités, et permit à Law la libre application de ses théories financières. Cette époque fut celle de l'apogée de son système, dont les détails sont trop connus pour qu'il convienne de les reproduire ici. Pendant plusieurs mois, la France et surtout Paris présentèrent le spectacle d'un peuple en proie au vertige de la cupidité la plus effrénée ; ce délire ne se calma qu'à la décadence, d'abord lente et insensible, puis rapide, du fameux système. L'édit du 21 mai, qui réduisait de moitié toutes les valeurs qui reposaient sur cette utopie, acheva d'éclairer la trop crédule multitude ; toutes les prédictions de d'Aguesseau s'étaient réalisées, et Law lui-même signala son retour comme la seule mesure propre à fléchir le courroux populaire. Sur l'invitation du Régent, il se rendit à Fresnes, accompagné du chevalier de Conflans, gentilhomme de la chambre du prince, et remit au chancelier l'ordre de son rappel. D'Aguesseau hésita. Law, qui se connaissait en séductions, lui offrit de distribuer aux pauvres cent millions de sa propre fortune, et l'illustre exilé, cédant, soit à cette instigation généreuse, soit à une invitation itérative du Régent, revint à Paris, où son retour fut accueilli avec acclamations par les mêmes courtisans que sa disgrâce avait trouvés insensibles. Le parlement témoigna moins d'empressement ; il affecta de voir dans la condescendance de d'Aguesseau le désir secret de composer avec les débris de ce système auquel il avait opposé l'énergie de la raison et l'exemple du plus noble désintéressement. Ce fut le premier germe du refroidissement qui commença à se glisser entre la magistrature et le chancelier. Ces divisions prirent un caractère plus prononcé lorsque ce magistrat, témoin impuissant des hostilités intempestives que le parlement dirigeait contre le système, consentit à ce qu'il fût exilé en corps à Pontoise. A la faveur de ce coup d'autorité, d'Aguesseau put songer à la liquidation des effets de la banque et de la compagnie de Law, injustement confondues par lui, et cette liquidation, accomplie d'après les règles que le chancelier lui-même avait tracées, préserva l'État d'une banqueroute à peu près inévitable. Law, chargé des malédictions d'une partie de la France, alla mourir pauvre à Venise, après avoir possédé des millions.

Cependant les disputes théologiques, à peine suspendues par les funestes expériences de cet étranger, avaient repris une nouvelle ardeur. Toute conciliation semblait devenue impossible entre les sectes opposées, lorsque des intérêts purement humains, l'ambition d'un homme, amenèrent l'enregistrement de cette trop célèbre constitution *Unigenitus*, source ou prétexte de tant de divisions. L'abbé Dubois, ce précepteur effronté du Régent, ce grand opprobre de l'Église romaine, souillait à peine depuis quelques mois le siége immortalisé par les vertus et le génie de Fénelon, lorsqu'il pensa sérieusement à la pourpre. Il fit au souverain pontife l'injure de supposer qu'un service éminent surmonterait l'éloignement qu'inspirait à trop juste titre le déréglement de ses mœurs, et il travailla activement à procurer à la bulle la sanction du parlement. Moitié par intrigue, moitié par la persuasion, il fit entrer le cardinal de Noailles dans ses vues, et séduisit plus facilement encore d'Aguesseau, que les excès des jansénistes avaient insensiblement refroidi pour leur cause. Mais le parlement demeurait inébranlable dans sa résistance. Il fallut recourir à la docilité du grand conseil, espèce de magistrature collatérale à cette compagnie, mais dont l'ascendant était loin d'être le même sur l'opinion publique. Le grand conseil résista, à la surprise égale de ses partisans et de ses détracteurs, et l'on fut réduit à contraindre son enregistrement par l'appareil d'un lit de justice. Ce fut dans cette séance royale qu'un conseiller, nommé Perelle, ayant motivé son opinion par des développements étendus: « Où donc, lui dit le chancelier en l'interrompant, avez-vous pris ces principes? — *Dans les plaidoyers de feu M. le chancelier d'Aguesseau,* » répondit le magistrat. Malheureusement la réplique était méritée, et l'histoire ne saurait absoudre le chancelier d'Aguesseau de l'unique faute qui pèse sur sa renommée. Le désir d'assoupir de longues et amères divisions déroba trop à sa pénétration la gravité de l'atteinte qu'il portait en cette circonstance aux prérogatives de son ancienne compagnie. Le parlement était-il donc coupable pour avoir, dans la limite de ses droits, repoussé une constitution que d'Aguesseau lui-même avait jugée naguère attentatoire aux libertés de notre Église? Punir par un évident abus d'autorité cet exercice, intempestif si l'on veut, mais légal, du pouvoir qui lui avait été reconnu par le Régent lui-même, n'était-ce pas encourager ce corps à des hostilités nouvelles, et préparer à la monarchie d'inextricables embarras? On aime à se reposer de ces réflexions pénibles sur la pureté des intentions qui animèrent d'Aguesseau dans cette conjoncture critique. Ses ennemis eux-mêmes y rendirent hommage, et ne l'accusèrent que d'une condescendance outrée aux instigations du Régent et de l'abbé Dubois. On écrivit sur la porte de son hôtel : *Homo factus est,* reproche bien faible pour une action si grave, et qui témoigne combien était profonde encore l'estime que son caractère et ses vertus n'avaient cessé d'inspirer. Peu de jours après, poussé à bout par la prolongation de son exil et par les menaces qui lui furent faites de le transférer à Blois, le parlement enregistra la bulle *Unigenitus* presque sans opposition, mais avec quelques réserves en apparence insignifiantes, et il fut rétabli immédiatement à Paris.

La docilité excessive dont d'Aguesseau avait fait preuve en cette circonstance tourna bientôt contre lui-même. L'ambition de Dubois, encouragée par la faveur du Régent et par les honneurs de la pourpre que le faible successeur de Clément XI lui avait enfin conférés, cette ambition ne connut plus de bornes. Fatigué d'entendre parler de la vertu de d'Aguesseau, il résolut de l'écarter à tout prix des conseils du prince. Une misérable dispute d'étiquette, un débat de préséance, lui en fournit l'occasion. Il fit élever par le cardinal de Rohan la prétention de siéger au conseil avant le chancelier et les ducs et pairs, soutint cette prétention contre les efforts de ses antagonistes, et la fit triompher. D'Aguesseau n'hésita point, à l'exemple des ducs et des maréchaux, à renoncer au droit de séance, et rendit les sceaux au Régent. Le jour même de sa retraite, le duc de Noailles, ami de d'Aguesseau, ayant rencontré Dubois au Louvre, lui reprocha sa conduite en termes énergiques : « Cette journée, lui dit-il, sera fameuse dans l'histoire, monsieur; on n'oubliera pas d'y marquer que votre entrée dans le conseil en a fait déserter les grands du royaume. » D'autres témoignages de considération accompagnèrent d'Aguesseau dans sa disgrâce. Le maréchal de Villeroi, gouverneur du jeune roi, promit hautement de solliciter, à sa majorité, la réparation de cette injustice, et lorsqu'il fut admis à saluer le nouveau garde des sceaux Fleuriaux d'Armenonville. « Je suis persuadé, monsieur, lui dit-il, que vous devez avoir de la douleur de succéder à un homme comme M. d'Aguesseau. » Ce fut dans ce second exil que d'Aguesseau composa la plus grande partie de ses ouvrages philosophiques. Il l'employa aussi à jeter les fondements de ces réformes législatives qui constituent un de ses titres les plus considérables à l'attention de l'histoire et à la gratitude de la postérité. Le goût des lettres et celui de l'agriculture, l'entretien de quelques hommes instruits, la méditation des livres sacrés, achevaient d'absorber ses loisirs. On lit avec un vif intérêt les lettres familières qu'il écrivait dans ses jours de disgrâce; elles respirent la pieuse résignation d'une âme qui trouve assez de force en elle-même pour résister aux injustices de son siècle; nulle amertume n'altère la sécurité parfaite, le paisible enjouement qui y règne; dégagée de la contention des affaires publiques, son imagination s'y échappe sous les dehors d'une douce amabilité. Le discours sur la vie et la mort de son père, cette production si attachante par l'intérêt du récit et par l'onction religieuse de la morale qui y est répandue, fut aussi un des fruits de l'exil de d'Aguesseau.

Cet exil ne prit fin qu'en 1722, à l'avénement du cardinal de Fleury au ministère; mais ce prélat, craignant d'indisposer le Saint-Siége par une bienveillance trop marquée pour l'ancien antagoniste de ses usurpations, ne rendit au chancelier qu'une justice incomplète; les sceaux, retirés à d'Armenonville, furent donnés à Chauvelin, qui reçut en même temps le portefeuille des affaires étrangères. Le rappel de d'Aguesseau replaça ce grand homme dans la sphère d'activité des contentions théologiques. L'enregistrement de la bulle *Unigenitus* n'avait apporté à ces débats qu'une trêve momentanée. Elles se ranimèrent avec plus de force à la condamnation de Soanen, évêque de Senez, qui l'avait énergiquement flétrie dans une lettre pastorale. Le barreau de Paris, témoin jusqu'alors passif de ces divisions, intervint hautement en faveur des jansénistes, et cet appui inattendu acheva de relâcher les liens de la discipline ecclésiastique. Tout prêtre suspendu par son évêque appelait au parlement, en obtenait un arrêt de défense, et reprenait ses fonctions. Cet état de choses, si fâcheux par lui-même, reçut une complication de l'arrêt du parlement qui supprima l'audacieuse légende par laquelle le pape Benoît XIII venait de béatifier Grégoire VII, ce grand adversaire des rois. La cour sentit la nécessité d'agir avec vigueur. Un lit de justice fut tenu le 24 mars 1730, dans lequel la constitution *Unigenitus* fut pour la première fois enregistrée sans réserves ni modifications. Cette solennité, à laquelle d'Aguesseau assistait en qualité de chancelier, fut la source d'incriminations amères de la part de quelques-uns de ses anciens collègues; la contradiction de ses doctrines passées avec sa conduite actuelle lui fut reprochée avec véhémence, et sans égard aux événements qui avaient dû modifier ses opinions et le décider à briser une opposition qui exposait la monarchie à d'incalculables périls. Le vertueux chancelier opposa à ces déclamations un front calme et la noble sérénité d'une conscience sûre d'elle-même. De longues traces d'irritation succédèrent à cette démonstration de l'autorité royale. Quelques résolutions énergiques furent agitées par la magistrature. Le cardinal de Fleury, alarmé, pressa d'Aguesseau de négocier avec ses principaux chefs; mais sa médiation n'eut qu'un faible succès. Devenu suspect au parti de la cour et à celui de l'opposition par la sincérité même et la modération de ses opinions, ce magistrat ne conservait guère de crédit que sur la grand'chambre du parlement, composée d'hommes âgés, peu faits pour les querelles politiques, et sa raison était impuissante pour modérer la fougue des jeunes conseillers qui formaient la majorité dans les autres chambres. Il fallut donc rentrer dans les voies de la rigueur. Le 7 septembre 1732, quatre jours après la tenue d'un autre lit de justice, où d'Aguesseau s'était vainement efforcé de ramener le parlement au parti de la modération et de l'obéissance, plusieurs magistrats furent enlevés de leur domicile, et conduits dans des prisons d'État; ces actes d'autorité, dont le chancelier s'efforça de tempérer la rigueur par de pressantes négociations, amenèrent enfin le terme des débats. Le parlement reprit ses fonctions, et sa bonne intelligence avec la cour n'éprouva aucune altération jusqu'à la mort de d'Aguesseau. Ce grand magistrat avait été rendu, le 20 février 1737, à la plénitude de ses attributions. Il ne cessa plus dès lors de se concentrer dans l'exercice du ministère de la justice, et se tint constamment en dehors du mouvement des affaires politiques. Cette dernière période de sa vie fut celle qu'il consacra à réaliser les perfectionnements essentiels qu'il s'était proposé d'introduire dans la législation. Les belles ordonnances sur les donations, les testaments, les substitutions, le faux, la procédure civile, etc., attestèrent successivement la sagesse et l'élévation de ses vues, et la sollicitude consciencieuse qu'il apportait à l'élaboration de ces immortels monuments du règne de Louis XV. Le style de ces lois est clair, noble et grave. Les préambules en ont été souvent cités comme des modèles de convenance et de dignité législative. D'Aguesseau méditait d'autres réformes également importantes dans l'administration de la justice, dont il sentait mieux que personne toutes les imperfections, lorsque sa santé, altérée par l'âge et par de longs travaux, l'avertit de chercher la retraite. Il fit agréer sa démission au roi, qui lui conserva le titre de chancelier avec cent mille livres de pension, et revint à sa terre de Fresnes se livrer avec plus de ferveur aux exercices de cette piété sincère qui ne l'avait jamais abandonné dans tout le cours de sa vie. Ce fut au milieu de ces méditations que la mort le surprit entouré de sa famille et de ses amis, le 9 février 1751, dans sa quatre-vingt-troisième année. Il avait épousé, en 1694, mademoiselle Anne Lefèvre d'Ormesson, issue d'une famille considérable dans la magistrature financière, et justement estimée. Madame d'Aguesseau était spirituelle, vertueuse et douée d'un grand caractère. Le chancelier avait exprimé par son testament la volonté de partager la sépulture de son épouse, dans le cimetière commun d'Auteuil. On érigea à leur mémoire un mausolée dont Louis XV fournit les principaux ornements. La Révolution française vint les visiter dans leur dernier asile. En 1793, quelques forcenés partis de Saint-Denis exhumèrent leurs restes, sous le prétexte vrai ou supposé de fondre le plomb des cercueils; mais le maire de la commune prit soin de recueillir ces restes vénérables, et les fit réunir en des jours plus calmes dans un même tombeau, sous la pyramide qui décore aujourd'hui la principale place d'Auteuil.

Henri-François d'Aguesseau était d'une taille élevée, d'une figure noble et imposante. Sa vie intérieure, embellie par les qualités les plus séduisantes, était admirable. Aux vertus austères de Bossuet, il unissait une affabilité extrême, un enjouement plein de bon goût, et le don de plaisanter avec grâce. Sa réponse au cardinal Quirini, qui lui reprochait de forger des armes contre le Vatican, est un modèle de finesse et de dignité. La repartie suivante est moins connue. Le célèbre chirurgien La Peyronie le pressait sérieusement un jour d'élever *un mur d'airain* entre la médecine et la chirurgie. « Mais si nous élevons ce mur, objecta le chancelier, de quel côté faudra-t-il mettre le malade? » Le savoir de d'Aguesseau était prodigieux. Indépendamment d'une connaissance approfondie du droit, de la philosophie et de la plupart des sciences exactes, il parlait presque toutes les langues vivantes, versifiait agréablement en latin et en français, et était très-versé dans l'étude des beaux-arts. Sa renommée n'a rien perdu en passant à la postérité; et, bien que sa conduite politique n'ait pas été toujours exempte d'irrésolution ou de faiblesse, l'histoire ne peut s'empêcher de reconnaître en lui un des caractères les plus purs, les plus nobles, les plus attachants des temps modernes.

A. Boullée.

JEAN-BAPTISTE ROUSSEAU

JEAN-BAPTISTE ROUSSEAU

NÉ EN 1670, MORT EN 1741.

Jean-Baptiste Rousseau est peut-être l'écrivain dont la biographie offre le plus de difficultés. Avant de l'entreprendre, nous sentons le besoin de poser ce principe, non pour faire valoir d'avance notre travail, mais pour lui assurer l'indulgence de nos lecteurs. Ce n'est pas que les matériaux manquent sur la personne et les écrits du célèbre poète lyrique du dix-huitième siècle ; au contraire : ces matériaux ne sont que trop abondants, multipliés qu'ils ont été, jusqu'à la confusion et la contradiction la plus décourageante, par les amis comme par les ennemis de l'auteur. Aussi exalté par les uns que déprécié par les autres, dans sa vie et dans ses ouvrages, dans sa réputation et dans son talent, on ne sait, au premier abord, si Jean-Baptiste doit être accusé ou défendu, acquitté ou condamné, au double tribunal de la morale et de la critique. Il n'est pas jusqu'aux plus importantes pièces de ce procès de sa gloire et de son honneur, à savoir ses productions, dont l'authenticité ne soit contestée en certaines parties, au point de rendre douteuse la limite de ce qui lui appartient et de ce qui ne lui appartient pas. Au milieu de ces difficultés et de ces nuages, nous porterons toute l'impartialité et toute la clairvoyance dont nous sommes capable ; et d'abord, puisqu'on a fait deux questions des actes et des œuvres de Jean-Baptiste Rousseau, procédons par ordre, et commençons par l'histoire de sa vie, pour arriver, toutes pièces en main, à l'appréciation de ses ouvrages.

Jean-Baptiste Rousseau naquit à Paris le 6 avril, 1669, disent les uns, 1670, prétendent les autres. La différence et le débat sont peu importants. Toutefois, la dernière date réunit plus de suffrages et semble avoir prévalu. Personne n'ignore l'humble extraction du poète et l'état non moins humble de son père. Le digne homme, ayant trouvé dans la forme et le tire-pied une honorable aisance, résolut de bonne heure de faire des deux fils que lui avait accordés le ciel quelque chose de plus que lui-même. L'éducation qu'il leur donna réussit au delà de ses espérances. L'un devint un excellent religieux et un prédicateur distingué, sous le nom de père Léon. L'autre fut un des premiers écrivains de son époque.

Les débuts de Rousseau dans la littérature furent à la fois des odes sacrées, imitées de l'Écriture, et des poésies libres, tirées de son propre fond. Les premières s'adressaient aux vieillards convertis du siècle qui avait fini par le règne de madame de Maintenon; et les secondes, aux enfants licencieux de l'époque qui allait s'ouvrir par la régence du duc d'Orléans. Un tel partage était certes coupable, et ne peut trouver d'excuse que dans la jeunesse de l'auteur, dans sa fausse position entre les amis de ses plaisirs et les protecteurs de son talent. Il est bien vrai, comme dit M. Amar[1], « qu'en » reprochant à Rousseau d'avoir été simultanément

« Pétrone à la ville,
» Et David à la cour,

» on fait la satire du temps plus encore que celle du poète ; » mais celui-ci ne montrait pas seulement de la faiblesse et de la légèreté, lorsqu'il se jouait ainsi de lui-même dans une palinodie publique, il annonçait encore une duplicité de caractère qu'il expia cruellement dans la suite, lorsqu'il vit les complices ou les réprobateurs de ses premiers égarements refuser de croire à la sincérité de sa conversion religieuse et de ses protestations morales.

Rousseau entremêla aussi des essais dramatiques à la traduction des psaumes. Sa première pièce, *le Café*, petite comédie en prose, d'un seul acte, tomba à la première représentation, et ne s'est jamais relevée de cette chute. Cet échec, qui eût dû lui servir de leçon, ne le découragea point; il se contenta de quitter la scène française pour l'Opéra. *Jason ou la Toison d'Or* ne fut pas plus heureux que *le Café*, et *Vénus et Adonis* ne dut la faveur d'être écouté jusqu'à la fin qu'à un mot plaisant du prince de Conti. La cour se levait pour se retirer avant le troisième acte. « Attendez, dit ce prince en retenant les fugitifs; il nous revient, au dénoûment, une hure de sanglier qui sera peut-être moins mauvaise que le reste de la pièce. » La plaisanterie valait apparemment mieux que la hure, car *Adonis* alla rejoindre *Jason*.

Trois défaites si humiliantes étaient bien propres à éclairer Rousseau sur son incapacité dramatique. Il n'en fut rien. Plus confiant et plus obstiné que jamais, il revint, armé d'une nouvelle pièce, sur le champ de bataille qui avait vu sa première déroute. *Le Flatteur*, comédie en cinq actes, et alors en prose[2], fut joué au Théâtre-Français en 1696. La première repré-

[1] Notice de l'édition Lefèvre, 1820.

[2] Rousseau ne la mit en vers que plusieurs années après, et nous croyons qu'elle n'a jamais été reprise sous cette nouvelle forme. (*Biographie universelle*.)

sentation parut annoncer un succès, et c'est à cette occasion qu'on rapporte un des événements de la vie de Rousseau qu'on lui a reprochés le plus sévèrement. Au moment, dit-on, où l'auteur triomphant du *Flatteur* recevait, dans les nombreux compliments d'illustres amis, une seconde représentation de sa pièce, un homme, en costume d'artisan, accourut tout à coup joindre aux félicitations générales un hommage particulier aussi plein de franchise et de joie que dénué de cérémonie. Cet homme était le père de Jean-Baptiste, l'honnête cordonnier dont les épargnes avaient ouvert au jeune écrivain la carrière où il recueillait ses premières palmes. L'artisan se jeta éperdu dans les bras de l'auteur, en se donnant la gloire et le plaisir de faire savoir à tout le monde que cet auteur était son fils. Humilié au milieu de son triomphe par un incident qu'il ne tenait qu'à lui de tourner à son avantage, excité sans doute par la surprise fâcheuse de quelques amis collets-montés, Rousseau osa refouler au fond de son âme, au profit d'un amour-propre impossible à qualifier, le sentiment le plus sacré que la nature ait mis au cœur de l'homme. Il repoussa froidement l'artisan, en disant « que c'était un fou, qu'il ne le connaissait pas. » Le pauvre père, frappé au cœur, n'eut que la force de se retirer en étouffant ses sanglots. Tel est le récit de tous les biographes.

Devant un tel fait, que Rousseau n'a jamais démenti, nous avouons que nous ne nous sentons pas la force d'imiter les apologistes qui, au nom de la faiblesse humaine et des préjugés sociaux, bégayent des justifications incompréhensibles. Nous préférons armer notre cœur contre notre raison, et nous abstenir, malgré des probabilités fatales, devant une inculpation qu'il eût été inutile de passer sous silence, puisqu'on la trouve partout, mais dont la vérité même laisserait encore, pour l'honneur de Rousseau et des lettres, le droit consolant de se retrancher dans l'invraisemblance. Hâtons-nous donc de revenir au *Flatteur*.

Le succès de cette pièce ne pouvait durer. Baissant dans l'opinion publique de représentation en représentation, elle disparut à la dixième, et quand on essaya de la reprendre dans la suite, elle fut toujours reçue du public avec beaucoup d'indifférence. Il suffit de la lire aujourd'hui pour se convaincre que c'était justice. Elle réunit les deux défauts les plus mortels aux productions du théâtre : le manque d'unité dans les caractères, et le manque de variété dans l'action.

Avant de se décider à être lui-même, et à rentrer irrévocablement dans la poésie lyrique, Rousseau voulut se faire battre encore une fois sur la scène, et il le fut plus complétement que jamais, le 10 décembre 1700, à la représentation du *Capricieux*. Il s'en tint là, et quitta enfin le théâtre, non sans protester, suivant l'usage, dans la préface de la pièce sifflée, qu'il était victime d'une injuste cabale.

Cette cabale, il crut en reconnaître les membres les plus dangereux dans quelques habitués d'un *Café Laurent*, situé rue Dauphine, et ainsi appelé du nom de la dame qui en était à la fois la maîtresse et l'ornement. Ces habitués étaient Crébillon, La Motte, Saurin, Boindin, les musiciens Colasse et Campra, Duché, l'auteur dramatique, et plusieurs autres personnages fort importants dans la littérature et les arts. Qu'ils eussent sifflé *le Capricieux*, cela pouvait être. Mais, pour avoir fait comme tout le monde, ils ne méritaient pas de voir tomber sur eux seuls la vindicte de l'auteur irrité. C'est ce qui arriva cependant. L'amour-propre ne raisonne guère; et malheureusement l'amour-propre de Rousseau raisonnait moins que celui de personne. Doublement ulcéré par la chute de sa pièce et par le succès de l'opéra d'*Hésione*, qu'avaient donné ensemble Duché et Campra, il trouva plaisant de tourner contre ses ennemis leurs propres armes, en parodiant les couplets de leur ouvrage, qui étaient devenus populaires. Voici un exemple de ce genre d'épigramme, d'après lequel on pourra se faire une faible idée de ce que furent ces couplets, devenus si fameux par l'imprudence et le malheur de celui auquel ils furent attribués.

Il y avait dans l'opéra d'*Hésione* le morceau suivant :

Que l'amant qui devient heureux
En devienne encor plus fidèle :
Que toujours dans les mêmes nœuds
Il trouve une douceur nouvelle.
Que les soupirs et les langueurs
Puissent seuls fléchir les rigueurs
De la beauté la plus sévère;
Que l'amant comblé de faveurs
Sache les goûter et les taire.

Voici les paroles que Rousseau arrangea sur le même rhythme et le même air :

Que jamais de son chant glacé
Colasse [1] ne nous refroidisse,
Que Campra soit bientôt chassé,
Qu'il retourne à son bénéfice [2].
Que le bourreau, par son valet,
Fasse un jour serrer le sifflet
De Bédin et de sa séquelle;
Que Pécourt [3], qui fait le ballet,
Ait le fouet au pied de l'échelle.

Les quatre premiers vers n'indiquaient que le dépit pardonnable à un auteur humilié, mais les cinq derniers passaient toute mesure. Aussi,

[1] Il avait fait la musique de *Jason*.
[2] Il était maître de chapelle de l'église de Paris.
[3] Il dansait dans les ballets d'*Hésione*.

l'apparition du couplet au café Laurent excita une indignation générale. On en ignora quelque temps l'auteur; mais bientôt Rousseau se trahit lui-même, en osant, de sa propre bouche, réciter sa parodie à Duché. Alors, ceux qu'il avait, à tort, crus ses ennemis, le devinrent à juste titre; et, se servant des mêmes armes qui avaient été employées contre eux, ils ripostèrent par le couplet suivant, dont Boindin se chargea de faire les frais :

Tu le prends sur un ton nouveau;
Ta façon d'écrire est fort belle!
Tu nous viens parler de bourreau,
De valet, de fouet et d'échelle.
La Grève est ton sacré vallon;
Maître André[1] te sert d'Apollon
Pour rimer avec tant de grâce;
Mais je crains qu'un jour Montfaucon
Ne te tienne lieu de Parnasse.

On peut se figurer comment continua une guerre ainsi commencée. En peu de jours, le café Laurent fut inondé de couplets, où La Motte, Saurin, Boindin et autres étaient outragés dans leurs personnes de la manière la plus grave. Désigné par un cri général de réprobation, Rousseau se contenta, pour toute réponse, de quitter subitement le théâtre des hostilités, en désavouant partiellement les vers diffamatoires devant ceux des intéressés que le hasard amena en sa présence. Rien ne démontra donc que ces premiers couplets ne fussent pas de lui, tandis que leur tournure élégante et leur satirique virulence n'accusaient que trop clairement ses habitudes de style et son talent pour l'épigramme.

La faute était grande; mais l'expiation fut plus grande encore. Après quelques semaines de trêve, à propos de la rivalité de La Motte et de Rousseau pour la place de Thomas Corneille à l'Académie, de nouveaux couplets parurent, mais imprégnés, cette fois, d'un tel fiel, remplis d'imputations et de calomnies si monstrueuses, « que la Grève seule et le fatal poteau pou» vaient faire justice de leur abominable auteur. » Cet auteur, les ennemis de Rousseau dirent que c'était lui. Les rimes immondes attaquaient en effet les mêmes personnes que Rousseau avait attaquées d'abord. Bientôt, elles diffamèrent des gens que leur position et leur influence rendaient plus redoutables que des hommes de lettres; si bien que les valets d'un de ces personnages maltraitèrent, un soir, à la porte de l'Opéra, le calomniateur présumé. « Rousseau[2] porta plainte, et fut attaqué lui-même en diffamation. Il en résulta une première procédure, à la suite de laquelle l'accusé obtint de la grand'chambre un arrêt de décharge, rendu sur les conclusions de M. de Lamoignon. Ce n'était point assez. Outragé publiquement par ceux

[1] Bourreau de Paris à cette époque.

[2] Nous laissons parler M. Amar.

qui lui avaient attribué les écrits inculpés, Rousseau voulait une réparation solennelle et juridique. Il fit tant qu'il parvint à découvrir le colporteur des couplets, et à tirer de lui le nom de la personne qui lui avait remis le paquet fatal : c'était Saurin. Fort de cette découverte, et se croyant suffisamment éclairé par ce premier trait de lumière, il se porta l'accusateur de Saurin, qui eût infailliblement succombé dans l'attaque, si Rousseau, emporté trop loin par le ressentiment, sa passion dominante, et mal dirigé par son avocat, n'eût persisté à poursuivre, comme auteur des couplets, l'homme faible qu'il venait à peu près de convaincre de les avoir seulement distribués. C'est ainsi que son imprudence rendit à son adversaire son courage et ses forces, et qu'accablé par le défaut de preuves, il succomba lui-même sous le poids de l'accusation trop légèrement intentée contre un autre. Un arrêt du Parlement, rendu par contumace le 7 avril 1712, déclara Jean-Baptiste Rousseau, « atteint et convaincu d'avoir composé et distribué *des vers impurs*, *satiriques* et *diffamatoires*, et fait de *mauvaises pratiques* pour faire réussir l'accusation *calomnieuse* intentée contre Joseph Saurin, etc. ; pour réparation de quoi ledit Rousseau est banni à perpétuité du royaume, etc. » Ce jugement fut attaché, le 7 mai suivant, à un poteau en place de Grève, par l'exécuteur des sentences criminelles.

Ainsi se termina cette déplorable et scandaleuse affaire. Hâtons-nous de dire que nous croyons Rousseau innocent du crime déterminé dans la sentence de sa condamnation. Nous avons sous les yeux les premiers et les seconds couplets [1]. On ne saurait prouver que les uns ne sont pas de notre poète ; mais la moindre citation des autres démontrerait littérairement qu'il y fut étranger, si la pudeur permettait d'extraire une seule ligne de ce recueil d'atrocités et d'ordures. Quel fut donc le lâche auteur de ces funestes infamies? C'est ce qu'on ne saura jamais sans doute, et c'est ce qui nous importe fort peu, nous l'avouons, puisque la mémoire de Jean-Baptiste n'a plus besoin de cette triste justification devant la postérité [2].

[1] Nous avons aussi sous les yeux le *Mémoire pour servir à l'histoire des couplets de* 1710, ouvrage fort rare, imprimé à Bruxelles, et dont nous devons la communication à l'obligeance éclairée de M. Aimé-Martin. Dans cette brochure, et surtout dans son complément, qui contient le *fac-simile* du *véritable paquet adressé à M. Boindin*, c'est-à-dire du vrai corps de délit, nous avons trouvé la confirmation la plus complète de l'innocence de Jean-Baptiste Rousseau, quant aux seconds couplets.

[2] De ce qu'il est reconnu que les couplets qui firent condamner Rousseau ne sont pas de lui, il ne s'ensuit point qu'on doive les mettre sur le compte de La Motte ou de Saurin, comme l'ont avancé imprudemment plusieurs biographes, et comme J.-J. Rousseau lui-même l'a insinué dans ses *Confessions* (partie II, livre X). Il est plus raisonnable de penser que quelque ami du scandale, ennemi commun peut-être de Rousseau et de ses adversaires, se sera fait un jeu infâme de rallumer, par de nouveaux brandons, des discordes éteintes, afin de se réjouir dans l'ombre du bruit et des résultats affreux de son crime. Les lâchetés anonymes sont de tous les temps, et on sait que la manie de l'épigramme était le *moindre défaut* des mœurs littéraires du dix-huitième siècle.

Si cependant on désirait réunir, sur le mystère des fameux couplets, toutes les conjectures possibles, quelqu'incertaines et insuffisantes qu'elles soient, voici une anecdote que nous trouvons rapportée dans un mémoire manuscrit, cité par l'auteur de l'*Éloge historique de La Motte*[1] :

« En 1746 ou 1747, mourut, dans le voisinage de Boindin, un homme dont le nom, dit l'auteur en question, m'est absolument échappé. Il avait été très-répandu dans le grand monde, et faisait agréablement des chansons et des vers de société. Feu M. le curé de Saint-Sulpice (l'abbé Languet) l'assista lui-même à la mort; et ce fut par le conseil de ce curé que, lorsqu'il fut administré, cet homme, en présence de personnes d'honneur, s'avoua l'auteur des couplets attribués à Rousseau, et témoigna son repentir de les avoir composés et répandus. »

Nous avons indiqué la source de ce fait, et nous ne le donnons que pour ce qu'il vaut, bien entendu.

Courbant d'avance la tête sous une fatalité dans laquelle sa conscience voyait sans doute une expiation de ses premières et véritables fautes, Rousseau avait prévenu l'arrêt de son exil, et avait volontairement quitté la France dès l'année 1711. La Suisse fut son premier asile. C'est là qu'il reçut de l'ambassadeur français, comte du Luc, l'accueil gracieux et honorable dont il a perpétué le souvenir dans la plus longue, sinon la plus belle de ses odes. Cet accueil fut bientôt suivi d'une intimité, qui fait d'autant plus l'éloge du protecteur et du protégé qu'elle ne cessa qu'à la mort du premier, arrivée en 1740.

Le malheur est le creuset du cœur humain. Rousseau y purifia à la fois son talent et son caractère. Le premier usage qu'il fit de ses loisirs, à Soleure, fut de publier une édition de ses œuvres, dont il retrancha, non-seulement les scandaleuses productions que ses ennemis lui avaient attribuées, mais encore les compositions coupables où s'était réellement souillée sa plume. « Cette édition de Soleure, dit l'auteur de la Notice de la *Biographie universelle*, ne se recommande ni par la beauté du papier ni par l'élégance typographique; mais elle a cela de précieux, qu'on peut la considérer comme la limite posée par l'auteur lui-même entre les égarements de sa jeunesse et son retour définitif aux principes de l'ordre moral. »

A partir, en effet, de cette époque, jusqu'à la fin de sa vie, qui dura encore trente ans, Rousseau se montra constamment digne des illustres amitiés qui s'empressèrent, en quelque sorte, de le réhabiliter à la face de l'Europe entière. Le seul défaut dont il ne put jamais se corriger entièrement fut son penchant pour l'épigramme. Cette dangereuse faiblesse faillit le compromettre de nouveau, à Vienne, en 1715, lorsqu'il y suivit

[1] En tête de *l'Esprit de La Motte*, 1 vol. in-12, Paris, 1767.

le comte du Luc, qui passait de l'ambassade de Suisse à celle d'Autriche. En rencontrant, à cette nouvelle résidence, dans la personne du prince Eugène, un protecteur non moins illustre que zélé, il y trouva malheureusement aussi ce comte de Bonneval, célèbre par ses caprices autant que par ses talents. Les deux exilés français se lièrent intimement, comme on peut le croire; leur sympathie les y portait en même temps que leur commune position. Il s'en fallut peu que cette intimité ne leur devint également funeste. Une querelle s'éleva entre le comte de Bonneval et un favori du prince Eugène, au sujet d'une femme aimée de ce dernier. Rousseau ne manqua point de prendre parti pour son compatriote, et il le fit avec une chaleur qui, toute louable qu'elle était dans son principe, devint bientôt téméraire dans ses effets. Il osa lancer contre le rival du comte une épigramme dans laquelle la femme chère au prince ne fut pas épargnée. On conçoit l'indignation de celui-ci. Il sut heureusement faire une juste différence entre le vrai coupable et l'imprudent ami. Tandis que la disgrâce de Bonneval était complète, Rousseau fut seulement envoyé à Bruxelles, chargé par son royal protecteur de moins de réprimandes que de promesses.

Ce fut vers cette époque que les amis dont l'éloignement du poète n'avait diminué, à Paris, ni le zèle ni le nombre, lui obtinrent et lui expédièrent des lettres de rappel. Elles lui parvinrent en février 1716. Mais il les renvoya avec une noble fierté, en motivant ainsi son refus dans une lettre au baron de Breteuil[1] :

« Je commencerai par vous dire, monsieur, écrivait-il, que, quoique je ne sois nullement dans la disposition de profiter des soins que vous avez bien voulu vous donner à mon insu, je ne vous en suis pas moins obligé, le principe qui vous a fait agir m'étant également cher et glorieux. J'avouerai même que, pour un homme qui se sentirait coupable, la voie que vous avez prise ne saurait être meilleure. Mais, monsieur, je me flatte que vous ne me regardez pas comme tel, puisque vous m'assurez de votre estime; et je mériterais de la perdre si j'étais assez malheureux pour me prévaloir du bénéfice que la loi accorde à ceux qui le sont. Je vous ai toujours tenu le même langage, depuis cinq ans que je vous écris régulièrement. Je ne vous en tiendrai jamais d'autre; et je suis incapable de penser autrement. Vous savez parfaitement mes dispositions à cet égard... Quand on m'a fait l'honneur de m'écrire qu'on approuvait ma délicatesse, et que vous m'avez mandé que rien ne se ferait que je ne pusse approuver, je m'étais imaginé que mes amis trouveraient un moyen, ou de faire tomber la peine sur celui à qui elle est due, ou du moins de faire casser un arrêt injuste qui flétrit ma réputation. Bien loin de cela, le moyen dont

[1] *Correspondance* de Rousseau, édit. Lefèvre, 1820.

vous me parlez ne ferait que lui donner une nouvelle force, et un nouvel avantage à mes ennemis, qui n'attendent qu'après cela pour me fermer la bouche à jamais, et me confondre à toute éternité. Ne leur donnons pas ce plaisir-là, monsieur; *j'aime bien la France, mais j'aime encore mieux mon honneur et la vérité. Quelque destinée que l'avenir me prépare, je dirai comme Philippe de Commines : Dieu m'afflige, il a ses raisons; mais je préférerai toujours la condition d'être malheureux avec courage à celle d'être heureux avec infamie*... Je vous conjure donc de supprimer les lettres que vous m'avez obtenues, dont je rends mille respectueuses grâces à ceux qui me les ont accordées, *mais dont je ne suis pas homme à me servir*, etc. »

Voici comment Rousseau s'exprimait encore, dans la même circonstance, avec le plus généreux et le plus dévoué de ses amis[1] :

« Il ne s'agit point pour moi de retourner en France, mais de confondre l'imposture qui m'a noirci, et de me mettre en état de paraître devant les hommes comme je paraîtrai un jour devant Dieu! Tout autre plan serait me déshonorer, *et je souffrirai la mort* plutôt que d'y acquiescer. C'est ainsi que j'ai toujours parlé et pensé, et c'est ainsi que je penserai et parlerai toute ma vie. »

Ce langage ferme et noble, modèle de celui que Rousseau ne cessa point de tenir, en effet, pendant trente ans, nous a semblé utile à reproduire ici, comme la justification la meilleure à joindre à toutes les autres.

Cette justification est d'autant moins suspecte, qu'en refusant ses lettres de rappel, Rousseau sacrifiait au soin de son honneur le plus ardent désir de revoir sa patrie. Ce désir, après l'avoir tourmenté sans relâche, devint tel vers la fin de sa vie, qu'il redemanda avec instance, au bout de vingt années, la même faveur qu'il avait rejetée si fièrement. Il ne put l'obtenir alors, et, l'amour du pays, cette dernière passion de l'homme, l'emportant chez lui sur toute autre considération, il se décida à partir pour la France sans y avoir été autorisé. Chargé d'ans et d'infirmités, il arriva à Paris *incognito* vers la fin de 1738. La justice toléra en secret l'exécution du vœu suprême et touchant auquel elle avait refusé sa sanction publique, et le célèbre et malheureux vieillard put séjourner quelque temps en paix dans les lieux qui avaient été le théâtre des funestes agitations de sa jeunesse.

Quand il repartit, ses adieux à la France et à ses amis furent ceux d'un mourant, et il put montrer le ciel à ceux-ci, comme point de rendez-vous, avec la foi chrétienne qui animait sa vieillesse; car, arrivé à Bruxelles, il ne fit plus que s'éteindre lentement pendant deux années, et rendit le dernier soupir le 17 mars 1741.

[1] Lettre à M. Boutet, du 30 mars 1716.

A son moment suprême, avant de recevoir le viatique et d'entrer dans l'éternité, il protesta encore, devant Dieu et devant les hommes, qu'il n'était pas l'auteur des couplets qui l'avaient fait bannir de France; et, entre autres convictions opposées que ce témoignage ébranla, on doit citer, au premier rang, celle de son plus puissant ennemi, Voltaire, qui déclara enfin « que le testament de Rousseau lui avait prouvé son innocence[1]. »

On connaît l'épitaphe que Piron fit à Jean-Baptiste :

Ci-gît l'illustre et malheureux Rousseau.
Le Brabant fut sa tombe et Paris son berceau.
Voici l'abrégé de sa vie
Qui fut trop longue de moitié :
Il fut trente ans digne d'envie,
Et trente ans digne de pitié.

Maintenant que nous avons exposé les fautes et les expiations, les malheurs et la célébrité de cette mémorable vie, passons un rapide examen des titres littéraires de cette célébrité, qui sont devenus des monuments classiques de notre langue. Jean-Baptiste Rousseau a laissé : 1° des *Épigrammes;* 2° des *Odes et Cantates;* 3° des *Épîtres et Allégories.* Nous ne disons rien de ses pièces de théâtre, mentionnées plus haut, et dont lui seul n'a pas fait justice.

Ouvrages de la vieillesse de l'auteur, les *Épîtres et Allégories* sont des fruits tard venus; divagations vaines et interminables, où brillent çà et là quelques éclairs de poésie, parmi l'épaisse fumée d'une vieille philosophie mythologique, mais au milieu d'un style constamment pur, qui décèle toujours l'excellent écrivain, et qui, sous ce rapport, peut encore servir de modèle. Les véritables titres poétiques de Rousseau sont ses *Odes* et ses *Cantates.* Le mérite de ces productions a été, en ces dernières années, le sujet de grandes querelles littéraires. Il nous semble que les *Odes et Cantates* auraient été beaucoup moins dépréciées de notre temps, si elles n'avaient pas été maladroitement exaltées du temps de Jean-Baptiste, et après sa mort. Les enthousiasmes insensés amènent tôt ou tard des réactions injustes. Ceux qui ont élevé Rousseau au rang de Pindare et de Sapho ont fait un anachronisme et dit un non-sens. Jean-Baptiste n'est point lyrique, dans l'acception primitive et réelle du mot. Outre qu'il ne pouvait l'être au siècle du doute, il avait évidemment pris le genre de l'ode par réflexion et par calcul, comme on s'empare d'une place qu'on voit vacante. Il était homme d'art et de style, beaucoup plus qu'homme de génie et d'inspiration. On ne saurait donc mieux le juger qu'il ne l'est, dans les lignes suivantes, par un critique dont on ne contestera ni l'impartialité ni la compétence,

[1] *Lettres* de Voltaire.

M. Villemain : « Rousseau, dit l'éloquent professeur, donne-t-il l'idée de cette poésie lyrique, accent le plus sublime de l'âme, et dont la beauté première était affaiblie déjà dans les fils de la Grèce ? Nullement. Mais n'a-t-il pas porté à un haut degré cette ode *artificielle et savante* qui charmait les oreilles des Grecs, et qui faisait dire à un Romain plus sérieux qu'il ne trouvait pas dans la vie assez de loisir pour étudier les poètes lyriques ? On ne peut le nier, je crois. » Ajoutons qu'il suffit, pour s'en convaincre, d'un coup d'œil jeté sur les diverses pièces qui composent le recueil des *Odes et Cantates*. Les plus parfaites ne sont-elles pas celles où le poète renonce à l'inspiration et au chant, pour le développement harmonieux d'une pensée délicate ou profonde, philosophique ou morale ?

« Rousseau, dit encore M. Villemain, a porté l'élégance de la forme à son degré le plus rare. » Voilà son véritable mérite, celui que lui refuseraient en vain de grossiers détracteurs, celui auquel de maladroits enthousiastes, continuateurs de Le Franc de Pompignan[1], voudraient follement substituer certaines qualités de sentiment et de poésie, antipathiques au talent de l'auteur ; celui enfin qui suffit pour faire vivre les *Odes et Cantates* aussi long-temps que la langue française.

Quant aux *Épigrammes*, tout le monde convient de leur supériorité dans leur genre, dont elles sont en effet le modèle et le *nec plus ultrà*. Les malheurs qu'elles ont valu à Jean-Baptiste nous dispensent d'en faire un éloge plus étendu.

N'oublions pas un des plus beaux titres de Rousseau à l'admiration et à la reconnaissance de la postérité. Vingt ans environ après son séjour à Soleure, un jeune homme, pauvre et errant, passa par cette ville. Dans la même chambre modeste et retirée qu'avait occupée Jean-Baptiste, le livre des *Odes et Cantates* se trouva sous la main de ce jeune homme. Excité par le nom du poète et par le charme des vers, il dévora le volume que lui jetait ainsi le hasard, et, cette lecture éveillant en lui la première ambition de célébrité littéraire, il jura de faire, lui aussi, des livres un jour.... Il tint son serment, et ces livres ne tardèrent pas à remuer le monde : car ce jeune homme était le futur auteur d'*Émile* et de *la Nouvelle Héloïse*.

C'est donc à Jean-Baptiste Rousseau que la France a dû Jean-Jacques. Cet ouvrage vaut certes bien les *Odes et Cantates*.

PITRE-CHEVALIER.

[1] Qui, entre autres maladresses, croyait définir Jean-Baptiste en l'appelant le premier *chantre* du monde !

Impr. de Gény-Gros, rue du Plâtre, 26. Paris

BERWICK.

BERWICK

NÉ EN 1670, MORT EN 1734.

Naître avec l'amour des combats, l'ambition des honneurs militaires, l'espérance d'une mort glorieuse, et naître au siècle des Condé, des Turenne et des Villars; savoir manier une épée à l'âge où l'on ne connaît d'ordinaire que les jouets de l'enfance; obtenir sa première blessure et son premier grade à quinze ans, à dix-sept ans être colonel et gouverneur de place, à vingt ans lieutenant-général, et à trente-cinq ans maréchal de France; commander pendant quarante ans les armées des trois plus puissants rois de l'Europe; compter, à deux échecs près, ses victoires par ses batailles, et recevoir à soixante-quatre ans un boulet de canon dans la poitrine; telle fut l'illustre destinée de Jacques Fitz-James, duc de Berwick, justement surnommé par Villars « le plus heureux des capitaines. »

Fils naturel du duc d'Yorck, depuis Jacques II, et d'Arabella Churchill, sœur du duc de Marlborough, Berwick naquit le 21 août 1670. Il fut envoyé d'Angleterre en France dès l'âge de sept ans, fit successivement ses études et ses exercices aux colléges de Juilly, du Plessis et de La Flèche, et dut naturellement adopter pour patrie le pays de ses premiers travaux et de ses premiers succès. A ce pays, sans doute, il eût tout d'abord offert son sang, comme ses affections, si même au-dessus de la France il n'eût déjà placé la gloire, cette noble passion de toute sa vie, qui devait être aussi son premier amour. Il venait d'avoir quinze ans, lorsque le duc d'Yorck, parvenu au trône d'Angleterre, l'envoya, sur sa propre demande, essayer son courage en Hongrie. Il fit tellement pressentir, au siége de Bude, tout ce qu'il pouvait devenir un jour, que son père le créa, sans faveur, duc de Berwick, et qu'à son retour en Hongrie l'empereur le nomma colonel des cuirassiers de Taaf. Il fit, sous le grand-duc de Lorraine, la campagne de 1687, prit part au combat et à la victoire de Mohatz, et enleva à la pointe de l'épée les épaulettes de sergent-général de bataille. Désormais la carrière lui était ouverte, il ne songea plus qu'à la fournir avec éclat.

En 1688 éclate la révolution d'Angleterre. Berwick étend sur la tête de son père une épée filiale, se tient debout à ses côtés comme un ange exterminateur, le garantit des premiers coups et des premiers piéges qui le menacent; et, chargé de la pénible mission de réunir une armée fidèle, lutte de toute sa prudence et de toute son énergie contre la défection des officiers et la trahison des ministres. Armé trop tard par ceux-ci d'un ordre que saura prévenir le prince d'Orange, il rencontre quatre régiments de transfuges, et les ramène au poste de l'honneur. Que ne fait-il pas pour sauver Portsmouth, bloqué par terre et par mer? Il enlève aux ennemis la moitié de leurs munitions, nourrit au jour le jour les habitants découragés, et ne cède qu'au commandement irrésistible de son père.

Alors est offert au monde un de ces spectacles qui viennent de temps à autre instruire les rois et les peuples. Un monarque sans couronne, sans armée, sans suite, s'échappe de ses états et se réfugie en France. A la tête des cinq amis qui l'accompagnent, seul et dernier débris de sa cour, marche un jeune homme de dix-huit ans à peine, qui leur donne l'exemple de la résignation, comme il leur a donné celui du courage. Ce monarque est l'infortuné Jacques II; ce jeune homme est son fils, le duc de Berwick. Débarqué le premier dans cette patrie de son enfance, à laquelle il vient confier la vieillesse de son père, Berwick court demander à Louis XIV l'hospitalité fatale que les rois de France et d'Angleterre échangeront si souvent. Il plaît tout d'abord à l'illustre prince qu'il implore; il en obtient sans peine ce qu'il sollicitait, et il emporte un de ces regards vivifiants, justement comparés aux rayons du soleil. Le jeune homme et le grand roi se sont compris : Berwick sera maréchal de France.

Cependant la cause du roi Jacques n'est pas perdue encore; l'Irlande, cette terre des malheureux, est restée fidèle au malheur. Le prince détrôné s'y rend en 1689, et rallume cette guerre, si bien définie par Montesquieu, « où la valeur ne manqua jamais, où manqua toujours la conduite. » Pour parler encore le langage du maître, « l'Angleterre assomma l'Irlande. » Les officiers que la France envoya sur ce sol maudit ne firent que se montrer, se battre et s'en revenir; Berwick, le plus intrépide de tous, y gagna le grade de lieutenant-général. Bientôt lord Tyrconnel, passant en France, lui laissa la conduite de tout le royaume; et l'on vit un jeune homme de vingt ans sortir à son honneur d'une position qui semblait exiger l'expérience d'un vieillard. Tout à coup, par un de ces contrastes qu'offrent les guerres civiles, Berwick se trouva face à face avec le frère de sa mère, milord Churchill, depuis duc de Marlborough. Ce général, déjà célèbre, arrivait contre son neveu avec une armée de huit mille hommes. Arrêter un pareil torrent, rétablir les forces de l'Irlande, réunir les esprits et dissiper les factions, il fallait faire tout cela en même temps; Berwick le fit si bien qu'il donna au lord Tyrconnel le temps de revenir à son poste.

Ce fut en 1691 que le duc de Berwick quitta l'Irlande, et entra définitivement au service de la France. Il suivit Louis XIV au siége de Mons en qualité de volontaire, fit au même titre la campagne de 1692 sous le maréchal de Luxembourg, se couvrit de gloire à la bataille de Steinkerque, fut nommé lieutenant-général des armées de France, et pris l'épée à la main dans la journée de Nerwinden En 1696, le roi Jacques crut voir briller une lueur d'espérance. Appréciant déjà l'habileté de Berwick autant que son courage, Louis XIV l'envoya secrètement à Londres pour sonder les esprits et le terrain : — « Mauvaise commission, » dit Montesquieu, « qui étoit de déterminer des hommes prudents à agir contre le sens commun. » Berwick ne pouvait réussir, et il ne réussit pas. Un complot se forma, pendant son séjour à Londres, contre la vie même du roi Guillaume; il en fut averti assez à temps pour partir avant qu'on l'y crût mêlé, et ce fut alors que son incognito faillit se découvrir par une aventure qu'il a racontée lui-même. Un homme de fort mauvaise mine l'aborde mystérieusement, et lui dit tout bas : « Je sais qui vous êtes!... Je vous reconnois à votre air de famille, à ces doigts allongés qui sont le signe de la maison d'Yorck... Vous êtes le duc de Berwick, et vous travaillez ici au renversement de Guillaume. » On conçoit l'embarras de notre envoyé secret à ces terribles paroles; déjà il se voit confondu avec des assassins, arrêté comme eux et décapité dans leur compagnie, lorsque le sombre personnage ajoute en lui serrant tendrement la main : « Vous êtes l'espérance de l'Angleterre; que Dieu bénisse notre sainte entreprise!... » Le brave homme était un jacobite. Berwick respira, et s'embarqua sur l'heure.

Au mois de juin 1698, le duc de Berwick « perdit une très-aimable femme qu'il avoit épousée par amour, et qui avoit très-bien réussi à la cour et à Saint-Germain. C'étoit une fille de milord Lucan, comte de Clanricard, tué à Neerwinden, lieutenant-général et capitaine des gardes du roi Jacques. Elle étoit à la première fleur de son âge, belle, touchante, faite à peindre, une nymphe! Elle mourut de consomption à Montpellier, où son mari l'avoit menée pour la guérir par ce changement d'air[1]. » Elle lui laissa un fils, qui était né le 21 octobre 1696. Les regrets du duc de Berwick furent très-vifs sans doute; mais parmi toutes les nobles anglaises réfugiées en France, ce fut à qui aurait l'honneur de le consoler. Celle qui l'emporta fut mademoiselle de Bulkeley, ou de Bokley suivant Saint-Simon, fille d'une dame d'honneur de la reine d'Angleterre, de laquelle Berwick devint amoureux au retour d'un voyage en Italie. On a toujours remarqué que les guerriers les plus intrépides sont d'une extrême faiblesse vis-à-vis des femmes. La nouvelle duchesse prit bientôt un tel ascendant sur son mari, qu'elle fit exclure l'enfant de lady Lucan de tous les avantages réservés à sa propre

[1] *Mémoires du duc de Saint-Simon,* chap. LIII.

postérité. C'est là le seul tort qu'on puisse reprocher au duc de Berwick; mais l'histoire a droit de le noter sévèrement, pour être plus libre dans les éloges qu'elle lui doit d'ailleurs.

Charles II, roi d'Espagne, venait de mourir, et il s'agissait d'établir à sa place le petit-fils de Louis XIV. Jacques II envoya Berwick à Rome sous prétexte de complimenter le nouveau pape, mais en réalité pour maintenir la neutralité de l'Italie. Il fallait que le Saint-Père levât des troupes à cet effet, qu'il les grossît des compagnies irlandaises proposées par la cour de Saint-Germain, enfin qu'il mît Berwick en personne à la tête des unes et des autres. Sa Sainteté trouva l'entreprise au-dessus de ses forces, et l'ambassadeur fut obligé de s'en revenir. Ces échecs diplomatiques n'étaient rien pour un homme qui prenait sa revanche sur les champs de bataille. Encore en deuil de son père, mort en 1701, Berwick suivait en Flandre le duc de Bourgogne et le maréchal de Boufflers, et il se fit naturaliser Français à la suite de cette campagne. En 1704, le roi l'envoya en Espagne à la tête de dix-huit bataillons et de dix-neuf escadrons; il n'y fut pas plutôt arrivé que le petit-fils de Louis XIV le nomma capitaine-général de ses armées.

« La cour d'Espagne était infestée par l'intrigue, dit Montesquieu. Le gouvernement allait très-mal, parce que tout le monde voulait gouverner. Tout dégénérait en tracasseries, que Berwick s'attacha d'abord à éclaircir. » Placé entre dix partis qui voulaient le gagner, il eut le talent de rester neutre et la loyauté de ne songer qu'aux affaires du pays. Il ne s'occupa ni de la princesse des Ursins, ni d'Orry, ni de l'abbé d'Estrées, ce triumvirat composé d'un cotillon, d'une robe et d'une soutane, et dont il faut lire les brigues et les manœuvres dans les curieux Mémoires de Saint-Simon. « Les goûts mêmes de la Reine et les penchants du Roi ne furent consultés par Berwick que dans l'intérêt de la monarchie. » — « Madame des Ursins ne doit pas rester à la cour, lui écrivait Louis XIV; dites au Roi mon petit-fils qu'il me doit cette complaisance. Servez-vous de toutes les raisons que vous pourrez imaginer pour le convaincre. Seulement ne lui dites pas que je l'abandonnerai, car il ne le croirait jamais. » Berwick exigea le renvoi de la princesse, et la princesse quitta Madrid. C'est avec cette fermeté qu'il sauva l'Espagne. Menacé par une armée de Portugais trois fois plus forte que la sienne, il lui ferma le chemin de la capitale, malgré les ordres du Roi lui-même. « Revenez et ne risquez rien, » lui écrivait-on de la cour; il demeura, risqua tout, et fit reculer les ennemis jusqu'aux frontières. Alors seulement il consentit à se rendre aux ordres du jeune monarque; mais il éprouva que le premier service à rendre aux princes est de leur plaire, sans quoi les œuvres les plus utiles ne sont, comme disent les théologiens, que des œuvres mortes. Berwick, à la tête de son armée encore en présence des ennemis, apprit son renvoi en France. Il continua de donner ses ordres sans la moindre émotion, mit tout en sûreté avec sa prévoyance ordinaire, publia la nouvelle qui le concernait absolument comme s'il eût été question d'un autre, et reprit le chemin de la France en homme qui a la consolation d'avoir fait des ingrats. « Le duc, dit Saint-Simon, salua le Roi à Versailles le 3 décembre 1704.... On ne pouvait le laisser sans un emploi en chef après la conduite qu'il avait tenue en Espagne et la façon dont il en était revenu; Villars fut donc rappelé du Languedoc, et Berwick alla y commander à sa place. » Cette nouvelle mission remplie, il assiégea le château de Nice, dont il s'empara, et ce fut alors qu'il reçut le plus grand honneur et le plus beau triomphe qu'il pût ambitionner. Fort empêchés des résultats de leur injustice à son égard, ses ennemis d'Espagne le rappelèrent à leur secours, et Louis XIV lui envoya le bâton de maréchal de France; il n'avait pas encore trente-six ans.

Berwick avait sauvé l'Espagne en 1704; il la sauva encore en 1707. Nous ne pouvons mieux faire que d'emprunter au digne historien d'un tel guerrier le précis de cette admirable campagne. « On sait, par les lettres de madame de Maintenon à la princesse des Ursins, en quel état étaient les esprits avant l'arrivée de Berwick; on formait à peine des souhaits, et l'on n'avait pas même d'espérances. Des conseils timides avaient empêché la Reine de se retirer vers l'armée. On voulait qu'elle regagnât Pampelune. Le jeune maréchal fit voir que, si l'on prenait ce parti, tout était perdu, parce que les Castillans se croiraient abandonnés. La Reine se dirigea donc vers Burgos avec les Conseils, et le Roi arriva à la petite armée. Les Portugais coururent aussitôt sur Madrid, et le maréchal, par sa sagesse, sans livrer une seule bataille, fit vider la Castille aux ennemis et rencoigna leur armée dans les royaumes de Valence et d'Aragon. Il les y conduisit marche par marche, comme un pasteur conduit des troupeaux. On peut dire que cette campagne, au commencement de laquelle tout était perdu, et à la fin de laquelle tout fut sauvé, est plus glorieuse pour Berwick qu'aucune de celles qu'il a faites, parce que, les avantages n'ayant point dépendu d'une bataille, sa capacité y parut tous les jours. »

De si grands services ne pouvaient manquer d'attirer toutes les faveurs d'un prince qui avait une ingratitude à réparer. Le roi d'Espagne donna à Berwick la grandesse de première classe, avec les villes et les domaines de Liria et de Xerica. Le maréchal profita de cette occasion pour rendre au fils de sa première femme ce qu'il lui avait enlevé, en lui cédant les riches faveurs du monarque et lui faisant conclure un mariage magnifique avec dona Catharina de Portugal, héritière de la maison de Véraguas.

Nous voici arrivés à la campagne qui eût pu combler la gloire du maréchal, et qui ne fut qu'une cruelle compensation à son dernier triomphe : nous voulons parler de cette fatale expédition du Rhin (1708), si tristement célèbre par les fautes du duc de Vendôme. Après avoir fait échouer un plan de Chamillard, « dont l'incapacité consistait surtout à ne pas connaître son incapacité, » Berwick se flatta de dominer également le duc de Vendôme, et joignit son armée à la sienne au trop fameux siége de Lille. Peu de temps auparavant, il avait refusé de servir sous un pareil chef, et celui-ci en conservait une rancune qui fut la cause de tout son aveuglement. « Il fallut des miracles sans nombre pour nous faire perdre Lille, défendue par le maréchal de Berwick. Il fallut que le Roi envoyât à l'armée, pour concilier des généraux sans cesse en opposition, un ministre qui n'avait point d'yeux, ou qui n'en avait que pour un seul parti ; il fallut que cette maladie de la nature humaine, de ne pouvoir laisser faire le bien aux gens que l'on n'aime pas, infestât pendant toute la campagne le cœur et l'esprit de M. de Vendôme ; il fallut qu'un lieutenant-général eût assez de faveur à la cour pour pouvoir faire à l'armée deux sottises l'une après l'autre, qui seront mémorables dans tous les temps : sa défaite et sa capitulation ; il fallut enfin que le siége de Bruxelles eût été rejeté d'abord, et qu'il fût entrepris ensuite, que l'on résolût de garder en même temps l'Escaut et le canal, c'est-à-dire de ne garder rien [1]. » On sait quel fut le dénoûment de ces contradictions et de ces intrigues : l'entêtement de celui qui se trompait l'emporta sur la fermeté de celui qui avait raison, et, comme on l'a déjà dit, Lille fut perdue pour la France. L'espace nous manque pour opposer ici les pièces de ce procès militaire entre deux puissants généraux. Ces pièces sont les lettres du Roi, de Vendôme, de Berwick et de Chamillard. Comme tous ceux qui les ont consultées et comme tous ceux qui les consulteront, nous y avons trouvé la preuve que la sagesse et la modération n'ont pas cessé un instant d'être du côté du maréchal de Berwick. « A Dieu ne plaise, s'écrie discrètement Montesquieu, que je veuille mettre en question les qualités éminentes de M. le duc de Vendôme ! Si M. le duc de Berwick revenait au monde, il en serait plus fâché que personne. Mais je dirai, dans cette occasion, ce qu'Homère dit de Glaucus : Jupiter ôta la prudence à Glaucus, et il changea un bouclier d'or contre un bouclier d'airain. Ce bouclier d'or, M. de Vendôme, avant cette campagne, l'avait toujours conservé : il sut le retrouver depuis. »

Le maréchal de Berwick se retrouva lui-même aussitôt qu'il fut libre, et sa belle défense du Dauphiné, en 1709, montra comment il eût sauvé Lille s'il en eût été le maître. Seul sur la frontière, avec une petite armée, en présence de troupes formidables, il trouva moyen de renvoyer encore vingt bataillons au roi ; « grand présent en ce temps de détresse et d'épuisement ! »

Déplacé trop tard, Chamillard avait laissé le camp sans argent et sans provisions, dans un état voisin de la famine et du désespoir. Berwick se vit

[1] Montesquieu (*Ébauche de l'Éloge du maréchal de Berwick*).

forcé, pour nourrir ses soldats, d'enlever un convoi de subsides qui allait de Lyon au trésor royal. D'Angervilliers, son intendant, se récria, disant qu'il allait avoir affaire aux tribunaux; Desmarais, le directeur des finances, s'emporta en violentes menaces : « Il faut bien faire vivre une armée qui doit sauver le royaume, » répondit froidement le maréchal de Berwick. Son plan de défense était tellement organisé que les ennemis ne trouvaient aucune porte pour entrer en France. « Ils étaient réduits à faire l'arc pendant qu'il faisait la corde, » de façon qu'ils perdaient contre lui jusqu'à la supériorité du nombre. « Je me souviens, raconte Montesquieu, qu'à mon voyage en Piémont, les officiers qui avoient servi sous le duc de Savoie citoient cette belle tactique, comme les ayant toujours empêchés de faire un pas en avant. » Berwick eut sans doute des moments plus glorieux dans sa vie militaire, mais cette défense du pays fut son chef-d'œuvre. Comme Xénophon, il a sa retraite des Dix-Mille, dont il est, comme Xénophon, le digne historien. A une telle carrière il ne manquait plus qu'un dénoûment. Le boulet de Philipsbourg s'en chargea, et Berwick mourut comme Turenne (12 juin 1734). On sait, sur cette fin, le mot de Villars, malade en Italie : « Cet homme a toujours été plus heureux que moi; » parole digne de tous les deux!

Berwick ne ressemble pas à Turenne seulement par sa mort, il lui ressemble aussi par le caractère particulier de son talent. Ce talent se composait des deux qualités les plus difficiles à réunir : le courage et la résolution dans les cas désespérés, la prudence et l'habileté dans toutes les circonstances; en d'autres termes, l'inspiration pour l'attaque et la combinaison pour la défense. Toutefois ce dernier genre de guerre avait la prédilection de Berwick. Nul ne savait mieux que lui sauver ce qui semblait perdu, réparer à propos les fautes des autres, trouver toutes les ressources qui restaient dans le malheur. Il était si sûr de lui-même à cet égard, qu'il exprimait souvent un souhait téméraire : celui d'avoir à défendre une place démantelée par l'ennemi.

Quant à son caractère personnel, son ami et son ennemi nous en fourniront les principaux traits. Suivant Saint-Simon, il avait le « nez fin » pour ses affaires; il était froid, sec et silencieux, fort maître de lui et grand courtisan, intrépide de cœur, mais timide d'esprit, accumulant les précautions et les ressources, et n'en trouvant jamais assez; « du reste, d'une probité et d'une discipline si exactes, que, content d'avoir contredit et disputé de toutes ses forces un avis qui passoit malgré lui, il concouroit à le faire réussir non-seulement sans envie, mais avec chaleur et volonté, jusqu'à chercher des expédiens nouveaux contre les inconvéniens imprévus, et à mettre franchement tout du sien, comme s'il eût été l'auteur du conseil adversaire. » Telles sont les qualités qui triomphèrent des préventions du duc d'Orléans, depuis régent de France, lorsqu'il se trouva en opposition avec Berwick pendant la guerre d'Espagne; opposition passagère, qui se termina si avantageusement pour le maréchal, que le prince ne cessa de déclarer depuis que « c'était l'homme avec qui il aimait le mieux faire la guerre. »

Si Berwick est ainsi apprécié par un juge sévère et jaloux comme Saint-Simon, on peut se figurer ce qu'en dit Montesquieu, qui eut l'honneur de le connaître et d'en être aimé. D'après le témoignage de l'illustre écrivain, jamais homme n'eut plus de solidité dans l'esprit et dans le cœur. Toujours sérieux, réfléchi, ne parlant qu'après avoir pensé, il ne savait point dire de ces jolis riens, si sûrs d'être admirés. Il se tenait surtout en garde contre les égarements de l'amour-propre, s'étudiant et se jugeant lui-même avec le sang-froid et la sévérité qu'il montrait aux autres, évitant tout excès dans la pensée comme dans l'action, se méfiant « des piéges mêmes de la vertu, » et imposant le respect à tout le monde par une perpétuelle tranquillité d'âme.

Quelques personnes ont fait un crime à Berwick de n'avoir pas été de la dernière expédition d'Écosse, et de s'être fait naturaliser Français : ce n'est pas en France qu'une pareille opinion a besoin d'être réfutée. Qu'on la professe en Irlande et en Angleterre, à la bonne heure! Mais la France ne saurait en vouloir à un homme dont elle avait adopté l'enfance, d'avoir adopté à son tour les intérêts et la gloire de sa nouvelle patrie, proscrit qu'il était de son pays natal.

Nous ne terminerons pas sans citer un fait relatif à la naissance de Berwick, et dont Saint-Simon, dans sa partialité malicieuse, n'a raconté que la portion la moins honorable. « L'année que Berwick fut reçu duc et pair, le duc de Tresmes donna le festin au sortir du parlement. Ce siècle étoit l'âge d'or des bâtards, comme on sait; nous assistâmes en nombre à cette réception, avec la singularité d'y voir à notre tête bâtards et bâtardeaux, et à notre queue à tous un bâtard d'Angleterre. Je ne sais par quelle étrange absence d'esprit le conseiller Caumartin s'engagea à table dans le récit d'un procès de bâtard dont il avait autrefois été juge, et s'étendit sur la sévérité des lois touchant cette sorte de naissance, sévérité qu'il déploya avec emphase et approbation. Chacun baissa les yeux et poussa son voisin; un silence profond suivit, que Caumartin prit pour un redoublement d'attention. Le duc de Tresmes voulut rompre les chiens plus d'une fois; à toutes Caumartin l'arrêtoit, haussoit le ton et continuoit... Ce récit dura bien trois bons quarts d'heure; on s'étouffoit de manger ou de mâcher; personne n'osoit boire, de peur d'un éclat de rire involontaire; on en mouroit d'envie, et, dans la même crainte, on n'osoit se regarder. Impossible de faire sentir à Caumartin, engoué de son histoire, l'énormité d'une semblable disparate! Cependant Berwick, à qui, comme à l'homme du jour, il adressoit souvent la parole, comprit bien qu'il avait totalement oublié qui il étoit, » et (c'est ici que Saint-Simon a l'injustice de s'arrêter) voulut faire sentir à tous combien il était au-dessus de l'embarras qu'on lui supposait. Il éleva son verre au moment où l'on portait des santés à divers personnages, et il proposa noblement celle du roi Jacques d'Angleterre ; avouant ainsi sans honte une naissance qu'il savait illustrer, et, par ce trait d'esprit et de grandeur d'âme, remettant tout le monde à l'aise autour de lui.

Ce mot est digne de l'homme qui joignait toujours à son nom celui de *Fitz-James* (fils de Jacques), et il peut être mis en parallèle avec cette autre parole de son petit-fils, répondant en pleine chambre des pairs aux objections d'un fils du maréchal Lannes : « Je demanderai à monsieur le duc de Montebello si le boulet qui tua mon aïeul à Philipsbourg ne pesait pas autant que celui qui frappa son père à Wagram. »

PITRE-CHEVALIER.

Dessiné par Chasselat. Geny-Gros, imp. rue du Plâtre, 28. Paris. Gravé par Gelly

DUGUAY-TROUIN

DUGUAY-TROUIN

NÉ EN 1673, MORT EN 1736.

La France avait alors deux marines : deux marines fortes et puissantes ; rivales de gloire, éprises d'une égale ardeur pour la prospérité du pays ; sinon attachées tout à fait aux mêmes intérêts, du moins vouées aux mêmes résultats matériels ; issues de deux sources différentes, mais se confondant quelquefois, quand la grandeur des entreprises l'exigeait, et quand Louis XIV voulait honorer d'une de ses précieuses faveurs un de ses sujets illustré par de grands travaux dans la carrière de la course. Le commerce était à la tête de l'une de ces deux marines, la politique entretenait l'autre. L'État, dont Louis XIV et Colbert faisaient en quelques traits de plume le budget, qu'ils discutaient entre eux avec cette haute intelligence qu'ils avaient l'un et l'autre des faits accomplis et des événements à venir, l'État avait son personnel marin, son matériel maritime, son administration, ses ports d'armement, sa marine royale enfin ; le commerce avait ses armateurs, ses officiers et ses matelots combattants, ses navires armés en guerre, en un mot, toutes ses ressources particulières, lui assurant une activité énergique aussi profitable au trésor royal, à l'honneur et à la fortune de la France, qu'elles l'étaient à la fortune et à la célébrité des individus qui prenaient parti dans ses hardies opérations. Noble, on commençait par être garde de la marine, ou bien l'on allait faire ses caravanes sur les galères de la religion, et l'on devenait un d'Estrées, un Château-Renaud, un Forbin, un Tourville. Fils de marin ou d'armateur, nourri dans un port marchand, au milieu des corsaires et des négociants que les spéculations et la guerre avaient enrichis, on s'élançait du comptoir ou de la barque de son père sur un vaisseau prêt à mettre à la voile ; on y servait en qualité de volontaire, on se battait héroïquement, et l'on devenait Duquesne, Jean Bart, Trouin, La Barbinais, Porée, ou tel autre encore, comme Bellisle ou Dessaudrais, à qui il n'a manqué, pour prendre un très-honorable rang dans les souvenirs des hommes, qu'une de ces occasions dont le hasard n'est pas prodigue, même aux siècles des événements extraordinaires où il semble que la gloire soit le plus facile à rencontrer sur sa route, tant elle se multiplie, tant elle est partout en même temps.

René Duguay-Trouin naquit à Saint-Malo le 10 juin 1673. Duguay-Trouin n'était pas noble ; il appartenait à un aïeul, à un père, tour à tour commerçants, consuls de France à Malaga, navigateurs et corsaires ; il était de cette grande famille maritime de Saint-Malo, qui donna beaucoup d'officiers *bleus* à la marine du roi, et quelques officiers au grand corps. Marin dès son enfance par l'exemple de son père et de La Barbinais-Trouin, son frère, Duguay ne commença pourtant le métier de la mer et des aventures qu'en 1689, c'est-à-dire à l'âge de seize ans. Le bonhomme Trouin avait voulu qu'il fît d'abord quelques études, et l'avait confié aux maîtres célèbres de l'université de Caen. Ce qu'il apprit là, avec quelques éléments des lettres humaines, ce fut tout ce qui tend à développer les forces, l'agilité et la grâce du corps ; il devint très-habile aux exercices du gymnase, et surtout au maniement des armes, qui entrait tout naturellement dans l'éducation du jeune homme au côté duquel des souvenirs encore récents de guerre civile et les habitudes militaires d'un siècle conquérant suspendaient une longue épée. Écolier, il eut déjà quelques duels dont il se tira d'une vaillante et gaillarde manière, comme dit l'auteur de *Tartufe*. Sa première jeunesse fut tapageuse, dissipée, vive, passionnée ; l'amour et la débauche y jouèrent un rôle ardent. Ces commencements de sa vie, Duguay-Trouin avait voulu les raconter : vieilli de bonne heure par les fatigues de la mer et par les soucis de la responsabilité qui pèse si lourdement sur l'homme commis par des armateurs aux soins de leur fortune, et comptable envers son pays de l'honneur du pavillon sous lequel il navigue ; usé d'ailleurs par mille aventures galantes qui pourraient en faire un héros de roman s'il n'appartenait à l'histoire par de plus nobles exploits, il aimait à se rappeler sa vie d'écolier bretteur et coureur de belles filles normandes, il se consolait d'être perclus, impotent et contraint à de cruelles expiations, par le souvenir de son ancienne vaillance ; car il avait séduit autant de cœurs qu'il avait enlevé de vaisseaux à l'abordage. La mémoire amusante de ces faits et de tous les bons tours qu'il avait joués à l'université, il l'avait consignée dans le récit de ses aventures ; mais, cédant à une observation du cardinal de Fleury, à qui il avait confié son manuscrit, il le détruisit, et l'on ne sait que par tradition ses premiers plaisirs et ses premières fautes.

Mais voici Duguay sorti du collége et arraché par la prudence de son père à des séductions qui allaient peut-être l'énerver ; le voici de retour à Saint-Malo, où la nouvelle de la guerre déclarée à l'Angleterre et à la Hollande vient d'arriver (1689). Que va-t-il faire ? restera-t-il indolent et inutile dans cette ville où tout est activité, attendant que ses parents ou le hasard lui aient donné un état? non. Dans le port, une frégate s'arme pour aller courir sus aux ennemis de la France; cette frégate appartient aux Trouin. Duguay supplie son père de lui permettre de s'y embarquer comme volontaire, et son père, en le serrant dans ses bras, lui dit avec orgueil et tendresse : « Oui, pars avec *la Trinité*. Tu as deviné ma pensée, » mon enfant; je ne t'aurais pas contraint, mais je suis heureux que tu te » sentes disposé au noble métier qui a mis dans notre famille de l'honneur » et de la fortune. Fais mieux que moi, René; fais aussi bien que Luc, » ton frère, qui est estimé à Saint-Malo, et dont le nom a été prononcé » à la cour; fais que Duguay ne dégénère point de Trouin et de La Barbi- » nais. Va, mon garçon, et que Dieu te bénisse! » Duguay part sur la frégate, qui tout de suite, hélas! trouve contre elle les vents et la mer, et prépare au jeune marin un de ces durs apprentissages contre lesquels des volontés moins fermes que celle de René viennent quelquefois se briser. Malade, fatigué, luttant cependant de toute la puissance d'une âme déjà agrandie, il ne se laisse abattre, ni par le mal de mer qui prostre les forces, ni par les rudes exercices qui veulent une constante énergie, ni par des périls sans cesse renouvelés avec lesquels son courage est mis pour la première fois aux prises. Un échouement et presque un naufrage couronnent cette campagne, dont la prise d'un navire marchand anglais est toute la fortune. *La Trinité* se relève de la côte, rentre à Saint-Malo, se répare, et reprend bientôt la mer. Ce n'est plus la tempête qui l'accueille, c'est le combat. Un corsaire flessinguais est aperçu; on le chasse, on l'approche, on le canonne, on l'aborde; Duguay va s'élancer des bastingages de *la Trinité* sur le Hollandais, mais un homme qui le précède dans cette hardie tentative tombe entre les deux bâtiments, que les flots rapprochent en cet instant. L'homme est broyé par le choc, et les débris de sa tête sanglante rejaillissent sur les habits et sur le visage du jeune volontaire. La prudence fait entendre sa voix, et l'emporte heureusement sur une témérité toute gratuite; il n'a pas encore le pied marin, il tombera, il mourra sans gloire comme ce pauvre maître d'équipage vient de mourir; il mourra sans que sa mort soit utile au triomphe de *la Trinité!* Il s'arrête donc, et va chercher ailleurs le chemin des gaillards du navire ennemi. Le Flessinguais se défend vaillamment; on l'attaque avec rage : deux fois il repousse l'abordage, il cède enfin au troisième, et Duguay-Trouin arrive, l'épée à la main, sur le pont du bâtiment, qui se rend.

Il a donc, en peu de jours, passé par toutes les chances dont la vie maritime est remplie! Maintenant rien ne l'étonnera plus; il sautera le premier à l'abordage, du navire *le Grenedan* sur un vaisseau anglais qu'il a décidé son capitaine à aller attaquer; il essuiera un coup de feu auquel, à l'instant, il répondra par un coup de sabre. Brave jeune homme!

à la voix du capitaine du *Grenedan*, il s'élance sur le bossoir pour gravir les hauteurs de la poupe du bâtiment anglais : mais la rencontre des deux navires est si violente, que le *Grenedan* casse son beaupré en démolissant l'arrière de l'ennemi ; Duguay-Trouin perd l'équilibre sur l'étroite pièce de bois où il est debout ; il tombe à la mer, d'où, grâce à un cordage qu'il n'a pas abandonné, on le retire, les pieds les premiers. Tout mouillé et un peu meurtri de sa chute, il saute pourtant dans le vaisseau, se bat en déterminé, contribue à la capture de l'ennemi, et passe encore de celui-là dans un autre. La nuit met fin aux exploits des Français, et commande un repos dont Duguay avait bien besoin.

Sont-ce là d'assez beaux commencements, d'assez fiers débuts? Le volontaire s'est montré, non-seulement vaillant, mais perspicace, car il a déterminé son commandant à donner dans la flotte anglaise qu'on évitait parce qu'on la croyait escadre de guerre. Son coup d'œil l'a servi comme son bras; ce n'est donc plus au dernier rang qu'il doit servir, mais au premier. On arme pour lui (1691) une petite frégate de quatorze canons. Il met dehors seul, livré à son instinct, à son génie ; un coup de vent le pousse en Irlande, dans la rivière de Limerick, mais il ne perd pas son temps dans cette relâche forcée. Un château est là, le château du comte de Clare, bien défendu par une garnison ; il débarque, le prend, le dévaste, et, en se retirant, il brûle deux navires échoués sur le sable, où ils attendaient la marée. Quand le vent est redevenu maniable, il regagne le large, et retourne à Saint-Malo, où son père le dédommage et le récompense en lui donnant dix-huit canons sur le *Coëtquen*. Avec cette frégate, il poursuit le cours de ses succès (1692), prend deux vaisseaux de guerre anglais, après un combat opiniâtre, pendant qu'une autre frégate, sa compagne, ramasse un convoi de trente navires dont il fait atterrer vingt-huit à Bréhat. La fortune s'est déclarée pour lui, parce qu'elle aime les audacieux ; et tout désormais doit lui réussir. Le premier essai de ce bonheur qui va s'attacher à ses tentatives les plus hasardeuses, il le fait dans cette même campagne qu'il a commencée si bien. Son combat contre les deux vaisseaux anglais lui a coûté cher : quelques-uns de ses pilotes ont été tués, d'autres sont blessés. Ses officiers lui manquent parce que leurs blessures les retiennent à terre : voilà donc Duguay laissé à ses propres forces. Il aura tout à faire ; il faudra qu'il soit toujours sur le pont, veillant à la manœuvre des voiles et à la conduite de sa frégate au milieu des récifs de la petite baie d'Herqui, où il s'est jeté pour échapper à une escadre anglaise qui l'a poursuivi depuis Bréhat, et qu'il a voulu engager au milieu des écueils dont la côte est semée. Soyons aussi tranquilles qu'il l'est lui-même! Il suffira à tout; il ne dormira pas, il ne respirera pas qu'il n'ait jeté l'ancre au port de Saint-Malo. Il sort de sa retraite quand la peur des périls où il les attirait a éloigné les Anglais ; il double le cap de Fréhel, et, lorsqu'il va chercher quelque nouvelle occasion d'enrichir ses armateurs et son équipage, un coup de vent le pousse au fond de la manche de Bristol, où il mouille par force, à quelques encâblures de terre, sous une petite île de l'entrée de la rivière qui lui donne un abri contre la tempête. La mer et le vent l'épargnent, mais un danger nouveau vient le menacer; avec un temps meilleur arrive un vaisseau anglais de soixante canons, qui se dispose à mouiller justement où est le *Coëtquen*. Duguay l'a reconnu de loin avec sa longue-vue; il sent les conséquences d'une rencontre avec un ennemi si supérieur en artillerie, en hommes et en élévation de batteries; il appareille à l'instant, se fait chasser jusqu'à la nuit, qui le sauve, et lui échappe ainsi miraculeusement. Huit jours après, il fait deux prises; et, harassé de fatigues, cédant au besoin de se débarrasser du poids d'un commandement qui repose sur lui tout seul, il rentre dans sa ville natale.

On sait alors à Saint-Malo tout ce que vaut Duguay-Trouin; on parle de lui à Versailles; son heureuse audace fait du bruit dans les cercles de la cour, où l'on est bien habitué pourtant aux récits des aventures extraordinaires des héros de l'une et de l'autre marine. Luc La Barbinais-Trouin, que les ministres estiment, parce qu'il a bien commandé à la mer et qu'il a rempli avec zèle et intégrité le poste héréditaire de consul à Malaga, La Barbinais demande que le roi confie à son frère un de ses bâtiments; on lui donne la flûte *le Profond* qui s'arme à Brest. Cette flûte est assez bien munie, car elle porte trente-deux canons; mais elle est lourde, elle marche mal, elle évolue avec peine : Duguay sort pourtant avec elle, et poursuit des navires qu'il n'atteint pas. Oh! combien il maudit son navire si lent et si rebelle à la main qui le dirige! Va-t-il donc être éprouvé par des revers? Le roi aura-t-il à se repentir de sa confiance?... Voilà pendant trois mois la pensée unique qui l'agite, et le vieillit de dix années. Il n'est cependant pour rien dans les disgrâces qui lui arrivent successivement; ce n'est pas lui qui a cherché le combat de nuit que lui a livré un vaisseau suédois qui s'est trompé et l'a pris pour un Algérien; ce n'est pas faute de soins que quatre-vingts de ses matelots sont attaqués de la fièvre chaude et en meurent; ce n'est point par choix qu'il relâche à Lisbonne pour réparer son bâtiment et compléter son monde! A la fin, une légère compensation lui arrive : un vaisseau espagnol, richement chargé de sucre, se présente; il l'amarine et l'emmène à Brest, où il désarme, inquiet de ce qu'on pensera de cette campagne.

Justice pleine et entière lui est rendue. Louis XIV ne mesure pas le mérite d'une entreprise au hasard du succès, et, pour consoler Duguay, il lui donne le commandement d'une frégate de vingt-huit canons. La fin de 1693 sera plus brillante pour le jeune capitaine que n'a été le commencement. A peine *l'Hercule* s'est établi en croisière dans la Manche, qu'il prend six navires tant hollandais qu'anglais; c'est beaucoup pour la fortune, ce n'est rien pour la gloire! Il donnerait tout ce qu'il a acquis pour un combat; où l'ira-t-il chercher? Deux mois il l'attend, deux mois entiers il court la mer pour trouver quelque bon et fier vaisseau anglais qu'il pourra provoquer et battre; mais il semble que tous le devinent et le redoutent; pas un ne paraît. Cependant ses vivres diminuent; il faut que dans quinze jours il soit rentré dans un port, ou son équipage aura à subir les plus cruelles privations. D'ailleurs, il a beaucoup de malades, il a des prisonniers; ses officiers lui remontrent que le temps de la fin de la croisière est venu, que l'ordonnance du roi est impérieuse à cet égard, et qu'enfin les matelots commencent à murmurer. Il va céder à ces considérations si raisonnables? non, pas encore; il se défend, il se sent saisi de l'espoir secret de quelque heureuse aventure; peut-être se rappelle-t-il Christophe Colomb... Il rassemble ses gens, les harangue avec chaleur et conviction, leur demande encore huit jours, et leur dit qu'il faut que tout le monde subisse la diminution d'un tiers des rations ordinaires pendant ce temps si court : » Mais, ajoute-t-il, que le ciel nous envoie une bonne capture, et je vous promets le pillage, qui vous récompensera amplement des sacrifices que vous aurez faits. » C'était, comme Duguay-Trouin l'a avoué, un trait de jeune homme; mais qui peut nier tout à fait les pressentiments? Voyez-vous, jour et nuit, le capitaine de *l'Hercule*, l'œil sur ses longues-vues, chercher à l'horizon un pavillon ennemi? La fièvre s'empare de lui et exalte son imagination; la septième nuit il a le délire, et dans le délire, par une hallucination étrange, il voit deux vaisseaux de guerre qui arrivent sur lui à pleines voiles : « Ah! les voilà donc à la fin, ils se sont bien fait attendre! » et il saute hors de son lit, monte sur son gaillard; que les premières lumières du jour éclairent à peine; il regarde autour de lui, cherche, appelle ces vaisseaux qu'il a vus dans son rêve; on le croit devenu fou, mais son agitation, que l'anxiété avait redoublée, fait place à son sang-froid ordinaire; il ordonne une manœuvre, et il prend chasse devant deux gros bâtiments qu'il a vus, bien vus, bien reconnus pour être ceux qu'il a rêvés. Ces vaisseaux avaient aperçu *l'Hercule* en même temps que Duguay les avait signalés à ses officiers, et ils venaient bon train sur la frégate pour l'effrayer. *L'Hercule* courut quelques heures devant les Anglais, puis, virant de bord pour aller à leur rencontre, il les joignit, les attaqua et les prit après un combat acharné. Ces vaisseaux, armés chacun de vingt-huit pièces de canon, portaient de l'or, de l'argent, de l'indigo et du sucre. Duguay-Trouin avait promis le pillage, et l'on pilla; tout le monde fut donc satisfait : la gloire au capitaine, l'argent aux matelots. Et voyez à quoi tiennent la fortune et la renommée! à l'entêtement déraisonnable d'un jeune homme, au hasard qui justifie un rêve!...

Il semblait qu'après cette miraculeuse affaire tous les équipages dussent croire à Duguay comme à un prophète, et que, quelque chose qu'il voulût entreprendre, il serait toujours vaillamment secondé : il n'en fut cependant pas ainsi. Nous allons le voir aux prises avec la faiblesse et la lâcheté, dans une circonstance importante, dont au reste il se tira en homme de caractère, et nous pourrions dire en homme de génie. C'est l'année 1694. Il a quitté *l'Hercule*, pour une autre frégate, *la Diligente*, de 40 canons : en entrant en campagne, il a fait tout de suite trois riches prises; il a ensuite attaqué quatre vaisseaux de Flessingue, qui pouvaient opposer environ 120 canons à ses 40, et il a pris le plus gros de ces vaisseaux, et il a mis les autres en fuite, après les avoir complétement battus. Jusque-là il a trouvé ses matelots fidèles, dévoués, enthousiastes; comment se transformeront-ils tout à coup en hommes timides, qu'il faudra rappeler violemment à leurs devoirs? C'est qu'il y a dans l'énergie humaine un certain degré que peu d'organisations sont capables de dépasser, et qu'il est donné seulement aux grands cœurs d'exagérer; c'est qu'il est quelquefois, même pour les âmes généreuses, des moments où le péril se présente sous des aspects si terribles qu'il les déconcerte et les terrifie. La brume jette Duguay-Trouin au milieu d'une escadre anglaise composée de six vaisseaux de guerre : quand la faveur d'une éclaircie lui révèle la difficulté de sa position, il n'est plus temps de songer à échapper aux bâtiments qui l'entourent; un d'eux est presque à portée de canon de *la Diligente*, il va à lui en complétant son branle-bas de combat, il l'attaque vigoureusement, et *l'Aventure* lui prête le flanc pendant quatre heures. C'est toutes voiles dehors que ces deux adversaires, inégaux en force, combattent si long-temps; mais à la fin, une heureuse bordée des Anglais coupe les deux mâts de hune de la frégate et change bien l'état des choses. Duguay, qui avait jusque-là l'espoir de doubler les Sorlingues pour échapper aux autres vaisseaux qu'on apercevait plus près de lui, est contraint d'y renoncer. C'est donc l'abordage qu'il va tenter! *L'Aventure* est à portée de pistolet; il fait un mouvement pour la joindre, et, debout sur le bastingage de *la Diligente*, attend que le vaisseau soit accroché par ses grapins pour sauter à son bord avec tout son équipage, l'enlever, et s'en servir ensuite pour combattre le premier bâtiment de l'escadre qui le rejoindra. Tout cela va réussir; mais un officier fait changer la direction donnée au gouvernail, croyant que le timonier s'est trompé, parce qu'il ne peut croire à une témérité aussi grande. Les deux navires, au lieu de se rapprocher, s'éloignent; Duguay s'en aperçoit, il saute à la barre, la pousse au bord opposé, et *l'Aventure*, qui redoute une action à laquelle elle n'est sans doute pas préparée, ou dont elle craint l'issue, parce qu'elle juge du fait à venir par l'audace du Français qui a conçu le projet de l'abordage, borde ses basses voiles et gouverne pour s'éloigner.

Cette déconvenue est un chagrin réel pour Duguay-Trouin, mais il a peu de temps pour s'en désoler; car, pendant qu'il répare un peu le désordre de sa mâture, le vaisseau *le Monck* vient sur lui à demi-portée de mousquet, pendant que trois autres des bâtiments anglais l'attaquent à portée du canon. C'est alors que l'équipage de *la Diligente* se démoralise; « la tête tourne à tous ses gens, » suivant l'expression des *Mémoires*, et ils descendent se cacher dans la cale. Duguay court aux profondeurs du navire, leur fait honte de leur désertion, les somme de remonter bien vite s'ils veulent se faire pardonner cet instant de mollesse, blesse l'un des résistants d'un coup de son épée, frappe un autre d'une balle de pistolet... Mais le feu prend à la sainte-barbe, il faut l'éteindre; on y parvient après avoir tiré de ce magasin des grenades qui y étaient. Ces grenades, Duguay-Trouin s'en empare, les allume successivement, et par une des écoutilles les jette à profusion au milieu de ses mutins. La mort en bas ou la mort sur le pont, telle est l'alternative pour ces malheureux que la peur a rendus rebelles: la mort en haut est glorieuse au moins! et quelques-uns remontent. Duguay les met aux canons de la batterie, et on tire encore plusieurs volées. Mais qu'a vu le capitaine de *la Diligente* quand il est remonté sur le pont après son expédition de la cale? La frégate est sans pavillon. « Un pavillon, enfants! un pavillon! » Les officiers eux-mêmes s'opposent à l'exécution de l'ordre de Duguay; *la Diligente* est rasée, elle a été rendue par le fait, et les Anglais seront impitoyables si on recommence le combat, qui doit aboutir nécessairement à une reddition : c'est ce qu'on dit au capitaine, qui insiste. Mais la lutte va finir; un boulet mourant frappe Duguay-Trouin à la hanche, le renverse, lui fait perdre connaissance, et la frégate est au pouvoir du capitaine du *Monck*, qui envoie un canot pour l'amariner.

On conçoit le désespoir de Duguay-Trouin. Lui si souvent vainqueur, le voilà vaincu! Si quelque chose est capable de le consoler, c'est la distinction généreuse avec laquelle il est traité par le capitaine anglais, c'est aussi l'estime dont il se voit l'objet à Plymouth, qu'on lui donne pour prison. Sa blessure bientôt guérie, il pense à la liberté; il forme vingt projets d'évasion, et réussit à la fin à quitter la chambre grillée où un incident, inutile à rapporter ici, l'a fait enfermer. Jeune, bien fait, vif, spirituel, brave et galant, il ne pouvait pas être long-temps à terre sans inspirer quelque passion ou sans *s'inamorer* lui-même. Une jolie marchande lui plaît, il l'aime et il en est aimé, et c'est cette généreuse fille qui fait réussir son plan d'évasion, conçu et exécuté avec des circonstances tout à fait romanesques et dramatiques. Il part donc dans une embarcation, avec un de ses officiers, son maître d'équipage, le chirurgien de *la Diligente* et son valet, et, après bien des traverses, bien des rencontres dangereuses, sa barque aborde près de Tréguier, sur la côte de Bretagne, dont il baise la terre avec transport.

Rendu à la vie active du corsaire, Duguay-Trouin va continuer une carrière de périls à laquelle il s'est bravement voué. Le repos lui est insupportable. La Barbinais le connaît bien : aussi, pendant qu'il est prisonnier en Angleterre, assuré qu'il ne restera à Plymouth que si le ciel se ligue avec la terre pour l'empêcher de fuir, il lui prépare à Rochefort un vaisseau de 48 canons, que le roi confie à la fortune de cet armateur et au courage de Duguay-Trouin. *Le Français* était sur la rade de La Rochelle quand notre heureux échappé de la prison anglaise est arrivé à Saint-Malo. Duguay est tout de suite à La Rochelle, et la brise l'emporte au large. Pas une heure, pas un moment de perdu, car il veut avoir raison de sa disgrâce avec *l'Aventure* et *le Monck*. S'il pouvait trouver deux vaisseaux pour se venger de ceux qui l'ont pris! Il les trouvera. Non loin des côtes d'Irlande, où Duguay-Trouin vient d'établir sa croisière, six navires rallient un des ports d'Angleterre, et *le Français* de s'élancer au milieu d'eux et de les amariner. Duguay interroge leurs capitaines, et de l'un de ces officiers il apprend qu'une flotte de soixante bâtiments, convoyée par deux vaisseaux de guerre anglais, n'est pas loin des parages où il se trouve. Aussitôt il met le cap à l'aire de vent qu'on vient de lui désigner, et à midi il rencontre en effet le convoi et son escorte, composée du *Boston*, de 38 canons, et du *Sans-Pareil*, de 50. La belle occasion! Dès les premières bordées, il porte à la mâture du *Boston* un tel dommage, que ce vaisseau ne pourra s'opposer à l'abordage dont le capitaine Duguay a conçu le projet. C'est au *Sans-Pareil* qu'il va s'attacher avec ses grapins, et le carnage commence à bout portant. Duguay essaie encore ici la puissance de ces grenades qui l'ont bien servi il y a quelques mois; il en fait jeter à foison sur les gaillards, qui sont bientôt sans défenseurs. « Saute à bord! Tambours, la charge! » Le tambour bat, on va s'élancer; mais les cris : « Au feu! » se font entendre : c'est la poupe du *Sans-Pareil* qui brûle. Duguay est obligé de se faire dégager pour ne pas brûler aussi. L'Anglais a de la peine à se rendre maître de son incendie; il y parvient pourtant, mais c'est pour retomber sous l'abordage de Duguay-Trouin. Cette fois c'est *le Français* qui prend feu; sa voile et sa hune de misaine s'embrasent : il faut encore qu'il s'éloigne de son adversaire. Puis, voici venir la nuit qui apporte une trêve à la lutte, et donne aux deux ennemis un peu de temps pour réparer leurs avaries. *Le Boston* et *le Sans-Pareil* laissent courir leur convoi; ils marchent de compagnie, et Duguay les suit pour les reprendre au point du jour. C'est encore au *Sans-Pareil* que *le Français* adresse ses coups dans un troisième abordage; il le démâte et le laisse fort embarrassé, pour aller au *Boston* qui fuit. En vain le vaisseau multiplie ses voiles pour échapper à son sort; il est atteint, foudroyé et pris. Cependant *le Sans-Pareil* n'est pas rendu encore; Duguay-Trouin retourne à lui, le canonne de nouveau, et voit le pavillon anglais descendre humilié!.... Quelle joie qu'un tel triomphe! quelle victoire que celle dont le jeune Duguay est le héros! car il a battu et pris un des officiers les plus braves et les plus expérimentés de la marine anglaise, celui-là même qui, peu de temps auparavant, avait pris à l'abordage le chevalier de Forbin et Jean Bart, dont il a conservé les brevets comme de glorieux trophées : ces brevets, le capitaine du *Sans-Pareil* est contraint de les apporter au vengeur de Jean Bart et de Forbin, à un vainqueur de dix-neuf ans! Destin des combats!...

A tant d'exploits successifs il était bien juste qu'une honorable récompense fût attribuée par la cour. Ce n'est pas encore un grade dans la marine du grand corps, c'est une épée que Louis XIV offre à Duguay-Trouin : à cette épée est jointe une lettre du ministre Pontchartrain qui félicite le marin de Saint-Malo de ses brillants succès, et l'envoie à La Rochelle, aux ordres de M. de Nesmond. Duguay est ravi; la route des grandes choses lui est ouverte, il y trouvera sans doute les grâces, les faveurs, les grades; mais ce n'est pas là ce qui le touche le plus; ce qu'il veut, c'est l'occasion, ce sont les moyens de réparer de récents désastres qui ont nui, sinon à la considération de la marine française, du moins peut-être à son importance, si grande il y a deux ans. Il va à La Rochelle, où quatre vaisseaux de guerre aux ordres du marquis de Nesmond sont mouillés, attendant un bon vent qui les pousse à l'entrée de la Manche.

Devons-nous continuer à suivre ainsi, pas à pas, de succès en succès, Duguay-Trouin, dont l'expérience grandit chaque jour avec le courage? Faut-il encore que nous esquissions sa figure hardie dans un combat contre le vaisseau *l'Espérance?* Faut-il le peindre sur son même vaisseau, *le Français* (1695), croisant aux Orcades, parce que la rigueur de la saison ne lui permet pas de monter jusqu'au Spitzberg, où il voulait, avec Beaubriant, aller détruire les baleiniers hollandais; et là, renouvelant son exploit de 1693, combattant et amarinant deux vaisseaux qu'il a toujours espérés, malgré les remontrances des officiers et les plaintes des matelots qui demandaient à rentrer en France? Non, toujours on retrouverait Duguay-Trouin ce qu'on l'a vu déjà, et son portrait ne gagnerait ni en vérité ni en physionomie, quand nous renforcerions toujours les mêmes couleurs.

Duguay n'est jamais allé à Paris; il veut voir Louis XIV, qu'il aime dès son enfance, comme un jeune homme doué d'une ardente imagination aime, ou pour mieux dire, adore un monarque puissant, promoteur de toutes les grandes choses qui se font dans l'État, et résumant en lui toutes les gloires, toutes les majestés intellectuelles, toutes les brillantes qualités qui sont au service de la France. Il ne connaît ni M. de Pontchartrain, ni M. le comte de Toulouse, grand-amiral, qui a la liste des propositions de la marine; il veut les connaître, se présenter à eux, non pas comme un courtisan, mais comme un brave soldat de mer, digne d'être estimé par les ministres du maître. Le Roi l'accueille avec une distinction qui lui arrache des larmes et le rend plus ardent encore à tenter des aventures qui puissent lui mériter de nouveaux éloges. Paris et ses plaisirs, auxquels, avec sa passion pour les femmes, il ne peut pas être insensible, le retiennent peu de temps, et il retourne au Port-Louis, où il arme *le Sans-Pareil,* qu'il a pris aux Anglais il y a un peu plus d'un an. Nouvelle campagne, nouvelles ruses audacieuses et nouveaux succès (1696). Un autre Trouin, un troisième frère, qui a débuté dans la marine avec assez d'éclat sur les bâtiments de Duguay, a mérité que sa famille eût confiance en lui, et le commandant du *Sans-Pareil,* de retour de sa croisière sur les côtes d'Espagne, arme une frégate de seize canons pour la lui donner. C'est encore sous les yeux de Duguay-Trouin que son frère va naviguer; il aura sa responsabilité de capitaine, et il obéira à son aîné, dont le mérite est éprouvé; mais, impétueux et « ardent aux occasions d'honneur, » comme disent les *Mémoires,* le jeune Trouin ne peut pas rester dans cette ligne de passive obéissance qui lui est tracée par le devoir. A une aiguade, sur la côte d'Espagne, près de Vigo, il va dans le canot de Duguay et avec lui, pour faire de l'eau aux navires qui en manquent : des coups de fusil les assaillent; Duguay-Trouin veut retourner à bord et mépriser cette agression des milices espagnoles : « Fuir devant de misérables paysans sans discipline ! y penses-tu ? Veux-tu, frère, que ces gens-là aillent dire partout qu'ils ont fait peur à des marins de France ? » Duguay cède « à une mauvaise honte, à un ridicule point d'honneur, » ainsi qu'il a appelé lui-même le sentiment chevaleresque qui a triomphé de sa répugnance à suivre un conseil déraisonnable; et le voilà, l'épée à la main, forçant les retranchements d'où l'on a tiré, et s'y établissant, malgré la résistance de la petite garnison. Une vingtaine de jeunes corsaires ont fait cela; mais des renforts leur arrivent de leurs vaisseaux, et ils courent attaquer un gros bourg où les milices se sont rassemblées. Le jeune Trouin se laisse emporter, il va trop vite aux fortifications, qu'il enlève avant que Duguay soit arrivé pour faire une diversion par derrière, et il reçoit au travers du corps une balle de mousquet qui le blesse mortellement. La nouvelle en vient tout de suite au capitaine du *Sans-Pareil,* qu'elle abat un moment; mais bientôt l'homme atterré se change en lion; il fond sur les Espagnols, les taille en pièces, leur fait payer cher la vie de son pauvre frère, dont il va ensuite relever le corps tout souillé de sang. Que l'on se figure la scène touchante qui a lieu alors entre ces deux jeunes gens qui s'aiment comme frères, comme braves camarades. Trouin survit deux jours à sa blessure, et pendant ces deux jours Duguay ne le quitte pas un moment, lui donne des consolations, l'exhorte avec l'éloquence de la tendresse et de la douleur, le fait mourir en chrétien. A Viana, quelque quarante heures après, il lui rend les honneurs funèbres comme à un héros, et toute la noblesse de la ville portugaise assiste à ces obsèques solennelles... Qui distraira Duguay de cette profonde et trop juste douleur ? La mer, où il retourne finir sa croisière, et où il capture un navire hollandais qu'il conduit à Brest.

Il n'y a dans la vie militaire de Duguay-Trouin que de rares et courts intervalles entre les campagnes, entre les exploits. Cette fois, il a sept mois environ de repos, tristement passés à pleurer son frère, qui lui apparaît chaque nuit dans des songes dont il ne peut se délivrer. Une flotte venant de Bilbao est attendue en Hollande; l'intendant de la marine de Brest, M. Descluseaux, qui a pour Duguay toute l'estime et la considération que lui ont méritées tant de belles actions, l'engage à partir avec trois vaisseaux sous ses ordres, pour aller à la rencontre de cette flotte. Il part, en effet, sur *le Saint-Jacques-des-Victoires*, laissant à son parent Boscher, qui jusqu'alors lui a toujours servi de second et qui est un officier brave et capable, le commandement du *Sans-Pareil; la Léonore*, frégate de seize canons, complète son armement. Huit jours après sa sortie, il trouve la flotte, convoyée par trois vaisseaux de guerre hollandais commandés par le vice-amiral baron de Wassenaer, homme d'une haute réputation bien justement acquise. Le temps est mauvais, la mer est grosse; on s'observe pendant deux jours. Malgré la grande disproportion des forces, Duguay se décide cependant à attaquer; comme il marche à l'ennemi, le hasard lui fait découvrir deux bâtiments français; ce sont deux frégates de Saint-Malo, *l'Aigle-Noir*, que monte Bellisle-Pépin, et *la Faluère*, qui a pour capitaine Dessaudrais-Dufrêne, réservé ce jour-là à une mort glorieuse. On tient conseil, et l'on se décide pour une attaque, dont les circonstances changent toutes les dispositions. Les frégates malouines attaquent le troisième des vaisseaux hollandais; *la Léonore* se jette au milieu du convoi comme un loup dévorant au milieu d'un troupeau, où il fait de nombreuses victimes; Boscher aborde *le Delft*, vaisseau amiral que Duguay s'était d'abord réservé, et *le Saint-Jacques* va résolument au *Honslaerdik*. Cent vingt des meilleurs combattants du *Saint-Jacques* sautent à bord de ce vaisseau, et l'enlèvent; Duguay-Trouin s'éloigne alors pour aller au secours du *Sans-Pareil*, qui a trouvé dans le vaisseau monté par le baron de Wassenaer un adversaire terrible. Au moment où il s'approche du hollandais, la poupe du *Sans-Pareil* saute en l'air, démolie par l'explosion d'une caisse de gargousses à laquelle le feu s'est communiqué. Boscher, malgré cet accident, qui lui a tué beaucoup de monde en jetant quelque épouvante dans son équipage, garde ce sang-froid, caractère du véritable homme de mer; il se dégage, pousse son vaisseau au large du *Delft*, pendant que Duguay va à l'abordage. Il est rudement repoussé, et obligé de s'éloigner un peu pour laisser reprendre haleine à ses gens; mais il revient à la charge, et après la lutte la plus sanglante il se rend maître du *Delft*. Que de sang répandu! que de braves tués des deux côtés dans ce combat, dont le plus beau trophée est la prise de Wassenaer blessé, Wassenaer, loyal et intrépide soldat, qui a mérité les éloges, les consolations flatteuses de Louis XIV, et cette épithète de *redoutable* que Duguay-Trouin accola à son nom.

Cette fois, Duguay-Trouin entre dans le grand corps; un brevet de capitaine de frégate légère lui est envoyé au Port-Louis par M. de Pontchartrain, et il se hâte de se rendre à la cour pour remercier le roi d'une faveur dès long-temps méritée, sans doute, mais qui avait une grande importance, parce qu'elle n'était pas prodiguée. Duguay reste quelque temps à Versailles. Ce séjour lui profite; le roi, qui l'estimait, l'aime à présent, et il lui donne le commandement de ses deux vaisseaux *l'Oiseau* et *le Soleil*. Mais la paix se conclut quand il va sortir de Brest avec eux; il les désarme, et reste au port pendant que toute la marine noble court à Versailles et à Paris jouir des douceurs que promet un repos durable. Que va-t-il faire à Brest? il travaillera à se perfectionner dans les sciences et dans les exercices qui ont rapport à son état. Quatre ans sont ainsi employés, à Brest pendant l'hiver, et pendant l'été à Saint-Malo. L'activité de la mer ne recommence pour Duguay qu'en 1702, à la fin des quatre années pacifiques dont la France s'étonne d'avoir joui sous un roi qui a soulevé contre lui tous les intérêts étrangers. Trouin est nommé capitaine en second du vaisseau *la Dauphine*. Qui peut donc être le supérieur de Duguay-Trouin sur un vaisseau? le comte de Hautefort, un bon officier qui deviendra lieutenant-général, mais qui, pendant la guerre, annihilerait le marin qu'il faut laisser seul aux inspirations de son génie. La guerre vient en effet, et l'on comprend que Duguay-Trouin ne doit point servir en sous-ordre; on lui donne donc deux frégates : *la Bellone*, de trente-huit canons, et *la Railleuse*, de vingt-quatre. Porée, le brave armateur de Saint-Malo, se joint à Duguay, et ils vont de compagnie établir leur croisière aux Orcades; ils font quelques prises, puis la tempête les sépare. Le hasard lui fait rencontrer, au lieu de Porée et de *la Railleuse*, qu'il cherche, un vaisseau hollandais protecteur des pêcheurs de harengs : selon son habitude, qui est aussi celle de Jean Bart, il va droit à l'ennemi, qui manœuvre avec habileté pour le mettre dans une position défavorable; mais l'abordage est sa ressource. Son plus jeune frère, le quatrième des Trouin, le dernier d'une famille héroïque, saute à bord du hollandais, entraîne derrière lui tout l'équipage, fait des actions au-dessus de son âge, et le bâtiment est pris. Cependant la tempête continue. Dans un port d'Irlande, où *la Bellone* est allée se réparer, elle reçoit un si violent coup de vent qu'elle est forcée d'appareiller et de fuir devant les orages, laissant sa prise, qui va faire naufrage aux côtes d'Écosse. Entre deux rages du vent de nord-ouest, Duguay prend un vaisseau hollandais qui coule bas : il fait route ensuite pour l'entrée de la Manche; mais au lieu de croiser là, comme il en avait le dessein, il se trouve trop heureux de pouvoir se réfugier à Brest, démâté, désemparé, toujours à deux doigts de la mort, et ne devant son salut qu'à la Providence.

Cette vie de hasards, de combats, de périls courus dans la tempête, Duguay la continue toujours avec la même ardeur, avec la même témérité. En 1703, il va détruire les baleiniers du Spitzberg; en 1704, il va croiser aux Sorlingues, il prend *le Coventry* à l'abordage; puis il trouve au cap Lézard trois navires anglais, qu'il capture. Pendant qu'il les amarine, *le Rochester* et *le Modéré* tombent sur lui; il va à l'abordage du premier, qui lui fait un mal terrible, et dont il s'éloigne un moment pour se remettre un peu de cette attaque. Il manœuvre comme il peut, afin de rejoindre *l'Auguste*, qui échange de loin des coups de canon avec *le Modéré;* mais *l'Auguste*, au lieu de l'attendre, continue sa route, et Desmarques, sauvé par lui dans la campagne précédente, l'abandonne et le trahit! Duguay le rejoint à la fin, et, pour lui marquer son mécontentement, il lui tire un coup de canon à boulet, bientôt suivi des bordées méprisantes du *Modéré* et du *Rochester*. Duguay-Trouin trahi par un officier brave et qui a donné de belles preuves de sa valeur, que signifie cela? Desmarques était jaloux, et Duguay-Trouin peut-être trop sévère; Duguay avait blessé sans doute Desmarques, mais était-ce sur le champ de bataille, en présence de l'ennemi, qu'il fallait se venger? La réprobation de l'histoire pèse sur le nom de Desmarques, si les bureaux de Brest lui pardonnent. Duguay-Trouin ne veut plus commander à un officier qu'il ne peut plus estimer, et pour la fin de la campagne il se place sous les ordres de l'honorable Roquefeuille, si justement estimé de tous ses contemporains.

En 1705, Desmarques quitte *l'Auguste*, que prend le chevalier de Nesmond, lieutenant de vaisseau, et Duguay redevient ce qu'il faut qu'il soit pour la gloire des entreprises où il se trouve mêlé, le chef d'une petite division de deux vaisseaux et une frégate. La frégate a été construite par ses soins; elle se nomme *la Valeur*, et ce nom c'est le plus jeune des Trouin qui est chargé d'en maintenir l'éclat. La croisière établie non loin des côtes d'Angleterre, Duguay-Trouin rencontre *l'Élisabeth* et *le Chatam* : *l'Élisabeth*, poursuivi, est bientôt pris, tant l'équipage anglais est saisi de terreur; *le Chatam* s'échappe à la faveur de sa vitesse, après avoir été maltraité par *l'Auguste* et *la Valeur*. Ce n'est là que le commencement de la campagne; vous allez voir la suite, elle sera sanglante!

L'Amazone, corsaire de Flessingue, monté par un de ces braves à tous poils que rien n'effraie, paraît à l'horizon, suivi d'un autre armateur. Duguay court à eux, qui de leur côté manœuvrent pour attaquer *le Jason*. C'est à l'abordage que *l'Amazone* et *le Jason* se portent mutuellement; mais le flessinguais gagne un peu au vent, et ne veut plus combattre que d'assez loin. La lutte s'engage, devient acharnée, et se prolonge assez longtemps pour que *l'Amazone*, démâtée, épuisée, soit contrainte de se rendre à Duguay, qui traite son prisonnier avec une honorable distinction. Nesmond, moins heureux que son chef, a poursuivi vainement le second corsaire. Le jeune Trouin a eu des chances meilleures, mais seul et dans d'autres parages : la tempête l'avait séparé de son frère; il a rencontré un corsaire de Flessingue, l'a attaqué et capturé. Pauvre jeune homme, cette victoire sera pour lui la dernière! Dans quelques jours, en sortant de Saint-Jean-de-Luz, il mourra en combattant avec un courage digne d'un sort plus heureux. Ainsi, des quatre Trouin il n'en restera plus que deux, et plus qu'un seul naviguant, Duguay, que la France gardera long-temps encore, en pleurant sur les trépas si précoces de ses deux nobles puînés, l'honneur, comme lui et comme La Barbinais, de Saint-Malo, leur ville natale.

Duguay-Trouin, désolé, ne s'abandonne cependant point à une douleur qui paralyse : il s'offre à Coëtlogon, dont l'entreprise échoue par la prudence trop grande des capitaines de l'escadre à laquelle il est venu se joindre; puis il reprend sa liberté, emmène avec lui Nesmond, son jeune et vaillant camarade, et le voilà dans la Manche, cherchant aventure. *Le Chatam*, qui lui avait échappé la campagne précédente, se montre le premier à sa vue; il va sur lui; mais une grosse escadre l'entoure. Fuira-t-il? *Le Jason* marche bien, mais il faut abandonner *l'Auguste*, et il ne saurait s'y résoudre. *Le Honster* l'approche : « A plat-ventre, tout le monde sur le pont! Bien! relevez-vous maintenant; tirez sans vous presser; pointez bien, et vive le roi! — Vive le roi! » répond l'équipage, qui tire à merveille, et dont la bordée tue cent hommes à l'anglais. Le combat continue mollement de la part du *Honster*, et le vent cesse heureusement pour Duguay-Trouin, qui est entouré de tous côtés par de gros vaisseaux. La nuit et son habileté le sauvent. Au point du jour, il profite d'une petite brise que ses adversaires n'ont pas vue naître, et qui coiffe toutes leurs voiles; il s'éloigne, canonné par le seul *Honster*, assez léger pour le suivre, et enfin il échappe à un des plus grands dangers qu'il ait jamais courus dans sa carrière, si pleine de périls. Il se jette à genoux pour remercier le ciel, et puis il va chercher un port français, car il n'a plus ni ancres ni mâtures de rechange; il est dans un complet état de délabrement. Tout autre que Duguay-Trouin, prenant conseil de sa position, aurait, sans se détourner de sa route, gagné un point de relâche si nécessaire; lui, il n'a pas de ces prudentes attentions : il aperçoit *le Paon*, un corsaire de Flessingue, fort et bien armé; il le poursuit jusque sous Belle-Isle malgré ses avaries, le prend et le conduit au Port-Louis. Ainsi, il n'y a pour lui aucune raison qui l'empêche d'aller à l'ennemi quand il le rencontre; à ses blessures qui saignent, il ne connaît qu'un topique, le combat, la prise d'un navire!

L'Auguste avait été moins heureux que *le Jason;* Nesmond avait été obligé de se rendre après une glorieuse résistance. Cette nouvelle affligea beaucoup Duguay, qui, tout délabré encore, et après avoir pris seulement quelques rechanges au Port-Louis, était allé croiser dans la Manche pour le rejoindre. Il était donc seul et sans espoir d'être rejoint par quelques vaisseaux de Brest, parce que tous étaient employés. Rentrer, refaire sa poupe, qui était toute déchirée, réparer ses œuvres mortes, qui avaient beaucoup souffert, eût peut-être été sage : mais la sagesse avait des conseils trop froids pour lui; son ardeur s'en indignait. Il sentait bien qu'il s'exposait au blâme des hommes raisonnables en se hasardant ainsi (et le blâme ne lui manqua pas en effet), mais il ne savait pas céder à de pareilles considérations. Il descendit donc sur les côtes d'Espagne pour rejoindre l'armée du comte de Toulouse, qui devait être dans ces parages, et pour se placer sous les ordres de ce prince, grand-amiral. Il ne put joindre armée, mais il prit un navire anglais, près de Lisbonne; mais deux frégates, l'une armée en guerre et l'autre chargée de marchandises, tombèrent en son pouvoir après trois quarts d'heure de combat; mais deux autres bâtiments encore vinrent augmenter le nombre de ses prises avant qu'il rentrât à Brest. Ces succès répondirent aux appréhensions et aux reproches, peut-être fondés d'ailleurs, de ses armateurs et de ses envieux.

L'année 1706 vit Duguay-Trouin capitaine de vaisseau, et payé, par ce nouveau grade, des peines et des triomphes de sa dernière campagne. Le roi l'envoya à Cadix, que le Portugal menaçait d'un siége; il y fit son devoir comme il savait toujours le faire; mais de mauvais procédés du marquis de Valdecagnas, que celui-ci expia au surplus par des excuses à Duguay et par l'humiliation de perdre son titre de gouverneur de Cadix, le ramenèrent en France plus tôt qu'il n'avait projeté d'y revenir. En allant en Espagne, il avait combattu contre une forte escadre portugaise, et tué le marquis de Sainte-Croix, qui la commandait; en revenant, il prit *le Gaspard*, frégate anglaise de trente-six canons, et douze navires de la flotte marchande qu'il escortait. Pendant l'absence de Duguay-Trouin, une promotion de chevaliers de Saint-Louis avait été faite, et le capitaine du *Jason* y était porté. A peine débarqué, Duguay courut à Versailles s'agenouiller devant Louis XIV pour recevoir l'accolade de la main du roi, qui combla le brave Malouin de félicitations sur ses belles campagnes, et lui ouvrit de nouveau la mer avec une division de six bâtiments de guerre (1707). *Le Lis, l'Achille, le Jason, la Gloire*, *l'Amazone* et *l'Astrée* furent confiés à son courage et à son habileté; il partit avec Beauharnais, Courserac, Lajaille, Nesmond et Kerguelin, tous braves hommes de mer, qu'il avait choisis pour ses capitaines et en qui il avait justement placé toute sa confiance. C'est près de Lisbonne qu'il alla établir sa croisière pour chercher la flotte du Brésil, qu'il ne parvint point à découvrir. Deux vaisseaux anglais tombèrent entre ses mains; et, plus tard, il prit quatre autres marchands de la même nation, avec lesquels il revint se caréner à Brest. Le comte de Forbin était là, commandant une escadre de six vaisseaux et attendant les ordres de la cour. Une lettre de M. de Pontchartrain lui prescrivit, ainsi qu'à Duguay-Trouin, d'aller bien vite à la rencontre d'une flotte chargée de troupes et de munitions, et destinée pour Lisbonne et la Catalogne; elle devait être encore aux Dunes. Détruire cette flotte était une opération d'une importance telle, que le chef d'escadre et le capitaine qui se joignait à lui ne perdirent pas un instant, et coururent à l'entrée de la Manche. Après trois jours d'attente inutile, Forbin prenait la route de Dunkerque, au grand étonnement de Duguay, lorsqu'on aperçut la flotte annoncée par le ministre. Forbin et Trouin chassèrent tout de suite sur l'ennemi, dont l'escadre de Duguay, carénée de frais, s'approcha beaucoup plus vite que l'autre. Alors l'amiral fit une manœuvre étrange, que Duguay-Trouin lui a toujours reprochée depuis; il diminua de voiles, prit des ris par le plus beau temps du monde, ce qui obligea le commandant du *Jason* de faire de même, et, par cette inconcevable prudence, laissa à un grand nombre de bâtiments anglais le temps de s'éloigner du champ de bataille. Duguay attaqua cependant, en attendant que Forbin l'eût rejoint. On sait combien cette journée fut glorieuse pour lui, pour M. de Lajaille, pour M. de Courserac et pour M. de Lamoinerie-Moniac, qui commandait *le Maure*, vaisseau sorti de Brest avec Duguay, à la place de *l'Astrée*. Forbin aborda *le Ruby* quand il se rendait au *Maure*, et il se targua de cette capture. Quoiqu'il en coûte de contester à un homme de la valeur du comte de Forbin le mérite d'une action d'éclat, il faut dire la vérité : les Anglais, d'accord avec Lamoinerie et Duguay-Trouin, attestèrent que *le Ruby* s'était rendu au *Maure*. Un peu d'aigreur resta toujours, depuis cette époque, entre Duguay-Trouin et Forbin, qui ne trouva dans la marine personne pour le défendre sur ce fait, d'une inutile vanterie. Une pension de mille livres sur le Trésor royal montra à Duguay combien le roi était satisfait de sa conduite dans cette affaire, et de sa belle attaque du *Cumberland*, vaisseau une fois plus gros et mieux armé que *le Jason;* mais cette pension, Duguay ne l'accepta qu'après en avoir obtenu une égale pour M. de Saint-Auban, son second capitaine, qui avait perdu une jambe à l'abordage du *Cumberland*, et qui n'était pas riche. Ce ne fut pas la seule grâce qu'il obtint pour ses glorieux compagnons d'armes; il alla à Versailles pour rendre compte des actions éclatantes des officiers et des matelots de sa division, et pour faire un éloge senti de la conduite de M. Tourouvre. Les lignes que Duguay a consacrées à ce brave commandant du *Black-Owald* lui ont assuré l'immortalité.

Selon sa coutume, Duguay ne resta pas long-temps à Versailles; il retourna tout de suite à Brest pour prendre une division de huit bâtiments de guerre, avec laquelle il devait aller attendre aux Açores la flotte du Brésil; mais cette campagne commencée échoua, malgré les prévisions de Duguay-Trouin, combattues par ses capitaines réunis en conseil. Donc point de gloire dans cette année 1708, marquée d'un signe douloureux dans les souvenirs de notre héros; point de profit non plus; et, au lieu de profits, d'énormes dépenses, qui portèrent une rude atteinte à la fortune de Duguay et de La Barbinais, son frère. L'année 1709 fut moins malheureuse; mais la tempête vint en aide à l'ennemi vaincu, et peu de prises mouillèrent dans les rades françaises. Duguay-Trouin prit cependant le vaisseau de guerre *le Bristol*, qu'il ne put emmener, parce qu'il coula bas à la vue d'une menaçante flotte anglaise : en rentrant à Brest, il se rendit maître d'une frégate.

Ce fut alors que Louis XIV anoblit les deux frères malouins, qui avaient espéré déjà cette grâce, et qui, voyant que la cour résistait à honorer par un titre (sans lequel on était bien peu de chose, quelque valeur personnelle qu'on eût) les travaux aussi utiles que glorieux dont la France entière connaissait l'importance, avaient été rechercher dans d'anciennes généalogies un noble lignage, et des armes dont ils pussent parer leur roture marchande. Le roi leur donna des lettres patentes, et Duguay-Trouin alla l'en remercier. Versailles ne garda pas cette fois notre héros plus longtemps qu'il ne l'avait gardé déjà, c'était à la mer, en présence des ennemis, qu'il savait faire sa cour au roi. Brest le revit donc bientôt à la tête d'une division navale composée de deux vaisseaux et trois frégates. En 1710, elle prit le large pour aller chercher cinq navires anglais qui venaient des Indes orientales, escortés par deux vaisseaux de guerre de soixante-dix canons, et au-devant desquels (Duguay-Trouin l'avait appris) l'amirauté avait envoyé deux autres vaisseaux de soixante-six, pour garantir leurs riches cargaisons des entreprises des corsaires français. La fortune avait décidé qu'ils échapperaient à Duguay; un brouillard épais qui dura quinze jours les sauva. Ils arrivèrent quand le soleil, dégagé du voile jaloux qui avait caché le convoi à la division de Brest, éclaira les ports de Cork et de Kinsal, où *le Lis* et ses conserves venaient les attendre. La campagne ne fut pas tout à fait stérile pour l'escadre française; car Duguay-Trouin attaqua et réduisit en moins d'une heure le vaisseau de soixante-six *le Glocester*, un de ceux que la prudente amirauté avait envoyés pour renforcer les convoyeurs. La capture d'une cargaison de tabac termina cette entreprise, pendant laquelle le capitaine du *Lis* manqua mourir d'une dyssenterie, dont il était à peine guéri quand il partit pour Rio-Janeiro, en 1711.

On a souvent raconté la campagne du Brésil, qui jeta un si grand éclat sur la carrière de Duguay-Trouin, qui lui coûta tant de peine, qui trouva tout d'abord contre elle le secrétaire d'état de la marine, quoique le grand-amiral, M. le comte de Toulouse, fût un des actionnaires de l'opération, qui troubla, même après le succès, le repos du vainqueur de Rio-Janeiro, parce que, le pillage n'ayant pu être complétement empêché, les bénéfices ne furent point aussi considérables qu'on les avait espérés. Il faudrait un volume pour raconter toutes les difficultés qu'on fit à Duguay avant et après la prise de la ville qu'il s'était engagé à soumettre aux armes du roi, pour dire l'armement, la navigation, l'action militaire, et les chicanes des officiers d'artillerie, qui réclamèrent le prix misérable de deux ou trois cloches, leur part dans le butin; et nous avons à peine quelques lignes pour rappeler ce fait. Duguay, tourmenté par ses associés, loué par la France, admiré par toutes les marines étrangères, Duguay, qui avait eu la belle pensée, quand le trésor royal était vide, de faire, sous le pavillon de Louis XIV, une affaire de course calculée sur la plus grande échelle, trouva le roi juste comme la nation. En attendant qu'une promotion générale permît qu'on le plaçât sur la liste des chefs d'escadre, une pension de deux mille livres sur les fonds de l'ordre de Saint-Louis prouva que les brigues jalouses ne prévalaient pas dans la pensée du monarque sur les beaux services de l'officier qui venait de faire beaucoup de mal aux Portugais, et avait forcé les Hollandais et les Anglais à de grands armements d'observation. Au commencement d'août 1715, à Versailles, le roi, se rendant à la messe, s'approcha de Duguay-Trouin et lui dit avec bonté, mais d'une voix demi-éteinte par la maladie qui allait le conduire au tombeau : « Monsieur Duguay, je voulais depuis long-temps vous donner la cornette que vous avez si bien mérité de porter à l'un de vos mâts; je l'ai pu enfin aujourd'hui, et j'ai grand plaisir à vous l'apprendre, en vous assurant de toute mon estime. »

C'est ici, à proprement parler, que finit la vie militaire de Duguay-Trouin; car, depuis l'expédition du Brésil jusqu'à sa mort, arrivée le 27 septembre 1736, il ne fit que la campagne de 1731 dans la Méditerranée, campagne diplomatique où il arrangea les affaires de France avec les États barbaresques, et rendit par là de bons offices au commerce maritime. En 1731, Duguay-Trouin était lieutenant-général des armées navales et commandeur de Saint-Louis; il avait reçu cette double distinction du roi Louis XV, en mars 1728. Les dernières années d'une carrière sitôt commencée et si bien remplie, furent employées en inspections de ports, en travaux d'instruction pratique pour les officiers et les équipages, en conseils donnés au comité des Indes, aux ministres, au Régent, qui l'aimait, et au Roi, qui croyait à sa vieille expérience et à son dévouement pour la gloire du pavillon français.

Grand, beau, distingué, vif et mélancolique tout à la fois; prudent quand il prépare une entreprise, brave jusqu'à la témérité quand s'agit de la faire réussir les armes à la main; fataliste et religieux, doux, bienveillant et très-jaloux du point d'honneur; s'estimant tout ce qu'il vaut et cependant modeste, aimant la gloire pour lui et pour la France, qu'il regarde comme ennoblie par ses exploits; sévère quelquefois jusqu'à la dureté, tenant à la discipline jusqu'à la rigueur, mais aimé du matelot et du soldat; ardent, infatigable même quand la débauche ou les veilles laborieuses ont altéré sa santé; point courtisan, point envieux de ses rivaux, à qui il rend toute justice à l'occasion; sollicitant pour ses subordonnés et jamais pour lui; membre le plus glorieux d'une glorieuse famille; enfant de ses œuvres, qui commence par être simple volontaire, et finit par devenir lieutenant-général; estimé de Louis XIV, du comte de Toulouse, de Pontchartrain, de toute la marine, de tous les ministres, du Régent et de Louis XV : tel est Duguay-Trouin, dont on peut dire que, dans la grande marine du dix-septième siècle, comme Jean Bart, il représenta le duel maritime, la rencontre, le combat, tandis que Tourville, Duquesne et d'Estrées y représentent la bataille navale.

A. Jal,

Chef de la section historique de la marine.

Dessiné par J. Philly. Impr. Geny-Gros, rue du Plâtre, 28. Paris. Gravé par A. Philly.

LE RÉGENT.

LE RÉGENT

NÉ EN 1674, MORT EN 1723.

« Les fées furent conviées à la naissance de mon fils ; chacune d'elles le » doua d'une qualité heureuse. Une méchante fée, qui n'avait point été » invitée, vint, et ne pouvant plus effacer tous les dons de ses compagnes, » elle déclara que le prince n'en ferait point un bon usage. » C'était à l'aide de cette gracieuse allégorie que la princesse Palatine, cette bonne et naïve Allemande, mère de Philippe d'Orléans, expliquait l'étrange abus que ce dernier fit des rares et précieux dons qu'il avait reçus de la nature. L'histoire nous présente une personnification plus effrayante de ce mauvais génie du Régent dans son dernier et funeste précepteur.

Philippe d'Orléans, fils de Monsieur, duc d'Orléans, frère de Louis XIV, naquit à Saint-Cloud le 4 août 1674. Il y eut réellement quelque chose de fatal dans l'éducation du jeune Philippe. L'esprit superstitieux de son père avait en vain voulu écarter de lui tous les présages néfastes, et cherché jusque dans son nom, — celui de duc de Chartres qu'il lui donna, — à conjurer les malheurs qui semblaient s'attacher à celui de Valois dans l'histoire et dans sa famille [1]. Rien n'y fit, le destin s'obstinait. En quelques années la mort enleva les cinq premiers gouverneurs du jeune prince, on en vint à redouter à la cour le dangereux honneur d'une telle fonction auprès du neveu de Louis XIV. Mais, ce qu'il y eut surtout de déplorable, ce fut le choix que fit Monsieur, en plaçant auprès de son fils l'abbé Dubois comme successeur du vertueux Saint-Laurent. Pourtant l'élève, doué du plus heureux naturel, fit de rapides progrès en tous genres ; son esprit, avide de connaître, embrassait en même temps, et avec succès, la poésie, la géométrie, la musique, la peinture et la chimie. Bientôt même il fallut à son activité un nouvel aliment, la guerre, et celui-là était merveilleusement selon ses goûts.

[1] Monsieur avait perdu un fils de ce nom.

Le jeune prince avait été élevé dans une enivrante atmosphère de gloire : autour de lui toutes les grandes voix du siècle célébraient les triomphes de la France. C'était en effet la plus belle période du plus beau siècle de la monarchie. Dans l'enthousiasme, dans le délire qu'il inspirait, Louis XIV avait été proclamé grand : on l'eût proclamé dieu. On entretint un luminaire devant sa statue. — Tout convergeait à ce grand centre, la royauté. L'Europe humiliée courbait la tête ; à la première hésitation de cette terrible vassale, Luxembourg fut foudroyé, Gênes mitraillée, son Doge obligé de venir en suppliant à Versailles. Rome aussi, la Rome catholique, avait dû s'incliner devant le roi très-chrétien. Ce fils aîné de l'église, après avoir soumis à la régale les évêchés de son royaume, avait seul maintenu par la force les droits de son ambassadeur auprès du Pape. Comme triste compensation, il est vrai, les dragonnades ensanglantaient les Cévennes ; et les protestants, qu'on voulait convertir en donnant en aide aux missionnaires les roues et les gibets, tombaient martyrs ou fuyaient à l'étranger le cœur plein de haine et de projets de vengeance. Ce fut pour Louis le moment de son apogée ; mais le pied qu'il appuyait sur l'Europe dut la sentir tressaillir : elle allait tenter un nouvel effort. Tout le continent se souleva contre lui ; l'Angleterre seule restait son alliée ; une révolution la livra à Guillaume de Hollande, son plus mortel ennemi. La lutte allait être formidable : toute la France prit les armes. Le duc de Chartres avait dix-sept ans à peine ; il courut à la frontière du nord, et fit ses premières armes sous les yeux du Roi, au siége de Mons. Bientôt après, à Steinkerque, il s'expose avec toute l'impétueuse ardeur de son âge, pour enlever une position importante, à la tête de la brigade des gardes, et obtient la double gloire d'une blessure et d'un triomphe. A Nerwinden, il a sous ses ordres la cavalerie de réserve ; là encore il culbute les deux premières lignes de l'ennemi, et il n'échappe au péril le plus imminent qu'en se frayant un passage l'épée à la main : son nom se trouve mêlé à toutes les victoires de cette belle campagne de Flandre, après laquelle Luxembourg *tapissait* de drapeaux l'église de Notre-Dame.

Ces précoces succès jetaient sur le jeune prince un éclat dont lui seul paraissait n'être pas ébloui, et relevaient encore la gracieuse affabilité qui jusque-là lui avait gagné tous les cœurs. Cette modestie n'était-elle pas une nécessité, admirablement sentie, de sa position ? Certains semblaient le croire, en se plaisant à lui reconnaître un coup d'œil et une sagacité qui n'étaient pas de son âge. Le souvenir de la Fronde était vivant encore, et la prudence ombrageuse de Louis XIV, qui n'oubliait point son lit de paille de Saint-Germain, voulait ménager à son successeur des nuits mieux assurées et des jours plus tranquilles.

Le duc de Chartres fut contraint de rester à Paris pendant la campagne de 1694, qu'on ne lui permit pas de faire. Condamner à l'oisiveté cet ardent jeune homme, c'était le jeter dans tous les excès qu'elle entraîne. Son précepteur n'était guère propre à l'en détourner : toujours habile à flatter les passions de son élève, il savait les exploiter à son profit, et, à force de souplesse et d'élasticité, se créer sur son esprit un empire d'autant plus assuré qu'il était moins senti. D'un autre côté, Louis XIV recevait son neveu avec tant de froideur, que ce dernier ne voulut plus se présenter à Versailles. Déjà la trop grande facilité de ses succès l'avait éloigné des dames de la cour. Alors il porta dans la bourgeoisie le désordre de ses amours. Ses triomphes y furent aussi prompts, aussi multipliés, mais le scandale plus grand : car, dans cette classe, où l'union de la famille est plus intime, tous les membres qui la composent ressentent davantage l'injure faite à l'un d'eux. Pourtant ce fut plutôt encore la satiété que le cri général des pères et des maris outragés qui dégoûta le prince de ses nouvelles maîtresses. Bientôt il descendit aux comédiennes et aux prostituées. A cette époque, la nuance qui les distinguait était souvent bien peu marquée. Dubois s'était chargé de l'initier en cette funeste voie.

La clameur immense que soulevaient tant de désordres semblait ne point arriver jusqu'au trône, et Louis XIV résolut même de donner à son neveu une de ses filles légitimées. Ce dernier ne cacha point la répugnance que lui causait un pareil mariage. Le titre de fille de roi déguisait mal à ses yeux le double adultère qui souillait l'origine de mademoiselle de Blois. Tout l'orgueil germanique de la princesse Palatine se révoltait à l'idée d'une telle alliance. Mais Monsieur ne savait pas résister à son frère ; Dubois avait trop envie de se montrer bon courtisan : le jeune prince fut circonvenu de toutes parts, et il épousa la fille de madame de Montespan. A l'éclatante beauté de sa mère, la nouvelle fiancée savait allier une grâce plus douce et plus réservée : malheureusement, « sa dignité un peu froide devenait trop souvent une insupportable apathie. » Toutefois, même au milieu de ses plus grands écarts, le duc conserva pour sa femme des soins et une déférence sans amour, qui semblaient aller merveilleusement à cette âme sans chaleur qu'eût fatiguée une tendresse plus active.

Cette union avait imposé un bien faible frein aux passions du duc de Chartres ; la mort de son père, arrivée en 1701, vint leur rendre toute l'énergie d'une volonté qui n'est plus maîtrisée. Alors il put se former une cour selon ses goûts. Il la composa des seigneurs les plus franchement dissolus, des véritables *roués* de l'époque, comme il affectait de les appeler. Les d'Effiat, les Nocé, les Brancas, les Broglie, les Canillac en obtinrent les premiers emplois ; le marquis de La Fare fut nommé capitaine des gardes. Ainsi s'usait toute l'énergie du prince. Il semblait, au milieu des plaisirs, avoir perdu le glorieux souvenir de ses premières campagnes : un grand événement vint le faire revivre avec une nouvelle force.

La paix de Ryswick, conclue en 1698, avait donné à l'Europe une trêve à laquelle personne n'accordait de durée. Bientôt, en effet, de nouveaux nuages se formèrent à l'horizon. C'était du midi, cette fois, que devait partir l'orage. Le trône d'Espagne était occupé par Charles II, roi sans force, sans volonté. Le sang de Charles-Quint était bien refroidi dans les veines du dernier de ses descendants. Le pauvre prince, tiraillé en tout sens, obéissant à toutes les influences, était aujourd'hui au roi de France, demain à l'Empereur. Cependant, il n'entendait pas sans effroi les mots de démembrement de son empire, qu'on prononçait autour de lui. Il voulait l'éviter; et il choisit pour son successeur un petit-fils de Louis XIV, sachant bien que, gloire et péril d'un tel legs, tout serait accepté. Dans ce testament, une exclusion choquante éloignait du trône la branche cadette de France, et appelait la maison de Savoie pour succéder à la branche aînée. Le nouveau duc d'Orléans protesta; il avait deviné la pensée qui dictait cette clause inique : la politique de Louis XIV était trop évidente. Cette injustice lui rendit toute son énergie; il sembla oublier sa vie dissipée, pour ne plus s'occuper que de hautes questions gouvernementales. La guerre surtout était le thème favori de ses conversations, et c'était merveille d'entendre avec quelle profondeur de jugement ce jeune coureur de ruelles et de petits soupers développait ses connaissances stratégiques, qui étonnaient et éclairaient parfois les plus expérimentés.

C'était bien le cas aussi de relever les idées et les courages. La France venait d'engager une nouvelle, une terrible lutte contre l'Europe. Louis XIV, après un demi-siècle de règne, pendant lequel s'étaient éteintes tant de grandes renommées, compta encore sur sa fortune; il releva fièrement le gant qu'on lui jetait, et s'écria dans un prophétique enthousiasme, en envoyant le duc d'Anjou en Espagne : « Il n'y a plus de Pyrénées. » Il osa davantage; il reconnut le fils de Jacques II pour héritier de la couronne d'Angleterre, et s'apprêta à soutenir une double guerre de succession.

Elle éclata bientôt sur tous les points. Les alliés avaient à leur tête deux hommes supérieurs, le prince Eugène et Marlborough; on leur opposa Vendôme et Catinat, et pendant quelque temps le succès parut incertain. Malheureusement, on crut pouvoir remplacer d'habiles généraux par MM. de Marsin et de Tallard : l'armée d'Allemagne qu'ils commandaient essuya la sanglante défaite d'Hochstedt. Villars vint sauver la Lorraine (1704).

Louis XIV alors sembla perdre un instant ses défiances; il jeta les yeux sur son neveu, et l'envoya en Italie. Mais que pouvait le prince, sans autorité réelle, sans secours d'hommes, chargé d'instructions vagues, souvent même contradictoires; telles, au reste, qu'elles devaient partir d'une cour où régnait la fille du duc de Savoie qu'on allait combattre? Cette conduite ne pouvait avoir que de funestes résultats. Aux mesures jugées utiles par le duc d'Orléans, le maréchal de Marsin opposait un ordre contraire émané de Versailles, et le prince était contraint de céder. C'est ainsi qu'à Turin ce dernier voulut en vain faire sortir l'armée des immenses retranchements qu'elle ne pouvait défendre. L'avis du maréchal prévalut, et l'armée française éprouva la défaite que le prince avait prévue Il n'en contribua pas moins, par son courage et son sang-froid, à en arrêter les déplorables suites. Il reçut deux coups de feu dans la mêlée; Marsin y trouva la mort (1706).

Cette noble conduite ne désarma pas les haines et les jalousies de Versailles. On employa l'année suivante, en Espagne, le même système de sourdes intrigues; ainsi, à Almanza, par une précipitation qui pouvait être fatale, on voulut lui dérober l'honneur d'une victoire. Mais là le champ était vaste encore : c'était une partie de l'Espagne qu'il s'agissait de conquérir. La tâche était aussi glorieuse que difficile. Le duc d'Orléans en accepta les chances, et parut de suite à la hauteur de ce grand rôle. Il soumet en courant les royaumes de Valence et d'Aragon, enlève Xativa et Alcaraz, que les habitants défendaient avec désespoir, entre en Catalogne, et vient mettre le siége devant Lérida. Depuis l'échec de Condé, la folie d'une telle entreprise était devenue proverbiale. Le duc ne se rebuta pas; il conduisit lui-même tous les travaux, multiplia sur tous les points sa présence et ses encouragements, et, après un long siége, s'empara de la ville réputée imprenable. Le lendemain il reçut l'ordre de retourner en France.

L'intrigue ne prenait plus la peine de se cacher; elle allait tête haute et visage découvert. Ce n'était pourtant guère le moment de songer à ces basses jalousies. Les alliés débordaient en France par le midi et menaçaient le nord; d'un autre côté, le trône de Philippe V chancelait toujours en Espagne : il fallait lutter partout. L'Europe s'épuisait, il est vrai, en épuisant la France; mais qu'importait à Guillaume d'Angleterre? le grand roi était enfin humilié....

En 1708, le duc d'Orléans fut de nouveau envoyé en Espagne; ses succès y furent aussi éclatants que l'année précédente; ses expéditions contre Denia, Alicante, Tortose, furent autant de triomphes. Aussi fut-il reçu à Madrid comme un libérateur.

L'atmosphère où vivait le prince avait ses séductions et ses dangers. Ce trône d'Espagne qu'il venait d'affermir, presque de conquérir, ce trône dont on l'avait pour jamais éloigné, offrait un éblouissant prestige au regard qui s'attachait sur lui. Le prince fut-il fasciné? l'enivrement lui monta-t-il à la tête? eut-il un regret et un désir?... A Versailles on voulait le faire arrêter comme criminel d'état; le duc de Bourgogne s'y opposa, il prit généreusement la défense du duc contre l'avis du dauphin. Ce dernier voulait qu'on instruisît le procès de son cousin. Au moins tous ses confidents furent-ils arrêtés, et lui, forcé de signer un acte par lequel il renonçait à toutes ses prétentions.

Revenu en France, Philippe d'Orléans se livra avec ardeur à l'étude. Ce goût, à vrai dire, était assez rare parmi ceux de son sang, et sa mère nous le dit ingénument : « Louis XIV et toute sa famille, à l'exception de mon » fils, haïssent la lecture. » Ce fut surtout à la chimie qu'il se donna avec passion. Il restait enfermé de longues heures avec Homberg, son maître dans cette science. La malveillance se plaisait déjà à répandre vaguement des bruits calomnieux sur le mystère de ces ténébreux travaux, quand tout à coup la mort vint frapper subitement, dans la même année, le dauphin, le duc, la duchesse de Bourgogne et leur fils aîné. Les médecins, interrogés sur la cause de tant de trépas soudains, déclarèrent leur savoir impuissant.

Alors les rumeurs qui avaient grondé sourdement grandirent. On demanda à qui devaient profiter toutes ces pertes imprévues, et on désigna le duc d'Orléans. Ses ennemis, ils étaient nombreux et puissants, exploitèrent avec une effrayante persévérance toutes ces calomnies; on excita contre lui ce mobile et impressionnable peuple, terrible instrument de toutes les haines, à tel point qu'au moment où les restes des deux dauphins et de la dauphine, qu'on avait bien imprudemment conduits de ce côté, passèrent devant le Palais-Royal, la foule exaspérée éclata : ce furent des hurlements de rage; on criait : Mort au prince empoisonneur et assassin!

Un nouvel événement vint mettre le comble à cette fureur populaire. Le second fils du duc de Bourgogne fut atteint de la même maladie et sur le point d'expirer. L'intervention du lieutenant de police faillit être inefficace pour sauver le duc d'Orléans, que voulait déchirer une populace en délire. Consterné par cette fatalité contre laquelle sa voix ne pouvait que protester, Philippe vint se jeter aux pieds du roi : « Sire, dit-il, je viens vous de» mander ce que le maréchal de Luxembourg accusé obtint de la justice de » Votre Majesté : la Bastille, des juges, et des accusateurs qui se nomment. » On les lui refusa. A l'éloquente indignation qui partait de ce cœur ulcéré, Louis XIV répondit en traçant le tableau des excès et des déréglements du prince!... Le ciel lui vint en aide. Le dauphin se rétablit miraculeusement; il ne parut aucune trace de poison : le public se repentit promptement, et reconnut son erreur; le roi parut faire comme le public; et lorsque, trois mois après, le duc de Berri mourait avec des symptômes plus effrayants, nul ne crut devoir s'en inquiéter.

Ces pertes laissaient un immense vide autour du monarque octogénaire. Tout lui manquait à la fois, au dedans et au dehors : ministres, capitaines, écrivains, tout avait été emporté avec le siècle; lui seul semblait survivre pour assister à la décadence de son règne. Si c'était une expiation, il la supporta noblement : il fut plus vraiment grand dans les revers qu'il ne l'avait été dans la haute fortune. Abattu à son tour par ceux qu'il avait tant de fois vaincus, brisé dans tout ce qu'il devait aimer, indignement opprimé sous la tyrannie domestique qu'il s'était laissé imposer, il resta calme, résigné, sans plainte, sans murmure. Cependant sa fin approchait; l'œil pénétrant qui, depuis long-temps, s'attachait sur lui, avait lu la mort sur son front qui s'inclinait. Pour madame de Maintenon, la mort de Louis XIV c'était l'anéantissement d'elle et des siens. Sa prodigieuse fortune, l'élévation non moins scandaleuse de tous les bâtards légitimés, tout allait crouler, si l'intrigue ne venait en aide à cette fragile et chancelante grandeur. Madame de Maintenon et le duc du Maine, son favori, fils reconnu du roi et de madame de Montespan, employèrent à cette œuvre les inépuisables ressources de leurs esprits également artificieux. Le pauvre roi fut assiégé et circonvenu par eux, en tous lieux, à chaque instant. Pour acheter le repos, il céda. Il n'avait pas foi dans l'acte qu'on arrachait à sa faiblesse. C'était le renversement des lois les plus fondamentales du royaume. Il s'agissait d'ôter au duc d'Orléans, pendant la minorité du roi, la régence que nul n'avait le droit de lui contester, pour la déférer à un fils adultérin de Louis XIV, au duc du Maine, et de reconnaître ce même duc du Maine habile à succéder à la couronne, en cas de mort de l'héritier présomptif. Le monarque consentit à tout ce qu'on exigeait de lui. Ses enfants naturels obtinrent les titres et prérogatives de princes du sang, et le testament, puis le codicille où étaient tracées ses dernières volontés qui détruisaient toutes les règles et les usages de la monarchie, furent remis au premier président de Mesme.

Madame de Maintenon et le duc du Maine avaient tout obtenu : le roi pouvait mourir, il avait consommé son dernier sacrifice en leur faveur; aussi les cherchait-il souvent en vain auprès de son lit, qu'il ne devait plus quitter; tout était désert alentour, le flot des courtisans se portait déjà à un autre palais!... Bientôt, en effet, ce palais retentit d'étranges paroles; bien des ennemis de la veille adressaient au prince qu'ils n'abusaient point, et qui s'en raillait spirituellement, des félicitations et des éloges que personne ne croyait sincères; d'indécentes clameurs populaires saluaient un nouveau règne, tandis que le corps de Louis XIV était conduit à Saint-Denis, sans pompe, sans cortége, ne justifiant que trop le cri éloquent de l'orateur chrétien devant son cercueil (1715).

Dans de plus hautes régions, la joie, pour être un peu plus comprimée, n'en était pas moins vive; mais l'attente et l'anxiété en tempéraient les effets; car, là, se jouait un drame dont on ignorait le dénoûment. Qui succomberait du duc d'Orléans ou du duc du Maine? Les esprits étaient en suspens, et bien des courtisans ne voulaient pas se compromettre par une précipitation qui pouvait leur être funeste.

De son côté le duc d'Orléans, qui, jusqu'alors, s'était environné d'une apparence de frivolité, cachant à chacun les projets qu'il mûrissait, avait résolu de ne céder aucun des droits qu'il tenait de sa naissance.

C'était le lendemain même de la mort de Louis XIV que le parlement s'assemblait pour lire le testament et le codicille de ce monarque. Un grand intérêt s'attachait à cette séance, où le parlement allait avoir à prononcer entre les lois de l'État et la volonté du dernier roi. Dès le matin, tous les membres étaient réunis dans la chambre des délibérations, une foule de curieux assiégeait la grande chambre voisine; un régiment des gardes occupait silencieusement toutes les avenues; les officiers et les soldats d'élite, répandus dans l'intérieur du palais, étaient, ainsi que M. de Guiche qui les commandait, dévoués au duc d'Orléans, à qui ce secours coûtait six cent mille livres. L'ambassadeur d'Angleterre, lord Stairs, qui avait eu l'habileté de persuader ce prince de l'efficacité de ses services, paraissait à une petite tribune de la salle. Un murmure vague courut dans l'assemblée quand le premier président déclara la séance ouverte. Moins d'un demi-quart d'heure après, les bâtards arrivèrent; le duc du Maine était rayonnant d'une joie qu'il ne croyait plus devoir cacher. Sa politesse étudiée déguisait mal la confiance et la hauteur de son maintien. Le duc d'Orléans fit son entrée avec beaucoup de calme et de dignité. Le premier président nomma la députation qui devait aller chercher le testament et le codicille du feu roi : un grand calme s'établit. Bientôt après la lecture commença : tous les esprits étaient tendus; le duc du Maine avait perdu de son assurance, le duc d'Orléans paraissait conserver toute sa sérénité. Cette lecture, en effet, produisit peu à peu une sourde fermentation, qui devint plus distincte à la fin. Le duc du Maine pâlit. La lecture achevée, le duc d'Orléans prit la parole. Son discours, merveilleux d'habileté, entraîna l'assemblée; le testament fut cassé tout d'une voix. Restait le codicille, dont la conservation rendait illusoire le triomphe que le prince venait d'obtenir. Cette fois, la lutte s'engagea entre les deux compétiteurs; les discours se morcelèrent, la haine aiguisa des phrases mordantes et injurieuses..... En être venu là, était évidemment une défaite pour le duc d'Orléans; un des siens le sentit, et le dégagea fort heureusement de ce mauvais pas, en lui donnant le conseil de faire remettre la séance au soir. Dans l'intervalle, le prince regagna tous ses avantages, et, avec le même entraînement, il obtint l'annulation du codicille, qui fut prononcée tout d'une voix, comme celle du testament. Tout pouvoir restait au Régent : il pouvait faire et défaire son conseil, changer même à son gré la forme du gouvernement. Son discours de remercîment à l'assemblée fut remarquable de grâce et d'adresse; il y rappela une mémoire chérie et vénérée, celle du duc de Bourgogne, dont il abrita habilement ses projets, qu'il attribuait à ce prince; il y rappela les droits du parlement, qu'il se préparait à reconnaître, et sut flatter à tel point ce corps ombrageux, que d'universels applaudissements éclatèrent dans l'assemblée, se mêlant à ceux que la foule faisait entendre au dehors : le Régent fut reconduit en triomphe à son palais.

Ici commence une nouvelle ère. — Moment curieux à étudier, sorte de temps d'arrêt entre le grand mouvement qui s'est opéré et celui qui va commencer. — Ce siècle, qui n'a pas encore conscience de son avenir, mais qui rejette déjà bien loin son passé, oubliera l'un et l'autre dans de joyeuses folies. L'art se transformera comme la société, et bientôt, poésie, peinture, sculpture, tout va s'amollir, s'affadir même, dans les voluptueuses créations qui doivent succéder aux œuvres nobles et sévères du grand siècle!

La fin du dernier règne avait été triste et austère, le nouveau s'annonçait riant et facile. Les courtisans eurent bientôt jeté le masque dont ils s'étaient couvert le visage. Le peuple imita. On secoua le joug dont on était las; on respira librement. Il y avait dans l'air je ne sais quoi d'enivrant qui gagnait toutes les têtes. L'amour de la nouveauté et de l'innovation, favorisé par le prince, s'emparait de chacun : tout enfin changeait de face. On sembla adopter pour système de gouvernement le contre-pied des mesures prises par Louis XIV : « Les faveurs furent prodiguées aux jansénistes; on annula » les lettres de cachet lancées contre eux. On fit cesser l'exil des disciples » de Port-Royal. » La foule applaudissait à ces actes d'une haute justice, et, réellement, c'était un beau et touchant spectacle que celui de la liberté rendue à tant de victimes qui depuis longues années gémissaient dans d'obscurs cachots, martyrs de quelques interprétations théologiques. La foule se pressait autour d'elles, et contemplait avec vénération les traces de leurs souffrances. Par une généreuse et habile politique, le Régent, à l'exemple de Louis XII, ne se rappela jamais les ennemis du duc d'Orléans, il les accueillit tous avec une facilité charmante. Fidèle à ses engagements, il rendit le pouvoir aux parlements, muets sous Louis XIV, et choisit parmi eux les membres de son conseil.

Ainsi se perdaient les traditions du règne précédent. Les ressorts de la monarchie absolue s'affaiblissaient en se distendant. Désormais la royauté va suivre cette pente, tandis que le pouvoir populaire va grandir et s'élever. Un jour ils se heurteront dans une lutte terrible et sanglante qui semblera la mort de cette royauté : ce ne sera que sa transformation. Nul doute que cet affaiblissement, ou plutôt cette déconsidération de l'autorité souveraine, ne remonte à l'abus scandaleux qu'on en avait fait dans les dernières phases d'un règne qui laissait après lui tant de désordres à réparer et trois milliards de dettes à payer! Quelles ressources pouvait-on mettre en œuvre pour combler cet énorme déficit? Les courtisans et le duc de Saint-Simon lui-même proposèrent la banqueroute et la convocation des états-généraux. Le Régent recula sagement devant ces deux partis. Le premier était odieux, le second au moins imprudent. Pour faire face aux premiers besoins on eut recours à de dangereux expédients, dont on n'obtint point les résultats qu'on semblait en attendre. Le premier fut une nouvelle refonte des monnaies : cette opération, déjà usée sous le règne précédent, donna à peine quelques millions, et discrédita et appauvrit la France, dont les espèces passaient à l'étranger, qui les fabriquait au nouveau titre; le second fut la vérification des billets sur l'état, dont une grande partie était le produit de la fraude et de l'usure; le troisième, l'établissement d'une chambre ardente pour juger les traitants qu'avait enrichis l'escroquerie. D'un autre côté, le Régent sacrifia ses goûts de gloire militaire à une paix utile et réparatrice. La cause des Stuarts fut donc complétement abandonnée. Plusieurs n'ont voulu voir dans cet abandon que le calcul d'un esprit ambitieux, dont les prévisions entrevoyaient pour l'avenir l'utilité d'une alliance avec la nouvelle maison d'Angleterre. Quoi qu'il en soit, cette mesure produisit dès 1718 l'extinction de quatre cent millions de dettes et améliora la situation du trésor. Bientôt un nouveau système financier vint lui donner une prospérité inouïe.

Un Écossais, nommé Jean Law de Lauriston, dont toute la jeunesse avait été employée à étudier les secrets du crédit et du commerce, et qui y avait acquis de vastes connaissances, était venu proposer ses plans au Régent, après les avoir vus repoussés dans son pays, à la cour de Louis XIV, à celles de Victor-Amédée et de l'empereur d'Allemagne. Ce système avait trop de séductions, il était trop habilement présenté par son auteur pour ne pas convenir à l'esprit innovateur du duc d'Orléans. En vain la froide raison de d'Aguesseau et du duc de Noailles s'opposa-t-elle au développement d'un plan financier dont ils entrevoyaient avec effroi les suites funestes; en vain le parlement essaya-t-il du droit de remontrances que le Régent lui avait rendu. Les premiers furent momentanément disgraciés. Un lit de justice rendit le parlement à son mutisme d'autrefois. Law put alors agir en liberté (1716). Après la création d'une maison de banque particulière, qui avait acquis, en quelque temps, un haut degré de prospérité, il forma une compagnie des Indes occidentales pour l'exploitation de la Louisiane et du Canada : elle avait tous les droits de la souveraineté, à la seule condition de l'hommage-lige envers le roi de France, et d'une couronne d'or de trente marcs à chaque changement de règne. Le capital devait s'élever à cent millions divisés en deux cent actions de cinq cents livres au porteur. Ces actions furent accueillies assez froidement d'abord, et l'anti-système créé par d'habiles financiers, les frères Pâris, menaçait de les ruiner entièrement. Law, dont le génie impatient s'irritait des obstacles, conçut un projet plus vaste, et, secondé du Régent, put le mettre à exécution. Il obtint, pour sa compagnie, le privilége exclusif du commerce, depuis le cap de Bonne-Espérance jusqu'aux mers du Sud (1719). Elle prit alors le titre de Compagnie des Indes, et étendit ses relations en Afrique, en Amérique, en Asie. De nouvelles actions furent créées : un mouvement de *hausse* commença à se manifester; bientôt il devint rapide; les actions s'élevèrent au-dessus du pair; elles doublèrent, triplèrent de valeur. L'élan était donné, la fortune de quelques-uns troublait l'imagination de tous les autres : on se portait aux bureaux de la compagnie pour échanger son or et son argent contre le merveilleux papier. Grands seigneurs et gens du peuple, tous se confondaient dans un égal entraînement, on courtisait les commis, on exaltait Law; l'enthousiasme pour son système et sa personne se changea en un incroyable délire. La noblesse remplissait ses antichambres; les dames de la cour briguaient ses regards : une d'elles fit verser sa voiture devant la porte de son hôtel pour l'obliger à se montrer. Des ducs et des princes demandèrent à être fiancés à sa fille, qui n'avait pas huit ans; son fils dansait avec le Roi. Séduit comme les autres, le Régent donna à Law le contrôle-général, qu'il ôta à d'Argenson (1720).

Les actions avaient atteint quarante fois leur valeur nominale, et personne ne songeait encore à demander à quoi tenait cette confiance inouïe. Le duc d'Orléans, fastueux et prodigue, appuyait de tout son pouvoir cette heureuse fiction qui fournissait à ses générosités et lui permettait d'enrichir ses amis. Pourtant l'illusion devait se dissiper vite, et la réaction allait être terrible. Elle commença quand les riches actionnaires songèrent à réaliser leur fortune. Celle de quelques-uns s'éleva à trente et quarante millions. Une rumeur inquiète se répandit bientôt. Les demandes de remboursement se multiplièrent; au bout de quelque temps on se précipita pour obtenir des espèces, comme on avait couru au papier. Ici les exigences étaient moins faciles à satisfaire. L'énorme disproportion entre le capital réel et les valeurs émises parut dans tout son jour, et l'épouvante s'empara de tous les possesseurs d'actions. En vain, pour leur rendre un crédit momentané, voulut-on recourir aux moyens forcés : tout fut bientôt inutile. Par une nouvelle et courageuse opposition, le parlement refusa d'enregistrer les édits que le Régent appelait au secours du système, et il fut exilé à Pontoise; cet exil, à vrai dire, n'était qu'une agréable distraction donnée aux membres du parlement et aux seigneurs de la cour, qui leur portaient des consolations dans de joyeuses fêtes dont l'argent du prince faisait les frais. Cependant l'enthousiasme pour Law avait fait place à une haine terrible dans le cœur des milliers de gens qu'il avait ruinés. On menaça ses jours, et le duc d'Orléans fut obligé de lui donner asile dans son palais. La ruine du système s'acheva; les actions et les billets se changèrent en rentes. C'était l'ancien état de choses après bien des désastres. Law s'enfuit à Bruxelles, n'emportant avec lui que la modique somme de huit cents louis, seul débris d'une immense fortune dont il ne put jamais rien recueillir. Il se retira ensuite à Venise, où il devait mourir pauvre. Le duc d'Orléans, puis le duc de Bourbon, avaient continué de correspondre avec lui. C'était à ce dernier que Law écrivait : « Ésope fut un modèle de désintéressement; cependant les courtisans l'accusèrent d'avoir des trésors cachés dans un coffre qu'il visitait souvent : ils n'y trouvèrent que l'habit qu'il avait avant d'être dans la faveur du prince. Si j'avais sauvé mon habit, je ne changerais pas d'état avec ceux qui sont dans les premiers emplois, mais je suis nu.... »

Les ennemis du Régent avaient profité des différentes phases du système pour agir contre lui, habiles à masquer leurs projets au moment où l'enthousiasme gagnait tous les esprits, et profitant de la perturbation que jetait sa ruine pour attiser toutes les haines et rallier tous les mécontents. Dans le fameux lit de justice tenu par le Régent, le parlement n'avait pas seul été humilié [1]; un affront semblable avait été réservé à l'ancienne cour, un plus sanglant aux princes légitimés, qui avaient timidement et maladroitement quitté la séance. Le duc du Maine y fut dépouillé de ses fonctions de surintendant de la maison du roi, et réduit, avec le comte de Toulouse son frère, au rang de pair du royaume. Ce vigoureux coup d'état, en consolidant aux yeux du peuple le pouvoir du duc d'Orléans, qui avait montré autant de fermeté que d'habileté, lui avait fait dans une certaine sphère d'implacables ennemis. La femme du duc du Maine, ambitieuse princesse que toutes les adulations des poètes ne consolaient pas du pouvoir qu'elle avait vu lui échapper, avait fait de sa délicieuse retraite de Sceaux le foyer de toutes les intrigues qui s'ourdissaient contre le Régent. Elle voulait se placer dans l'histoire à côté de la duchesse de Bragance tramant à l'insu de son mari le complot qui devait le placer sur le trône de Portugal; et tous les moyens lui paraissaient bons pour arriver à ce but. Après avoir formé un certain noyau de conspiration, elle eut recours au cardinal Albéroni, astucieux ministre de Philippe V. Tous deux voulaient, disaient-ils, le renversement du duc d'Orléans, le titre de régent pour le monarque espagnol, l'autorité réelle pour le duc du Maine. Le prince de Cellamare, ambassadeur d'Espagne à Paris, se mit, sous l'inspiration de sa cour, à la tête de la conspiration. Le comte de Laval, le cardinal de Polignac et le duc de Richelieu en furent les principaux chefs. Ces conjurés, du reste, s'entendaient assez peu entre eux sur les moyens et sur l'exécution. L'âme du complot était véritablement Albéroni. Au moment jugé favorable par lui, il écrivit au prince de Cellamare de mettre *le feu aux étoupes*. L'ambassadeur se hâta d'envoyer au ministre la copie de toutes les pièces de la conspiration. Elles furent saisies à quatre-vingt-dix lieues de Paris; le complot avait été découvert par une fille publique. Aventurer un secret dans une maison de débauche, c'était le confier à Dubois. Muni de ces papiers, ce dernier vint se présenter chez le duc d'Orléans : le prince était avec une de ses maîtresses. L'agitation feinte de Dubois ne put l'arracher à ses plaisirs. Il répéta en riant le fameux *à de-*

[1] Le parlement se rendit à pied aux Tuileries pour soulever la populace. Chaque membre avait la robe rouge. Ils n'excitèrent que des risées; on criait autour d'eux : *Où vont ces homards ?* (*Mémoires de la princesse Palatine.*)

main les affaires; mais Cellamare n'était point un Pélopidas. Dubois sut utiliser ce délai en vendant chèrement son silence à quelques personnages compromis. Il fit disparaître ce qui pouvait les perdre.

Le lendemain, le Régent lut toutes les pièces avec un admirable sang-froid. Son rapport au conseil fut plein de calme et de noblesse. L'arrestation de Cellamare et de ses principaux complices y fut résolue. Elle eut lieu quelque temps après. Le duc d'Orléans, par une politique adroite et généreuse, qui satisfaisait en même temps son esprit et son cœur, ne voulut se venger que par le ridicule dont il frappa la conjuration. Le duc du Maine fut envoyé au château de Dourlens, et la duchesse à celui de Dijon. Tous les conspirateurs se refusèrent à faire des révélations. Ce fut la princesse qui se chargea de les trahir. Elle les sacrifia à sa liberté, et regagna en triomphe son palais de Sceaux, au moment où quatre gentilshommes bretons expiaient sur l'échafaud le crime d'avoir pris les armes pour sa cause (1720).

Délivré de ses ennemis, le Régent se livra plus que jamais aux excès de tout genre vers lesquels il était fatalement entraîné. Les grandes orgies du Palais-Royal, qu'il appelait ses *petits soupers*, eurent plus d'emportement et de licence. Tous ses roués affectèrent d'imiter ou de surpasser ses débordements. Chez le courtisan, la débauche avait remplacé l'hypocrisie, ou plutôt la débauche était souvent une nouvelle hypocrisie. A peine échappé aux travaux de la journée, le prince s'enfermait avec les compagnons et les compagnes de ses plaisirs, et, dès lors, on eût vainement tenté de parvenir jusqu'à lui : les portes étaient irrévocablement closes.... Nous n'essaierons point de les ouvrir pour dévoiler les mystères qu'elles cachaient : assez d'autres nous ont répété ce qu'ont laissé transpirer les murs. Qu'importent des récits souillés de luxure et tachés de vin? Pourquoi faire revivre ces scandales donnés par les grands du royaume? N'ont-ils pas eu une sanglante expiation?...

Revenus de leur premier étourdissement, les princes légitimés et l'ancienne cour commencèrent à intriguer de nouveau, et remplirent la France de libelles diffamatoires contre le duc d'Orléans. Celui-ci s'en amusa longtemps; souvent même il montra trop de complaisance à en admirer l'esprit. Nul ne fit jamais avec meilleure grâce abnégation complète de son amour-propre offensé [1]; son cœur cependant n'était pas à l'abri de toute

[1] Tous les Mémoires ont conservé quelque fait à l'appui de cette assertion. En voici un entre mille. Voltaire, à peine âgé de dix-neuf ans, avait été mis à la Bastille sur un soupçon injuste. Le duc d'Orléans le rendit à la liberté. Au moment où il arrivait dans l'antichambre du prince avec le marquis de Nocé, chargé de le lui présenter, un violent orage éclata, et le jeune poète osa dire devant tous les courtisans : « Quand ce serait un Régent qui gouvernerait là-haut, les » choses n'iraient pas plus mal. » Nocé, en abordant le duc d'Orléans, lui rapporta ce qui venait de se passer. Le duc rit aux éclats, et accorda une gratification à Voltaire. — Voltaire his-

atteinte. Un jour, il lisait un de ces pamphlets, où la calomnie l'avait chargé des crimes les plus révoltants, et en relevait les détails avec beaucoup de gaieté. Quand il arriva à un passage où l'on renouvelait l'odieuse accusation d'empoisonnement, il s'arrêta, et versa des larmes : cependant il se contenta d'exiler l'auteur, qui continua ses diffamations.

A ces écrits se mêlaient des manifestes lancés par Albéroni, qui fomentait continuellement des troubles à l'intérieur de la France. Le Régent s'en plaignit à la cour d'Espagne; elle lui répondit par une insulte, en élevant à la vice-royauté de Sicile le conspirateur Cellamare, à qui le Régent avait eu la générosité de pardonner son crime. Cette conduite brisait le pacte qui devait unir les deux maisons de Bourbon : la guerre fut déclarée entre elles (janvier 1719). Cette déclaration n'épouvanta ni Philippe V ni son ministre : ils comptaient sur la défection de l'armée française ayant à combattre un petit-fils de Louis XIV. La France était inondée de leurs proclamations, dont l'efficacité ne leur sembla pas un instant douteuse. C'était l'époque où le système de Law, dans l'ivresse qu'il inspirait, semblait la réalisation de tous les rêves de l'alchimie. La nation s'inquiéta peu de la guerre, et l'armée resta inébranlable. Celle-ci avait à sa tête le maréchal de Berwick, qui, après avoir affermi Philippe V sur son trône, venait le combattre aujourd'hui. Les troupes espagnoles étaient commandées par le fils du maréchal, le marquis de Leyra, à qui son père écrivit de bien faire son devoir. Le Régent applaudissait à cette rigidité antique; en même temps, il accueillait avec bienveillance les refus des officiers français que la reconnaissance empêchait de prendre les armes contre le petit-fils d'un roi qui les avait comblés de bienfaits. Cette guerre fut courte, mais désastreuse pour l'Espagne. Du camp de Pampelune, où il était venu pour recevoir l'armée française, Philippe put voir brûler neuf vaisseaux et deux chantiers de la marine espagnole. Il assista aux triomphes de Berwick, qui venait reprendre à ses yeux Fontarabie, Saint-Sébastien et le château d'Urgel. Les illusions dont Albéroni avait bercé le roi d'Espagne s'évanouirent enfin : une lettre du jeune Louis XV, pleine de dignité et de noblesse, écrite sous l'inspiration du Régent, avait été la seule réponse à ses manifestes; d'un autre côté, il apprenait les victoires des Anglais et des Allemands sur sa flotte et sur son armée; il fut heureux d'accéder aux conditions de paix que lui proposait le Régent. L'une d'elles était l'exil d'Albéroni.

La paix était de nouveau rendue à l'Europe. Malheureusement des trou-

torien a été plus favorable au Régent; voici le portrait qu'il nous en a laissé : « De toute la race de Henri IV, Philippe d'Orléans fut celui qui lui ressembla le plus. Il en avait la valeur, la bonté, l'indulgence, la gaieté, la facilité, la franchise, avec un esprit plus cultivé. Sa physionomie, incomparablement plus gracieuse, était cependant celle de Henri IV. Il se plaisait quelquefois à mettre une fraise, et alors c'était Henri IV embelli. »

bles intérieurs empêchaient la France d'en goûter les bienfaits. C'était le moment de la grande crise financière, à laquelle vinrent se joindre deux terribles fléaux : le feu, qui dévora Rennes; la peste, qui dépeupla Marseille et une partie des provinces méridionales. Le cours de la justice était interrompu par l'exil du parlement; la bulle *Unigenitus* divisait toujours le clergé; la cour donnait le funeste exemple de ses débauches; le Régent subissait le joug honteux d'un homme qu'il méprisait, de cet infâme Dubois, pour qui, au grand scandale de toute la chrétienté, il avait obtenu le cardinalat, après l'avoir promu à l'archevêché de Cambrai, illustré par les vertus de Fénelon; il devait plus tard le nommer premier ministre. Ce n'est pas, du reste, une des choses les moins bizarres de cette singulière époque que le pouvoir d'une aussi vile nature sur une intelligence si supérieure. Dans cette confusion de toutes choses, les liens de la morale se relâchaient pour se briser bientôt. La littérature semait partout des germes d'incrédulité. Déjà, au théâtre, la foule battait des mains à ses audacieuses révélations. Il y avait dans l'atmosphère quelque chose de dissolvant qui travaillait sourdement la société; mais telle avait été la force de l'impulsion donnée par Louis XIV à la grande machine gouvernementale, que les rouages fonctionnaient encore, comme d'eux-mêmes, sans moteur apparent.

Cependant la majorité de Louis XV approchait, et le peuple, qui ne pouvait haïr le duc d'Orléans, n'en aspirait pas moins à voir sur le trône un jeune prince qui relevait les plus heureux dons naturels par une grâce exquise, une affabilité pleine de noblesse. Le Régent, lui aussi, attendait ce moment avec impatience, et déjà il initiait aux affaires de son royaume le futur monarque, qui savait apprécier ces soins bienveillants et portait au duc une véritable affection. La maladie qu'éprouva le roi à cette époque fit revivre quelque temps tous les soupçons d'empoisonnement. Une saignée faite par le médecin Helvétius, contre l'avis de tous ses confrères, qui la jugeaient mortelle, sauva les jours de Louis et la réputation du Régent. Cette guérison excita dans le public une joie qui allait au délire : ce fut un immense concert de bénédictions et d'actions de grâce, le plus doux triomphe populaire qu'eût obtenu un roi. Le Régent était vraiment heureux de ce bonheur de tous; « car d'ambition de régner et de gouverner il n'en avoit aucune. » Il songea alors à marier Louis XV et à cimenter, par une double alliance, des liens qu'il voulait rendre durables entre les différentes branches de la maison de Bourbon. Il s'agissait de donner au roi de France une infante d'Espagne et d'unir la fille du duc d'Orléans, mademoiselle de Montpensier, au prince des Asturies. Louis XV donna son consentement, et l'échange des deux princesses eut lieu dans l'île des Faisans (1722).

Aucun acte important ne signalera le temps qui va s'écouler jusqu'au sacre de Louis XV. Le duc d'Orléans, toujours sous l'odieuse domination de Dubois, se livre à des débauches effrénées : à de rares intervalles il s'en distrait par l'étude des arts, qu'il avait aimés et cultivés avec succès [1]. Ses ennemis, toujours aussi acharnés, le poursuivent de leurs calomnies, souvent même de leurs menaces. Il faut lire dans les Mémoires de la princesse Palatine, sa mère, de combien de périls il était entouré, et combien de lettres anonymes pleuvaient au Palais-Royal, pour lui signaler ces dangers. « On craignoit, dit-elle, les tentatives contre sa vie, car il ne prenoit aucune » précaution, couroit la nuit en des carrosses étrangers, soupoit indistinc- » tement chez quelques-unes de ses créatures, parmi lesquelles pouvoient se » trouver des ennemis... Mais, ajoute-t-elle, quand je l'exhorte à se mettre » en garde, il rit et hoche la tête, comme si je lui faisois un conte. Il est » tout naturellement brave, cela fait qu'il ne peut rien craindre ; la mort » ne lui fait pas peur. » Et plus loin : « Le cœur me bat sans cesse, mais » mon fils n'a pas le moindre souci : je le prie, pour l'amour de Dieu, de ne » pas courir en voiture la nuit. » Ces conseils étaient bien inutiles ; il fallait des distractions à cet esprit inquiet ; son âme avait besoin d'une agitation continuelle qui l'empêchât de se replier sur elle-même. « Il étoit né ennuyé, » et s'étoit accoutumé à vivre hors de lui. »

Enfin la régence expire, après avoir duré huit ans, et laisse son nom à cette époque gaie, vive, légère, frondeuse par-dessus tout, pendant laquelle *la France était folle*, selon l'expression du poète. Voici venir un nouveau roi. Il a été sacré à Reims sous le ministère du cardinal Dubois. Le duc d'Orléans est délivré de sa lourde tâche et peut se livrer plus librement à ses excès. Il n'a plus à craindre de compromettre un secret d'état dans les aventureux hasards d'une nuit d'orgie ; et ici, il est digne de remarque que « jamais, dans ses moments d'ivresse, ses favoris ou ses maîtresses ne purent lui en arracher un. Ce prince les méprisoit, et mesdames de Parabère et de Sabran n'eurent jamais une grande influence ; Dubois seul eut sur lui un pouvoir absolu. » Ce pouvoir magique était bien grand, en effet, et le duc d'Orléans lui avait fait des sacrifices qui avaient dû lui paraître bien pénibles ; aussi se lassait-il de cet homme ; il attendait impatiemment l'heure que Chirac avait fixée comme le terme prochain d'une vie de souillures, de bassesse et d'impiété. L'heure arriva. La veille de cette mort, le duc d'Orléans dit, en voyant se former un orage : « Voilà un temps qui, j'espère, emportera mon drôle. » Dubois, fils d'un apothicaire sans fortune, laissait deux millions de revenu. Noailles et Nocé, dont il avait obtenu l'éloignement, furent rappelés aussitôt : « C'est ce coquin de Dubois qui est cause de tout le mal, » disait le prince. — « Reviens, mon cher Nocé ; rien ne pourra plus nous désunir : *Morta la bestia, morto il veneno.* »

[1] « Le duc d'Orléans a fait la musique de deux opéras dont La Fare avait composé les paroles, et qui furent joués dans son palais. Avant la révolution, on voyait sur les murs du château de Meudon de belles peintures exécutées par lui. On cite parmi ses ouvrages en gravure les estampes d'une belle édition de *Daphnis et Chloé*. »

Après quelques hésitations, le duc d'Orléans accepta de Louis XV la place de premier ministre, laissée vacante par la mort du cardinal, et parut se livrer avec une infatigable activité aux affaires de l'état. Le système de Law se présentait toujours à son esprit avec des séductions nouvelles ; c'était son idée fixe, et il lui donnait de magnifiques développements, qui ne frappaient plus que médiocrement les imaginations refroidies par les précédents résultats. Après les journées consacrées au travail, venaient les nuits données à l'orgie... terrible régime, qui devait bientôt briser son existence. De funestes symptômes commencèrent à se peindre sur son visage ; son teint s'enflamma, ses yeux s'ensanglantèrent ; ses amis effrayés l'avertirent. Chirac, l'homme aux fatales prophéties, le menaça d'une mort subite et prochaine. « C'est tout ce que je désire, » répondit le prince. Pourtant, à la prière de ses amis, il promit de changer de vie ; un plan de réforme fut adopté. Le jour où elle devait commencer, une nouvelle amante, la belle duchesse de Phalaris, l'attendait. Il y avait d'un côté défense du médecin, menace de mort ; de l'autre, un plaisir que cette défense et cette menace rendaient plus piquant : il choisit le plaisir. Il s'esquiva pour courir dans les bras de sa maîtresse ; une apoplexie l'y foudroya [1] (23 décembre 1723).

THÉODORE DESCHÈRES.

[1] « Le duc d'Orléans eut de sa femme un fils et trois filles, dont l'une épousa le duc de Berri, l'autre le duc de Modène ; la troisième fut abbesse de Chelles. Il eut deux fils naturels, dont l'un fut légitimé, et devint grand-prieur de Malte ; l'autre se fit avantageusement connaître sous le nom d'abbé de Saint-Albin, et devint archevêque de Cambrai. Accusé de s'être enrichi aux dépens de l'état, il laissa sept millions de dettes. Il avait acheté pour la couronne, moyennant deux millions, le diamant appelé *le Régent*, réputé le plus beau de l'Europe. »

Dessiné par [illegible] Gény-Gros, imp. rue du Plâtre, 18 Paris Gravé par Langlois

MONTESQUIEU.

MONTESQUIEU

NÉ EN 1689, MORT EN 1755.

Il naquit dans un château[1], vécut riche, fut admis près des rois, puis il mourut ayant pour garde-malade une duchesse. De telles faveurs sont rares dans l'empire des lettres. Aux intelligences privilégiées le sort aime mieux réserver un toit de chaume pour abriter leur berceau, un hospice où l'on cloue leur cercueil. Quelquefois, le cachot leur ôte, comme à Galilée, seulement la liberté; mais quelquefois encore la folie, sous les verrous, leur ravit jusqu'à la pensée. Alors les infortunés, ainsi que le Tasse en offre le douloureux exemple, perdent l'unique bien qui pût les consoler de n'avoir aucun des autres biens de ce monde, leur génie : les voilà complets, — pauvres, captifs et fous.

Que si l'on reprochait à la société de refuser pitié et secours à ces grands esprits; que si, pour lui faire honte, on mettait en regard le prix modique d'un volume, comme les *Lettres Persanes*, par exemple, et le prix énorme d'un billet pour voir Taglioni la danseuse, la société répondrait : — Cela se fait dans leur intérêt. Les athlètes se fortifient par la lutte; or, son lutteur naturel, au génie, c'est la misère. — Cependant, riche d'un patrimoine splendide, Byron, haut placé dans la plus haute des aristocraties de l'Europe; Montesquieu, président à mortier au parlement de Bordeaux, promenant ses pas rêveurs sur le sable fin de vertes allées, à la Brède, demeure de ses pères; Montesquieu et Byron, pour n'avoir pas manqué de pain, n'en ont pas moins produit des chefs-d'œuvre que la faim eût détruits, au contraire, dans leur germe.

Mais qu'importe le langage des faits? Continuons de laisser aux prises l'argent et le mérite. C'est d'ailleurs une satisfaction donnée au cœur humain dans ses plus basses passions que de lui montrer un esprit victime de sa sublimité même : cela dédommage le vulgaire. Fortune et médiocrité à

[1] Le 18 janvier 1689.

ceux-ci, gloire et pauvreté à ceux-là. Le train du monde est à ce sujet un bien triste et bien curieux spectacle! Lorsque chez les nations l'argent s'éparpille et gagne la foule, lorsque chacun est riche ou croit le devenir, la vanité s'en mêle. L'argent ne veut plus rien souffrir au-dessus de lui. Plus l'intelligence se manifeste superbe dans les arts, les lettres et la poésie, plus il la dédaigne. Tel est notre siècle; tels sont tous les siècles. Trois villes d'or, Babylone, Tyr et Carthage, n'ont pas laissé un seul livre; elles préféraient leurs palais : mais que sont-ils maintenant ces palais orgueilleux? de vils débris couchés dans la poussière, tandis qu'Homère le mendiant est encore debout.

Nous ne sommes pas assez riches pour en être là, quoique, chez nous, la Bourse ait un temple et nos bibliothèques des galetas; d'ailleurs nous avons des trésors intellectuels, noble héritage du passé : on ne peut nous les ravir. Nous nous bornons à les traiter de vieilleries. Parmi ces trésors, *l'Esprit des Lois* est un beau diamant. Son auteur put y travailler vingt ans à loisir. Comme à Byron, la fortune lui donna l'indépendance, et l'indépendance le rendit maître de son temps; comme Byron aussi, pour se consacrer à l'étude il renonça au siége qu'il occupait par droit d'hérédité. Byron déserta la chambre des lords, Montesquieu s'évada d'une cour de judicature. Quel fut le mobile de Byron? Génie littéraire et non pas politique, désira-t-il rester poète? Quel fut le motif de Montesquieu? Génie propre à la politique et non pas à la magistrature, voulut-il être uniquement publiciste? On doit le croire. Il saisissait d'un jet la pensée du législateur déposée dans la loi; mais les formes de la procédure lui échappaient. Du haut de son fauteuil de président, il avait peine à descendre jusqu'au tabouret du greffier, et Lycurgue ne pouvait guère se mettre de niveau avec Bridoison. Sa nature lui commanda donc de se renfermer dans son cabinet; il obéit. Du fond de cette retraite savante, où le président devint tout à fait homme d'État, s'il ne toucha pas aux affaires, il remua les idées. C'était gouverner à sa manière.

En sortant, l'un du parlement de Bordeaux, l'autre de la chambre des lords en Angleterre, Montesquieu et Byron ne renoncèrent pas à leur noblesse. Son empreinte est sans doute ineffaçable; mais ils auraient pu la laisser au-dessous d'eux. Ils s'en montrèrent, au contraire, très-fiers. La noblesse de Montesquieu n'était pourtant ni bien grande, ni bien ancienne. Elle se forma dans la domesticité de Henri II, au sein de la petite cour de Navarre. On dévoila, dans les pamphlets du temps, l'obscurité de cette origine. Pour combattre la noblesse, bien des gens s'imaginent qu'il suffit de la mettre à nu. On affecte de ne pas comprendre les idées de la monarchie d'après lesquelles la royauté est si resplendissante qu'elle verse sa lumière sur tout ce qui l'approche, même sur un maître-d'hôtel. Il faut seulement plaindre les rois lorsque, par instinct ou par faiblesse, ils descendent jusqu'à leur domesticité, pour lui donner la noblesse. Maître-d'hôtel! ce fut la dignité du trisaïeul de Montesquieu, Jean de Secondat, sieur de Roques. En sa qualité de maître-d'hôtel, et pour ne pas déroger à l'usage, Roques se fit riche. Il acheta par contrat, à la date de 1561, la terre de Montesquieu. Elle fut érigée en baronnie sous le bon plaisir de Henri IV le Béarnais, qui, depuis, conquit son trône à travers deux ou trois batailles, et donna au Louvre plus de majesté en y veillant pour la gloire, avec son pourpoint percé de balles, que tant d'autres rois en y dormant sous des rideaux de pourpre. Les lettres patentes accordées à Jacob de Secondat, fils de Jean, portent : « Pour reconnoître les fidèles et signalés » services qu'il nous a rendus. » Ceci prouverait que le maître-d'hôtel faisait faire bonne chère à ses princes.

Ces détails sont bien puérils; mais comme Montesquieu tenait aux prérogatives de sa naissance et aux priviléges attachés à ses possessions seigneuriales, nous devons traiter sa mémoire comme il aimait que fût traitée sa personne. Cependant, pour le blâmer, faudrait-il avoir les secrets de sa pensée. Que répondrions-nous si, de sa tombe, il nous disait : — Je me suis retranché derrière ma baronnie, fortifié dans mon nom, pour donner plus de liberté à mes écrits? Dans une monarchie pure, il existe une telle affinité entre la royauté et la noblesse qu'elles se ménagent et se protégent mutuellement. Il leur est commandé de se respecter entre elles, de peur que le peuple, s'il les voyait se mépriser, ne pût croire par là qu'elles ne sont ni l'une ni l'autre respectables. Mon nom, sur mon livre, arrêta la main mécontente de la cour, et la Sorbonne elle-même, voyant la cour timide, n'osa se montrer hardie. — Il fallait bien qu'il y eût du sérieux derrière une vanité nobiliaire dont il s'est moqué lui-même Il a écrit : « Je fais faire une assez sotte chose : ma généalogie. »

On dut craindre long-temps que Montesquieu n'eût jamais qu'une célébrité de province, puisqu'il était déjà parvenu à trente-deux ans lorsque parurent ses *Lettres Persanes*. Doutait-il de ses forces? ignorait-il sa destinée? s'essayait-il avant de prendre son essor? Quoi qu'il en soit, à l'exemple de la pythonisse, il était tourmenté, avant de rendre ses oracles, des ardeurs de son dieu. A la rentrée du parlement, il prononça un discours où l'on fut frappé de quelques traits d'une grande force. C'était un ton, des pensées, un style bien faits pour étonner une enceinte où l'éloquence d'ordinaire a quelque chose de spécial, de sec et de traditionnel. Il parla plutôt en législateur qu'en juge. Il avait auparavant rédigé des remontrances au sujet d'un impôt sur les vins. On y fit droit; puis, selon l'habitude, lorsque tomba le bruit de sa parole, l'impôt fut établi. Chose remarquable! les peuples ne peuvent-ils que se plaindre, on les repousse; ont-ils droit de s'opposer, ils renversent; le genre humain roule éternellement dans ce cercle infranchissable.

Peu satisfait de ses efforts, le président punit le pouvoir par son silence. Son génie naissant se tourna alors vers des travaux purement scientifiques et littéraires. Il traça le plan d'un ouvrage sur la religion des païens, dont l'idolâtrie ne lui paraissait pas mériter une damnation éternelle : il y renonça. Une académie consacrée aux arts existait depuis peu à Bordeaux : Montesquieu, l'un de ses membres les plus influents, en changea la destination ; elle devint une académie des sciences. Pour donner l'exemple, il s'appliqua à la physique et à l'histoire naturelle. Il conçut même l'idée d'une histoire physique de la terre ancienne et moderne, vaste entreprise, restée en projet, bien qu'il eût fait, pour en rassembler les matériaux, un appel public au monde savant. Là encore, dans des séances solennelles, il prononça plusieurs discours conservés dans ses œuvres où ils tiennent bien leur place. Interprète de la reconnaissance de cette académie, il composa l'éloge du duc de La Force, son fondateur. Cet éloge a les proportions du sujet : il est fort court, il est empreint du mérite de celui qui en est l'objet ; c'est une œuvre polie. Long-temps après, dans tout l'éclat de sa gloire, dans toute la vigueur de son talent, il écrivit l'éloge du duc de Berwick, qui avait été gouverneur de la Guienne : il semble que Montesquieu ait voulu commencer et finir sa carrière par deux morceaux du même genre, comme pour marquer, par la supériorité du second, l'immensité de la route qu'il a parcourue. Cet éloge, quoique ce ne soit qu'une ébauche, est l'œuvre d'un politique et d'un historien. Berwick était homme de guerre et fils naturel de ce Jacques II qui finit par n'avoir plus pour royaume que le château de Saint-Germain, dont Louis XIV, qui le lui prêta, dédaigna de faire sa maison de plaisance. Le panégyriste rencontra un point délicat à toucher. Berwick avait refusé le secours de son épée pour une tentative en faveur des Stuarts. Montesquieu n'est pas à l'aise dans sa façon de le justifier. Il avait jugé, dit-il, l'impossibilité du succès. Raison par trop sèche : elle tendrait à faire disparaître la vertu du devoir, qui ne serait plus un sacrifice, mais un profit. Malesherbes, en défendant son roi, ne savait-il pas qu'il livrait aux bourreaux une tête de plus ?

Mais il est temps de nous occuper des *Lettres Persanes*, auxquelles il travaillait en silence dans la retraite paisible de son château de la Brède. Il les publia à condition qu'il ne serait pas connu, car « si l'on savoit qui » je suis, on diroit : Son livre jure avec son caractère. Il devroit employer » son temps à quelque chose de mieux. Cela n'est pas digne d'un homme » grave. » Ces réflexions dénotent que M. le président à mortier du parlement de Bordeaux ne se dissimulait point quel blâme l'attendait, non à cause de la partie frivole et légère de ces lettres ; mais, un magistrat doutant de la religion de ses pères, censurant ses rois sans pitié, démontrant avec amertume les vices de son gouvernement, un tel magistrat oublie qu'il attaque tout ce qu'il a mission de défendre. Montesquieu était homme de bien, d'une conscience probe. Aussi, se voyant trahi par la vogue de son livre, il n'hésita pas à se démettre de sa charge de président. Cette vogue fut si grande que les libraires s'en allaient à toutes les portes frappant et disant : Faites-nous des lettres persanes. On aurait pu leur répondre : M. de Montesquieu ne loge pas ici. Une fois séparé du parlement, la désharmonie entre sa position et son œuvre disparut, et la juste susceptibilité du public eut satisfaction. Ainsi son génie l'ayant entraîné vers la composition des *Lettres Persanes*, celles-ci lui firent abandonner la magistrature; ce n'en fut que la conséquence logique.

Ces lettres ne sont pas, dans leur entier, comme on le croit, un simple badinage, une satire piquante des ridicules de nos mœurs, et dont le *Siamois* de Dufresny avait pu être le modèle. Les plus importantes questions de religion et de gouvernement y sont indiquées, sinon développées. A travers un tissu spirituel, on voit poindre la *Grandeur des Romains*, *Eucrate et Sylla* et tout *l'Esprit des Lois*. Jugez-en. Après avoir parcouru d'un œil rapide l'empire des Osmanlis, voici comment il conclut : « Avant deux siè» cles, cet empire sera le théâtre des triomphes de quelque conquérant. » Cela s'écrivait en 1721. Interrogez maintenant la date des temps dans lesquels nous vivons; regardez ensuite les événements qui se passent en Orient, où les armées russes ont pénétré jusqu'aux portes de Constantinople, et ne se sont retirées que pour continuer de la menacer, vous saurez alors si cet ouvrage de plaisanterie, comme l'appelle Voltaire, précisait bien l'époque où doivent s'accomplir les révolutions, choses peu plaisantes de leur nature. A côté de ces prophéties, devenues visibles à nos yeux, se rencontrent les plus hautes vérités de la politique; celle-ci : « Les grands événements ne » sont pas toujours préparés par de grandes causes; au contraire, le » moindre accident produit une grande révolution souvent aussi imprévue » de ceux qui la font que de ceux qui la souffrent. » Rien de plus sérieux ni de plus juste n'est sorti de la pensée de Montesquieu. Voulez-vous un enseignement? étudiez la page des Troglodytes. Ce peuple échappe à sa ruine en triomphant de son égoïsme. Une page si instructive devrait être gravée sur le bronze pour être placée ensuite dans l'hôtel de ville de toutes les grandes capitales de l'Europe, à côté de la table des lois; d'autant que moins il y a d'égoïsme, et mieux les lois sont observées, puisqu'elles ne sont faites qu'afin d'empêcher chacun de nuire à tous.

Que la religion catholique soit attaquée, niée, outragée dans ces lettres, comment en douter, après avoir lu ce passage : « Il est un magicien qu'on » appelle le Pape. Tantôt il fait croire que trois ne font qu'un; que le pain » qu'on mange n'est pas du pain, ou que le vin qu'on boit n'est pas du vin. » En peu de mots, la Trinité et l'Eucharistie, ces deux principaux dogmes du catholicisme, sont livrés au sarcasme. Pourtant l'esprit de Montesquieu était assez perçant pour pénétrer au fond de ce mystère où réside une vérité bien simple et bien claire. Dieu, dans son essence, est une trinité. La puissance, l'intelligence et l'amour en sont les trois principes. L'action de cette trinité s'exerce par la *puissance* qui crée, l'*intelligence* qui coordonne, et l'*amour* qui est l'attraction des êtres vers l'harmonie.

Est-ce donc là chose si incompréhensible, et faut-il être magicien pour la faire croire? ne suffit-il pas, au contraire, d'une pure et sage philosophie? Il ne faut que se regarder soi-même, malgré toute l'imperfection de notre nature, pour comprendre la Trinité dans tout ce qu'elle a de parfait. Et cela doit être, puisque l'homme est l'image de Dieu. Montesquieu, lui, plus que tout autre, était trois personnes en une seule. De même pour le pain qui n'est pas du pain. Allez jusqu'au sens caché; n'est-il pas beau de voir l'homme se laver de ses souillures en mêlant à sa chair le corps et le sang de Jésus-Christ! Il est moins sensé de se rebeller contre de tels mystères que de s'y soumettre. Rebelle, on s'abaisse; soumis, on se relève, puisque par là notre pensée terrestre s'envole jusque dans les sublimités du ciel.

Il est un autre dogme fondamental du catholicisme tout aussi mystérieux, et que pourtant Montesquieu adopte : celui de l'immortalité de l'âme. Il combat même à ce sujet les incrédules, non par les vérités de l'Église, ce qui serait inutile, puisque les incrédules nient ces vérités, mais par le secours de la philosophie, c'est-à-dire avec leurs propres armes. Il leur présente la question sous un double jour, vraie ou fausse, et il conclut que, même fausse, il faudrait encore y croire, comme chose nécessaire et noble pour l'homme. On lit dans ses *Pensées diverses* : « Quand l'immortalité de » l'âme seroit une erreur, je serois fâché de ne pas la croire : j'avoue que » je ne suis pas si humble que les athées. Je suis charmé de me croire im- » mortel comme Dieu même. »

Lisez encore dans ces lettres l'apologie du suicide; le divorce préconisé; la société ainsi sapée dans ses bases. D'une part la destruction de l'individu autorisée quand il est malheureux, c'est-à-dire l'anéantissement du plus grand nombre; de l'autre la ruine de la famille, car le divorce disperse les enfants. Il n'y a rien de gai dans tout cela. Au reste, Montesquieu en est convenu, car il a protesté plus tard de son respect pour la foi catholique, et toutes les grandes idées par lesquelles vivent les sociétés, il les a professées.

Son nom, divulgué, lui ouvrit les portes de l'Académie, non sans obstacle : il avait aiguisé l'épigramme contre ce corps littéraire, mais il pouvait invoquer l'usage; c'était alors le seul corps contre lequel la satire fût permise. Maintenant on a beaucoup mieux : l'Académie y a perdu sa popularité. Le premier ministre, en même temps l'un des princes de l'Eglise, fut plus difficile à vaincre à cause de certains traits irréligieux. On l'apaisa par des démarches, non par une supercherie qu'on prête à Montesquieu, mais bien à tort, indigne de lui, et qui rendrait le cardinal-ministre par trop dupe : car la duperie, même chez les ministres, a des bornes. Cette supercherie aurait consisté, d'après Voltaire, grand fabricateur d'anecdotes, dans la falsification d'un exemplaire des *Lettres Persanes* remis au cardinal. Il n'avait pas lu l'ouvrage. L'exemplaire ne contenait plus les passages incriminés : c'était tout bonnement un faux. L'admission de Montesquieu, choisi pour remplacer M. de Sacy, le traducteur de Pline, repose sur des motifs plus honorables. L'exclusion aurait été un affront qu'on devait épargner à un candidat naguère président à mortier du parlement de Bordeaux, et cet affront, Montesquieu en sentait toute la gravité. L'exclusion perpétuelle, car le ministre avait écrit à l'Académie : « Sa Majesté ne donnera jamais son agrément à l'auteur des *Lettres Persanes,* » cette exclusion lui paraissait avec raison une injure pour sa personne, pour sa famille. C'était un coup porté à la tranquillité de sa vie; il déclara au ministre qu'après l'outrage qu'on allait lui faire, il irait chercher à l'étranger, qui lui tendait les bras, la sûreté, le repos, et peut-être les récompenses qu'il aurait dû espérer dans sa patrie. L'interdiction fut retirée; de puissants amis le secondèrent, entre autres le maréchal d'Estrées, alors directeur de l'Académie. Il faut compter aussi la voix publique fortement prononcée en sa faveur. Un livre, un succès, en ce temps-là, faisaient d'un auteur une puissance : tout s'aplanissait à son approche. Son discours de réception, s'écartant des formes consacrées, fut court, plein d'idées et d'un style serré; même en obéissant à l'usage qui prescrivait l'éloge du cardinal de Richelieu, fondateur de ce corps illustre, il s'en acquitte d'un trait de plume : « Ce grand » ministre tira du chaos les règles de la monarchie, apprit à la France le » secret de ses forces, à l'Espagne celui de sa faiblesse, ôta à l'Allemagne » ses chaînes, lui en donna de nouvelles, brisa tour à tour les puissances, et » destina, pour ainsi dire, Louis-le-Grand aux grandes choses qu'il » fit depuis. » Avec ces quatre lignes tel autre candidat aurait fait quatre volumes.

Une fois qu'il eut échangé son fauteuil magistral pour un fauteuil académique, Montesquieu appartint tout à fait aux lettres; mais depuis longtemps il se préparait à devenir publiciste. Pour juger les lois des différentes nations, il était nécessaire qu'il les étudiât de près : ce fut dans cette vue qu'il entreprit de voyager. Son but était d'examiner partout le physique et le moral, d'interroger les codes et la constitution de chaque pays, de visiter les savants, les écrivains, les artistes célèbres, de chercher surtout ces hommes rares et singuliers dont le commerce supplée à plusieurs années d'observations. Montesquieu voulait dire comme Démocrite : « Je n'ai rien » oublié pour m'instruire; j'ai quitté mon pays et parcouru l'univers pour » mieux trouver la vérité; j'ai vu tous les personnages de mon temps. » Montesquieu acquit en effet par ses voyages la connaissance des hommes.

Mais Démocrite les connut encore mieux, puisqu'il passa le reste de sa vie à rire de leurs folies.

Montesquieu alla en Autriche, en Hongrie, en Italie, en Suisse, dans les Pays-Bas, en Hollande, en Angleterre; ce fut un pèlerinage dans toute l'Europe. Il séjourna à Vienne, où il vit le prince Eugène n'ayant pour tout faste, dans sa retraite, que le souvenir de ses victoires. A Venise, il rencontra le fameux Law réduit, pour vivre, à mettre en gage ses diamants, après avoir, en France, tenu le Mississipi dans son portefeuille. Il trouva aussi le comte de Bonneval, esprit inquiet et brouillon, qui finit par se travestir en pacha à trois queues : au lieu d'aider à la fortune des aventuriers, nos pères aimaient mieux les voir se faire Turcs. A Gênes, il prit de l'humeur; cette humeur nous a valu une longue et triste épigramme contre les Génois. Il n'est pas sorti un seul bon vers de la plume de Montesquieu; après avoir eu la faiblesse de les faire, pourquoi n'a-t-il pas eu le courage de les brûler? Enfin il demeura deux ans à Londres; il s'y lia avec les personnages les plus célèbres. Lord Chesterfield conserva de lui un tel souvenir qu'il rendit sa douleur publique lorsque la mort de Montesquieu vint attrister la France et aussi l'Europe : il est de ces pertes qui touchent, non pas une nation seule, mais tout le genre humain.

Dans ces voyages, doges, rois et reines s'empressèrent de le fêter. Son génie, quoiqu'il n'eût pas atteint son apogée, lui valut des honneurs que sa naissance et sa dignité parlementaire n'auraient pu lui obtenir. D'un naturel timide, il eut pourtant des reparties heureuses dans ces différentes cours. Étant à Luxembourg, dans la salle modeste où dînait l'Empereur, le prince Kiuski lui dit : « Vous êtes bien étonné de voir l'Empereur si mal logé? — Je ne suis pas fâché, répondit-il, de voir un pays où les sujets sont mieux logés que le maître. » En Angleterre, chez le duc de Richemond, l'envoyé de France, La Boine, soutint que l'Angleterre n'était pas plus grande que la Guienne; il releva l'inconvenance de ce langage. Le soir, la Reine lui dit : « Je sais que vous nous avez défendue contre M. de La Boine. — Madame, repartit Montesquieu, je n'ai pu m'imaginer qu'un pays où vous régnez ne fût pas un grand pays. » Montesquieu, en rapportant cette anecdote, traite La Boine de fat. L'épithète peut être juste et méritée; mais depuis que nous avons cessé d'être fats envers l'Angleterre, elle est devenue envers nous impertinente. On lui prête aussi une saillie, à Rome, toute dans le goût des *Lettres Persanes*. Le Pape lui avait dit : « Mon cher président, comme souvenir de votre visite, je vous donne la permission de faire gras toute votre vie. » L'évêque camérier l'ayant conduit à la daterie, on lui expédia les bulles de dispense, et on lui présenta une note un peu forte des droits à payer. Montesquieu, effrayé de cet impôt sacré, rend au secrétaire son brevet et lui dit : « Le Pape est un trop honnête homme pour que je ne m'en rapporte pas à sa parole. »

De retour enfin dans sa patrie, il résuma ainsi ses observations sur tous les pays qu'il avait visités, en partant de cette vérité pratique qu'il faut prendre les pays comme ils sont. « Quand je suis en France, disait-il, je fais amitié à tout le monde ; en Angleterre, je n'en fais à personne ; en Italie, je fais des compliments à tout le monde ; en Allemagne, je bois avec tout le monde. » Après être si long-temps resté hors de sa retraite favorite, la Brède, il s'y renferma pendant plus de deux ans pour y vivre avec lui-même, pour y méditer sur les causes de la grandeur et de la décadence des Romains. Cet ouvrage immense, renfermé dans deux cents pages d'un in-octavo, fut publié en 1734. Machiavel avait déjà fait ce travail, mais seulement sur les deux premières décades de Tite-Live. Le livre de Machiavel précède celui de Montesquieu comme le bois sacré servait d'avenue aux temples païens.

Le grand écrivain procède à la manière des anatomistes. Rome lui présente son cadavre, et, par une savante autopsie, il découvre cette vérité que l'histoire de la souveraine du monde est un traité complet de haute et sage politique ; pas une seule action mémorable qui ne soit réglée selon les vraies maximes ; Montesquieu l'a compris, l'a deviné ; il semble avoir retrouvé le registre où le Sénat consignait ses délibérations secrètes, et dont la perte est si regrettable. On a dit des Romains : C'est un peuple de rois ; et par là on marquait sa puissance. On devrait dire, en signe de son habileté : C'était un peuple d'hommes d'État. Deux choses contribuèrent à le rendre maître de l'univers : la discipline dans ses armées, la politique dans son Sénat. Rome forma sa discipline et sut la perfectionner de ce qu'elle prenait à chacun de ses ennemis ; elle étudiait toujours la guerre, même dans la chaleur du combat : ses batailles étaient pour elle d'utiles leçons. Si quelque nation tenait de la nature ou de son institution un avantage particulier, elle en faisait usage ; elle n'oublia rien pour avoir des chevaux numides, des archers crétois, des frondeurs baléares, des vaisseaux rhodiens. De même pour sa politique ; elle la régla sur l'autorité des grands faits historiques. L'entreprise audacieuse de Scipion, allant porter ses armes devant Carthage lorsqu'Annibal campait devant Rome, n'est qu'un plagiat. Agathocle, tyran de Syracuse, attaqué par ces mêmes Carthaginois, avait agi de la sorte : loin de laisser intimider la Sicile, il épouvanta l'Afrique. La discipline fut le bras de Rome ; la politique, sa tête. Mais la discipline se relâcha lorsque les généraux, pour parvenir à l'empire, corrompirent le soldat : la politique se perdit lorsque, au lieu de choisir des consuls à grandes vertus et à mérite éclatant, on n'eut plus que des empereurs imposés par la violence. Les destinées de Rome dépendirent alors du caprice de ces princes ou des folies de leur cour, moins folle quelquefois, il est vrai, que le prince. Dans le nombre, le hasard en amena qui furent de grands hommes : Rome alors se retrouva glorieuse et puissante.

Mais bientôt la débauche et la férocité régnèrent avec les Césars, et Rome se montra dégradée à l'univers qu'elle avait vaincu et étonné : enfin les empereurs devinrent d'une faiblesse stupide, et Rome expira. Ce peuple, dans son existence de nation, suivit les phases de la vie humaine : fort dans sa jeunesse, l'âge mûr développa son génie ; puis, décrépit par la vieillesse, l'imbécillité le mit au tombeau. L'empire grec ne ressemblait guère plus à l'empire romain qu'un vieillard à un jeune homme. Ces Grecs bavards, pour retarder leur chute, eurent recours au feu grégeois contre les vaisseaux ennemis, à des forteresses contre les barbares. Mais lorsque le patriotisme ne dirige plus le bras d'un peuple, que peuvent et le feu et la pierre? L'homme vit par l'âme, une nation par son courage.

Le dialogue de *Sylla et d'Eucrate* est l'appendice des *Causes de la Grandeur et de la Décadence;* c'est la même étude d'analyse, appliquée, non à un peuple, mais à un caractère. Il y a de la fantaisie dans cette belle scène ; tout n'y est pas conforme à la vérité historique : on prendrait Sylla pour l'un de ces rhéteurs qui se plaisaient à discourir dans le jardin d'une académie. Sylla le proscripteur, dévoilant sa conduite comme le produit d'un plan systématique, accorde trop à la théorie : tout n'est pas calcul dans les hommes d'action. Eucrate a raison de lui dire : « Je ne vous croyais pas une ambition si raisonneuse. » Terrible chef de parti, exécuteur impitoyable des colères du patriciat romain, qu'effrayait la puissance populaire livrée à l'énergie farouche de Marius, Sylla, armé d'un glaive aiguisé sur le bouclier de Mithridate vaincu, régnait par la mort. Dans une seule de ses sanglantes journées, il fit égorger, hors des portes de Rome, jusqu'à deux mille victimes dont les cris arrivèrent dans la ville où les apportait le vent, devenu de cette sorte une voix d'épouvante ; puis, quand il eut rassuré l'aristocratie, le dictateur se reposa. Son abdication, perpétuel étonnement de nos âges, dut paraître plus naturelle à Rome, où son mépris pour le peuple le conduisit au dégoût de le gouverner ; où, connaissant bien la lâcheté publique, il congédia ses licteurs, n'ayant nul besoin pour garder sa vie de leurs faisceaux menaçants. Les peuples sont toujours timides devant qui les méprise, car le mépris prouve qu'ils valent peu de chose, et que par suite on ne les craint pas. Mais il vint un moment, réaction inévitable, qui fit prendre à Rome sa revanche, lorsque César passa du côté du peuple avec son génie et ses légions. Alors l'aristocratie comprit qu'elle était destinée à périr, et qu'à force de crimes, Sylla n'avait pu que prolonger pour un temps limité son existence. C'est à Pompée qu'était réservé le funèbre honneur de l'ensevelir dans le vaste cercueil de Pharsale.

La réputation de Montesquieu grandit beaucoup par la publication de cette histoire politique de Rome ; mais ce ne fut qu'un chemin frayé pour une plus vaste entreprise, l'*Esprit des Lois.* Sa vie en avait été la méditation continuelle : lectures, voyages, analyses, tout lui servait pour le même but. Comme l'île de Crète à Lycurgue, l'île Britannique lui offrit l'étude de sa constitution. Son travail l'effraya plus d'une fois; il l'abandonna, le reprit; il le sentit, d'après son aveu, tomber de ses mains paternelles. Prêt à livrer le manuscrit à l'impression, il consultait encore ses amis, Helvétius et Saurin. Il est vrai qu'Helvétius, dans une lettre à Saurin, où il lui annonce qu'il a transmis au président les observations dont ils étaient convenus, s'exprime ainsi : « Nos avis ne l'auront point blessé. Il souffre volon» tiers les discussions, y répond par des saillies, et change rarement » d'opinion. » En effet, Helvétius et Saurin n'empêchèrent point la publication de l'*Esprit des Lois;* elle eut lieu en 1748.

On le sait, dans son *Histoire Universelle,* Bossuet, prenant place parmi les prophètes aux pieds de l'Éternel, voit défiler sous ses yeux la longue caravane de tous les peuples, ayant en tête un seul homme, Adam. Ainsi d'un filet d'eau sort un fleuve immense. A mesure que chaque peuple passe, Bossuet raconte ses révolutions, en explique la cause, et il ne peut la méconnaître, puisque Dieu, à ses côtés, la lui révèle en disant : « Je l'ai voulu. » Montesquieu n'est pas à cette hauteur; il reste à terre, voyageur d'un esprit vif, pénétrant, sagace, se réglant sur l'exemple d'Hérodote, mais non pour examiner les monuments, décrire les costumes, rendre compte des usages; non pour l'étude exacte des lieux : sa marche est tout autre. Son attention se porte sur la législation, la morale et la politique. Ses pérégrinations laborieuses ont pour but de visiter les nations, vivantes ou mortes, les unes dans leurs villes, les autres dans leurs nécropoles, soigneux de tirer des archives de celle-là, d'exhumer des cendres de celle-ci, le livre de leurs lois, pour montrer quel esprit les a dictées. Ainsi, par les lois qui les faisaient vivre ou les animent encore, ces nations livrent le secret de leurs destinées. Montesquieu établit que l'état de guerre commence pour l'homme avec l'état de société. De là naît la nécessité salutaire des lois qui sont un armistice entre les empires et un traité de paix perpétuel pour les citoyens : la première loi sera l'existence d'un gouvernement. L'auteur admet tous les pouvoirs et conçoit tous les systèmes politiques; de cette sorte, la forme de chaque gouvernement est la raison des lois, et les lois sont une des causes de l'histoire des peuples, histoire religieuse, morale, politique, militaire et législative, dans laquelle l'auteur rencontre trois conquérants : Alexandre, Charlemagne et Charles XII. Le travail des événements devait amener ces trois grands ouvriers : quelques pages lui suffisent pour encadrer ces figures colossales.

Il ne décrit que trois gouvernements, tous les autres étant mixtes; ce sont le républicain, le monarchique et le despotique, dans lesquels les lois doivent être relatives à leur nature, c'est-à-dire à ce qui les constitue et les fait agir. Quant aux principes de ces trois gouvernements, plus ils sont en vigueur, plus le gouvernement est stable; plus ils s'altèrent, plus il incline vers sa ruine. Les lois que les législateurs conçoivent et promulguent pour ces divers états doivent donc être conformes à leurs principes; cette différence de principes doit en produire dans le nombre et dans l'objet des lois; mais il en est une commune à tous les gouvernements modérés, et par conséquent justes, c'est la liberté politique dont chaque citoyen a droit de jouir. Après ces observations générales sur les gouvernements, l'auteur examine les récompenses qu'on y propose, les peines qu'on y décerne; les vertus qu'on y pratique, les fautes qu'on y commet; l'éducation qu'on y donne, le luxe qui y règne; la monnaie qui y a cours, la religion qu'on y professe; il compare le commerce, celui des anciens avec celui de nos jours, tel qu'il est en Europe, tel qu'il se développe dans les autres parties du monde. Il examine quelles religions conviennent mieux à certains climats, quelles causes peuplent ou dépeuplent les empires. Les mœurs de tous les temps, les événements de tous les lieux sont habilement mis en œuvre pour éclaircir les principes, et les principes à leur tour répandent leur lumière sur les mœurs et les événements; ainsi l'auteur se conforme au précepte qu'il a posé lui-même : « Il faut étudier les » lois par l'histoire et l'histoire par les lois. » Un tel ouvrage mériterait d'avoir pour titre : *De la Législation universelle*. Cependant on a reproché, non sans raison, à Montesquieu d'avoir fait un tout irrégulier, une chaîne interrompue, avec les plus belles parties et les plus beaux chaînons. C'est ce qui est démontré par ceux-là mêmes qui ont cru pouvoir en donner une analyse étendue, tels que d'Alembert et Bertolini : ils n'ont pu ni en suivre l'ensemble, ni en découvrir l'idée fondamentale; ils se sont tellement engagés dans les détails qu'ils n'ont fait de ce beau livre qu'une copie, mais privée de sa vigueur, de son originalité, et toute décolorée. Helvétius, dans une de ses lettres, n'a pas commis la même erreur : « Voulant rallier toutes ses idées, dit-il, et ne rien perdre de » tout ce qu'il avait pensé, écrit ou imaginé depuis sa jeunesse, selon » les dispositions particulières où il s'est trouvé, Montesquieu s'est servi » d'un système dont il avait besoin dans ce but. » Aussi tous les commentateurs, et ils ont été illustres, puisqu'ils offrent, entre autres noms, ceux de Voltaire, d'Helvétius et de Condorcet, tous ont pris séparément une pensée, un chapitre, ou quelquefois un exemple tiré de voyageurs discrédités, un paradoxe mis à la place de vérités. Nul ne s'est retranché dans le plan pour examiner de quelle manière il était construit et pour en faire ressortir la grandeur et la sagesse. Un autre commentateur a laissé son nom, mais son ouvrage a disparu, détruit par ses propres mains : Claude Dupin, fermier-général, dont le fils eut un moment J.-J. Rousseau pour instituteur, lorsque Jean-Jacques s'ignorait encore, fit imprimer trois volumes sous ce titre : *Observations sur l'Esprit des Lois*. Sa femme, remarquable par son esprit et sa beauté, avait écrit la préface; mais, au moment de la publication, il ne distribua qu'une trentaine d'exemplaires à ses amis; tout le reste de l'édition fut anéanti. Il eut peur, et cette peur lui inspira un acte de courage et de sagesse. Montesquieu venait de prouver qu'il savait tuer ses adversaires à coups d'épigrammes, et peut-être, en rencontrant, au fort du combat, madame Dupin, n'aurait-il pas été plus galant que Diomède : le cruel ne blessa-t-il pas Vénus elle-même?

De justes censures s'élevèrent néanmoins contre ce livre de *l'Esprit des Lois*. Elles sont restées. On se plaignit de trouver trop souvent des saillies où l'on attendait des raisonnements; une singulière affectation de ne mettre que trois lignes dans un chapitre : mais les mêmes choses, dites longuement et avec plus de science, auraient-elles été lues? S'il n'instruit pas toujours, ce livre fait toujours penser. Il en est peu où il y ait plus d'érudition piquante, plus d'idées ingénieuses, plus de vues profondes. Les uns pour le censurer ont dit : C'est de l'esprit sur les lois; les autres pour l'exalter l'ont appelé le code des nations. De son succès naquirent des ennemis en foule : ils écrivirent contre l'auteur; il les laissa dire et passer, puis il publia sa *Défense de l'Esprit des Lois,* véritable chef-d'œuvre de logique, de bon sens et de fine et mordante plaisanterie. C'est, a-t-on dit, de la raison assaisonnée. Ainsi dut plaider Socrate devant ses juges. La Sorbonne, qui s'était emparée du livre pour le foudroyer, s'arrêta devant un si redoutable adversaire. *L'Esprit des Lois* ouvrit en France la discussion des principes en matière de gouvernement; Montesquieu a élevé notre première tribune politique.

A ces productions capitales il mêla diverses pièces légères dont quelques-unes ont de la portée : ce sont les délassements de plus grands travaux. Mais quand l'aigle fatigué de son vol se repose sur la pointe d'un rocher, en est-il moins le roi des airs? Dans *Arsace et Isménie*, l'auteur met en relief le double phénomène d'un roi qui, despote et mari, aime sa femme et rend son peuple heureux, comme si sa femme était sa maîtresse et si son peuple était libre. Il y a aussi parmi les personnages un ministre original qui se passionne pour le bien public : c'est un vrai roman, un jeu d'esprit.

Lysimaque offre le spectacle de la philosophie aux prises avec la puissance : celle-ci tyrannique et cruelle, celle-là victime et calme. Alexandre voulait être salué à la manière des Perses : le sage Callisthène s'y refusa. Dans sa colère, Alexandre lui fit couper les pieds, le nez, les oreilles, et pour prison lui donna une cage de fer. L'un des capitaines de l'armée, Lysimaque, vient visiter le captif mutilé pour le plaindre, et il le trouve s'applaudissant de son martyre. « Si les dieux, lui dit Callisthène, avoient placé la vertu dans les voluptés, elle seroit trop facile; ils l'ont mise dans la souffrance pour qu'elle soit un triomphe. » Callisthène prédit ensuite à Lysimaque qu'il régnera sur l'Asie. Il l'a vu en songe, à côté de Jupiter, le sceptre à la main, le bandeau royal sur le front. C'est ainsi qu'il dévoile le châtiment que la justice des dieux réserve à Alexandre. En effet, promettre la couronne au sujet, c'est annoncer au maître que la sienne sera brisée; que sa postérité n'en recueillera même pas les débris. Cela arriva; rien ne resta d'Alexandre, rien, ni de son sang ni de sa puissance. Après avoir en quelques mois conquis le monde, lui et toute sa race furent en quelques heures conquis par la mort. La vertu seule est immortelle, la seule justice des dieux est immuable.

Le Temple de Gnide est un joli petit poème en prose, dans le genre mythologique, où Tacite et Machiavel, devenus Anacréon et Tibulle, célèbrent l'amour au souffle du Zéphyr qui, tout en se jouant, fait pleuvoir sur eux la fraîcheur du bout de ses ailes diaprées. Montesquieu aimait la poésie. Il avait même placé dans *l'Esprit des Lois* une invocation aux Muses, que Jacob Vernet, ministre de l'Église de Genève, chargé de revoir les épreuves, lui fit retrancher, non sans peine. Même dans un ouvrage où la matière est si pesante, pour nous servir de l'une de ses expressions, il voulait, par une invocation, se rapprocher des formes de l'épopée. Il était poète partout, excepté dans ses vers.

A la suite du *Temple de Gnide*, et comme un chant de plus, tant les genres se ressemblent, on trouve une espèce d'églogue intitulée : *Céphise et l'Amour*. Par une sorte de respect pour son propre génie, Montesquieu publie cette églogue comme une traduction. Il se permet la même fraude à l'égard du *Temple de Gnide*, attribuant les deux ouvrages au même auteur. C'est un Grec, dit-il, du temps de Sapho. On a souvent cité le trait de la préface où, répondant d'avance aux censeurs qui lui reprocheraient des œuvres si frivoles, il annonce un livre de douze pages auquel il travaille depuis trente ans, et qui doit contenir tout ce que nous savons sur la métaphysique, la politique et la morale. Ce trait est emprunté à un apologue oriental. Un jeune calife, désirant s'instruire, mais effrayé des dix mille volumes de sa bibliothèque, envoie quérir un vieux derviche : « Tu m'en feras un extrait pour que je puisse connoître ces livres sans avoir besoin de les lire, les soins de l'État m'en empêchent. » Le derviche, son travail achevé, revient, et lui remet un carré de papier large comme la main : « J'ai lu tes dix mille volumes : en voilà l'esprit. »

Ici nous trouvons un contraste, assez fréquent, du reste, même dans les esprits les plus supérieurs. Avec un goût naturel qui l'entraînait vers la composition de ces ouvrages presque poétiques, son jugement manque de justesse et de sûreté quand il l'applique à des œuvres purement littéraires: il avait le coup d'œil plus ferme pour bien voir tout l'empire romain, que pour apprécier le mérite d'une pièce de théâtre; l'*Inès de Castro*, de La Mothe, le transporte. « Elle a réussi à force d'être belle; la grandeur de la » tragédie, le sublime et le beau règnent partout. » Après avoir assisté à plusieurs représentations, il s'est senti plus touché les dernières fois que les premières. Or, *Inès* est maintenant tout à fait oubliée. Crébillon, quoique bien au-dessus de La Mothe, excite cependant dans Montesquieu un enthousiasme par trop outré. « Nous n'avons pas d'auteur tragique, dit-il, » qui nous remplisse plus de la vapeur du dieu qui l'agite! Il vous fait entrer » dans le délire des bacchantes; on ne sauroit juger son ouvrage, parce qu'il » commence par troubler cette partie de l'âme qui réfléchit. » Ses éloges, montés à cette hauteur, tombent tout à plat lorsqu'il s'agit de Voltaire. Voici le trait qu'il lui jette : « Voltaire n'est pas beau; il n'est que joli. » Qu'il s'occupe des étrangers ou des anciens, ses jugements n'offrent pas moins matière à contestation. Parle-t-il de l'Arioste, « il ne peut être com- » paré à personne, parce que personne ne peut lui être comparé. » Il s'extasie sur deux chefs-d'œuvre de l'antiquité : *la Mort de César* dans Plutarque; *la Mort de Néron* dans Suétone. Pourquoi donc ne pas aller jusqu'à Salluste, jusqu'à Tacite? Pourquoi, par exemple, ne pas citer Agrippine, portant dans ses bras l'urne où sont renfermées les cendres de Germanicus, et marchant, au milieu d'un peuple immense, vers Rome, veuve, comme elle, de ce grand homme? Aussi laissons de côté ces appréciations littéraires, ces petites pièces détachées, fruits légers d'une heure de loisir. Cherchons ailleurs la place de Montesquieu. L'importance même du livre sur *les Causes de la grandeur et de la décadence de l'Empire romain* ne la lui a pas donnée. Sa véritable place, un tel génie la tient de l'*Esprit des Lois*. Son premier ouvrage semblait lui en destiner une autre : les *Lettres persanes* l'associèrent d'abord à la secte philosophique dont Voltaire était le patriarche. Mais Montesquieu ne pouvait être à la suite de personne. Dès lors ambitionnant pour lui seul une carrière à part, il entra d'un pas hardi dans la politique. C'était un empire désert; il le peupla de ses idées, et s'en fit roi.

Mais comment la philosophie et la politique, ces deux puissances temporelles et spirituelles qui régissent les peuples, s'étaient-elles substituées à l'Église et à la royauté? je vais essayer de le dire. Louis XIV ayant tout aplani, tout soumis, tout comprimé, était seul tout l'État; Louis avait créé autour de lui le silence. Le monarque même ne parlait plus à ses peuples, si ce n'est par ses actions et sa gloire. Ses pâles successeurs n'héritèrent pas de cette gloire, et vécurent oisifs. Dès lors, le peuple cessa de les entendre; c'est tout au plus s'il les voyait. De même pour l'Église; elle écrasa la réforme dans La Rochelle, par les mains de son Richelieu; elle en exila les débris en provoquant la révocation de l'édit de Nantes; délivrée du combat, elle s'endormit. Sans doute l'autel avait encore ses pompes, mais la chaire restait muette. Cependant, aux peuples, des pouvoirs purement matériels ne suffisent pas, les peuples ont besoin de se nourrir d'opinions et de croyances. Alors se dressèrent Voltaire et Montesquieu; l'un enleva à l'Église la philosophie, l'autre à la royauté la politique; mais comme toute usurpation se déclare l'ennemie de l'autorité dépouillée, l'usurpation donna la philosophie à l'incrédulité railleuse, la politique à la démocratie indocile. Il y eut lutte; elle dure encore : elle finira lorsque la royauté deviendra intelligente, lorsque l'Église aura retrouvé la voix du ciel pour parler à la terre.

Voyez-les bien, ces grands esprits, Voltaire et Montesquieu, renfermés dans leur château, l'un à Ferney, l'autre à la Brède; celui-là exilé pendant plus de vingt ans, celui-ci s'exilant chaque année huit mois : mais du fond de leur solitude, tous deux gouvernent en souverains absolus l'opinion de leur siècle. Ils habitaient, à vrai dire, Versailles et le Vatican, ou plutôt, sur les ruines de ces palais détruits, sur ces puissances détrônées, ils avaient bâti leur forteresse, élevé leur autorité d'intelligence. Les idées, en France, n'allaient plus qu'à eux, ou, ceci est encore plus exact, c'est d'eux seuls qu'elles venaient. La royauté et l'Église n'avaient plus qu'un trône de bois et des autels de marbre d'où les peuples s'étaient retirés, laissant ainsi à l'abandon les représentants sacrés de ces deux cultes, le prêtre et le roi. Montesquieu et Voltaire ressemblaient aux anciens oracles, toujours cachés, et ne livrant jamais à la foule que leur parole. Tous deux eurent encore de particulier et de commun qu'ils vinrent mourir à Paris. Voltaire arriva en triomphateur; la philosophie, victorieuse, passa avec lui le Rubicon. Montesquieu eut une fin moins bruyante. L'un mourut en quelque sorte dans les salons, l'autre sur la place publique. La vie du président avait été également moins engagée dans les querelles, moins aigre que celle du patriarche. On trouvait dans Montesquieu quelque peu du calme des sages de l'antiquité. A part ses voyages, il n'offre rien à son historiographe : ce qu'il a fait est dans ce qu'il a écrit. Sous ce rapport, il fut plus philosophe que le patriarche de Ferney. Il aurait pu se donner pour exemple à madame du Châtelet lorsque celle-ci lui ayant dit qu'elle se privait du sommeil, la nuit, pour étudier la philosophie, il lui répliqua : « Il faudroit au contraire » apprendre la philosophie pour mieux dormir. » C'est ce qu'il faisait. « J'éprouve un engourdissement si prompt et si doux lorsque j'entre dans mon » lit, a-t-il écrit, qu'il m'ôte la possibilité de toute réflexion, et le lendemain, » au jour, je m'éveille en revoyant la lumière avec une joie ineffable. »

Sa renommée était immense, lorsque la mort le frappa d'une manière soudaine. Ainsi le Tasse, prêt à saisir la couronne d'or au Capitole, expira; ainsi Paul-Émile aperçut de son char triomphal la flamme du bûcher de ses fils. Toujours le néant à côté de la gloire. L'illustre écrivain tomba malade au mois de février, à Paris, où il était venu passer l'hiver, au milieu des grandes célébrités de l'époque. Sa santé depuis quelque temps était fort altérée. Sa vue usée par la lecture s'éteignait. A peine la nouvelle de son danger se fut-elle répandue qu'elle devint l'objet de l'inquiétude publique. Sa maison ne désemplissait pas de personnes de tous rangs : le

Roi lui envoya M. le duc de Nivernais pour s'informer de son état. Sa fin ne fut point indigne de sa vie. Éloigné d'une famille à laquelle il était cher, entouré de quelques amis et d'un grand nombre de spectateurs, il conserva jusqu'au dernier moment la paix et l'égalité de son âme, désirant se montrer à la fois chrétien et philosophe. J'ai toujours respecté la religion, dit-il : cela était vrai, non dans ses écrits, mais dans sa conduite. Enfin, plein de confiance dans le Dieu qui le rappelait à lui, il mourut avec la tranquillité d'un homme de bien. Ce fut le 10 février 1755, à l'âge de soixante-six ans révolus. Madame la duchesse d'Aiguillon écrivit à l'abbé de Guasco : « L'intérêt que le public a témoigné pendant sa maladie, le regret universel, ce que le Roi en a dit publiquement, que c'étoit un homme impossible à remplacer, sont des ornements à sa mémoire, mais ne consolent point ses amis. La privation d'un tel homme dans la société sera sentie à jamais par ceux qui en ont joui. Je ne l'ai pas quitté jusqu'au moment qu'il a perdu connoissance. »

L'Académie lui fit un service solennel. A Berlin, l'Académie des sciences et lettres, quoiqu'elle ne fût point dans l'usage de consacrer un éloge aux étrangers, y dérogea cette fois. Maupertuis malade sortit de son lit pour louer Montesquieu ; ce fut, en France, d'Alembert qui brigua le même honneur. Celui-ci ayant vécu dans l'intimité de cet homme célèbre, il est essentiel de voir comment il le juge : c'est un témoin qui dépose : « Il était, dit-il, dans le commerce, d'une douceur et d'une gaieté toujours égale. Sa conversation, légère, agréable et instructive, était coupée, comme son style, pleine de sel et de saillies ; point d'amertume, point de satire ; personne ne racontait mieux et sans apprêts. Ses fréquentes distractions ne le rendaient que plus aimable ; il en sortait toujours par quelque trait inattendu. Il était sensible à la gloire ; mais il ne voulait y parvenir qu'en la méritant. Jamais il n'a cherché à augmenter la sienne par aucune manœuvre. Digne de toutes les distinctions et de toutes les récompenses, il ne demandait rien, et ne s'étonnait point d'être oublié. Quoiqu'il vécût avec les grands, par convenance et par goût, leur société n'était pas nécessaire à son bonheur. Il fuyait, dès qu'il le pouvait, dans sa terre pour y retrouver sa philosophie, ses livres et le repos. »

A ces traits de d'Alembert, on peut en joindre d'autres. D'un caractère timide, sa langue était comme liée devant les sots ; cette timidité disparaissait quand, au contraire, il était sûr d'être compris. Il pardonnait aisément, par la raison qu'il n'était pas haineux ; il lui semblait que la haine est douloureuse. Les salons, où l'on peut se tirer d'affaire avec son esprit de tous les jours, lui plaisaient. Sans aller jusqu'à l'épigramme, il se divertissait en lui-même des hommes qu'il voyait, sauf à eux de le prendre à leur tour pour ce qu'il valait, sorte d'arrangement, j'en conviens, où personne, excepté lui, n'avait à gagner : d'autant que jamais homme de quelque valeur n'eut permission de le railler deux fois de suite. D'après ses idées sur la vertu, il fallait la pratiquer par devoir, et, à défaut, par calcul, la vertu étant chose si belle, que, n'importe sa source, elle est toujours utile à soi et aux autres. « Se faire esclave de l'argent, disait-il, c'est lui ôter son avantage, celui de nous rendre libre. » Toute visite qui pouvait sembler intéressée lui devenait impossible. On l'accusa cependant d'avarice parce qu'il dépensait peu, mais par un motif honorable, ne voulant point devoir sa fortune à des moyens étrangers, trop souvent bas ou injustes. Sa vie fut un modèle de modération et de frugalité. Grâce à cette modération, aucun de ses chagrins ne résista à une heure de lecture. Le monde des idées lui rendait le calme perdu dans le monde des réalités. La plupart des grands lui inspiraient une crainte puérile; dès que la connaissance était faite, il passait presque sans milieu jusqu'au mépris. Toujours son cœur éprouva de la joie lorsqu'une bonne mesure gouvernementale allait au bien commun. Enfin il a consigné dans ses œuvres cet aveu, digne d'honorer sa mémoire, qu'à l'exception d'un seul il avait conservé tous ses amis. Aussi a-t-on de lui ce mot heureux : « Je suis amoureux de l'amitié. »

Jamais, quoiqu'il fût très-économe, sa bourse ne resta fermée pour retenir l'or d'un bienfait; jamais devant lui ne coulèrent des larmes sans qu'il en fût attendri. A Marseille, où il allait tous les ans visiter sa sœur, un batelier, qui lui faisait traverser le port, lui raconta en pleurant que son père était captif à Alger. Peu de temps après, le père était dans les bras de son fils. Qui l'avait ramené, on l'ignora. On le sut lorsque Montesquieu ne fut plus dans la vie pour tenir cachées ses modestes vertus. Une quittance trouvée dans ses papiers révéla comment étaient tombées les chaînes du prisonnier d'Alger. Le théâtre a de nos jours consacré cette action touchante dans un petit drame intitulé *le Bienfait anonyme.*

Piron était pauvre, vieux et infirme. On lui fermait l'Académie. Montesquieu sollicita une pension pour le vieillard, et l'obtint. Le Roi, cédant aux prières caressantes de madame de Pompadour, à laquelle Montesquieu s'était adressé pour être plus sûr de réussir, accorda mille livres; la charité, pour être belle, n'a pas toujours besoin de passer par la main pudique des anges. A la mort de son bienfaiteur, Piron fit cette épitaphe :

« L'aigle a disparu. Montesquieu,
» Du haut de la double colline,
» Revole pour jamais au lieu
» De son immortelle origine.
» Qui de la région divine
» Reconnaîtra mieux le chemin,
» Que le merveilleux écrivain
» Qui, sur les ailes du génie,
» Une plume d'or à la main,
» Le parcourut toute sa vie? »

Ces vers sont excellents comme expression d'un cœur plein de reconnaissance; sous le rapport poétique, ils sont peu dignes de l'auteur de *la Métromanie*. S'il n'en eût pas fait d'autres, ses titres à une pension auraient été fort douteux. Il est possible cependant que, mieux traité, on lui eût donné, par cela même, une brillante sinécure, si toutefois, dans ces siècles d'abus, les sinécures étaient inventées. On attendait, pour une telle invention, une époque de progrès comme la nôtre.

Montesquieu reçut un jour cette lettre d'Henri Sully, l'un de ceux qui ont le plus contribué à perfectionner l'horlogerie en France :

« J'ai envie de me pendre; mais je crois cependant que je ne me pen-
» drois pas si j'avois cent écus. »

Il répondit :

« Je vous envoie cent écus; ne vous pendez pas, mon cher Sully, et
» venez me voir. »

Il nous reste à déplorer qu'un si beau génie politique soit demeuré constamment étranger à l'administration de son pays. Comment ne vint-il pas à l'idée de la royauté de l'admettre dans ses conseils pour le bien et la grandeur de l'État? Si l'on repoussait l'auteur de *l'Esprit des Lois*, ne pouvait-on pas appeler le président à mortier du parlement de l'une des premières villes de France? On préférait, lorsqu'on s'adressait aux parlements, obtenir pour le ministère un Chamillard, dont l'incapacité, selon l'expression mordante de Montesquieu, consistait surtout à ne pas connaître son incapacité. De tels magistrats devinrent même trop bons pour la monarchie. Elle laissa choisir ses ministres par des prostituées, marquises ou grisettes, n'importe : le vice égalise tous les rangs. Au reste, c'est pour nous, non pour lui, que s'exhalent nos regrets. Qu'avait-il besoin de pouvoir? Son nom resplendira, astre éclatant, au-dessus des siècles, lorsque leurs flots emporteront la couronne de France, déjà dépouillée des bouts de lance dont l'avaient ornée les rois guerriers pour qu'elle fût, non un joujou de palais, mais une parure de bataille.

Et les regrets doivent si bien être notre part, qu'il n'en éprouve aucun pour son compte : lui-même nous l'apprend : « Je ne me consolerois point de n'avoir pas fait fortune si j'étois né en Angleterre; je ne suis point fâché de ne l'avoir pas faite en France. » C'était bien juger. En Angleterre, la fortune est conquise, dans les deux chambres, à la face du public : en France, elle l'était, de son temps, dans les coteries d'un boudoir ou de l'Œil-de-bœuf. Non-seulement l'intrigue lui causait une profonde répugnance, mais la nature le respecta en lui refusant tout ce qu'il faut pour y réussir. Ne cachons rien cependant. Avant d'éprouver son caractère au contact des choses et des hommes, il se présenta dans le monde où on l'annonça comme un homme d'esprit : même les gens en place lui firent un accueil favorable; mais lorsque, par le succès de ses ouvrages, il eut prouvé qu'il en avait, et qu'il eut obtenu l'estime du public, celle des gens en place se refroidit; il essuya mille dégoûts. Blessés de la réputation d'un homme célèbre, c'est pour s'en venger qu'ils l'humilient. Plus tard, on lui fit entendre qu'il pouvait prétendre à une pension. « N'ayant point fait de bassesses, répondit-il, je n'ai pas besoin d'être consolé par des grâces. » Triste chose à dire! mais la France n'est que trop portée à penser et à parler comme les gens en place. Les esprits supérieurs, assez malheureux pour donner, avec une plume, la vie à de grandes et lumineuses pensées, passent à ses yeux pour incapables d'affaires. En Grèce, Épaminondas avouait que, ses vertus civiles et militaires, il les devait à la culture des lettres; Cicéron et Tacite parvinrent, à Rome, aux premières dignités; mais on nous a délivrés des Grecs et des Romains, par conséquent leurs exemples sont perdus. Pour être un homme d'affaires, chez nous, il faut savoir écrire une circulaire, s'élever quelquefois jusqu'à un rapport sur la pêche fluviale, mais ne pas aller au delà. Autrement, soyez Montesquieu ou Florian; ayez produit *l'Esprit des Lois* ou *Galatée*, vous n'êtes qu'un homme de lettres; rien de plus, rien de moins. Qu'on s'y résigne donc; que l'on dise avec Montesquieu parlant de sa fonction de président : « Je comprenois » assez bien les questions en elles-mêmes; mais quant à la procédure, je » n'y entendois rien. Ce qui m'en dégoûtoit le plus, c'est que je voyois à » des bêtes le même talent qui me fuyoit. » Comment une nation spirituelle, comme la nôtre, semble-t-elle prendre plaisir à exclure ainsi, et même des plus hauts emplois, l'intelligence? Un moraliste railleur nous l'a appris : le Français veut, pour obéir, être commandé par des imbéciles, parce qu'il peut se moquer d'eux. Si le moraliste avait raison, il est certain qu'à plus d'une époque notre penchant aurait pu être satisfait.

AUDIBERT.

Dessiné par [illegible]   Gravé par Baudran

VOLTAIRE.

VOLTAIRE

NÉ EN 1694, MORT EN 1778.

François-Marie Arouet de Voltaire était le second fils de François Arouet, qui, après avoir été dix-sept ans notaire à Paris, devint receveur alternatif et triennal des épices, vacations et amendes de la chambre des comptes; sa mère, Catherine d'Aumart, était d'une ancienne famille du Poitou. Il naquit à Châtenay, petit village au-dessus de Sceaux, le 20 février 1694. Quand il vint au monde, on désespéra de lui, comme on avait fait de Fontenelle; on se contenta de l'ondoyer d'abord, et on le mit entre les mains d'une nourrice qui, pendant plusieurs mois, descendait tous les matins chez la mère pour lui annoncer que l'enfant était à l'agonie. Peu à peu, les craintes se dissipèrent, et l'on songea aux cérémonies du baptême. L'abbé de Châteauneuf, grand ami de madame Arouet, s'intéressait beaucoup à la vie de l'enfant; il lui servit de parrain, le 22 novembre de la même année, à la paroisse de Saint-André-des-Arts. L'abbé de Châteauneuf ne croyait à rien; mais son scepticisme aimait à faire des prosélytes. Il ne perdit pas un moment pour former son filleul. En jouant avec l'enfant, il lui faisait apprendre par cœur la *Mosaïde* ou *Numa*, espèce de *Credo* du déisme, attribué à J.-B. Rousseau. La bonne volonté du disciple était rare, comme celle du maître. Ninon de Lenclos, plus intimement liée avec le parrain qu'avec la mère de l'enfant, demandait un jour à l'abbé des nouvelles de celui-ci : « Ma chère, dit l'abbé, il a un double baptême, et il n'y a rien qui y paraisse; car il n'a que trois ans et il sait déjà la Mosaïde par cœur. » A six ans, il fut mis au collége Louis-le-Grand, dirigé par les jésuites et fréquenté par l'élite de la jeunesse française; l'enfant y portait des idées vives et téméraires, qu'on avait eu la faiblesse d'admirer, même en les combattant. Avec ses qualités, avec ses défauts surtout, l'élève plut aisément à ses condisciples. Le goût de l'étude, les grandes dispositions, faisaient beaucoup pardonner chez les jésuites, et le jeune Arouet se fit beaucoup pardonner. Tandis que ses condisciples jouaient aux barres et à la balle, on le trouvait aux côtés des pères Tournemine, Tarteron ou Porée, absorbé dans de véritables conférences. A ceux qui le pressaient de courir et de s'égayer, il répondait : « Chacun saute et s'amuse à sa manière. » Le père Porée l'aimait particulièrement, et, malgré l'esprit de la règle, qui interdisait les entretiens sur les affaires publiques, sur la philosophie du jour et sur les événements de la littérature, il ne pouvait s'empêcher de traiter avec lui ces matières : « Il aime, disait-il, à peser dans ses petites » balances les grands intérêts de l'Europe. » Le père Lejay, professeur d'éloquence, homme sévère et vain, n'aimait pas le jeune homme, qui, outre une certaine indocilité envers lui, avait encore le malheur de l'effacer dans l'esprit des élèves. Un jour, pendant la classe, sur une repartie audacieuse du jeune Arouet, il se précipita vers lui des degrés de la chaire, et, le secouant fortement par le collet : *Malheureux*, lui dit-il, *tu seras un jour en France l'étendard de l'incrédulité.*

Les condisciples du jeune Arouet et bientôt leurs parents lui firent une réputation hors du collége. Quelques pièces de lui coururent le monde, et Ninon, le grand surveillant de célébrité, voulut le connaître personnellement; elle se le fit présenter par l'abbé de Châteauneuf. Arouet fut inspiré par son accueil, et, pour comble de bonheur, il eut à parler de jansénisme, sujet particulier de querelles entre lui et son frère, élève au séminaire Saint-Magloire, et des débats qui occupaient alors Paris tout entier, y compris les fortes têtes des élèves de Louis-le-Grand. Ninon goûta l'esprit et les manières du jeune homme, et lui fit un présent de deux mille francs pour commencer une bibliothèque. Dévoré de *la soif de la célébrité*, comme le disait son confesseur, le père Palu, il sentait toute la portée de pareils encouragements : il travaillait avec ardeur, et le goût du beau lui tenait déjà lieu de religion. Malgré ses saillies de déisme, ses professeurs prenaient part à ses triomphes et préparaient eux-mêmes la popularité qui l'attendait un jour. A une distribution de prix, le père Tarteron, l'un de ses régents, applaudissait fortement le jeune Arouet, nommé déjà plusieurs fois. J.-B. Rousseau se trouvait à la séance; il demanda au père Tarteron des détails sur l'élève, se le fit présenter et l'embrassa au milieu des acclamations de l'assemblée. De ce moment data une sorte de liaison, qui n'eût jamais dû finir; l'autorité de Rousseau était dans tout son éclat, et le rhétoricien eût pu s'enorgueillir à moins. Il sortit du collége la tête pleine de projets littéraires et comptant par instinct sur la sympathie de l'esprit public. Dès le collége, il avait goûté les délices du pouvoir et le plaisir saisissant d'être redouté. L'indépendance et le despotisme devinrent pour lui un seul et même besoin, et, du premier coup, il vit que les lettres seules pourraient le satisfaire. Le jour, la nuit, il ne rêvait qu'épîtres, épigrammes, madrigaux; toutes les querelles religieuses, philosophiques ou littéraires du jour le tenaient en éveil, mais il ne savait pas encore à quel genre il se vouerait; à tout événement, il saisit la première occasion de se produire. Deux ans après son entrée dans le monde, il concourut pour un prix de poésie ; le sujet proposé était religieux, et l'on croirait d'abord que le jeune homme fut embarrassé ; mais la gloire était le seul Dieu qu'il adorait distinctement, et, à la faveur de celui-là, il pouvait au besoin en reconnaître un autre. Il s'agissait de la décoration du chœur de Notre-Dame, où l'on venait de représenter le vœu de Louis XIII. La pièce du jeune Arouet ne nous est pas restée, mais nous sommes sûr qu'elle effaçait celle du concurrent couronné. Le vaincu ressentit profondément le passe-droit ; il écrivit un manifeste en vers, intitulé *le Bourbier*, dans lequel son rival et ses juges étaient littéralement couverts de *boue*. Cette vengeance eut un éclat qu'elle ne méritait guère, et valut à l'auteur plus d'indignation que vingt prix académiques ne lui eussent valu d'intérêt. M. Arouet père s'alarma de ce déchaînement ; il menaça vainement son fils de le chasser ; chaque jour il le sommait de prendre un état, et celui-ci répondait : « Je n'en veux » pas d'autre que celui d'homme de lettres. » Cette résolution était favorisée de mille manières. L'abbé de Châteauneuf et Ninon l'avaient présenté aux hommes les plus aimables et les plus influents de l'époque. Le scepticisme, alors dans sa fleur de jeunesse, s'alliait à une verve élégante de licence et d'esprit, et gardait une teinte aristocratique qui charmait le jeune poète.

Tandis que Louis XIV achevait sa longue mort politique et religieuse, les plus jeunes et les plus beaux noms de la France se dégageaient à qui mieux mieux de cette ombre souveraine, et prêtaient leur éclat à l'aurore d'un règne de folie et de volupté. Le prince de Conti, le grand-prieur de Vendôme, le duc de Richelieu, le duc de Sully, le marquis de La Fare, les abbés Chaulieu, Servien, Courtin et de Châteauneuf, rivalisaient de mauvaises mœurs, d'élégance, de courage imaginaire contre Dieu et d'audace très réelle contre la société. Le jeune Arouet ne se dépaysait point dans cette compagnie. Il savait parler, il savait même écouter, et la familiarité de son respect, autant que la dignité de son étourderie, le maintenaient merveilleusement dans ses droits prématurés, tout en lui procurant le plaisir de les risquer à point. Une fois tourné de ce côté, il fallut bien qu'il allât droit devant lui, mais son père le poussait encore en voulant le retenir. M. Arouet, homme sans caractère, avait surtout la manie d'en montrer et affaiblissait d'autant son empire paternel déjà grandement déchu. Après avoir été sermonné sans fin sur une légère équipée, le jeune Arouet trouva plaisant d'en faire une plus complète. Une femme auteur, dont il corrigeait les vers, lui avait donné cent louis d'honoraires. Il avait couru tout Paris pour chercher l'emploi de la somme et commençait à craindre d'en faire un bon usage, lorsque, en passant dans la rue Saint-Denis, il vit un équipage et une livrée que l'on mettait aux enchères.

Le jeune homme fait l'acquisition, loue des domestiques pour porter les livrées, visite en grand seigneur ses amis et connaissances. Mais le soir il fallut rentrer, et mettre quelque part les chevaux et la voiture. Il était tard : M. Arouet père était couché ; le portier attacha la voiture en dehors avec une chaîne et mit les deux chevaux avec celui de la maison, qui n'avait jamais eu trop de place. Le bruit réveilla M. Arouet père ; il se leva, apprit tout et se fâcha si terriblement que le coupable n'y trouva aucun plaisir et parut ensuite d'une certaine docilité. La question d'un état à choisir revenait sans cesse. Le grand seigneur d'un jour eut à prendre un parti plus modeste ; il s'en alla en Hollande comme page du marquis de Châteauneuf, ambassadeur de France à La Haye. M. Arouet et l'ambassadeur avaient à peu près les mêmes vues ; ils voulaient lui donner des goûts de cabinet et l'enlever à ses relations brillantes et aventureuses, mais ni l'un ni l'autre ne savaient de quoi ils se chargeaient. Arrivé en Hollande, le page poète y regarda tout avec un orgueil non moins précoce que son génie. Il se crut dispensé de tous les devoirs de sa charge, et s'improvisa une attitude de philosophe au milieu des mœurs et des événements de cet étrange pays. Pour apprendre la politique, il évitait autant que possible son monde diplomatique, et rôdait partout où l'on ne se vantait pas d'enseigner. Dans ses excursions, il avait rencontré une fille aimable et sensée, intéressante encore par le contraste des mœurs de sa mère, mademoiselle Dunoyer, depuis madame de Venderfeld, et en tout temps amie respectueuse de Voltaire. Madame Dunoyer s'était séparée de son mari et vivait du produit de libelles contre les hommes marquants. Elle s'était faite protestante pour inspirer plus d'intérêt, et avait su se faire des amis puissants : elle avait cru d'abord exploiter la liaison du jeune page avec sa fille, mais, revenue bientôt de son erreur, elle étala pompeusement son orthodoxie protestante et sa sollicitude maternelle. Elle porta plainte à l'ambassade de France, et le page fut renvoyé à Versailles, avec prière au ministre d'empêcher son retour à La Haye. Cette aventure n'était point terminée. L'amant était sincère dans sa passion ; il y faisait entrer des considérations étranges de sa part, mais compatibles pourtant avec la chaleur de son âge. Il voulait enlever et convertir mademoiselle Dunoyer, et intéressait dans cette affaire M. Dunoyer, resté catholique, l'évêque d'Évreux, parent de la jeune fille, appuyé par le père Tournemine, ancien régent et ami du jeune Arouet, et par le père Letellier, confesseur tout-puissant de Louis XIV. Déjà on avait arrêté une chambre aux Nouvelles-Catholiques, et le mariage de Voltaire allait peut-être influer immensément sur ses destinées ; mais tout s'arrêta, et, de ces machinations, il ne résulta pour les amants qu'un surcroît de confiance mutuelle, tombée bientôt ou élevée à une amitié calme et durable. Cependant M. Arouet père était plus irrité que jamais ; il voulait faire enlever son fils et le transporter aux îles : celui-ci, caché soigneusement, tint bon pendant quelque temps. A tout ce qu'on lui disait pour le ramener aux idées de son père et lui faire envisager agréablement une charge d'avocat général à la cour des aides, ou l'office de conseiller au parlement de Paris, il répondait : « Je » ne veux pas d'une considération qui s'achète ; je saurai m'en faire une » qui ne coûte rien. » Mais ces beaux sentiments ne le tiraient point d'affaire et ne faisaient qu'accroître la colère paternelle. Le fils parla le premier d'accord. Résolu, pensait-il, à chercher dans l'Amérique du Nord le moyen de vivre et d'être libre, il voulait du moins partir avec le pardon de son père : « Je consens, » lui écrivait il d'une de ses cachettes, « de passer en Amérique, et même d'y vivre de pain et d'eau, pourvu » qu'en partant il me soit permis d'embrasser vos genoux. » Le père pardonna, et le fils s'abandonna un moment à sa sagesse. Il entra chez maître Alain, procureur, rue Perdue, près la place Maubert. Malgré sa conversion filiale, le jeune clerc eût bientôt renoncé à la pratique, s'il n'avait rencontré dans son étude un homme déplacé là comme lui-même. Thiriot avait de l'esprit et des manières ; il voyait le monde, lisait beaucoup et bien, et se fournissait amplement d'anecdotes, de bons mots et de recettes de plaisir en tout genre. Il avait tout vu, il avait tout retenu, il mettait tout à la disposition de son nouveau confrère. On appela longtemps Thiriot *la mémoire de Voltaire*. Ces deux amis s'aidaient à mépriser leur profession ; la magistrature, vue dans son appareil et dans son négligé, n'était, pour le jeune Arouet, qu'une intarissable source de plaisanteries. Peu à peu il renouait ses relations dans le monde, grâce à l'abbé de Châteauneuf, qui était jaloux de ses droits de parrain, comme Arouet l'était de son pouvoir paternel, et qui gouvernait d'ailleurs son élève avec plus d'habileté. Le jeune Arouet était devenu *le familier des princes*, et puisait chaque jour dans ce brillant commerce une force de résistance gracieuse et décidée dont son père oubliait souvent d'être surpris. Toutes frivoles qu'étaient ces réunions, l'avenir de la France et du monde s'y rattachaient secrètement, et le jeune novateur aimait quelquefois à examiner et toujours à juger l'aspect général des affaires ; ses remarques, souvent plus qu'ingénieuses, frappaient les plus graves amis de sa famille et lui faisaient des appuis contre son père, qui, le voyant perdu pour la magistrature, le croyait perdu pour toutes les professions. M. de Caumartin, intendant des finances, s'interposait parfois entre le père et le fils. Il augura bien de la raison de ce dernier, et promit de l'amener à former un plan de vie. Le jeune homme le suivit à la terre de Saint-Auge, où il rencontra ce qu'il semblait fuir, l'occasion d'affermir sa vocation littéraire. M. de Caumartin père, retiré du monde et des affaires, donnait le reste de ses jours à de nobles souvenirs. Il avait passé sa jeunesse avec des seigneurs de la cour d'Henri IV et des amis de Sully. Il voyait encore cette vive et puissante époque, et savait merveilleusement en exprimer la couleur. Son enthousiasme pour le bon roi, joint à une certaine philosophie plus humaine que chrétienne, passa naturellement dans l'âme du jeune poète, qui trouvait déjà la raison plus haute que la foi. Il ne fit pas sur-le-champ un projet d'épopée, mais son imagination s'éveilla confusément, et mille inspirations de détail l'empêchèrent d'avoir une inspiration d'ensemble. Dans ce beau trouble, il n'était plus, il ne pouvait plus être question de prendre un état, et le jeune poète oubliait d'avoir peur de son père. Il prit encore à Saint-Ange les premières idées du *Siècle de Louis XIV*. M. de Caumartin père avait surtout connu la dernière cour. N'ayant pas été façonné par elle, il avait eu, en qualité d'homme d'autrefois, le sang-froid nécessaire pour la juger et la peindre, et ses révélations étaient empreintes de calme et d'indépendance. Voltaire écrivit long-temps après son *Siècle de Louis XIV;* mais alors même il était encore sous l'impression de ces sages confidences; et c'est peut être l'ouvrage où il a le mieux respecté son sujet, sa personne et son lecteur. Une autre cause put y contribuer encore : Louis XIV venait de mourir, et son futur historien vit un hideux spectacle. Au sortir des entretiens généreux de M. de Caumartin père, le jeune Arouet fut assourdi des sales et furieuses clameurs qui saluaient la mort de Louis XIV. Il vit, au passage du convoi, sur la route de Paris à Saint-Denis, une multitude de guinguettes improvisées où l'on s'enivrait de joie autant que de vin. Malgré son penchant au sarcasme et à l'insulte, on ne voit pas qu'il ait été complice de ces cruelles taches; mais, en tout cas, s'il a dû, sur ce point, faire une expiation, il aura bien suffi du monument élevé par lui au plus beau nom du grand siècle.

L'avénement du Régent donna à penser à Voltaire comme à beaucoup d'autres. Le nouveau pouvoir ne montrait encore rien de distinct, si ce n'était son empressement à compter ses ennemis. La fin et le commencement d'un règne sont en France de beaux moments pour les rieurs, et le jeune Arouet avait déjà une sorte de responsabilité générale, avant même que son autorité fût nettement établie. Pour un bon mot qui lui échappait on lui en prêtait mille, et les dangers du rôle qu'on lui faisait en égalaient les honneurs. Il passa pour avoir dit tout ce qu'on avait dit. Il avait fait çà et là des vers malins qu'il ne prenait pas la peine de conserver. On lui attribua bien vite une pièce odieuse et plate, où le gouvernement était insulté de toute manière. Son âge était le seul indice d'authenticité; la pièce finissait par ce vers :

J'ai vu ces maux, et je n'ai pas vingt ans.

Il fut mis à la Bastille. Ce séjour lui fut plus favorable que nuisible; quoiqu'on ne lui donnât ni encre ni papier, il composa les deux premiers chants de son poème sur Henri IV, et fit l'ébauche des autres. Il s'occupa aussi de son *Œdipe*, poursuivi et enflammé par le souvenir de Crébillon, après lequel il espérait effrayer la scène française. Ces deux ouvrages, les plus réellement inspirés de tous les siens, sinon les meilleurs, remplirent aisément les loisirs de sa solitude ; il en sortit justifié aux yeux du Régent et plus coupable que jamais aux yeux de son père. Le Régent voulut voir le prisonnier ; un des familiers du prince, le marquis de Nocé, s'était chargé de le lui présenter à sa sortie de la Bastille. Le protégé arriva dans l'antichambre et attendit, avec beaucoup d'autres, le moment d'être admis. En ce moment, un orage terrible éclatait sur Paris ; la foule des visiteurs était consternée. Voltaire regarda tranquillement le ciel et s'écria : « Quand » ce serait un régent qui gouvernerait là-haut, les choses n'iraient pas plus » mal. » En abordant le Régent, M. de Nocé lui dit : « Monseigneur, voici » le jeune Arouet que vous venez de tirer de la Bastille et que vous y allez » renvoyer. » Il s'expliqua, et le prince accorda en riant une gratification au jeune poète. « Monseigneur, » dit ce dernier, « je remercie Votre » Altesse royale de ce qu'elle veut bien se charger de ma nourriture ; mais » je la prie de ne plus se charger de mon logement. » Voltaire s'occupait beaucoup d'avoir l'un et l'autre. Il n'avait rien à attendre de son père, et les dîners et les soupers des grands seigneurs, le séjour même indéfini de leurs hôtels, ne suffisaient point à son indépendance. Tourmenté du besoin d'inquiéter le public, et trop positif pour ignorer l'autorité de la richesse, il voulait se faire un rempart d'un grand nombre d'amis, et pouvoir, en apparence, se passer de leurs services. Étendre de toutes manières ses relations dans le monde et s'assurer une fortune brillante, tels étaient les deux objets qu'il poursuivait avant tout. « Si Socrate, » disait-il plus tard, « avait eu un grand état de maison, ses ennemis, au lieu de » le faire mourir, auraient été lui demander à dîner. » Les liens de famille ne le gênaient presque plus ; son nom même lui pesait : moitié mépris, moitié superstition, il renonça à son nom d'Arouet pour prendre celui de Voltaire. Il écrivit à mademoiselle Dunoyer : « J'ai été trop mal- » heureux sous mon premier nom ; je veux voir si celui-ci me réussira » mieux. »

Le succès d'*Œdipe* sembla justifier le choix du nouveau nom. La pièce, assez maltraitée des comédiens, fut merveilleusement accueillie du public. Mais ce triomphe venait sûrement trop tôt pour Voltaire : il trouva le moyen d'y être ridicule. A l'une des premières représentations, il parut sur la scène portant la queue du grand-prêtre ; la maréchale de Villars, qui se trouvait dans sa loge, demanda quel était le jeune homme ennemi de l'auteur qui se permettait cette farce indécente. Apprenant que c'était l'auteur lui-même, elle se le fit présenter, le complimenta, et l'invita à ses réunions. Voltaire s'était pris de passion pour la maréchale ; il fut flatté, comme poète et comme homme, de cette distinction. Mais d'autres émotions l'emportaient sur celle-là. *Œdipe* avait mis tout Paris en l'air; on criait pour, on criait contre; on se battait enfin à l'occasion de Voltaire, et ce bruit le rendait le plus heureux des hommes.

Le succès d'*Œdipe* ne tenait pas seulement à des causes littéraires, on avait saisi des allusions sceptiques. Le clergé, qui savait tout alors, parce qu'il était mêlé à tout, voyait avec inquiétude les progrès de l'incrédulité, et attaquait déjà dans Voltaire le pontife futur de la secte. Voltaire avait des amis auprès du Régent, et ce prince, licencieux et railleur, était naturellement porté à le défendre. Mais Voltaire semblait avoir le besoin de se créer des ennemis; il s'en faisait un du Régent en fréquentant le duc du Maine, l'âme de toutes les intrigues contre le Régent. Il était d'ailleurs familier avec le baron Goertz, ambassadeur de Charles XII, qui méditait avec le cardinal Alberoni le bouleversement de l'Europe. Le baron ne pouvait se passer de Voltaire; il parlait même de l'emmener en Italie, et de lui faire faire un beau chemin sous le costume d'abbé. Ces relations compromirent Voltaire, et le firent exiler de Paris. Ayant le choix de sa retraite, il se rendit à la terre de Sully, où l'on trouvait bonne compagnie et liberté parfaite. Il écrivit des poésies légères adressées à d'aimables ou importants personnages, qui devenaient et demeuraient ses appuis, et préparaient les voies à son double règne, en faisant de ses ouvrages un objet de mode et d'attention sérieuse. Les recettes d'*Œdipe* avaient été bonnes, et Voltaire avait fait des épargnes. Il compta sur le théâtre pour élever sa fortune, résultat qu'il ne perdit jamais de vue. Il composa sa tragédie d'*Artémire*, qui se ressentit de ces dispositions peu poétiques. A la vérité, il s'était pris de passion pour une demoiselle de Corsambleu, et c'était pour elle qu'il écrivait le premier rôle. Mais *Artémire* n'en valut guère mieux; l'amour était plutôt pour le génie de Voltaire un caprice gênant qu'une inspiration tutélaire. Le Régent lui permit de revenir pour faire jouer sa tragédie. La pièce et la débutante furent sifflées. Voltaire, deux fois blessé du coup, saute de sa loge sur la scène, et harangue le parterre. Après un redoublement de sifflets, on l'écoute, on promet d'être indulgent, et l'on applaudit à outrance *Artémire* et mademoiselle de Corsambleu. Voltaire retira pourtant l'une et l'autre de la scène, et retourna tristement à la terre de Sully. Le Régent lui permit bientôt d'habiter Paris. Voltaire n'y avait point de demeure fixe. Mal reçu chez son père, ou point reçu du tout, il trouvait l'hospitalité dans toutes les grandes maisons. La maréchale de Villars, qu'il aimait toujours inutilement, le recevait à la terre de Vaux, embellie par le fastueux et infortuné Fouquet. Le vieux maréchal, tantôt ennuyeux et tantôt charmant, était toujours précieux pour Voltaire. Les présidents de Besnières et de Maisons se le disputaient, et le gardaient tantôt dans leurs terres, tantôt dans leurs hôtels à Paris. Le château de Maisons, près de Paris, était la résidence favorite de Voltaire. Le président y donnait des fêtes brillantes, ordonnées avec un goût parfait. L'élite des artistes et des gens de lettres s'y mêlait avec les plus hauts personnages de l'État. Quand Voltaire avait composé quelque chose, il n'avait pas de plus noble public à craindre ou à espérer. Un jour il était attendu à Maisons, où la société se trouvait déjà réunie. Il devait y lire sa tragédie de *Mariamne;* le cardinal de Fleury avait promis de paraître. Voltaire arriva souffrant, et fut obligé de se mettre au lit. Tout à coup une nouvelle terrible court la maison. Le docteur Gervasi, l'une des célébrités du temps, trouva à Voltaire la maladie la plus redoutée alors, la petite-vérole. En moins de rien le château fut presque désert, et Voltaire fut déclaré perdu. Il en revint miraculeusement, grâce à la méthode hardie et nouvelle du docteur, qu'il défendit ensuite avec force et succès. Cette maladie avait beaucoup enlaidi Voltaire, et lui-même ne pouvait s'empêcher d'en rire. Madame de Rupelmonde, fille du maréchal d'Aligre, ne s'en aperçut point. Tourmentée par le scepticisme, elle aimait Voltaire, et voulait savoir de lui ce qu'elle devait nier ou croire. Il écrivit pour elle l'*Épître à Uranie*, où toutes les religions sont abandonnées au vulgaire. Madame de Rupelmonde se calma comme elle put avec cette idée; mais ses doutes lui revinrent par la suite, et la néophyte de Voltaire en alla chercher la fin aux Carmélites. Madame de Rupelmonde était partie pour la Hollande avec Voltaire; en passant à Bruxelles, Voltaire salua J.-B. Rousseau, alors exilé. Ils allèrent plusieurs fois ensemble à la messe et à la comédie. Dans une de leurs promenades, Voltaire lui lut l'*Épître à Uranie;* Rousseau la trouva impie et scandaleuse. Il lut ensuite son ode à *la Postérité*, et Voltaire déclara qu'elle ne parviendrait point à son adresse. Les deux poètes se quittèrent ennemis mortels. Peu de temps après, l'échec de *Mariamne* vint réjouir Rousseau, et lui inspirer des critiques dignes de l'abbé Desfontaines. Un quolibet avait fait tomber la pièce, et forcé l'auteur de changer le dénoûment. Voltaire ne perdit pas courage; il courut s'enfermer à Maisons, et y mettre la dernière main à *la Henriade.* Cela fait, il rassembla des juges et fit sa lecture. On loua beaucoup, on blâma beaucoup, et les critiques surtout furent sensibles à l'auteur; dans un moment de dépit, il jeta le manuscrit au feu. Le président Hénault brûla ses manchettes pour l'en tirer, et décida Voltaire à le revoir patiemment. Tandis que le poète mettait ses conseils à profit, l'abbé Desfontaines se procurait une copie de l'ouvrage. Il y inséra des vers satiriques de sa façon, sans pouvoir gâter l'ensemble, et le publia à son profit sous le titre de *la Ligue.* Voltaire fut d'abord outré du vol, mais il eut bientôt de quoi s'en consoler. Le poème avait un prodigieux débit. Voltaire était loué au delà de ses espérances, et le sacrifice des manchettes était plus que justifié; mais le succès du poème n'était pas sans péril. On parlait hautement d'une censure en Sorbonne. On refusa le privilége pour l'impression de l'ouvrage, et Louis XV n'en accepta point la dédicace. Le petit succès de la comédie de *l'Indiscret* ne dédommagea pas Voltaire de ces désagréments. Quelque puissants que fussent ses amis, la religion et la royauté leur imposaient, et la plume ne pouvait pas être encore la souveraine puissance; d'ailleurs, la renommée de Voltaire et sa fortune avaient encore du chemin à faire, et le commerce des grands seigneurs l'en faisait quelquefois souvenir.

Il dînait un jour chez le duc de Sully et y jugeait tout avec sa liberté ordinaire. Il avait contre lui le chevalier de Rohan-Chabot, homme qui n'avait d'élevé que sa naissance. « Quel est, » dit le chevalier, « ce jeune » homme qui parle si haut? — C'est, » répondit Voltaire, « un homme qui » ne traîne pas un grand nom, mais qui sait honorer celui qu'il porte. » Le chevalier se leva et sortit, et la compagnie parut applaudir Voltaire. « Nous sommes heureux, » lui dit le duc de Sully, « si vous nous en avez » délivrés. » A quelques jours de là, Voltaire était encore à table chez le duc. On vient lui dire qu'un inconnu le demande pour une bonne œuvre. Voltaire sort, la serviette à la main, et trouve un homme assis dans un fiacre ouvert, qui le prie d'un ton dolent de vouloir bien s'approcher de lui. Tout à coup, l'étranger saisit et retient Voltaire par les revers de son habit, tandis qu'un autre homme, placé par derrière, le frappe de quelques coups de baguette. Le chevalier de Rohan se tenait à quelque distance; il cria : *C'est assez.* Voltaire remonte chez le duc de Sully, raconte le fait, somme la compagnie d'en venir déposer chez un commissaire et d'aider, par toutes les voies, une réparation. Le duc de Sully refusa son concours, et Voltaire s'en vengea en remplaçant Sully par Mornay dans le poème de *la Henriade.* N'espérant rien que de lui-même, il apprit ardemment l'escrime; quand il se crut assez fort, il alla provoquer publiquement le chevalier, qui feignit d'accepter le défi; mais la famille de Rohan courut au Régent, on demanda une lettre de cachet contre Voltaire. Le prince refusa d'abord; on le décida en lui montrant des vers adressés à la marquise de Prie, sa maîtresse, où Voltaire s'exprimait avec une confiance fâcheuse pour un rival. Voltaire rentra à la Bastille et n'en sortit qu'avec un ordre de passer à l'étranger. Il avait appris l'anglais dans sa prison; il partit pour Londres, où la liberté de tout dire l'attirait naturellement. Il y fut reçu à merveille par les premiers personnages de l'État.

Voltaire se fit Anglais autant qu'il put, et se prit de passion pour les institutions et les mœurs du pays. A la suite d'un entretien où Pope et lui n'avaient pas pu se comprendre, il s'enferma dans un village des environs de Londres, se familiarisa tellement avec l'idiome rebelle du pays, qu'après son retour à Londres, ayant été insulté et menacé par la populace à cause de son costume français, il la harangua du haut d'une borne, et fut reconduit en triomphe à sa demeure. Un des premiers soins de Voltaire fut de rechercher les philosophes anglais dont le scepticisme était plus nourri que le sien. Wolston, Collins, Tindal, Bolingbroke, lui communiquèrent cette érudition qui n'avait pas étonné la foi du peuple anglais, et qui devait paraître en France, pendant un demi-siècle, un prodige de puissance et de sagacité. Voltaire commença à Londres ses *Lettres philosophiques* ou *Lettres sur les Anglais*, qu'il n'acheva qu'en France. Il y donna par souscription la première édition de *la Henriade*, dont la Reine accepta la dédicace : « Il était, » lui disait Voltaire, « dans ma destinée, comme dans celle de mon héros, d'être protégé par une reine d'Angleterre. »

Le succès pécuniaire et littéraire de *la Henriade* fut très-grand. Voltaire profita de l'un et de l'autre, en se faisant des disciples et des créatures. Revenu secrètement en France, il se cacha quelque temps dans un faubourg de Paris, et s'occupa avant tout du soin de son avenir. Sa fortune s'établit rapidement. Après quelques tournées à Versailles et à Fontainebleau, il avait obtenu les bonnes grâces de la reine Marie Leckzinska, et douze cents francs sur sa cassette. La succession de son père, la loterie du contrôleur général des forêts, et diverses opérations dans le commerce de Cadix et dans les fournitures de l'armée d'Italie, achevèrent de le mettre dans une véritable opulence. Il eut dès lors une nouvelle importance, et s'empressa d'en user. Les grands seigneurs revinrent à lui. Les Guise, les Richelieu, les d'Estaing, les Villars, les Bouillon, lui empruntèrent des sommes considérables, qu'ils convertissaient d'ordinaire en dons irrévocables. A défaut d'argent, Voltaire acceptait en payement les marques de prosélytisme, et se contentait d'avoir des appuis dans le monde, dans la magistrature, et jusque dans le conseil du Roi. Chaque jour il lui en eût fallu de nouveaux. On avait refusé la sépulture ecclésiastique à la comédienne Lecouvreur, dont il avait reçu les derniers soupirs ; il écrivit à ce sujet des vers qu'on dénonça au garde des sceaux. Obligé de se cacher, il demeura quelque temps à Rouen sous le nom d'un seigneur anglais. Les *Lettres philosophiques*, publiées bientôt sans son aveu, excitèrent un violent orage. L'ouvrage fut brûlé par la main du bourreau, et Voltaire fit le mort pendant plusieurs mois. Las enfin de la clameur publique, il y fit diversion en annonçant la tragédie d'*Éryphile :* la tragédie de *Brutus* avait passé inaperçue. *Éryphile* eut à peu près le même sort, mais *Zaïre* répara ce double échec. Les femmes, les jeunes gens, et même la partie grave du public, se laissèrent entraîner, et le peintre de l'amour sauva l'ennemi de la religion. Mais la paix gênait Voltaire ; il y fit trêve dans *le Temple du Goût*. Ce manifeste contre tant de puissances littéraires mit tout Paris en feu, et l'insolence du juge fut punie par l'insolence du public. *Adélaïde Duguesclin* paya pour *le Temple du Goût.* A cette question de Vendôme : *Es-tu content, Coucy?* un plaisant du parterre s'écria : *Coussi coussa;* l'assemblée fit écho, et cette tragédie, qui devait quelques années plus tard être accueillie avec transport, tomba le premier jour sous les huées de la foule. Voltaire était encore étourdi de ce coup, quand la publication subreptice de l'*Épître à Uranie* vint le mettre à une nouvelle épreuve ; il eut beau l'attribuer à l'abbé Chaulieu, qui était mort, l'archevêque de Paris et le lieutenant de police n'en voulurent rien croire, et le garde des sceaux redevint menaçant. Voltaire eût voulu opposer à ce pouvoir un plus haut pouvoir. Il recherchait les bonnes grâces de Louis XV ; mais, avec plus d'esprit que n'en comporte le métier de courtisan, il avait trop peu de mesure pour y réussir. On avait joué *la Mort de Jules César* au collége d'Harcourt. Les idées républicaines du poète effrayèrent le gouvernement : on délibéra en plein conseil sur la question de l'exil ou de l'emprisonnement à la Bastille. Louis XV, qui n'aimait pas Voltaire, voulut pourtant avant tout connaître la pièce. Voltaire obtint du cardinal de Fleury qu'on la jouât dans les petits appartements. Le Roi paraissait ému. Voltaire se tenait derrière son fauteuil. Quand on en fut à la scène où César, après avoir déclaré à Brutus qu'il est son père, lui dit, en parlant de Pompée :

Crois-tu, s'il m'eût vaincu, que cette âme hautaine
Eût laissé respirer la liberté romaine?
Sous un joug despotique il t'aurait accablé;
Qu'eût fait Brutus alors?

BRUTUS.

Brutus l'eût immolé.

A ce dernier hémistiche, Voltaire, entraîné lui-même, frappa sur l'épaule du Roi en s'écriant : « Eh bien, Sire? » et Louis XV répondit par un coup d'œil foudroyant. « Racine en mourrait, » dit Voltaire à Richelieu après la représentation. Après une nouvelle et vaine tentative pour gagner Louis XV, Voltaire fit imprimer sa *Mort de Jules César*, malgré la défense de l'autorité, et alla s'ensevelir avec madame du Châtelet à Cirey, petite retraite située entre la Champagne et la Lorraine. Rendu tout à fait à lui-même, Voltaire n'aurait pas pu se supporter long-temps. Madame du Châtelet le calma, le fixa, autant que cela était possible. Femme de plaisir et d'étude, absurde et bonne, elle avait un mélange de défauts et de qualités qui explique à la fois la moquerie générale dont elle fut l'objet et le bizarre empire qu'elle exerça sur Voltaire. Elle avait quitté pour lui son mari et ses enfants, et sa moralité n'avait rien d'effrayant pour l'auteur de *la Pucelle*. Ce poème fut écrit à Cirey avec d'autres ouvrages plus dignes d'être nommés. *Alzire*, *Mahomet*, *Mérope*, *le Siècle de Louis XIV*, furent les principaux fruits de ce séjour. Madame du Châtelet aimait la science avant tout; elle en donna le goût à Voltaire, qui lui fit à son tour comprendre la poésie.

Dans sa retraite de Cirey, Voltaire s'attirait encore les poursuites du pouvoir; mais après une nouvelle publication irréligieuse, après un pamphlet en vers ou en prose contre la magistrature, il disparaissait prudemment, ou faisait publier qu'il avait disparu. Au milieu de cette vie inquiète, toujours maudite et toujours préparée par lui, il parlait hautement de s'expatrier, et madame du Châtelet avait grand'peine à le retenir en France. L'héritier présomptif de la couronne de Prusse lui eût offert l'hospitalité, mais il ne pouvait rien encore, et se bornait à admirer Voltaire et à lui écrire en qualité d'élève. Devenu roi sous le nom de Frédéric II, il voulut l'avoir dans ses états. Dans ses loisirs de prince royal, Frédéric s'était formé à la philanthropie spéculative des sceptiques français; il avait solennellement écrit contre Machiavel. Monté sur le trône, et prêt à démentir ses principes, il voulut supprimer *l'Anti-Machiavel*. Voltaire, son fondé de pouvoir littéraire, n'ayant pu tirer le manuscrit des mains de l'éditeur, en altéra prudemment les principaux passages, et alla recevoir à Berlin le prix de sa sollicitude. Frédéric partait pour la Silésie; Voltaire alla faire jouer à Lille *Mahomet*, que Crébillon avait refusé d'approuver. Encouragé par un éclatant succès, Voltaire s'adressa au cardinal de Fleury, et la pièce, jouée à Paris en présence de tous les ministres, excita un enthousiasme général. Mais les amis de la religion, soutenus par les envieux de Voltaire, se récrièrent contre l'esprit de la pièce, et le cardinal en fit cesser les représentations. Voltaire eut beau la dédier au pape Benoît XIV, en recevoir des éloges, sa réputation d'impiété prévalut contre sa gloire dramatique. A ce titre, il manqua le fauteuil académique, laissé bientôt vacant par la mort du cardinal de Fleury. Pour ramener les trente-neuf, il donna *Mérope*, dont le succès passa celui de *Mahomet*. Mais sa tentative resta sans effet.

Louis XV, discrètement inspiré par quelques amis de Voltaire, avait un moment souhaité son entrée à l'Académie. Il parut vouloir le dédommager par une mission en Prusse. Voltaire s'en acquitta à merveille; mais madame de Châteauroux fit chasser le ministre qui avait employé Voltaire, et celui-ci ne fut récompensé que sous le règne de madame de Pompadour. A la demande du duc de Richelieu, il fit pour le mariage du Dauphin *la Princesse de Navarre*, comédie-ballet qui n'est pas même mauvais. Il composa de son chef *le Poëme de Fontenoy*, rapsodie administrative. Il donna *le Temple de la Gloire*, opéra, le plus misérable des opéras; *le Temple de la Gloire*, qui fut pour lui l'occasion d'une nouvelle bévue de courtisan. Après la représentation, il s'approcha de la loge du Roi, et lui dit : « Trajan est-il content? » Trajan ne répondit rien. Voltaire, déconcerté de ce nouvel échec, commençait à désespérer de la faveur du Roi, quand madame de Pompadour succéda à madame de Châteauroux. Il l'avait connue avant son avénement; il l'en fit souvenir, et la charma par ses flatteries familières. Ces soins ne furent pas perdus. Madame de Pompadour lui fit payer ses poésies de cour, et lui procura le brevet d'historiographe de France et une charge de gentilhomme ordinaire de la chambre du Roi. La nouvelle position de Voltaire favorisait son idée constante de candidature à l'Académie. Son rôle social semblait n'avoir plus la même hostilité, et la protection de la favorite avait le poids d'une absolution en tout genre. Voltaire entra d'emblée à l'Académie, où la mort du président Bouhier laissait vaquer un fauteuil. Son discours de réception eût été un titre suffisant à cet honneur, si l'auteur de *Zaïre*, de *Mérope* et de *Mahomet* en eût encore été à faire ses preuves littéraires. Il y régnait une liberté sage, qui s'étend à tout, et reste toujours tempérée par un sentiment supérieur d'ordre, de convenance et d'agrément. On ne voyait plus par où il reviendrait à la violence et à l'impiété. Mais ses mauvais instincts, endormis un moment par la faveur, devaient bientôt se réveiller plus terribles. Ses succès d'écrivain et d'homme de cour soulevèrent contre lui des orages. Paris fut inondé de pamphlets qui le rendirent fou de colère. On les dévorait, on les commentait, et Voltaire était en butte à un redoublement d'injures et de sanglantes plaisanteries. En vain chercha-t-il une consolation dans les bontés de la cour. On s'y était déjà refroidi pour sa personne, et l'on se contentait d'employer sa plume au besoin, comme dans l'affaire du Prétendant, en faveur duquel il écrivit le manifeste du roi de France. Madame de Pompadour s'était laissé engouer de Crébillon, dont les ennemis de Voltaire lui peignaient la vieillesse modeste et méconnue. Il fut décidé que Crébillon aurait plus de génie. On représenta à la cour son *Catilina* avec une pompe extraordinaire; et son théâtre fut imprimé au Louvre au moment même où l'on refusait cet honneur à *la Henriade*. Voltaire, outré de dépit, quitta Versailles, et se retira à Sceaux, où il trouva une cour presque aussi brillante, et une souveraine qui savait mieux juger. Là, il médita contre Crébillon une vengeance inattendue; il entreprit de refaire son théâtre en commençant par *Sémiramis*. *Électre*, *Rome sauvée*, *les Pélopides*, *le Triumvirat*, furent ses armes dans ces combats étranges, où l'avantage lui demeura le plus souvent. Au milieu de ces épreuves, Voltaire avait encore un soutien qui allait lui manquer. Madame du Châtelet avait gardé quelque empire sur Voltaire; elle l'encourageait, le gouvernait, le rendait ami de lui-même, chose plus difficile encore que de le réconcilier avec ses ennemis. Mais, à force de remplir cette tâche, elle avait fini par n'en sentir que le poids. Elle chercha à se distraire en allant avec Voltaire faire sa cour au roi Stanislas. Dans un de ces voyages de

Cirey à Lunéville, elle fit une infidélité à Voltaire en faveur de Saint-Lambert. Quoiqu'il y eût peu de mesure dans cette intrigue, Voltaire fut le dernier à s'en apercevoir. L'habitude de l'esclavage, plus que la générosité, le rendit accommodant. Il prit son parti sur cette liaison. Madame du Châtelet mourut des suites de couches, et laissa Voltaire dans une indépendance dont l'âge ne diminuait pas le danger. Pour se distraire de sa douleur, il revint à Paris, et se livra au travail avec une ardeur maladive. Il eut chez lui un petit théâtre où il essaya *Oreste* et *Rome sauvée* avant la représentation publique. Entouré d'amis et d'admirateurs, qu'il confondait aisément, jouissant d'une sécurité qui n'était pour lui un plaisir qu'à condition d'être une rareté, il s'imaginait enfin qu'il voulait rester à Paris. Mais Frédéric comptait bien l'en tirer. Tant qu'avait vécu madame du Châtelet, il n'avait pas pu fixer Voltaire en Prusse; il ne l'eût pas pu, après cette sorte de veuvage, si le roi de France eût paru tenir à garder son chambellan. Mais Voltaire ne prenait pas à la cour, et n'était plus d'âge à espérer d'y prendre. Il fut sensible aux nouvelles instances de Frédéric. Après quelques hésitations, motivées sur son grand âge et sa faiblesse, sur la rigueur du ciel prussien, il se décida brusquement par un bizarre motif. Il lui tomba dans les mains des vers où Frédéric faisait du jeune Arnaud *un génie à son aurore*, qui allait consoler le monde de Voltaire *à son couchant*. « Il faut, » dit Voltaire, « que le roi de Prusse apprenne que je ne me couche pas » encore. » Quelques jours après il était à Berlin. Il eut un appartement au-dessous de celui du Roi, une table, des équipages, la clef de chambellan, la croix de mérite, et vingt mille francs de pension.

La tâche de Voltaire était bornée : il s'agissait de revoir et de corriger les écrits du Roi, et de figurer à de brillants soupers, où le maître et l'élève faisaient de l'esprit à loisir. Voltaire s'arrangea d'abord de ce genre de vie; mais les gens de lettres français que Frédéric avait établis à Berlin ne purent pardonner à Voltaire une considération dont ils ne jouissaient pas. Maupertuis, président de l'Académie, se mit à la tête des mécontents. Ce savant n'était que savant, et sa morgue le rendait intraitable. Voltaire lui rendit plaisanteries pour injures, et lui causa la plus horrible des inquiétudes pour un pédant, celle de n'en imposer à personne. Maupertuis se voyait persiflé à Berlin, et menacé de l'être dans l'Europe, où se répandaient les bons mots de son ennemi. Il voulut le perdre dans l'esprit du Roi, chose qui se fût peut-être accomplie de soi-même. Voltaire trouvait les vers de Frédéric ce qu'ils étaient, plats et burlesques. Né pour se moquer du ridicule, quand même il n'y en eût pas eu dans le monde, il n'était pas de force à manquer des occasions réelles et multipliées de plaisanterie. Ce qu'il avait dit, ce qu'il eût pu dire, fut rapporté au Roi, le tout *revu et corrigé* avec plus de soin que Voltaire n'en donnait aux vers de son élève. Frédéric, railleur impitoyable, était prodigieusement sensible à la raillerie, et toujours disposé à la croire authentique. Il lui échappa sur Voltaire un mot qu'on se hâta de répéter à celui-ci : « Laissez faire ; on presse l'orange, » et on en jette l'écorce quand on en a sucé le jus. » Cependant la rupture tardait beaucoup au gré des tiers officieux. Frédéric, homme supérieur et petit à la fois, cachait par orgueil de grand prince sa vanité d'écrivain médiocre. Il attendait que Voltaire se mît publiquement dans son tort; puis, quand il croyait le moment venu, la crainte d'être raillé à proportion de son dépit l'engageait à le dissimuler. Maupertuis poursuivait toujours la disgrâce de Voltaire. Dans une dispute avec le mathématicien Kœnig sur une question de mécanique, Maupertuis fut appuyé par Frédéric, qui se moquait de lui, et ne voulait pas qu'on s'en moquât. Ce superflu de ridicule inspira à Voltaire des brochures étincelantes. *La Diatribe du docteur Akakia* surtout amusa toute l'Europe aux dépens de Maupertuis. Frédéric s'emporta, se fit remettre tous les exemplaires de l'édition, et les brûla lui-même au feu de sa cheminée. Voltaire feignit le repentir, et échangea des embrassements avec Frédéric, après avoir fait passer en Hollande un exemplaire sur lequel on fit une édition qui courut toute l'Allemagne.

Frédéric, plus irrité que jamais, fit brûler l'ouvrage par la main du bourreau, et c'en fut fait de son intimité avec Voltaire. Ils se séparèrent enfin, profondément las d'un commerce qu'ils feignaient de vouloir renouer. Voltaire revenait en France avec quelques inquiétudes. Son séjour en Prusse l'avait rendu suspect à la cour. Partagé entre ses vieilles espérances de plaire au pouvoir et sa haine irréligieuse, qui semblait croître avec l'âge, il ne savait encore à quel parti s'arrêter, et il chargeait tous ses amis de sonder le terrain. Dans ces préoccupations, il avait presque oublié la rancune de Frédéric, quand un agent de ce prince vint l'en faire souvenir. A Francfort, au moment où il montait en voiture pour quitter la ville, le résident du roi de Prusse, escorté de quelques soldats, l'arrête en lui redemandant l'*Œuvre de Poésie* du Roi son maître. Ce volume, laissé par Voltaire à Leipzig, contenait des satires imprudentes contre des princes et de puissants personnages. Frédéric, sur les dires des ennemis de Voltaire, crut celui-ci tout prêt à publier ces satires, dont la punition politique eût été plus redoutable que les sarcasmes de Voltaire. Jusqu'à l'arrivée de l'*Œuvre de Poésie*, Voltaire, renfermé dans une auberge avec madame Denis, sa nièce, fut gardé par des soldats, baïonnette au bout du fusil. Fouillé, maltraité, il eut encore à payer les frais d'arrestation et de visite. Son arrivée en France ne fut guère plus riante que son départ de Prusse. Tandis qu'il séjournait à Strasbourg ou à Colmar, madame Denis, envoyée à Paris, y sondait le public et la cour pour savoir s'il pouvait y aller sans obstacle. Incertain, pendant long-temps il erra sur la frontière, prêt à passer à l'étranger si son séjour en France devenait trop périlleux. Madame Denis n'écrivait rien de rassurant, et des dangers plus voisins alarmaient encore Voltaire. Le clergé d'Alsace surveillait ses démarches, et le jetait dans un grand embarras. Pour conjurer l'orage, il imagina un moyen aussi maladroit que criminel : il communia publiquement, au grand scandale de toutes les âmes sincères. Après cette inutile profanation, il fut plus en peine encore de son avenir. Il avait songé un moment à s'établir à Genève ; mais les protestants le maudissaient autant que les catholiques, et il le leur rendait au centuple.

En attendant une lettre décisive de madame Denis, il continuait ses allées et venues. Dans l'une de ces courses, il visita l'abbaye de Senones, et y fit un séjour de quelques semaines. Dom Calmet, qu'il y trouva, se mit en devoir de le ramener à Dieu, et Voltaire lui laissa croire qu'il avait réussi. Il profita plus librement des immenses trésors de la bibliothèque du monastère, et fit à loisir des extraits historiques pour l'ouvrage qu'il publia plus tard. Madame Denis y arriva bientôt avec d'assez mauvaises nouvelles, et les amis de Voltaire lui ôtèrent tout espoir d'être bien vu du Roi. Voltaire avait trop redouté cette aversion pour ne pas la mériter. Il ressentit ce coup comme s'il ne l'eût pas prévu, et l'idée de la vengeance le poursuivit partout. Jusque-là il avait paru plus léger que méchant dans ses attaques contre le christianisme, et l'on eût dit qu'un regard du souverain pouvait lui faire honorer Dieu. La froideur de Louis XV, froideur plus méprisante que haineuse, décida pour toujours du rôle de Voltaire. Fixé à la terre de Ferney, il s'abandonna pendant les vingt dernières années de sa vie à cette impiété terrible qui passa les proportions de la fureur humaine. Mais, comme pour faire ressortir ce trait de caractère par le contraste, en même temps que la haine des choses saintes remplissait son âme et la poussait à des excès inouïs, il faisait avec plaisir, avec passion même, un grand bien matériel. L'amour de l'*humanité*, cette partie intégrante de l'amour de Dieu, en restait fort indépendant dans les idées de Voltaire. Il s'occupa vivement, puissamment, des misérables qu'il appelait ses vassaux. Il leur bâtit des maisons, leur fit défricher des terres, dessécher des marais. Il changea un hameau sale et pauvre en une ville élégante et animée, qui envoyait au loin les produits de ses travaux. Par une inconséquence curieuse, il fit construire, sur les ruines d'une église petite et délabrée, une autre église plus grande et convenablement ornée. Ces soins, il le savait, n'étaient pas perdus pour sa gloire, et ses amis, qui n'avaient pas pu l'autoriser à regagner Paris, y travaillaient du moins à sa réputation philanthropique. Dans l'éloignement où se trouvait Voltaire, ses torts perdaient de leur importance aux yeux du public, et ses bonnes actions avaient un prestige extraordinaire. Bien des gens, retenus jusque-là par des scrupules religieux, commençaient à céder à l'ascendant de sa réputation, et ne riaient point de son nom de *patriarche*, dont les inventeurs riaient probablement. Quand la mode n'a plus contre elle que la conscience, on peut dire qu'elle n'aura bientôt plus rien. C'était la mode d'aller en pèlerinage à Ferney, de vénérer le seigneur du lieu, beaucoup plus que le Dieu de son curé; c'était la mode de revenir plus enthousiasmé qu'on n'était parti, et les gens qui avaient de la foi firent comme ceux qui n'en avaient pas, ils se mêlèrent aux dévots de la confrérie de Voltaire. Ce n'était pas seulement Paris et la France qui députaient vers lui; les grands seigneurs étrangers, les savants, les hommes d'État, se détournaient pour lui de leur route, ou venaient même tout droit de leur résidence à Ferney. A la vérité, les agréments de l'hospitalité diminuaient le mérite du voyage. Le château, les jardins, la table, les équipages du maître, étaient à la disposition des hôtes. Il y avait souvent concert, bal ou spectacle; et quand Voltaire, toujours souhaité et rarement obtenu, faisait une apparition gracieuse, rien n'avait manqué aux plaisirs de l'assemblée, pas même la liberté d'en jouir sans surveillant. Cette position, unique dans l'histoire, donnait à tout ce qui venait de Voltaire un prestige particulier. Ce qui étonnait encore et émerveillait davantage, c'est qu'au sein de la foule et du bruit il travaillait avec ardeur et toujours à plusieurs ouvrages à la fois: il entretenait une correspondance immense, demeurée, avec ses innombrables poésies légères, le témoignage le plus extraordinaire de sa fécondité. Ces occupations ne lui suffisaient point encore: dans l'administration de ses domaines, il se procurait volontiers des occasions de querelles judiciaires ou religieuses. Celles-ci surtout semblaient le rajeunir. En faisant démolir l'ancienne église de Ferney, il avait méprisé les formalités usitées en pareil cas, et avait trouvé moyen d'offenser la religion en travaillant pour elle: il y avait une grande croix de bois devant le portail, il la fit abattre indécemment, en tenant des propos que l'érection d'une croix plus neuve ne pouvait pas racheter. Un jour il s'amusa à trancher du curé, et fit aux paroissiens, en pleine église, une espèce de sermon sur le vol. Mais ces irrévérences avaient enfin leur péril. Le curé de Ferney avait autant de foi au Dieu de son église que les brillants voyageurs au seigneur du château. Il portait ses plaintes à l'évêque d'Annecy, qui les transmettait au clergé, aux tribunaux et au gouvernement. La peur des hommes égalait dans Voltaire la témérité contre Dieu; il faisait la paix avec ceux-là au préjudice de celui-ci, et jouait tout à coup la dévotion sans se soucier de ce qu'en diraient les philosophes de Paris. A la suite d'une de ces équipées, il ne vit plus qu'un moyen de désarmer l'évêque, et, avec lui, la hiérarchie religieuse et civile. Il communia publiquement dans l'église de Ferney, voulant, disait-il, remplir ses devoirs de chrétien, d'officier du Roi et de seigneur de paroisse. L'indignation du clergé n'en fut que plus grande. Un mandement de l'évêque d'Annecy défendit à tous les prêtres de lui donner les sacrements. Cette fois Voltaire n'avait pas même, pour excuser un nouveau sacrilége, l'espoir d'en imposer aux âmes chrétiennes; mais il voulut qu'on désobéit à l'évêque, et son plan réussit. Il se mit un jour au lit, feignit de n'avoir plus qu'un souffle, et convainquit son médecin de sa mort prochaine. Il avait fait venir un capucin d'un esprit simple ; il le troubla, l'épouvanta, lui arracha une absolution, et demanda l'eucharistie à titre de viatique. Après avoir communié dans sa chambre, il fit dresser procès-verbal du tout par le notaire du lieu. Le gouvernement et le clergé, d'accord avec tous les honnêtes gens et même avec quelques amis de Voltaire, flétrissaient énergiquement ces actes criminels. Mais, au travers de ce déchaînement, Voltaire démêlait de l'hésitation à sévir contre lui. Il continuait sous d'autres formes sa guerre contre le christianisme. Chaque jour, il publiait de nouveaux écrits plus audacieux, plus furibonds. L'impiété ne semblait plus chez lui un accessoire de la pensée, une parure de bon goût, un vernis aristocratique ; son impiété maintenant, c'était tout lui-même. Sa haine contre le christianisme excitait d'abord l'horreur, puis l'étonnement. Jamais Dieu n'avait eu tant à souffrir d'un homme. Le mensonge, la calomnie, le cynisme, la bêtise même, tout, dans ses écrits de vieillard, témoignait d'un inexplicable amour du mal, d'une fécondité de pensées et de sentiments coupables qu'on n'eût pas attendus d'un âge propre aux passions. Renverser la religion, telle était sa pensée de nuit et de jour ; et ce désir toujours présent, et parfois plein d'espérance, l'inspirait si naturellement, que toutes ses facultés, même les plus heureuses, s'en trouvaient éveillées. A la moindre apparence de succès contre le Christ, Voltaire devenait meilleur pour ses amis, il détestait moins ses ennemis, et, dans l'abondance de son cœur triomphant, il parlait, écrivait et agissait avec esprit, raison et générosité. Ces bons moments eussent suffi pour lui gagner des disciples, quand même la nature de ses doctrines n'eût pas eu pour appui la vaste corruption du temps. Quelque nombreux que fussent ses amis, le gouvernement l'eût peut-être traité sévèrement, si ses infirmités, tant réelles que prétendues, si ses annonces éternelles de mort prochaine, n'avaient suspendu sans cesse des mesures sans cesse provoquées. Ses ouvrages irréligieux inondaient Paris : tantôt le nom de l'écrivain était imaginaire, tantôt il appartenait à un personnage mort ou habitant d'autres lieux. On riait de ces stratagèmes, on riait des désaveux de Voltaire et des serments solennels qui les accompagnaient ; personne n'était dupe, pas même l'autorité, et, à l'aide de ces inutiles mensonges, Voltaire pouvait désormais publier tout ce qu'il voulait. Il y avait pourtant un ouvrage qu'il aimait avant tout, auquel il avait travaillé avec délices, et dont ses amis intimes avaient seuls des copies. *La Pucelle* était faite depuis long-temps, et Voltaire tremblait toujours qu'elle ne tombât de quelque portefeuille.

La Pucelle ne pouvait rester inédite dans l'époque qui l'avait inspirée. L'immoralité sans nom de l'ouvrage, égalée par l'impiété qui y déborde, exprimait trop naturellement l'état du cœur de la société pour ne pas y arriver un jour ou l'autre à la publicité. Ce poème, hideux et brillant, haineux jusqu'à la folie, et gai à l'avenant, parut porter un coup terrible à son auteur, et ne fit que servir à son prosélytisme en accoutumant ses adeptes à ne rougir de rien. Tout ce qui avait de la dignité, de la vertu, du bon sens, c'est-à-dire l'impuissante moitié du public, se révolta contre *la Pucelle*. L'auteur eut pour lui la partie active des lecteurs, celle que le scepticisme et la corruption poussaient à la destruction de l'église et de la monarchie; multitude étourdie, railleuse, descendant avec grâce vers tout ce qui ressemblait au néant, et gardant, au milieu de sa dégradation précipitée, un prestige de gentillesse, d'indépendance et de protection. Voltaire ne vit pas d'abord ce dernier effet. *La Pucelle* était le dépôt de toutes ses rancunes : Louis XV et madame de Pompadour n'y étaient pas oubliés ; venaient ensuite d'autres grands personnages, les uns ennemis de l'auteur, les autres ses amis, tous également déshonorés par sa plume. Ces attaques, devenues publiques, mettaient Voltaire dans d'horribles transes. Il désavouait l'ouvrage, il le désavouait avec serment, et affectait de ne pas concevoir qu'on le mît sur son compte. Si ces démentis eussent été recevables, Voltaire eût par là même effacé l'ensemble de ses ouvrages, de ses propos et de sa vie même ; mais il n'eut pas l'air de faire ce raisonnement. Il continua de nier ce que l'on continuait de croire, et donna, à l'appui de ses allégations, une édition de son poème dégagée des traits les plus marqués de cynisme et d'irréligion. Voltaire se dédommageait de ces sacrifices en donnant pleinement cours à ses haines littéraires. Ses succès l'avaient accoutumé aux louanges de toute nature, et l'avaient rendu terrible pour les moindres censeurs. Dans son opiniâtre guerre contre le christianisme, il avait vu la faiblesse personnelle de la plupart de ses adversaires, et l'avait volontiers confondue avec celle de leur cause. Redouté comme un ange de ténèbres, il en était venu à se croire plus qu'un homme, et cet amour superstitieux de lui-même, sa religion proprement dite, en faisait le plus exigeant et le plus jaloux des dieux. Blâmer Voltaire, soit comme homme, soit comme poète, soit comme prosateur, ce n'était à ses yeux ni plus ni moins qu'une impiété; et la religion romaine, qu'il chargea de tant d'accusations d'intolérance, ne prit jamais autant d'ombrage des blasphèmes et des hérésies que n'en prenait Voltaire de l'ombre d'un doute sur sa doctrine et son génie.

L'Écossaise fut un de ses plus honteux écarts en ce genre. Il y couvrit d'infamie Fréron, le plus honorable de ses critiques, qu'il estimait lui-même. Mais la plus odieuse de ses querelles est celle qu'il eut avec J.-J. Rousseau. Rousseau respectait beaucoup de choses et se respectait souvent lui-même. Dans l'égarement de sa puissante imagination, on démêlait beaucoup de ressemblance avec l'entraînement d'un grand cœur. Voltaire avait loué d'abord Rousseau, qui, on ne sait pourquoi, le traitait comme son véritable maître. Quand Rousseau fut poursuivi pour l'*Émile*, Voltaire lui offrit un asile : « Je ne vous aime pas, » lui écrivit Rousseau ; « vous avez corrompu ma république en lui donnant des spectacles. » Dès lors Rousseau ne fut à ses yeux qu'un écrivassier, un cuistre, le dernier des misérables. *La Guerre de Genève* servit de cadre à ces injures, et n'en épuisa pas la source. Dans ce poème, Voltaire descendit à la rage et à la niaiserie même. Il se complut à accabler Rousseau, banni de sa patrie, et à lui reprocher sa pauvreté, ses malheurs et jusqu'à ses infirmités. Ces lâchetés nuisirent pourtant moins à l'influence de Voltaire que n'y servirent quelques actes honorables, vantés, il est vrai, par d'innombrables et puissants amis que Rousseau malheureux ne pouvait pas avoir. Une jeune fille du sang de Corneille fut recommandée à l'humanité de Voltaire. « C'était, » disait-il, « fournir à un vieux soldat l'occasion d'être utile à la » fille de son général. » Voltaire l'eût dotée à ses frais ; il trouva plus délicat de lui donner Corneille même pour bienfaiteur. Il prépara l'édition du poète avec commentaires, dont la petite-nièce recevrait le produit. Par les soins de Voltaire, elle eut à Ferney une éducation chrétienne, et se maria à un gentilhomme des environs. La réhabilitation de la mémoire de Calas, l'absolution de Sirven, coûtèrent à Voltaire beaucoup de temps, d'argent et de démarches, et sanctifièrent, aux yeux à demi fermés de la foule, le nom d'un homme dont la gloire effaçait déjà bien des torts. Il travaillait à l'abolition des rigueurs pénales, à la suppression du servage et à la préparation d'un état social rêvé par les têtes les plus vives de l'époque, couronnant publiquement sa vieillesse d'un éclat qui palliait la funeste nature de son cœur et de son génie. A l'âge de l'épuisement, sa fécondité semblait s'être augmentée. Il termina à Ferney l'*Essai sur les Mœurs et l'Esprit des Nations*, et composa la *Philosophie de l'histoire* pour y servir d'introduction, l'*Histoire de l'Empire de Russie sous Pierre-le-Grand*, l'*Histoire du Parlement de Paris*. La passion du théâtre ne s'était pas refroidie, et ce grand moyen d'agir sur les hommes lui devenait d'autant plus précieux que son éloignement de Paris le séparait de son domaine naturel. *L'Orphelin de la Chine*, *Tancrède*, *Olympie* même, rappelèrent quelques-uns de ses beaux jours ; mais *le Triumvirat* et *Sophonisbe* attestèrent sa pleine décadence ; *les Lois de Minos*, *Don Pèdre*, *les Pélopides*, *Irène*, *Agathocle*, son anéantissement. Il fit quatre comédies, *l'Écossaise*, odieuse satire, drame touchant, et *le Droit du Seigneur*, *Charlot*, *le Dépositaire*, dont il n'y a rien à dire. Voltaire avait encore trouvé du temps pour ses amusements littéraires, c'est-à-dire pour ses romans en prose, pour ses contes en vers et pour une foule d'épîtres et de satires qui volaient par le monde, et le rendaient présent à la pensée des Parisiens plus encore qu'il ne l'était aux yeux de ses vassaux. Voltaire avait souvent songé à revoir Paris, et s'était convaincu que le public l'y recevrait à bras ouverts ; mais la cour et le clergé l'emportaient, et Voltaire eût renoncé, sans madame Denis, à l'idée de ce voyage. Madame Denis en vint pourtant à ses fins ; elle s'était assurée, plus soigneusement que son oncle, de l'impunité de son voyage ; au mois de février 1778, elle le décida à partir. Malgré son incognito, Voltaire fut fêté le long de la route, et se trouva tout préparé aux acclamations de Paris. A peine descendu chez le marquis de Villette, il y fut assiégé par tout ce que Paris avait d'illustre. L'Académie française et la Comédie lui envoyèrent des députations ; sa voiture fut escortée par une multitude enthousiasmée. Le clergé avait vu avec une profonde douleur l'arrivée de Voltaire et l'autorité immense qu'il exerçait par son nom. Quelques prêtres voulurent attaquer le mal dans la source, et travailler à la conversion de Voltaire, d'où dépendait celle du public. Les émotions multipliées de Voltaire, la fatigue d'une représentation continuelle et les répétitions d'*Irène* lui causèrent une hémorrhagie violente, qui le mit dans le plus grand danger. L'abbé Gauthier, chapelain des Incurables, lui avait d'avance offert ses soins spirituels. Voltaire le fit appeler, et lui écrivit une déclaration portant qu'il voulait mourir dans la religion catholique, où il était né, et qu'il demandait pardon à Dieu et à l'église des offenses qu'il pouvait leur avoir faites. Le curé de Saint-Sulpice, sur la paroisse duquel se trouvait Voltaire, jugea la déclaration insuffisante de la part d'un tel homme et en présence d'un tel public. Mais Voltaire se sentit mieux, et laissa l'église pour le théâtre. Il vit jouer sa tragédie d'*Irène*, qu'on eut la bonté de ne pas siffler et la générosité d'applaudir. Emporté sur les bras de la foule dans sa voiture, il fut reconduit triomphalement à son hôtel, et salué chemin faisant des titres successifs de ses ouvrages. Le plus chéri de lui et de ses adeptes devait être gardé pour la fin, et ce n'était pas dans la rue qu'il fallait le proclamer. Quand Voltaire fut dans la cour de l'hôtel, on cria : *Vive la Pucelle !* Voltaire comprit l'apogée de cette bienveillance : « Ah ! messieurs, s'écria-t-il, » vous voulez m'étouffer sous des roses. » Cette mort riante ne devait pas être la sienne. Il s'était chargé de refaire la lettre *A* pour le Dictionnaire de l'Académie. Ce travail l'échauffa beaucoup ; l'abus du café, l'opium, achevèrent d'ébranler sa frêle constitution, et une strangurie terrible fit désespérer de lui. Les agitations de ses derniers jours furent extrêmes. Le désespoir, l'insensibilité, l'hésitation, régnèrent dans ses rapports avec le curé de Saint-Sulpice et l'abbé Gauthier. Rien n'était encore décidé, quand l'abbé, voyant le péril croissant du malade, hasarda une dernière exhortation. Le curé de Saint-Sulpice se retourna douloureusement vers son confrère : « Vous voyez bien, lui dit-il, qu'il n'a plus sa tête. » Voltaire mourut le 30 mai 1778 à l'âge de 84 ans. Le curé de Saint-Sulpice lui refusa la sépulture. L'abbé Mignot, neveu de Voltaire, fit transporter le corps à l'abbaye de Scellières, dont il était commendataire, et l'ensevelit dans une des chapelles avant que l'évêque de Troyes eût envoyé au prieur la défense de l'enterrer. C'est de là qu'après le renversement officiel de la religion et de la monarchie, les restes de Voltaire furent ramenés solennellement à Paris, pour y être l'objet du culte qu'il avait refusé à l'Homme-Dieu....

PHILARÈTE CHASLES.

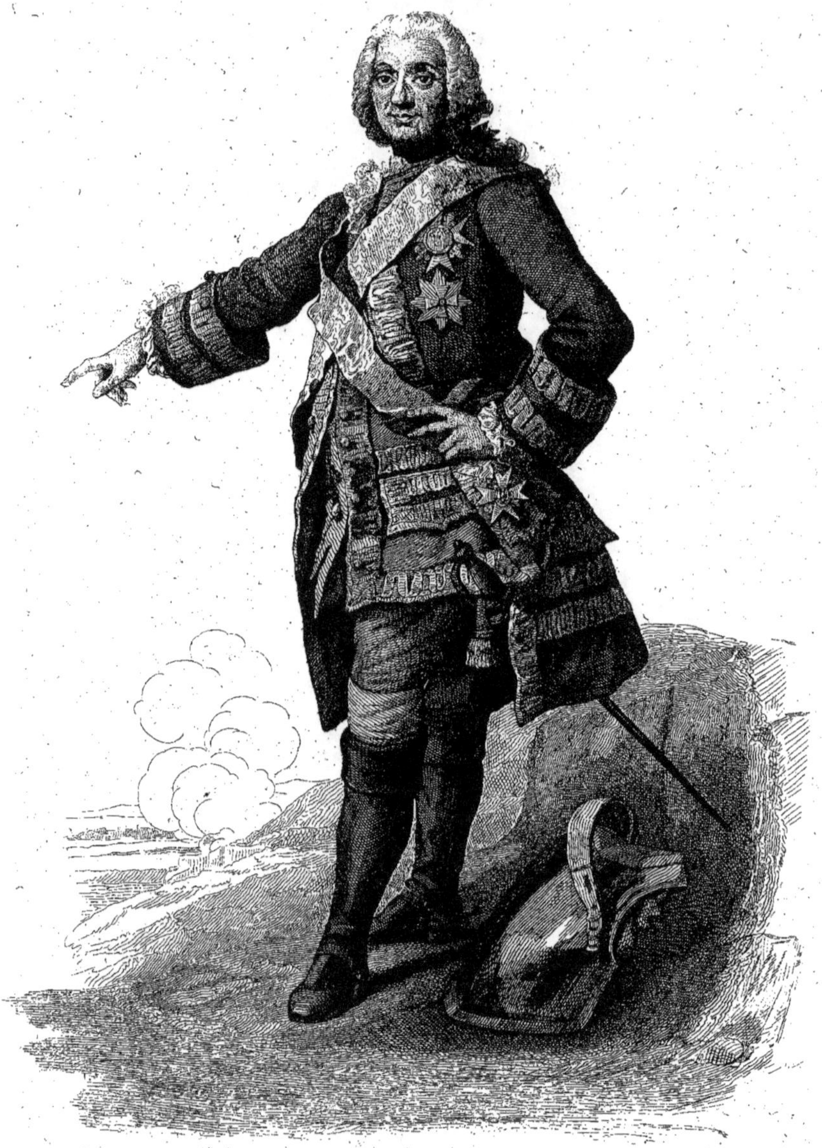

Dessiné par Larivière. *Gravé par [illegible]*

CHEVERT.

CHEVERT

NÉ EN 1695, MORT EN 1769.

François Chevert naquit à Verdun-sur-Meuse, le 2 février 1695, de parents obscurs. Voyant, à l'âge de onze ans, passer à Verdun une recrue du régiment de Carné, il la suivit, et servit comme soldat dans ce régiment, où il devint promptement officier.

C'était l'époque où retentissaient encore les noms de Turenne, de Condé, de Luxembourg, de Catinat, de Vauban, grands noms faits pour exalter l'imagination d'un soldat.

Chevert fut nommé lieutenant au régiment de Beauce, le 1er décembre 1711 ; il parvint, de grade en grade, à celui de lieutenant-colonel de ce régiment, et c'est en cette qualité qu'il fit la campagne de Bohême, en 1741.

L'électeur de Bavière venait de se réunir à l'armée française avec vingt mille Bavarois et Saxons. L'électeur, ayant pris le commandement de ces troupes, marcha sur Prague (novembre 1741). Le régiment de Beauce servit d'escorte à l'électeur, et le comte de Saxe, ayant connu tout d'abord le mérite du lieutenant-colonel Chevert, lui confia son plan pour s'emparer de la capitale de la Bohême.

Chevert fut chargé de commander les grenadiers qui devaient tenter l'escalade. Au moment où l'on posait la première échelle, il assemble les sergents de son détachement et leur dit : « Mes amis, vous êtes tous » braves, mais il me faut ici *un brave à trois poils*, et le voilà ! » Il s'adressait à un sergent des grenadiers d'Alsace. « Pascal, lui dit-il, vous » allez monter le premier, je vous suivrai. Quand vous serez sur le mur, » le factionnaire criera *wer da!* Vous ne répondrez pas. Il vous enverra son » coup de fusil, il vous manquera ; vous irez à lui, vous le tuerez, et je » serai là. »

Tout se fit comme il l'avait dit.

Chevert et quelques sous-officiers sont sur le mur, et courent à la porte où le comte de Saxe attendait, à la tête des dragons. Chevert désarme en un instant les corps de garde, fait baisser le pont-levis; le comte de Saxe entre, la ville est prise, et la garnison prisonnière. Chevert est fait brigadier des armées du Roi, et l'électeur le désigne au maréchal de Belle-Isle pour lieutenant de roi à Prague, sous le comte de Bavière. Il y maintint un si bon ordre qu'aucune maison ne fut pillée. On dut à ses soins et à ceux de M. Séchelles, intendant de l'armée, un esprit d'ordre, de justice et d'économie bien rare dans les conquêtes. On remarqua aussi que, par son influence, Français, Bavarois, Saxons, soldats ou citoyens, tous vécurent dans une parfaite intelligence.

Mais bientôt il ne s'agit plus seulement de contenir tant de passions opposées et de concilier tant d'intérêts divers. Le maréchal de Belle-Isle, pour sauver l'armée française assiégée dans Prague, sortit dans la nuit du 16 au 17 décembre 1742, emmenant avec lui quarante otages des trois états. Il y laissa Chevert et dix-huit cents hommes, y compris les blessés, avec ordre de traiter, pour les effets du Roi, les malades, etc., aux meilleures conditions possibles.

Le maréchal avait cru exiger beaucoup en demandant à Chevert de sauver les effets du Roi; mais Chevert se promit davantage. Libre de ses mouvements au départ du maréchal, et chargé de l'honneur du drapeau français, il entreprend de se défendre, avec moins de douze cents hommes valides, contre les ennemis du dedans et contre l'armée du prince Lobkowitz qui l'assiége. Il tient jusqu'au 26 décembre. Alors il menace de faire sauter une partie de la ville et de s'enterrer sous ses décombres si on ne lui accorde pas une capitulation honorable. Il l'obtient, sort de la ville le 2 janvier 1743, avec sa garnison, les honneurs de la guerre, deux pièces de canon, et se rend à Égra aux dépens de la reine de Hongrie.

Toute la science de la guerre, tous les secrets de l'art, furent mis en usage dans cette résistance imprévue. La valeur et la hardiesse en avaient conçu le plan; la vigilance et la fermeté l'exécutèrent.

Chevert voulut montrer aux Autrichiens qu'il n'était pas seulement un soldat opiniâtre et un brave à toute épreuve; il eut la louable ambition de laisser des traces honorables du séjour des Français dans Prague. Il exigea aussi qu'on lui remît deux canons aux armes de l'empereur Charles VII, et les envoya à l'empereur[1].

[1] Voici ce que l'empereur écrivit à ce sujet au maréchal de Belle-Isle : « Je suis très-sensible » à l'attention qu'a eue le brigadier Chevert de demander les deux pièces de canon; vous me » ferez plaisir de l'en remercier de ma part, et de lui dire que je serai charmé de lui en mar- » quer ma satisfaction; vous savez que j'ai toujours beaucoup estimé cet officier, qui s'est » distingué dans toutes les occasions, et particulièrement à la prise de Prague; ce qui m'avait » engagé à le nommer mon lieutenant en cette ville : il s'est comporté dans ses fonctions avec » tant de fermeté, de prudence et d'esprit de conciliation et de justice, qu'il s'est attiré la con-

Cependant les troupes du roi de France et celles du roi d'Espagne se disposaient à entrer en Italie; Chevert fut appelé à faire cette campagne contre le roi de Sardaigne au mois de juillet 1744; il fallut forcer le passage des Alpes afin de pénétrer dans le Piémont.

Le prince de Conti avait formé le projet d'attaquer en même temps toute la frontière de Charles-Emmanuel, afin de masquer ses véritables desseins.

Comme il était nécessaire, dans une guerre de montagnes, d'inspirer aux troupes la plus grande audace, le prince de Conti donna l'avant-garde de la division du bailli de Givry à Chevert, avec une instruction particulière, à laquelle il était défendu de rien changer. Cette division marchait vers Château-Dauphin. Chevert prend la tête de sa colonne d'avant-garde, forte de deux mille quatre cents hommes, attaque brusquement trois mille Piémontais à la Gardette, les bat et conserve ce poste. Pendant que les Espagnols cherchent à se frayer un passage vers la cime des Alpes, Chevert monte jusqu'à Rondormi, où il retrouve les Piémontais, qu'il défait une seconde fois. Enfin, celui qui était monté des premiers sur les remparts de Prague force le premier les barrières du Piémont, à Pierre-Longue. Le grade de maréchal-de-camp fut sa récompense.

Dans toute cette guerre, on vit toujours Chevert le premier à l'attaque, le dernier à la retraite. Toujours il s'y distingua, soit qu'il opérât sous les yeux des généraux, soit en commandant des corps séparés.

A l'Argentière, après avoir eu son cheval tué sous lui, il combat à pied à l'arrière-garde, et fait monter à bras d'hommes, en présence de l'ennemi, l'artillerie, qui arrête sa poursuite, et nous préserve d'une défaite.

Bientôt après, menant l'avant-garde du maréchal de Maillebois, il disperse tous les partis qu'il rencontre, va faire le siége d'Asti, et s'en rend maître. Le poste de Monte-Calvo est aussi important que difficile à conserver; il y faut un homme de guerre audacieux et expérimenté : on y envoie Chevert, qui trouve cette ville ouverte et sans murailles. Dans peu de jours il la met en état de défense, y soutient trois assauts et contraint l'ennemi de se retirer. On veut forcer le pont de Cazal-Bayan et passer le Tanaro; c'est Chevert qui est choisi pour commander l'avant-garde, et bientôt toute l'armée passe cette capricieuse et dangereuse rivière. Il faut quelqu'un pour occuper l'ennemi pendant que les Français vont quitter Tortone : Chevert est là, et l'occupe si bien, que l'armée française n'est point entamée dans cette périlleuse retraite.

» fiance de mes sujets. J'attends que vous soyez ici pour voir ce qui lui fera le plus de plaisir, » et sur ce je prie Dieu, etc.

» Signé CHARLES. »

A Francfort, le 28 janvier 1743.

Cependant les ennemis font une irruption en Provence; il faut les arrêter. Chevert est appelé; il les chasse bientôt de Digne, de Moustier, etc., couvre Castellane et Draguignan, reprend les îles Sainte-Marguerite, y fait six cents prisonniers, et voit ses succès couronnés par le grade de lieutenant-général des armées du Roi (1748).

La paix ayant rendu le repos à l'Europe, il fallait que les frontières fussent commandées par des généraux qui sussent maintenir l'ordre, la discipline et l'observation des traités. Chevert fut choisi en 1749 pour commander sur la Sarre.

Des camps de paix furent créés pour façonner les troupes à la tactique du temps. Ce n'étaient pas alors ces camps de plaisance que l'on vit depuis; réunions consacrées à la dissipation, au bal, aux festins, et à quelques manœuvres pittoresques devant des dames; lieux où l'on attache une grande importance aux petites choses, où l'on préside gravement à des futilités. Chevert commanda le camp qui fut assemblé sur la Sarre, en 1753. Il connaissait la force, les ressorts et le jeu d'une armée; et le ministre fut si satisfait de ce camp, qu'il en donna un second l'année suivante au lieutenant-général Chevert. Les étrangers de distinction arrivèrent en foule pour en admirer les manœuvres, l'instruction, la tenue et la discipline. Le camp qu'il commanda sur la Moselle, en 1755, eut encore plus de célébrité; indépendamment des Anglais, Allemands et autres étrangers qui vinrent y étudier sous Chevert, on vit à sa suite plus de soixante aides-de-camp, parmi lesquels on comptait les noms des plus grandes maisons; tant la jeune noblesse avait montré d'ardeur à venir se former sous lui au métier des armes. L'évêque de Cahors, du Guesclin, le pria avec instance de prendre son neveu pour aide-de-camp, voulant que ce précieux rejeton du grand connétable n'apprît point à d'autre école l'art de la guerre.

En 1757, le clairon des batailles se fait encore entendre: l'Europe semble déjà lasse de la paix. La politique change tout à coup; on voit les nations s'allier avec leurs ennemis, et combattre contre leurs anciens alliés. Le maréchal d'Estrées passe le Weser et marche au duc de Cumberland.

Ce fut à Hastembeck, le 25 juillet 1757, que les armées furent en présence. La journée se passa en reconnaissances et en dispositions pour l'attaque du lendemain. Le 26, le maréchal d'Estrées ordonne à Chevert de marcher avec seize bataillons pour tourner la gauche de l'armée ennemie, tandis que la nôtre doit l'attaquer de front. Les bois qu'il fallait traverser étaient fort épais et peu connus. Le comte de Châtelet-Lomont, qui formait la tête de colonne avec douze compagnies de grenadiers, est grièvement blessé et mis hors de combat. Le comte de Montmorency-Laval, et plusieurs autres officiers de marque, sont tués. M. de Bussy, qui menait un corps de volontaires, reçoit la mort après eux. L'ennemi, caché dans l'épaisseur du bois, donne la mort sans craindre de la recevoir ; nul chemin, nulle issue pour aller à lui ; la valeur devient inutile.

Les troupes se fatiguent, s'étonnent ; involontairement leurs regards se portent vers leur général ; il semble que lui seul peut vaincre cet obstacle. Chevert, qui sait que sa présence rend l'espérance, comme sa résolution rend l'audace, se met à la tête des grenadiers, et, ainsi qu'un lion irrité, il brise tous les obstacles... L'ennemi est culbuté. Mais le grenadier improvisé reprend la contenance du général et le coup d'œil du maître. Il dirige une autre attaque sur les hauteurs, et chasse l'ennemi des sommités escarpées où son feu pouvait encore atteindre ; il gagne les sentiers qui conduisent à la plaine : les Français le suivent, et menacent le flanc de l'armée de Cumberland. Celui-ci s'aperçoit de l'échec qui le menace ; son armée s'ébranle, et cède enfin le champ de bataille au maréchal d'Estrées. — Si le succès de cette attaque contribua au gain de la bataille, les précautions, les dispositions, la connaissance des hommes, et le talent de les employer, avaient préparé ce succès. Un instant avant le moment décisif, Chevert dit au marquis de Bréhant, en le regardant fixement : « Bréhant, jurez-moi, foi de chevalier, que vous et tous les braves que vous commandez, vous vous ferez tuer jusqu'au dernier plutôt que de reculer ; je vous donnerai l'exemple. » — « Je le jure, » lui dit le marquis d'un air et d'un ton qui rendaient le serment superflu. Jamais engagements réciproques ne furent mieux tenus.

Les officiers de Picardie le prient de se ménager, de mettre au moins sa cuirasse : — « Ces braves gens-là en ont-ils? » dit Chevert en montrant les grenadiers, et il s'élance sur l'ennemi. Au milieu de l'action, on vient lui annoncer qu'il n'y a plus de poudre : — « Nous avons des baïonnettes, » répond-il, et il commande la charge.

Chevert, habitué à la victoire, fut une fois battu, à Mer. Quoique mille circonstances pussent le justifier, il se plaisait à rappeler ce fait, et à dire, comme Turenne, que *la guerre était un jeu où la fortune mettait souvent du sien.*

Son à-propos et son coup d'œil étaient surtout remarquables. A Lutzelberg, le prince de Soubise, ayant passé la Fulde pour attaquer l'armée ennemie, se mit à la canonner, et la força de se battre. Son plan était d'attaquer de front, tandis que le duc de Fitz-James attaquerait la droite, et Chevert, avec sa division, dont les Saxons et les Palatins faisaient partie, le flanc gauche. Toutes les colonnes s'ébranlèrent en même temps ; mais, quelques-unes ayant plus de chemin à faire ou plus d'obstacles à surmonter, il se trouva tellement engagé avec ses troupes que presque tous les efforts de l'ennemi se firent contre sa division. Chevert ne s'en émeut point ; il voit le danger, prend son parti sur-le-champ, et présente une telle ligne de fer et de feu que l'ennemi vient échouer contre cette résistance opiniâtre. Bientôt il est forcé de prendre la fuite par le développement des masses du prince de Soubise et de son artillerie [1].

Dès 1754, Chevert était commandeur de l'ordre de Saint-Louis. Cette année, 1758, le vit nommer grand'croix de cet ordre. Il fut employé dans les armées du Roi jusqu'en 1761, et il se retira alors dans ses terres.

Vigilant et sévère, parce qu'il était juste, économe pour lui, parce qu'il était généreux pour les autres, l'ordre et l'abondance le suivirent dans sa retraite. Sa maison était ouverte à tous les jeunes militaires qui venaient prendre chez lui des conseils ou des leçons. C'était un père qui met son bonheur dans l'avenir de ses enfants.

Chevert appela aussi l'étude dans sa retraite; et l'étude, comme une amie, vint lui offrir tous ses charmes et éclairer l'automne de sa vie de ses rayons consolateurs. Chevert passa la majeure partie de son temps à la campagne; il y trouva des douceurs ignorées des gens du monde.

Il mourut à Paris le 24 janvier 1769, âgé de soixante-quatorze ans. Il fut enterré à Saint-Eustache, où l'on voit encore, près de la porte d'entrée, son portrait sur médaillon de marbre blanc, scellé dans le mur, avec cette épitaphe, attribuée à Diderot :

SANS AÏEUX, SANS FORTUNE, SANS APPUI,
ORPHELIN DÈS L'ENFANCE,
IL ENTRA AU SERVICE A L'AGE DE ONZE ANS;
IL S'ÉLEVA, MALGRÉ L'ENVIE, A FORCE DE MÉRITE,
ET CHAQUE GRADE FUT LE PRIX D'UNE ACTION D'ÉCLAT.
LE SEUL TITRE DE MARÉCHAL DE FRANCE
A MANQUÉ, NON PAS A SA GLOIRE,
MAIS A L'EXEMPLE DE CEUX QUI LE PRENDRONT POUR MODÈLE.

Les uns l'ont dit fils d'un bedeau de la cathédrale de Verdun, les autres d'un maître d'école; ce qu'il y a de certain, c'est qu'il était né de parents

[1] Le roi de Pologne écrivit la lettre suivante à Chevert, en lui envoyant les insignes de l'ordre royal de l'Aigle-Blanc, avec son portrait dans une boîte d'or enrichie de diamants : « Monsieur le lieutenant-général de Chevert, mon fils, le comte de Lusace, ne m'a point laissé » ignorer la part que vous avez eue au gain de la bataille de Lutzelberg, ni les attentions que » vous avez eues pour lui dans toutes les occasions, et surtout à cette journée, en lui procurant » l'honneur de contribuer, à la tête d'un corps de mon infanterie, à la gloire des armes du roi » très-chrétien. Cette heureuse nouvelle est la plus consolante que je puisse recevoir. Je sais » combien on doit, dans cette circonstance, à votre expérience, à votre valeur, et à la supério- » rité de tous vos talents militaires. Je n'ai pas voulu différer à vous faire cette lettre, et y » joindre une marque de mon estime et de ma bienveillance la plus particulière. Sur ce je prie » Dieu, monsieur le lieutenant-général de Chevert, qu'il vous ait en sa sainte garde.

» Signé AUGUSTE, Roi.

» A Varsovie, le 12 novembre 1758. »

très-pauvres et qu'il devint orphelin presque en naissant. Il parlait sans vanité, comme sans honte, de sa naissance et du point d'où il était parti. Pendant qu'il commandait le camp de Richemont, en 1753, une fermière du canton vint le voir; il l'accueillit, la présenta comme sa parente, et la renvoya fort contente de lui.

Chevert était grand et bien fait; ses yeux étaient vifs et pleins de feu; il avait beaucoup d'esprit naturel, et s'exprimait avec facilité. Il aimait à prendre avec les troupes le ton confiant, exalté et assuré qui les persuade; il maniait d'ailleurs très-bien cette plaisanterie audacieuse qui, sous le feu de l'ennemi, ranime et entraîne le soldat, et qu'on pourrait appeler l'éloquence militaire.

Lorsque Chevert racontait les scènes dont il avait été acteur ou témoin, sa diction avait la couleur poétique qu'il mettait dans ses allocutions sous le feu de l'ennemi.

Chevert connaissait les hommes, et s'entourait de ceux dont il pressentait la destinée. C'est ainsi que les officiers généraux les plus distingués sortirent de son état-major. C'est ainsi que, devinant le célèbre Bougainville, il le fit son aide-de-camp d'abord, et lui dit bientôt après : « Bougainville, ne perdez pas votre temps à user au service de terre votre constitution, l'énergie de votre caractère, la chaleur de votre courage, et toutes les facultés de votre esprit. Vous êtes réservé à un autre théâtre.

— Lequel? répondit Bougainville.

— C'est la mer, la vaste mer qu'il vous faut.

— La mer! dit Bougainville d'un air surpris.

— Oui, les expéditions hasardeuses, les excursions lointaines, les missions périlleuses, les dangers, la guerre et la victoire sur l'Océan. »

Bougainville resta pensif, et les amis de Chevert ne furent point étonnés que, le 15 septembre 1763, deux navires bien équipés et bien armés[1], ayant pour chef Bougainville, sortissent du port qui commande l'entrée de la Manche, de ce même port d'où étaient sortis Jacques Cartier[2], et Duguay-Trouin : et nul en France ne s'étonna de voir ce marin improvisé s'emparer des îles Malouines, et y former un riche et solide établissement.

Le lieutenant-général de Chevert était simple, modeste, et supérieur aux petites vanités des courtisans. Il ne racontait point, comme certains généraux de nos jours, les prétendues *conversations d'abandon* du souverain ou des princes qui l'entourent. Il ne prenait point acte aussi des choses flatteuses que de jeunes princes distribuent facilement à des généraux pour se populariser; il appréciait ces paroles à leur juste valeur de cour, et se gardait surtout de les répéter, pour ne pas être ridicule.

[1] *L'Aigle* et *le Sphinx*.

[2] Jacques Cartier découvrit le Canada en 1534, sous François Ier.

Un grand talent stratégique, dans un temps où il était peu commun ; une étude et une pratique constante des évolutions militaires et de l'art de la guerre ; un coup d'œil juste, une exécution prompte et une valeur brillante, lui firent une grande réputation aux yeux mêmes des étrangers.

Le caractère distinctif de Chevert était une constance que rien ne lassait ; aussi était-il plus capable de lutter contre les difficultés que de se plier aux circonstances. D'une franchise que l'équité ne pouvait condamner, mais que la prudence n'approuvait pas toujours ; sans déguisement, parce qu'il n'avait point de vices à cacher ni de qualités à feindre, on le vit toujours franc, loyal, audacieux et impétueux, en même temps que bon, sensible, humain et généreux.

Tant que Chevert put faire jaillir quelque étincelle de son épée, la cour et les échos du monde s'occupèrent de lui, de son courage, de sa renommée. Mais lorsque, retiré dans ses terres, il consacra sa vie à faire du bien, à relever la chaumière du pauvre, à secourir les malheureux, on ne s'enquit point de la marche laborieuse et paisible de cet astre bienfaiteur. Sa mort seule réveilla l'attention. Les militaires de tout âge, de tout rang, furent attristés : les uns perdaient un maître, les autres un compagnon de gloire, tous un ami. Le Roi témoigna ses regrets ; il perdait un des appuis de son royaume.

Chevert, en entrant dans la carrière, osa en mesurer l'étendue, espace immense pour l'œil qui le voyait d'un tel horizon !... Cette immensité, au lieu d'abattre son courage, enflamma son jeune cœur. Cependant nul guerrier de son sang ne se présentait pour lui aplanir les difficultés de le route ou lui en abréger la distance. Les statues de ses aïeux n'en marquaient pas les repos ; aucun trophée de ses ancêtres ne venait exciter ou soutenir son ardeur ; et les écussons de sa maison n'étaient point appendus dans la lice pour lui dire : *Ne forligne point !*

Et pourtant Chevert arriva au premier rang de la carrière qu'il avait hardiment embrassée. Toujours supérieur aux emplois qu'on lui confiait, et, à chaque pas, paraissant fait pour monter plus haut, « *le seul titre de* » *maréchal de France* a manqué, non pas à sa gloire, mais à l'exemple » de ceux qui le prendront pour modèle. »

Le B[on] DE MORTEMART.

Geny-Gros imp. rue du Plâtre, 26. Paris

LE M.AL DE SAXE.

LE MARÉCHAL DE SAXE

NÉ EN 1696, MORT EN 1750.

Malgré son origine étrangère, celui-là est assurément Français, dont le roi de Prusse a pu écrire à Voltaire : « Je l'ai vu ici, le héros de la France ; ce Saxon, ce Turenne du siècle de Louis XV ; je me suis instruit par ses discours dans l'art de la guerre (le grand Frédéric !). Ce général me paraît être le professeur de tous les généraux de l'Europe. »

Cependant deux choses sont à remarquer dans la vie de cet homme extraordinaire, qui devait exciter l'admiration de Frédéric et servir si utilement notre pays : il n'obtint que furtivement le nom qu'il devait entourer d'une auréole si éclatante, et le premier usage qu'il fit de son épée fut de la tourner contre cette France dont il devait être une des gloires.

Maurice, comte de Saxe, naquit à Dresde, le 19 octobre 1696, de l'électeur de Saxe, Auguste II, qui fut depuis roi de Pologne, et de la comtesse Aurore de Kœnigsmarck. L'électeur eut plusieurs enfants naturels ; mais long-temps il ne voulut légitimer que celui-ci, dont les talents militaires ne tardèrent pas à justifier la préférence paternelle. Il n'avait pas douze ans lorsque, enflammé par le récit des choses merveilleuses qui se passaient au siége de Lille, où les alliés[1] tenaient le maréchal de Boufflers en échec, il parvint à tromper la vigilance de sa mère, et alla à pied joindre l'armée. Il y trouva son père, qui y servait en qualité de volontaire ; et, de ce jour, il commença son éducation de soldat.

Investi dès l'année suivante des fonctions d'adjudant-général au siége de Tournai, dans le pays même où il devait, seize ans plus tard, acquérir tant de gloire (Fontenoy), il se trouva successivement à toutes les actions intéressantes de la guerre entre la Russie et la Suède (1710-11), et de la campagne des Saxons et des Danois dans le duché de Bremen (1712). En

[1] Les Anglais, les Hollandais et les Autrichiens ; — Marlborough et le prince Eugène.

1713, et seulement pour complaire à sa mère, il épousa la comtesse Victoire de Loben. Mais son humeur était ennemie de l'inaction, et bientôt il prit parti pour les Prussiens, qui assiégeaient Charles XII dans Stralsund, en Poméranie (1715).

Quand la guerre ne l'occupait pas, il recherchait les aventures, et un trait qui se rapporte à cette époque (1715) mérite d'être consigné ici, parce qu'il sert d'ailleurs à justifier le rapprochement qu'on a fait entre lui et un prince célèbre.

Les Saxons et les Polonais étaient en état d'hostilité, et ces derniers, qui surveillaient les mouvements de Maurice, méditaient de l'enlever. Ils surent qu'accompagné seulement de cinq officiers et de douze domestiques, il s'était arrêté, pour y passer la nuit, dans le village de Crachnitz : au nombre de huit cents cavaliers ils cernèrent le carthemar [1] où il était logé, et se disposèrent à en commencer l'attaque. Le comte se mettait à table au moment où on l'avertit du danger qui le menaçait. Reconnaissant l'impossibilité de défendre toutes les parties de son logis avec dix-huit personnes, il comprit qu'il fallait se retrancher dans celle où il pourrait résister plus long-temps. Il fit monter son monde au premier étage, distribua trois ou quatre domestiques dans chaque chambre, fit percer le plancher pour tirer sur les hommes qui entreraient au rez-de-chaussée, et se retrancha dans l'écurie avec le reste de ses défenseurs. Les Polonais enfoncèrent sans peine les portes ; mais, les premiers qui pénétrèrent dans la maison ayant été tués, les autres, intimidés, et d'ailleurs instruits par leurs adversaires du seul système d'attaque qui pût leur réussir, gagnèrent le second étage par des passages qui n'avaient pu être gardés, et se disposèrent à user de représailles. Maurice les laissa faire ; mais, ayant choisi quelques hommes résolus, il monta au second étage, et passa au fil de l'épée tout ce qui tomba sous sa main. Cet échec n'ayant pas rebuté les assaillants, ils tentèrent une nouvelle attaque, dans laquelle le comte, blessé à la cuisse d'un coup de feu, les repoussa avec le même succès. Il fallut donc renoncer à ces attaques inutiles et meurtrières. Des postes furent placés tout autour de la maison, et un officier fut envoyé à Maurice pour le sommer de se rendre s'il ne voulait être brûlé. La partie était trop belle pour que le comte l'abandonnât sur une menace. Cependant, comme il ne pouvait résister long-temps, il proposa une sortie. Il s'entoura des quatorze hommes qui lui restaient, fondit avec eux sur un poste qui avait mis pied à terre, le culbuta, et, ayant gagné un bois qui n'était pas éloigné, il put joindre la ville de Sandomir, où il y avait garnison saxonne.

Cette défense de Crachnitz a été justement comparée à celle de Charles XII à Bender.

[1] Espèce de bâtiment assez semblable à un caravansérail turc.

En 1717 le comte de Saxe suivit le prince Eugène à Belgrade, où il étudia le grand homme qu'il devait peut-être surpasser un jour. Revenu à Dresde, il mena quelque temps à la cour une vie d'autant plus insupportable que la sienne avait été jusque-là plus animée. Galant, et enchaîné à une femme jalouse, il ne tarda pas à prendre le repos en dégoût. Il se mit à voyager, et, pendant un séjour qu'il fit à Paris (1720), le duc d'Orléans, alors régent, lui ayant proposé de servir la France, il accepta. Cette circonstance décida de son avenir, et son épée et son nom devinrent français.

Cependant un événement faillit l'enlever à la France. Ce fut son élection au duché de Courlande (juin 1726), auquel il fut appelé par le suffrage unanime du peuple, menacé dans son indépendance. Les soins qu'entraîna l'opposition de la Pologne et de la Russie le retinrent jusqu'en 1733, et il revint à Paris pour n'avoir plus d'autres intérêts que ceux de sa patrie adoptive.

Maurice avait trente ans passés lorsqu'il se donna à la France. Ainsi sa jeunesse était perdue pour elle, et déjà, à ne le considérer que comme un homme ordinaire, il avait fourni la meilleure partie de sa carrière. Mais il en est qui déjouent tous les calculs humains, trompent toutes les prévisions, et il lui était réservé d'être un de ceux-là. Sa jeunesse avait été brillante, son âge mûr jeta plus d'éclat encore, et, dès sa première campagne, on put voir que l'élève de Pierre-le-Grand, de Frédéric, du prince Eugène, de Charles XII, de Marlborough, de Catinat, de Luxembourg et de Villars, ne serait pas un rival indigne d'eux.

Ses plus belles années s'étaient passées dans la dissipation, et son amour pour les plaisirs avait plus d'une fois compromis son avenir si glorieux. D'un tempérament ardent et fougueux, indomptable de caractère, capricieux, frivole, ennemi de l'application et de l'étude, il s'était uniquement adonné à ses penchants et à son goût pour les exercices du corps. Aussi était-il à douze ans le plus élégant cavalier et le lutteur de Dresde le plus redoutable, et fut-il, à vingt-cinq, le gentilhomme saxon le plus ignorant. On est allé jusqu'à dire qu'il se passa long-temps avant qu'on pût lui apprendre à lire et à écrire. Mais du moment qu'il eut mis le pied en France, soit honte, soit émulation, il ne voulut être inférieur à personne, pas même aux hommes les plus instruits.

A son retour à Paris, il profita de l'intervalle de paix dont ce pays, si long-temps agité, jouissait momentanément, pour compléter par l'étude son éducation, si imparfaite. Il s'appliqua aux mathématiques, que la continuité de ses services ne lui avait pas permis d'étudier, et il y devint si habile que, dans les siéges dont il fut chargé, ce fut lui qui dirigea les travaux des tranchées. La mécanique, dans laquelle il introduisit des nouveautés utiles, fut pour lui l'objet d'une prédilection particulière ; il se familiarisa davantage avec notre langue, la seule qu'il eût jamais voulu apprendre; enfin, il se mit en état d'être bientôt un des esprits les plus agréables de Paris, et de mériter, par sa connaissance profonde de la tactique, que le chevalier Folard, l'un de nos théoriciens les plus savants, dît de lui, dans son Commentaire sur Polybe, qu'il était *un des plus beaux génies pour la guerre qu'il connût.*

Ces occupations le conduisirent jusqu'à la guerre contre l'Empire, au sujet du trône de Pologne.

Une armée ayant été dirigée sur le Rhin, sous les ordres du maréchal de Berwick (octobre 1733), ce fut lui qui fut chargé de la mission périlleuse de passer le premier le fleuve pour protéger la construction des ponts qu'il fallut jeter au-dessus et au-dessous du fort de Kehl. Deux jours après on ouvrait la tranchée. Dans la seconde attaque, un capitaine des grenadiers qu'il commandait fut tué à ses côtés.

A ce siége succéda celui de Philipsbourg (mars 1734). Après quelques affaires isolées, la prise de Trèves et celle du château de Trarbach, auxquelles il coopéra, il quitta le comte de Belle-Isle, avec lequel il avait été détaché, et rejoignit le maréchal de Berwick à Spire. « Monsieur le comte, lui dit le maréchal en le voyant, je n'ai plus besoin, puisque vous voilà, des trois mille hommes que j'avais dessein d'appeler. » La tranchée fut ouverte devant Philipsbourg le 3 juin; Maurice dirigea la première attaque, et, le 18 juillet, il put revendiquer sa part de gloire dans la prise de cette place, qui lui valut le grade de lieutenant-général. Il se distingua encore dans quelques engagements partiels dont un pensa lui coûter la vie, et il ne mit l'épée au fourreau qu'à la paix, qui fut signée à Vienne le 11 avril 1736.

Cependant le duc Ferdinand de Courlande était mort (1737). Maurice vit dans cet événement, qui favorisait ses espérances, un prétexte pour faire de nouveau valoir ses droits sur le duché, et se rendit en toute hâte à Dresde; mais cette fois encore la Russie l'emporta. Il revint en France, où, plus que jamais, il s'occupa d'étudier l'art de la guerre : ce fut dans l'intervalle qui s'écoula jusqu'à la campagne contre la Bavière et la Bohême (1741) qu'il composa ses *Rêveries*, ouvrage d'une haute portée, qui résume toutes les connaissances nécessaires au commandement des armées.

La guerre déclarée de nouveau, Maurice prit le commandement d'une division. Il passa le Rhin, le 9 août, malgré un débordement considérable; se rendit, par Donavert, à Ens; se réunit à l'électeur de Bavière, Charles Albert, et, après une affaire d'avant-garde dont tout l'honneur fut pour lui, il arriva au mois de novembre devant Prague, dont le siége avait été résolu dès l'entrée en campagne. Il s'était montré fort opposé à cette détermination, qui exposait l'armée, en cas de non-succès, non-seulement à ne pouvoir plus entreprendre de soumettre la Bavière et la Bohême, mais à perdre la Haute-Autriche, qu'elle venait de conquérir. Dans une lettre très-ferme qu'il écrivit à l'Électeur pour lui exposer ses vues, il avait proposé de marcher au-devant de l'ennemi, dont les forces étaient inférieures, parce qu'elles n'étaient pas encore réunies, et il promettait ensuite la prise de Prague, celle de la Bavière et de la Bohême, et la conservation des dernières conquêtes; mais déjà des ordres étaient donnés aux corps éloignés, il n'était plus temps. L'attaque fut résolue pour la nuit du 25, et l'exécution lui en fut confiée.

Les dispositions que prit le comte de Saxe furent simples, mais si hardies qu'il ne fallait pas moins que le succès pour les justifier : il fit effectuer, sur deux points différents, de fausses attaques qui fussent devenues sérieuses au besoin, tandis qu'il dirigeait la sienne sur le point le plus important. Comme il s'agissait de procéder par escalade et par surprise, il ne prit avec lui que le moins de monde possible, s'approcha de la ville jusqu'auprès de la porte Neuve *(Neu-Thor)*, fit arrêter sa troupe, se laissa glisser tout seul dans un fossé, pour reconnaître où il ferait l'attaque; puis, voyant qu'il se trouvait entre un bastion de trente-cinq pieds de haut et une espèce de plate-forme à peu près au niveau du rempart, il fit commencer l'escalade sur le flanc du bastion, et, se plaçant sur la plate-forme pour y attirer les regards et le feu des assiégés, il appela ce qui lui restait de troupes, en criant à haute voix : *A moi, dragons !*

Cette manœuvre obtint un plein succès, grâce au sang-froid avec lequel elle fut exécutée. Le lieutenant-colonel Chevert, qui avait dirigé l'escalade, força le corps-de-garde par le dedans de la ville sans avoir besoin d'employer d'autres armes que la baïonnette, et Maurice, triomphant, se précipita avec tout son monde dans la place.

Ce fut lui qui présenta les clefs de la ville à l'électeur de Bavière, lorsque, le lendemain, celui-ci fit son entrée solennelle en qualité de roi de Bohême. La modération dont il usa après l'assaut, et la discipline qu'il maintint parmi les soldats, furent telles, que les magistrats, saisis d'étonnement, lui offrirent un diamant de la valeur de quarante mille écus, sous lequel était gravée une devise qui exprimait leur reconnaissance et leur admiration.

Malgré ce succès éclatant, les prédictions de Maurice commençaient à se réaliser; les Autrichiens faisaient des progrès en Bavière, et déjà les bords du Danube étaient disputés. Il fallut se rendre maître d'Égra pour assurer les communications par ce fleuve avec Prague. Le comte de Saxe fut chargé de cette entreprise difficile, dont le maréchal de Broglie, qui la lui avait confiée, n'osait rien espérer; il ouvrit la tranchée le 7 avril dans la nuit, et le 19 la place était prise. Cet événement eut un grand retentissement dans l'Europe, et l'Empereur en eut tant de joie qu'il écrivit de sa main au vainqueur pour le féliciter et le remercier.

La campagne se termina par cette savante retraite, qu'on a si justement comparée à celle des dix-mille, et qui en diffère seulement en ce qu'il ne sera pas besoin d'un Xénophon pour la rendre immortelle. Elle a encore cela de particulier, qu'on ne sait ce qu'il faut le plus admirer de l'habileté du maréchal de Broglie, qui commandait en chef, ou de celle du comte de Saxe, qui conduisait l'arrière-garde, ou des belles manœuvres du prince Charles, qui, sur l'une ou l'autre rive du Danube, se trouvait toujours dans leur chemin.

Pour les services qu'il rendit dans cette campagne mémorable, le comte de Saxe fut élevé à la dignité de maréchal de France (26 mars 1744).

Au printemps de cette même année, l'Europe, long-temps tenue en échec par la France, put enfin respirer un peu, et osa prendre une attitude plus assurée. Mais quel fut son étonnement quand elle nous vit marcher fièrement au-devant d'elle, sans même attendre son défi, et envoyer quatre-vingt mille hommes en Flandre; le maréchal de Coigny sur le Rhin, avec cinquante mille; dix mille sur la Meuse, avec le duc d'Harcourt, et vingt-cinq mille en Piémont, sous les ordres du prince de Conti!

Le Roi, en personne, se mit à la tête de la première de ces expéditions; et, tandis qu'il assistait à la prise de Menin (4 juin), d'Aspres (25), du fort de la Knocke (29), et de Furnes (10 juillet), le maréchal de Saxe, qui commandait l'armée d'observation, protégeait ses conquêtes, et opposait les manœuvres les plus habiles aux efforts combinés de la triple alliance anglaise, hollandaise et autrichienne; mais bientôt ce prince fut appelé sur les bords du Rhin, où quatre-vingt mille Autrichiens s'étaient montrés. Laissé seul avec quarante-cinq mille hommes, le maréchal fut obligé de se tenir sur la défensive; mais ses combinaisons, chef-d'œuvre de l'art militaire, et les preuves qu'il donna de la puissance de son génie, furent telles qu'on put, dès cette campagne, le placer à côté de Turenne, et que le jugement de la postérité fut fixé. Maître de tous les secrets, de toutes les ruses de guerre, faisant preuve d'une expérience consommée, il sut tenir l'ennemi dans une inquiétude continuelle, tandis que son armée jouissait de la plus grande tranquillité. Même par les plus mauvais temps il ne manqua jamais de subsistances; il enlevait celles des alliés quand il n'en pouvait pas trouver. Il vécut constamment sur ceux-ci, qui n'osèrent rien entreprendre; et, dans la position d'un général qui a tout à craindre, il parvint par son attitude à inspirer lui-même la terreur.

Mais ce n'était encore là qu'un prélude pour le vainqueur de Fontenoy.

Le 11 mai, à cinq heures du matin, les deux armées se trouvèrent en présence. La droite des Français s'appuyait au village d'Anthoin, la gauche au bois de Barri, et le centre à Fontenoy. Le feu commença du côté des alliés, et les Anglais, avec une rare intrépidité, s'avancèrent contre Fontenoy, malgré l'artillerie formidable qui les foudroyait. Pendant l'action, le maréchal de Saxe, dont l'état de souffrance ne pouvait se peindre, se faisait porter dans une litière d'osier[1] partout où sa présence était nécessaire; il eût été en pleine santé, qu'il n'eût pas eu un coup d'œil plus sûr, une liberté d'esprit plus grande, un plus admirable sang-froid. Cependant les Anglais n'étaient plus qu'à cinquante pas; les officiers des gardes, de Campbel et de Royal-Écossais, qui marchaient les premiers, saluèrent les Français en ôtant leurs chapeaux : on leur rendit le salut; et lord Charles Hay, capitaine aux gardes, s'étant avancé hors des rangs, le comte d'Anteroche, lieutenant de grenadiers, l'imitant, vint à lui. « Monsieur, » lui dit l'Anglais, « faites tirer sur nos gens. — Monsieur, nous ne tirons jamais les premiers. » Les Anglais firent au même instant un feu roulant, vif et soutenu, qui éclaircit horriblement les rangs et écrasa le régiment suisse de Courten. L'infanterie se replia, et la brigade des Cravates se porta sur les Anglais pour remplir l'espace laissé vide; mais les chevaux, effrayés, ne purent soutenir la flamme et la fumée qui les aveuglaient, et elle se retira en désordre. La brigade de Royal et le régiment d'Aubeterre lui succédèrent, mais pour être aussi maltraités. Le régiment du Roi, conduit par le duc de Biron, ne chargea pas moins inutilement : la brigade de la Couronne, qui le remplaça, le régiment de Soissonnais, qui suivit celle-ci, furent également repoussés. Enfin les deux lignes d'infanterie anglaise, s'avançant toujours, arrivèrent jusqu'à cent pas du maréchal. Il combinait, en ce moment, les moyens d'arrêter la marche fatale des Anglais, qui, s'étant renforcés de l'élite des troupes hanovriennes, et formant un bataillon carré d'environ quinze mille hommes, devenaient de plus en plus menaçants. Plusieurs régiments de cavalerie donnèrent encore vainement, et avec des pertes effroyables; un escadron, qui parvint à entrer dans cette citadelle vivante, y fut entièrement détruit. Le découragement ne gagnait personne, mais une déroute forcée semblait imminente. Cependant le maréchal était tranquille, et faisait annoncer la victoire au Roi. En effet, les Anglais, détournés par ces attaques réitérées du point important de Fontenoy, qu'ils laissaient sur la gauche, livraient leurs derrières aux Français qui les prenaient en flanc; il fallait seulement les contenir pour donner le temps de disposer l'attaque générale, d'où dépendait le succès. Ce plan réussit pleinement : tandis que le formidable carré était foudroyé de tous les côtés par les forces réunies des Français, quatre pièces de canon, qui avaient été réservées pour protéger la retraite du Roi s'il en était besoin, démasquées tout à coup, faisaient une large trouée sur son front. Le succès ne fut pas douteux : écrasés de toutes parts, les alliés se retirèrent en désordre, et le champ de bataille nous resta.

[1] Il ne put se maintenir à cheval qu'un instant. Il était alors hydropique, et, pour diminuer l'ardeur de sa soif, il tint, pendant toute la bataille, une balle de plomb dans sa bouche.

Le Roi fut si transporté de ce triomphe qu'il courut au-devant du vainqueur et l'embrassa avoc effusion.

Cette journée, dans laquelle un illustre maréchal ne crut point s'humilier en servant d'aide-de-camp à un général plus jeune que lui, fut décisive pour la France : elle détermina la prise de Tournai (22 mai), Gand (11-15 juillet), Bruges (18), Oudenarde (21), Dendermonde (12 août), Ostende (23), Nieuport (5 septembre), Ath (8 octobre) et Bruxelles (20 février 1746); celle de cette dernière ville surtout fit le plus grand honneur au maréchal de Saxe, et pour lui témoigner sa reconnaissance le Roi lui accorda des lettres de naturalité, que certes il avait bien gagnées (26 avril).

Cependant le prince Charles avait pris le commandement des alliés ; mais ce ne fut que pour rehausser l'éclat des victoires du maréchal. Ce Saxon, que le grand Frédéric avait appelé le premier homme de guerre de son temps, ne voulait pas laisser échapper une seule occasion de justifier une opinion si honorable. Ses savantes manœuvres et son activité firent tomber rapidement au pouvoir des Français Louvain (6 mai), Malines (12), Aerschot, Anvers (19), Mons (11 juillet), Saint-Guislain (25), Charleroi (2 août), et enfin la plus importante de ces places, Namur (19 septembre) ; mais le mois d'octobre arriva, et, poussé par un sentiment d'humanité, il fit proposer au prince Charles de prendre des quartiers d'hiver. « Je n'ai pas de conseils à recevoir de mes ennemis, » répondit fièrement le prince ; et le maréchal, qui vit qu'il fallait l'y contraindre, le provoqua à cette célèbre bataille qui du village de Rocoux a fait un autre Fontenoy (11 octobre).

Cette fois le Roi fit présent au vainqueur de six pièces de canon prises sur l'ennemi. Le 12 janvier 1747, il fut déclaré maréchal général comme l'avaient été avant lui Turenne et Villars, et comme personne ne le fut depuis.

Pendant cette dernière année, il fit en un mois la conquête de la Flandre hollandaise et s'empara de plusieurs places qui n'avaient pas été attaquées sous Louis XIV, parce qu'elles étaient alors jugées imprenables, ou qui avaient résisté au plus grand ingénieur de France, à Vauban.

La conquête la plus brillante de cette campagne fut la prise de Berg-op-Zoom (16 septembre).

Les opérations de l'année suivante furent encore confiées à l'infatigable maréchal, et ce fut par le siége de Maëstricht qu'elles commencèrent.

Cette entreprise était d'autant plus importante que les avantages qui devaient résulter de son succès devaient être immenses. De la prise de Maëstricht dépendait la paix de l'Europe. Le maréchal de Saxe l'avait prédit, et non moins intéressé au repos de son pays qu'à sa propre gloire, il déploya tant d'habileté, tant d'activité, que la ville ayant été investie le

15 avril, les préliminaires du traité de paix furent signés le 30 à Aix-la-Chapelle.

Ainsi la France dut plus que des victoires au maréchal de Saxe, qui, tout en se couvrant de gloire, lui livrait toutes les places qui lui faisaient ombrage et la vengeait de ses affronts : il se fit son bienfaiteur en lui donnant la paix ; et l'Europe put respirer.

La paix d'Aix-la-Chapelle, l'événement le plus important peut-être du règne de Louis XV, puisqu'il rétablissait l'harmonie entre les grandes puissances continentales, ferma la glorieuse carrière du maréchal de Saxe.

Après quelques voyages à Dresde et en Prusse, où il fut accueilli triomphalement, il se retira dans son château de Chambord, qu'il tenait de la munificence royale, et où il faisait souvent manœuvrer lui-même le régiment de cavalerie légère qu'il avait formé. Ce corps, qui était composé de dragons et de hulans vêtus à la tartare et armés de lances, était le plus beau et le mieux discipliné qu'on eût encore vu. Six pièces de canon enlevées à l'ennemi défendaient la porte principale du château ; cinquante hommes, avec un étendard, y montaient la garde, et seize drapeaux des différentes nations qu'il avait vaincues pavoisaient les murs de son antichambre.

Dans cette magnifique retraite il goûta les seuls moments de vrai repos que la victoire ne vînt pas troubler ; mais ils devaient être bien courts. Trois ans ne s'étaient pas écoulés lorsqu'une fièvre putride l'enleva (30 novembre 1750) après neuf jours de maladie.

Lorsque la mort le surprit, le maréchal de Saxe, qui n'était âgé que de cinquante-quatre ans, et dont la constitution était d'ailleurs remarquablement robuste, promettait encore d'utiles services : aussi sa perte fut-elle vivement sentie.

On sait quelle était sa force prodigieuse, et l'étonnement du maréchal-ferrant dont il s'amusait à éprouver les fers en les brisant. Son adresse n'était pas moindre ; mais les preuves qu'il en donna sont trop populaires pour qu'il soit besoin de les répéter, et il est plus intéressant d'apprécier son caractère que de nombrer ce qu'on pourrait appeler ses tours de force.

Certes, si l'on ne considérait jamais la physionomie d'un homme célèbre que du côté le plus éclairé, il n'y en aurait point dont la mémoire ne dût être bénie sans réserve ou flétrie sans ménagements. C'est ce qui arrive pour le comte de Saxe. A ne voir en lui que le grand capitaine, il ne peut exciter que l'admiration. Solidité de jugement, expérience consommée, rapidité de coup d'œil, activité, valeur personnelle, sang-froid, à-propos, tout ce qui fait l'homme de guerre, il le possédait à un degré éminent. Précis dans ses ordres, vingt lignes contenaient les dispositions d'une bataille. Voici une de ses formules : — *A gens de cœur, courtes paroles ; qu'on se batte.* A ces qualités il joignait le talent de ne jamais se laisser deviner par l'ennemi et de lui arracher souvent son secret. Jamais non plus il ne donnait rien au hasard; et, différant en ce point du maréchal de Villars, qui pensait que, pour assurer la durée d'une conquête, il fallait dépasser le but qu'on s'était proposé, il ne fut pas moins heureux que lui en suivant fidèlement la maxime contraire, — s'arrêter à propos. Son humanité le rendait cher au soldat, qui l'avait entendu dire dans plusieurs siéges : « Mieux vaut différer de quelques jours, que de perdre un grena- « dier, qu'il faut vingt ans pour former; » et tout le monde connaît la réponse caractéristique qu'il fit à son médecin, qui l'avait surpris triste et rêveur la nuit qui précéda la bataille de Rocoux.

— Songe, lui dit-il, songe, Senac,

. . . . à cette nuit cruelle
Qui fut pour tout un peuple une nuit éternelle;
Songe aux cris des vainqueurs, songe aux cris des mourants,
Dans la flamme étouffés, sous le fer expirants....

« Et, » ajouta-t-il un moment après avec un douloureux soupir, « tous » ces soldats n'en savent rien encore! »

Mais que si l'on fait abstraction du héros pour ne considérer que l'homme, on est forcé de reconnaître qu'il paya un large tribut à l'humanité.

Maurice fut très-adonné à ses plaisirs; et, s'il n'obtint pas la main de la duchesse de Courlande, qui l'aurait ensuite élevé avec elle sur le trône des czars, ce fut surtout parce qu'il voulut conduire de front deux intrigues. Cependant, malgré sa légèreté, une femme parvint à le fixer long-temps : c'est la célèbre Adrienne Lecouvreur, de la Comédie-Française. Il inspira même un sentiment si profond à cette femme, qu'elle porta le *désintéressement* jusqu'à lui envoyer quarante-cinq mille livres dont elle savait qu'il avait besoin pour réussir auprès de la duchesse de Courlande.

La seule passion qui put balancer l'amour dans son cœur, c'était l'ambition : fils et frère de roi, il rêva toute sa vie un trône. Ces deux passions ne s'excluent pas, au contraire; mais ce qui déconcerte l'observateur, c'est la contradiction inconcevable de son caractère et ses actions. Quand on pénètre dans sa vie intime et qu'on le surprend dans un de ses moments d'abandon, on est tout étonné des contrastes qui se rencontrent en lui. Ainsi, il est modeste et modéré dans la victoire, et il projette dans son esprit la conquête du monde [1]. Quelquefois il bornait son ambition à des entreprises plus faciles, sinon moins chimériques. Le projet extraordinaire de

[1] Lorsqu'il paraissait n'ambitionner que la souveraineté de la Courlande, il songeait déjà qu'elle pourrait être la première marche pour arriver au trône de Russie. Dans cette persuasion, il projetait de discipliner deux cent mille Russes, de marcher à leur tête contre la Turquie, d'entrer dans Constantinople, et, souverain d'un empire qui se serait étendu de la Pologne aux frontières de la Perse, et de la Suède à la Chine, de se faire enterrer dans Sainte-Sophie.

rendre une patrie aux Juifs l'occupa quelque temps ; puis l'idée de régner sur la Corse lui succéda. Enfin il tourna les yeux vers une île lointaine, celle de Tabago, la plus petite des Antilles, que le Roi ne fit aucune difficulté de lui accorder. Mais l'Angleterre et la Hollande s'opposèrent à ce qu'il y formât aucun établissement, et il renonça pour jamais à ses rêves de souveraineté.

On doit croire, par les démarches qu'il fit en divers temps, que ces projets bizarres étaient cependant sérieux ; mais, au moment de mourir, il sembla en reconnaître la vanité. « Docteur, » dit-il à M. de Senac, que le Roi avait envoyé auprès de lui, « la vie n'est qu'un songe ; le mien a été » beau, mais il est court. »

Le maréchal de Saxe était de la religion réformée. Son corps, embaumé par ordre du Roi, fut transporté avec pompe à Strasbourg, où un magnifique mausolée lui a été élevé dans l'église luthérienne de Saint-Thomas : et la Reine, qui sans doute l'avait souvent pressé de se convertir à la foi catholique, dit alors ce mot connu : — « C'est dommage qu'on ne puisse dire un *De profundis* pour celui qui a fait chanter tant de *Te Deum !* »

Le mausolée où sont renfermées les cendres du vainqueur de Fontenoy est le chef-d'œuvre de Pigal ; on y trouve ce caractère de grandeur que l'on veut dans les monuments dédiés à la mémoire des hommes illustres. Entouré de trophées, le héros, qui est représenté dans la fleur de l'âge et en habit de guerre, s'avance, la tête nue, le front calme et le regard serein. Cependant on se sent involontairement ému en le voyant poser un pied sur les marches du tombeau que la Mort, couverte de voiles funèbres, entr'ouvre en l'appelant à elle : on partage la douleur profonde de la France échevelée qui se jette devant ses pas : on comprend que ce Génie en larmes, éteignant son flambeau, étouffe avant le temps une de nos gloires nationales.

Ernest de Ginoux.

BERNARD DE JUSSIEU

LES JUSSIEU.

« Les plantes, » a dit Rousseau, qui dut à la botanique les derniers moments heureux de sa vie, et qui, par reconnaissance, voulut défendre cette science des inculpations qu'on a dirigées contre elle, « les plantes semblent » avoir été semées avec profusion sur la terre, comme les étoiles dans le » ciel, pour inviter l'homme, par l'attrait du plaisir et de la curiosité, à » l'étude de la nature...; elles naissent sous nos pieds et dans nos mains » pour ainsi dire. La botanique est l'étude d'un oisif et paresseux solitaire : » une pointe et une loupe sont tout l'appareil dont il a besoin pour les » observer. Il se promène, il erre librement d'un objet à un autre, il fait » la revue de chaque fleur avec intérêt et curiosité; et, sitôt qu'il commence à saisir les lois de leur structure, il goûte à les observer un plai- » sir sans peine, aussi vif que s'il lui en coûtait beaucoup [1].... »

A l'époque où le philosophe de Genève écrivait ces lignes, on pouvait reprocher à la botanique de n'être qu'une science de mots qui n'exerçait que la mémoire, n'apprenait qu'à désigner les plantes, et ne servait qu'à substituer au nom d'une herbe ou d'une fleur une longue et pédantesque tirade de mots latins, plus semblable souvent à des évocations magiques qu'à une dénomination raisonnable.

Les travaux en histoire naturelle ne s'attachaient alors qu'à nommer les êtres, et, pour atteindre ce but si restreint, ils préféraient à toute autre recherche l'étude de leurs organes extérieurs, plus facile à examiner. C'est ainsi qu'en botanique, par exemple, les classifications avaient pour but de distribuer les végétaux, plutôt dans l'intention de les déterminer, que pour les rapprocher par groupes naturels. Au moyen d'un petit nombre d'observations, on arrivait promptement à désigner la plante qu'on avait sous les yeux; mais, il faut bien le dire, on n'apprenait rien ou presque

[1] *Introduction aux fragments d'un Dictionnaire de Botanique.*

rien sur son organisation, ses rapports et ses propriétés. Maîtres de choisir les organes ou les caractères dont l'étude leur semblait plus commode, les naturalistes faisaient, à l'envi, des systèmes plus capricieux les uns que les autres, et, comme le dit encore Rousseau, « pour remplir des places ou » pour faire des livres, » ne voyant dans les plantes que des instruments de disputes scientifiques, ils ne songeaient qu'à les plier à leurs vues systématiques, et à s'en servir comme d'arguments dociles à des idées préconçues en dehors de l'observation. Habitude déplorable qui use l'activité des esprits dans des luttes inutiles à la science, et qui fit cruellement sentir ses effets dans l'étude de la botanique, car cette préoccupation ne fit pas connaître une plante de plus, ne jeta aucune véritable lumière sur l'histoire naturelle du *Règne Végétal*, et dut causer des rapprochements désavoués par la nature, ou rompre des réunions formées par elle.

Il suffirait, pour prouver cette assertion, de présenter une courte analyse des principaux systèmes qui ont été successivement produits en botanique, et qu'on a appelés depuis *Méthodes de tâtonnement*. Nous devons dire que quelques-uns, bien qu'un peu empiriques, sont encore utiles et conservent des sectateurs, parce qu'ils remplissent au moins un des objets de la science, celui de parvenir à nommer les êtres déjà connus et décrits. Nous ajouterons que, si la liberté du choix amena dans cette science plusieurs systèmes de distribution arbitraires et fondés sur telle ou telle considération spéciale qu'ils mettaient en première ligne, et si ces sortes de conventions provisoires avaient de nombreux inconvénients, elles avaient du moins l'avantage de porter l'attention sur divers organes des plantes, de les faire mieux étudier, et de fixer les connaissances sur des détails positifs qui ont été autant de matériaux que la science moderne a trouvés tout préparés pour ses besoins.

Lorsque l'on veut l'étudier suivant les vrais principes, la botanique n'est plus, comme autrefois, une science artificielle qui aide seulement à trouver le nom des plantes connues ; c'est une science qui observe assidûment la nature, pour reconnaître sa marche dans la composition des groupes de plantes formées par elle, et pour l'imiter dans l'établissement de groupes nouveaux, en se conformant à ses lois immuables.

L'ordre de travaux qui peut seul atteindre un pareil but a été, dans tous les temps, l'objet des méditations des philosophes qui occupèrent leurs loisirs par l'étude des plantes. Sans rechercher dans la plus haute antiquité les traces de ces essais plus ou moins ingénieux, qu'il nous suffise de rappeler que Théophraste, disciple d'Aristote, a donné, d'après son maître, une méthode de classification des plantes, qui ne s'appliquait qu'aux cinq cents plantes connues à l'époque où vivait ce prince des naturalistes.

C'est à partir du milieu du seizième siècle que se produisirent successivement les divers travaux de cette nature, parmi lesquels on peut citer les systèmes de Césalpin, de Porta, de Gaspard Bauhin, de Morison ; mais il faut arriver à la fin du dix-septième siècle pour voir la première tentative sérieuse en ce genre de recherches. « J'ai cru, écrivait Magnol en » 1689, j'ai cru apercevoir dans les plantes une affinité suivant les degrés » de laquelle on pourrait les ranger en diverses familles, comme on range » les animaux : ces familles ont des signes distinctifs certains.... Comme » il a paru impossible de tirer les caractères de ces familles de la seule » fructification, j'ai choisi les parties des plantes où se rencontrent les » principales notes caractéristiques, telles que les racines, les tiges, les » fleurs, les graines, » etc.

Le lecteur qui suivra jusqu'à la fin cette notice sur l'illustre famille des Jussieu, fera peut-être la remarque que, si Magnol eût pu suivre exactement la marche que la préface de son livre indique très-longuement, Adanson, l'inventeur des familles naturelles, et les Jussieu, qui ont amené ce système à sa perfection, n'eussent eu que peu de chose à faire, car il les avait précédés dans le rapprochement des plantes en vertu de leurs affinités. L'impuissance de Magnol pour atteindre le but élevé qu'il s'était proposé accuse moins son génie que l'imperfection de la science au temps où il composa son ouvrage.

Le but des divers systèmes de classification des plantes a toujours été l'appréciation de leurs rapports naturels. Ce n'est pas la connaissance des *individus* qui préoccupe le botaniste, et on conçoit, en effet, que le nombre des *individus* étant infini, aucun ne ressemblant à un autre, tous éprouvant de perpétuelles modifications, et tous mourant après un temps plus ou moins long, il n'est au pouvoir de personne d'examiner et de comparer tous ces êtres divers et périssables.

Mais chaque *individu* appartient nécessairement à une *espèce*, et ce qui intéresse vraiment le botaniste, c'est de retrouver l'*espèce* dans l'*individu*, car ce n'est que par l'appréciation de l'*individu* qu'il peut avoir des notions utiles sur l'*espèce*. Abstraction faite des différences individuelles qui peuvent être produites chez les plantes par mille circonstances inappréciables, on peut poser en principe que l'on *retrouve communément dans* l'individu *l'ensemble des caractères qui distinguent* l'espèce *à laquelle il appartient de toutes les autres* espèces *du règne végétal.*

C'est à saisir ces rapports mystérieux que s'appliquèrent une succession de grands botanistes, dans le dix-huitième siècle. Comme il était impossible de se livrer à l'étude des végétaux sans les ranger dans un ordre quelconque, on fit des *méthodes artificielles*, et, à l'aide d'un petit nombre de caractères observés et comparés avec soin, on composa de vastes tableaux synoptiques où vinrent se placer les espèces connues et celles qu'on découvrait tous les jours.

Ce travail s'étendit successivement à tous les organes, parce que chaque botaniste, reconnaissant l'insuffisance des méthodes existantes, tâchait d'en imaginer une meilleure et de la faire prévaloir.

C'est en 1694 que parut la méthode de Tournefort. La clarté, l'ordre, la précision la distinguèrent entre toutes les autres; mais c'est surtout par l'établissement rigoureux des genres et des espèces que ce botaniste rendit de grands services à la science. Malheureusement, il ne connaissait que près de dix mille plantes, et, depuis lui, on en a découvert beaucoup qui ne peuvent rentrer dans aucune de ses *classes*, seule raison peut-être qui les ait fait abandonner.

En 1737 parut le système de Linné, et dès ce moment la science eut des bases fondamentales dont on ne saurait s'écarter complétement. Ce qu'il y a de remarquable dans cette méthode, c'est qu'elle renferme non-seulement toutes les plantes connues par Linné, mais encore toutes celles trouvées depuis lui. Elle a triomphé du temps parce qu'elle est le plus ingénieux *tableau synoptique* qu'on ait imaginé pour classer les *genres* et les retrouver au besoin. Ainsi, comme moyen d'étude, elle est digne de sa célébrité; mais le but de la science est plus élevé; ce but, c'est la recherche des lois qui rapprochent les plantes en *familles*, ou, en d'autres termes, la recherche des affinités naturelles et la réunion des *genres* en *familles* à l'aide de ces affinités.

Une longue digression sur ce sujet, qui est du domaine spécial de la science, serait peut-être inutile ici et nous éloignerait trop de notre but, qui est d'apprécier les travaux et la vie des botanistes illustres dont le nom est en tête de cet article.

En parlant aux lecteurs du *Plutarque français*, je sais bien que je m'adresse à l'élite de la France, mais j'ignore à quel point leurs réflexions se sont portées sur l'histoire naturelle, et je craindrais d'abuser de cette *introduction à une notice biographique*, si j'y prenais l'occasion de développer les lois de la végétation, d'exposer l'organisation des plantes, d'en étudier les diverses parties et de décrire les fonctions de chacune, pour mieux déterminer leur importance.

Dans ce rapide aperçu sur l'état de la botanique, je n'ai pas eu l'intention de faire un tableau de ses tendances et de ses progrès; j'ai seulement songé à inspirer à quelques-uns de mes lecteurs la curiosité d'étudier ces matières, en leur montrant que cette science n'est plus une simple nomenclature, mais que, de nos jours, elle a pris rang parmi les sciences philosophiques.

Parmi les noms qui ont le plus illustré la France depuis un siècle, celui des JUSSIEU brille au premier rang. Antoine de Jussieu, nommé en 1709 professeur de botanique au Jardin du Roi, succéda à Tournefort, qui l'avait appelé à Paris, et rendit de grands services à cet établissement. C'est lui qui, en 1719, remit au chevalier Desclieux le pied de café qui a été la souche de tous ceux qu'on a cultivés aux Antilles.

Les Annales de l'Académie des sciences ont été enrichies par lui d'un grand nombre de mémoires. Parmi les plus importants, nous devons mentionner ses *Recherches sur les empreintes des Végétaux*, et surtout des fougères, dans les schistes carbonifères; sur l'hippopotame et les os fossiles des environs de Montpellier; sur les bufonites; les ammonites; les mines d'Almaden; l'eau de la Seine et sa salubrité, etc.

Joseph de Jussieu, le plus jeune des trois frères, partit, en 1735, pour le Pérou avec les astronomes français La Condamine, Bouguer et Godin, dont l'expédition dura dix années. Quant à lui, désireux d'explorer le Pérou, il s'y engagea plus avant, et il ne revint en France qu'en 1771.

Durant ces trente-six années d'un exil scientifique traversé par les souffrances et les chagrins, nous le trouvons retenu par les Péruviens qui avaient besoin de son secours dans une épidémie meurtrière; plus tard dans le Potosi, où, sans cesser de s'occuper d'histoire naturelle, il enseigna et pratiqua la médecine, construisit des ponts, rétablit des chemins, et sut mériter que ces populations reconnaissantes élevassent à sa mémoire une pyramide qui consacrait sa science et son dévouement. Joseph de Jussieu avait une instruction très-variée; il fit connaître à l'Europe plusieurs produits de l'Amérique. C'est lui qui découvrit, dans une des vallées des Cordilières, l'héliotrope odorant; on lui doit aussi des notions précieuses sur le cierge du Pérou, sur différentes espèces de quinquina et sur l'extraction de la matière fébrifuge de cette plante, sur la pomme de terre, le topinambour, etc., etc.

Bernard de Jussieu est le second, mais le plus éminent de ces trois frères illustres, qui tous ont marché dans la même direction; c'est lui qui a le plus puissamment travaillé à l'avancement de la science des plantes, en y constituant une méthode naturelle.

Il naquit à Lyon le 17 août 1699. Quand il eut fini sa rhétorique au collége des jésuites de cette ville, son frère aîné, Antoine, l'appela à Paris, en 1714, pour terminer ses études sous sa direction. En 1716, il accompagna son frère dans un voyage dont le gouvernement le chargeait en Provence, en Espagne et en Portugal. Ce voyage décida du goût de Bernard pour la botanique, à laquelle il se livra avec passion. De retour en France, il herborisa dans les environs de Lyon, et se rendit ensuite à Montpellier pour y étudier la médecine. Reçu docteur en 1720, il était revenu à Lyon dans le dessein d'y exercer son art; mais sa trop grande sensibilité ne lui permettait pas d'assister impunément au spectacle des souffrances humaines, et il dut chercher une autre carrière; nous le voyons, en effet, en 1722, démonstrateur au Jardin du Roi, succédant à Vaillant et occupant ainsi, à côté de son frère, l'une des deux chaires de botanique de cet établissement.

En quelques années la pratique médicale d'Antoine de Jussieu devint si considérable qu'il dut se décharger sur son frère d'une partie de ses travaux comme professeur. Bernard répondit à cette confiance par un zèle et une application de toutes les heures; il dirigeait les jardiniers, recueillait les graines, en faisait la distribution dans les terres qui convenaient à chaque plante, et guidait les élèves dans des herborisations pour l'étude de la botanique. Rappelons ici, en passant, que c'est dans ces promenades si précieuses et si savantes qu'il vit Linné et Rousseau; le premier le suivait, au commencement de sa carrière, et lui doit peut-être l'excitation intime et mystérieuse qui a produit plus tard ses magnifiques travaux; l'autre oubliait près de lui, et dans l'étude de la nature, les chagrins et les persécutions que lui avaient suscités ses écrits.

Bernard de Jussieu fut nommé membre de l'Académie des sciences en 1725. Il fit deux voyages en Angleterre, d'où il rapporta, dans son chapeau, le cèdre du Liban que l'on voit encore dans le grand labyrinthe du Jardin des Plantes. En 1744, à la suite d'un voyage sur les côtes de Normandie, il publia des mémoires sur quelques plantes douteuses qu'il fit rentrer dans la classe des animaux, et c'est à cette occasion qu'il découvrit l'*hydre verte*, déjà connue par les expériences de Trembley, mais dont beaucoup de naturalistes, et Réaumur entre autres, s'obstinaient à nier l'existence.

Bernard de Jussieu fut choisi par Louis XV, en 1759, pour établir, dans son jardin de Trianon, une *école de botanique* où seraient réunies toutes les plantes de la France. Le savant professeur se mit à l'œuvre, et entreprit de planter le jardin de Trianon suivant les *ordres naturels* proposés par Linné; mais, dans l'exécution, il modifia ces *ordres* par un assez grand nombre de changements. Uniquement préoccupé de grouper les plantes qui se ressemblaient par le plus grand nombre de caractères, il dut les comparer entre eux et ne s'attacher qu'à ceux dont l'importance lui semblait plus grande; c'est ainsi qu'il fit prédominer la structure de l'embryon et l'insertion de l'étamine et de la corolle. On retrouve encore l'essai de cette méthode si nouvelle et si sûre dans les indications que Jussieu fournit à Gérard, pour la publication de sa *Flore de la Provence.*

Bernard de Jussieu n'a pas beaucoup écrit, mais il a parlé, et d'autres ont écrit d'après lui. On a de lui un manuscrit sur les *vertus des plantes;* une édition du livre de Tournefort, sur les *plantes des environs de Paris;* un mémoire sur les *parties* de la *fructification de la pilulaire,* où se trouve l'idée-mère de la grande révolution qu'il devait accomplir plus tard dans la classification des plantes : « Cette plante, dit Bernard de Jussieu, est du nombre » de celles qui n'ont qu'une feuille séminale, un seul cotylédon; elle est donc

» de la classe des monocotylédones, *classe qui doit être la première dans une » méthode naturelle.* » Nous devons citer encore, dans les écrits de ce savant illustre, des mémoires sur la *lentille d'eau*, sur une espèce de *plantain*, sur quelques *plantes marines*, sur l'*alcyon* de mer, sur les *zoophytes lythophytes.* Mais son titre éminent au respect et à la reconnaissance des naturalistes, c'est l'établissement des *ordres naturels*, réalisé par lui, dans la plantation du jardin de Trianon, et publié par son neveu, Antoine-Laurent de Jussieu, digne héritier du savoir profond, unique et modeste succession de cette illustre famille, et auquel fut laissée par son oncle la garde des connaissances précieuses qui avaient préparé la démonstration du grand principe de la *Méthode naturelle.*

C'est le 6 novembre 1777 que mourut Bernard de Jussieu. Malgré la hardiesse de ses conceptions, cet homme célèbre s'éteignit peut-être sans entrevoir toutes les conséquences de sa découverte, non-seulement pour l'étude des plantes, mais encore pour l'histoire du règne animal. La *Méthode naturelle* devait, en effet, dans les mains de notre immortel Cuvier, éclairer plus tard des plus vives lumières l'étude des animaux, en dévoilant les lois de leurs affinités organiques et de leur classement.

Antoine-Laurent de Jussieu fut professeur de la chaire de botanique au Muséum d'histoire naturelle; professeur de matière médicale à la Faculté de médecine de Paris; conseiller de l'Université impériale; lieutenant de la mairie de Paris, de 1790 à 1792; administrateur du département des hôpitaux à la même époque; directeur du Muséum d'histoire naturelle, de 1796 à 1799; administrateur du même établissement, de 1800 à 1802; puis trésorier, depuis 1812 jusqu'en 1826. Antoine-Laurent de Jussieu est l'auteur de l'ouvrage intitulé : *Genera plantarum secundum ordines naturales disposita*, et le fondateur de la méthode naturelle des familles végétales.

Antoine-Laurent de Jussieu naquit à Lyon le 12 avril 1748. A dix-sept ans il vint à Paris pour y terminer, sous la direction de son oncle Bernard de Jussieu, ses études médicales et scientifiques. Sa thèse inaugurale de docteur en médecine : *An Œconomiam animalem inter et vegetalem analogia ?* fut le début brillant de cet homme célèbre, qui a dû toute son importance scientifique à cette seule idée, et qui, pour un seul travail, aura été jugé l'un des plus beaux génies des temps modernes, parce qu'il a appliqué toute sa vie à ce travail unique avec une persévérance dont l'histoire de l'esprit humain n'offre peut-être aucun autre exemple.

Nous ne voulons parler, dans cette notice, ni de ses nombreuses découvertes sur la structure intime des diverses parties de la plante, ni de tant d'expériences aussi utiles que variées auxquelles il dut se livrer pour asseoir sa théorie fondamentale.

C'est parce que ces divers travaux ne furent que les préludes ou les développements de son ouvrage du *Genera plantarum*, que nous les passons sous silence pour arrêter notre admiration devant l'immortel travail qui est son véritable titre à la reconnaissance du monde, et dont les fécondes applications ont non-seulement changé la marche de la botanique, mais aussi renouvelé toute l'histoire naturelle et la zoologie en particulier. Exposons, en peu de mots, les principes d'où l'on est parti et la marche que l'on a suivie pour arriver à cette distribution naturelle des plantes.

Il y a, parmi les végétaux, quelques familles reconnues universellement pour naturelles, suivant l'acception donnée précédemment à ce terme : les graminées, les ombellifères, les légumineuses sont de ce nombre. Les Botanistes, observant dans chacune de ces familles les organes constants et ceux qui varient, et trouvant que ceux qui sont constants dans l'une le sont aussi dans les autres, jugèrent que les premiers étaient plus importants, et que, dans la formation des familles, l'on devait y donner plus d'attention.

Ayant ainsi classé les organes d'après l'importance qu'ils leur avaient reconnue, ils mirent d'abord ensemble toutes les plantes qui s'accordaient par les organes de première classe; ils subdivisèrent ensuite d'après ceux de la seconde, et ainsi du reste.

C'est ce calcul de l'importance des organes et son application aux divers végétaux qui dirigèrent Laurent de Jussieu dans la formation de ses cent familles primitives, et qui guident encore aujourd'hui ceux qui travaillent, d'après ses vues, à perfectionner ce bel édifice.

On le voit, cette méthode est une espèce de tableau synoptique de toutes les modifications que la nature a introduites dans la conformation des végétaux. Dans ce tableau, les modifications sont rangées d'après leur importance relative, et servent à l'établissement de divisions et de subdivisions successives. Les plantes ainsi disposées ont entre elles des points de ressemblance d'autant plus multipliés et plus importants qu'elles se trouvent plus rapprochées dans la classification. Par ce procédé naturel, on arrive moins facilement, il faut le dire, à la détermination du nom de la plante qu'on cherche à reconnaître que si l'on se servait d'un système artificiel; mais les connaissances qu'on acquiert sont bien plus importantes, car, d'après la place qu'une plante occupe dans une classification semblable, on sait tous les traits principaux de son organisation et de son histoire physiologique.

Les conséquences de cette nouvelle manière de voir l'ensemble de la science se retrouvent dans les applications nombreuses que reçoit la botanique. On n'avait autrefois d'autre moyen de deviner les propriétés chimiques ou médicales des plantes que la simple observation des espèces. Aujourd'hui l'on sait que les organes et les sucs homonymes des végétaux analogues ont des qualités semblables, et, par conséquent, toute la théorie de la matière médicale et économique se trouve éclairée par la classification naturelle. Il y a des parties importantes de la culture des jardins et des champs qui dépendent de ces lois générales. La théorie des greffes et des assolements, par exemple, est bien plus claire pour le botaniste qui connaît la classification naturelle, que pour la grande majorité des jardiniers et des agriculteurs.

Ce qui frappe surtout dans ce procédé nouveau de l'étude des plantes, c'est le caractère philosophique dont il est empreint. Que l'on songe, en effet, à ces botanistes du siècle dernier, tout occupés à compter des étamines et à chercher des noms incohérents, et qu'on les compare avec ceux de notre âge, qui voient la nature en grand, et connaissent d'autant mieux les moindres détails, qu'ils ont été soutenus, dans des recherches patientes et difficiles, par une connaissance approfondie des lois générales.

Par cela seul que nous savons qu'une plante appartient à telle famille naturelle, nous connaissons déjà tout l'ensemble de son organisation, et nous n'y recherchons plus que quelques points variables dans la même famille. La méthode naturelle ne borne pas ses recherches à quelques plantes jetées, comme par le hasard, autour du lieu qui les a vues naître; elle compare les végétations des divers pays et retrouve les lois de leur distribution géographique.

A l'exception de quelques contradicteurs que la nouveauté lui avait d'abord suscités, ce difficile et magnifique travail fut, dès son apparition, apprécié par tous ceux qui étaient en état de comprendre son importance, et qui, à chaque découverte de nouveaux végétaux, se sentaient excités à l'étude de leurs rapports, par la singularité de leurs formes et par le besoin toujours croissant de mettre quelque ordre dans cette étude immense.

L'excellence de la méthode et la sûreté des vues d'après lesquelles fut conçu et dirigé le *Genera plantarum*, ont fait dire de cet ouvrage qu'il renfermait l'exposition la plus profonde de l'ensemble du règne végétal, et que cette exposition était aussi élevée par ses principes qu'elle était parfaite dans ses détails.

Ce qui atteste cette supériorité, c'est que les idées de Laurent de Jussieu sont restées inattaquables dans leurs bases, depuis cinquante ans qu'il les a mises au jour. Les innombrables découvertes de la science, pendant ce long intervalle, n'ont fait que confirmer cette doctrine, tout en développant ses diverses parties, en y apportant des modifications plus ou moins heureuses, et en perfectionnant ses détails. Et maintenant qu'elle a triomphé de toutes les oppositions, et qu'elle est adoptée universellement sous le nom de *doctrine française*, le monde savant tout entier reconnaît la vérité de ce que disait, en 1810, Georges Cuvier, dans son rapport historique sur les progrès des sciences naturelles depuis 1789 : « Le *Genera plantarum* est un ouvrage fondamental qui fait dans les sciences d'observation une époque peut-être aussi importante que la *Chimie* de Lavoisier dans les sciences d'expérience. »

Laurent de Jussieu n'a pas moins servi la science par son enseignement que par ses écrits.

Appelé, en 1770, par Buffon, à remplacer Lemonnier en qualité de professeur de botanique au Jardin du Roi, et à suppléer son oncle Bernard de Jussieu, que la perte de la vue et son âge avancé tenaient éloigné de sa chaire, il n'a cessé de professer dans cet établissement pendant cinquante-quatre ans, et, en 1824, il guidait encore lui-même une partie des herborisations.

En 1804, il fut nommé professeur de matière médicale à la Faculté de médecine de Paris, et cet enseignement nouveau, qu'il exerça durant dix-neuf ans, servit encore au développement et à l'application de ses grandes théories.

Dépouillé de cette chaire, en 1824, par l'ordonnance qui écarta de la Faculté de médecine dix de ses plus anciens et de ses plus illustres professeurs, il y fut rappelé en 1830, mais ne put profiter de cette tardive justice. « Je suis trop âgé, » disait-il aux collègues qui le pressaient de revenir prendre la chaire dans laquelle il n'avait pas été remplacé, « je suis trop âgé pour » vous être désormais utile; ma place sera plus avantageusement remplie » par un homme plus jeune et plus actif; je servirai mieux la science en » m'abstenant, et en vous laissant la faculté de choisir, parmi les nouvelles » réputations, un savant digne de vous. »

On ne peut oublier que, dans le même temps où il agrandissait, par ses admirables travaux, le domaine illimité des sciences naturelles, Laurent de Jussieu rendait encore au pays d'immenses services dans l'ordre administratif. Lieutenant de la Mairie de Paris, de 1790 à 1792, il dirigea en chef le département des hôpitaux, et c'est à lui qu'on doit un des premiers mémoires qui ont aidé l'établissement de cette importante administration.

Laurent de Jussieu fit partie, en 1808, du Conseil de l'Université. Dans la distribution des affaires, il se trouva spécialement chargé des Facultés de médecine, et on lui doit, en grande partie, l'organisation que reçurent ces institutions naissantes. Il a laissé là, comme ailleurs, des exemples qu'il est bon de ne pas perdre de vue, et le souvenir de l'admirable bonne foi, de l'exquise sagacité et de la persévérance qui l'ont soutenu et dirigé dans toutes les entreprises de sa vie.

Puisque l'occasion s'en présente, il est juste de faire remarquer que Laurent de Jussieu avait, dès 1811, provoqué des mesures qui eussent apporté d'heureux changements à l'enseignement et à la pratique de la médecine et de la pharmacie, et rendu peut-être inutile l'éclatante manifestation que vient de donner récemment le *Congrès médical de France*.

Nous ne rappelons pas cette circonstance pour mettre en cause les hommes auxquels les intérêts de la médecine ont plus tard été confiés, et qui ne les ont ni compris ni satisfaits, mais pour reporter à Laurent de Jussieu l'honneur d'avoir eu, il y a plus de trente ans, l'initiative des réformes dont il savait toute l'urgence et la gravité. La sanction toute spontanée donnée aux vœux du *Corps médical* par l'homme de cœur et de talent que la sagesse du roi a placé à la tête de l'Instruction publique, fait espérer que l'on ne sera pas obligé d'attendre long-temps encore les améliorations que Jussieu réclamait dès 1811, et qui recevront une force de plus du Ministre qui les proposera à la sanction des pouvoirs publics.

Depuis que les Professeurs du Jardin du Roi, devenu le Muséum d'histoire naturelle, furent aussi Administrateurs de cet établissement, Laurent de Jussieu ne cessa de coopérer activement à leur travail. Le nouvel état de choses que le législateur a voulu faire succéder au gouvernement parfois mobile et indécis des Surintendants a été, pour ce grand établissement, une ère nouvelle de richesse et de prospérité.

La loi du 10 juin 1793, en réunissant les fonctions de gardes et de conservateurs aux fonctions du professorat, et en attribuant à chacun des membres du Muséum des droits communs et un traitement semblable, leur avait assigné un but unique : l'enseignement des sciences naturelles, prises dans toute leur étendue, et appliquées particulièrement aux progrès de l'agriculture et du commerce.

Dans cette habile combinaison, les professeurs sont chargés de l'administration du Muséum, qui n'a pu que gagner à cette organisation, si heureusement réalisée, d'une division absolue du travail scientifique, et d'un partage commun de l'autorité en ce qui touche les décisions économiques.

L'on aurait pu craindre, avant une semblable épreuve, que le zèle de chaque professeur, animé par l'amour de sa science, lui fît plaider exclusivement les intérêts de son enseignement particulier; mais l'expérience de près de cinquante années a prouvé constamment que la sagesse désintéressée de tous savait arrêter le zèle exclusif, à l'instant où il pouvait devenir dangereux, et que l'assemblée régulatrice était calme et impartiale en raison même de l'équilibre qu'y produisaient tous les intérêts personnels.

C'est parce que la haute raison et l'expérience de Laurent de Jussieu l'avaient convaincu de la nécessité de maintenir l'organisation qui produisait une si heureuse harmonie, et qui avait porté rapidement le Muséum à un si haut degré de splendeur, qu'il ne vit pas sans inquiétude les modifications que le Gouvernement voulut apporter à cet établissement, vers le commencement de ce siècle. Son éloignement pour de pareilles tentatives fut poussé si loin, qu'il n'hésita pas, lui d'ordinaire si calme et si retiré, à protester énergiquement, auprès du pouvoir, contre des mesures qu'il considérait comme la ruine du Muséum.

J'ai eu sous les yeux des témoignages nombreux du courage et de l'abnégation qu'il montra dans cette circonstance, et je publie l'une des lettres qui m'ont été communiquées, parce qu'elle honore sa mémoire et répond à des doutes peu bienveillants que j'entendais émettre, il n'y a pas long-temps, sur le désintéressement de cet homme célèbre.

Cette lettre, à la date du 30 octobre 1800, fut écrite au sujet de la décision rendue par le Ministre de l'Intérieur de cette époque (Lucien Bonaparte), qui, voulant faire régir tous les établissements publics, chacun par un seul administrateur de son choix, avait nommé Laurent de Jussieu administrateur du Muséum d'histoire naturelle.

« Citoyen Ministre,

» Ayant été absent hier une partie de la journée, je n'ai reçu que très-» tard, en rentrant, la lettre dont vous demandiez la réponse dans le jour. » Elle est conçue en termes flatteurs pour moi, mais, en même temps, elle » me met dans un véritable embarras. L'expérience du passé me fait croire » que la mesure générale d'administration établie par vous dans les établis-» sements publics ne convient pas au Muséum, qu'elle tend à dissoudre » l'égalité et l'union, sans lesquelles tout l'édifice de sa prospérité croulera » tôt ou tard, et dès lors je ne dois pas me laisser séduire par le plaisir » de commander seul. Cette dissolution serait très-rapide si un administra-» teur étranger, revêtu des pouvoirs que vous lui attribuez, était introduit » dans ce lieu. Votre arrêté, interprété naturellement, suspend toutes les » inspections particulières de chaque professeur sur la partie qui lui est » propre, ou ne les lui laisse que d'une manière trop subordonnée à l'admi-» nistrateur. Dès lors, chacun d'eux s'en tiendra à l'enseignement et lais-» sera à ce dernier les travaux de conservation, de disposition des objets, » de correspondance, d'envois dans les départements, de nomenclature des » objets envoyés, de naturalisation de ceux qui habitent d'autres climats. » Un savant de l'ordre de ceux réunis au Muséum n'aime point à se charger » d'une fonction qu'il n'a que par la déférence d'un administrateur préposé, » et que celui-ci peut lui retirer. Sous les intendants du Jardin, chaque » professeur prenait peu d'intérêt à l'établissement, se tenait à l'écart; la » même chose arrivera sous l'administrateur, et l'établissement cessera de » prospérer.

» Nous avons rédigé en commun des observations qui doivent vous être » remises aujourd'hui, et dans lesquelles l'expérience est citée à l'appui du » raisonnement. J'ose vous prier de les lire avec le même sentiment qui les » a dictées. Il n'est question ici que du bien de l'établissement, et les pro-» fesseurs ne prétendent point opposer de résistance. Ils ont pensé qu'il » était de leur devoir de vous présenter le tableau exact de la situation » actuelle du Muséum, de l'étendue de ses travaux indépendants de l'ensei-» gnement, lesquels ne peuvent être exécutés que par une société d'hommes » instruits.

» Si, après les avoir lues, vous persistez dans votre décision, j'accepte la » place, mais seulement pour éviter un administrateur étranger, dont la » présence serait le signal d'une dissolution certaine, et dans l'espoir que » vous ne tarderez pas à restituer au Muséum ses véritables moyens de » prospérité.

» En me résignant ainsi, je crois faire un sacrifice, parce que je risque » d'encourir quelque blâme et de perdre l'affection de mes collègues, dont » je ne puis me passer; mais il faut s'exposer à un inconvénient pour en » éviter un plus grand.

» Recevez donc, Citoyen Ministre, mon acceptation comme momentanée, » comme très-subordonnée à la décision que vous prendrez après avoir lu » nos observations, et croyez que ma plus grande satisfaction serait de rester » confondu avec mes collègues et de n'administrer que conjointement avec » eux.

» Salut et respect. »

Ce trait de désintéressement si remarquable n'apprendra rien à ceux qui ont eu le bonheur de connaître Laurent de Jussieu, et qui ont pu savoir combien cette âme élevée était animée de l'amour du bien public.

Ce que nous devons dire pour ceux qui ne l'ont pas connu, c'est que cet homme considérable s'est trouvé mêlé aux plus rudes secousses de nos époques de transitions et d'épreuves sans avoir reçu l'atteinte des mauvaises passions qui s'agitaient autour de lui.

Personne ne porta plus loin que Laurent de Jussieu les qualités de l'âme et de l'intelligence qui désignent un nom au respect de la postérité; modeste autant que savant, il s'est montré fidèle, toute sa vie, aux principes sévères d'équité, de droiture et d'honneur que lui avaient légué ses pères et que ses enfants ont reçu de lui.

Remplacé, en 1826, dans sa chaire du Muséum par son fils M. Adrien de Jussieu, qui venait plus tard (en 1831) s'asseoir à côté de lui à l'Institut, il sentit ses forces physiques s'affaiblir successivement, et mourut, en pleine possession de ses facultés intellectuelles, le 15 septembre 1836, à l'âge de quatre-vingt-huit ans, après soixante-trois ans d'Académie des Sciences et soixante-six années de professorat.

Laurent de Jussieu peut être proposé comme un sujet d'admiration à ceux qui aiment à trouver dans un homme de génie l'amour de la vérité, la noblesse et la bonté du cœur, une probité inflexible et une honorable simplicité de caractère.

Achille Comte.

Dessiné par Em. Béranger — Gravé par Prudhomme

BUFFON.

BUFFON

NÉ EN 1707, MORT EN 1788.

La Bourgogne semble une terre de prédestination pour la haute éloquence. Laissant de côté les renommées secondaires dont elle fut le berceau, il suffit de citer saint Bernard, Bossuet et Buffon. Ces grands noms sont la gloire de la France, et l'Europe n'a rien à leur opposer.

Du sein des ténèbres à peine éclaircies du moyen âge, saint Bernard a fait briller une lumière qui étonna le douzième siècle, et dont l'éclat n'est pas obscurci après sept cents ans. La douceur et la véhémence de son langage, son inaltérable bon sens et l'invincible ardeur de sa foi, ont marqué ses écrits du signe de la durée, et son génie, en reproduisant les mâles beautés des Pères de l'Église, annonce et prépare cette seconde floraison de l'éloquence religieuse qui doit s'épanouir, au siècle de Louis XIV, sous la double influence de la foi et de la civilisation. Or, c'est encore un fils de la Bourgogne qui brille au-dessus de tous dans cette époque lumineuse, Bossuet, l'oracle de l'Église de France, comme saint Bernard fut celui de l'Europe catholique au moyen âge. Tous deux offrent, dans leur éloquence, le caractère particulier à leur province, qui, placée entre le nord et le midi, semble n'avoir pris que les heureuses qualités de deux natures opposées, tempérant les feux du midi par le calme du nord, et réchauffant le bon sens propre aux races du septentrion par la vivacité et l'élan du génie méridional.

Saint Bernard et Bossuet, vivant, l'un dans un siècle de ferveur, l'autre dans une époque de croyance paisible, ont porté sur les vérités de la religion la force de leur intelligence et le mouvement de leur imagination. Buffon, né dans un siècle positif où la religion était flétrie par la raillerie, et la morale ébranlée par le doute, s'anima par la contemplation de la nature, et, mêlant la science à l'enthousiasme, célébra, en les décrivant, les merveilles de la création matérielle : il ne vit que l'œuvre sans remonter à l'auteur ; mais la variété saisissante des forces soumises à son examen, la puissance mystérieuse des agents de la nature, la beauté empreinte dans tous ses ouvrages, devaient tenir éveillé dans son âme le sentiment de l'infini, et, par là, cette noble émotion, cette admiration sans mélange qui fortifie, qui épure, qui transporte l'esprit de l'homme. Le temps de l'éloquence religieuse était passé, celui de l'éloquence politique n'était pas encore venu; l'Église semblait s'abîmer; la patrie n'était qu'une espérance : Buffon s'inspira de la nature, qui ne décline jamais, la nature toujours présente, dans son inaltérable grandeur, pour émouvoir ceux qui l'aiment et qui cherchent à la comprendre.

Buffon occupe une place à part dans le dix-huitième siècle. Il a atteint, par la force et la majesté de son génie, par le choix de ses travaux, par l'ascension calme, continue et vigoureuse de son essor, ces hauteurs sereines que ne troublent jamais les agitations d'en bas ni les passions ardentes des contemporains. Ses trois rivaux de gloire, Montesquieu, Voltaire, Rousseau, n'ont pas eu, comme lui, la pleine possession, la pure jouissance de leur renommée; elle leur a été vivement disputée; le mouvement des idées, la révolution des doctrines morales et religieuses, les exposent à des retours soudains, leur préparent de nouveaux combats et des éclipses passagères : Buffon n'a rien à craindre des caprices de la postérité, et, privilégié entre tous, il a goûté, dans les suffrages unanimes de son siècle, les prémices de sa radieuse et paisible immortalité.

Comment apprécier dignement cette grande destinée littéraire; comment se faire écouter après le maître de la critique moderne, qui, dans cinquante pages[1] au-dessus de l'éloge, a jugé en dernier ressort la vie, la science et le style de l'historien de la nature. M. Villemain a dérobé tous ceux qui devaient le suivre dans la même carrière et ne leur a laissé d'autre ressource, pour se défrayer, que l'emprunt; heureusement il leur est permis, sinon d'acquitter la dette qu'ils contractent, au moins de l'amortir en se dégageant par un aveu sincère et une vive admiration. Ce parti nous coûte peu, ou plutôt nous y trouvons le double avantage de remanier les idées de l'illustre écrivain et de les lui rapporter. Quant à son style, il est trop bien protégé contre toute tentative d'usurpation.

Georges-Louis Le Clerc, comte de Buffon, naquit à Montbar le 7 septembre 1707, au moment où toutes les splendeurs du règne de Louis XIV, successivement éclipsées, laissaient la France, avec le souvenir de longs désastres noblement supportés, sous le poids d'un ennui profond, attendant, non sans impatience, le moment qui la délivrerait d'une insupportable contrainte et du joug de ce despotisme qui, dépouillé de ses rayons, ne laissait plus sentir que des entraves. Ainsi, quand s'abaissent les grandeurs du passé, commencent à poindre celles de l'avenir : Montesquieu et Vol-

[1] *Tableau du dix-huitième siècle,* première partie, 2ᵉ vol., page 351 à 403.

taire étaient nés, et Rousseau devait suivre après quelques années. Le père de Buffon, Benjamin Le Clerc[1], conseiller dans le parlement de Bourgogne, où le goût des lettres s'unissait à la sévérité des mœurs parlementaires, voulut donner à son fils une éducation qui développât les germes heureux que cet enfant avait reçus de la nature, et qui le mît au niveau des fonctions honorables qu'il prétendait lui léguer. Son orgueil paternel n'allait pas au delà. Plus tard Buffon aimait à rappeler, outre la tendresse d'un père vénéré, la supériorité de l'esprit de sa mère, à laquelle il rattachait les grandes facultés de son intelligence. « Ce souvenir lui plaisait, dit M. Villemain, par tendresse de fils et par induction de naturaliste. » C'est qu'en effet l'expérience semble prouver que l'intelligence se transmet en changeant de sexe. On s'étonne souvent qu'un homme de génie naisse d'un homme obscur et vulgaire; mais qu'on regarde auprès de son berceau, et l'on y trouvera toujours, sous les traits d'une mère dévouée, une femme supérieure. Lucrèce avait déjà dit : *Maternoque mares de sanguine crescunt.*

Buffon fit ses études au collége de Dijon, et il y montra cette puissance de travail, cette ardeur soutenue et infatigable qu'il a prise pour la cause de son génie[2] et qui n'en était que le signe. Dès lors commence cette longue et vigoureuse végétation, cette croissance régulière et constante dont la vie de Buffon nous présente le développement, comme ces chênes de nos forêts qui poussent chaque année de nouvelles branches autour de leur tronc plus vigoureux, jusqu'à ce que leur tête séculaire annonce, en se couronnant, que la vie se retire. Buffon ne cessa pas de se fortifier, tant qu'il vécut, de sorte que la mort, qui limita les jours du noble vieillard, put seule arrêter cette sève qui multipliait sans interruption les rameaux de son génie. Nous allons suivre cette merveilleuse progression dans l'énumération de ses travaux.

La nature avait doué Buffon avec une faveur marquée. Une figure noble et régulière, une taille élevée, une constitution robuste, capable de résister aux fatigues du plaisir et du travail; une âme facilement émue par le spectacle des grandes choses, propre à en conserver l'image et à la reproduire; une intelligence assez déliée pour saisir, au besoin, les moindres détails; une imagination de cette espèce supérieure qu'on peut considérer comme une plus grande chaleur et une plus vive lumière de la raison, brillante faculté qui colore et qui assemble les objets et les idées; une ardeur opiniâtre qui ne s'occupe des obstacles que pour les vaincre; voilà de quels éléments la nature avait formé le corps et l'intelligence de son futur

[1] Le père de Buffon mourut (en 1775) âgé de quatre-vingt-treize ans. Buffon en avait soixante-huit lorsqu'il perdit, plein de vertus et d'années, suivant ses expressions, cet homme vénérable, dont il déplora la perte avec un sentiment de profonde douleur. (*Réponse au discours de réception de M. le chevalier de Chatellux.*)

[2] « Le génie n'est qu'une longue patience. » (BUFFON.)

historien. La société ne l'avait pas traité moins favorablement en lui donnant une place honorable et une fortune indépendante. Lorsque la destinée d'un homme s'annonce sous de pareils auspices, on peut, sans témérité ni superstition, y reconnaître un dessein de la Providence.

J'avais l'intention d'écrire une biographie familière et de parler avec simplicité de notre illustre naturaliste; mais la grande figure de Buffon, toujours présente à mes yeux, le souvenir de la pompe de son langage et de la majesté de ses travaux, m'ont porté involontairement dans une sphère d'où je ne sais comment descendre pour arriver aux détails qu'il faut cependant raconter avec fidélité. La vocation scientifique de Buffon se déclara pendant le cours et surtout vers la fin de ses études. Les éléments d'Euclide, dont Pascal enfant devina la première partie, furent aussi son livre de prédilection. Buffon n'eut pas cette prodigieuse précocité; mais les facultés de son intelligence suivirent le progrès de ses forces physiques : de sorte que l'équilibre ne cessa pas de subsister. Il prenait une part ardente aux jeux de ses condisciples; mais lorsque le démon de la science venait le saisir, il s'isolait courageusement pour calmer la fièvre de travail et de curiosité qui fermentait dans son cerveau. Ce partage de ses forces entre l'agitation physique et l'étude solitaire dont la règle du collége lui avait donné l'habitude, Buffon le garda invariablement dans le monde, malgré la tyrannie des devoirs et des plaisirs. Aucune considération ne pouvait lui imposer le sacrifice des heures réservées pour le travail. C'est ainsi que, pendant l'effervescence de l'âge, une matinée laborieuse succédait parfois sans transition aux fatigues, quelles qu'elles eussent été, d'une nuit sans sommeil, et que, dans tous les temps, la voix du fidèle Joseph, inexorable réveil-matin, ne fut jamais méconnue. Buffon savait que les ouvrages de la nature, qu'il prenait pour modèle, ne s'accomplissent avec perfection que par l'observation de lois inflexibles.

Le père de Buffon ne tarda pas à reconnaître qu'il y avait dans son fils plus que l'étoffe d'un magistrat; il le laissa donc libre de suivre sa vocation, bien assuré que l'illustration de sa famille ne perdrait rien par ce changement de carrière. Au lieu d'user de précieuses années dans l'étude épineuse et obscure du droit, Buffon, qui s'était lié d'amitié avec un de ses condisciples, lord Kingston, voulut compléter son instruction en voyageant. Il visita d'abord, en compagnie du jeune Anglais et de son précepteur, homme fort instruit dont les conseils ne lui furent pas inutiles, les différentes provinces de l'Italie. Notre voyageur s'arrêta moins à l'étude d'un peuple dégénéré et de ses institutions décrépites qu'à la contemplation des beautés de la nature, et surtout des phénomènes volcaniques. L'énergie des feux souterrains, manifestée par de fréquentes éruptions, lui fit concevoir l'hypothèse du feu central, point de départ de sa théorie de la terre, qu'il développa plus tard avec une rigueur presque scientifique, avec un enthousiasme qui touche à la poésie. Mais il ne se pressa pas de la divulguer. Le germe était déposé dans son intelligence ; la méditation, nourrie par de nouvelles observations, devait la faire éclore à un point de maturité convenable. De l'Italie, Buffon passa en Angleterre, où il séjourna quelques mois, pendant lesquels il constata l'état de la science chez nos voisins et se familiarisa avec leur idiome.

Ce contact avec la patrie de Newton fixa la vocation scientifique de Buffon. Son début fut un hommage à la contrée dont Voltaire paya aussi l'hospitalité en célébrant le génie de ses savants, de ses philosophes et de ses poètes. Buffon traduisit le traité du calcul infinitésimal de Newton et la statique des végétaux de Hales. Ce moyen détourné de s'introduire dans la science, par l'importation des idées d'autrui, indiquait plutôt la prudence que l'originalité de son génie. Mais la prudence est un signe de force. Combien de talents distingués ont compromis leur avenir par l'empressement de produire ? C'est surtout dans les sciences et dans les lettres qu'on peut dire : « Tout vient à point à qui sait attendre. » Buffon ne manqua jamais du sentiment de ses forces, mais il en ménagea l'emploi pour les augmenter et les appliquer enfin à une œuvre qui en donnât la mesure. Par ces traductions, Buffon fit connaître le nom qu'il devait illustrer : quelques travaux spéciaux, tels que des mémoires de physique, de géométrie et d'économie rurale, et surtout l'expérience qui renouvela les miroirs ardents d'Archimède[1], en commencèrent la célébrité. Buffon avait pris place dans la science : il avait à peine vingt-six ans lorsque les suffrages de l'Académie des sciences consacrèrent sa réputation naissante. Il fut élu membre de cette illustre compagnie en 1733.

Ces travaux préliminaires, qui donnaient à Buffon un rang élevé parmi les savants, l'avaient fait connaître en même temps comme un écrivain exact, précis, nerveux ; mais rien n'annonçait encore le grand naturaliste, ni le maître consommé dans l'art d'écrire. Une occasion qui semble fortuite vint mettre Buffon en demeure de produire son génie tout entier. Le savant Dufay, intendant du Jardin du Roi, au lit de mort, désigna son successeur au choix de Louis XV. Cet homme de bien, passionné pour la science et pour la prospérité de l'établissement confié à ses soins, par un calcul de désintéressement bien rare, même chez les savants, aspira à se faire éclipser. Il pensa que la grande considération dont Buffon était entouré, le zèle qui l'animait et sa capacité éprouvée attireraient de nouvelles richesses, introduiraient un ordre nouveau dans ces collections long-temps négligées,

[1] « Cette expérience, qui réussit parfaitement, exigeait une prodigieuse quantité de lentilles d'une grande dimension. Plus tard, en 1748, Buffon proposa pour le même objet une loupe à échelons, beaucoup plus simple dans sa construction, et dont les effets, qui pouvaient être gradués à volonté, n'en étaient pas moins intenses : elle fut exécutée près de trente ans après par M. l'abbé Rochon. » (*Notice sur Buffon*, par M. A. Richard.)

et demeurées incomplètes et confuses, malgré tous ses efforts. Que sa mémoire en soit illustrée! car désormais la destinée de Buffon est fixée, un grand nom de plus va s'inscrire dans les annales littéraires de la France. A la vue de ce vaste dépôt des productions de la nature, l'idée qui doit le rendre immortel s'est emparée de son intelligence; il consacrera courageusement à la réaliser sa vie tout entière, toutes les forces de son génie. « Dès lors, dit M. Villemain, l'ardeur de Buffon se fixa sur un seul objet : étudier, enrichir les dépôts d'histoire naturelle du Jardin du Roi, et, à côté de ces échantillons toujours si incomplets de la nature, décrire la nature elle-même, en raconter l'histoire, en expliquer les lois, en retracer les monuments. Je ne doute pas que Buffon, quand il se proposa lui-même cette tâche immense, n'ait été saisi d'un enthousiasme dont l'empreinte se retrouve dans la solennité de son langage, et qui fit de lui un si grand promoteur de la science. »

Buffon entreprit donc l'histoire de la nature. Avant lui on l'avait décrite en partie, il voulut la peindre et la faire revivre dans son ensemble. Non-seulement il prétendit faire connaître, par l'étude des trois règnes de la nature, tout ce qui couvre la surface de la terre et ce qu'elle renferme dans ses entrailles, mais remonter par la pensée vers des âges où l'œuvre divine se formait sans autre témoin que Dieu lui-même; il voulut nous faire assister à ces révolutions successives qui ont façonné le théâtre où l'homme, dernier venu de la création, règne en souverain. Comment s'est formée notre planète? Buffon nous répond : C'est un fragment incandescent détaché du soleil et jeté dans l'espace par le choc d'une comète; il a bouillonné pendant trente-cinq mille ans; attiédi enfin par le rayonnement séculaire de sa chaleur innée, il a vu refluer vers sa surface les vapeurs qu'il avait rejetées, et ces vapeurs, en se condensant, ont formé une sphère liquide qui servit d'enveloppe à ce noyau de lave brûlante. Après vingt-cinq mille ans d'ébullition et de refroidissement, le niveau des eaux s'abaissa pour laisser paraître de vastes espaces solides, où commencèrent la végétation et la production d'êtres animés se mouvant par une force intérieure. Quels lieux furent d'abord habitables? Dans quelle contrées et pendant combien de siècles se firent les premiers essais de la nature vivante? Quelles dynasties d'animaux se succédèrent à la surface du globe? Buffon le sait, et il le raconte avec la précision d'un témoin oculaire, avec l'orgueilleuse et puissante émotion d'un voyageur qui a visité seul des régions inconnues. Cette nouvelle Genèse surprend et confond l'imagination; mais quelle que soit la grandeur des hypothèses, la nouveauté et l'éclat des images, j'avoue qu'elle m'émeut moins sérieusement que les antiques traditions de la Bible. Moïse paraît avoir eu de meilleurs renseignements.

Le plan conçu par Buffon était trop vaste pour qu'il pût l'exécuter tout entier; toutefois il a dessiné l'ensemble du monument, il en a élevé le majestueux péristyle et construit les parties principales. Dans ce travail immense, il appela à son aide d'habiles auxiliaires qu'il animait du souffle de son génie. En première ligne, il faut nommer l'exact et laborieux Daubenton, son compatriote; Guéneau de Montbéliard, ravi trop jeune à la science, et qui déroba quelquefois de riches couleurs à la palette de son maître; et l'abbé Bexon, qui prit une part considérable à l'histoire des oiseaux. Il est juste de citer ces utiles collaborateurs comme on nomme les élèves qui, dans l'atelier d'un grand peintre, contribuent à la perfection des tableaux : leur mérite fait partie de la gloire du chef qui les inspire. Après dix années de travaux, poursuivis de concert avec Daubenton, Buffon commença, en 1749, la publication de son grand ouvrage. Les quinze premiers volumes, qui traitent de la théorie de la terre, de la nature des animaux, de l'histoire de l'homme et des quadrupèdes vivipares, parurent successivement, dans une période de dix-huit années. Les dix-neuf autres suivirent, à des intervalles inégaux, jusqu'à la mort de Buffon. Son chef-d'œuvre, les *Époques de la nature*, où il complète, en la modifiant, sa théorie de la terre, fut publié lorsqu'il était plus que septuagénaire.

C'est dans cet imposant ouvrage que se trouvent les titres de Buffon, comme savant et comme écrivain, aux yeux de la postérité. Sous le rapport scientifique, sa renommée a porté la peine de son dédain pour les classificateurs et les nomenclateurs. Malgré son incontestable savoir, les esprits subalternes, qui se piquent d'exactitude, le traitent cavalièrement à propos de quelques erreurs et de certaines omissions. Ce qu'il a dédaigné, on l'impute à l'ignorance; les méthodes secondaires, les règles convenues, qu'il a négligées par une vue supérieure de l'ensemble et pour obéir à une pensée plus générale, deviennent des arguments contre la régularité de sa marche. La médiocrité n'admet pas qu'on puisse l'éclipser sur tous les points; elle se réserve, pour le soulagement de sa vanité, un domaine où elle veut régner à l'exclusion des esprits supérieurs. Ceux qui ont compté plus de cinq cents espèces de cirons, et qui savent nous dire, avec gravité, dans quelle série des mammifères l'homme doit être rangé, prennent en pitié la science de Buffon, comme le plus chétif archéologue de nos jours sourit dédaigneusement lorsqu'on parle de l'érudition de M. de Voltaire. Laissons-leur cette innocente consolation, mais répétons, après M. Villemain : « Buffon, par le caractère seul de ses recherches, la sublimité de ses conjectures, de ses paradoxes mêmes, agitait les esprits, appelait de loin les découvertes, et créait ce qu'il ne savait pas encore. » Ajoutons que les maîtres de la science sont moins sévères que les écoliers, et que les Cuvier, les Geoffroi Saint-Hilaire, les Blainville, les Élie de Beaumont, les Flourens, reconnaissent l'immense savoir de Buffon, comme Robertson a proclamé l'exactitude historique et l'érudition de Voltaire. Comme écrivain, Buffon n'a pas même été attaqué par ces enfants perdus de la critique qui n'ont respecté ni Racine ni Bossuet.

Buffon a exposé lui-même ses procédés de style et de composition dans son discours de réception à l'Académie française. En indiquant la méthode que doit suivre un écrivain pour arriver à la perfection, il s'était pris pour modèle, et nous n'avons rien de mieux à faire que de transcrire une page dans laquelle il énumère complaisamment les secrets de son art et les qualités qui distinguent son style[1]. « Pour bien écrire il faut posséder pleinement son sujet, il faut y réfléchir assez pour voir clairement l'ordre de ses pensées et en former une suite, une chaîne continue, dont chaque point représente une idée; et, lorsqu'on aura pris la plume, il faudra la conduire successivement sur ce premier tracé sans lui permettre de s'en écarter, sans l'appuyer trop inégalement, sans lui donner d'autre mouvement que celui qui sera déterminé par l'espace qu'elle doit parcourir. C'est en cela que consiste la sévérité du style; c'est aussi ce qui en fera l'unité et ce qui en réglera la rapidité, et cela seul aussi suffira pour le rendre précis et simple, égal et clair, vif et suivi. A cette première règle dictée par le génie si l'on joint de la délicatesse et du goût, du scrupule sur le choix des expressions, de l'attention à ne nommer les choses que par les termes les plus généraux, le style aura de la noblesse. Si l'on y joint encore de la défiance pour son premier mouvement, du mépris pour tout ce qui n'est que brillant, et une répugnance constante pour l'équivoque et la plaisanterie, le style aura de la gravité, il aura même de la majesté. » Qu'on ajoute à ces traits cette chaleur tempérée qui naît du paisible enthousiasme de la science et le coloris qui tient à l'imagination, on aura Buffon tel que ses ouvrages nous le montrent, méthodique, précis, grave, majestueux, abondant, animé d'un feu contenu, et colorant sa pensée de teintes énergiques et brillantes. Disons encore, pour compléter ce tableau, que, lorsque Buffon composait, il aimait à mettre le monde extérieur en harmonie avec la dignité de sa pensée. Le cabinet voisin de la tour solitaire de Montbar, où il se retirait dans un majestueux isolement, était comme un sanctuaire dans lequel l'interprète de la nature célébrait les mystères de la création.

L'intendance du Jardin du Roi avait réglé la vie de Buffon, dont le temps se partageait entre sa résidence de Paris et un séjour de plusieurs mois dans ses terres de Bourgogne. Un mariage, contracté en 1752 avec mademoiselle de Saint-Belin, femme d'une rare beauté et d'un esprit distingué, ferma sa jeunesse. Un an après l'Académie française s'honora en l'appelant dans son sein. Cette docte assemblée s'était peu pressée : car il y avait déjà trois ans que les trois premiers volumes de l'*Histoire naturelle* avaient paru. Au reste, Buffon ne fit point d'avances, et en cela il comprit

[1] M. Villemain a indiqué ce qu'il y a d'exclusif et de trop rigoureux dans quelques points de la théorie de composition exposée par Buffon. Il l'a complétée par de nouveaux aperçus tirés de sa propre expérience. Ces révélations personnelles des maîtres en l'art d'écrire contiennent un enseignement pratique bien plus fécond que les règles traditionnelles de la routine.

sa dignité et les droits de l'assemblée qui témoigna le désir de le posséder. L'usage des visites est un supplice pour celui qui les fait, et une violence ou une séduction pour ceux qui les reçoivent. Il arrive ainsi que le mérite demeure à l'écart et que la médiocrité obtient de guerre lasse l'entrée du sanctuaire. C'est ainsi que l'abbé Trublet força les portes : on se fatigua de les fermer sur cette figure qui reparaissait toujours, et sa longue candidature finit par devenir un titre plus puissant que les noms de Diderot et de Jean-Jacques. Buffon, suivant en cela l'exemple de Voltaire, eut le courage de faire un discours utile et vraiment littéraire, il parla en maître consommé de l'art d'écrire; par une hardiesse nouvelle et qui ne s'est pas renouvelée, il ne prononça pas même le nom de son prédécesseur, dont il se contenta de louer, par voie d'allusion, le zèle et la piété. Il est vrai qu'il succédait à l'archevêque de Sens, Languet de Gergy, historien de *Marie Alacoque* et champion déclaré de la bulle *Unigenitus.*

La réputation de Buffon remplissait l'Europe. Les hommages de l'admiration publique lui arrivaient de toutes parts : les souverains, les savants, les voyageurs de toutes les nations lui envoyaient, comme un tribut, les plus rares productions des deux mondes; toutes les compagnies savantes l'inscrivaient au nombre de leurs correspondants: Louis XV, malgré sa profonde indifférence pour ceux dont le génie illustrait son règne, le combla de faveurs, et il érigea en comté sa terre de Montbar; enfin, un ministre de Louis XVI, M. d'Angevilliers, lui fit élever une statue en marbre avec cette magnifique inscription : « *Majestati naturæ per ingenium.* »

« Ni personne, dit M. Villemain, ni surtout Buffon lui-même, ne s'étonnait de tels honneurs. » Ce mot si vif et si expressif, incidemment jeté par l'historien de notre littérature, nous amène à dire quelques mots du caractère de Buffon. Jamais homme ne posséda à un plus haut degré le sentiment de sa supériorité, et ne s'inquiéta moins de le dissimuler. Non seulement il a conscience de son propre génie, mais il fait de ce génie l'idéal de l'intelligence humaine. Il abaisse ce qu'il n'atteint pas, il dédaigne ce qu'il ne saurait goûter. Prosateur, il méprise les vers, à moins qu'ils ne soient beaux comme de la prose; peu sensible, il rudoie les délicatesses du sentiment, et navre le cœur de Bernardin de Saint-Pierre en interrompant brusquement la lecture de *Paul et Virginie.* Malgré quelques précautions oratoires, sa personnalité n'éclate nulle part avec plus d'évidence que dans son discours de réception à l'Académie. Contraint de louer par les habitudes du lieu, il annulle ses éloges par la généralité et l'exagération : pour faire passer l'apothéose de son talent, après avoir exposé une théorie tirée de sa propre pratique il la rapporte aux ouvrages de ses nouveaux collègues, ouvrages que sans doute il n'a jamais ouverts. Je me trompe, il a lu Montesquieu, Voltaire et Fontenelle, et il aura soin de leur faire entendre qu'il connaît le faible de leurs plus beaux écrits.

« Faute d'un plan fortement conçu, le meilleur écrivain s'égare : quelque brillantes que soient les couleurs qu'il emploie, quelques beautés qu'il sème dans les détails, comme l'ensemble choquera ou ne se fera pas sentir, l'ouvrage ne sera point construit, et, en admirant l'esprit de l'auteur, on pourra soupçonner qu'il manque de génie. » Voilà pour M. de Voltaire. « Les interruptions, les repos, les sections, ne devraient être d'usage que quand on traite des sujets différents ; autrement, le grand nombre de divisions, loin de rendre un ouvrage plus solide, en détruit l'assemblage ; le livre paraît plus clair aux yeux, mais le dessein de l'auteur demeure obscur. » Comprenez-vous, M. de Montesquieu ? A vous maintenant, M. de Fontenelle. « Rien ne s'oppose plus à la chaleur que le désir de mettre partout des traits saillants ; rien n'est plus contraire à la lumière, qui doit faire un corps et se répandre uniformément dans un écrit, que ces étincelles qu'on ne tire que par force en choquant les mots les uns contre les autres, et qui ne nous éblouissent pendant quelques instants que pour nous laisser ensuite dans les ténèbres. » Fontenelle, Voltaire et Montesquieu, poliment éliminés et dûment avertis, Buffon peut dire à ses nouveaux confrères, sans crainte d'être pris au mot : « C'est ainsi, Messieurs, qu'il me semblait en vous lisant, que vous me parliez, que vous m'instruisiez. Mon âme, qui recueillait avec avidité ces oracles de la sagesse, voulait prendre l'essor et s'élever jusqu'à vous : vains efforts ! » L'Académie, qui depuis son origine a entendu, de bonne grâce il est vrai, et sans rien perdre de sa haute et légitime considération, bien des railleries, n'a jamais été persifflée aussi intrépidement. Buffon, dans ces accès de gaieté quelque peu cynique, par lesquels il aimait à descendre des hauteurs de son génie, a dû donner de plaisants commentaires à ce morceau d'éloquence officielle. Au reste, Buffon s'est expliqué plus tard en pleine Académie sur la vanité de ces éloges, où l'emphase est un signe qu'il n'y faut pas chercher la vérité. « La louange réciproque, disait-il en répondant au marquis de Chastellux, nécessairement exagérée, n'offre-t-elle pas un commerce suspect entre particuliers et peu digne d'une compagnie dans laquelle il doit suffire d'être admis pour être assez loué. Pourquoi les voûtes de ce lycée ne forment-elles jamais que des échos multipliés d'éloges retentissants ? Pourquoi ces murs qui devraient être sacrés ne peuvent-ils nous rendre le ton modeste et la parole de la vérité ? Une couche antique d'encens brûlé revêt leurs parois et les rend sourds à cette parole divine qui ne frappe que l'âme. » Il semble que la leçon ait profité : l'encens brûle moins depuis quelques années, et même quelques épigrammes finement décochées ont enlevé, par places, la couche antique déposée sur les parois du temple.

Toutefois Buffon savait louer, quoiqu'il n'en eût pas le goût, et il le fit avec magnificence lorsqu'il reçut La Condamine, qui avait accompli au profit de la science un voyage plein de périls. Il y a là une période qu'il faut citer, car elle est admirable : « Avoir parcouru l'un et l'autre hémisphère, avoir traversé les continents et les monts, surmonté les sommets sourcilleux de ces montagnes embrasées où des glaces éternelles bravent également et les feux souterrains et les ardeurs du midi, s'être livré à la pente précipitée de ces cataractes écumantes dont les eaux suspendues semblent moins rouler sur la terre que descendre des nuées; avoir pénétré dans ces vastes déserts, dans ces solitudes immenses où l'on trouve à peine quelques vestiges de l'homme, où la nature, accoutumée au plus profond silence, dut être étonnée de s'entendre interrogée pour la première fois; avoir plus fait, en un mot, par le seul motif de la gloire des lettres, que l'on ne fit jamais par la soif de l'or: voilà ce que connaît de vous l'Europe et ce que dira la postérité. »

Buffon prolongea sa glorieuse carrière au delà de quatre-vingts ans. Je voudrais, en terminant cette rapide esquisse, décrire ses dernières années, montrer la pompe de ses funérailles, et indiquer l'influence de son génie sur les destinées de la science; mais il vaut mieux laisser parler M. Villemain, qui, de main de maître, a tracé ce tableau en quelques lignes d'une majestueuse éloquence : « Cet homme si paisible, et tout à fait de l'ancienne monarchie, touche presque à nos grands troubles civils, dont il ne soupçonnait pas l'approche. Il eut, dans sa vieillesse, pour admiratrice et pour amie madame Necker, et le dernier témoin de ses studieuses retraites à Montbar, son indiscret biographe[1], est un jeune homme qui devait bientôt porter une funeste ardeur dans notre révolution. Sans doute il entra dans la destinée heureuse et complète de Buffon de mourir à la veille de ce grand mouvement qui aurait confondu ses idées et épouvanté sa vieillesse. En proie depuis plusieurs années aux douleurs de la pierre, dont il ne voulut jamais essayer la périlleuse guérison, calme et laborieux presque jusqu'à sa dernière heure, Buffon mourut à Paris le 16 avril 1788. Et, au milieu de la vive attente et du souffle de mille passions qui agitaient déjà les esprits, ses funérailles furent la plus grande pompe de douleur publique qu'on ait vue avant celles de Mirabeau, trois ans après. C'est que le nom de Buffon était grand et populaire par la direction nouvelle des esprits; il résumait, il illustrait toute la pensée scientifique du dix-huitième siècle, comme Rousseau en représentait avec énergie la pensée politique.

» Même au milieu des temps formidables qu'on allait traverser, le goût de l'histoire naturelle créé par Buffon se soutint, se marqua par des institutions, des travaux de tout genre. Et quand le tremblement de terre social eut cessé, sa science se retrouva plus avancée dans les voies qu'avait ouvertes ou indiquées son génie. L'installation de la grande école normale de

[1] Hérault de Séchelles. (*Voyage à Montbar.*)

l'an III retentit d'un hymne à sa gloire. Sa science fut partout cultivée jusqu'à l'excès, jusqu'à la manie ; et, ce qui en dit bien plus sur l'impulsion puissante qu'il avait donnée, il s'éleva un nouveau grand homme dans cette science [1].

» Si la culture plus générale de l'histoire naturelle fit découvrir beaucoup d'erreurs dans Buffon, si des méthodes plus exactes prévalurent, sa gloire, même scientifique, a gagné cependant plus qu'elle ne perdait peut-être. Quelques-uns des grands faits qu'il avait soupçonnés plutôt que prouvés, et que, suivant sa belle expression, il apercevait par la vue de l'esprit avant le témoignage des recherches, sont devenus, par l'observation, plus certains ou plus probables. Un esprit inventeur de nos jours, M. Fourrier, disait que, dans les applications du calcul aux lois qui régissent la chaleur, il avait été guidé par les conjectures de Buffon. L'illustre Cuvier ne lui fut pas moins redevable. Buffon restera donc à jamais parmi les grands noms de la France : car il a laissé des monuments immortels et une influence féconde. »

Pourquoi faut-il ajouter à ces éloquentes paroles que la Révolution n'a laissé subsister que la gloire de Buffon, et cependant il avait un fils. Cet héritier d'un grand nom, qui poussait la piété filiale jusqu'à l'adoration, colonel de cavalerie à vingt-neuf ans, digne par son courage du génie de son père, riche d'avenir et capable de s'illustrer en servant son pays, monta, quelques jours avant le 9 thermidor, sur l'échafaud de la Terreur, et de là, intrépide et résigné, il fit entendre à la foule ces simples et héroïques paroles, qui nous serrent le cœur et qui percent l'âme : « Citoyens, je me nomme Buffon. » Quel martyr et quels bourreaux ! Hâtons-nous de dire, pour opposer la vertu au crime, que la fille de Daubenton, veuve à vingt-trois ans de ce noble jeune homme, en a gardé pieusement le souvenir, et que, parvenue à une vieillesse avancée, elle fait bénir à Montbar le nom vénéré de comtesse de Buffon.

GERUZEZ,

Professeur agrégé d'éloquence française à la Sorbonne,
maître de conférences à l'École normale.

[1] CUVIER. « L'histoire des travaux de Buffon touche partout à l'histoire de Cuvier : ces grands travaux lient deux siècles. Buffon devine, Cuvier démontre ; l'un a le génie des vues, l'autre se donne la force des faits ; les prévisions de l'un deviennent les découvertes de l'autre : et quelles découvertes ! les âges du monde marqués, la succession des êtres prouvée, les temps antiques restitués, les populations éteintes du globe rendues à notre imagination étonnée. Les travaux de Buffon et de Cuvier sont, pour l'esprit humain, la date d'une grandeur nouvelle. » M. FLOURENS, *Histoire des idées et des travaux de Buffon.*

Gény-Gros, imp. rue du Plâtre, 28. Paris

GRESSET.

GRESSET

NÉ EN 1709, MORT EN 1777.

La vie de Gresset ne ressemble nullement à ces vies d'hommes de lettres comme il s'en est rencontré plus d'une ; ballottées par de grands malheurs ou de grandes passions, offrant dans leurs phases d'étranges aventures et de brusques péripéties, de telle sorte qu'une pareille vie est à elle seule un roman, un drame ou un poème. Ce n'est point ici Cervantes prisonnier dans un bagne d'Afrique, et traînant ses fers chez les mécréants, comme un chevalier du temps des croisades ; — Regnard, succédant à Cervantes dans le marché aux esclaves d'Alger, puis, entraîné de pays en pays par son goût pour les voyages lointains, s'arrêtant sous le pôle, là seulement où la terre manque à ses pieds ; — Camoëns, naufragé dans les mers de la Chine, et nageant vers une côte à demi sauvage, ses *Lusiades* à la main. Sans même rappeler ces vies pleines de romanesques aventures, vous ne retrouvez dans celle de Gresset aucun des orages qui agitent trop souvent la carrière de l'homme de lettres, quand il a le malheur d'occuper le public de ses affaires et de sa personne autant ou plus que de ses œuvres. Ainsi l'histoire de Corneille, de Boileau, de La Fontaine, de Racine, peut s'écrire en quelques pages ; car, leur vie, c'était la véritable vie littéraire du grand siècle, studieuse, recueillie, exempte de brigues et de cabales, et par cela même très peu fertile en événements.

Gresset, l'un des derniers héritiers des traditions poétiques du dix-septième siècle, eut cette ressemblance de plus avec les littérateurs de ce temps. Sa vie fut exempte de troubles et d'orages. Elle coula doucement dans la culture des lettres et dans les douceurs d'une société choisie et peu nombreuse. L'auteur de *Vert-Vert* et du *Méchant* obtint de son vivant toute la réputation à laquelle il devait aspirer ; il eut le plaisir de se voir applaudi et apprécié, sans avoir besoin, pour consolation, de la perspective d'une gloire posthume. Gresset fut redevable de cette existence heureuse et tranquille à l'amabilité de son caractère, à la sûreté de son commerce : puis, malgré le tribut passager qu'il paya en passant, dans une ou deux pièces de vers, aux idées philosophiques qui commençaient à se manifester dès l'époque de son entrée dans la carrière littéraire, Gresset fut du petit nombre des écrivains de ce siècle dont le talent ne crut pas se rabaisser en s'alliant à une piété véritable ; peut-être même, vers la fin de sa vie, porta-t-il ces honorables sentiments jusqu'à un excès qui peut se rencontrer même dans les meilleures choses. Ainsi Racine, dans ses dernières années, avait dit adieu, avec contrition et repentir, au théâtre profane, témoin de ses triomphes ; et c'était là chez ce grand homme un beau et noble témoignage d'humilité, malgré son exagération même, dussions-nous le déplorer pour nos plaisirs et pour la gloire de notre poésie.

Jean-Baptiste-Louis Gresset naquit à Amiens en 1709, d'une des plus honorables familles de bourgeoisie de cette ville. Son père était échevin, dignité peu poétique sans doute, mais qui dans ce temps, où le plus grand orgueil d'une famille bourgeoise était souvent d'obtenir le titre de marguillier de la paroisse, devait suffire, selon toute apparence, à l'illustration du nom de Gresset. Comme tout fils de bon bourgeois, notre poète fit ses études au collége des Jésuites de sa ville natale. Il n'entre nullement dans notre plan de juger cet ordre religieux sous le rapport politique ; mais personne ne lui a jamais refusé une rare capacité comme corps enseignant : surtout, les Jésuites savaient merveilleusement apprécier les enfants confiés à leurs soins, et s'attacher ceux dont ils reconnaissaient l'esprit et le talent. Il est donc probable que les premiers instituteurs de Gresset l'avaient distingué entre leurs élèves, et qu'ils avaient su pressentir en lui des dispositions qui pouvaient un jour faire honneur à leur communauté. Toujours est-il qu'à l'âge de seize ans, Gresset, qui se destinait lui-même à l'enseignement, entra dans l'ordre des Jésuites : à la même époque, il fut envoyé à Paris au collége Louis-le-Grand, pour compléter son éducation.

Lorsqu'elle fut entièrement achevée, Gresset demeura quelque temps encore avec ses maîtres, auxquels il servit d'auxiliaire. Ses biographes nous fournissent peu de détails sur cette époque de sa vie, où chaque jour devait en effet ressembler à celui qui l'avait précédé. On peut toutefois supposer que Gresset se partageait entre les devoirs obscurs de régent de quelque classe subalterne et les études poétiques qu'il mit plus tard à profit d'une manière si brillante. Comme le bon maître d'école Pierre Pattieson, dans l'introduction des *Puritains d'Écosse*, après avoir consacré de longues heures aux fonctions laborieuses et monotones de répétiteur ou de maître d'études, celui qui plus tard fut l'auteur du *Méchant* se reposait le soir, dans des rêves de poésie, des fatigues de la journée. Il s'exerçait en silence, dans l'obscurité d'un collége, à se créer un style, qui est resté original et modèle en son genre, même à côté du style de Voltaire.

Ce fut en 1734 que *Vert-Vert* vint tout à coup révéler le talent de Gresset, alors parfaitement inconnu, et dont le nom n'avait jamais franchi l'enceinte de sa classe. *Vert-Vert* obtint un succès auquel contribua encore la surprise du public, en voyant sortir d'un collége un ouvrage où brille surtout cette fleur de bon goût, d'atticisme, de fine plaisanterie, que la connaissance du monde semblait seule pouvoir donner. Jean-Baptiste Rousseau, dans une lettre au Père Brumoy, n'hésita pas à qualifier *Vert-Vert* de *phénomène littéraire;* et si au mérite réel de ce charmant badinage vous joignez les circonstances que nous disions tout à l'heure, l'expression ne paraîtra pas exagérée. Lorsqu'on pense à l'excessive légèreté du sujet, on trouve en effet surprenant qu'un jeune religieux ait su répandre sur ce chétif canevas, l'histoire d'un perroquet, une richesse d'imagination et de couleurs, une grâce malicieuse et piquante dont il avait deviné le secret plutôt qu'il ne l'avait appris. *Vert-Vert* courut d'abord manuscrit avant d'être livré au public; Gresset n'avait donc que vingt-trois ou vingt-quatre ans lorsqu'il termina ce petit poème, probablement commencé depuis long-temps, limé et médité à loisir, malgré cette apparente facilité de style sous laquelle les bons auteurs savent cacher leur travail.

Ce *Vert-Vert*, dont le succès fut si flatteur pour Gresset, ne laissa pas pourtant que de lui causer quelques désagréments. L'abbesse d'une des maisons de la Visitation ne prit pas la plaisanterie aussi bien que le public. Gresset avait placé chez les Visitandines la scène de *Vert-Vert*. Elle vit dans ce poème, dont l'intention est bien innocente et le badinage bien permis, une injure pour son ordre. Cette abbesse dénonça l'œuvre de Gresset comme un scandale; elle était sœur d'un ministre, et ses plaintes devinrent pour Gresset la cause d'une sorte d'exil. De Tours, où il professait les humanités, on l'envoya à La Flèche. Ce fut pendant son séjour au collége de cette petite ville qu'il traduisit les *Églogues* de Virgile, dont il existe une si grande quantité de versions françaises, sans que dans le nombre il s'en soit trouvé une complétement digne du texte latin. Celle de Gresset ne saurait faire exception; elle est écrite avec pureté, on y rencontre quelques vers heureux, mais en général elle manque tout à fait de coloris. Gresset avait méconnu le genre de son talent dans cette lutte corps à corps avec Virgile, pour laquelle ce n'est pas trop des études spéciales de toute une vie.

Le séjour de La Flèche ne tarda pas à ennuyer Gresset, à qui le succès de *Vert-Vert* avait révélé un autre monde au-delà des murs de son collége. Il était impatient d'aller jouir de sa réputation, de l'augmenter par d'autres ouvrages, de goûter les plaisirs d'une société pour laquelle il se sentait fait. En 1735, il quitta le collége de La Flèche et les Jésuites, auxquels il fit ses adieux dans une pièce de vers où il rend à ses maîtres un témoignage public de reconnaissance. Il vint alors à Paris. C'est à cette époque de la vie de Gresset qu'il faut placer la composition de *la Chartreuse*. Il paraît qu'en arrivant dans la capitale, il se logea dans une sorte de galetas du *pays latin*, dont il nous donne la description dans cette charmante épître :

Sur cette montagne empestée
Où la foule toujours crottée
Des prestolets provinciaux
Trotte sans cause et sans repos,
Vers ces demeures odieuses
Où règnent les longs argumens
Et les harangues ennuyeuses,
Loin du séjour des agrémens,
Enfin, pour fixer votre vue,
Dans cette pédantesque rue
Où trente faquins d'imprimeurs,
Avec un air de conséquence,
Donnent froidement audience
A cent faméliques auteurs,
Il est un édifice immense
Où, dans un loisir studieux,
Les doctes arts forment l'enfance
Des fils des héros et des dieux ;
Là, du toit d'un cinquième étage,
Qui domine avec avantage
Tout le climat grammairien,
S'élève un antre aérien,
Un astrologique ermitage,
Qui parait mieux, dans le lointain,
Le nid de quelqu'oiseau sauvage
Que la retraite d'un humain.

Telle est la peinture que nous fait Gresset de la demeure fort peu splendide où il rencontrait pourtant de si jolis vers et des inspirations si fécondes. On retrouve dans *la Chartreuse* cet art, déjà si remarquable dans *Vert-Vert*, de jeter à pleines mains le coloris de la poésie sur les objets les plus vulgaires et les plus communs, sur un galetas délabré, meublé d'*une table mi-démembrée, près du plus humble des grabats*, comme il avait fait des aventures d'un perroquet une espèce d'*Iliade*. *La Chartreuse* montre au plus haut degré le talent de Gresset, tel qu'il en a laissé l'empreinte dans ses poésies fugitives : une facilité extrême ; moins de soin peut-être et plus de négligences que dans *Vert-Vert ;* un abandon de périodes, parfois un peu lâches et un peu prolixes dans leur exubérance ; mais aussi une harmonie, une grâce ingénieuse et aimable qui s'allient à des pensées morales de l'ordre le plus élevé. Il y a dans cette épître de *la Chartreuse* un si heureux enchaînement, une si parfaite intelligence de la phrase poétique, que vous vous laissez entraîner jusqu'à la fin à travers cette galerie de portraits tous ramenés à peu près par la même formule. Nous ne croyons pas que jamais, dans notre langue, le vers de huit syllabes ait été manié avec autant de charme et de flexibilité.

La Chartreuse ne fut pas moins bien accueillie que *Vert-Vert*. L'auteur, lui aussi, se vit reçu à merveille dans le monde, où sa réputation l'avait précédé. Bientôt il devint un des habitués de la *société du cabinet vert*, ainsi qu'on appelait celle de madame de Forcalquier; société renommée alors par l'esprit et le bon goût de tous ceux qu'on y recevait. Ce n'était pas là un club de bel esprit et de philosophisme à la manière du dix-huitième siècle, tenu par quelque *bas bleu* dans le genre de la *belle Émilie* de Voltaire; mais une société spirituelle sans pédantisme, aimable sans recherche et sans fadeur. Gresset y fut le bienvenu, et ne cessa d'en faire partie tant qu'il habita Paris.

Après *la Chartreuse*, il faut mentionner encore l'*Épître à ma sœur*, *les Ombres*, l'*Épître au père Bougeant*, *le Carême impromptu*, *le Lutrin vivant*. Dans ces diverses pièces, on reconnaît, quoiqu'à un degré inférieur, la même élégance et la même facilité à manier le vers. L'*Épître à ma Muse* est peu digne de Gresset, aussi bien que ses *Odes*, complétement oubliées aujourd'hui. On a retrouvé et imprimé depuis sa mort l'*Abbaye* et l'*Épître sur l'Égalité* : ce sont deux déclamations banales où Gresset, égaré un moment par la philosophie à la mode dans ce temps, paya son tribut à l'esprit du jour. Depuis, il a condamné lui-même ces deux morceaux en omettant de les insérer dans ses œuvres, dont il publia le recueil en 1765. Les derniers éditeurs auraient dû faire comme lui, et ne pas exhumer deux morceaux que leur auteur avait voués à l'oubli. Pour son *Discours sur l'Harmonie*, qui a été souvent imprimé, c'est une sorte d'amplification de rhétorique, où les mots, comme dans la plupart des compositions de ce genre, abondent plus que les idées. De toutes les productions de Gresset, c'est la seule qui se ressente un peu trop des habitudes du collége.

Vert-Vert et *la Chartreuse* avaient déjà placé Gresset au premier rang des poètes de cette époque, puisque Voltaire seul, dans le même genre, pouvait lui être comparé; mais il y a une immense différence entre le talent qui convient à la poésie légère et celui qu'il faut pour la tragédie : Gresset l'avait malheureusement oublié quand il donna au théâtre son *Édouard III*, joué en 1740. Cette pièce, dont les principaux rôles étaient confiés à Grandval, à mademoiselle Dumesnil et à mademoiselle Gaussin, ne tomba pas dans sa nouveauté, mais elle disparut bientôt du répertoire. En effet, c'est une espèce de roman qui n'est pas le moins du monde intéressant ni dramatique, et dans lequel on est fort surpris de voir apparaître le grand nom d'Édouard III, qui, du reste, ne ressemble en rien, dans cette tragédie, à l'Édouard III de l'histoire.

Gresset ne réussit guère mieux, en 1745, dans son drame de *Sidney*, dissertation en trois actes sur le suicide, qui ne produisit et ne pouvait produire aucun effet à la scène, bien que dans la suite on ait essayé de le reprendre. L'on y trouve quelques morceaux qui ont survécu à la pièce, et qui sont écrits et pensés avec une noblesse soutenue, mais qui tiennent bien plus du style d'une épître philosophique que de celui du théâtre.

Si Gresset n'avait donné que ces deux ouvrages, il serait complétement oublié comme auteur dramatique; mais, deux ans après *Sidney*, *le Méchant* vint montrer en lui le talent de la comédie porté à un si haut point que peu de pièces ont mérité autant de succès depuis Molière. On s'aperçoit dans cet ouvrage combien Gresset avait étudié avec finesse l'esprit et le ton du monde d'alors, avec quel tact il avait saisi cette sorte de *rouerie* qui serait un ridicule lors même qu'elle ne serait pas un vice, et que dans ce temps quelques héritiers des traditions de la régence avaient mise à la mode. On sait que Voltaire, qui ne put jamais pardonner à Gresset ses sentiments de religion, et qui pour cela même se croyait obligé d'être injuste envers lui, reprocha au *Méchant*, dans son *Pauvre Diable*, de n'être pas

Des mœurs du temps un portrait véritable.

Il faut avouer que c'est jouer de malheur dans ses critiques; car la peinture exacte du ton et des mœurs de l'époque est précisément le genre de mérite qui distingue le plus *le Méchant*, rempli d'ailleurs de vers devenus proverbes, grâce à leur sens piquant ou profond, à leur concision pleine de vérité. Il n'y a guère de comédies dans notre langue, celles de Molière mises à part, qui puissent fournir un aussi grand nombre de pareils vers. On a reproché avec raison au *Méchant* la froideur de l'intrigue et le vide de l'action. C'est là une preuve de plus que le mérite du style, la vérité des mœurs et des caractères sont par-dessus toutes choses les qualités qui font vivre les ouvrages de théâtre. Nous avons une multitude de pièces où l'on peut reconnaître un certain talent d'intrigue et d'action, qui produisaient de l'effet à la scène, et dont néanmoins on ne se souvient plus depuis long-temps, parce qu'elles n'avaient point ce qui fixe un ouvrage dans la mémoire des amateurs, c'est-à-dire le mérite des caractères et du style.

En dépit de quelques critiques assez vives, *le Méchant* fut très applaudi dès son apparition : voici dans quels termes le succès de cet ouvrage fut annoncé par *le Mercure de France :*

« Le samedi 15 avril les comédiens français ont donné sur leur théâtre la première représentation du *Méchant*, comédie en cinq actes, en vers, de M. Gresset, auteur connu par la finesse de ses pensées et la délicatesse naturelle de son style. On ne peut donner à cet ouvrage d'éloge que le public ne lui ait déjà donné lui-même ; en vain lui en rappellerait-on ici les beautés; il ne les a pas oubliées. Cette pièce brillante a été interrompue le samedi 13 mai, après un succès toujours égal; on la réserve pour un temps plus favorable, quoique l'expérience nous ait prouvé plus d'une fois que toutes les saisons sont bonnes pour les bons ouvrages. »

L'éclatante réussite du *Méchant*, jointe à la réputation dont jouissaient depuis long-temps ses poésies, ne pouvait manquer d'ouvrir à Gresset les portes de l'Académie française : il y fut reçu, en remplacement de Danchet, le 4 avril 1748. Membre du premier corps littéraire de France, recherché dans le monde, applaudi au théâtre, il semblait que tout devait fixer Gresset à Paris : cependant, ce fut en 1750, deux ans après le succès du *Méchant*, qu'il prit la résolution de se retirer dans sa ville natale, pour laquelle il avait toujours conservé un vif attachement. Il fonda à Amiens, avec l'agrément du roi, une académie dont il fut nommé président perpétuel, dignité qu'il abdiqua bientôt, la jugeant contraire à l'indépendance des gens de lettres. Il demeurait près d'Amiens, dans un vallée charmante, et ne venait guère à Paris que pour les séances solennelles de l'Académie française, à laquelle il préférait cette autre académie, sa fille en quelque sorte, qu'il avait fondée dans sa chère Picardie.

En 1754, dans un de ses voyages à Paris, il était chargé, comme directeur, de recevoir d'Alembert et de lui répondre suivant l'usage. Dans son discours, il trouva l'occasion de s'élever contre les évêques qui manquent au devoir de la résidence. Cette noble franchise ne fut pas la bienvenue en cour; Louis XV témoigna son mécontentement d'une manière non équivoque. Gresset, de retour dans sa retraite, chercha des consolations pour sa disgrâce auprès de M. de La Motte, évêque d'Amiens : ce fut par les conseils de ce prélat qu'il publia, en 1759, la lettre où il déclare solennellement renoncer au théâtre, s'appuyant sur des scrupules religieux que Voltaire pouvait bien ne pas partager, mais qui ne devaient pas attirer à Gresset les ignobles injures dont il l'accable à cette occasion dans sa correspondance. Ce *polisson de Gresset*, ce *fat orgueilleux*, comme il l'appelle, avait fait, en 1736, de charmants vers en réponse aux détracteurs d'*Alzire;* c'est un bon office que Voltaire avait oublié.

Depuis cette époque, Gresset vint encore plus rarement à Paris. Marié depuis peu à mademoiselle Galand, fille d'un négociant et maire d'Amiens, il se complaisait dans sa ville, où il était choyé, respecté, admiré. Bien qu'il eût brûlé, par suite de sa renonciation au théâtre, quelques pièces dont les titres seuls sont restés, telles que *l'Esprit à la mode*, *le Secret de la comédie*, *le Monde tel qu'il est*, il s'occupait toujours de poésie. Il ajouta à *Vert-Vert* deux nouveaux chants, intitulés *les Pensionnaires* et *l'Ouvroir ou le laboratoire de nos Sœurs*, qui devaient former le troisième et le quatrième chant. On en a retenu seulement quelques vers, trop peu nombreux pour faire juger si nous devons regretter beaucoup la perte du reste. Il composa aussi vers ce temps *le Parrain magnifique*, poème en dix chants, imprimé en 1810, où l'on trouve un badinage spirituel, mais bien éloigné toutefois de la richesse d'imagination et de poésie répandue dans *Vert-Vert*. A cette édition posthume du *Parrain magnifique*, on a joint environ cinquante vers formant le début du *Gazetin*, autre poème qui n'a pas été retrouvé. Ces vers, ainsi que les deux chants des *Pensionnaires* et de *l'Ouvroir*, Gresset les récitait quelquefois dans le monde ou dans les séances de l'Académie d'Amiens : c'est ainsi que l'on en a conservé quelques fragments.

Gresset revint encore à Paris en 1774 : cette fois il s'agissait de répondre, toujours comme directeur de l'Académie française, au discours de réception de M. Suard. Gresset avait choisi pour sujet du sien l'*Influence des mœurs sur le langage*. Malheureusement, dans un sujet aussi vaste et aussi important, il ne vit que le prétexte d'une sorte de satire où il passait en revue les dénominations triviales ou ridicules imposées par quelque caprice de la mode à des meubles, à des habits ou à des coiffures. Le public qui assistait à cette séance s'aperçut un peu trop que l'orateur avait perdu dans sa longue retraite les usages et les habitudes du grand monde.

Gresset trouva bientôt de larges compensations à ce petit revers académique. Chargé dans cette même année 1774, au nom de ses confrères, de complimenter Louis XVI sur son avénement à la couronne, il fut parfaitement accueilli par ce prince, dont la piété sympathisait avec les idées religieuses et le caractère du poète. Il reçut du roi des lettres de noblesse conçues dans les termes les plus flatteurs, ainsi que le cordon de Saint-Michel. Monsieur, depuis Louis XVIII, joignit à ces faveurs le titre d'historiographe de l'ordre de Saint-Lazare.

Tous ces honneurs ne purent décider Gresset à renoncer à sa retraite d'Amiens. Tout gentilhomme et tout chevalier de Saint-Michel qu'il était, il retourna en Picardie, et l'on conçoit en effet que ce fût une douce résidence pour Gresset que cette ville, où il était honoré comme la gloire de la province, où il avait son académie à lui, où le fixaient d'ailleurs tant de souvenirs de famille et de jeunesse. Gresset, probablement, n'était pas fâché de se voir là tout à fait au premier rang ; son amour-propre s'en trouvait naturellement flatté : d'ailleurs, à part ce petit sentiment de vanité, qui d'ailleurs eût été bien excusable, on conçoit qu'avec sa piété vive et sincère la société de Paris eût cessé de lui convenir. L'esprit philosophique l'avait envahi ; les encyclopédistes y donnaient le ton ; Voltaire, malgré son éloignement, y était toujours présent par son influence, le bruit de son nom, et le zèle assez peu tolérant de ses disciples. Gresset, dont les idées étaient si peu en harmonie avec celles des philosophes, aurait été mal à l'aise dans ce monde-là.

Après son voyage à Paris en 1774, Gresset continua donc à goûter, dans son ermitage d'Amiens, les plaisirs de la retraite. Ce fut là qu'il mourut, le 16 juin 1777, à l'âge de soixante-huit ans. Ses compatriotes lui rendirent les plus grands honneurs, et tout le corps municipal suivit son convoi. Le nom de Gresset a été donné à l'une des rues d'Amiens.

Gresset n'avait jamais eu d'enfants ; il ne laissa d'autres héritiers que des neveux.

Il existe plusieurs éloges de Gresset : celui d'Antoine Dyannyère, 1784; ceux de Mérard de Saint-Just et de Bailly. Deux autres éloges concoururent pour le prix proposé par l'Académie d'Amiens en 1785, l'un de M. Noël, l'autre attribué à Robespierre. Ce fut vraisemblablement ce morceau que Robespierre offrit à une dame de sa connaissance, en même temps que cette lettre d'envoi, très élégamment et très délicatement tournée, que l'on a conservée comme une curiosité bibliographique. C'est une singularité assez remarquable que l'éloge de l'auteur de *la Chartreuse*, du poète si religieux et si chrétien, dans la bouche de Robespierre.

Pour nous résumer sur Gresset, nous pensons que l'on doit voir en lui un homme d'un esprit fin et délicat, doué d'un rare talent d'observation, un homme de bonne compagnie, de mœurs douces et aimables, aimant ses aises et son bien-être, bien qu'il eût su, au temps où il écrivit *la Chartreuse*, supporter gaiement la pauvreté. Gresset est un des hommes qui ont le plus honoré, par leur caractère aussi bien que par leur talent, le titre d'homme de lettres, dans un temps où ceux qui le portaient commençaient déjà à le rendre moins respectable. Quant à ses œuvres, en réunissant *le Méchant*, *Vert-Vert*, *la Chartreuse* et quelques autres pièces légères, on aura un seul volume encore assez mince, mais qui vivra, nous le croyons, tant que la postérité classera les écrivains d'après le mérite plutôt que d'après la grosseur de leur bagage littéraire.

Théodore Muret.

JEAN-JACQUES ROUSSEAU.

JEAN-JACQUES ROUSSEAU

NÉ EN 1712, MORT EN 1778.

Les enthousiastes et les détracteurs n'ont pas manqué à Jean-Jacques Rousseau; peu d'écrivains ont excité au même degré la sympathie ou la haine, et il faut avouer que la vie et les écrits de cet homme extraordinaire donnent également prise à la censure et à l'admiration, tant ils présentent de disparates et de choquantes contradictions. Quelques critiques ont été moins exclusifs : mieux encore, l'historien littéraire du dix-huitième siècle, M. Villemain, a pesé dans une juste balance les torts et les mérites du philosophe de Genève; mêlant à une admiration vivement sentie une généreuse compassion pour les aberrations d'un génie puissant, pour les fautes graves, disons plus, les bassesses d'un caractère élevé en quelques parties, il a fait, sans fléchir, la part exacte du mal et du bien, aussi éloigné de l'anathème que de l'apothéose. Cette ligne intermédiaire est celle de la justice; nous tâcherons de la suivre, car Rousseau n'est pour nous ni un réprouvé, ni un apôtre; il a souvent failli dans sa conduite, il s'est souvent trompé dans ses doctrines; mais il aspirait à la vertu qu'il n'a pas su pratiquer, à la vérité qu'il ne lui a pas été donné d'atteindre.

L'enfance de J.-J. Rousseau fut comme un présage de sa vie orageuse. Sa naissance fut marquée par la mort de sa mère, que les douleurs de l'enfantement surprirent loin de sa maison où elle ne devait pas rentrer; de sorte que, privé des soins maternels que rien ne remplace, il passa ses premières années sous la garde d'une nourrice qui tempérait, il est vrai, par la tendresse, les brusques rigueurs de l'autorité paternelle, mais sans pouvoir les prévenir. Cette perte prématurée réagit sur toute la destinée de Rousseau, car il manqua de cette éducation domestique, de cet enseignement par l'exemple qui imprime si fortement la morale au cœur de l'enfant, et on peut dire avec assurance que la plus grave des fautes qui pesa si long-temps sur sa conscience, et qui charge encore sa mémoire, n'aurait pas été commise s'il eût connu sa mère. Le souvenir de cette femme distinguée par le cœur et par l'esprit l'aurait gardé d'un attachement honteux, ou l'en aurait promptement dégagé. Presque abandonné à lui-même, il occupa et aiguisa la curiosité de sa jeune intelligence par la lecture de romans qui lui donnèrent, comme il le reconnaît, « des notions bizarres dont l'expérience et la réflexion n'ont jamais bien pu le guérir. » Plutarque, qu'il dévorait à la même époque, mettait dans son esprit un idéal héroïque de la vertu qui lui préparait d'autres illusions.

A peine âgé de huit ans, la fuite de son père, forcé de quitter son modeste atelier d'horlogerie pour échapper à la persécution, le rendit doublement orphelin, et le fit entrer dans cette carrière de privations, d'inquiétudes, d'asiles précaires et d'exils agités, d'où il ne sortira que par la mort. Il serait peu intéressant de le suivre, pendant cette période de son existence, chez M. Lambercier, ministre à Bossey, où il apprit quelque peu de latin, en même temps qu'un châtiment corporel, infligé par la fille du pasteur, devenait le premier aiguillon de ses sens, et que la même peine, tant le fouet est habile à donner des leçons! appliquée une seconde fois avec iniquité, lui imprimait dans l'âme une haine profonde contre l'injustice; puis au greffe du tribunal de Genève, d'où il se fait renvoyer sous la prévention d'incapacité en matière de chicane et de procédure. Déclaré inepte par l'autorité du greffier de Genève, il passa dans l'atelier d'un graveur nommé Ducommun, homme rude et grossier, qui ne lui apprit point son état, mais qui pervertit, par la contrainte et la brutalité, le naturel de son apprenti. Rousseau sortit, ou plutôt s'évada de cette école avec le dégoût du travail, l'habitude du mensonge et l'instinct de l'appropriation illégitime notablement développé. Dans sa fuite il se dirigea vers Annecy, et il y fut recueilli, sur la recommandation d'un honnête ecclésiastique, par madame de Warens, qui, charmée de son heureuse physionomie, sous laquelle elle devinait les brillantes facultés que le régime des huit années précédentes (Rousseau accomplissait sa seizième année) avait refoulées, résolut de travailler à la réforme de son cœur et de son intelligence. Récemment convertie elle-même, elle voulut, avant tout, que son jeune protégé abjurât l'hérésie de Calvin : mais il fallait l'instruire, et elle le plaça à Turin dans l'hospice des catéchumènes. Pour sortir plus promptement de cet ennuyeux séjour, Rousseau brusqua sa conversion. Catholique et sans ressources, il ne trouva rien de mieux à faire que d'entrer comme laquais chez madame de Versellis. De chute en chute, son âme était descendue au niveau de cette condition. C'est ici que se place l'ignominieuse aventure du ruban dérobé, que la calomnie a essayé plus tard de transformer en pièce d'argenterie ou en diamant, larcin lâchement imputé à une jeune fille innocente qui paya de son honneur et de sa place le mensonge de son accusateur. Jean-Jacques ne garda pas long-temps la sienne; on le congédia avec sa livrée. Faut-il dire qu'il entra ensuite chez le comte de Gouvon, écuyer de la reine de Sardaigne, et que cette fois encore il fut mis sur le pavé? Quel début pour la vie d'un philosophe réformateur!

Rousseau, après cette dernière incartade, retourna chez madame de Warens, qui le reçut comme l'enfant prodigue : toujours jalouse de son salut, elle le mit au séminaire d'Annecy pour en faire un prêtre; mais, ne prenant aucun goût à la théologie, il quitta bientôt le séminaire, et sa protectrice le plaça auprès du maître de musique de la cathédrale, nommé Lemaître. Celui-ci, s'étant pris de querelle avec le chapitre, se détermina à passer en France. Rousseau l'accompagna jusqu'à Lyon, où Lemaître, surpris dans la rue par une attaque d'épilepsie, fut abandonné sans secours par son compagnon de voyage, qui se hâta de retourner à Annecy. Cruel mécompte ou plutôt juste châtiment! Madame de Warens avait disparu : elle était partie sans laisser son itinéraire. Que fera Rousseau, réduit à la misère par l'absence de sa bienfaitrice? Il imagine de tirer parti de la musique, qu'il ne sait pas encore. Il se rend à Lausanne, où il prend enseigne de musicien et de compositeur. On le croit d'abord sur parole; mais un concert où il fait exécuter une cantate de sa composition, dont les notes discordantes produisirent l'effet d'un véritable charivari, le força d'aller chercher un autre théâtre. Dans cette audacieuse tentative, il n'avait compromis que le nom de Vaussore, anagramme prudemment substituée à son véritable nom. Il réussit mieux à Neufchâtel, car il commençait à apprendre la musique en l'enseignant; mais il ne s'y fixa point. Un charlatan, qui prenait le titre d'archimandrite, et qui annonçait l'intention d'aller à Jérusalem, engagea facilement Rousseau à le suivre dans son pèlerinage. Mais le fourbe est arrêté à Soleure, et Rousseau partage sa disgrâce. L'ambassadeur de France le tire de ce mauvais pas, et lui donne les moyens d'aller jusqu'à Paris. Paris était le rêve de Rousseau : son entrée par la porte Saint-Antoine commença à le désenchanter; le froid accueil qu'il y reçut, les obstacles qu'il rencontra dans ses projets le forcèrent bientôt à la retraite.

Dans sa détresse, il apprend que madame de Warens, dont il avait perdu la trace, est à Chambéry. Il y court, et il y trouve la même tendresse, le même dévouement. Les choses allèrent même plus loin, car Rousseau n'était plus un enfant, et sa bienfaitrice n'avait pas renoncé à la galanterie, qui va bien au delà de la jeunesse chez les femmes qui en ont pris l'habitude. Pendant un séjour de quelques années à Chambéry, interrompu seulement par une excursion à Besançon, Rousseau se livra à l'étude et à l'enseignement de la musique, se reprit de passion pour la lecture, et s'occupa avec une ardeur plus vive qu'heureuse du jeu d'échecs, de géométrie, d'algèbre, et même d'astronomie. Ce qu'il fit de plus profitable, ce fut de revenir sur le latin, qu'il ne connaissait qu'imparfaitement. Des livres de médecine, qu'il consultait alors dans son ardeur de tout apprendre, frappèrent vivement son imagination et lui donnèrent la vision d'une des plus graves maladies dont ils décrivaient les symptômes. En vertu de cette contagion du livre sur le lecteur, Rousseau n'eut rien de moins qu'un polype au cœur. La faculté de Montpellier était seule digne et capable de guérir un si terrible mal : sur la route, le malade fit diversion à son polype par une passion profonde et passagère pour une madame de Larnage. Il paraît même que cette crise le guérit, car les médecins de Montpellier prirent Rousseau pour un visionnaire lorsqu'il parla de sa maladie. Sans faire consolider sa guérison par sa nouvelle maîtresse, comme il l'aurait pu, notre voyageur, saisi tout à coup par le souvenir de madame de Warens, veut aller renouer leurs amours ; mais cette excellente femme avait eu compassion d'un nouveau-venu, et Rousseau, à son retour, se trouva réduit à un rôle subalterne dans ce commerce de galanterie. Quelle école de morale ! Aussi avec quel enthousiasme mêlé de tristesse, par un douloureux retour sur les souillures de son adolescence, Rousseau célébrera-t-il, dans Émile, le charme ineffable que la pureté des mœurs donne à la jeunesse !

Toutefois sa protectrice ne l'abandonna point : elle lui procura l'emploi de précepteur chez le grand-prévôt de Lyon, M. de Mably, frère des abbés de Mably et de Condillac. Le préceptorat est une condition bien épineuse, parce qu'il ne donne qu'une autorité déléguée et une position subalterne pour une œuvre qui demande toute la puissance de l'autorité directe et toute la considération qui s'attache à l'indépendance. Le caractère de Rousseau devait aggraver cet inévitable inconvénient : aussi reconnut-il bientôt qu'il n'était pas né pour l'abnégation et la dépendance. Il se retira donc, mais en assez bons termes avec le père de ses élèves, quoique dans l'emploi de sommelier qu'il cumulait avec le préceptorat il eût détourné quelques bouteilles de vin d'Arbois, et que, par surcroît, il fût tombé amoureux de madame de Mably.

Rousseau revit alors madame de Warens, son refuge accoutumé ; mais il n'y demeura pas long-temps. Avec quinze louis dans sa poche (jamais il ne s'était vu si opulent) et un système de notation musicale par les chiffres, dont il attendait la gloire et la fortune, il s'achemina de nouveau vers Paris. Cette fois il y fit un peu meilleure figure. L'Académie des sciences examina son système, qu'elle n'osa pas condamner ; mais l'arrêt fut porté par Rameau, juge compétent, dont les conclusions furent sévères[1]. Malgré cet

[1] La musique a toujours été le faible de Rousseau, et dans un autre sens, pour appliquer ici un mot du cardinal de Retz, elle n'a jamais été son fort. Le *Dictionnaire de musique* prête à la critique des connaisseurs par ses omissions et par ses erreurs. Rameau trouvait dans la partition *des Muses galantes* des morceaux dignes d'un maître consommé à côté d'autres qui accusaient une extrême ignorance. On sait d'ailleurs que Rousseau, voulant retoucher *le Devin du village*, ne réussit qu'à le gâter. Il y a dans ces contradictions, au moins apparentes, un problème difficile à résoudre.

échec, Rousseau se lança dans le monde des philosophes et des financiers. Cependant il ne s'y enrichit pas, et ses amis, pour le tirer d'embarras, lui procurèrent la place de secrétaire auprès du comte de Montaigu, ambassadeur à Venise. C'était encore une position précaire et dépendante. On sait mal ce que Rousseau fit dans les états de la sérénissime république. Si on s'en rapporte à son témoignage, il trancha de l'ambassadeur en plusieurs circonstances devant le sénat de Venise; si l'on consulte la vraisemblance, il ne dut jamais paraître qu'à la suite de son maître, simple attaché de la personne, et non de l'ambassade : quoi qu'il en soit, il ne tarda pas à recevoir son congé. Ce fut le terme de sa carrière diplomatique.

Ces événements nous conduisent jusqu'à la trente-troisième année de la vie de Rousseau; apprenti, catéchumène, laquais, séminariste, musicien, précepteur, secrétaire, dans cette carrière de servitudes diverses et de vagabondage, il a dû s'éprendre d'une terrible passion pour la liberté. Le voilà libre enfin ! il retrouve à Paris des amis, des protecteurs, il sait maintenant assez de musique pour en vivre, soit qu'il copie, qu'il compose, ou qu'il enseigne; il a même en portefeuille un opéra complet, paroles et partition, les *Muses galantes*. Le duc de Richelieu le charge de revoir la *Princesse de Navarre* pour une nouvelle mise en scène, c'est-à-dire de retoucher Voltaire et Rameau. Il reparaissait donc sous d'heureux auspices dans ce Paris où deux fois il avait échoué. Mais il n'était pas au bout de ses épreuves : les *Muses galantes* tombèrent avant d'être représentées, et la *Reine de Navarre*, amendée, ne réussit pas. De plus, le malheureux Jean-Jacques, à peine arrivé à Paris, avait rencontré dans son petit hôtel de la rue des Cordiers une servante sans esprit, sans beauté, qui l'ensorcela et qui perpétua jusqu'à la fin de sa carrière la fatalité de son adolescence et de sa jeunesse, Thérèse Levasseur, qui fut à ses côtés, tant qu'il vécut, le symbole vivant de l'abjection et de l'esclavage de ses premières années.

La déconvenue de ses opéras le réduisit à occuper un emploi de commis chez M. Dupin, fermier général; il ajoutait quelque chose à ses minces appointements en copiant de la musique. Cependant sa passion pour Thérèse l'absorbait. Une grossesse survint pour aggraver la gêne de sa situation. Le premier fruit de ce commerce fut envoyé aux Enfants-Trouvés, les autres eurent le même sort. Rousseau n'hésita pas. Le sentiment de la paternité n'émut point celui qui n'avait point connu les douceurs de la vie de famille : il ne vit dans la fécondité de sa compagne qu'une perspective de sacrifices sans compensation, et il s'y déroba. Qu'aurait-il fait de cette lignée illégitime que sa maîtresse n'était pas capable d'élever, à laquelle le pain aurait même souvent manqué dans le taudis qu'habitait ce couple disparate? Ce lien, formé par l'appât d'une grossière volupté, et resserré par la crainte, jusqu'à ce que l'habitude en eût fait une chaîne indissoluble, ne pouvait engendrer de devoirs; il devait conserver jusqu'au bout le vice de son origine. Ces produits de la débauche étaient attendus dans l'asile que leur ouvrait la religion. Rousseau n'a jamais été ni père, ni époux, malgré le mariage qui l'unit légalement, quelque vingt ans plus tard, à cette indigne compagne. Je crains d'offenser les oreilles délicates, mais je ne trouve, pour exprimer nettement ma pensée, qu'une seule formule, que je compose par un double emprunt au vocabulaire des comtes Joseph et Xavier de Maistre : Thérèse ne fut que la *femelle*[1] de la *bête*[2] de Rousseau : elle l'enchaîna par les sens, elle gouverna sa luxure et son appétit. Tel fut auprès de lui l'empire et la condition de cette femme. Quoi de plus triste ? je flétris en expliquant : mais je sépare deux choses distinctes, j'écarte de l'âme de Rousseau les souillures et les misères de ses sens, je déconcerte ces éternelles antithèses qui supposent une famille à Rousseau pour l'accuser d'avoir méconnu le plus sacré des devoirs. Sa cause n'en devient pas bonne, mais elle est mieux instruite.

Tous ces faits étaient dans le passé, et Rousseau avait près de quarante ans lorsque son génie prit tout à coup un essor imprévu qui, du premier élan, le porta sur les hauteurs. Une annonce insérée au *Mercure* fit jaillir l'étincelle électrique : « Le progrès des sciences et des arts a-t-il contribué à corrompre ou à épurer les mœurs ? » Voilà ce que demandait l'Académie de Dijon : ce fut comme un éclair qui sillonna l'intelligence de Rousseau, et qui fit gronder dans son sein ses ressentiments contre son siècle et le dégoût de la corruption commune qui l'avait avili lui-même. Son antipathie contre une époque fière de sa littérature retombera sur les lettres : sa détermination n'est pas moins soudaine que son inspiration : trente années de sa vie sont retranchées en imagination, l'âme du jeune lecteur de Plutarque se dégage des souillures qui ont rempli l'intervalle, enivrée de son idéal long-temps obscurci, toute prête à mesurer aux règles, à peser au poids de l'antiquité les mœurs de ses contemporains. La mission qu'il se donne dans le transport de son cerveau sera un rôle, il le sait bien, mais ce rôle, il le remplira au risque d'être frappé de l'anathème qu'il va lancer. Ne pouvant être pur, il sera du moins le fléau de l'impureté. Rousseau entra donc dans la littérature par une diatribe contre les lettres. Cette attaque eut un long retentissement, car il n'y a rien de plus puissant sur les esprits que la sincérité dans le paradoxe. Le monde des lettrés, ainsi pris à partie, s'émut du coup qu'on lui portait au milieu de son triomphe. Ce premier succès, suivi bientôt du *Devin du Village*, qui réussit à Fontainebleau sous les yeux de la Cour et du Roi, et qui aurait procuré à son auteur, s'il l'eût voulu, de royales faveurs ; le bruit de sa lettre sur la musique française ; les avances de M. Francueil, receveur-général des finances, qui le mettaient sur la route

[1] Joseph de Maistre.

[2] Xavier de Maistre.

de la fortune ; tout cela n'avait pas suffi pour apprivoiser Rousseau, lorsque l'Académie de Dijon, en proposant pour sujet de prix la recherche *de l'Origine et des fondements de l'inégalité parmi les hommes*, lui donna l'occasion de rentrer en lice et de faire cette fois le procès, non plus aux lettres, mais à la société tout entière. Dans le précédent discours, en évoquant l'ombre de Fabricius, il faisait appel à des mœurs qui avaient au moins la vraisemblance historique ; maintenant il imagine une ère d'ignorance et de pureté morale, sans autre autorité que les rêves de son esprit, et il accuse la société d'avoir substitué le mensonge de ses institutions aux rapports simples et légitimes que la nature avait établis. Ce nouveau factum, plus déclamatoire que le précédent, n'était pas moins sincère, car Rousseau, en présence d'une réalité qui l'opprimait, avait dû souvent se réfugier dans la région des chimères. Rousseau pensait vigoureusement, mais il observait peu ; il n'avait vu les vices de la société que dans ses torts envers lui ; au lieu d'embrasser l'ensemble des faits et de chercher dans ce qui existe le germe d'un meilleur avenir, il condamne en masse ce qu'il ne connaît qu'en partie, et encore sous le point de vue de la passion ; il fait table rase, et il cherche le mieux hors du possible.

Rousseau, qui avait dédié son discours aux citoyens de Genève, fut pris d'un violent désir de revoir sa patrie : il profita d'une occasion qui se présentait, et pendant son séjour dans cette ville il se rattacha à la secte de Calvin, qu'il avait quittée par son abjuration à Turin. Genève lui parut l'asile de la liberté, il songeait même à s'y fixer, mais il en fut détourné par le voisinage de Voltaire dont il craignait l'influence sur ses concitoyens. Ce fut alors que l'amitié de madame d'Épinay l'attira dans la délicieuse vallée de Montmorency, où il aurait trouvé le repos, s'il n'y avait porté les inquiétudes de son caractère ombrageux et le commérage compromettant de son indigne voisinage. Rousseau n'habita que vingt mois l'Ermitage que madame d'Épinay lui avait fait élever, mais il y composa la *Nouvelle Héloïse* sous le charme de quelques réminiscences d'amour mêlées à des sentiments exaltés que son imagination concevait, et qui de là descendaient vers son cœur qu'ils allaient réchauffer. C'est pour cela que dans ce livre, beaucoup trop vanté, la passion est éloquente, et que les sentiments comme les caractères sont généralement faux. Dans la *Nouvelle Héloïse*, il n'y a de complétement vrai que le paysage, parce que Rousseau avait bien vu et vivement senti la nature ; tout ce qui vient de la passion et ce qui touche au monde réel est sans vérité et sans proportion. Ce sont des êtres et des sentiments d'imagination qui se meuvent et se produisent dans un monde que le romancier a fortement conçu, mais qu'il n'a pas vu. De là une vraisemblance relative entre les idées et les personnages, qui fait illusion si on se laisse entraîner dans le cercle tracé par l'auteur ; et cet entraînement est inévitable, à l'âge où on ne connaît ni le monde, ni la passion réelle.

La *Nouvelle Héloïse* est vraie et saisissante pour les jeunes imaginations : plus tard l'expérience nous arme contre la séduction, et il arrive souvent qu'on s'étonne de ne pouvoir relire ce qu'on avait dévoré.

Pendant que Rousseau se berçait de cet idéal de passion, il en tourmentait la sœur de madame d'Épinay, la comtesse d'Houdetot. Cet amour que la distance des âges et du rang, le sentiment des devoirs de l'hospitalité, la notoriété du commerce depuis long-temps établi entre Saint-Lambert et la comtesse, la commisération dédaigneuse de l'objet de ce culte et les plaintes grotesques de Thérèse auraient dû réprimer, dégénéra en frénésie. Rousseau ne voyait que des ennemis dans ceux qui lui faisaient obstacle. Saint-Lambert fut averti et menaça de loin, mais avec un mépris marqué ; madame d'Houdetot lui interdit sa présence, et coupa court à la correspondance qu'elle tolérait. Madame d'Épinay parut entrer dans le complot, et Rousseau, hors de lui, signifia brusquement son départ : il quitta l'Ermitage au cœur de l'hiver, et, sans s'éloigner de la vallée de Montmorency, il s'établit dans le voisinage, à Mont-Louis. Quelque temps après, le maréchal de Luxembourg lui donna un appartement au petit château de Montmorency, où le philosophe reçut, entre autres visites qui flattèrent son amour-propre, celle du prince de Conti. A tout prendre, Rousseau n'était pas malheureux alors : il est vrai qu'il soupçonnait au moins de trahison ceux de ses amis avec lesquels il n'avait pas complétement rompu, mais il trouvait un dédommagement dans l'intérêt sincère que lui témoignaient d'illustres protecteurs, dans la sympathie de M. de Malesherbes qui corrigeait les épreuves de ses ouvrages, dans le succès populaire de *Julie*, la composition d'*Émile*, et surtout le spectacle d'une nature si belle qu'elle repose et qu'elle enivre tout ensemble. Le séjour de Rousseau dans la vallée de Montmorency, qui se prolongea pendant six années, est la période la plus féconde et la plus lumineuse du développement de son génie. C'est là qu'il composa, outre la *Nouvelle Héloïse*, le *Contrat social* et l'*Émile*. Remarquons, pour y faire penser, cette fécondation de l'âme par la solitude. Quatre grands écrivains ont laissé, au dix-huitième siècle, des monuments durables, et le nom de chacun d'eux rappelle une retraite honorée par leurs travaux. La Brède se souvient de Montesquieu, Montbar parle de Buffon, Cirey de Voltaire, et Montmorency nous a donné Rousseau tout entier.

Rousseau avait composé la *Nouvelle Héloïse* pour occuper et divertir la fièvre de passion qui l'agitait dans sa solitude. Lorsqu'elle fut terminée il eut à bon droit des scrupules de moraliste : ses deux discours étaient un engagement public et promettaient autre chose. Il y a loin, en effet, d'un roman d'amour aux vertus de l'ignorance et à l'innocente pureté de la vie sauvage. Rousseau se tire d'embarras par un détour habile : « J'ai vu les mœurs de mon siècle et j'ai publié ce livre. » — Épouses coupables, apprenez à rougir : quant à vous, jeunes filles, si vous êtes tentées de me lire, vous êtes déjà perdues. — Je ne sais si ce sophisme satisfit pleinement Rousseau, mais il lui suffit pour donner cours à son œuvre, dont le succès dépassa ses espérances et ses craintes. La menace dont il veut effrayer la pudeur des jeunes filles fut sans doute un aiguillon : pour les femmes, elles pouvaient lire en sûreté de conscience. Combien furent ramenées dans la bonne voie, combien égarées ? nous ne savons : toujours est-il que l'infidélité par anticipation est un gage équivoque de la fidélité ultérieure, et que si Rousseau avait réellement un but moral, il aurait pu y tendre par une route plus droite.

Après avoir vécu en bonne intelligence avec les philosophes, au point de fournir des articles à l'Encyclopédie, Rousseau fit éclater ses dissentiments à l'occasion de l'article *Genève*, que d'Alembert avait écrit sous les inspirations de Voltaire. Suivant d'Alembert, les ministres protestants de Genève étaient devenus de simples déistes chrétiens, sur les traces de Socin. Le philosophe les en félicitait, mais Rousseau repoussa l'éloge de d'Alembert comme une injure. Au reste, ce n'était là qu'un grief accessoire : ce qui avait surtout blessé Rousseau, c'était la proposition d'établir un théâtre à Genève. De là cette lettre à d'Alembert qui contient un long traité contre le théâtre et les comédiens. Si Rousseau se fût borné à montrer les dangers d'un établissement dramatique permanent dans un petit état comme Genève, il eût pu trouver d'excellentes raisons, quoique, même dans cette limite, il en donne d'assez mauvaises : mais il vise plus haut, et, non moins rigoureux que les pères de l'Église et Bossuet, il proscrit en masse tous les genres de poésie dramatique et leurs interprètes. Cette lettre est un chef-d'œuvre de style et une diatribe impuissante contre un des plus nobles délassements de l'esprit humain, qui a été la source de tant de chefs-d'œuvre. La morale demande et devrait exiger la réforme des abus de la scène, mais la destruction de la scène est un vœu de barbare. Ajoutons que Rousseau ayant quelques péchés dramatiques sur la conscience n'avait pas mission pour lancer l'anathème. C'est dans ce manifeste qu'il faut chercher le principe de l'animosité de Voltaire, qui passa toutes les bornes, il faut l'avouer, dans ses représailles contre le détracteur du théâtre.

Disons quelques mots de ce triste débat. Rousseau a toujours rendu hommage au génie de Voltaire, et Voltaire n'a jamais nié celui de Rousseau. Ce n'est pas l'envie qui les a divisés. Leurs premiers rapports n'annonçaient pas les violences auxquelles Voltaire se laissa entraîner. Dans les lettres qu'ils échangèrent d'abord, Rousseau montra de la déférence et de l'admiration, et Voltaire de la courtoisie : il ne se range pas aux idées de Rousseau, qui étaient la contre-partie des siennes, mais sa plaisanterie est encore discrète et amicale : « Vous donneriez, dit-il, l'envie de marcher à quatre pattes. » Tandis que Rousseau se borna à déclamer, en général, contre les lettres et la civilisation, Voltaire ne prit pas au sérieux ces paradoxes inoffensifs ; mais, lorsqu'il s'attaqua au théâtre, Voltaire se sentit menacé dans son plus beau domaine, et Rousseau commença à lui paraître dangereux. Ses arguments signalaient Ferney à l'attention inquiète des Génevois. Voltaire dut craindre et craignit en effet pour son repos ; et dès lors, stimulé par d'Alembert et Diderot, il essaya de rendre Rousseau ridicule pour l'empêcher d'être redoutable. A ses yeux, Rousseau avait toujours été un rêveur hors du bon sens. Quand ces rêves d'un cerveau malade, je parle comme pensait l'auteur du *Mondain*, lui parurent menaçants, il s'arma contre eux de dédain et de raillerie. Ce qui me prouve que Voltaire était sérieusement inquiet, c'est qu'il manque d'esprit quand il attaque Rousseau. Au reste, celui-ci eut les honneurs de la guerre, puisqu'il reçut toute cette mauvaise mitraille sans sourciller et sans riposter.

De tous les ouvrages de Rousseau, le *Contrat social* est celui qui a exercé la plus grande influence sur la société ; influence funeste, car l'erreur s'y trouve dans les principes et dans les conséquences. La première est l'hypothèse d'un contrat entre les parties intéressées, à l'origine des sociétés, comme si la société était un produit contingent de la volonté humaine et non le résultat nécessaire de la nature des choses ; la seconde, non moins grave, est cet axiome abstrait qui fait d'un peuple une masse homogène dont tous les membres seraient unis par la communauté des idées et des intérêts. De ces données découle, sous le nom de liberté et de souveraineté populaire, un système de servitude et de despotisme plus oppresseur que les législations les plus tyranniques de l'antiquité. Toutes les pièces de ce système se tiennent par un enchaînement rigoureux, et la logique qui les unit paraît irrésistible. Rien n'est plus simple, car le publiciste procède par la méthode géométrique, établissant ses axiomes et dégageant par déduction ce qu'ils contiennent ; or, dans ce monde abstrait, il est naturel que les idées s'enchaînent étroitement, puisqu'elles s'engendrent. Dans ce travail, Rousseau ne s'est embarrassé ni de l'histoire, ni de la science politique ; sa pensée a combiné, dans l'isolement, les ressorts d'une machine simple et puissante, sans dessein d'application complète et prochaine, plutôt pour montrer la force et la sagacité de son génie, que pour remuer le monde. Mais l'autorité de son nom accrédita ces principes dont la clarté était déjà une séduction, et on voulut les éprouver sur une société qu'ils bouleversèrent sans pouvoir la réorganiser. Rousseau inspira la Convention, et si cette assemblée, par l'emploi de la puissante machine que le *Contrat social* mettait dans ses mains, a maintenu pour un temps l'indépendance de la France, elle a gravement compromis l'établissement de la véritable liberté. L'expérience a ruiné les théories politiques de Rousseau :

notre siècle n'admet pas l'infaillibilité du peuple, il contrôle par l'éternelle idée de la justice les actes de tous les pouvoirs quels qu'ils soient, et l'autorité n'est légitime à ses yeux que par l'exercice régulier de la puissance souveraine. Reconnaissons cependant, car, lorsqu'on juge Rousseau, on trouve toujours qu'il donne une impulsion vers la vérité tout en s'en écartant, reconnaissons que la politique lui doit le dogme, salutaire sauf explication, de la souveraineté nationale, et le culte de la loi, sans lequel un état, organisé d'après les principes de la liberté, s'agiterait dans un cercle de mouvements contradictoires qui conduirait au despotisme à travers la licence.

En parcourant le cercle complet des institutions sociales et politiques avec une pensée de réforme radicale, Rousseau comprit qu'il fallait donner une base à l'édifice nouveau qu'il voulait élever. En effet, toute réforme est illusoire, toute prédication est vaine si l'on n'atteint pas le cœur même de l'homme. La réforme de l'éducation est donc l'antécédent nécessaire de toute réforme sociale : de quelque manière que vous disposiez la corruption, sous quelque angle que vous la placiez, quelque vêtement et quelque direction que vous lui donniez, elle ne changera pas de nature ; elle corrompra la vertu des plus belles institutions ; elle emploiera pour le mensonge les meilleurs instruments de vérité ; sous le masque de la justice elle pratiquera l'iniquité, et fera partout servir l'apparence des vertus au triomphe du vice. Si donc on veut régénérer le corps, il faut d'abord purifier la molécule organique ; telle est la pensée-mère de l'*Émile*.

Avant tout, on a peine à comprendre comment le publiciste républicain, qui absorbe si complétement l'individu dans l'unité nationale, écrit un traité d'éducation domestique ; mais cette contradiction peut se résoudre, car évidemment Rousseau a voulu faire de son élève l'instituteur du genre humain. L'éducation commune commencera quand l'éducation individuelle, bien dirigée, aura dégagé toute vérité dans une intelligence unique, et montré ce que comportent l'âme, l'esprit et le cœur de l'homme. Cette intelligence, préservée de la contagion antérieure, reprendra l'humanité à son point de départ et la replacera dans les voies de la Providence. Si Rousseau n'eût pas sous-entendu cette pensée, la contradiction indiquée plus haut resterait dans toute sa force, et de plus on l'embarrasserait fort en lui demandant comment il pourrait étendre à tous une éducation qui occupe un précepteur autour d'un seul enfant, sans compter, comme le remarque ingénieusement M. Villemain, les compères qui lui sont nécessaires pour la mise en scène des leçons décisives destinées à produire sur l'imagination de l'élève une impression profonde.

L'éducation d'Émile n'est donc que le prélude de l'éducation nationale : mais, dans ce but restreint, est-elle complétement saine et praticable ? Et d'abord, en demandant tout à la raison de son élève, dans un âge où l'intelligence est surtout alimentée par la foi et par la mémoire, Rousseau est-il bien sûr de ne pas opprimer la faculté qu'il surcharge? retrouvera-t-il, à point nommé, celles qu'il a laissées dormir? Que dire de cet ajournement de la notion de Dieu, que le précepteur réserve pour la faire luire à sa convenance, comme s'il était assuré que cette notion sublime, si nécessaire et si naturelle qu'elle semble innée, ne préviendra pas long-temps à l'avance le signal qu'il veut lui donner à son heure? Ces objections, d'une force réelle, troublent l'ensemble du système de Rousseau; mais son livre n'en demeure pas moins un des plus beaux monuments que le génie de l'homme ait élevés, et les vérités partielles qu'il renferme ont suffi pour opérer une réforme heureuse dans l'éducation. On peut dire que l'*Émile* a reconstitué la famille par l'importance nouvelle qu'il donne aux enfants; il a garanti la vertu des mères par l'exercice des devoirs que leur impose la nature, que leur conseille la tendresse; il a protégé la jeunesse contre ces traitements barbares, contre ces peines corporelles qui étaient toujours la dernière et souvent la seule raison des maîtres; en forçant peut-être l'emploi de la raison, il a certainement détrôné la routine; en présentant la notion de Dieu dans son antique simplicité, il a arrêté l'irréligion sur la pente glissante de l'athéisme[1], et, en fortifiant le principe générateur de tous les cultes, il a préparé le retour vers le culte le plus digne de l'homme et de la Divinité. Ce sont là d'incontestables bienfaits, des vérités durables qui compensent bien des erreurs, et qui permettent de dire que si Rousseau a rarement atteint la vérité, il y a souvent conduit. Ce n'est pas un guide assuré, sans doute, mais c'est un puissant promoteur.

Ce livre, à tout prendre, le plns utile et le moins révolutionnaire des écrits de Rousseau, souleva contre lui une violente tempête; l'autorité civile lança ses arrêts, l'autorité religieuse ses anathèmes. Le parlement, qui allait frapper les jésuites, essaya son glaive à deux tranchants contre l'auteur d'*Émile*. Le livre fut condamné au feu, et l'écrivain décrété de prise de corps : Christophe de Beaumont attaqua le réformateur dans un mandement célèbre. Rousseau, prévenu à temps, quitta précipitamment sa chère vallée de Montmorency; sur la route de l'exil, il sema la touchante élégie du *Lévite d'Ephraïm*, et, arrivé au terme de sa course, il se retourna pour jeter à la face de ses accusateurs une réplique foudroyante. La réponse au mandement de l'archevêque de Paris est, sans contredit, le plus éloquent des pamphlets; la tribune antique n'a rien entendu de plus fier, de plus véhément et de plus incisif. Rousseau croyait trouver un asile en Suisse, mais sa patrie se montra plus sévère encore que la France. Genève le condamne sans l'avoir lu, sur la foi du parlement de Paris; le sénat de Berne lui refuse un asile; et l'illustre fugitif est obligé

[1] « Rousseau, dit Bernardin de Saint-Pierre, fait douter ceux qui ne croient plus. »

de se placer sous la protection du roi de Prusse, dans le canton de Neufchâtel. Il s'établit à Motiers, où George Keit, Milord Maréchal, gouverneur de Neufchâtel, le combla de prévenances et de bienfaits dont Rousseau garda toujours le souvenir. C'est là qu'il prit le costume arménien, qui excita plus tard à un si haut point la curiosité des Parisiens. Les *Lettres de la Montagne*, autre chef-d'œuvre sorti de sa plume, écrites pour sa propre défense et dans l'intérêt de l'un des partis qui divisaient Genève, suscitèrent dans sa paisible retraite un orage devant lequel il se crut obligé de fuir. La petite île de Saint-Pierre, dans le lac de Bienne, aurait fixé son choix, mais le sénat de Berne le somma de partir sans délai. Les efforts réunis de Milord Maréchal, de l'historien Hume et de la comtesse de Boufflers le déterminèrent à passer en Angleterre; il prit pour y arriver la route de Paris. Quatre ans s'étaient à peine écoulés depuis le décret de prise de corps lancé par le parlement; mais dans ce siècle de scepticisme où les rigueurs de la loi étaient neutralisées par la tolérance sociale, il put impunément passer quelques semaines à Paris, protégé en apparence par le droit d'asile dont jouissait l'enceinte du Temple, où le prince de Conti l'avait reçu, mais en réalité par l'indulgence du pouvoir et par la sympathie de l'opinion. On ne lui demanda que le sacrifice momentané de son costume arménien.

Hume conduisit Rousseau en Angleterre et l'établit à Vootton dans le comté de Derby : là Rousseau, loin du monde et décidé à n'y plus rentrer, commença son examen de conscience, et écrivit en moins de trois mois les six premiers livres de ses Confessions, qui suffiraient, à défaut de ses autres chefs-d'œuvre, pour le mettre au premier rang des écrivains. Il paraissait heureux dans sa retraite et affermi dans la résolution d'y passer le reste de sa vie, lorsqu'on apprend tout à coup que les liens d'amitié qui l'unissaient à Hume ont été violemment rompus. Quelles étaient les causes de ce brusque changement? D'abord les amis de Rousseau l'avaient servi à leur mode, et non à la sienne, ne ménageant pas assez son ombrageuse susceptibilité, qui n'entendait recevoir les bienfaits que dans la mesure qu'elle avait librement fixée. Ce premier grief sommeillait cependant; mais Rousseau apprend, on ne sait par quelle voie, que son protecteur a trempé dans une raillerie ourdie contre lui par ses bons amis les philosophes[1]; aussitôt, sans donner ni provoquer d'explications, il accuse Hume de trahison, et lui re-

[1] Horace Walpole, le fils du grand corrupteur, avait fabriqué sous le nom de Frédéric, roi de Prusse, une lettre ironique dans laquelle ce prince proposait à Rousseau un asile dans ses états avec promesse de le persécuter tant qu'il aurait le goût de la persécution : « Si vous persistez à vous creuser l'esprit pour trouver de nouveaux malheurs, choisissez-les tels que vous voudrez, je suis roi, je puis vous en procurer au gré de vos souhaits. » D'Alembert, Helvétius, le duc de Nivernois et Hume lui-même, avaient coopéré à cette odieuse raillerie qui égayait déjà nos beaux esprits au moment même où Rousseau partait pour l'Angleterre.

jette ses bienfaits avec indignation. Ce brusque procédé était dans les habitudes de Rousseau, qui n'a jamais ménagé les transitions. Un mot profondément vrai, qu'il a dit de lui-même, nous explique ces coups de tête fréquents qu'on lui reproche : « Je suis, dit-il, d'un naturel hardi et d'un caractère timide. » L'audace de l'imagination et la fierté des sentiments, à côté d'une volonté faible, produisent habituellement ces rapides secousses. La décision, chez les caractères timides, ne se prend que sous l'empire d'une passion qui emporte la volonté; l'impulsion est si vive qu'elle franchit toutes les bornes, et l'éclat en est si violent qu'il ne permet plus de retour. C'est ainsi que toutes les brouilleries de Rousseau ont été des ruptures soudaines et irrémédiables. La véritable force est dans l'énergie continue de la volonté qui domine une situation, et non dans la rapide violence qui veut s'y soustraire. Les caractères faibles se font illusion en ce point, parce qu'ils produisent en un instant un effet considérable; mais leurs coups de tête n'en sont pas moins des actes de faiblesse réelle qui les séduisent par les apparences de la force.

Les *Confessions*, qui ont fourni tant d'armes aux détracteurs de Rousseau, sont bien, quoi qu'on ait dit, un livre de bonne foi. En mettant à découvert cet étonnant contraste d'un naturel vicieux et d'une âme enivrée de vertu [1], elles expliquent la contradiction de sa conduite et de ses doctrines. Le culte de la vertu sincèrement professé le purifiait à ses yeux de toutes ses souillures, et lorsqu'il dit que son livre à la main il se présentera sans crainte devant le tribunal du juge suprême, il ne croit pas se flatter, mais se rendre justice. On voit, en effet, si on examine sa vie, que les faiblesses qui l'ont avili ne l'ont jamais dépravé, de sorte qu'en consultant son cœur, vivement épris de vérité et de vertu, il déclare hautement qu'il n'y a pas homme au monde qui vaille mieux que lui. Sa passion pour le bien est le principe de son illusion : cet idéal de vertu, dont la contemplation échauffait son sang et emportait son imagination, lui dérobait les impuretés de sa vie. Le dégoût que lui inspiraient la bassesse des sentiments, les perfidies et la vanité de l'ambition, la poursuite des richesses, l'avilissement de tous les esclaves à chaînes dorées qu'il voyait régner sur les hommes, tous ces sentiments exaltés, dans la fière indépendance qu'il s'était faite au prix de nobles sacrifices, lui donnaient en idée la valeur morale qu'il s'attribue. Cet orgueil solitaire était d'ailleurs une compensation aux souffrances qu'il endurait, car ses amis s'étaient tournés contre lui, et il avait trop ouvertement rompu en visière au siècle tout entier pour ne pas croire à la réalité des haines dont il se voyait poursuivi. Disons à son honneur qu'il n'a haï personne, qu'il n'a pas rendu injure pour injure, que la jalousie littéraire n'a pas même effleuré

[1] Rousseau a dit : « Je suis vicieux, mais très-vicieux. » Et ailleurs : « Je devins vertueux ou du moins enivré de la vertu. »

son âme, qu'il n'a eu ni fiel ni cupidité, et que s'il a poussé l'estime de soi jusqu'à la folie, c'est qu'en se plaçant si haut il pensait encore adorer la vertu. Au reste, cette illusion est plus commune qu'on ne pense, et il y a bien des hommes qui se croient en pleine vertu, parce qu'ils admirent passionnément la beauté morale et qu'ils méprisent énergiquement le vice. Cette grande morale ne devrait pas faire négliger la petite[1], car on n'a pas souvent l'occasion d'être un héros, et on est tenu d'être honnête homme tous les jours.

Maintenant la carrière active de Rousseau est terminée (1767). Son séjour en Angleterre avait duré seize mois et s'était prolongé plus d'un an après l'éclat de ses ressentiments contre Hume. Les onze années qui lui restent à vivre ne seront plus guère signalées que par des pèlerinages volontaires ou forcés, et par un séjour de huit années à Paris, où il se montra librement, malgré l'arrêt de prise de corps qui ne fut ni révoqué, ni exécuté : tant les mœurs étaient peu d'accord avec les lois! Les faits les plus importants de cette période furent son mariage avec Thérèse Levasseur, contracté, en 1769, sous le pseudonyme de Renou, par cette raison singulière que « ce ne sont pas les noms, mais les personnes qui se marient » ; sa souscription à la statue de Voltaire, hommage indiscret d'une admiration sincère, ou représailles cruellement généreuses des mauvais procédés du patriarche de Ferney ; l'envoi tardif d'un projet de constitution à la Pologne expirante (1772)[2] ; enfin l'accueil empressé qu'il reçut à son arrivée à Paris, où sa présence fit une véritable sensation. Son petit appartement de la rue Plâtrière reçut souvent d'illustres visiteurs, mais on n'y arrivait pas sans peine, et on y revenait plus difficilement encore. Jean-Jacques vivait fièrement du produit de ses minces économies, placées viagèrement, et de son travail de copiste, sans rien demander à personne, et refusant même les arrérages de la pension qu'il tenait du roi d'Angleterre. Dans l'année qui précéda celle de sa mort, une chute violente altéra sa santé, et ce désordre matériel donna un nouvel empire aux sombres idées qui assiégeaient souvent son esprit, idées nourries de terreurs imaginaires, de soupçons exagérés et de remords réels. Au reste, cette altération de son esprit datait de loin. On peut en saisir les premières traces au moment même où la gloire vint le surprendre inopinément après les longues épreuves qui avaient humilié sa jeunesse et son âge mûr. La secousse fut trop forte, et la persécution, se mêlant à l'éclat de la célébrité, dérangea irrémédiablement l'équilibre de ses facultés.

Rousseau, sentant ses forces décliner, accepta, vers la fin de mai 1778,

[1] On connaît le mot de Mirabeau : « La petite morale tue la grande. »

[2] Huit ans auparavant, Rousseau, consulté par la Corse, n'avait pas été plus heureux ; la Corse avait cessé d'être indépendante lorsque ses conseils arrivèrent.

l'hospitalité que lui offrait noblement M. de Girardin dans sa magnifique terre d'Ermonville. Il parut charmé de ce séjour. Logé dans un pavillon isolé, il allait souvent visiter ses hôtes, et il aimait à faire de longues promenades dans les allées du parc, autour des pièces d'eau dont le pur cristal charmait ses yeux, avec le jeune Stanislas Girardin, auquel il enseignait la botanique. Thérèse Levasseur l'avait accompagné et lui préparait tous les jours ses mets favoris. Le 3 juillet il se leva de bonne heure, fit dans le parc sa promenade accoutumée, rentra pour déjeuner, et commença sa toilette pour aller au château. Tout à coup, il se plaignit d'un violent mal de tête; sa femme lui donna quelques potions calmantes et s'efforçait de le soutenir, lorsqu'il tomba violemment la tête contre terre. Le sang jaillit de son front et il expira sans prononcer une seule parole; un épanchement de matière séreuse dans le cerveau venait de le foudroyer : il était âgé de soixante-six ans.

Cette mort soudaine et accidentelle donna cours au dehors à des bruits de suicide : le témoignage d'un ami de Rousseau, M. de Corancez, les accrédita; madame de Staël les a accueillis passagèrement, et le dernier des biographes de Rousseau, M. Musset-Pathay, les a fortifiés du poids de son autorité. Ce consciencieux écrivain complique même le suicide par l'emploi du poison et du pistolet. Des convictions sincères appellent une discussion; mais, pour en ruiner le témoignage, il suffit de montrer sur quelle base fragile elles reposent. La mort naturelle de Rousseau est constatée par le concert de la famille de M. de Girardin, par le procès-verbal d'autopsie que dressa le docteur Lebègue de Presle, par la parole de Houdon, qui prit l'empreinte de la figure et du crâne, enfin par le récit détaillé que Thérèse Levasseur a donné des derniers moments de son mari. Qu'oppose à cette masse de témoignages M. de Corancez? le dire du maître de poste de Louvres, écho d'un bruit sans consistance, et qu'une réflexion bien simple dépouille de toute autorité. Une chute détermine la mort de Rousseau : quel sera le premier cri des témoins de cette catastrophe? « M. Rousseau vient de se tuer! » Est-ce à dire que sa mort soit volontaire? Ce cri passe de bouche en bouche, et il arrive naturellement à une demi-lieue du théâtre de l'événement avec la circonstance classique du coup de pistolet. Un campagnard le répète sans le dépouiller de cet accessoire; un homme de sens l'accueille, soit par légèreté, soit par quelques motifs personnels, et une équivoque de langage devient ainsi le point de départ d'une opinion qui prend racine.

Quelques mois avant de régulariser par le mariage son union avec Thérèse Levasseur, Rousseau avait écrit à celle qu'il considérait depuis longtemps comme sa femme : « Si quelque accident doit terminer ma carrière, souvenez-vous en pareil cas de quel homme vous êtes la veuve, et d'honorer sa mémoire en vous honorant. » L'avenir réalisa ce vague pressentiment d'une catastrophe. Un an après, la veuve de Rousseau devenait la femme d'un jeune et robuste palefrenier : elle se faisait expulser d'Ermenonville où reposaient, dans l'île des Peupliers, les restes de l'illustre mort, étendant ainsi, par un dernier outrage, sa funeste influence sur la destinée de Rousseau, au delà même de la tombe!

Paris avait chassé Jean-Jacques Rousseau et ne l'avait jamais rétabli dans ses droits, quoiqu'il ait toléré plus tard et même honoré sa présence ; Genève, qu'il idolâtrait, l'avait frappé dans sa détresse ; et tant qu'il vécut son existence fut agitée et précaire. La mort a tout effacé : aujourd'hui la dépouille mortelle de Rousseau repose au Panthéon, et le premier monument que Genève offre aux yeux du voyageur, c'est la statue du citoyen qui lui a légué tant de gloire.

GERUZEZ,

Professeur agrégé d'éloquence française à la Sorbonne,
maître de conférences à l'École normale.

Dessiné par Em. [illegible] Gravé par Prudhomme.

DIDEROT.

DIDEROT

NÉ EN 1713, MORT EN 1784.

« En vérité la postérité serait une ingrate si elle m'oubliait, moi qui me suis tant souvenu d'elle ! »

(DIDEROT, *Lettres à Falconet*, p. 199.)

La famille Diderot exerçait à Langres la profession de coutelier, de père en fils, depuis deux cents ans, lorsque Denis Diderot vint au monde au mois d'octobre 1713. Son père était un homme d'un caractère antique, ferme et sévère, qui, revêtu de son tablier d'artisan, avait su gagner l'estime et le respect de tous ses compatriotes. Il était distingué dans sa profession, et même avait imaginé des lancettes d'une forme particulière. Denis était son premier né : il le destina à l'état ecclésiastique et à la succession d'un oncle bénéficier. Les parents de Racine, dans les mêmes circonstances, avaient fait le même calcul ; le succès fut pareil : le neveu du chanoine Racine fut poète dramatique ; le neveu du chanoine Diderot fut philosophe et, qui pis est, philosophe matérialiste, et les canonicats s'envolèrent en de plus dignes mains.

Afin de préparer la vocation religieuse du jeune Diderot, on le confia aux soins des pères jésuites, qui avaient la réputation de façonner leurs élèves mieux que ne faisait l'Université, et qui dans ce moment précis mettaient la dernière main à Voltaire. Diderot, âgé de neuf ans, entra au Collége des Jésuites de Langres, à douze ans, il fut tonsuré par provision.

A ce collége de jésuites il lui arriva une de ces petites aventures qui révèlent dans l'enfant le caractère de l'homme futur. Diderot se prit de querelle avec un de ses camarades : le préfet des études le renvoya chez ses parents. Or, il y avait ce jour-là un exercice public suivi d'une distribution de prix. L'enfant, qui avait la conscience de son mérite et de ses droits, ne voulut pas en être exclu ; il se présente à la porte que gardait un suisse brutal avec sa hallebarde. Le suisse refuse le passage ; l'écolier insiste, et, profitant d'un moment favorable, se lance à toutes jambes dans la cour du collége; il est poursuivi, serré de près, atteint... non, il échappe et pénètre dans le lieu de la cérémonie. On ne pourrait l'en arracher sans un scandale, et l'on sait combien les jésuites fuient le scandale dont ils seraient l'objet. Le petit Diderot se présente résolument au concours; on l'interroge, il répond et enlève trois prix! Du seuil de la maison paternelle, sa mère le vit revenir ses couronnes au cou, les bras chargés de livres, escorté de ses camarades. Je laisse à penser la joie et le bonheur! Quarante ans plus tard, le philosophe, en racontant cette histoire, ne pouvait encore s'empêcher de pleurer.

Le dimanche suivant, en lui faisant sa toilette pour le conduire à la messe, sa mère lui trouva une plaie au côté. C'était la hallebarde du suisse des Jésuites. L'enfant s'était contenté d'y appliquer son mouchoir et n'avait rien dit, imitant à la fois le courage de Mucius Scævola et la discrétion du jeune Valérius. Ce jeune romain avait alors à peine atteint son second lustre.

Mais précisément cet esprit d'indépendance et de force, joint à des goûts de plaisirs peu conciliables avec l'assiduité de la classe, lui rendait insupportables les remontrances de ses régents. Il résolut de s'en affranchir, et déclara un beau matin qu'il renonçait aux études. — « Tu veux donc être coutelier? — De tout mon cœur. On lui donna le tablier de boutique et il se mit à côté de son père. Il gâtait tout ce qu'il touchait de canifs, de couteaux ou d'autres instruments. Cela dura quatre ou cinq jours. Au bout de ce temps, il se lève, monte à sa chambre, prend ses livres et retourne au collége : j'aime mieux l'impatience que l'ennui, dit-il à son père, et depuis ce moment, il continua ses classes sans aucune interruption [1]. »

Les jésuites étaient trop fins pour ne pas apprécier ce que valait déjà et ce que pourrait un jour valoir leur élève. On sait qu'ils sont continuellement à l'affût des sujets distingués, et que pour les ravir aux familles et les donner à leur ordre, tous moyens leur sont légitimes. Ils ont reproduit mille fois l'aventure de ce malheureux Pierre Ayrault [2], et il ne tint pas à eux que Denis Diderot n'en fournît une nouvelle épreuve. Ils lui persuadèrent de s'enfuir de la maison de son père; un jésuite, à qui il était attaché, devait lui servir de guide. Heureusement, l'esprit de prosélytisme qui possédait alors Diderot, fit qu'il ne voulut pas se sauver tout seul : il confia son projet à un sien cousin, l'exhortant à profiter d'une si belle occasion de salut. Le

[1] Notice sur Diderot par madame de Vandeul, sa fille.

[2] Célèbre jurisconsulte du seizième siècle, qui eut l'imprudence de confier son fils aux jésuites après avoir plaidé contre eux pour les curés de Paris. Les jésuites ne voulurent jamais rendre leur élève. Le roi et le pape lui-même s'en mêlèrent en vain : René Ayrault, à qui l'on avait fait changer de nom, ne se retrouva dans aucune des maisons de l'ordre. Le père, au désespoir, écrivit son admirable *Traité de la puissance paternelle*; les jésuites le firent réfuter par le fils, caché sous le nom de leur provincial de Paris. Voyez la *Biographie universelle*.

cousin feignit de se laisser séduire, et, quand il fut bien maître du secret, alla tout conter au père Diderot. Évidemment celui-là montrait plus de dispositions que l'autre à être jésuite. Minuit était l'heure marquée pour l'évasion. Mais les clefs de la porte cochère ne se trouvèrent pas : contre son habitude, le père Diderot en s'en allant coucher les avait prises. Tout à coup il parut devant son fils : — Où allez-vous? — Aux jésuites de Paris, où je dois entrer. — Pas ce soir ; demain nous verrons. Commençons par aller dormir [1].

Le lendemain, le père et le fils montèrent dans le coche de Paris, et peu de jours après Diderot était installé au collége d'Harcourt. Mais que pensez-vous que fit le brave coutelier? qu'il reprit le chemin de Langres? point du tout. Diderot le croyait aussi, mais, quinze jours écoulés, il voit entrer son père : — « Mon ami, je viens savoir si votre santé est bonne, si vous êtes content de vos supérieurs, de vos aliments, des autres et de vous-même. Si vous n'êtes pas bien, si vous n'êtes pas heureux, nous retournerons ensemble auprès de votre mère. Si vous aimez mieux rester ici, je viens vous prêcher, vous embrasser et vous bénir. » — Il avait eu la constance durant ces quinze jours de se tenir caché dans une auberge, à tuer le temps, et se refusant de voir son fils de peur de l'attendrir. — « Mon père m'a dit souvent que cette marque de tendresse et de bonté l'aurait fait aller au bout du monde, si le sien l'eût exigé [2]. »

Ces détails de famille et de première éducation sont toujours précieux : ils éclairent d'une vive lumière le caractère de l'homme célèbre, et dans certaines parties la direction de son talent.

Au collége d'Harcourt, Diderot faisait les devoirs de ses camarades plus faibles et leur en laissait l'honneur. Une fois il composa de cette façon une pièce de vers si éloquente qu'elle faillit faire chasser celui qui l'osa signer : c'était le discours du serpent à notre mère Ève, pour la séduire. Aussi pourquoi donner à des écoliers à faire le discours du serpent? Hors du collége, Diderot continua de faire les devoirs de Grimm, de l'abbé Raynal, et de bien d'autres qu'on ne sait point. Son temps, sa peine et ses idées furent toute sa vie au service du premier venu.

Il s'était lié avec un écolier aussi pauvre que lui et non moins spirituel. Ils allaient ensemble faire des dîners à six sous par tête, dont le souvenir charmait la vieillesse de Diderot, et sans doute aussi celle de son ancien camarade ; mais comment le savoir? à la fin de leur carrière une montagne les séparait ; il y avait entre eux l'Encyclopédie ; le camarade était devenu cardinal, — le cardinal de Bernis.

[1] Cette scène est exactement celle du *Philosophe sans le savoir*. Je ne serais pas surpris qu'elle eût été fournie par Diderot à son ami Sedaine.

[2] Madame de Vandeul.

Au sortir du collége d'Harcourt, il entra chez un procureur, M. Clément de Ris, qui, en sa qualité de compatriote, voulut bien se charger de lui faire étudier le droit. Diderot étudiait l'anglais, l'italien, se perfectionnait dans le grec, le latin, les mathématiques, mais ne touchait pas au code. M. Clément de Ris lui demanda de s'expliquer nettement. Voulait-il être procureur? non; avocat? non; médecin peut-être? pas davantage. Quoi donc? rien du tout. J'aime l'étude : je suis fort heureux, fort content; je ne demande pas autre chose.

Le père, averti de cette réponse et de cette vocation particulière de son fils, lui ordonna de choisir une profession sur-le-champ, ou de revenir à Langres. Le fils fit la sourde oreille et resta à Paris. Le père supprima la pension; le fils se mit à donner des leçons pour vivre. Il enseignait les mathématiques, le latin, le grec, tout ce qu'on voulait, tout ce qu'il pouvait. La moitié du temps on le payait en livres, en meubles, en petits cadeaux. Le moindre grain de mil eût bien mieux fait son affaire. D'autres payaient en politesses; il s'en trouva qui ne payaient pas du tout. N'importe : Diderot allait toujours. De temps en temps il écrivait à son père qui ne répondait pas, ou ne répondait que par une sommation de retour. Madame Diderot était moins dure : elle envoyait ses pauvres épargnes en cachette par une servante dévouée, qui, sans rien dire, y joignit souvent les siennes, et pour les apporter à son jeune maître faisait cent vingt lieues à pied, soixante pour venir et soixante pour s'en retourner.

Il crut un moment avoir enfin trouvé un poste à sa convenance en se chargeant de l'éducation des fils d'un financier appelé M. Randon d'Hannecourt. L'illusion fut de courte durée. Le gouverneur s'était fait l'esclave de ses élèves, dormant, jouant, se promenant, prenant tous ses repas avec eux, ne les quittant pas une minute et ne voyant personne que ces marmots. Au bout de trois mois de cette galère, il pria M. Randon de le remplacer; il n'y pouvait plus tenir, il était jaune comme un citron, et son intelligence se perdait avec sa santé : Je fais de vos enfants des hommes, mais je sens que je deviens un enfant avec eux. Le financier offrit de l'argent. Diderot répondit qu'il se trouvait déjà trop riche. Ce qu'il lui fallait c'était la liberté; son désir n'était pas de vivre mieux, mais de ne point mourir.

Il remonta donc à son grenier où il retrouva la misère et l'étude. L'étude le ravissait; l'autre ne l'effrayait guère. Pour la combattre il faisait courageusement arme de tout. Une fois il composa sur commande, pour un missionnaire, six sermons à cinquante écus pièce. A la fin de sa vie, il estimait cette affaire une des meilleures qu'il eût faites. Parfois encore il rencontrait à Paris des compatriotes à qui il empruntait quelque légère somme, fidèlement restituée par son père. Enfin, comme Panurge, Diderot avait soixante-trois manières de trouver de l'argent, mais plus honnêtes.

Voici cependant un tour qui sent un peu trop son Rabelais. J'en laisse le récit à la plume spirituelle de madame de Vandeul :...

« Il y avait alors au couvent des Carmes déchaussés un moine originaire de Langres, un peu son parent, appelé le frère Ange, homme de beaucoup d'esprit, mais tourmenté de l'ambition de donner de la considération à son corps. Il avait fait de son couvent une maison de banque, c'était le moyen de la rendre opulente; celui de la rendre célèbre était de faire recrue de jeunes gens malheureux et bien nés; il leur donnait tous les moyens possibles pour se tirer des embarras où ils s'étaient fourrés; il leur offrait une retraite dans son couvent et un moyen de se réconcilier avec leur famille en embrassant la vie monastique. Mon père avait entendu parler de cet homme, il crut pouvoir en tirer quelque parti, et fut le trouver; le prétexte de sa visite fut le désir de voir la maison et la bibliothèque. Dans cette première entrevue, il glissa quelques mots sur la douceur d'une vie calme et paisible, un désir éloigné de quitter la vie trop orageuse du monde; et des politesses d'usage terminèrent la conversation. Seconde visite : un peu plus de confiance et quelques confidences sur les motifs de plaintes donnés à son père, et sur le désir de se raccommoder avec lui. Celle-ci fut suivie de plusieurs autres où le moine affermissait le jeune homme dans le goût de la retraite, et lui offrait sa médiation auprès de ses parents. De confidences en confidences aussi rusées d'une part que de l'autre, mon père avoua au moine que son intention était de se retirer dans quelque couvent de province, mais qu'il avait auparavant de longues et pénibles affaires à terminer. D'abord il fallait travailler assez long-temps pour compléter une douzaine de cents francs. Il avait entraîné une malheureuse créature dans une vie qui ne lui laissait d'autre ressource que le vice; il était assez cruel pour lui de ne pouvoir s'en séparer sans regrets, il voulait au moins n'éprouver aucun remords. Au fond, il était jeune; un an ou deux de plus ne pouvaient qu'affermir sa vocation. Le moine craignait les délais; il dit avec délicatesse à mon père que, puisqu'il prenait de lui-même le parti de la vie monastique, il lui conseillait d'essayer sa propre maison, et lui vanta et les douceurs de son ordre, et le mérite de ceux qui le composaient. Mon père lui promit d'y penser, et remit sa décision au temps où il aurait terminé ses affaires, et où elles seraient en bon ordre. Le moine craignit de laisser échapper sa proie : « Il est inutile de mener plus long-temps une vie indécente et pénible ; voilà douze cents francs, rompez vos liens. Lorsque vous serez avec nous, votre père sera trop heureux, il ne refusera ni le payement de cette somme, ni les dépenses que vous serez obligé de faire. »

Mon père s'en fut avec les cinquante louis, paya ses dettes réelles au lieu de sa maîtresse imaginaire, et retourna chez le frère Ange. Il y porta un visage triste et soucieux; il avait l'air inquiet; « il n'était pas entièrement » déterminé; il ne voulait tromper personne; il désirait que le frère Ange

» obtînt de son père une petite somme pour payer son hôte, son tailleur, son » traiteur, etc. ; un honnête homme n'était pas dispensé de payer, et l'habit » de moine n'acquittait pas les dettes... » « Eh bien ! dit le frère Ange, donnez-moi un état de tout cela ; votre père sera infiniment plus disposé à me rembourser quand vous mènerez une vie plus convenable. Peut-être dans ce moment aurait-il peu de confiance dans vos projets ; les choses faites, mon ami, sont d'un grand poids : soyez Carme seulement, et tout ira bien... » Mon père lui remet une note semblable à celle du joueur, pour avoir été nourri, ganté, désaltéré, porté. Il attrape encore huit ou neuf cents francs, et promet au moine de revenir incessamment occuper une place au réfectoire et une cellule. Il revint en effet ; « il voulait bien entrer dans la mai» son, il était tout prêt ; il ne fallait plus qu'une petite bagatelle ; il n'avait » ni livres, ni linge, ni meubles ; fils d'une honnête famille, il ne voulait » point entrer dans un ordre en mendiant ; frère Ange n'avait qu'à faire lui» même un état des effets qu'il croyait décent d'apporter, il en ferait alors » l'acquisition, et tout serait à merveille. » — « Ceci est inutile, répondit le moine ; entrez seulement, je me charge de vous donner le lendemain toutes les choses dont vous aurez besoin ; mais il faut finir, et ne pas traîner plus long-temps. — Frère Ange, lui dit mon père, vous ne voulez donc plus me donner d'argent? — Non assurément. — Eh bien, je ne veux plus être Carme ; écrivez à mon père, et faites-vous payer... » Le moine entra dans une fureur horrible ; il écrivit à mon grand-père : celui-ci le traita comme un sot, et paya ; mais ces petites espiègleries n'accéléraient pas la réconciliation. »

Ces expédients ne l'empêchaient pas d'être parfois réduit à l'extrême détresse. Par exemple, le jour du mardi gras 1741, il se trouvait à vingt-huit ans sans un écu dans sa poche. Il essaie de travailler, mais le souvenir du temps passé et des joies de famille troublait son application. Il sort, il promène sa mélancolie aux endroits les plus écartés, sans autre résultat que d'aiguiser encore la faim qu'il ne peut satisfaire. Le soir il rentre à jeun à son auberge, s'assied et s'évanouit. Son hôtesse, émue de compassion, se hâta de lui faire une rôtie au vin, avec quoi il s'alla coucher. Ce jour-là, dit-il, je jurai, si jamais je possédais quelque chose, de ne refuser de ma vie un indigent, de ne point condamner mon semblable à une journée aussi pénible. Jamais, ajoute madame de Vandeul, jamais serment ne fut plus religieusement observé.

Diderot, doué d'une belle figure, d'une santé robuste, d'une complexion ardente, apprend un matin que deux dames logeaient près de lui, dans la même maison ; deux dames pauvres, retirées, vivant de leur travail. Curieux, il s'informe : c'est la mère et la fille. Madame Champion, née mademoiselle de Malville, est veuve d'un mari qui l'a ruinée par sa fureur de spéculations. Mademoiselle Annette Champion est une jeune personne grande, belle, pieuse et sage. Elles ont un mobilier, quelques épargnes et font un petit commerce de lingerie. Diderot veut se faire présenter : Elles ne vous recevront pas. Il éprouve aussitôt le besoin de se faire faire du linge ; bref, il s'introduit, il est admis, il continue ses visites, se fait aimer et demande la main de mademoiselle Champion. « Vous marier, disait madame Champion, et avec quoi? sans état, sans autre bien qu'une *langue dorée* dont vous renversez la cervelle de ma fille? » Elle y consentit cependant, et Diderot fit un voyage à Langres pour aller chercher ses papiers et le consentement de son père. Les papiers, il les eut facilement; mais pour le second point, il fallut s'en passer. Le vieux coutelier traita son fils de fou, et le menaça, s'il réalisait ce projet de mariage, de sa malédiction. Diderot, de retour, rendit un compte fidèle de ce qui s'était passé ; tout fut rompu et on le pria de supprimer ses visites. Il en fit une maladie, durant laquelle ses pitoyables voisines vinrent le soigner, et lorsqu'il put sortir, ce fut pour aller à l'église épouser mademoiselle Champion. On les maria secrètement, à minuit, à Saint-Pierre, en 1743[1]. Diderot avait trente ans, il n'avait encore rien publié.

Les besoins de son ménage amenèrent ses premiers rapports avec le public : il traduisit de l'anglais l'*Histoire de Grèce*, de Stanyan. Ce travail lui fut payé cent écus. On conte que le libraire ayant apporté cet argent en l'absence de Diderot, les remit à madame Diderot, et que celle-ci, dans sa naïveté, ne comprenant pas qu'une liasse de papier pût valoir une si énorme somme, fit à son mari de vifs reproches d'avoir trompé ce pauvre homme de libraire, et le voulait contraindre à restitution. Une femme d'un esprit aussi simple ne pouvait plaire long-temps à un homme du caractère de Diderot, non plus que la vie étroite à laquelle il lui fallait s'assujettir. Le bruit du mariage était allé jusqu'à Langres, grossi de toute sorte de calomnies contre la jeune femme : le père Diderot écrivit pour avoir des explications. Diderot embarque simplement dans le coche sa femme et son fils nouveau-né, et il répond à son père : « Elle est partie hier ; elle vous arrivera dans trois jours ; vous lui direz tout ce qu'il vous plaira ; et quand » vous en serez las, vous la renverrez. » On la garda trois mois, et Diderot profita de l'intervalle pour se lier avec une autre femme.

Cette femme était une manière de bel esprit femelle qu'on appelait madame de Puisieux, mariée à un littérateur comme elle des plus médiocres. Pendant dix ans elle désola madame Diderot, et ne cessa d'importuner Diderot de ses demandes d'argent. Ce fut pour y satisfaire que Diderot composa

[1] Madame de Vandeul dit 1744, mais la traduction de Stanyan est de 1743, et madame de Vandeul dit elle-même que son père la fit étant déjà marié.

ses premiers ouvrages : l'*Essai sur le mérite et la vertu* rapporta cinquante louis à madame de Puisieux, qui n'avait ni vertu ni mérite. Il paraît que cinquante louis étaient la taxe imposée par la maîtresse à l'amant, car à ce même prix furent vendus successivement les *Pensées philosophiques*, l'*Interprétation de la nature* et *Les Bijoux indiscrets*. Ce dernier ouvrage est tout à fait digne de son origine. La bourse de madame de Puisieux se trouvait-elle vide, Diderot, avec sa facilité pleine de verve, improvisait une brochure philosophique ou licencieuse, n'importe. Les *Pensées philosophiques* lui coûtèrent trois jours, du Vendredi Saint au jour de Pâques. Il mit quinze jours aux *Bijoux indiscrets*, honteuse ordure qu'on a prétendu excuser un peu par l'originalité de la donnée, car on avoue que le reste est sans esprit; mais on ignore que cette donnée, Diderot l'a prise dans un vieux fabliau du treizième siècle [1], où elle est mise en œuvre avec plus de retenue et d'habileté, en sorte qu'il ne reste à l'imitateur que la turpitude de ses détails. Il faut être Naigeon l'athée, c'est-à-dire l'absurde, pour trouver à louer *la sagesse et la philosophie des Bijoux indiscrets*.

De nouveaux besoins de madame de Puisieux produisirent la *Lettre sur les aveugles* (1749). La philosophie de Diderot a fait bien du chemin depuis trois ans! Dans les *Pensées philosophiques* il détestait les faux athées et plaignait les vrais. — « XXII. Je distingue les athées en trois classes. Il y » en a quelques-uns qui vous disent nettement qu'il n'y a point de Dieu, et » qui le pensent : *ce sont les vrais athées*. Un assez grand nombre qui ne sa- » vent qu'en penser et qui décideraient volontiers la question à croix ou » pile : *ce sont les athées sceptiques*. Beaucoup plus qui voudraient qu'il n'y » en eût point; qui font semblant d'en être persuadés, qui vivent comme s'ils » l'étaient : ce sont les fanfarons du parti. Je déteste les fanfarons : ils sont » faux; — je plains les vrais athées : toute consolation me semble morte » pour eux; — et je prie Dieu pour les sceptiques ; ils manquent de lu- » mières. »

Mais dans la *Lettre sur les aveugles*, ce n'est plus cela : Diderot ne plaint déjà plus les athées d'aucune espèce, et ne prie plus Dieu pour eux : bien au contraire. L'athéisme de l'aveugle-né Saunderson lui semble ce qu'il y a dans le monde de plus logique. — « Le ministre commença par lui ob- » jecter les merveilles de la nature : Eh monsieur, lui disait le philosophe » aveugle, laissez là tout ce beau spectacle qui n'a jamais été fait pour moi. » J'ai été condamné à passer ma vie dans les ténèbres et vous me citez des » prodiges que je n'entends point, et qui ne prouvent que pour vous et pour » ceux qui voient comme vous. Si vous voulez que je croie en Dieu, il faut » que vous me le fassiez toucher. »

Voilà un beau raisonnement, sans doute! et Diderot, qui n'en doute pas

[1] Voyez Barbazan, t. III.

aussi, affirme, avec un grand sérieux, que la morale des aveugles est fort différente de la nôtre, et que celle d'un sourd différerait encore de celle d'un aveugle : en d'autres termes, que les vérités morales dépendent des sens

Voltaire était alors à Cirey; Diderot lui envoya son ouvrage, et ce fut l'occasion des premiers rapports qui les unirent toute leur vie. Voltaire donne de grands éloges à ce livre « qui dit beaucoup et qui fait entendre davantage; » « mais, ajoute-t-il, je vous avoue que je ne suis point du tout de l'avis de Saunderson qui nie un Dieu parce qu'il est né aveugle. Je me trompe peut-être, mais j'aurais à sa place reconnu un être très-intelligent qui m'aurait donné tant de suppléments de la vue... Il est fort impertinent de prétendre deviner ce qu'il est, et pourquoi il a fait tout ce qui existe; mais il me paraît bien hardi de nier qu'il est. »

Naigeon a publié pour la première fois la réponse de Diderot à Voltaire : — « Le sentiment de Saunderson *n'est pas plus mon sentiment que le vôtre;* » mais ce pourroit bien être parce que je vois. » Diderot part de là pour rentrer dans des développements d'une métaphysique si subtile, qu'il est difficile d'y rien comprendre; il est douteux qu'il se comprît bien lui-même. Ce qu'il y a de plus clair, c'est son désir de montrer sa déférence pour l'opinion de Voltaire; mais au fond ils ne s'entendirent jamais sur ce point : l'un toute sa vie soutint l'existence de Dieu, l'autre la contesta, et parfois la nia, dans le dépit de sa raison révoltée [1].

On avait brûlé les *Pensées philosophiques;* l'auteur de la *Lettre sur les aveugles* fut enfermé à Vincennes. Voici comment la chose se passa.

M. de Réaumur avait chez lui un aveugle-né à qui l'on devait faire l'opération de la cataracte. L'expérience tirait un nouvel intérêt de la réussite récemment obtenue par Chelseden sur Saunderson; l'élite des praticiens et des littérateurs furent conviés à cette séance : Diderot n'y manqua pas, curieux d'étudier les premiers effets de la lumière sur un être qui n'en pouvait avoir aucune idée. On lève l'appareil, mais les discours de l'aveugle prouvèrent sur-le-champ qu'il avait déjà vu, et qu'on lui faisait jouer une comédie. L'assemblée se montra justement mécontente de cette mystification, et quelqu'un révéla que la première expérience avait été faite en secret devant madame Dupré de Saint-Maur [2]. Diderot sortit en disant que M. de Réaumur avait mieux aimé avoir pour témoins deux beaux yeux sans conséquence que des gens dignes de le juger.

[1] On lit dans la *Biographie Universelle* que Diderot traitait Voltaire de *cagot*. C'est un de ces petits contes en l'air forgés ou trop facilement admis par l'esprit de parti qui dirigeait ce livre. On verra plus loin quelle confiance mérite la *Biographie Universelle* quand elle parle des philosophes.

[2] M. Dupré de Saint-Maur était de l'Académie française. Ce fut lui qui reçut quelques années plus tard Lefranc de Pompignan, et répondit au célèbre discours du nouvel élu. Dans cette réponse, Dupré de Saint-Maur eut l'heureuse idée de comparer les deux Pompignan à Moïse et au grand prêtre Aaron. Voltaire en fit un cantique assez connu.

Madame Dupré de Saint-Maur trouva le propos leste et impertinent. Elle avait de grandes prétentions à la science, et monsieur d'Argenson la trouvait aimable et jolie. Elle se plaignit. Il transpirait déjà de méchants bruits de l'Encyclopédie ; M. d'Argenson, sans autre forme de procès, envoya Diderot au donjon de Vincennes, moyennant quoi la religion fut vengée, et madame Dupré de Saint-Maur aussi. C'était là le bon temps!

Diderot resta vingt-huit jours au secret le plus rigoureux. Sa femme désolée n'obtint qu'au bout de ce terme la permission de le voir, encore fallut-il bien des démarches, et notamment une supplique de Diderot lui-même pour fléchir l'austère M. d'Argenson. Cependant il voulut bien, par un excès de clémence inouïe, tirer le prisonnier du donjon, et, sur sa parole de ne pas s'enfuir, lui accorder la liberté de se promener dans le parc. Vincennes avait alors pour gouverneur le marquis Du Châtelet ; l'époux de la célèbre Émilie n'était point payé pour épouser de cœur les rancunes des pédantes qui trahissent la foi conjugale pour l'amour du grec, des vers, ou des mathématiques : il adoucit la captivité de Diderot par tous les moyens en son pouvoir : le prisonnier mangeait à la table du gouverneur et recevait toutes les visites qu'il lui plaisait.

Il reçut entre autres celle de Rousseau, avec qui depuis long-temps il s'était lié d'une étroite amitié. Rousseau raconte dans le VIIIe livre des Confessions comment cette visite devint une ère dans sa vie. C'est en se rendant à Vincennes à pied qu'il conçut l'idée de son fameux Discours à l'académie de Dijon, dont le succès détermina le reste de sa carrière. « En » arrivant à Vincennes, j'étois dans une agitation qui tenoit du délire. Di- » derot s'en aperçut : je lui en dis la cause, et je lui lus la prosopopée de » Fabricius, écrite au crayon sous un chêne. Il m'exhorta de donner l'essor » à mes idées et de concourir pour le prix. Je le fis, et dès cet instant je » fus perdu. »

Marmontel tenait de Diderot lui-même une version bien différente, d'où il résulterait que, le récit de Jean-Jacques, son extase sous un chêne, la prosopopée écrite au crayon, tout cela ne serait qu'un conte arrangé à plaisir. — « Voici le fait dans sa simplicité, tel que me l'avoit raconté Diderot et tel que je le racontai à Voltaire :

« J'étois (c'est Diderot qui parle), j'étois prisonnier à Vincennes. » Rousseau venoit m'y voir. Il avoit fait de moi son Aristarque, comme il » l'a dit lui-même. Un jour, nous promenant ensemble, il me dit que l'aca- » démie de Dijon venoit de proposer une question intéressante et qu'il » avoit envie de la traiter. Cette question étoit : Le rétablissement des » sciences et des arts a-t-il contribué à épurer les mœurs? — Quel parti » prendrez-vous? lui dis-je. Il me répondit : — Le parti de l'affirmative. — » C'est le pont aux ânes, lui dis-je ; tous les talents médiocres prendront ce » chemin-là, et vous n'y trouverez que des idées communes ; au lieu que le

» parti contraire présente à la philosophie et à l'éloquence un champ nou-» veau, riche et fécond. — Vous avez raison, me dit-il après y avoir réfléchi » un moment, et je suivrai votre conseil [1]. »

C'est le cas de dire avec un personnage de Molière :

> Oh ! oh ! qui des deux croire?
> Ce discours au premier est fort contradictoire.
>
> (*L'Étourdi.*)

Marmontel n'était nullement l'ennemi de Jean-Jacques. Sa déposition, de plus, est fortifiée par les témoignages de l'abbé Morellet [2] et de madame de Vandeul. Madame de Vandeul dit qu'elle ne put jamais bien comprendre l'histoire que lui faisait son père de sa brouille avec Rousseau : — « Tout ce que j'ai entrevu de clair dans cette histoire, c'est que mon père *a donné à Rousseau l'idée de son Discours sur les arts*, qu'*il l'a revu et peut-être corrigé;* qu'il lui a prêté de l'argent plusieurs fois... etc. » La modération de ces termes ne permet pas d'en suspecter la sincérité.

Enfin Diderot lui-même, qui certes n'a jamais été accusé d'être menteur, dit à ce sujet : — « Lorsque le programme de l'académie de Dijon parut, » *il vint me consulter sur le parti qu'il prendroit.* — Le parti que vous pren-» drez, lui dis-je, c'est celui que personne ne prendra [3]. »

C'est en peu de lignes ce que Marmontel raconte en détail.

Il s'ensuit deux choses : d'abord que Rousseau dans ses *Confessions*, s'il

[1] *Mémoires*, t. II, liv. VII.

[2] Le nom de Rousseau rend assez important le point dont il s'agit pour autoriser une citation un peu longue. Morellet commence par transcrire le passage des *Confessions* relatif à la visite de Vincennes et à la prosopopée écrite sous un arbre : « Or voici ce que j'ai appris de Diderot » lui-même, et ce qui passait pour constant dans toute la société du baron d'Holbach, où Rous-» seau n'avait encore que des amis. Arrivé à Vincennes, il avait confié à Diderot son projet de » concourir pour le prix, et avait commencé même à lui développer les avantages qu'avaient » apportés à la société humaine les arts et les sciences. Je l'interrompis, ajoutait Diderot, et je » lui dis sérieusement : Ce n'est pas là ce qu'il faut faire; rien de nouveau, rien de piquant, » c'est le pont aux ânes. Prenez la thèse contraire, et voyez quel vaste champ s'ouvre devant » vous : tous les abus de la société à signaler; tous les maux qui la désolent, suite des erreurs » de l'esprit; les sciences et les arts employés au commerce, à la navigation, à la guerre, etc., » autant de sources de destruction et de misère pour la plus grande partie des hommes. L'im-» primerie, la boussole, la poudre à canon, l'exploitation des mines, autant de progrès des » connaissances humaines, et autant de causes de calamités, etc. *. Ne voyez-vous pas tout » l'avantage que vous aurez à prendre ainsi votre sujet? Rousseau en convint et travailla d'après » ce plan. Ce récit, que je crois vrai, renverse et détruit toute la narration de Jean-Jacques. » Je n'empêche pas, au reste, ceux qui aimeront mieux l'en croire que Diderot et toute la so-» ciété du baron d'Holbach de se contenter en cela; mais je rapporte ma conviction, qui a été de » bonne foi. » *Mémoires*, liv. I, p. 115 et 116.

[3] *Essai sur les règnes de Claude et de Néron*, paragraphe 66.

* Rousseau paraît avoir été vivement frappé de ces considérations, car le reste de sa vie s'est employé à développer ce programme par sa conduite comme par ses écrits.

a été toujours sincère, n'a pas été toujours exact; ensuite, qu'il a été lancé par Diderot dans cette carrière du paradoxe qui se trouva si favorable à son génie qu'il n'en voulut plus sortir du reste de ses jours. L'orgueil de la persévérance enchaîna Jean-Jacques à ses débuts, et ce premier pas décida de son existence entière. C'est peut-être cette réflexion secrète qui lui arrachait à la fin de ses jours ce cri douloureux : ... *et dès lors je fus perdu!* Là peut-être se cache la vraie cause de sa rupture avec Diderot, qu'il regardait comme l'auteur de ses misères, mais trop fier pour les avouer ni les lui reprocher. Toutefois, Jean-Jacques sentait bien que sa gloire lui venait de la même source que son malheur; aussi son amertume contre Diderot ne peut-elle jamais s'exhaler sans un mélange de tendresse et de regrets.

Car jusqu'à cette époque, c'est-à-dire jusqu'à l'âge de trente-sept ou trente-huit ans, Rousseau n'avait révélé aucun des caractères qui devinrent subitement ceux de son génie. Timide, embarrassé, point contradicteur (il ne le fut même jamais que la plume à la main); tous ceux qui l'ont connu en ont fait la remarque, et se sont étonnés d'une révolution qui faisait contraster si fort l'homme avec l'écrivain.

Mais le contradicteur, le disputeur, l'athlète infatigable du paradoxe, c'était Diderot. Quand il en tient un, c'est alors que sa tête se monte, que son imagination s'embrase, et que toutes les ressources de ce singulier génie éclatent comme des foudres et des éclairs au sein des nuages obscurs. J'avoue que les nuages sont quelquefois très-épais, et que les feux d'artifice ne vont point sans beaucoup de fumée; mais on sent toujours avec admiration la force qui réside au centre, et il en part de grands traits lumineux qui éblouissent les yeux les plus hardis. Nous trouvons aujourd'hui dans le style de Diderot du galimatias (car c'est le mot propre); mais c'est qu'il aurait fallu entendre cela de sa bouche : la chaleur de son débit, l'éloquence de son geste, la passion de sa physionomie introduisaient la pensée, la sagesse, le génie, où nous ne voyons plus aujourd'hui que des mots vides de sens.

Un météore paraît à l'horizon, illuminant le ciel et la terre, et remplissant les airs d'un bruit majestueux. Les assistants n'en pouvaient soutenir les tonnerres ni les clartés. Il tombe; on accourt, et l'on trouve une grosse pierre noire.

Cette digression nous a un peu écartés du château de Vincennes; il faut y rentrer et rejoindre notre captif, qui n'y était pas complétement abandonné ni dépourvu de toute consolation. Madame de Puisieux le venait voir de temps en temps. Un jour, elle arriva très-parée. Diderot se douta que cette toilette extraordinaire n'était pas exclusivement en l'honneur du pauvre prisonnier : — Vous avez des projets? — Madame de Puisieux avoua qu'elle se rendait à une fête. — Où? — A Champigny. — Seule? — Tout à fait. — Vous m'en donnez votre parole d'honneur? — Je vous la donne. — C'est bien.

Quelques heures après, Diderot prend sa course comme un écolier, franchit l'enceinte du parc, vole à Champigny, et voit madame de Puisieux en tête-à-tête avec un amant. Il revient, escalade les murs pour se remettre en prison; mais son cœur avait recouvré sa liberté : il rompit pour jamais avec son indigne maîtresse. Madame Diderot, hélas! n'y gagna pas grand' chose.

Comme il s'ennuyait d'être enfermé à Vincennes, il imagina d'interroger le sort, afin de connaître le terme de sa captivité. La tentative pour un esprit fort n'était pas trop philosophique; mais l'ennui excuse bien des choses; et puis il n'employa pas un procédé vulgaire, comme de souffler sur un chardon, d'effeuiller une marguerite, ou de jeter à croix ou pile. Fi donc! c'est de la superstition, cela! Diderot releva sa faiblesse d'un air d'érudition et d'antiquité : — « J'avois un petit Platon dans ma poche, et » j'y cherchai, à l'ouverture, quelle serait la durée de ma captivité, m'en » rapportant au premier passage qui me tomberoit sous les yeux. J'ouvre, » et je lis au haut d'une page : *Cette affaire est de nature à finir prompte-* » *ment*. Je souris, et, un quart d'heure après, j'entends les clefs ouvrir les » portes de mon cachot : c'étoit le lieutenant-civil Berryer qui venoit m'an- » noncer ma délivrance pour le lendemain [1]. »

On voit avec plaisir que l'incrédulité de Diderot était d'une espèce intermittente. Qui croit en Platon n'est pas loin de croire en Dieu, sinon en Jésus-Christ.

Peu de temps après qu'il fut rendu à sa famille et à ses travaux, son père, qui se faisait vieux, lui témoigna le désir d'embrasser encore une fois sa petite-fille avant de mourir. Sur-le-champ madame Diderot se mit en route pour Langres avec son enfant. Elles restèrent trois mois en Champagne; c'était trop long pour Diderot. Pendant la première absence de sa femme, il s'était lié avec madame de Puisieux; pendant la seconde, il se lia avec mademoiselle Voland. Il avait alors environ quarante-six ans. Mademoiselle Voland vivait avec sa sœur et sa mère, veuve d'un financier; elle paraît avoir été une personne spirituelle, sensée, honnête (à cette faute près), digne en un mot de l'attachement qu'elle inspira pendant plus de vingt ans, et qui dura jusqu'à la mort de l'un et de l'autre. La maturité, qui aurait dû préserver Diderot, lui inspira du moins un meilleur choix : le premier avait été l'effet de la passion; celui-ci, fondé plutôt sur l'amitié que sur l'amour, ne dérangea point la paix du ménage : madame Diderot se ré-

[1] A mademoiselle Voland, du 23 septembre 1762.

signait; mais cette résignation n'efface point les torts de son époux. Il les sentait bien, car dans un accès de remords, pénétré de sa fragilité et désespérant de lui-même, il s'écrie : — « Qu'attendre de celui qui a oublié sa » femme et sa fille, qui s'est endetté, qui a cessé d'être époux et père [1]? »

On a retrouvé en Russie les lettres de Diderot à mademoiselle Voland [2]. Cette correspondance, souvent interrompue, va du mois de mai 1759 au mois de septembre 1774. De tous les écrits de Diderot, c'est peut-être le plus amusant et le plus intéressant, car c'est là qu'on apprend le mieux à connaître l'homme : c'est le vrai miroir de Diderot; il s'y montre naïvement avec tous ses défauts et toutes ses qualités, comme Dieu l'a fait : philosophe, poète, artiste, homme d'esprit, bon homme, convaincu de ses forces et de son mérite, et bavard..... ah! bavard par-dessus tout! Les anecdotes pleuvent, toujours racontées avec une verve inépuisable. Ce sont les mémoires les plus piquants sur le dix-huitième siècle. L'intérieur de la famille d'Holbach y est peint à ravir. Quelle société, quels personnages! Madame d'Aine, mon fils d'Aine, le baron, l'ami Grimm, le père Hoop surtout, cet excellent père Hoop, l'abbé Galiani, madame Geoffrin, tout y est. C'est le cas de dire avec le poète : *Sufficit una domus.*

Que ne trouve-t-on pas aussi dans ces lettres! des contes graveleux à côté d'une tirade sur la morale; un dialogue incroyable sur le grand Lama et ses reliques auprès d'une dissertation sur les arts. C'est l'image fidèle de la tête de celui qui écrit, et l'on y gagne cette fois cet avantage qu'il ne songe pas au public.

L'art dramatique était un des sujets sur lesquels Diderot aimait le mieux à s'étendre. Il se croyait appelé à régénérer le théâtre, et cette conviction était partagée par tous ceux qui l'avaient entendu exposer ses théories. Il restait à essayer la pratique. Ce moment, attendu avec impatience, arriva enfin : l'année 1758 vit la première représentation du *Père de famille,* par laquelle le drame fut inauguré sur la scène française. Diderot ne cachait pas l'estime qu'il faisait de sa pièce et les hautes espérances qu'il y fondait. *Le Père de famille* devait créer un nouveau genre qui serait le plus large, le plus fécond, le plus vrai, ou, pour mieux dire, le seul vrai : le genre *sérieux et honnête,* comme si la comédie et la tragédie eussent été des genres frivoles et malhonnêtes. Diderot avait prétendu se peindre lui-même au caractère de Saint-Albin, et retracer l'histoire de sa passion pour sa femme lorsqu'elle était mademoiselle Champion. D'autres circonstances prises dans la vie réelle lui semblaient devoir produire cet effet de vérité irrésistible après laquelle il courait toujours, et lui garantir le succès. Cette grande attente fut trompée. Malgré les talents réunis de Préville et de ma-

[1] *Regrets sur ma vieille robe de chambre.*

[2] Mais non les réponses de mademoiselle Voland. Cette perte paraît regrettable.

demoiselle Gaussin, *le Père de famille* ne put dépasser huit ou neuf représentations. La critique fit son devoir d'observer que les trois premiers actes étaient effrontément pillés de Goldoni *(Il vero amico)*, auxquels l'auteur avait cousu un dénoûment postiche et embrouillé. On trouva insupportable la manière d'écrire adoptée par Diderot, et qui consistait à ne jamais finir une phrase, mais à en remplacer la seconde moitié par des points.

> Points éloquents, qui font si bien entendre
> Ce que l'auteur n'a pas l'esprit de rendre!
> C'est dans les points qu'il faut s'évertuer,
> Et le génie est l'art de ponctuer.
>
> LA HARPE.

On se fatigua par-dessus tout des prétentions prodigieuses de Diderot à la vérité, à la naïveté, à la sensibilité, à la profondeur, à la vertu, etc., etc., etc. Cette pédanterie et ces défauts avaient paru encore plus choquants dans *le Fils naturel*, joué l'année précédente, et où le romanesque, les pleurnicheries, l'emphase et l'ennui des sermons sont portés au dernier terme[1]. Diderot écrivit d'amples théories à l'appui de son système dramatique : tout ce fatras est depuis long-temps oublié et mérite de l'être. Il est bon cependant de remarquer que Diderot réussit complétement de l'autre côté du Rhin. Les bons Allemands donnèrent en plein dans le système. Il faut entendre Bouterweck louer Diderot sur le naturel et la vérité de ses drames : « Il avait un tact si délicat à saisir les rapports moraux, tant de » talent pour imiter dans ses écrits le langage naturel de la vie com- » mune!... Bien qu'il s'avance pas à pas comme un géomètre mesurant sa » route dramatique, d'après ses principes, et calculant très-méthodique- » ment l'effet de chaque scène et presque de chaque mot, néanmoins, il » évite, à force d'art, l'apparence d'un travail tendu. Il y a peu de pièces » de théâtre plus naturelles que *le Père de famille* et *le Fils naturel*[2]. » Schlegel, dont le goût s'était un peu formé au contact de la France et à l'école de madame de Staël, juge plus sainement : « Le style de ces deux » drames est en général maniéré au dernier point; les personnages ne » sont rien moins que naturels, et ils se rendent insupportables par un » froid bavardage sur la vertu, qui ne conviendrait qu'à des hypocrites, » et par l'abus fastidieux d'une sensibilité larmoyante. Nous autres Alle- » mands pouvons dire avec raison : *Hinc illæ lacrymæ*, de là viennent » toutes ces larmes dont notre scène a été, depuis, inondée[3]. »

[1] Palissot affirme que l'on ne put aller jusqu'au bout de la première représentation; cela est faux. On voit dans la correspondance de La Harpe que *le Fils naturel* fut joué deux fois.

[2] T. VI, p. 372 de l'*Éd. allem.*

[3] *Cours de littérature*, t. II, p. 304.

Si c'est aux théories de Diderot que nous devons Sedaine, il faut leur pardonner; mais il est probable que *le Philosophe sans le savoir* serait aussi bien venu au monde sans *le Père de famille*. Hormis *le Philosophe*, ce père de famille a été le père d'une famille déplorable, et qui de nos jours n'est pas encore tout à fait éteinte; car ce qu'on a appelé l'art romantique, avec son faste de vérité vraie, de vérité à tout prix, n'était qu'un réchauffé des vieux systèmes de Diderot. C'est là qu'on trouverait les meilleurs arguments pour démontrer l'excellence des trilogies modernes les plus indigestes et les plus arrogamment absurdes.

Nous voici parvenus au grand monument de Diderot, l'*Encyclopédie*. Commencée en 1749, elle était arrivée en 1758 au septième volume. D'abord ce ne devait être qu'une traduction de l'ouvrage anglais de *Chambers*, une spéculation comme celle du *Dictionnaire de médecine*, de James, que Diderot venait de terminer. Peu à peu l'idée s'agrandit dans la tête des associés Diderot et d'Alembert. Diderot rédigea le *Prospectus* et le *Système des connaissances humaines;* d'Alembert fit la préface, qui est demeurée un de ses principaux titres littéraires et philosophiques [1]. Rousseau se chargea de la musique; Diderot, de l'histoire de la philosophie ancienne, sans compter qu'il devait, avec d'Alembert, revoir tous les articles. Ils s'adjoignirent un nombre considérable de collaborateurs. Malheureusement la précipitation nuisit au choix; mais à coup sûr les ouvriers de la tour de Babel ne furent jamais animés d'un zèle plus vif ni d'une plus haute espérance. Voltaire s'enrôla avec cet enthousiasme qu'il savait si bien rendre contagieux. Tout ce qu'il y avait en France de libres penseurs accourut se ranger sous la bannière de l'Encyclopédie. Aussitôt, en face du parti philosophique, se forma un parti soi-disant religieux : sous les yeux de l'Europe attentive, la lutte fut ouverte entre l'esprit de progrès et l'esprit de résistance; l'un avait pour lui la force du talent, l'autre avait la force du pouvoir.

Les jésuites, qui ont la rage de se fourrer partout où ils prévoient la puissance, avaient voulu s'introduire aussi dans l'Encyclopédie pour travailler à la partie théologique, et se mettre avec Diderot puisque Diderot n'avait point voulu se mettre avec eux. Leur concours avait été repoussé net : on ne voulut d'eux pas plus que des jansénistes. Alors le cri de ralliement contre l'Encyclopédie fut *impiété, irréligion*. La meute aboyarde n'attendit pas même l'apparition de l'ouvrage pour le diffamer. Abraham

[1] « Le vestibule de ce prodigieux édifice fut un discours préliminaire composé par M. d'Alembert. J'ose dire hardiment que ce discours applaudi de toute l'Europe parut supérieur à la méthode de Descartes et égal à tout ce que l'illustre chancelier Bacon avait écrit de mieux »

VOLTAIRE, *Lettre sur l'Encyclopédie*.

Chaumeix, ancien convulsionnaire de Saint-Médard, publia ses *Préjugés légitimes contre l'Encyclopédie*[1]. Vint ensuite *la Religion vengée*, *ou Réfutation des auteurs impies*, en vingt volumes, du Père Hayer, récollet. Un Père jésuite nommé Le Chapelain, dans un sermon prononcé devant le roi, fulmina contre l'Encyclopédie. Le théatin Boyer, ancien évêque de Mirepoix, le célèbre inventeur des billets de confession, ne manqua pas aussi de prendre parti pour les ténèbres contre la lumière. C'était un homme puissant : il tenait la feuille des bénéfices! D'Alembert, non pas effrayé, mais fatigué de ce déchaînement de calomnies, de brochures, de libelles, de clameurs, de persécutions de toute espèce, se retira de l'entreprise en répétant son Virgile : *Deus nobis hæc otia fecit.* Il aimait avant tout son repos[2]. Diderot demeura seul à supporter l'effort de la tempête.

[1] Ce bateleur s'était fait mettre en croix avec une couronne d'épines sur la tête, dans la rue Saint-Denis, le 2 mars 1749.

[2] « Je suis excédé des avanies et des vexations de toute espèce que cet ouvrage nous attire. » Les satires odieuses et même infâmes que l'on publie contre nous, et qui sont non-seulement » tolérées, mais protégées, autorisées, applaudies, commandées même par ceux qui ont l'autorité » en main ; les sermons ou plutôt les tocsins que l'on sonne à Versailles contre nous, en présence » du roi, *nemine reclamante;* l'inquisition nouvelle et intolérable que l'on veut exercer contre » l'Encyclopédie en nous donnant de nouveaux censeurs plus absurdes et plus intraitables qu'on » n'en pourrait trouver à Rome, toutes ces raisons, jointes à plusieurs autres, m'obligent de re- » noncer pour jamais à ce maudit travail. »

(A Voltaire, 11 janvier 1758.)

Les mêmes motifs sont reproduits avec développement dans les lettres du 20 janvier, du 28 janvier et du 8 février. Le 15 février il répète encore : « Diderot ne sait pas tous les dégoûts, » toutes les tracasseries qui l'attendent! » Voltaire, dans toutes ses lettres, ne parle aussi comme éloignant d'Alembert que de la persécution, suscitée surtout par l'article GENÈVE.

Naigeon ne dit pas non plus autre chose : « D'Alembert céda aux instances de quelques amis » qui portaient la circonspection jusqu'à la faiblesse, et l'amour du repos jusqu'à l'indolence. »

Madame de Vandeul, la première et la seule, attribue la retraite de d'Alembert à la cupidité. L'accusation est trop formelle pour être passée sous silence; voici le passage :

« L'abandon de M. d'Alembert, au milieu de l'entreprise, lui fit un chagrin amer. Qui le croi- » rait! *l'argent seul fut cause de sa retraite :* j'ai vu dans des lettres très-intimes de mon père » tout le détail de ses allées et venues dans le temps. M. d'Alembert voulait que son traitement » fût plus considérable; les libraires y consentirent. Quelques mois après il voulut davantage; » ils rechignèrent, mais ils accordèrent encore. Quelques mois après il demanda de nouvelles » augmentations; jamais mon père ne put les y déterminer, et, après avoir conjuré, supplié, » demandé à son ami, juré, tourmenté les libraires, il demeura seul chargé de la besogne. »

Ce procédé de d'Alembert n'eût pas été seulement sordide, il eût été lâche et odieux, et l'on ne concevrait pas ce qu'ajoute madame de Vandeul : « Cet événement ne diminua pas l'estime » de mon père pour M. d'Alembert. » Tel que je connais Diderot, il n'eût cru jamais avoir assez de mépris pour une pareille conduite, et avec raison. Il s'est brouillé cette année-là même avec Rousseau pour bien moins. Mais loin de là, d'Alembert écrit à Voltaire après la séparation : « Nous n'en sommes pas moins bons amis » (15 février 1758), et les lettres de Diderot, pleines d'une tendre affection, attestent qu'il disait vrai.

Madame de Vandeul aura mal vu, ou ses souvenirs d'enfance l'auront trompée. Déjà la correspondance de d'Alembert et de Voltaire prouverait, contre son assertion, que l'argent ne fut

Elle fut longue et terrible! L'archevêque de Paris, monseigneur de Beaumont, lança un mandement; Omer Joly de Fleury, un réquisitoire. La cabale obtint un arrêt du conseil qui suspendait l'Encyclopédie, puis la révocation du privilége. Pompignan attaquait les philosophes jusqu'au sein de l'Académie; Fréron, dans *l'Année littéraire*. L'avocat Moreau, dans ses *Cacouacs;* Palissot, dans ses *petites Lettres*, ne cessaient de les harceler et d'appeler sur eux les rigueurs du pouvoir. Fort de la protection de madame de Robecq, et par conséquent de M. de Choiseul, Palissot osa produire en plein théâtre une satire impudente et scandaleuse, où il jouait les *philosophes* en général, et particulièrement Diderot, dont le nom est à peine déguisé en celui de *Dortidius*. La sagesse, la parfaite raison, c'est-à-dire Palissot lui-même, s'exprime par la bouche de *Damis*. Voici en quels termes ce Damis trace le portrait de Dortidius :

Je l'ai connu, vous dis-je, excusez ma franchise ;
Apparemment qu'alors il cachait bien son jeu,
Mais ce n'était qu'un sot presque de son aveu.
Quelqu'un me le fit voir, et malgré sa grimace
Et les plats compliments qu'il vous adresse en face,
Et le sucre apprêté de ses propos mielleux,
Ma foi, je n'y vois rien de si miraculeux.
Malgré son ton capable et son air hypocrite,
Je ne fus point tenté de croire à son mérite,
Et je ne lui trouvai, pour le dire en deux mots,
Qu'un froid enthousiasme imposant pour les sots.

(Acte II, scène v.)

Sans le dernier vers, où il est question d'enthousiasme, il serait impossible de reconnaître celui qu'on a voulu désigner. Diderot, un plat complimenteur, un hypocrite, un sot enfin! Et c'est M. Palissot de Montenoy qui lui

pas le seul motif de la retraite de d'Alembert; mais j'ose avancer de plus que ce motif n'y fut pour rien, et ma raison la voici : d'Alembert loge trente ans chez sa mère adoptive, la vitrière de la rue Michel-Lecomte; avec un revenu qui ne dépassa jamais les bornes de la médiocrité, il était d'une bienfaisance à laquelle tous ses contemporains ont rendu hommage.

Lorsque le délabrement de sa santé exigeait le voyage d'Italie, et que la médiocrité de sa fortune s'y opposait, le roi de Prusse lui fit compter 6,000 livres : d'Alembert alla jusqu'en Languedoc, revint, et remit au banquier du roi 4,000 livres qui lui restaient *.

L'Impératrice lui écrivit de sa main pour le presser de se charger de l'éducation du grand-duc de Russie; son ambassadeur à Paris, M. de Soltikof, alla jusqu'à lui offrir *cent mille livres de rente* : « Mais l'attachement de M. d'Alembert pour sa patrie et pour ses amis le fit résister » encore à cette seconde tentative **. »

L'homme qui refuse cent mille livres de rente de l'impératrice de Russie, ne paraît pas disposé à trahir son meilleur ami et à vendre son honneur pour quelques écus.

* Voyez la notice en tête de ses œuvres posthumes.

** *Fragment d'un mémoire sur lui-même*, dans ses œuvres posthumes.

en délivre le brevet! Un peu plus loin, mondit sieur Palissot l'appelle sans façon *une bête;* Diderot, Helvétius, Duclos, D'Alembert, tous les philosophes (ceux du moins que l'auteur avait en vue) sont *des bêtes :*

> Mais moi, j'ose à mon tour les trouver ridicules,
> Et souvent la bêtise a fait des incrédules.

Cela est aussi vrai qu'élégamment tourné. A coup sûr la crédulité a fait plus de bêtes que la bêtise n'a fait d'incrédules.

Telle était d'un bout à l'autre cette ignoble satire, où l'on montrait Jean-Jacques Rousseau marchant à quatre pattes, et les philosophes français, comme des charlatans, des *persécuteurs* et des filous qui enseignaient à voler dans la poche [1].

Diderot ne daigna pas répondre un mot, non plus que les autres. D'ailleurs à qui se plaindre, à qui demander justice? La cour, le parlement, la Sorbonne, le théâtre, tout se réunissait contre la philosophie : *Poor lady!* s'écriait dans son temps Shaftesbury : — « On prétend que la cabale dit : » *Oportet* Diderot *mori pro populo* [2]. » Ils se turent donc avec autant de dignité que de prudence.

Mais Voltaire ne se tut pas. C'était le seul qu'on eût épargné, ce fut le seul qui éleva la voix. Il criait, il s'indignait, il ripostait à l'ennemi dans sa correspondance privée et dans ses œuvres publiques : — « Les serpents » appelés *jésuites* et les tigres appelés *convulsionnaires* se réunissent tous » contre la raison, et ne se battent que pour partager entre eux ses dé» pouilles [3]. » Il pressait fortement Diderot d'accepter les offres de Catherine, de fuir une terre ingrate, et d'aller en Russie achever, sous les auspices de la souveraine du Nord, le monument commencé à Paris pour la gloire de la France [4].

Il alla jusqu'à lui faire remettre un mémoire anonyme où étaient exposés avec force les motifs qui devaient le décider à s'expatrier. Voltaire était alarmé sérieusement : c'était au moment où l'on brûlait le chevalier de Labarre [5], et le conseiller Pasquier avait déclaré en plein parlement que les tristes victimes d'Abbeville avaient puisé leur impiété dans l'école et les ouvrages des philosophes modernes; il avait nommé ces philosophes; c'était une dénonciation dans les formes. Assurément il était permis de partager

[1] D'Alembert écrit à Voltaire : « Le but de cette pièce est de représenter les philosophes non comme des gens ridicules, mais comme des gens de sac et de corde, sans principes et sans mœurs. Et c'est M. Palissot, m******** de sa femme et banqueroutier, qui leur fait cette leçon. »

[2] Voltaire à d'Alembert, 25 avril 1760.

[3] A madame d'Épinay, même date que la précédente.

[4] Voyez la lettre au comte de Schowalow, du 25 septembre 1762.

[5] Le 1er juillet 1766. Voyez la lettre de Voltaire à l'abbé Morellet du 7 juillet.

les craintes du patriarche ; mais l'âme de Diderot ne paraît pas avoir jamais connu la terreur. Sa réponse au mémoire de l'anonyme est éloquente, pathétique, et remplie des plus nobles sentiments. Il ne se dissimule pas à quels dangers il est exposé ; il écrit, pour ainsi dire, en face de l'échafaud : — « Je sais bien que quand une bête féroce a trempé sa langue dans » le sang humain, elle ne peut plus s'en passer ; je sais bien que cette bête » manque d'aliments, et que n'ayant plus de jésuites à manger, elle va se » jeter sur les philosophes ; je sais bien qu'elle a les yeux sur moi et que je » serai peut-être le premier qu'elle dévorera.... Je sais bien qu'un d'entre » eux a l'atrocité de dire qu'on n'avancera rien tant qu'on ne brûlera que » des livres[1].... Je sais bien qu'il peut arriver, avant la fin de l'année, que » je me rappelle vos conseils et que je m'écrie : O Solon, Solon !... »

Mais il ne peut se résoudre d'abandonner sa belle-mère âgée, sa femme, sa fille, ses amis.

« — Et que voulez-vous que je fasse de l'existence si je ne puis la con- » server qu'en renonçant à tout ce qui me la rend chère ?

» Et puis je me lève tous les matins avec l'espérance que les méchants se » sont amendés pendant la nuit ; qu'il n'y a plus de fanatiques... Si j'avais » le sort de Socrate, songez que ce n'est pas assez de mourir comme lui » pour mériter de lui être comparé....

» Qui que vous soyez qui m'avez écrit la lettre pleine d'intérêt et d'estime » que notre ami commun m'a remise, je sens toute la reconnaissance que » je vous dois, et je jette d'ici mes bras autour de votre cou.... »

Le dernier paragraphe de ce morceau touchant fait voir que Diderot avait reconnu Voltaire : — « Illustre et tendre ami de l'humanité, je vous » salue et vous embrasse. Il n'y a point d'homme un peu généreux qui ne » pardonnât au fanatisme d'abréger ses années si elles pouvaient s'ajouter » aux vôtres. Si nous ne concourons pas avec vous à écraser la *bête*, c'est » que nous sommes sous sa griffe ; et si, connaissant toute sa férocité, nous » balançons à nous en éloigner, c'est par des considérations dont le prestige » est d'autant plus fort qu'on a l'âme plus honnête et plus sensible. Nos en- » tours sont si doux et c'est une perte si difficile à réparer[2] ! »

Un autre motif encore le retint, un motif de probité : il ne voulait pas compromettre les intérêts du libraire qui avait fait des avances pour l'Encyclopédie, et que son départ eût infailliblement ruiné. Ainsi, l'on eut beau insister, Diderot tint ferme. C'était Ajax sur son rocher, c'était l'homme juste et persévérant d'Horace, résolu, plutôt que d'abandonner son œuvre, à s'enterrer sous les débris de l'univers. Mais que devint-il, lorsqu'il décou-

[1] On avait jeté dans le bûcher du chevalier de Labarre plusieurs volumes comme complices de son crime, entre autres le *Dictionnaire philosophique* de Voltaire.

[2] Dans Naigeon, *Vie de Diderot*, p. 201.

vrit que ce même libraire, pour qui il se sacrifiait avec une si généreuse constance, le trahissait indignement! Lebreton, épouvanté du bruit et des menaces, sans prévenir de rien le directeur de l'Encyclopédie, avait fait altérer clandestinement les épreuves après le *bon à tirer*. Quelle fut la surprise de Diderot, un jour que, cherchant quelque chose dans un volume imprimé, il reconnut une falsification, puis une autre, puis une troisième, et s'assura finalement que toute sa besogne avait été dépecée, rognée, mutilée, recousue, refaite! Il tomba dans un véritable désespoir. Il écrivit à Lebreton une longue et véhémente lettre : « Vous m'avez lâchement trompé » deux ans de suite; vous avez massacré ou fait massacrer par une bête » brute le travail de vingt honnêtes gens qui vous ont consacré leur temps, » leur talent et leurs veilles gratuitement.... A votre ruine, à celle de vos » associés, se joindra, mais pour vous seul, une infamie dont vous ne vous » laverez jamais. Vous serez traîné dans la boue avec votre livre, et l'on » vous citera dans l'avenir comme un homme capable d'une infidélité et » d'une hardiesse auxquelles on n'en trouvera point à comparer. C'est alors » que vous jugerez sainement de vos terreurs paniques et des lâches con- » seils des barbares Ostrogoths et des stupides Vandales qui vous ont » secondé dans le ravage que vous avez fait[1]. »

Cette fois il perdit courage et voulait tout abandonner. On parvint à le retenir et à le calmer. Si l'Encyclopédie avait des ennemis acharnés et nombreux, elle comptait aussi trois protecteurs puissants : madame de Pompadour, M. de Malesherbes et M. de Choiseul. Madame de Pompadour, apparemment par l'effet de la métempsycose, avait dans l'esprit quelque chose du zèle d'Aspasie et de Léontium pour la philosophie. Elle protégeait les philosophes et haïssait les jésuites sincèrement. Par malheur, on la perdit au plus fort de la persécution dirigée contre l'Encyclopédie[2]. Il est vrai que, par compensation, les jésuites furent chassés cette même année. Restaient M. de Choiseul et M. de Malesherbes. Sans le secours efficace de M. de Choiseul, les dix derniers volumes de l'Encyclopédie n'eussent jamais paru. Quant à M. de Malesherbes, sa position de directeur de la librairie, qui parfois le gênait, lui fournissait aussi les moyens de rendre service. Un jour il fait prévenir Diderot que le lendemain il donnera l'ordre d'enlever ses papiers et ses cartons. Diderot, bouleversé, court chez lui : — « Ce que vous m'annoncez là me chagrine horriblement. Comment, en vingt-quatre heures, déménager tous mes manuscrits, et surtout où trouver des gens qui veuillent s'en charger, et le puissent avec sûreté? — Envoyez-les tous

[1] 12 novembre 1764.

[2] « Comptez que les vrais gens de lettres, les vrais philosophes doivent regretter madame de Pompadour. Elle pensait comme il faut. Personne ne le sait mieux que moi. On a fait en vérité une grande perte. » Voltaire à Damilaville, 23 avril 1764. (Madame de Pompadour était morte le 15.)

chez moi, répond M. de Malesherbes, on ne viendra pas les y chercher. » Cela fut exécuté et réussit parfaitement [1].

Pendant trente ans qu'il travailla à l'Encyclopédie, Diderot ne connut pas un jour de repos ni de sécurité. Lui seul probablement de tout son siècle avait reçu de la nature une trempe assez énergique pour résister et porter glorieusement le fardeau jusqu'au but. Diderot n'eût-il pas fait autre chose, la célébrité de son nom serait justifiée, et il conserverait des droits éternels à la reconnaissance de la philosophie.

Outre cette énergie morale, Diderot réunissait deux autres qualités non moins essentielles au fondateur de l'Encyclopédie : un amour sincère de la vérité, par conséquent un grand zèle à la chercher, et une aptitude qu'on pourrait appeler aussi encyclopédique. Diderot savait prodigieusement, et de plus apprenait tout ce qu'il voulait, mais l'apprenait avec enthousiasme et d'aussi bonne foi que si toute sa vie et sa capacité eussent dû se consommer dans cette étude. Il s'était chargé dans l'Encyclopédie des *arts mécaniques;* il se mit à les étudier, non pas théoriquement dans son cabinet, mais d'une manière pratique. Il passait des journées entières dans les ateliers : il commençait par examiner attentivement une machine ; se la faisait expliquer, démonter, remonter; ensuite l'ouvrier travaillait devant lui ; enfin Diderot lui-même prenait la place de l'ouvrier, qu'il étonna plus d'une fois par son adresse et sa pénétration. Il se rendit ainsi familières les machines les plus compliquées, telles que le métier à bas et le métier à fabriquer les velours ciselés. Il finit par posséder très-bien l'art des tissus de toile, de soie et de coton, et les descriptions qu'il en a données sont le résultat de son expérience.

De quoi ne s'est pas occupé Diderot, de quoi ne s'est-il point passionné? et à qui jamais a-t-il refusé d'ouvrir libéralement le trésor de ses connaissances? Aussi pendant vingt-cinq ans son cabinet fut un magasin au pillage, une boutique où venait puiser qui voulait, hormis qu'on ne payait pas. Que vous plaît-il? de la philosophie, de la critique, de la physique, de la musique, de la peinture, de la sculpture, une harangue parlementaire, une épître dédicatoire, un plan de comédie, un sermon, de la grammaire, de la géographie; parlez, vous serez servis à point nommé. Diderot faisait tout, c'était un écrivain public comme on n'en vit jamais, et comme on n'en verra plus. Il me faudrait, disait Raynal, quelques morceaux de

[1] On sait que M. de Malesherbes, pour obliger Rousseau, corrigeait secrètement les épreuves de l'*Émile* qu'il était contraint de poursuivre en public. Il favorisa de tout son pouvoir la liberté de la presse et l'introduction clandestine des livres imprimés à l'étranger. Les éloges de Voltaire, de Jean-Jacques, de Diderot et de tout le parti philosophique l'en ont recompensé; mais que penser d'un gouvernement qui plaçait un magistrat entre le devoir de sa charge et les réclamations de sa conscience? Quand une société en est là, on peut lui prédire une révolution prochaine.

philosophie oratoire pour renforcer mon livre. Diderot saisissait sa plume et lui écrivait un bon tiers de l'*Histoire philosophique*, sans s'interrompre que pour une seule objection : Qui osera signer cela? — Moi, répondait l'abbé. Allez toujours. — Mon cher Diderot, disait Grimm, voilà des nouveautés dont il faudrait rendre compte à mes princes allemands. Le temps me manque, ou : J'ai envie de m'aller promener, de faire un voyage d'agrément. Diderot, selon son expression, prenait le tablier de la boutique, s'asseyait devant l'établi, et quand le maître reparaissait on lui livrait sa besogne faite. L'autre aussitôt revenait à la charge : Voilà le Salon ouvert, je voudrais bien parler du Salon à mes augustes lecteurs, cela donnerait un grand relief à ma correspondance. Ils me payent si bien!... mais c'est que je ne sais pas le premier mot des arts du dessin ni de la statuaire. Pendant trois ans, de 1765 à 1767, Diderot rédigea pour Grimm un compte-rendu des Salons qui est demeuré le modèle du genre et l'un des principaux titres de l'auteur. Après cela, les artistes accouraient mendier les conseils d'un si bon juge. Diderot se tourmentait neuf mois pour une madame Terbouche, Prussienne et peintre de son métier; il lui quêtait de l'ouvrage, il faisait contribuer pour elle toutes ses connaissances, grands, petits, riches ou pauvres, amis ou indifférents; il la sauvait vingt fois du Fort-l'Evêque; après quoi, la Prussienne le payait de la plus noire ingratitude, et allait l'insultant, le diffamant de tous côtés. Le philosophe n'y prenait pas garde, tout absorbé à rédiger les *leçons de clavecin ou principes d'harmonie* de Bemetzrieder. C'était le maître de sa fille, un Suisse, incapable de traduire ses idées en français. Heureusement Diderot avait appris la composition sous Rameau et Philidor : il faisait l'ouvrage de Bemetzrieder, ensuite il l'annonçait, le prônait, et faisait le succès comme il avait fait le livre.

Une femme vient le trouver un matin : « Monsieur, j'ai été la maîtresse du duc de La Vrillière, et je suis dans la misère. Je voudrais une pétition qui touchât le cœur de mon ancien amant. » Diderot, qu'aucune tâche n'effraie, lui dit : « Asseyez-vous une minute, madame, nous allons essayer. — « Monseigneur, tant que j'ai pu vivre des présents de votre » tendresse, je n'ai pas imploré votre pitié; mais de toute la passion que » vous m'avez montrée il ne me reste que votre portrait; demain, si vous » ne soulagez ma misère, je serai obligée de le vendre pour avoir du » pain. » Le duc envoya cinquante louis. Quelques années plus tard, la pauvre femme revient plus délaissée que jamais. Cette fois il s'agit de lui procurer l'entrée des Incurables. Diderot se remet à écrire : « Monseigneur, l'infortunée que vous avez aimée va rendre le dernier soupir dans » un galetas. Je ne vous demande pas de prolonger une existence que vous » avez si cruellement empoisonnée. Je ne désire qu'un lit aux Incurables » pour y mourir. Si vous ne me procurez cette retraite honteuse pour nous

» deux, je me ferai porter à l'hôpital, j'y mourrai avec vos lettres à la main » et c'est de l'hôpital qu'elles vous seront envoyées. » — Le succès fut complet : le duc de La Vrillière fit admettre son ancienne maîtresse aux Incurables.

La complaisance et le talent de Diderot étaient si connus, qu'un marchand de pommade lui vint demander un *avis au public* pour cette pommade qui faisait croître les cheveux. Mon père, dit madame de Vandeul, rit beaucoup, mais il écrivit la notice.

— « On ne me vole point ma vie ; je la donne, et qu'ai-je de mieux à » faire que d'en accorder une portion à celui qui m'estime assez pour solli- » citer ce présent?..... On ne me louera, j'en conviens, ni dans ce mo- » ment où je suis, ni quand je ne serai plus; mais je m'en estimerai moi- » même et l'on m'en aimera davantage. Ce n'est point un mauvais échange » que celui de la bienfaisance contre une célébrité qu'on n'obtient pas tou- » jours, et qu'on n'obtient jamais sans inconvénient. Je n'ai jamais regretté » le temps que j'ai donné aux autres; je n'en dirais pas autant de celui que » j'ai employé pour moi [1]. »

Il accorda souvent ses conseils et les secours de son intelligence à des solliciteurs plus relevés que des marchands de pommade et d'anciennes femmes galantes. Voltaire le consultait sur ses tragédies : — « J'attends » avec impatience les réflexions de *Pantophile* Diderot sur *Tancrède*. Tout » est dans la sphère d'activité de son génie : il passe des hauteurs de la » métaphysique au métier d'un tisserand, et de là il va au théâtre [2]. »

Quelques années plus tard, Voltaire lui envoie sa comédie du *Dépositaire* à présenter aux comédiens. En même temps Diderot revoit les *Dialogues* de l'abbé Galiani sur le commerce des blés, et en corrige les épreuves; il rend le même service au baron d'Holbach. Cependant le dauphin meurt : il s'agit de lui élever un mausolée dans la cathédrale de Sens. M. de Marigny s'adresse à Cochin, Cochin recourt à Diderot et Diderot lui envoie cinq projets à choisir. Enfin, la ressource de tous les gens embarrassés, c'était la tête de Diderot; la chambre du philosophe était un cabinet de consultation universelle, le rendez-vous de tous les besogneux en tout genre. On n'y refusait l'aumône à personne. Imaginez ce qui s'y présentait! Il reçut pendant quatre ans un pauvre diable sans pain, un nommé Glénat, qui savait des mathématiques et avait une écriture superbe. Diderot le gardait à dîner, lui donnait des souliers, des habits, de temps en temps la pièce de vingt-quatre sous, intéressait à lui toutes ses connaissances, et lui mendiait des pratiques. Il lui procura de la sorte quelques manuscrits à copier, des ma-

[1] *Essai sur les règnes de Claude et de Néron*, § 79.

[2] A Thiériot, du 19 novembre 1760. La réponse de Diderot est du 28 novembre. Elle est curieuse par la liberté de la critique.

nuscrits tels qu'il en pouvait sortir de chez Damilaville ou de chez le baron d'Holbach. Ce n'était pas à coup sûr des traités en l'honneur de la religion chrétienne. Grimm était sur le point d'en faire son secrétaire, quand on découvrit que cet honnête Glénat était un coquin d'espion de police envoyé par M. de Sartines.

Voici une belle question peu difficile à résoudre : de celui qui impose ce rôle ou de celui qui l'accepte, souvent contraint par la misère, lequel est le plus vil, lequel fait le métier le plus infâme? Car s'il est au monde une infamie, n'est-ce pas cet abus de la bienfaisance d'un homme pour introduire à son foyer un traître, un dénonciateur? Quoi! rendre l'infortune suspecte à la charité, semer au cœur du riche la défiance et la haine du pauvre? Oui, mais entre l'intérêt de l'humanité et l'intérêt de la police, il n'y a pas à balancer. D'ailleurs de qui s'agissait-il? de philosophes, c'est-à-dire de gens envers qui l'on peut, pour le bien de la religion, se dispenser des règles de l'honneur les plus élémentaires. Depuis Tartuffe jusqu'à Glénat et leurs successeurs modernes, on est d'accord là-dessus.

Cette aventure fit sur Diderot l'impression qu'on devait en attendre :

— « Malgré que j'en aie, tous ceux qui me viendront à l'avenir avec des » manchettes sales et déchirées, des bas troués, des souliers percés, des » cheveux plats et ébouriffés, une redingote de peluche déchirée ou quel- » que mauvais habit noir dont les coutures commencent à marquer, avec » le visage et le ton de la misère et de l'honnêteté, me paraîtront des émis- » saires du lieutenant de police [1]. »

Mais Diderot était d'une si excellente nature qu'il avait beau être victime de sa bonté, jamais il ne voulut s'en corriger ni s'en repentir. Attrapé de la veille, il était le lendemain tout prêt à se laisser duper au beau premier venu qui voudrait en prendre la peine, et il n'en fallait pas prendre beaucoup! L'anecdote suivante, rapportée par madame de Vandeul, achèvera sous ce point de vue le portrait de Diderot.

« Il avait ramassé, je ne sais où, un M. Rivière, beau, jeune, éloquent, ayant le masque de la sensibilité, le don des larmes, pauvre, malheureux : le quart de tout cela aurait suffi pour intéresser mon père ; il l'aida dans quelques ouvrages, et plusieurs fois lui donna quelques louis. Le désir de rendre son sort plus doux l'engage à faire à cet homme plusieurs questions sur sa famille et le parti qu'il pourrait en tirer. « J'ai un frère ecclésiastique

[1] A mademoiselle Voland, du 19 septembre 1762.

C'est en pareille circonstance le premier mouvement, le plus naturel, aussi Molière n'avait-il pas manqué de le donner à Orgon :

> C'en est fait, je renonce à tous les gens de bien;
> J'en aurai désormais une horreur effroyable,
> Et m'en vais devenir pour eux pire qu'un diable.
>
> (Act. V, sc. I.)

et fort riche, il pourrait me secourir, mais il me hait; dans ma jeunesse je lui ait fait quelques espiègleries, et dans l'âge mûr je l'ai empêché d'être évêque. — Mais comment diable empêche-t-on un homme d'être évêque? — Rien n'est plus simple; il prêcha un carême devant le roi; ses sermons étaient éloquents et hardis, la cour en fut satisfaite, on devait le nommer au premier évêché vacant; je fis cent plaisanteries sur ses talents, et dis à tout venant que les sermons étaient de moi. — Mais cette conduite est fort ridicule; malgré cela votre frère peut être un homme de bien. Je veux essayer de vous raccommoder; je le verrai demain; et si vous ne gâtez pas ma besogne avec de nouvelles frasques, nous en obtiendrons peut-être quelque chose... » Mon père s'habille, va chez l'abbé, se fait annoncer; on le reçoit avec politesse. A peine a-t-il prononcé les premiers mots du sujet qui l'amène, que l'abbé s'agite, ses yeux s'allument. « Monsieur, dit-il à mon père, un homme sage ne sollicite jamais qu'il ne connaisse le sujet qu'il recommande. Connaissez-vous mon frère? — Je le crois, et il ne m'a celé aucun des motifs qu'il vous a donnés de vous plaindre de lui. — Il est impossible, monsieur, qu'il ait osé vous dire ce que je vais vous raconter...» Alors il enfile un tissu de bassesses, de noirceurs, de scélératesses plus fortes les unes que les autres. Pendant son récit, mon père, étourdi de ce torrent d'horreurs et d'infamies, regardait du coin de l'œil l'endroit où il avait déposé sa canne et son chapeau, et méditait une prompte retraite. Heureusement l'abbé parla trop long-temps, mon père reprit sa tranquillité, et attendit avec patience la fin d'une narration aussi violente que longue. Enfin, l'abbé s'arrêta. « Je savais tout cela, monsieur, et vous ne m'avez pas encore tout dit. — Juste ciel! monsieur, et que pouvez-vous savoir de plus? — Vous ne m'avez pas dit qu'un soir, lorsque vous reveniez de matines, vous l'aviez trouvé à votre porte; qu'il avait tiré un poignard qu'il tenait sous son manteau, et qu'il avait voulu vous l'enfoncer dans la poitrine. — Si je ne vous ai pas dit cela, monsieur, c'est que cela n'est pas vrai... » Alors mon père se lève, s'approche de l'abbé, lui prend le bras et lui dit : « Eh bien! quand cette action serait vraie, il faudrait encore donner du pain à votre frère. » Il ne faut qu'un mot pour ébranler l'âme la plus ferme, le premier mouvement donné rend tout le reste facile. Cet homme un peu étonné finit par être persuadé, et promit à mon père de donner six cents livres de rente à son frère.

» Celui-ci revient savoir le succès de la négociation. « Monsieur, lui dit mon père, vous m'avez trompé, vous n'êtes pas un homme vrai; vous avez fait cent actions abominables, mais je n'en ai pas moins réussi; et votre frère vous donnera de quoi vivre. Renoncez, s'il est possible, à un caractère aussi odieux, qui ferait le malheur de votre vie, le tourment de votre famille et la honte de vos amis. » Rivière, fort content, remercie mon père et de ses services et de ses conseils, cause encore un quart d'heure et prend congé de lui; mon père le reconduit. Quand ils sont sur l'escalier, Rivière s'arrête, et dit à mon père : « Monsieur Diderot, savez-vous l'histoire naturelle? — Mais un peu; je distingue un aloès d'une laitue et un pigeon d'un colibri. — Savez-vous l'histoire du *Formicaléo?* —Non. —C'est un petit insecte très-industrieux; il creuse dans la terre un trou en forme d'entonnoir, il le couvre à la surface avec un sable fin et léger, il y attire les insectes étourdis, il les prend, il les suce, puis il leur dit : « M. Diderot, j'ai l'honneur de vous souhaiter le bonjour. » Mon père rit comme un fou de cette aventure. Quelque temps après il sort; un orage l'oblige d'entrer dans un café, il y trouve Rivière; cet homme s'approche et lui demande comment il se porte. « Éloignez-vous, lui dit mon père; vous êtes un homme si méchant et si corrompu, que si vous aviez un père riche, je ne le croirais pas en sûreté dans la même chambre avec vous. — Hélas! malheureusement je n'ai point de père riche. — Vous êtes un abominable homme. — Allons donc, philosophe, vous prenez tout au tragique. »

C'est surtout lorsqu'on blessait sa fierté que Diderot prenait les choses au tragique. Personne n'a porté plus haut le sentiment de la délicatesse personnelle, ni mieux fait respecter l'indépendance et la dignité de l'homme de lettres. Aucune considération d'intérêt ne l'a jamais plié à supporter un mot douteux. Le bon homme alors disparaissait et ne laissait plus voir que le philosophe justement pénétré de sa valeur et décidé à garder son rang.

Le libraire Panckoucke avait conçu l'entreprise d'une nouvelle édition de l'Encyclopédie, disposée dans un nouvel ordre. Diderot avait consenti de s'en charger. Un matin M. Panckoucke se présente dans le cabinet de Diderot et, apparemment de mauvaise humeur en ce moment-là, s'échappe à quelque propos peu mesuré : — « Je l'ai laissé aller tant qu'il a voulu; puis me levant brusquement, je l'ai pris par la main; je lui ai dit : monsieur Panckoucke, en quelque lieu du monde que ce soit, dans la rue, dans l'église, en mauvais lieu, à qui que ce soit, il faut toujours parler honnêtement, mais cela est bien plus nécessaire encore quand on parle à un homme qui n'est pas plus endurant que moi, et qu'on lui parle chez lui. Allez au diable, vous et votre ouvrage; je n'y veux point travailler. Vous me donneriez vingt mille louis, et je pourrais expédier votre besogne en un clin d'œil, que je n'en ferais rien. Ayez pour agréable de sortir d'ici et de me laisser en repos[1]. »

Le parti antiphilosophique se montrait infatigable. Pour riposter vigoureusement à ses attaques, il fut question d'introduire Diderot à l'Aca-

[1] A mademoiselle Voland, du 11 septembre 1769.

démie. Voltaire surtout déploya dans cette affaire un zèle extrême. Il écrit à d'Alembert : — « M. de Choiseul a laissé jouer la *Pålissoterie* pour rire, » pour complaire à l'extravagance d'une pauvre malade [1].... Il y a très- » grande apparence qu'il protégera Diderot... En un mot, il faut mettre » Diderot de l'Académie, c'est la plus belle vengeance qu'on puisse tirer de » la pièce contre les philosophes. L'académie est indignée contre Lefranc » de Pompignan : elle lui donnera avec plaisir ce soufflet à tour de bras. Je » ferai un feu de joie lorsque Diderot sera nommé, et je l'allumerai avec le » réquisitoire de Joly de Fleury et le déclamatoire de Lefranc. »

L'entrée de Diderot à l'académie était alors la grande préoccupation de Voltaire. Il en écrit à tout le monde : à d'Alembert, à d'Argental, à Duclos, à madame d'Épinay ; il veut gagner à sa cause madame de Pompadour. Il prie, flatte, presse : « Vous aurez l'honneur d'avoir fait cesser la persécution, d'a- » voir vengé la littérature et d'avoir assuré le repos d'un des plus estimables » hommes du monde, qui, sans doute, est votre ami [2]. » Une autre fois il donne les instructions à suivre, il trace un plan de tactique savante : « Diderot n'a qu'une chose à faire, mais il faut qu'il la fasse, c'est de cher- » cher à séduire quelque illustre sot ou sotte, quelque fanatique, sans avoir » d'autre but que de lui plaire. Il a trois mois pour adoucir les dévots, » c'est plus qu'il ne faut. Qu'on l'introduise chez madame.... ou madame... » ou madame..... lundi ; qu'il prie Dieu avec elle mardi ; qu'il couche avec » elle mercredi, et puis il entrera à l'Académie tant qu'il voudra et quand » il voudra. Comptez qu'on est très-bien disposé à l'Académie. Je recom- » mande surtout le secret. Que Diderot ait seulement une dévote dans sa » manche ou ailleurs, et je réponds du succès. On s'est déjà ameuté sur » mes pressantes sollicitations [3]. » Tout ce zèle et cette habileté furent en pure perte. Louis XV, pressenti à ce sujet, déclara qu'il ne sanctionnerait pas la nomination de Diderot : *Il a trop d'ennemis*. Parole lâche et indigne d'un roi, car à quoi bon le pouvoir souverain si vous n'osez même rendre tout haut justice au mérite? Dès ce moment il n'en fut plus jamais question, et Diderot n'en témoigna ni peine ni plaisir [4].

Ce désagrément fut bien compensé par le témoignage d'estime que lui donna publiquement l'impératrice de Russie. Diderot, manquant d'ordre

[1] Madame de Robecq, dont il était ou avait été l'amant. Voyez les Mémoires de l'abbé Morellet.

[2] A Duclos, 11 août 1760.

[3] A madame d'Épinay.

[4] Probablement il n'en pensait pas moins dans le fond, car bien long-temps après (en 1768), parlant des académiciens, il les appelle *les quarante oies* : « Nous avons quarante oies qui gardent le Capitole.... Les quarante oies viennent de couronner une mauvaise pièce. » (A mademoiselle Voland, 10 septembre). Jusqu'où la rancune peut-elle emporter!

et avec mille petites fantaisies ruineuses de bouquins, de peintures, d'objets d'art, n'entendant rien à ses propres affaires, d'ailleurs le moins intéressé de tous les mortels, Diderot se voyait sur le penchant de l'âge, totalement dénué de fortune, et il avait une fille, le seul de ses quatre enfants qu'il soit parvenu à élever. Pour lui assurer une dot ou un avoir quelconque, il résolut de vendre sa bibliothèque. L'impératrice de Russie, informée par son ambassadeur, M. de Galitzin, de ce parti, qui est pour un homme de lettres la dernière extrémité, acheta la bibliothèque de Diderot quinze mille francs, à condition qu'il la lui garderait et consentirait d'en être le bibliothécaire, avec un traitement annuel de mille francs. Deux ans plus tard, Catherine, informée que cette pension avait été oubliée (probablement à dessein), pour éviter désormais un pareil inconvénient, fit compter tout de suite à Diderot cinquante mille francs pour cinquante années d'avance : « Me voilà, écrit Diderot, obligé en conscience de vivre cinquante ans [1] ! »

En 1773, Diderot partit pour aller à Pétersbourg remercier sa bienfaitrice. Il était attendu à La Haye par le grand-chambellan, M. de Nariskin, qui fut son guide pendant le reste du voyage et son hôte à Pétersbourg. Il réussit pleinement auprès de la Sémiramis du Nord : Catherine le trouva de près ce qu'elle l'avait estimé de loin ; elle lui donna l'entrée de son cabinet tous les jours depuis trois heures jusqu'à cinq ou six. « Je le vois très souvent, écrit-elle à Voltaire ; nos conversations ne finissent pas..... C'est une tête bien extraordinaire que la sienne ! La trempe de son cœur devrait être celle de tous les hommes..... Je ne sais s'ils [2] s'ennuient beaucoup à Pétersbourg, mais pour moi je leur parlerais toute ma vie sans me lasser. » Elle lui faisait l'honneur de le consulter et de disculer avec lui des questions de politique et de philosophie. Diderot parlait avec une franchise et une liberté que lui-même s'étonnait parfois de voir si bien accueillies : — « J'entre, on » me fait asseoir, et je cause avec la même liberté que vous m'accordez ; et » en sortant, je suis forcé de m'avouer à moi-même que j'avais l'âme d'un » esclave dans le pays qu'on appelle des hommes libres, et que je me suis » trouvé l'âme d'un homme libre dans le pays qu'on appelle des esclaves. » Ah ! mes amies, quelle souveraine, quelle extraordinaire femme [3] ! » L'impératrice le combla de bontés, lui accorda toutes ses demandes ; ne pouvant le garder en Russie, elle-même veilla aux préparatifs de son départ, et lui donna pour le reconduire un des officiers de sa cour, homme d'esprit et galant homme. Aussi Diderot, de retour à La Haye, écrit-il : — « Ce n'est

[1] Lettre à M*** du 29 décembre 1767. Ce doit être une réponse au général Betzky, chargé par Catherine de notifier à Diderot la mesure qu'elle prenait.

[2] Grimm et Diderot.

[3] A mademoiselle Voland. De La Haye, 15 juin 1774.

» pas seulement un voyage agréable que j'ai fait, c'est un voyage très-hono-» rable : on m'a traité comme le représentant des honnêtes gens et des ha-» biles gens de mon pays[1]. »

De son côté l'impératrice écrivait à Voltaire : — « Diderot est parti pour » retourner à Paris; nos conversations ont été très-fréquentes, et sa visite » m'a fait un très-grand plaisir. On ne rencontre pas souvent de tels hom-» mes. Il a eu de la peine à nous quitter : le seul attachement de sa famille » l'a séparé de nous[2]. »

A La Haye, il fut reçu avec une joie extrême par le prince et la princesse Galitzin. L'impératrice l'avait chargé de publier les plans et statuts des divers établissements fondés par elle pour l'instruction de la jeunesse. Il comptait s'en occuper en Hollande; mais, n'ayant pas trouvé un libraire à son gré, il ne le fit qu'à Paris, où il revint directement, sans vouloir passer par Berlin. Le roi de Prusse l'y avait cependant invité, mais ce n'était pas de bon cœur : Frédéric aimait trop le pouvoir absolu pour goûter beaucoup les écrits et la liberté de parole de Diderot. Il y avait entre ces deux hommes une antipathie dont le roi avait laissé échapper des marques[3]; aussi le philosophe ne jugea pas à propos d'accepter la politesse de son soi-disant confrère[4].

Diderot rentrait en France à soixante et un ans. Le froid et l'eau de la Néva avaient beaucoup altéré sa santé, qui ne se rétablit jamais bien. Il se remit à travailler. Il publia, outre son *Voyage de Hollande,* plusieurs contes et romans dont le plus célèbre est *Jacques le fataliste* tant de fois réimprimé. C'est un commérage d'histoires enfilées les unes au bout des autres, sans aucun rapport, au hasard d'une conversation entre Jacques, son maître, et une hôtesse de cabaret. Il serait malaisé de dire ce qu'a voulu prouver l'auteur dans cet ouvrage, car on n'y saisit aucun but ni aucun progrès d'idée. Le commencement, la fin ne s'y distinguent pas du mi-

[1] A mademoiselle Voland. De La Haye, 15 juin 1774.

[2] Du 15 mars 1774.

[3] « On dit qu'à Pétersbourg on trouve Diderot raisonneur ennuyeux : il rabâche sans cesse les mêmes choses. Ce que je sais, c'est que je ne saurais soutenir la lecture de ses livres, tout intrépide lecteur que je suis. Il y règne un ton suffisant et une arrogance qui révolte *l'instinct de ma liberté.* » (A d'Alembert, janvier 1774.) N'était-ce pas plutôt l'instinct de sa tyrannie?

[4] « L'édition de l'autre volume s'est faite à Berlin, *où je n'ai pas voulu passer quoique j'y » fusse invité par le roi.* » (A mademoiselle Voland, 15 juin 1774.) Cela n'a pas empêché l'auteur de l'article Diderot dans la *Biographie universelle* (M. Pictet) de raconter l'entrevue de Frédéric et de Diderot : « Le monarque philosophe ne montra qu'indifférence et froideur pour le moderne Platon. Diderot revint donc à Paris assez peu content du roi. » C'est la sincérité et l'impartialité de ce livre toutes les fois qu'il s'agit des philosophes du dix-huitième siècle.

lieu. Naigeon lui-même reconnaît qu'on aurait dû en jeter au feu les trois-quarts. Il n'y aurait guère à sauver que l'histoire de madame de La Pommeraye, qui se venge d'un amant infidèle en lui faisant épouser une fille perdue. L'intérêt est dans les artifices par lesquels madame de La Pommeraye transforme aux yeux du marquis des Arcis une infâme prostituée en un ange de vertu et de piété. Mais encore ce récit, diffus et prolixe à la manière de Diderot, impatiente-t-il souvent par les interruptions brusques et ridicules, et par mille puérilités de détail que le narrateur estime la perfection de son art. Pendant que l'hôtesse raconte, son mari, ses valets lui font à chaque instant ouvrir des parenthèses, pour la clef de la cave, pour un courrier qui arrive ou qui part, pour un picotin d'avoine, etc. C'est ce que Diderot appelle la *vérité*, la naïveté; de nos jours cela s'est appelé la *couleur locale*.

En somme, *Jacques le fataliste* est un cynique qui n'a pas l'excuse de la gaieté, fatigant et insipide par la prétention d'être plaisant et original.

La Religieuse vaut mieux, littérairement parlant. Il y a un intérêt suivi, un progrès qui attache le lecteur. C'est une peinture effroyable de la vie des couvents de femmes et des désordres qu'elle peut entraîner. Diderot se complaît à les représenter avec une énergie qui parfois révolte la pudeur la moins susceptible. Il n'était pas nécessaire d'aller si loin pour atteindre son but, et l'on sent qu'ici l'écrivain est conduit par le besoin de sa cause bien moins qu'entraîné par les goûts de sa nature. Toutefois, et mettant à part les passages auxquels je fais allusion, *la Religieuse* me paraît le chef-d'œuvre de Diderot en ce genre. Il y a de l'éloquence, de la terreur, du naturel et de la sensibilité vraie, et le cadre même de son récit a sauvé l'auteur de quelques-uns de ses défauts habituels. Par exemple, sœur Suzanne écrivant ses mémoires seule, en cachette, ne peut être interrompue par les allants et venants comme l'hôtesse de Jacques, ni se livrer comme Jacques ou son maître à d'interminables déclamations philosophiques; l'expression est aussi plus contenue, comme il convenait sous la plume d'une femme et d'une religieuse. Tout le monde y gagne : l'écrivain et son lecteur.

On sait et Diderot lui-même nous apprend que ce roman fut une mystification jouée au marquis de Croismare. L'excellent homme en fut la dupe : il crut de bonne foi à la réalité de la sœur Suzanne, à ses malheurs, à son évasion. En lisant ses mémoires, il pleurait à chaudes larmes; il écrivait à l'infortunée, il lui envoyait de l'argent. Un moins simple aurait pu s'y laisser prendre, tant il y a de vérité dans cette composition; aussi quelle estime qu'on veuille faire de l'imagination de Diderot, j'ai peine à croire qu'il ait tiré toute cette histoire de son propre fonds, et ne se soit pas aidé en effet de quelques notes originales authentiques.

Jacques n'est qu'un ramas de contes orduriers pour la plupart; *la Religieuse* avait une portée toute différente et fort utile au temps où ce livre parut : elle signale l'abus des couvents et le danger des vocations contraintes. C'était un phare sur un écueil. Plaise à Dieu que nous n'en ayons plus besoin!

Mais le principal ouvrage de Diderot à la fin de sa carrière est l'*Essai sur les règnes de Claude et de Néron*. C'est sous une autre forme un éloge de Sénèque. Diderot avait conçu pour la conduite et les écrits de ce philosophe une admiration sans bornes, et ceux qui ne la partageaient point, il les traitait de méchants et de scélérats. C'était le ton ordinaire de son enthousiasme. Il avait même poussé la chose jusqu'à imaginer une sorte de littérature expérimentale à l'aide de laquelle il prétendait reconnaître et apprécier le cœur de chacun : — « Depuis que les livres de Richardson me » sont connus, ils ont été ma pierre de touche. Ceux à qui ils déplaisent » sont jugés pour moi. Je n'en ai jamais parlé à un homme que j'estimasse » sans *trembler* que son jugement ne se rapportât pas au mien. Je n'ai ja- » mais rencontré personne qui partageât mon enthousiasme que je n'aie été » tenté de le serrer entre mes bras et de l'embrasser [1]. »

C'est apparemment pour avoir cru à l'infaillibilité de son diagnostic que Diderot a été si souvent attrapé :

« Il m'a laissé une mélancolie qui me plaît et qui dure. Quelquefois on » s'en aperçoit et l'on me demande : Qu'avez-vous? vous n'êtes pas dans » votre état naturel. Que vous est-il arrivé? On m'interroge sur ma santé, » sur ma fortune, sur mes parents, sur mes amis : — O mes amis, *Paméla*, » *Clarisse* et *Grandisson* sont trois grands drames [2]! » Les gens qui ne sortent pas de lire *Clarisse* et ne sont pas montés à ce degré de chaleur, trouvent cette réponse un peu ridicule.

Revenons à l'*Essai sur Claude et Néron*. Ce livre, comme tous ceux de Diderot, est lardé de déclamations bouffies et de digressions disparates au sujet annoncé par le titre. C'est que le sujet véritable, constant, unique de Diderot, c'est Diderot lui-même. C'est de lui que nous vient cette mode si accréditée chez quelques modernes, de mettre en avant à tout propos sa personnalité, ses goûts, ses sympathies et ses antipathies. Ainsi la querelle de Diderot et de Rousseau occupe une large place dans l'éloge de Sénèque. Ils s'étaient liés dans leur jeunesse, en 1742, et tout à coup, dans l'automne de 1758, ils se brouillèrent à jamais, après seize ans d'intimité. Il est difficile de dire au juste à qui appartenaient les premiers torts; cependant je crois qu'il faut les attribuer à Jean-Jacques. Madame d'Houdetot lui écrit un matin : « Votre passion pour moi a éclaté; tout Paris en est instruit. Saint-Lambert m'a fait une scène dont j'ai pensé mourir. » Diderot avait été le confident de Rousseau, Rousseau accusa l'indiscrétion de Diderot. Jusque-là rien de plus naturel.

[1] Éloge de Richardson.

[2] *Ibid.*

Mais Saint-Lambert se rend à l'Ermitage, s'explique avec Rousseau et lui démontre preuves en main l'innocence de Diderot. Jean-Jacques semble convaincu : point du tout! La *Lettre sur les spectacles* paraît et dans la préface l'on trouve ce passage, à la vérité plus empreint de mélancolie que de fiel : « J'avais un aristarque judicieux et sévère : je l'ai perdu, je n'en veux plus! Je le regretterai toute ma vie; il manque à mon cœur plus encore qu'à mes écrits. » Et en note, un verset de l'Ecclésiaste sur les causes qui rendent les amitiés fragiles ici-bas.

Dans tout cela, point de noms propres : pour le public indifférent, l'allusion pouvait être obscure, mais pour les lecteurs au fait des querelles intérieures des gens de lettres, il était impossible de s'y tromper ou d'hésiter : cet aristarque perdu, cet ami infidèle, c'était Diderot. Le lendemain, Saint-Lambert indigné renvoie à Rousseau son exemplaire avec une lettre que celui-ci a imprimée dans les *Confessions*[1]. Tout le monde donna tort à Rousseau, et Diderot, qui ne connut en rien les doux tempéraments, passe subitement de l'un à l'autre extrême, sans réfléchir que Rousseau était pauvre, isolé, souffrant, d'une défiance naturelle accrue par ses misères, tandis que lui, Diderot, vivait dans l'aisance, entouré d'amis, au sein de la société d'Holbach, à tort ou à raison redoutée et détestée de Jean-Jacques. Si Jean-Jacques avait été coupable envers Diderot, celui-ci le fut bien davantage d'insérer dans son livre les plus amères récriminations contre un ancien ami, et cela vingt ans après leur rupture, au moment même où Rousseau venait d'expirer! C'est alors qu'il traite Rousseau de pervers, qu'après l'avoir appelé *le plus éloquent des écrivains et le plus vertueux*, il déclare qu'il l'a toujours *méprisé*, et lui reproche d'avoir accepté de lui « pendant longues années tous les secours de la bienfaisance et tous les services de l'amitié. » Il a beau dire que le mépris est un sentiment froid, qu'il serait lâche d'attaquer Jean-Jacques mort, qu'il n'écrit point une satire, ses excuses mêmes et ses précautions le condamnent; on sent qu'il écrit encore sous l'empire de la passion, et, comme Diderot était aussi généreux et bon qu'il était emporté, je ne doute point que quelqu'un n'entretînt son ressentiment et ne conduisît sa main à son insu. Je ne voudrais point ici former un jugement téméraire, mais ce quelqu'un, qui prudemment se cache derrière Diderot et le pousse, me paraît bien ressembler dans l'ombre à M. le baron de Grimm, personnage sans aucun talent que celui de l'intrigue, bas, méchant et perfide, qui passa sa trop longue vie à déchirer sournoisement son prochain lorsqu'il ne pouvait pas l'exploiter à son profit[2]. Ce vilain Grimm avait su captiver Diderot, ce qui au surplus

[1] Livre X. La réponse laconique et fière de Rousseau est muette sur le fait principal allégué par Saint-Lambert en faveur de Diderot. Rousseau dit seulement qu'il a trouvé la lettre de Saint-Lambert *indigne de réponse*.

[2] Le seul talent de Grimm a été de se bâtir une espèce de célébrité aux frais de ses amis.

n'était pas difficile. Il était l'amant de madame d'Épinay, et quand sa maîtresse devint enceinte, il imagina de l'envoyer à Genève consulter Tronchin, sous la conduite de Jean-Jacques, qui, bien entendu, n'était pas dans le secret. Heureusement Rousseau reconnut le piége tendu sous ses pas et refusa net le rôle que lui destinait l'honnête baron, son ami. De là une rupture et la haine implacable de Grimm. C'est lui seul que Rousseau accuse de noirs complots et de scélératesse à son égard[1]. C'est lui sans doute qui conduisait la main de Diderot dans le passage de l'*Essai sur Claude et Néron* : on y démêle la part de chacun : c'est Diderot qui proclame Rousseau le plus éloquent et le plus vertueux des écrivains; c'est Grimm qui le déclare méprisable : c'est Diderot qui trouve de la lâcheté à attaquer Jean-Jacques mort; c'est Grimm qui le lui fait attaquer à l'instant même, et dans les termes les plus odieux. Les *Confessions* venaient de paraître; Diderot s'y appuie pour appeler son ancien ami fou, orgueilleux, hypocrite, menteur. O Diderot, prenez garde! le menteur et l'hypocrite est plus près de vous que vous ne pensez! C'est lui qui vous souffle, qui vous pousse à une démarche indigne. Quoi! vous connaissiez les *Confessions*, et la plume ne vous est pas tombée des mains quand vous y avez lu le passage suivant : « En rompant avec Diderot, que je croyais moins » méchant qu'indiscret et faible, j'ai toujours conservé dans l'âme de l'at» tachement pour lui, *même de l'estime*, et du respect pour notre ancienne » amitié, que je sais avoir été long-temps aussi sincère de sa part que de » la mienne. C'est tout autre chose avec Grimm, homme faux par carac» tère, qui ne m'aima jamais, qui n'est même pas capable d'aimer, et qui » de gaieté de cœur, sans aucun sujet de plainte et seulement pour con» tenter sa noire jalousie, s'est fait *sous le masque* mon plus cruel calom-

Otez de sa correspondance, d'abord toutes les pièces volantes recueillies à droite et à gauche, ensuite tout ce qui appartient à Diderot; troisièmement, et c'est ici la plus grosse part, restituez à M. Meister tout son travail, que restera-t-il à Grimm? rien, si ce n'est peut-être quelque compte rendu en quinze lignes d'ouvrages qui encore n'en méritaient pas tant.

[1] « Diderot et d'Holbach n'étaient pas gens à tramer des complots bien noirs; l'un n'en avait pas la méchanceté ni l'autre l'habileté, mais c'est en cela même que la partie était mieux liée : Grimm seul formait son plan dans sa tête et n'en montrait aux deux autres que ce qu'ils avaient besoin de voir pour concourir à l'exécution. L'ascendant qu'il avait pris sur eux rendait le concours facile, et l'effet du tout répondait à la supériorité de son talent.... Il forma le double projet de renverser ma réputation de fond en comble et de m'en faire une tout opposée *sans se compromettre*. » *Confessions*, livre X.

C'était là son fort, ne pas se compromettre, mais il ne craignait pas d'exposer ses amis à sa place. Dans le temps des querelles du *Père de famille*, Deleyre publia une traduction du *Vero amico* et du *Padre di famiglia* de Goldoni. Grimm y joignit des préfaces très-insultantes pour la princesse de Robecq et la comtesse de Lamark. Ces deux pièces n'étaient point signées; on les attribua à Diderot. Palissot écrivit à Voltaire que Diderot en était positivement l'auteur. Mieux instruites cependant, les dames offensées ne prirent pas le change : elles menaçaient de leur vengeance Grimm qui se taisait. Alors Diderot s'avance et se déclare hautement l'auteur du délit. On savait le contraire, on se contenta de cette démarche généreuse, et l'affaire en demeura là.

» niateur. » (*Confessions*, livre X.) — Lorsqu'il traçait cette dernière ligne, Jean-Jacques ne soupçonnait peut-être pas que la rage de ce calomniateur le poursuivrait jusqu'au fond de la tombe et toujours *sous le masque!*... Madame de Vandeul, parlant de la brouillerie de son père avec Rousseau, dit que « c'est un tripotage de société où le diable n'entendrait rien... au » demeurant, si quelqu'un peut deviner quelque chose de ce grimoire, » c'est M. de Grimm ; s'il n'en sait rien, personne n'expliquera jamais » cette affaire. » Elle ne croyait pas rencontrer si juste, mais M. de Grimm s'est bien gardé de rien expliquer!

Dans toutes ces querelles de Jean-Jacques avec ses amis, c'est presque toujours lui que l'on condamne, et c'est lui aussi que l'on plaint. Cette remarque est à son honneur : le tort venait de son esprit, et son cœur en portait cruellement la peine.

Diderot tomba malade au mois de février 1784 ; c'était une légère attaque d'apoplexie dont les suites le conduisirent au tombeau. Cependant il y eut quelque répit qui donna un peu d'espoir à sa famille. Le curé de Saint-Sulpice vint plusieurs fois visiter son paroissien (Diderot logeait depuis trente ans au coin de la rue Saint-Benoît et de la rue Taranne). Leurs entretiens se passèrent à merveille, hormis que Diderot refusa toujours la petite rétractation que le curé sollicitait. — Cela, disait le prêtre, ferait pourtant un bien bel effet dans le monde! — Je le crois, répondait le philosophe, mais avouez que ce serait un impudent mensonge. Alors ils se remettaient à causer sur un sujet où ils s'entendaient mieux : la morale, les bonnes œuvres, l'humanité, etc.

L'appartement de Diderot était au quatrième et sa bibliothèque au cinquième ; il ne pouvait plus monter sans danger. Grimm recourut encore à l'impératrice, et Catherine prenant jusqu'au bout à sa charge la dette de la France, fit donner à son bibliothécaire un superbe logement rue de Richelieu. Le philosophe quitta donc son taudis pour un palais. Il en jouit douze jours. Le 29 juillet au soir il reçut ses amis ; on parla philosophie, et Diderot déclara que « le premier pas vers la philosophie, c'est l'incrédulité. » Ce fut son dernier mot ; il mourut le lendemain, et le curé de Saint-Roch l'enterra dans son église, dans la chapelle même de la Vierge, où le philosophe demeura tranquillement, et où il est encore.

Où sont les cendres de Voltaire? de Voltaire, qui toute sa vie soutint avec conviction l'existence de Dieu. Pourquoi les prêtres, qui venaient de refuser la sépulture chrétienne à Voltaire, ont-ils inhumé Diderot dans une église?

Le philosophe Voltaire avait rendu les moines ridicules et haïssables; l'artiste, le poète Diderot s'extasiait devant un capucin. Voltaire combattit le clergé; Diderot n'avait combattu que Dieu.

Pourtant il faut s'entendre sur l'athéisme de Diderot. Il est bien différent de celui d'Helvétius, par exemple, qui ne reconnaît d'autre principe que le hasard, d'autres mobiles des actions humaines que le plaisir ou la douleur; bien différent surtout de l'athéisme dogmatique de son éditeur Naigeon, qui ne comprend pas qu'on puisse être honnête homme et croire en Dieu. Ceux-là sont vraiment des athées et des matérialistes. Tel n'est pas Diderot, quoiqu'il ait pris l'un et l'autre titre. Si le mot panthéisme eût été connu de son temps, je ne doute pas que Diderot ne l'eût adopté sans hésiter à la place de l'autre. La doctrine de Diderot, loin d'être la négation de toute divinité, c'est le panthéisme. La nature, ses forces et ses lois, voilà ce qu'adore Diderot, ce qui lui tient lieu d'idéal : — « Les hommes ont banni » la divinité d'entre eux; ils l'ont reléguée dans un sanctuaire; les murs » d'un temple bornent sa vue; elle n'existe point au delà. Insensés que » vous êtes! détruisez ces enceintes qui rétrécissent vos idées; *élargissez* » *Dieu, voyez-le partout où il est*, ou dites qu'il n'est point[1]. » Ces paroles sont d'un panthéiste et non d'un athée. Elles signifient clairement : Soyez panthéistes sous peine d'être athées, ou, en d'autres termes, absurdes.

Est-ce là nier l'existence de Dieu?

Athée, dans le vrai sens du mot, Diderot eût embrassé les idées d'Helvétius, et au contraire il avait entrepris de les réfuter dans un Commentaire philosophique sur le livre de l'homme[2].

Diderot, chose étrange dans un matérialiste! avait au plus haut point le *sentiment de l'immortalité* et le *respect de la postérité;* ce sont ses propres expressions. Il entrait en fureur quand on prétendait l'art possible hors de cette façon de penser. Le sculpteur Falconet, son ami et l'objet de son enthousiasme, s'amuse un jour à lui soutenir du fond de la Russie que « l'idée du jugement de la postérité n'entre pour rien dans les inspirations de l'artiste, » et que « le génie est la cause unique des grandes choses. » Diderot s'enflamme, monte sur son trépied, et il entame une correspondance *sur le désir de transmettre son nom à la postérité*... On voit là combien est faible le matérialisme de Diderot, combien il tenait aux mots. A chaque instant Diderot touche à la doctrine de l'immortalité de l'âme, qui, une fois admise, lui donnerait aussitôt la victoire. Mais il se garde bien d'en dire un mot, même comme d'une hypothèse inventée pour expliquer une difficulté capitale, — l'origine de cet instinct qui porte l'homme à vouloir immortaliser son nom. L'affectation de Diderot à éviter jusqu'à la simple

[1] *Pensées philosophiques.*

[2] Publié par fragments par Naigeon dans sa notice sur la vie et les œuvres de Diderot.

mention de ce dogme est très-significative. Il s'en tire comme il peut, par des comparaisons, des analogies ; l'homme veut être immortel, pourquoi ? parce que les louanges de la postérité lui sont douces comme un concert de flûtes lointaines pendant la nuit. C'est très-poétique, mais comparaison n'est pas raison ; l'on n'entend que les flûtes présentes, et non les flûtes à venir. Diderot a beau dire : on ne jouit pas d'un concert par anticipation, ou si l'on en jouit, c'est par un espoir fondé d'y assister. L'âme se sent donc immortelle, et pour combattre cette immortalité, il faut donc étouffer son instinct et nier sa conscience ?

Diderot emploie là un argument très-dangereux qui pourrait aisément tourner entre ses mains et le blesser lui-même. Vainement il s'efforce de séparer l'effet et la cause, le principe et la conséquence. A chaque minute il est entraîné : « Le sentiment de l'immortalité et le respect de la postérité » ont *je ne sais quelle analogie secrète avec la verve et la poésie.* » (Page 229). — Eh, philosophe, osez faire un pas de plus en avant, et vous serez face à face de ce je ne sais quoi : c'est l'immortalité de l'âme.

« Parmi tant d'idées superstitieuses dont on a entêté les hommes, je suis » toujours surpris qu'on ne leur ait pas persuadé qu'ils entendraient sans » cesse sous la tombe le jugement qu'ils auraient mérité : l'homme de bien, » la voix de la louange et du regret ; le méchant, la voix de l'anathème et » de l'exécration. » (Page 213). — Précisément : vous y voilà !

Mais que Diderot s'imagine avoir le premier rencontré cette idée, c'est pousser aussi l'illusion trop loin.

Et comme Falconet ne se rend pas, Diderot fait un appel à la conscience de l'artiste ; il s'oublie jusqu'à lui parler en ces termes : « Pourriez-vous » bien me dire, mais là en votre âme et conscience, *comme si vous étiez* » *devant Dieu, que la trompette sonnât, et que nous l'entendissions tous* » *deux.....* » (page 208.) La phrase paraît singulière dans la bouche d'un athée de profession. Est-il si dépourvu qu'il ne puisse trouver de meilleure garantie que la trompette du jugement dernier ? Ne dites pas que c'est une façon de parler populaire, une plaisanterie ; un sage qui raisonne n'emploie pas des façons de parler qui ruinent son raisonnement, et Diderot, quatre lignes auparavant, vient de dire : « Vous plaisantez tant qu'il vous plaît, » et il faut, moi, que je sois toujours sérieux. »

La distraction de Diderot rappelle celle de cet autre à qui l'on disait : — Au fond, vous croyez en Dieu plus que vous ne pensez. — Mon Dieu, non ! répondit le bonhomme.

Si vous êtes athée, vous niez l'immortalité de l'âme ; si vous niez l'immortalité de l'âme, vous n'avez nul souci de la postérité ; vous n'immolez pas votre bonheur en cette vie au désir insensé d'être nommé quand vous serez anéanti, corps et âme.

— « Un jour Fontenelle disait que s'il y avait dans un coffre un Mémoire écrit de sa main qui le peignît à la postérité comme un des plus grands scélérats du monde, et qu'il eût une démonstration géométrique que ce Mémoire serait ignoré de son vivant, il ne se donnerait pas la peine d'ouvrir le coffre pour le brûler. » (*Lettres à Falconet*, page 257.) Là-dessus Diderot s'indigne et s'emporte : — « Un homme aussi indifférent sur la » mémoire qu'il laisse après lui ne balancerait guère à commettre un crime, » si ce crime lui était utile et qu'il eût la démonstration géométrique qu'il » ne sera pas connu de son vivant. On n'aime pas ces gens-là qui mettent » tant d'importance à la date! » — Il est vrai, philosophe, mais Fontenelle parlait en matérialiste sincère et conséquent, et je suis charmé de vous dire que vous parlez en matérialiste mal convaincu et inconséquent, en faux matérialiste, ou, si vous l'aimez mieux, en spiritualiste. Comme matérialiste et bon logicien, Fontenelle était d'un égoïsme affreux; c'est pourquoi il tenait tant à la date, et, comme vous dites, on n'aime pas ces gens-là. Mais on vous aime, vous, parce que vous étiez très-bon, aimant votre prochain comme vous-même, et parce que vos raisonnements en faveur du matérialisme sont bâtis évidemment de travers; votre cœur se moque de votre tête.

L'athéisme découle des idées de Diderot; c'est un reproche dont il est impossible de laver le philosophe : je n'y tâche pas aussi, mais dans l'intérêt de la vérité et de l'étude psychologique je voudrais faire voir quel était cet athéisme : incertitude et inconséquence.

J'observe que Diderot ne prêche pas l'athéisme sous son véritable nom [1]. Était-ce par le soin de ne pas se contredire et par le souvenir du jugement qu'il avait porté jadis sur les athées [2]? Ne serait-ce pas aussi qu'il sentait que ce mot d'*athéisme* n'exprimait pas fidèlement la situation philosophique de son esprit?

Diderot a fait l'exposition de ses idées dans un dialogue exprès, et ce dialogue s'intitule : *la Promenade du Sceptique*. Un autre dialogue entre Crudeli et la maréchale de Broglie ne conclut encore qu'au scepticisme. Or, un sceptique n'est pas un athée. Le scepticisme est la transition de la foi à l'incrédulité; c'est l'état d'un esprit qui a beaucoup examiné et à qui il reste beaucoup à examiner; c'est un état provisoire, que souvent la paresse, la fatigue ou l'orgueil rendent définitif.

L'athée exclut toute pensée d'un Dieu; le manichéen, au contraire, reçoit deux principes, c'est-à-dire deux divinités. Rien n'est plus opposé. Après

[1] Naigeon parle bien (p. 167) d'une profession d'athéisme que Diderot aurait fait imprimer à trois exemplaires sur une feuille volante qui a disparu et dont on n'a jamais eu de nouvelles. Il en cite même un paragraphe assez long qu'il avait retenu par cœur dans sa jeunesse. Mais cette histoire a trop l'air d'une fraude pieuse en faveur de l'athéisme, et Naigeon paraît avoir retenu le paragraphe de Diderot de la même façon à peu près que l'abbé Maury avait retenu le fameux exorde du père Bridaine. Les mêmes moyens peuvent servir à des fins opposées.

[2] Voyez ci-dessus, page 296.

avoir vu Diderot panthéiste, voulez-vous la preuve que Diderot était manichéen? lui-même va vous le dire en termes aussi formels que possible : « La nature est une folle qui gâte d'une main ce qu'elle fait bien de l'autre. » Elle s'est amusée à mêler de chicotin le peu de bonbons qu'elle donne à » ses enfants. *Le système des deux principes, l'un bienfaisant, l'autre mal-» faisant, qui a été si généralement répandu sur la terre, n'est pas aussi » extravagant qu'on le dit en Sorbonne. Il en faut passer par là ou croire » au Jupiter d'Homère*, qui a renfermé dans deux tonneaux tous les biens » et tous les maux de la vie, etc.[1]. »

Quoi de plus positif? il faut croire au Jupiter d'Homère ou au Manichéisme : Diderot ne voit pas moyen d'échapper à l'alternative; et c'est en 1765 qu'il s'exprime ainsi, à cinquante-deux ans, au moment où il terminait l'Encyclopédie.

Je demande si cet homme-là est un athée? Non. — Mais il en accepte la qualification, il la prend lui-même. — Dans ses conversations chez le baron d'Holbach, oui; des témoins l'attestent : dans ses ouvrages, nullement. Je n'ai vu nulle part Diderot s'écrier : Je suis athée! D'ailleurs, qu'importe? *athée* était alors l'injure que le clergé jetait à la tête de ses ennemis, des ennemis du christianisme, Diderot s'y prête de bonne grâce. Athée, soit! il ne se soucie guère du mot. De nos jours, tel de nos prélats belligérants n'eût pas manqué de l'appeler à tout hasard *panthéiste*, et l'épithète fut tombée plus juste.

Le propre d'une conviction profonde, c'est de chercher à se répandre; c'en est la première et la plus sûre marque. Or, jamais homme n'a été moins que Diderot possédé de l'esprit de prosélytisme. Autour de lui dans sa famille, tout le monde croyait, à commencer par son père et sa mère. Il avait un frère chanoine[2] et deux sœurs religieuses; madame Diderot était dévote, et Diderot ne s'opposait point à ce qu'elle élevât leur fille Angélique dans ses principes[3]; ce qui, par parenthèse, donnait de l'humeur à Voltaire : « J'ai été bien aise de rendre un témoignage public à » *Tonpla* (dans la préface des *Scythes*); ce n'est pas que je sois content » de lui : on dit qu'il laisse élever sa fille dans des principes qu'il dé» teste. » (*A Damilaville* du 30 janvier 1767.)

[1] Lettres à mademoiselle Voland, t. II, p. 223.

[2] Ce frère, élève des jésuites comme Diderot, était aussi comme lui vif et violent, mais ce qui le distinguait de son frère, c'est qu'il portait l'intolérance à l'excès. Voltaire s'entremit pour raccommoder le prêtre et le philosophe : Diderot, qui était l'aîné, fit toutes les avances; l'autre lui fit un procès que leur père eut toutes les peines du monde à arranger. Sa haine s'étendait jusqu'à sa belle-sœur et à sa nièce. « La seule marque d'amitié qu'il m'ait donnée, est d'avoir » dit un an la messe pour la fille que j'ai perdue, et la même attention pour mon père. » (*Notice sur Diderot*, par madame de Vandeul.)

[3] On a beaucoup répété qu'il lui faisait lire la Bible ou même réciter le catéchisme. C'est une historiette dont je n'ai trouvé aucune trace sérieuse.

Cela prouve au moins que Diderot appliquait mieux que Voltaire le principe de la tolérance.

Mais cette tolérance philosophique est-elle le fruit d'une conviction bien intime? Hélas, il faut l'avouer, c'est la conséquence d'un doute plus ou moins explicite. La foi vive est une passion, et la passion engendre le fanatisme, d'où sort aussitôt l'intolérance. Maintenant il n'y a plus qu'à décider lequel est le plus avantageux pour le repos et le bonheur du genre humain, pour la liberté sociale, la foi absolue ou le doute tempéré : c'est toute la querelle de la religion et de la philosophie.

Diderot ne faisait point, comme Voltaire, de la controverse contre le christianisme ou toute autre religion. Il les laisse toutes en paix, content d'exposer partout ses idées particulières appuyées des meilleurs arguments dont il peut s'aviser. Voulez-vous ne point raisonner avec lui et garder votre croyance? à la bonne heure : il y consent. « Il faut bien, disait-il, laisser une canne à ceux qui n'ont point de jambes. »

On sera curieux sans doute de voir quelle éducation morale donnait Diderot à cette fille tendrement chérie. A cet égard les renseignements ne manquent pas; lui-même les a consignés dans sa correspondance avec mademoiselle Voland. J'en extrairai deux passages curieux, ils suffiront à donner l'idée du reste.

« Je l'ai trouvée si avancée, que dimanche passé, chargé par sa mère de » la promener, j'ai pris mon parti de lui révéler tout ce qui tient à l'état de » femme, débutant par ces mots : « Savez-vous quelle est la différence des » deux sexes? » De là je pris occasion de lui commenter toutes ces galan- » teries qu'on adresse aux femmes : « cela signifie, lui dis-je; Mademoiselle, » voudriez-vous bien, par complaisance pour moi, vous déshonorer, perdre » tout état, vous bannir de la société, vous renfermer à jamais dans un » couvent, et faire mourir de douleur votre père et votre mère? » Je lui ai » appris ce qu'il fallait dire et faire, entendre et ne pas écouter; le droit » qu'avait sa mère à son obéissance, combien était noire l'ingratitude d'un » enfant qui affligeait celle qui avait risqué sa vie pour la lui donner; » qu'elle ne me devait de la tendresse et du respect que comme à un bien- » faiteur, qu'il n'en était pas ainsi de sa mère; quelle était la vraie base de » la décence et la nécessité de voiler des parties de soi-même dont la vue » inviterait au vice. Je ne lui laissai rien ignorer de tout ce qui pouvait se » dire décemment; et là-dessus elle remarqua qu'instruite à présent, une » faute commise la rendrait bien plus coupable, parce qu'il n'y aurait plus » l'excuse de l'ignorance ni celle de la curiosité... Quel chemin on ferait » faire à cette tête-là si l'on osait! il ne s'agirait que de laisser traîner quel- » ques livres. » (Du 22 novembre 1768).

Il n'y a peut-être pas dans toute la vie et les écrits de Diderot, un trait qui peigne plus fortement l'audace de son esprit philosophique. Cependant, après tout, cette révélation inévitable, vaut-il mieux la faire arriver à une jeune fille directement par la bouche grave de son père, ou bien la lui laisser apprendre en cachette, de la bouche passionnée d'une compagne ou d'un amant? Il est sûr qu'elle écoutera son père de sang-froid, mais les deux autres?

« Nos promenades, la petite bonne et moi, vont toujours leur train. Je » me proposai dans la dernière de lui faire concevoir qu'il n'y avait aucune » vertu qui n'eût deux récompenses, le plaisir de bien faire et celui d'ob- » tenir la bienveillance des autres; aucun vice qui n'eût deux châtiments, » l'un au fond de notre cœur, l'autre dans le sentiment d'aversion que nous » ne manquons jamais d'inspirer aux autres. Le texte n'était pas stérile : » nous parcourûmes la plupart des vertus; ensuite je lui montrai l'envieux » avec son teint creux et son visage pâle et maigre, l'intempérant avec son » estomac délabré et ses jambes goutteuses; le luxurieux avec sa poitrine » asthmatique et les restes de plusieurs maladies qu'on ne guérit point, ou » qu'on ne guérit qu'au détriment du reste de la machine. Cela va fort bien : » nous n'aurons guère de préjugés, mais nous aurons de la discrétion, des » mœurs et des principes communs à tous les siècles et à toutes les nations. » (11 septembre 1769).

Diderot, comme on voit, prenait tous ses principes de morale sur la terre et ne les appuyait point au ciel. Je ne prétends point juger cette méthode d'éducation, ni conclure du particulier au général, mais il est sûr que mademoiselle Diderot (madame de Vandeul) fut une femme également distinguée par sa piété et par les lumières de son esprit. Ce fait contient tout ensemble la condamnation et l'absolution des doctrines de son père, puisque d'un côté, la personne qui en avait été le plus fortement imprimée ne les jugea pas suffisantes à elles seules; et que d'autre part, ces doctrines n'avaient point tari chez elle les sources de la foi.

Auprès du public le succès fut le même.

Toute la verve et l'éloquence de Diderot n'ont pu faire prendre chez nous le culte de la nature. Cette vague aspiration à un panthéisme infini ne va pas à l'esprit français, ami par-dessus tout de ce qui est net et clair. L'esprit allemand au contraire s'en est tout de suite accommodé. En général, le génie de Diderot a rencontré de l'autre côté du Rhin de plus vives et plus fécondes sympathies que dans son pays natal : Diderot était un poète allemand né en France. Ses théories artistiques, toujours fondées sur le sentiment de la nature, ont inspiré Lessing, le fondateur de cette science tout allemande qu'on appelle l'*esthétique*. La terre classique du panthéisme, c'est l'Allemagne; c'est là qu'il a jeté ses plus profondes racines. Le plus puissant propagateur du panthéisme, ce fut Goëthe, et Goëthe professait pour le génie de Diderot une estime et une admiration particulières. Pourtant cette différence essentielle les sépare, que Diderot manque complétement d'idéal, et que Goëthe, à force d'agrandir la nature, parvient quelquefois à l'idéaliser [1].

Diderot pensait que la nature humaine se suffit à elle-même, et que, dans les choses d'imagination comme dans les réalités, elle n'a pas besoin de chercher à rien apercevoir au delà du monde physique. Il était né prodigieusement sensuel et *sensitif*. Aussi Voltaire avait-il fort mal rencontré en le surnommant Platon. Diderot était à coup sûr le moins platonique de tous les hommes; personne n'a jamais été plus ami des réalités et n'a pris plus à tâche de bannir les chimères de ses systèmes. Au reste, on comprend ce culte fervent de la nature de la part d'un homme qu'elle avait si richement doué. L'organisation de Diderot ne peut se comparer en France qu'à celle de Voltaire, et Rousseau avait raison lorsqu'il disait de lui à madame d'Épinay : — « C'est un génie transcendant comme il n'y en a pas deux dans ce siècle. »

Cependant combien Voltaire domine Diderot dans la postérité! Aussi leur œuvre est d'une portée bien différente. Les écrits de Voltaire charmeront et serviront l'humanité éternellement. Le feu qu'avec le secours de l'art il y a déposé doit éclairer le monde jusqu'à son dernier jour. Au contraire, jetez les yeux sur ceux de Diderot; contemplez cet amas de cendres et de laves refroidies : il faut y fouiller profondément pour retrouver quelque étincelle du volcan éteint. Marmontel avait raison : Diderot a écrit de belles pages, mais pas un livre. On dirait que cet ardent génie n'a ambitionné que la gloire d'illuminer ses contemporains. La verve faisait continuellement bouillonner son cerveau; l'éruption des idées était toujours prête, il les répandait de toute nature et sur tout le monde. La parole de Diderot était irrésistible; sa conversation était une magie. Les témoignages sur ce point sont unanimes. Je ne citerai que celui de l'abbé Morellet : — « Diderot » avait une grande puissance et un grand charme; sa discussion était » animée, d'une parfaite bonne foi, subtile sans obscurité, variée dans ses » formes, brillante d'imagination, féconde en idées et réveillant celles des » autres. On s'y laissait aller des heures entières comme sur une rivière » douce et limpide dont les bords seraient de riches campagnes ornées de » belles habitations. J'ai éprouvé peu de plaisirs de l'esprit au-dessus de » celui-là, et je m'en souviendrai toujours [2]. »

Malheureusement Diderot, lorsqu'il écrit, semble encore improviser, mais le ton, le geste, la vie enfin, sont absents. Le flux ne soulève et n'emporte pas le lecteur comme il faisait l'auditeur. La moitié des pages de

[1] Quelques-unes de ces dernières observations sont empruntées à M. E. Vacherot, auteur d'un remarquable article Diderot, dans le *Dictionnaire des sciences philosophiques*.

[2] *Mémoires*, t. I, p. 28.

critique tracées par Diderot ressemblent à ces feuilletons quotidiens, étincelants le matin de leur naissance, pâles et froids le lendemain. *Ludibria ventis !*

La manne qui nourrit les Israélites dans le désert, fraîchement ramassée, était un mets délicieux; mais il était défendu d'en conserver. Celui qui y retournait au bout de vingt-quatre heures la trouvait corrompue. C'est l'image fidèle de la littérature des journaux, et Diderot, bien plus encore que Voltaire, fut le type du journaliste moderne.

La gloire semble avoir été partagée à ces deux hommes en raison de leur croyance : le matérialiste a eu la sienne en viager; le spiritualiste jouit de la sienne à perpétuité.

Mais il est du devoir de l'historien de rappeler les services effacés, et d'en remettre l'image sous les yeux de la nation qui les a reçus. La France n'a point payé ceux de Diderot : vivant, elle l'abandonna à la persécution des fanatiques et à la protection d'une souveraine étrangère; mort, elle ne lui donne pas le rang qu'il devrait tenir parmi les génies dont elle est fière. Il n'en est point cependant dont la force, l'étendue et l'activité pussent lui inspirer un plus juste orgueil. Je conviens que le dieu d'Helvétius, le Hasard, eût pu servir mieux Diderot en le faisant naître quelques années plus tard. En effet, concevez Diderot au milieu de la révolution de 89, avec sa passion de liberté, son enthousiasme, sa verve, son éloquence, l'universalité de son génie, surtout avec sa droiture de caractère et son inflexible probité; allumez ce foyer d'idées au centre de la France qui se reconstitue, faites luire cette flamme au sein des assemblées législatives, Diderot, n'en doutez pas, éclipsait Mirabeau.

F. Génin,

Professeur à la Faculté des lettres de Strasbourg.

JOSEPH VERNET

JOSEPH VERNET

NÉ EN 1714, MORT EN 1789.

Nous avons à nous occuper d'un de ces hommes qui, vers le milieu du siècle dernier, eurent assez d'esprit et de bon sens pour penser que l'art ne devait pas s'assujettir aux caprices de la mode, et qui osèrent trouver mauvais ce que tout le monde regardait alors comme excellent et recherchait avec passion.

Boucher jouissait de la plus haute faveur, et laissait d'ailleurs bien loin derrière lui une foule d'imitateurs qui menaçaient d'abâtardir complétement la peinture, soutenus comme ils l'étaient par le mauvais goût si général de l'époque. Cette école, si toutefois on peut lui donner ce nom, était entièrement fausse; elle ne se basait ni sur la nature, ni sur le beau idéal des Grecs, la convention et la fantaisie en étaient presque les seules règles; tout peintre alors croyait marcher dans le droit chemin en sacrifiant la grandeur et le beau des lignes à leur coquetterie, la noblesse et le style d'une composition à un arrangement plus ou moins joli. Cette voie était déplorable, et d'autant plus à craindre qu'elle menait à la réputation et à la fortune. Watteau, Boucher étaient sans contredit des hommes d'un talent remarquable; mais ils ne pouvaient devenir chefs d'école sans les plus grands dangers pour l'art : leur originalité, leur laisser-aller, leur grâce même, copiés d'ailleurs très-maladroitement par leurs imitateurs, étaient bien plus à craindre et à éviter que les écarts de l'école moderne dite romantique. La peinture, comme tous les autres arts, était donc entièrement en décadence, et sa ruine était certaine si quelques talents sains et vigoureux ne venaient la régénérer.

La peinture en général peut se diviser en deux grandes branches comprenant toutes les autres, peinture d'histoire et peinture de paysage : dans la première se classent le genre, le portrait et toute œuvre dont les figures sont la partie principale; la seconde réunit la peinture de marine, d'intérieur, et tous les sujets enfin qui n'admettent les figures que comme ornement et en quelque sorte comme complément de composition. Vien et Vernet, chacun dans sa partie, furent les deux hommes destinés à faire sortir l'art de la route fausse et périlleuse dans laquelle il était engagé, et à lui imprimer une direction tout à la fois grande et sage, puisqu'elle avait pour point de départ et pour but l'étude de la nature et de l'antique. La mission de ces deux artistes était belle et difficile; ils l'ont dignement remplie, à notre avis du moins. Il fallait engager une lutte longue, et rude à soutenir; car il s'agissait, non-seulement de changer le goût général, mais encore de persuader aux peintres que l'art est long, pénible et difficile, et que, quand on s'y voue avec conscience, il faut tout lui sacrifier, principalement la fortune. Il fallait donner l'exemple : Vien et Vernet s'en chargèrent.

Joseph Vernet naquit à Avignon en 1714. Il eut pour premier maître son père, Antoine Vernet, peintre assez distingué, qui comprit tout d'abord les éminentes qualités qui distinguaient son fils et devaient lui attirer un jour une si haute réputation. Antoine sentit bien vite de quelle importance était pour ce fils un voyage et des études fortes et consciencieuses en Italie; il se résolut donc à l'y envoyer, et pour cela fit les plus grands sacrifices. Vers la fin de 1732, Joseph se mit en route, et arriva à Rome dans sa dix-huitième année. Ce voyage, qu'il fit par mer, décida, dit-on, de son goût pour la peinture de marine : pendant la traversée on ne put le faire coucher; il passa toutes les nuits sur le pont à considérer les effets si impressionnants de cette belle mer Méditerranée, et, à la fin de sa vie, c'était encore, disait-il, un de ses souvenirs les plus délicieux.

Dès qu'il fut arrivé, il entra dans l'atelier de Lucatelli, peintre distingué, et il embrassa son art avec tant d'ardeur et d'opiniâtreté que bientôt son maître fut surpassé. Ses commencements cependant, comme ceux de presque tous les hommes d'un grand talent, furent obscurs et pénibles : les faibles ressources que lui faisait tenir son père ne pouvant lui suffire, il fut réduit à un tel état de gêne qu'il dut s'estimer très-heureux de donner un de ses tableaux pour un habit, une veste et une culotte. Ce même tableau, quelques années après, fut vendu trois mille livres. Ces commencements difficiles, loin de le rebuter, l'avaient au contraire enflammé d'une nouvelle ardeur qui devait le conduire au succès. On le chargea de peindre, dans la galerie Borghèse, plusieurs paysages qui furent très-goûtés, et qui lui valurent de nouvelles commandes pour le palais Rondanini, desquelles il s'acquitta avec un talent toujours croissant. On remarque dans tous les tableaux qu'il fit à cette époque une grande analogie avec ceux de Salvator Rosa : c'était évidemment ce maître qu'il voulait imiter : même fierté et même vigueur de touche et de coloris, même originalité dans la composition; les sites les plus sauvages étaient ceux aussi qu'il reproduisait de préférence. Nous verrons que plus tard il changea entièrement de manière pour en prendre une nouvelle, qui lui appartient, et qui le place au premier rang parmi les plus fameux paysagistes. Il recevait quelques amis pendant son travail, et parmi eux le divin Pergolèse, qui composa, dit-on, auprès de lui son sublime *Stabat.*

Vernet, voulant étudier la marine à fond, s'embarqua à plusieurs reprises, parcourant toutes les mers de Grèce et d'Italie, exposé souvent aux plus grands dangers, et rapporta des dessins précieux de tous les monuments remarquables des pays qu'il visita. L'Académie de Saint-Luc, en 1743, fut fière de le recevoir au nombre de ses membres, et bientôt après il épousa mademoiselle Virginia Parker, fille d'un Anglais catholique, alors au service dans la marine du pape. Sa réputation commençait à ne plus se borner à l'Italie : elle passa les Alpes, et le marquis de Marigny, ce protecteur zélé des arts, fut chargé par le roi Louis XV de l'engager à revenir en France. Son goût le portait à rester à Rome, qu'il habitait depuis si long-temps; mais il crut devoir céder à des sollicitations parties de si haut, et il s'embarqua pour la France après un séjour de près de vingt-deux ans en Italie.

Ce fut alors que lui arriva cette aventure, qui, bien que contestée par plusieurs biographes, n'en est pas moins de la plus exacte vérité, et qui donne la mesure de son caractère et de l'amour qu'il portait à son art. Il avait pris passage à Livourne sur une petite felouque qui devait le conduire à Marseille. Pendant la traversée, il s'éleva une violente tempête; les passagers furent obligés de se réfugier dans la cale; les matelots eux-mêmes, ne pouvant plus tenir sur le pont pour manœuvrer, voulurent le faire descendre : il refusa, pria qu'on l'attachât au pied du mât, et resta ainsi pendant tout le temps que dura la tempête, les yeux fixes, les cheveux au vent, contemplant les sillons de la foudre dans les nues, et les vagues qui venaient, hautes comme des montagnes, s'abattre en grondant sur le pont.

Vernet, à peine arrivé en France, fut mandé à Versailles par le roi, qui lui fit l'accueil le plus aimable et le plus gracieux, et voulut qu'il fût introduit avec le cérémonial en usage pour les ambassadeurs. Peu de temps après son retour, il fut nommé membre de l'Académie de Peinture. Il fit pour tableau de réception un *Port de mer au soleil couchant.* A gauche est un rocher ombragé de quelques arbres; à droite, une tour surmontée d'un drapeau. Parmi les figures qui ornent le premier plan, on remarque un homme et deux femmes, en costume oriental. Ce tableau, bien que d'un grand mérite, n'est cependant pas un de ses meilleurs; il semble moins franchement touché, et la couleur n'est ni aussi heureuse ni aussi vraie que celle de la plupart de ses autres toiles. L'Académie l'admit cependant dans son sein par acclamation.

Le marquis de Marigny le chargea alors de peindre les ports de France. Cette collection, composée de quinze tableaux, forme une des œuvres les plus remarquables de Joseph Vernet; il passa dix années entières à la terminer. Le premier de ces tableaux représente une vue de l'*Entrée du Port de Marseille*, prise de la montagne appelée *Tête de More*. Vernet s'y est représenté dessinant, entouré de sa femme et de ses enfants. Les sujets des autres tableaux de cette collection sont : les vues de l'*Intérieur du Port de Marseille*, — du *Golfe de Bandol*, — de la *Rade d'Antibes*, — du *Port Neuf* et du *Parc d'artillerie de Toulon*, — du *Vieux Port de Toulon*, — de la *Rade de Toulon*, — de la *Ville* et du *Port de Bordeaux*, prise du côté des Salinières, — de la *Ville* et du *Port de Bordeaux*, prise du Château-Trompette, — du *Port de Cette*, — de la *Ville* et du *Port de Bayonne*, prise de la mi-côte des Salinières, — du *Port* et de la *Ville de Bayonne*, prise de l'allée de Boufflers, — du *Port de La Rochelle*, — du *Port de Rochefort*, — et enfin de la *Ville* et du *Port de Dieppe*. Ces tableaux, qui mirent le comble à sa réputation, sont d'autant plus admirables que par leur nature ils offraient des difficultés presque insurmontables. Loin de tomber dans la sécheresse et l'aridité à craindre dans de pareils sujets, il sut leur donner une grande animation en les ornant de nombreux personnages dont les groupes variés ne nuisent aucunement à l'exactitude des lignes. Dans cette série de toiles, les ciels se réfléchissent dans les eaux avec une vérité admirable, et, depuis Vernet, aucun de ses imitateurs n'a pu arriver à donner à la mer la transparence extraordinaire qu'on remarque dans deux surtout, la vue du *Vieux Port de Toulon*, et celle du *Port de La Rochelle*.

Vernet, ayant terminé cette vaste entreprise en 1762, put revenir à ses sujets d'imagination, et à ses paysages composés, qui sont véritablement ses chefs-d'œuvre. Ce fut à cette époque qu'il peignit les quatre tableaux octogones connus sous le nom des *Quatre parties du jour* : — *le Matin* ou *la Pêche*, — *le Midi* ou *l'Orage*, marine avec figures, — *le Soir* ou *le Retour au village*, marine par un temps calme et au soleil couchant, — et enfin *la Nuit*, effet de lune. Ces tableaux lui furent demandés pour orner des dessus de portes, au château de Choisy.

En 1765, il exposa au salon vingt-cinq tableaux qui excitèrent un véritable enthousiasme. La reine, étant allée les visiter avec toute sa cour, lui dit gracieusement : « Monsieur Vernet, je vois bien que c'est vous qui faites » toujours ici la pluie et le beau temps. » On raconte qu'un paysan voyant deux tableaux de ce peintre, l'un représentant le lever du soleil, l'autre son coucher, dit sans surprise : « Eh! c'est ce que nous voyons tous les » jours dans nos campagnes. » Cet éloge, qui certes n'était pas suspect dans la bouche d'un tel juge, devait faire plus de plaisir à l'artiste que les compliments étudiés d'une foule de prétendus connaisseurs.

Parmi les compositions les plus remarquables de cette exposition, on cite au premier rang *le Naufrage*. Le ciel est noir, les éclairs déchirent et sillonnent les nues : on aperçoit au milieu des flots les restes d'un bâtiment que les vagues ont brisé contre un rocher, et sur le devant une barque à moitié submergée dans laquelle des naufragés cherchent leur salut ; à droite des matelots secourant une femme à demi nue et évanouie : dans le lointain, à gauche, un vaisseau battu par les vents cherche à gagner la pleine mer ; on voit du même côté la foudre éclater au milieu des nuages amoncelés. Ce tableau, d'une assez grande dimension, ne laisse rien à désirer ; le ciel, la mer, les figures, sont traités avec la même supériorité. Le pendant de ce tableau est une marine éclairée par la lune : à gauche, on aperçoit un rempart à l'extrémité duquel s'élève un pavillon d'une construction élégante : sur le devant, un matelot et une femme viennent puiser de l'eau à une fontaine ; près de là, un feu devant lequel un homme et une femme apprêtent leur repas. Il est impossible de n'être pas impressionné vivement en voyant ce tableau. La lune verse sa lumière monotone sur la vaste mer, aucun souffle ne vient rider cette grande surface, unie comme un miroir. L'aspect de ce tableau est d'une mélancolie profonde ; tout semble si calme, qu'on n'ose ouvrir la bouche en le regardant, on craint que le plus léger bruit ne vienne faire disparaître cette vision ; le passage de la lumière de la lune à la lumière du feu est tellement bien gradué que l'harmonie de l'ensemble n'en souffre nullement.

Madame Du Barry acheta deux de ses ouvrages cinquante mille livres, et les plaça à Luciennes, d'où ils sont venus orner les salles du Musée Royal. L'un de ces tableaux est encore un clair de lune : un groupe de pêcheurs est sur le premier plan, au milieu ; à droite quelques grands arbres projettent leur ombre sur une partie de la composition ; à gauche une rivière laisse voir sa ligne argentée qui va baigner au loin le pied des collines boisées ; des nuages légers s'élèvent, s'éclaircissent et se dispersent enfin comme des flocons de laine dans toute l'étendue des cieux. Ce paysage délicieux semble la traduction de ces beaux vers de Thompson :

. . . . Meanwhile the moon
Full orb'd, and breaking thro' the scatter'd clouds,
Shews her broad visage in the crimson'd east.
. . . .
Now thro 'the passing cloud she seems to stoop,
Now up the pure cerulean rides sublimes.
Wide the pale deludge floats, and streaming mild
O'er the sky'd mountain to the shadowy vale,
While rocks and floods reflect the quivering gleam,
The whole air whitens with a boundless tide
Of silver radiance, trembling round the world [1].

[1] Cependant la lune se lève majestueusement à l'orient qu'elle colore, et se montre dans toute sa splendeur à travers les nuages dispersés. . . . .
. . . .
Elle semble d'abord se balancer au milieu des nuages qui l'entourent ; bientôt elle s'élève au

Vernet fit aussi à cette époque, pour M. de La Borde, banquier de la cour, huit tableaux qui depuis ont été achetés par le Musée. Voici les noms de quelques-uns de ses autres tableaux qui furent les plus remarqués : — *Rade par un temps calme;* rochers couverts de groupes de pêcheurs et de marchands; les fonds de cette marine sont d'une finesse et d'une transparence merveilleuse : — *le Brouillard du matin;* le soleil vient de se lever, des rayons obliques commencent à dorer les montagnes, tous les objets dans le lointain sont baignés d'une atmosphère de vapeur qui en arrondit les formes et en ternit les couleurs : — *les Baigneuses ;* effet de soleil couchant au fond d'une vallée; les figures de femmes qui sont à droite sont d'une rare perfection; la fraîcheur et le calme de cette composition rappellent tout à fait la *frigida Tempe* du chantre de Mantoue.

La fortune devint de plus en plus favorable à Vernet; Louis XV lui fit donner un appartement au Louvre, et en 1766 il fut nommé conseiller de l'Académie. Quelques années après il éprouva une joie bien douce pour le cœur d'un père; ce fut d'y recevoir son fils Carle, sur la présentation de son beau tableau du *Triomphe de Paul-Émile.*

Nous ne pouvons donner ici la liste de tous les tableaux que nous devons à l'heureuse fécondité de Vernet, et qui s'élevèrent, seulement de 1752 à 1789, à plus de deux cents. Tous ses ouvrages étaient recherchés avec le plus grand empressement; il ne pouvait satisfaire aux demandes nombreuses qu'on lui faisait même des pays étrangers.

Recherché de tout le monde et entouré de la plus grande considération, il n'était heureux qu'en travaillant, et tenait encore le pinceau quand la mort vint le frapper à Paris, en 1789, à l'âge de soixante-quinze ans, laissant plusieurs tableaux inachevés. Sa mort fut cruellement sentie par tous ceux qui le connaissaient, et aux pleurs de sa famille vinrent se joindre les regrets de tous les amateurs éclairés des arts.

Diderot, ce critique sévère, appelait Vernet un grand magicien, et dans ses lettres à Grimm sur la peinture, il s'exprimait ainsi en parlant des vingt-cinq tableaux exposés en 1765 : « Quels effets incroyables de lumière! les beaux ciels! quelles eaux! quelle prodigieuse variété de scènes! la mer mugit, les vents sifflent, le tonnerre gronde, la lueur sombre et pâle des éclairs perce la nue, montre et dérobe la scène. On entend le bruit des flancs d'un vaisseau qui s'entr'ouvre; les mâts sont inclinés, les voiles déchirées : les uns, sur le pont, ont les bras levés au ciel, d'autres se sont élancés dans les eaux; ils sont portés par le flot contre les rochers voisins, où leur sang se mêle à l'écume qui les blanchit. La même variété de carac-

haut du firmament, et sa lumière calme et pure se répand par flots dans tout l'espace, depuis le sommet des montagnes jusqu'au fond des vallées. Les rochers et les eaux réfléchissent ses rayons incertains; une splendeur argentée remplit l'atmosphère et semble vaciller autour du monde.

tères, d'actions et d'expressions règne sur les spectateurs; les uns courent porter secours, les autres restent immobiles et comme frappés de stupeur; ici des femmes en pleurs invoquent le ciel, là des pêcheurs retirent de l'eau le corps d'un enfant noyé. Tournez les yeux sur une autre mer, et vous verrez le calme avec tous ses charmes; les eaux tranquilles, aplanies et riantes, s'étendent en perdant insensiblement de leur transparence, et s'éclairent insensiblement à leur surface depuis le rivage jusqu'où l'horizon confine avec le ciel. »

Malgré sa supériorité incontestable sur presque tous ses contemporains, Vernet n'en était pas moins de la plus grande modestie; il disait de lui-même : « Me demandez-vous si je fais des ciels comme tel maître? je vous répondrai que non; les arbres et le paysage comme tel autre? je vous répondrai que non; les figures comme celui-ci? même réponse; les brouillards, les eaux, les vapeurs comme celui-là? même réponse encore : inférieur à chacun d'eux dans une partie, je le surpasse peut-être dans les autres. »

On dit qu'il aimait à passer des journées entières à la campagne, observant toutes les variations de l'atmosphère aux différentes heures du jour, les accidents de la lumière et des ombres dans les temps sereins ou couverts, l'aspect et la teinte générale des fonds selon les diverses saisons où il se trouvait, les effets de pluie, de grêle et d'orage. Tous ces phénomènes, grâce à son heureuse mémoire, se gravaient profondément dans sa tête, et il les reproduisait sur la toile avec cette vérité, cette force et cet éclat qui font les caractères distinctifs de sa peinture. C'est cette heureuse disposition de sa mémoire qui fait que, même dans les paysages composés d'imagination, il sut joindre à l'idéal cette étonnante vérité de détails qui rappelle la nature sans cependant en être l'imitation servile. Tous les sujets lui étaient familiers : marines, paysages historiques, paysages pittoresques, architecture, figures, tout fut traité par lui avec la même habileté et la même élégance. Ses tableaux, depuis sa mort, ont acquis une grande valeur, qui n'est probablement pas celle à laquelle ils viendront un jour. Ils sont dispersés sur tous les points de l'Europe. Le Musée Royal en possède quarante-huit des plus remarquables. Quelques-uns sont dans le palais Michaïlow, à Saint-Pétersbourg, et un plus grand nombre sont sortis du continent pour passer dans les galeries anglaises.

Si nous cherchons à apprécier le talent de Joseph Vernet, nous dirons, sans craindre d'être démenti, qu'il est complet dans son genre. En effet, il réunit au plus haut degré les trois grandes qualités qui constituent le peintre; il est aussi bon coloriste que dessinateur, et presque toutes ses compositions sont irréprochables : également étonnant, soit que son pinceau captif s'assujettisse à une nature donnée, soit qu'il erre sur la toile au caprice de son imagination, avec toute la verve possible, sans cependant cesser d'être sage. Sa manière, à proprement parler, fut de n'en point avoir. Dans les sujets sérieux, il approcha quelquefois de Poussin, et égala presque Claude Lorrain. C'est avec ce dernier maître que son talent a le plus d'analogie; même choix de sujets et de nature en général, et on peut dire, jusqu'à un certain point, même exécution. S'il ne le balance pas dans l'art d'élever des vapeurs sur la toile, il lui est supérieur dans l'invention des scènes, le dessin des figures, la variété des incidents. Le Lorrain est en un mot un admirable paysagiste, mais il n'est que cela; les figures de ses tableaux sont mal dessinées, et encore les plus supportables sont-elles de ses élèves : Vernet est presque un peintre d'histoire. Le premier choisit des phénomènes de nature plus rares; presque tous ses ciels rappellent le climat de Rome, avec son horizon vaporeux et rougeâtre : ceux du second sont plus communs, plus de tous les jours, si on peut s'exprimer ainsi, et par conséquent plus faciles à reconnaître.

On peut reprocher à Vernet un peu de sécheresse dans quelques détails et d'exagération dans la longueur de ses figures, mais ces légers défauts sont d'une si mince importance qu'ils n'empêchent pas de le classer parmi les plus fameux peintres de paysage.

Les graveurs qui l'ont reproduit avec le plus de bonheur et de talent sont Avril, Bertaud, Weirotter, et surtout Balechou, à qui nous devons l'admirable planche du *Naufrage;* ses ports de France, gravés avec le plus grand soin, forment une suite d'estampes admirables. Lui-même s'essaya à faire, d'après ses dessins, quelques eaux-fortes qui sont extrêmement recherchées des amateurs.

Comparons maintenant l'état où se trouvait la peinture en France, à l'époque de sa mort, à celui où elle était quand il débuta. Quel changement nous apercevons! Les arts, en acceptant alors les caprices de la mode comme des lois, en avaient subi les fâcheuses conséquences; ils étaient descendus aussi bas que possible. Un peintre qui recherchait la faveur du public ne devait traiter que des sujets d'idylles et de pastorales; Boucher, en un mot, était le grand chef d'école. Vernet, en ayant le courage de lutter contre cette manière, toute d'afféterie, rendit le plus grand service à la peinture, sut changer le goût dépravé de l'époque, et ramener ses contemporains dans la voie du beau, du vrai et du grand. Vien l'avait puissamment soutenu dans cette lutte, et tous deux vécurent assez pour jouir du fruit de leurs travaux.

Joseph Vernet laissait en mourant un nom aussi glorieux que difficile à porter, mais il laissait aussi son fils Carle qui le soutint dignement : et certes, s'il est quelquefois permis d'être fier d'un beau nom, c'est quand on le sait porter comme son petit-fils.

Fritz Millet.

Gravé par Nargeot

D' ALEMBERT.

D'ALEMBERT

NÉ EN 1717, MORT EN 1783.

D'Alembert, qui devait un jour, au premier rang du parti philosophique, attaquer les préjugés et les fondements de la vieille société, naquit, le 16 novembre 1717, en dehors de ses lois et sous le coup d'un de ses préjugés les plus infamants. Fils naturel du commissaire de marine Destouches et de la célèbre madame de Tencin, qui, après avoir donné tant de preuves de sensibilité dans ses romans, consentit pourtant à l'abandon de son enfant, il fut déposé sur les marches de la petite église de Saint-Jean-le-Rond dans le cloître de Notre-Dame, et sans la pitié du commissaire de police, qui, au lieu de le porter aux Enfants-Trouvés, le confia aux soins d'une pauvre ouvrière, on allait ensevelir pour toujours peut-être dans l'obscurité un des plus grands noms du dix-huitième siècle. Le père aurait-il lui-même en secret veillé sur le sort de son enfant? On ne sait. Mais ce qui est certain, c'est qu'il répara sa faute autant qu'il le pouvait, en assignant à son fils une pension de douze cents livres qui mit à même sa nourrice de lui faire donner une éducation distinguée. Au collége des Quatre-Nations, le jeune Jean Le Rond (c'est le nom qu'il prit d'abord, de l'église où il avait été déposé) se fit remarquer par les plus brillants succès. Il en obtint même auxquels on s'attendrait assez peu en songeant aux destinées qui devaient un jour lui échoir. Ses maîtres étaient de bons et zélés jansénistes. Un Commentaire sur l'Épître de saint Paul écrit suivant les idées de la secte par le jeune d'Alembert, durant sa première année de philosophie, leur inspira de si hautes espérances, qu'ils n'hésitèrent pas à annoncer en lui le futur successeur des Nicole et des Arnauld. A la même époque environ, un autre écolier, remarqué au collége de Langres par sa supériorité d'aptitude et sa piété enthousiaste, Denis Diderot, faisait l'espoir des jésuites.

Cinquante années auparavant, il n'eût tenu à rien peut-être que de telles espérances ne s'accomplissent; que Diderot ne dévouât à la religion catholique et même, pourquoi non! à la puissante Compagnie cette fougue de prosélytisme et cette ardeur conquérante qu'il devait mettre au service d'une cause si différente; que le grave d'Alembert, digne héritier de Port-Royal et de Pascal, ne tournât à la défense de l'Église sa méthodique et savante intelligence, et contre les adversaires des jansénistes la fine pointe de son ironie. Mais les temps étaient changés. La question s'était dégagée, élevée, agrandie. Elle ne pouvait plus rester entre les partisans de tel ou tel système sur la grâce; elle se posait entre les défenseurs de la liberté de penser et les oppresseurs de la conscience. Et comme c'est la vertu des grandes causes d'attirer à elles les grands esprits, comme les hommes supérieurs sont faits pour ce qui est généreux et plein de vie, non pour ce qui est usé et corrompu, non pour le passé, mais pour l'avenir, Diderot et d'Alembert devaient appartenir à la liberté intellectuelle, à la philosophie militante, pour tout dire, au dix-huitième siècle.

Un goût passionné pour les mathématiques, où il obtînt des succès dont ses maîtres se montraient plus inquiets qu'édifiés, signala les dernières années que d'Alembert passa au collége. Quand il en fut sorti, incertain de son avenir, sentant que la géométrie n'était pas une profession et qu'il lui en fallait une, peu pressé de se rendre aux persistantes sollicitations de ses anciens maîtres, qui l'appelaient au professorat et à la prêtrise, il se mit à l'étude du droit et se fit recevoir avocat. C'était en 1738. Dégoûté bien vite de la confuse jurisprudence du temps, si antipathique à la rectitude et à la rigueur de son esprit, sans nul penchant pour les affaires, il se décida ou crut se décider définitivement pour la médecine. Embrassant avec courage des études nouvelles, il ne tarda pas à obtenir le grade de docteur. Mais, en possession du titre, il fallait exercer la profession, c'est-à-dire renoncer entièrement à la géométrie, son étude chérie. Sa résolution fut d'abord héroïque. On raconte que Racine, tout jeune encore, ne se lassait pas de racheter un roman grec que le sévère M. Lancelot ne se lassait pas de saisir et de jeter au feu. D'Alembert porta lui-même tous ses livres de mathématiques à un ami, espérant par ce coup d'éclat en finir pour toujours avec la tentation. Mais il n'avait pu rejeter loin de lui cette active inquiétude qui tournait son esprit, comme celui de Pascal enfant, vers les problèmes de la géométrie. Pour éclaircir seulement, disait-il, quelque doute qui l'obsédait, il allait de temps en temps redemander à son ami un de ses volumes, tellement que, de livre en livre, toute la bibliothèque se trouva un jour rapportée chez lui. Alors, à en croire Condorcet, bien convaincu de l'inutilité de ses efforts pour combattre son penchant, il y céda, et se voua pour toujours aux mathématiques et à la pauvreté.

Au reste, malgré ces incertitudes sur son avenir, le mal de la jeunesse à toutes les époques, malgré cette flétrissure de sa naissance, dont la gloire ne l'avait pas encore relevé, les premières années de d'Alembert furent heureuses et calmes. Nous avons là-dessus sa propre confession. On se souvient comment Montesquieu, traçant de lui-même un portrait fort détaillé, met à nu l'habituelle disposition de son âme : « L'étude a été pour moi, dit-il, le souverain remède contre les dégoûts de la vie, n'ayant jamais eu de chagrin qu'une heure de lecture n'ait dissipé. » Et il ajoute : « Je m'éveille le matin avec une joie secrète de voir la lumière; je la vois avec une espèce de ravissement, et tout le reste du jour je suis content. » Certes, c'est là plus que du bonheur, c'est une véritable béatitude. C'est en des termes presque équivalents que d'Alembert devant ses amis s'exprimait sur ses jeunes années. « A mon réveil, je pensais avec un sentiment de joie au travail commencé la veille et qui allait remplir la matinée; dans les intervalles de mes méditations, je songeais au plaisir vif que le soir j'éprouvais au spectacle, où, pendant les entr'actes, je m'occupais du plaisir plus grand que me promettait le travail du lendemain. » Qu'on nous permette une réflexion en passant. On aime ce langage en songeant que d'Alembert est jeune, que le travail est presque la seule source de ses jouissances, enfin qu'il ne parlera pas toujours ainsi. On est moins bien disposé peut-être à l'égard de Montesquieu. Il n'est plus jeune quand il écrit ces lignes. S'il n'a « jamais eu de chagrin qu'une heure de lecture n'ait dissipé, » on est tenté de croire qu'un peu d'indifférence est venue en aide à la fortune. Et si l'on ne songeait que ce calme d'une vie heureuse est favorable à la création des œuvres où la méditation préside; si l'on ne se disait qu'il faut savoir gré au génie du bonheur même, quand il le fait servir à l'étude recueillie, à la recherche patiente et sereine du vrai, on en voudrait à cette félicité imperturbable dont l'aveu ménage si peu les misères du prochain.

D'Alembert sut mettre à profit cette jeunesse paisible et sans troubles. Bientôt ce ne fut plus un écolier, mais un maître. Des mémoires, couronnés dans les concours de l'Académie des sciences (1739-1740), avaient déjà élevé haut la réputation du jeune homme, et les portes même de cette académie lui étaient ouvertes en 1741. D'Alembert n'avait pas encore vingt-quatre ans. Avocat, docteur en médecine, auteur d'ouvrages éminents en mathématiques, enfin membre de l'Académie des sciences, on voit que le jeune homme avait assez bien employé son temps.

C'est le philosophe, c'est l'homme que nous devons mettre en lumière dans une telle étude. Il ne serait ni de notre sujet ni de notre compétence de parler à fond du mathématicien. Qu'il suffise de le rappeler ici, d'Alembert en mathématiques fut inventeur. Le premier, il découvrit la théorie de la précession des équinoxes, où avait échoué le grand Newton, et trouva le principe, encore connu sous le nom de principe de d'Alembert, qui réduit toute la dynamique à un simple corollaire de statique; enfin, s'il était permis d'établir sa réputation sur des autorités, sans parler de Condorcet, grand géomètre lui-même, qui s'étend longuement sur la valeur des titres scientifiques de son ami, qu'on se souvienne que Napoléon faisait élever une statue à d'Alembert dans un lieu public. Ce n'était pas, je suppose, à l'idéologue qu'il prétendait rendre un pareil hommage.

Émule dans son temps de Clairault, d'Euler et de Daniel Bernouilli, prédécesseur de Lagrange, auquel il prodiguait l'admiration quand celui-ci n'était pas encore en possession de la gloire, et de Laplace, dont il annonçait et encourageait les premiers essais, d'Alembert dans les sciences eut du génie. La supériorité de son esprit dans la philosophie et les lettres n'atteint pas jusque-là; il n'est qu'un des premiers parmi ceux qui ne sont pas créateurs. Toutefois, telle est la popularité attachée à la philosophie et aux lettres, le mathématicien découvre des principes nouveaux et incontestables, et c'est à peine si la foule se souvient de son nom; le philosophe, à travers bien des erreurs, propage quelques vérités méconnues, et sa renommée ne périra pas.

Le dix-huitième siècle a accompli deux grandes révolutions intellectuelles; l'une dans les sciences, l'autre dans les idées. Le caractère commun de ces deux révolutions, c'est un culte ardent du progrès, un amour sincère des hommes. C'est à cette source élevée que, pour la première fois peut-être dans les annales de l'humanité, on vit le savant venir puiser son ardeur et sa force. Le physicien, le géomètre, le chimiste, dans leurs veilles silencieuses, ne se proposent pas moins l'avancement du genre humain que les hardis combattants qui montent à l'assaut des institutions du passé. Lavoisier un jour saura mourir comme Condorcet et pour la même cause.

D'Alembert eut la gloire de servir activement ce double mouvement des sciences et de la pensée. Il marqua sa trace durable dans la sphère de la théorie et dans l'ordre moral et pratique; il contribua aux progrès de l'esprit humain et à la révolution de la société.

Quand un esprit nouveau, esprit religieux ou philosophique, esprit de destruction ou de rénovation sociale, s'est répandu dans le monde et agite sourdement les âmes, il fait concourir à son triomphe, il unit de cœur et de volonté les hommes les plus divers, ceux-là même qui dans d'autres temps peut-être eussent été les plus opposés.

Un jeune homme à peine sorti du collége, doué d'une flexibilité de génie infinie et possédant toutes les aptitudes, est jeté dans les sociétés de Paris les plus brillantes et les plus libres. Sous une forme frivole d'abord, sous la forme des leçons de l'abbé de Chaulieu et de Ninon de Lenclos, l'esprit de scepticisme a déjà gagné sa vive et mobile intelligence. Mais, malgré des succès sérieux au théâtre, il n'en est encore qu'au bel esprit léger, qu'au doute superficiel et à l'indifférence moqueuse de ses amis et de ses maîtres; ce n'est pas avec cela qu'on remue les siècles et qu'on opère les révolutions. L'Angleterre rend son doute plus savant, son indépendance plus sérieuse, sa pensée plus libre et plus haute. Pendant cinquante années il tiendra la France en éveil, l'Europe attentive; pendant cinquante ans chacun de ses poèmes, de ses drames, de ses livres historiques, de ses contes, de ses éloquents pamphlets, tout ce qu'il écrira d'ingénieux, de touchant, d'instructif, d'amusant, de spirituel, sera un coup porté aux vieilles institutions. Le plus universel et le plus capricieux des écrivains emploiera toutes ses ressources à l'œuvre d'une destruction nécessaire, sans perdre un seul instant de vue le but pratique qu'il poursuit.

Mais ce qui domine chez Voltaire et dans ses excès même, c'est le bon sens piquant, c'est la raison ingénieuse, c'est l'esprit. Quand il s'agit de critiquer, de détruire (et c'est le plus pressé au dix-huitième siècle), l'esprit est puissant sans doute; mais combien la victoire sera-t-elle plus prompte encore et plus facile, l'entraînement plus contagieux, plus universel, si l'enthousiasme, un enthousiasme sérieux, profond, persévérant, lui vient en aide! Qu'à Voltaire, éclatant et mobile, s'unisse Diderot, fougueux, éloquent, opiniâtre! Incrédule à l'air inspiré et presque prophétique, d'une bonne foi sans réserve avec lui-même et avec les autres, d'une verve, d'une énergie inépuisables où Voltaire sème le trait et la grâce à pleines mains, jetant à la fois la fumée et la flamme, et, par ce mélange de clarté et d'obscurité mystérieuse, s'emparant de ces imaginations un peu mystiques que touche moins la lumière égale et pure de la pensée de Voltaire, quel admirable chef de secte que Diderot! Cette tête vaste, bouillonnante, un peu confuse, n'a-t-elle pas toutes les qualités, j'allais dire aussi tous les défauts qui manquent à Voltaire pour entraîner les âmes, précipiter le triomphe de la liberté de penser, achever la ruine du passé?

Que si maintenant à ces deux génies vient se joindre pour corriger ce qu'ils ont d'impétueux et d'irrégulier, pour compléter ce qui leur manque encore du côté de ces connaissances exactes et positives dont le siècle est épris, un génie grave et solide, correct et prudent, un géomètre philosophe, libre penseur discret, novateur plein de science et de méthode, l'esprit nouveau ne sera-t-il pas pour ainsi dire armé de toutes pièces? Ces trois chefs de la révolution philosophique ne réuniront-ils pas tout ce qui peut séduire, passionner, instruire une époque frivole et sérieuse, avide d'amusement et d'enseignement? Voltaire, Diderot et d'Alembert ne seront-ils pas comme la pensée vivante de tout le dix-huitième siècle?

Il semble qu'eux-mêmes aient compris la force d'une telle alliance le jour où ils résolurent de mettre en commun leurs efforts au service de l'affranchissement intellectuel et de la diffusion des lumières, et fondèrent de concert l'Encyclopédie.

Placer en tête de l'œuvre un travail qui sût y concilier les savants par des connaissances spéciales, les philosophes par des vues d'ensemble, les gens du monde par l'appât d'une science facile et d'une pensée libre, non pas tellement toutefois qu'elle effrayât le gouvernement, tel était le programme qu'il s'agissait d'abord de remplir. De l'ordre, de la mesure, la profondeur unie à la clarté, de la fermeté sans jactance, toutes les qualités moyennes de l'esprit, qui sont celles qui attirent le plus d'estime et le moins d'ennemis, tels étaient les mérites qu'on demandait de l'auteur d'un pareil ouvrage. D'Alembert fut chargé par ses collègues de la préface de l'Encyclopédie.

Voltaire a écrit : « J'ose avancer que le discours de M. d'Alembert, applaudi de toute l'Europe, parut supérieur à la Méthode de Descartes et égal à tout ce que l'illustre chancelier Bacon avait écrit de mieux. » Hâtons-nous de le dire, un tel jugement est dicté par l'amitié complaisante et la communauté de vues d'un collaborateur bien plus que par l'exacte justice. La préface de l'Encyclopédie, si on la considère par rapport au temps, est supérieure à tout ce qui a précédé, car elle atteint son but, qui est d'éclairer et d'agiter les esprits. Considérée en elle-même, elle est encore un livre éminent. Mais à quelle distance des écrits de Bacon, et bien plus encore de ce Discours sur la Méthode, charte immortelle de la liberté de penser, à laquelle tous les progrès de l'indépendance intellectuelle n'ont ni ajouté ni retranché une syllabe, et que tous les progrès de l'art d'écrire n'empêchent pas de rester encore un des chefs-d'œuvre de la langue!

Sans avoir ni cette majesté et cet enthousiasme que Bacon sait communiquer à une nomenclature scientifique, ni ce grand air d'originalité qui donne à l'ouvrage de Descartes un attrait si sérieux, l'œuvre de d'Alembert est imposante. L'objet qu'il se propose est par lui-même un des plus grands que la pensée puisse poursuivre. Il veut marquer le lien des sciences entre elles, en saisir l'origine et la filiation au sein même de l'intelligence, et, dans un cadre peu étendu, développant l'ordre de leur succession, mettre sous les yeux des contemporains une analyse ferme et sûre des procédés de l'esprit humain, et surtout la liste éblouissante de ses conquêtes. Il est difficile de joindre plus de précision et plus de sobriété, d'être plus clair en moins de mots, de mettre plus d'élégance simple dans l'expression des vérités scientifiques.

Quant aux principes mêmes, à ces principes que d'Alembert expose et applique et qu'il affirme avec tant d'assurance, n'ont-ils reçu des progrès du temps aucune atteinte? Qui oserait encore le prétendre? Mais ce qu'il faut signaler, ce sont bien plutôt quelques différences fondamentales qui séparent la préface de d'Alembert de la masse des écrits du temps, scission partielle d'ailleurs, portant exclusivement sur quelques points de métaphysique, n'ayant rien, on peut s'y attendre, d'un coup d'éclat, et qui semble plus tenir à la modération même qu'à l'audace de son auteur.

Qui ne sait que la métaphysique de Locke a donné naissance à toute celle du dix-huitième siècle? Mais le dix-huitième siècle, en vrai disciple, l'exagère, l'envenime, la pousse à toutes ses extrémités, et la rend moins morale en la rendant plus logique. Voltaire (il ne s'agit ici, bien entendu, que du métaphysicien), c'est Locke ayant secoué la gène de la révélation, insinuant la négation où Locke propose sincèrement le doute, et jamais peut-être plus téméraire que lorsqu'il prend le rôle de philosophe timide et réservé. Diderot métaphysicien, c'est Locke supprimant ses scrupules sur la nature de l'âme pour conclure franchement au matérialisme universel. Tout au contraire, d'Alembert dans sa préface rejette en sens inverse ces scrupules de Locke et se montre très-décidément spiritualiste.

En veut-on la preuve, écoutons-le sur la question de la distinction de l'âme et du corps. Commençant par examiner l'origine de nos idées, comme il est alors d'usage en métaphysique, il prétend que l'idée du juste, du bien et du mal, considérée comme notion et dans la pratique, conduit l'homme à se demander « quel est en nous le principe qui agit, c'est-à-dire la substance qui veut et conçoit? » Deux choses frappent ici. D'abord la distinction énoncée entre les deux substances, distinction qu'il établit d'une manière plus décisive, et en saisissant parfaitement ses grands caractères, quand il affirme un peu plus loin qu'il n'y a « rien de commun dans le corps avec la faculté de *vouloir* et de *penser*. » Ce que j'y relève ensuite, c'est la manière même dont il suppose l'homme amené à saisir cette distinction, c'est à savoir la notion du juste qui ne peut aucunement être attribuée à la matière. Certes on peut expliquer avec plus de vraisemblance l'apparition première de la dualité des principes à l'esprit humain, et, si cette démonstration peut être bonne pour des philosophes, au moins n'est-elle pas la plus naturelle pour une intelligence naïve. Mais qu'on se souvienne de combien de façons cette idée du juste est torturée par les systèmes du temps et de leurs efforts pour la réduire à un résultat de l'organisation physique, et qu'on dise si l'erreur même de d'Alembert ne porte pas en elle un caractère net et tranché de spiritualisme?

Demandez enfin à d'Alembert comment l'esprit humain s'est élevé à la première conception de l'idée de Dieu? Il répond que cette distinction des deux substances, et surtout cette mutuelle et mystérieuse dépendance de l'esprit et du corps que l'homme sent bien qu'il n'a pas faite, le forcèrent de conclure une cause par laquelle l'une et l'autre furent établies. On peut encore ici contester la rigueur de cette métaphysique, non à titre d'explication légitime de l'existence de Dieu, mais comme valable pour l'esprit humain peu développé. La grande preuve, la preuve à l'usage du peuple comme des savants, tirée de l'existence et de l'harmonie du monde, lesquelles supposent un auteur et un ordonnateur, me paraît, je l'avoue, tout autrement saisissante et instinctive. Mais ici encore, je le demande, d'Alembert, partant du principe immatériel pour arriver à prouver Dieu, ne se trompe-t-il pas sur la question de l'origine, comme le plus pur spiritualiste aurait pu le faire?

Au reste, ne nous réjouissons pas trop; ne nous hâtons pas de compter d'Alembert parmi les disciples de cette noble et grande école qui a donné au monde Platon, Descartes et Leibnitz. A l'exemple de Locke, d'Alembert fait tout dériver dans l'âme humaine de la sensation et de la réflexion. Sa classification des sciences est empruntée pour la plus grande partie à Bacon. Pour l'auteur du traité *De la dignité et de l'accroissement des sciences*, toutes les connaissances se rangent sous ces titres : la *mémoire*, qui renferme tout ce qui est histoire ; l'*imagination*, à laquelle répond la poésie ; la *raison*, à laquelle se rapporte la philosophie et, plus généralement, la science. Classification incomplète et fautive, qui ne montre pas la dépendance réciproque des sciences, et dont les subdivisions ont le tort de rentrer les unes dans les autres. D'Alembert, qui l'adopte, tient du moins plus de compte et de l'ordre historique de la succession des sciences et aussi, quoiqu'à un trop faible degré, de leur intime union au fond de l'esprit de l'homme. Mais il laisse subsister bien des erreurs, bien des confusions. Sans faire injure à Bacon, dont il faut chercher le génie bien plus dans la grandeur des vues et la fréquente magnificence des expressions que dans une méthode sévère, on peut croire que l'esprit rigoureux de d'Alembert serait arrivé de lui-même à une division, non pas parfaite (car c'est le dernier effort de la science), mais moins arbitraire. « Il faudrait montrer, dit-il dans cette même préface en expliquant les difficultés d'un arbre généalogique de nos connaissances, il faudrait montrer l'enchaînement des choses ; mais souvent il nous échappe, et d'ailleurs il y a des choses qui par certains caractères rentrent dans certaines classes, et par d'autres dans d'autres classes. L'univers n'est qu'un vaste océan sur la surface duquel nous apercevons quelques îles plus ou moins grandes, dont la liaison avec le continent nous est cachée. » Idée juste à beaucoup d'égards, quoique exagérée, selon la coutume du dix-huitième siècle, qui donne tout à l'analyse. D'Alembert a un double tort : parfois il s'en souvient trop, quand il ne cherche pas à montrer cet *enchaînement des choses*, sans lequel nulle philosophie ; souvent aussi il l'oublie, en établissant cet enchaînement sur des rapports erronés ou équivoques, c'est-à-dire en émettant les principes d'une philosophie fausse ou contestable.

Qu'on relise cette préface pour se munir même contre ce qu'il y a de sévère dans notre jugement. L'analyse ne saurait en donner une idée tout à fait complète, dès lors tout à fait exacte. Car l'analyse ne s'attache à mettre en lumière que l'ensemble d'une œuvre, et l'esprit général de celle-ci est inspiré par une philosophie qui a fait son temps. Les détails au contraire, toutes ces vérités accessoires, supérieurement exprimées, ces aperçus d'une nouveauté piquante ou rajeunie par une forme heureuse, tous ces traits rapides, énergiques, semés en si grand nombre dans la préface de l'Encyclopédie sont perdus dans un résumé. Qu'on relise, je le répète, l'œuvre de d'Alembert. On y trouvera une revue ingénieuse et presque toujours profonde des progrès accomplis dans les sciences, des considérations pleines de justesse gravées en un style précis et souvent vigoureux, enfin l'état exact des richesses de l'esprit humain au dix-huitième siècle.

Quelle que fût la réserve de d'Alembert, il ne lui était pas possible, il n'était même pas dans sa pensée de se tenir à l'écart du combat : aussi était-il loin de borner sa collaboration aux seules mathématiques. C'était un avantage des trois chefs de l'entreprise de n'être étrangers à aucun genre en excellant au moins dans un. D'Alembert écrivait des articles de philosophie, de littérature, de politique générale. C'est ainsi qu'il composait un article *Genève* où il expliquait la constitution du pays. La partie du travail relative à la religion souleva contre lui tout le clergé de la république. Les pasteurs genevois se plaignirent hautement d'être traités de sociniens et de purs déistes, noms que d'Alembert leur avait en effet donnés pour leur faire honneur. Mais le consistoire, moins flatté de l'éloge que choqué de ce qu'il avait de compromettant pour le caractère et pour la position des pasteurs, rédigea une protestation en forme contre l'article, prenant de là occasion pour mal mener les encyclopédistes. Le débat en était là ; d'Alembert protestait de sa parfaite innocence, et probablement la discussion n'aurait pas eu de suite, quand un auxiliaire inattendu vint prendre en main la cause des pasteurs calvinistes. C'était Jean-Jacques Rousseau, le collaborateur et l'ami des encyclopédistes, qui descendait dans l'arène et commençait contre ses anciens collègues sa longue et ardente opposition. On sait que ce qui émut surtout la colère du grand écrivain transformé en impitoyable moraliste et en républicain sévère, c'est l'idée émise dans l'article d'établir un théâtre à Genève. De là sa lettre à d'Alembert. Nous ne rappellerons pas cette verve éloquente de Rousseau repoussant une telle innovation comme dangereuse aux mœurs et à la patrie, cette attaque jetée à Voltaire, qu'il accusait de s'être venu poster sur les frontières de la Suisse pour corrompre son pays, enfin cet anathème sur le théâtre dont bondit de colère le vieux poète dramatique, qui jusque-là avait écouté doucement (quoiqu'en riant un peu) les paradoxes de son collègue sur les sciences et les arts et sur l'inégalité des conditions. D'Alembert répondit, et sa lettre, quoiqu'elle ait le désavantage continu de rester dans le sens commun, se fait lire avec plaisir après la magnifique diatribe de Jean-Jacques. Une critique ingénieuse, des vues fines, une plaisanterie souvent piquante alliée à une parfaite politesse, y relèvent la raison à laquelle il fallait intéresser les contemporains, très-convaincus d'avance de l'excellence et même de la moralité du théâtre, mais enchantés de ce qu'il y avait de piquant dans l'impopularité même du rôle adopté par Rousseau. Écoutons comme il relève ce qu'a de singulier, de contradictoire, dans un tel débat, la position de son adversaire : « Rien, monsieur, ne pourra plus nuire aux spectacles si votre écrit n'y réussit pas ; car il faut avouer qu'aucun de nos prédicateurs ne les a combattus avec autant de force et de subtilité que vous. Il est vrai que la supériorité de vos talents ne doit pas seule en avoir l'honneur. La plupart de nos orateurs chrétiens, en attaquant la comédie, condamnent ce qu'ils ne connaissent pas; vous avez au contraire étudié, analysé, composé vous-même, pour en mieux juger les effets, le poison dangereux dont vous cherchez à nous préserver, et vous décriez nos pièces de théâtre avec l'avantage non-seulement d'en avoir vu, mais d'en avoir fait. » Et, comme Rousseau, pressentant l'objection sans oser l'aborder de face, avait avancé que le théâtre était nécessaire seulement dans les villes corrompues (ce qu'il devait dire aussi du roman au sujet de la Nouvelle Héloïse), d'Alembert ne lui laisse pas ce faux-fuyant, et, continuant à le prendre à partie : « C'est-à-dire, monsieur, ajoute-t-il, que vous nous avez traités comme ces animaux expirants qu'on achève dans leurs maladies de peur de les voir trop long-temps souffrir. Assez d'autres sans vous n'auraient-ils pas pris ce soin? et votre délicatesse n'aura-t-elle rien à se reprocher à notre égard? Je le crains d'autant plus que le talent dont vous avez montré au théâtre lyrique de si heureux essais, comme musicien et comme poète, est du moins aussi propre à faire aux spectacles des partisans que votre éloquence à leur en enlever. Le plaisir de vous lire ne nuira point à celui de vous entendre, et vous aurez long-temps la douleur de voir le Devin du Village détruire tout le bien que vos écrits contre la comédie auraient pu nous faire. » Pendant que d'Alembert, avec tant de modération et de bon goût, faisait à Rousseau une si loyale guerre, Voltaire, se démenant, commençait de son côté le cours de ces injures qui allaient désormais tomber comme grêle sur la tête du pauvre Jean-Jacques : « Plat charlatan, polisson, fou, bâtard de Diogène. »

Mais un clergé plus redoutable que celui de Genève et des adversaires plus puissants que Rousseau devaient porter des coups plus formidables à l'œuvre des trois associés. Bientôt un cri d'alarme s'éleva dans l'Église et dans les classes privilégiées contre un ouvrage dont tous les principes n'étaient pas irréprochables sans doute, mais dont la pensée première et le but définitif, la diffusion des lumières et l'affranchissement des esprits, étaient et restent encore dignes d'admiration. Son principal crime était de signaler des abus et de toucher à des intérêts. Ce fut comme un concert d'attaques et de malédictions. Les Abraham Chaumeix, les le Chapelain, les Boyer, tous ceux qui avaient un intérêt direct ou indirect à soutenir l'impiété de la raison et la sainteté de l'ignorance fulminèrent l'anathème, ceux-ci dans des articles de revue, ceux-là dans des mandements ou des sermons, d'autres dans des libelles, lesquels avaient jusqu'à dix ou vingt volumes. M. de Malesherbes ébranlé n'accordait plus qu'à demi, et avec de fréquentes remontrances, une bienveillance traitée de connivence secrète. Son ami M. Turgot croyait de son devoir d'homme public de cesser de participer à la rédaction d'un ouvrage suspect. Excédé d'injures, d'intrigues, de persécutions, d'Alembert prit le parti de se retirer, désespérant du succès, et laissant le puissant Diderot se débattre sous le poids d'une entreprise accablante pour tout autre que lui. D'Alembert n'était pas fait pour ces grandes luttes. Il n'avait pas l'énergie de l'homme d'action, il en eût eu plutôt les facultés fines et déliées, mais ces facultés manquaient en lui d'un ressort vigoureux qui les mît en mouvement. Impuissant à conduire une vaste entreprise, à passionner les esprits pour le succès de l'œuvre, à soutenir les défaillances des combattants, il était dépourvu de ces qualités de chef d'armée, si libéralement et si diversement réparties à Voltaire, si vif, si prompt, si fait pour l'escarmouche, si habile à trouver mille fuites, et à Diderot, si ardent, si propre aux coups de vigueur, si héroïque à l'action. Le conseil semblait appartenir davantage à d'Alembert, et c'est pour cela peut-être que, le plan de bataille une fois dessiné, c'est-à-dire la préface faite, il se retira, croyant avoir accompli sa tâche.

Les *Éléments de Philosophie* attestent le même esprit scientifique, les mêmes vues ingénieuses et fines que la préface de l'Encyclopédie, à laquelle ils sont du reste inférieurs. D'Alembert, pour continuer à le mettre en rapport avec ses illustres amis, n'a pas en philosophie cette verve que Diderot rencontre si souvent, cette grandeur qui lui arrive par boutades lorsque sa pensée se lance dans ces infinies régions du temps, de l'espace, de la substance et de l'être; il n'a pas non plus cette facilité prompte et pénétrante, cet esprit souple et agile que Voltaire déploie si merveilleusement dans la discussion des matières philosophiques; mais il a plus d'ordre dans les idées, saisit mieux le point de vue scientifique dans les questions, marque mieux certains problèmes spéciaux et pour ainsi dire à l'usage des métaphysiciens, celui, par exemple, de l'existence des corps, qu'il dégage, qu'il pose avec une dextérité, une netteté, une précision supérieures, enfin se montre beaucoup plus ferme sur ces grandes notions de morale dont presque tous les philosophes contemporains embrouillent à l'envi les principes. Au reste il faut bien ici relever un contraste. Lisez ces lettres où le grand Frédéric et son correspondant d'Alembert échangent leurs mutuelles confidences sur ces grands problèmes de l'âme et de la destinée qui agitent, qui troublent ces temps mêmes, ces temps surtout peut-être, où l'homme semble prendre le monde en dégoût, mais où, cherchant l'indifférence absolue, il n'arrive qu'à s'irriter contre ce qu'il ne peut pas comprendre. Certes, dans ces lettres, les vues hautes, les pensées grandes, fortes, étendues ne manquent pas, mais c'est aussi parfois un triste spectacle : d'un côté le grand homme de guerre se lamentant sur les vulgaires contrariétés de la vie humaine, se mutinant, en ayant l'air de s'en moquer, contre la vieillesse, la douleur, ces maux contre lesquels la colère est toujours puérile, mais fait peine en un tel esprit uni à une telle volonté; de l'autre le philosophe qui a assisté à tant de vicissitudes, et, dans le cours d'une vie, vu changer la face de l'Europe et celle de l'esprit humain, s'en prenant à la création des ennuis de l'âge avancé, et, de ses maux d'estomac, faisant presque un argument en faveur du scepticisme! On se demande si c'est bien le même homme qui a écrit les pages empreintes d'une philosophie généralement judicieuse et ferme de la Préface et des Éléments. Et pourtant cette contradiction s'explique aisément. Oui, d'Alembert est sincère quand, appliquant sa raison aux problèmes de la métaphysique, sa pensée, calme, libre, vigoureuse, s'élève à des solutions voisines du spiritualisme; mais il l'est aussi, et plus naïvement hélas! lorsque sous l'aiguillon de la douleur ou sentant le vide de toutes choses, il laisse échapper des lignes empreintes d'un scepticisme découragé. Ce ne sont pas des opinions qui nous rendent forts contre le mal et la mort, et d'Alembert, il faut le dire, en tout ce qui n'est pas mathématiques n'a que des opinions.

Mais, si d'Alembert est de son siècle par le doute, il en est encore plus par un amour sincère de l'humanité et la générosité des desseins. Lisez sa correspondance avec Voltaire. A travers les moqueries jetées sur des choses que l'abus qu'on en faisait chaque jour sous leurs yeux calomniait auprès des philosophes, à travers l'ironie dominante du ton, vous y serez frappé du désir véritable de voir la raison, les lumières se répandre parmi les hommes, et du projet formé de contribuer autant qu'il sera possible à les éclairer, à les rendre meilleurs. Ils diront bien : Prenons le monde comme il est, et rions des hommes; mais ils répéteront qu'il faut les servir, s'y dévouer : si la première de ces paroles a été si souvent relevée par les ennemis du dix-huitième siècle, pourquoi ne relèverions-nous pas aussi à notre tour la seconde, qui exprime après tout bien mieux leur vrai sentiment et que confirme toute leur conduite? Non-seulement ces hommes ont été calomniés, mais ils se sont calomniés eux-mêmes. Ils semblent se présenter à plaisir comme des sceptiques vulgaires, et ils croient avec une inébranlable fermeté à la justice, au bien, à la dignité de notre nature. Ce que Rousseau a dit d'Helvétius, « Ton génie dépose contre tes principes, ton cœur bienfaisant dément ta doctrine, » à combien plus forte raison ne doit-on pas le dire de ceux qui nous occupent ici! Mais leur doctrine même, leur vraie doctrine, ce n'est pas dans leur métaphysique qu'il faut aller la chercher, et ce n'est pas non plus dans leurs attaques. Que font-ils ces deux hommes qui se donnent pour les ennemis du christianisme et qui parlent *d'écraser l'infâme?* Ils proclament, ils défendent la cause de la liberté, de l'égalité, de la fraternité humaine, c'est-à-dire qu'ils continuent la tradition qu'ils calomnient. Et s'ils la calomnient, cette tradition chrétienne, à qui la faute la plus grande? Leurs adversaires disaient en montrant la corruption de dix-huit siècles, les abus qui recouvraient le culte jusqu'à le faire disparaître, l'Église du temps ignorante, riche, corrompue, superstitieuse ou incrédule, brûlant les livres sans avoir la foi qui excuse les persécuteurs, exilant ou torturant les hommes, sans égard pour les vertus d'un Rollin, sans pitié pour la jeunesse d'un Labarre, leurs adversaires disaient en montrant cet amas honteux : Voilà le christianisme. Leur blasphème a été de les croire. Mais leurs adversaires prenaient la cause du christianisme en le défigurant dans ses idées essentielles, et faisaient dans la pratique, et dans le gouvernement des sociétés, tout le contraire de ce que ses principes commandent. Eux niaient le christianisme en rétablissant ses doctrines universelles, en émancipant l'esprit de la lettre et de la matière, en poussant dans la pratique à l'application de ses maximes, en voulant, comme l'Évangile, que les inimitiés de castes fussent effacées, que la paix devînt l'état habituel du monde, que la justice se modelât sur un idéal moins matériel, et que la miséricorde pénétrât même dans la loi. Lesquels ont été plus coupables?

Un caractère vraiment encyclopédique marque les productions de la plupart des écrivains de cette époque. Montesquieu écrit sur la cause de l'écho, Diderot sur les arts et métiers, Turgot sur la poésie des peuples primitifs, et Voltaire, là comme toujours, n'est que le plus complet représentant d'un temps dont chaque penseur vise à l'universalité. C'est ainsi que d'Alembert porte son attention sur presque toutes les matières. Sans parler de sa *Correspondance*, où il aborde les thèses les plus variées, il embrasse la philosophie dans la *Préface*, les *Éléments* et tous ses écrits; les sciences mathématiques et physiques dans ses *Essais sur le système du monde*, sur le *mouvement des fluides*, sur la *cause des vents*, sur la *précession des équinoxes*, sur le *calcul des probabilités*, sur l'*inoculation*; les arts dans la *Lettre sur la Musique*, où ses idées reproduisent à peu près celles de Rousseau; la critique littéraire dans ses *Réflexions sur l'Élocution oratoire*, sur la *Poésie*, et divers opuscules; la polémique dans quelques articles de l'Encyclopédie et la lettre à Jean-Jacques Rousseau; l'histoire dans les *Mémoires sur Christine* et le livre sur la *Destruction des Jésuites*; l'histoire des lettres et des sciences dans ses *Éloges académiques*.

Les *Essais* de d'Alembert sur des sujets de littérature sont d'un écrivain élégant et ferme, mais on y sent l'absence d'une forte imagination, et il paraît s'y souvenir un peu trop de quelques paradoxes de Fontenelle et de Lamothe. Ils sont d'ailleurs pleins d'aperçus fins et ingénieux, comme tout ce qui est échappé à la plume de d'Alembert. Le livre sur la Destruction des Jésuites est, après les Provinciales (auprès desquelles Voltaire, aussi peu avare d'éloges pour ses amis que de critiques pour ses adversaires, n'hésite pas à le placer quelque part), le plus piquant ouvrage qu'ait inspiré le célèbre institut, qui tant de fois a survécu à ceux qui ont célébré sa *destruction* et s'est réveillé du tombeau pour se mettre à écrire à son tour (on a vu comment) l'histoire de ses historiens. D'Alembert en raconte les progrès et la chute plutôt avec ironie qu'avec animosité, sachant même souvent rendre justice à ce qu'il y eut de grand dans la persévérance et de vaste dans les desseins de la corporation, de bon même dans les actes des individus. S'il n'a pas saisi pour un tel récit les fortes couleurs et la plume énergique de ce Tacite dont il a traduit avec plus de concision que de force et d'éclat de nombreux fragments, du moins il est difficile d'avoir plus d'esprit, d'anecdotes amusantes, de traits piquants et parfois de vues pénétrantes. Je l'en loue plus volontiers que de son impartialité facile entre les Jésuites et les Jansénistes, qui ne ménage pas plus ces derniers que leurs adversaires.

C'est dans ses Éloges que d'Alembert a mis toutes les qualités de son esprit : étendue de connaissances, étude des sciences approfondie, vues générales, analyse fine et déliée, solidité et agrément. On n'a peut-être pas assez rendu justice à ce style incisif de d'Alembert. Il a moins de grâce, moins de charme que Fontenelle, mais il n'a pas moins d'esprit et ne conte pas avec moins de prestesse. On lui reprocherait plutôt d'abuser du trait et de ne point assez se mettre en garde contre ces pointes qui, dans les Éloges, composés durant sa vieillesse, tournent tout à fait au concetti. L'esprit de conversation, comme le remarque Laharpe, était devenu par degrés son esprit dominant, et ce n'est rien moins que celui d'un livre. Mais ce n'est pas là qu'il faut aller chercher d'Alembert, comme semble le faire Laharpe, qui détracte sans mesure tous ceux qu'il avait dans sa jeunesse loués sans mesure. Peu d'ouvrages, en somme, donnent plus d'instruction avec moins de peine et plus de plaisir que ces Éloges, qui, commençant en 1700 pour ne s'arrêter qu'en 1772, embrassent la plus grande partie du siècle et comprennent les mérites et les genres les plus divers, de Montesquieu à Sacy, de Bernouilli à Marivaux. D'Alembert y montre constamment, avec l'amour éclairé du vrai et du beau, un profond sentiment de la dignité de la profession d'homme de lettres. C'est en l'honneur de cette profession qu'il écrit son *Essai sur les gens de lettres*, ouvrage d'une âme indépendante, et noble protestation contre l'avilissant patronage des grands seigneurs.

La dignité de l'homme de lettres, c'est dans la vie de d'Alembert qu'il faut en chercher un modèle accompli. Nous avons vu sa jeunesse laborieuse et pauvre, où lui-même repousse l'aisance qui le priverait du bonheur de cultiver la science qu'il préfère. Plus tard l'occasion se présente de changer son état obscur et gêné (pendant long-temps d'Alembert n'eut que dix-sept cents livres de rente) en une position brillante et fortunée. Le roi de Prusse lui offre la place de président de l'Académie des sciences de Berlin avec un traitement considérable. A la demande réitérée, pressante de Frédéric, qui, pour décider le philosophe, prend le ton d'un solliciteur, il répond qu'il met avant tous les avantages ses amis et son indépendance. L'impératrice de Russie lui propose l'éducation de son fils, qu'elle veut lui confier sans partage, lui promettant de lui faire une grande position dans l'empire: il aime mieux rester à Paris avec son libre parler et l'étude paisible.

L'estime de tous, même de ses adversaires, une considération puissante environnent sa vie et font l'honneur de sa vieillesse. Membre de l'Académie française[1], dont il était secrétaire; de l'Académie des sciences de Paris[2], de Berlin[3], de Pétersbourg, et de la Société royale de Londres, il est en correspondance avec les plus illustres savants de l'Europe, avec les plus grands hommes de la France, avec les souverains les plus puissants du temps. Il reçoit dans son petit entresol du Louvre les personnages les plus en crédit, jaloux de faire partie de ses petites réunions, et les visites fréquentes du duc de Choiseul. Certes il n'y avait point alors, sous cet ancien régime, de seigneur riche et de grande famille dont la considération surpassât celle de ce fils naturel qui n'avait d'autre supériorité que la science. Le grand dominateur des esprits, Voltaire lui-même, plus populaire parmi les rois et les princes, plus à la mode chez les grands, obtint moins de cette déférence presque respectueuse qui allait chercher d'Alembert au fond de sa retraite.

Rien au reste ne ressemblait moins à un dignité froide et compassée que le caractère et la conversation de d'Alembert. Un certain art d'atteindre la limite de la liberté du langage sans la dépasser, de se jouer des liens factices du monde sans les briser et de ses préjugés sans les heurter de front, une ironie douce qui n'eût choqué que les sots, s'il n'eût compris avec un tact parfait qu'il ne faut jamais avoir l'air de se moquer des sots; une simplicité qui allait jusqu'à l'ingénuité et à la bonhomie, de la malice dans l'esprit, de la bonté dans le cœur, gai parfois, gai d'une gaieté d'enfant, le talent de conter, et, pour animer ses contes, une mimique expressive et le don d'imiter; de la finesse dans le sérieux, une légère pointe agressive pour ranimer la douceur de son commerce, tout ce qui plaît dans chaque moment sans ennuyer à la longue, tant de qualités heureusement mélangées le faisaient rechercher et lui gagnaient avec l'estime l'affection. Il lui échappait même de ces traits que nous appellerions humoristiques. C'est ainsi qu'il s'écriait un jour: « *Qui est-ce qui est heureux? Quelque misérable*, » et qu'il disait: « *L'état de vapeur est un état bien fâcheux, car il nous fait* » *voir les choses comme elles sont.* » C'est une chose digne de remarque que les chefs du mouvement encyclopédiste, que Diderot, Voltaire, d'Alembert, aient été tous trois de puissants ou de charmants causeurs.

On peut reprocher un peu de sécheresse au philosophe et à l'écrivain chez d'Alembert, on trouve dans l'homme une sensibilité véritable et sans affectation. Ce méchant Grimm qu'aimait tant Diderot, sans doute parce

[1] 1754.
[2] 1741.
[3] 1746.

que, avec ses illusions naïves et son enthousiasme à propos de tout et de tous, il était de sa destinée d'avoir toujours la main malheureuse en fait d'amitié comme d'amour, ce méchant Grimm a dit de d'Alembert qu'il était « sensible sans sensibilité, bon sans bonté, bienfaisant sans bienfai- » sance, etc., etc. » Dans ces jeux de mots je vois clairement que d'Alembert était, même au témoignage du plus malveillant des juges, sensible, bon et bienfaisant, et je crois n'être que juste en mettant tous les premiers termes de la phrase sur le compte de d'Alembert et tous les seconds sur le compte de Grimm. Pourtant, comme il y a quelque chose de perçant dans le coup d'œil du médisant, et parfois un petit coin juste même dans la calomnie, je veux chercher si le mot de Grimm n'a pas au moins son prétexte dans le caractère de d'Alembert. Interprété de la sorte, il s'explique du moins, sans se justifier. Entend-on par sensibilité les grands éclats de la passion, une âme livrée à l'orage, ou même l'enthousiasme et l'élan, j'avoue que d'Alembert n'était pas sensible. Mais il l'était beaucoup au contraire si on entend par ce mot une âme délicate, une affection vive, une amitié sûre et en action, et même un sentiment plus tendre que l'amitié. Sa bonté n'allait pas, il est vrai, jusqu'à chérir ses ennemis (celle de Grimm allait-elle jusque-là!) ni même à les ménager en paroles, quoiqu'il préférât en général, considérant son repos et leur valeur, les châtier par le silence. Mais tous ses contemporains s'accordent à dire que nul ne fut moins capable de la plus petite méchanceté effective, chose très-méritoire chez un homme qui tient en mains les deux grandes armes de la vengeance, l'esprit et le crédit. Voyez ce que disent de sa bienfaisance Condorcet, Marmontel, Laharpe. Mais cette bienfaisance voulait être éclairée, et c'est ce qui suffit sans doute à la malveillance de Grimm pour en rabaisser le prix. Écoutons d'Alembert citer ce trait de Fontenelle et de madame Geoffrin : « Elle avait pris pour devise (madame Geoffrin) *donner* et *pardonner*. La passion de donner, qui fut le besoin de toute sa vie, était née avec elle, et la tourmenta pour ainsi dire dès ses premières années. Étant encore enfant, on la grondait de cette intempérance de charité, on l'en punissait quelquefois, et elle recommençait toujours.

» Comme elle ne respirait que pour le bien, elle aurait voulu que tout le monde lui ressemblât; mais sa bienfaisance se gardait bien d'importuner celle des autres... Son illustre ami Fontenelle était le seul avec qui elle en usât autrement. Ce philosophe, si célèbre par son esprit et si recherché pour ses agréments, sans vices et presque sans défauts, parce qu'il était sans chaleur et sans passion, n'avait aussi que les vertus d'une âme froide; des vertus molles et peu actives, qui pour s'exercer avaient besoin d'être averties, mais qui n'avaient besoin que de l'être. Madame Geoffrin allait chez son ami et lui peignait avec intérêt et sentiment l'état des malheureux qu'elle voulait soulager. *Ils sont bien à plaindre*, disait le philosophe, et puis il parlait d'autre chose. Madame Geoffrin le laissait aller, et quand elle le quittait : *Donnez-moi*, lui disait-elle, *cinquante louis pour ces pauvres gens. — Vous avez raison*, disait Fontenelle, et il allait chercher les cinquante louis, les lui donnait, et ne lui en reparlait jamais, tout prêt à recommencer, pourvu qu'on l'en avertît encore. »

Eh bien! la bienfaisance de d'Alembert était d'une espèce moyenne, intermittente, entre la charité de premier mouvement et un peu aveugle de madame Geoffrin et la bienfaisance tranquille, réfléchie, un peu sèche, du philosophe Fontenelle. Il avait peut-être besoin qu'on lui désignât les malheureux, mais il n'avait pas besoin qu'on l'avertît de leur faire du bien. Que lorsqu'il savait dans le besoin des jeunes gens laborieux et capables, cultivant la science ou la littérature, il leur sacrifiait (peut-être en souvenir de sa jeunesse éprouvée) une partie de son revenu, lui si peu fortuné, une partie de son temps, lui dont la première passion était l'étude, lui si jaloux de son indépendance, si facilement irritable pour peu qu'il fût dérangé. Il avait changé plusieurs de ses bienfaits en de véritables dettes, qu'il regardait comme sacrées; et un jour qu'il éprouvait quelque retard dans ses payements, on lui entendait dire avec une tristesse inquiète : Je serai forcé de retrancher sur ce que je donne.

Sans parler de l'amitié qui l'unissait à Voltaire, à Diderot, à Condorcet, trois affections remplirent la vie de d'Alembert; l'une, je ne puis dire sa mère, mais sa nourrice, la pauvre, la généreuse ouvrière qui avait pris soin de son enfance; l'autre, une amie, madame Geoffrin; l'autre enfin, mademoiselle de Lespinasse.

Sa nourrice, il resta près de vingt-cinq années avec elle; et quand sa mère, le voyant illustre, crut pouvoir sans honte alors l'avouer pour son fils, ce fut son tour de refuser à la reconnaître. Un jour, dit-on, dans sa jeunesse, se trouvant avec sa nourrice, quelqu'un lui désigna madame de Tencin en lui disant : Voilà votre mère. Ma mère! s'écria-t-il en se jetant dans les bras de sa nourrice, ma mère, la voici! Au foyer il était affectueux et bon. Il n'y avait rien d'un grand homme. Sa nourrice d'ailleurs était fort touchée de sa reconnaissance, et très-peu de sa gloire. Ces honneurs, ce bruit, ces travaux, tout cela, dit-on, faisait pitié à la bonne femme. « Allez, disait-elle à d'Alembert, vous ne serez jamais qu'un philosophe; et qu'est-ce qu'un philosophe? C'est un fou qui se tourmente pendant sa vie pour qu'on parle de lui lorsqu'il n'y sera plus. » Les sceptiques du dix-huitième siècle devaient admirer le grand sens de cette excellente femme, et je suis sûr que Voltaire, écrivant *Candide* ou l'article *Métaphysique*, aurait signé de grand cœur la définition du philosophe par la nourrice de d'Alembert.

Pendant longues années d'Alembert fut l'ami de madame Geoffrin et l'hôte assidu de ses brillantes réunions. Mais les derniers temps de la vie de cette femme distinguée virent rompre brusquement ce commerce d'amitié. Madame de La Ferté-Imbaut, fille de madame Geoffrin, et femme d'une dévotion sèche et étroite, vint s'installer chez sa mère malade. Un jour notre philosophe reçut une lettre qui commençait par ces mots : « Vous avez indisposé contre vous depuis bien des années tous les gens de bien par votre manière indécente et imprudente de parler de la religion. Toutes mes sociétés intimes ne sont composées que de gens de bien, et plusieurs pensent que je devais à la religion et à l'édification publique de vous empêcher d'entrer chez ma mère... Je pense que mes amis ont raison jusqu'à un certain point; mais la charité chrétienne m'engage à ne pas faire contre vous un éclat qui serait par trop opposé à cette divine charité, » et, après des menaces où se mêlent les mots charité, religion, et qui équivalent à interdire formellement à d'Alembert la porte de sa mère, madame de La Ferté-Imbaut soutenait que madame Geoffrin, même au temps de ses liaisons avec les philosophes, avait toujours été au fond fort dévote, et ajoutait : « Je dois à la vérité de vous dire qu'elle a bien plus aimé Dieu qu'elle ne vous a jamais aimé, ni vos semblables. » D'Alembert, on le comprend, fut fort peu touché de ces injures, mais il fut sensible jusqu'à la douleur à l'interdiction qui l'éloignait d'une femme dont il avait si long-temps goûté la délicatesse de cœur, l'esprit plein de charme, et la vive et pure affection.

Le fils de madame de Tencin, comme sa sensible mère, connut des passions plus vives et plus tendres, et son cœur en souffrit beaucoup. On connaît l'histoire de ses relations avec mademoiselle de Lespinasse, cette femme, la seule peut-être au dix-huitième siècle, qui resta femme et qui le fut complétement, la seule dont l'esprit ne porta point la marque de l'esprit du temps, de la philosophie à la mode et du bel esprit régnant, la seule qui, dans cette époque aiguisée et subtile, saisissant un jour une plume, non pour parler, comme toutes font alors aux salons qui les écoutent, aux beaux esprits qui les applaudissent et aux femmes qui les jalousent, mais pour s'adresser à celui qu'elle aime, à celui-là seul, se contenta de laisser parler son cœur et écrivit un chef-d'œuvre sans y penser seulement! Non, qui n'a pas lu ces lettres, eût-il étudié Racine et Shakspeare, eût-il vivement éprouvé le sentiment qu'elles expriment, celui-là n'a pas visité tous les replis du cœur; il lui reste encore mille nuances à apprendre, il lui reste à connaître l'expression la plus énergique et la plus simple qu'ait reçue jamais la passion la moins mêlée de factice et de faux, il ne sait pas plus tout l'amour qu'on ne connaît tout l'amour maternel avant d'avoir lu madame de Sévigné! Comment donc d'Alembert, si réservé, un peu timide, plutôt bon qu'ardent, fort peu enthousiaste, et, avec une véritable tendresse de cœur, d'une nature peu expansive, put-il être aimé de mademoiselle de Lespinasse? Précisément par ces qualités douces, un peu voilées, plus en dedans qu'en dehors, qu'elle, avec la pénétration d'une femme aimante, elle savait deviner et allait pour ainsi dire chercher au fond de l'âme de d'Alembert. Mais si ces qualités l'attirèrent, elles ne suffirent pas à la fixer. D'Alembert le vit, en souffrit, et, avec plus de tendresse que de résolution de cœur, resta l'ami, l'ami souffrant et affligé jusqu'au dernier jour, de celle qui ne lui laissait plus d'autre titre. Et quand cette femme, qui vécut d'amour, qui en vécut jusqu'à en mourir, ne fut plus, d'Alembert, confiant ses douleurs au papier, s'adressait ainsi à l'ombre de celle qu'il avait perdue : « J'ai vingt fois été au moment de me jeter entre vos bras et de vous demander quel était mon crime; j'ai craint d'être repoussé. Votre contenance, vos discours, votre silence même, tout semblait me défendre de vous approcher. Je me flattais de vous rappeler par mes larmes; mais le triste état de votre machine souffrante et délabrée me faisait craindre même de vous attendrir. Pendant neuf mois j'ai cherché le moment de vous dire tout ce que je souffrais et tout ce que je sentais, et pendant neuf mois je vous ai toujours trouvée trop faible pour résister à la triste peinture et aux tendres reproches que j'avais à vous faire. Le seul instant où j'aurais pu vous montrer à découvert mon âme abattue a été l'instant funeste où, quelques heures avant de mourir, vous m'avez demandé ce pardon déchirant, dernier témoignage de votre amour, et dont le souvenir cher et cruel restera toujours au fond de mon cœur. Mais vous n'aviez plus la force de me parler ni de m'entendre, il a fallu, comme Phèdre, me priver de mes pleurs, qui auraient troublé vos derniers moments. » Et plus loin, après l'expression de cet amour aussi embarrassé et aussi contraint après la rupture qu'il avait pu l'être aux premiers jours, faisant un triste retour sur ces dernières années, d'Alembert s'écriait : « Pourquoi n'avez vous pu aimer ni être aimée en paix? Vous m'avez dit tant de fois, et vous m'avez encore avoué en soupirant quelques mois avant de mourir, que, de tous les sentiments que vous avez inspirés, le mien pour vous et le vôtre pour moi étaient les seuls qui ne vous eussent pas rendue malheureuse! Pourquoi ce sentiment ne vous a-t-il pas suffi?.... » O philosophe! vous demandez pourquoi et vous ne voyez pas que vous même répondez à la question que vous faites. Elle ne vous a plus aimé parce qu'elle ne pouvait pas *aimer et être aimée en paix*, parce que, selon l'expression qu'elle même vous applique, vous *remplissiez son âme sans la troubler*, et que cette pauvre âme admirable et folle avait besoin d'être troublée et non pas remplie, parce que votre amour était trop uni et votre dévouement trop égal, parce que vous ne saviez pas la faire passer par ces alternatives de consolation et d'angoisses, de désespoirs terribles et d'espérances toujours renaissantes, comme ce M. de Guibert qui ne l'aimait pas!

Il est temps de faire un dernier et rapide retour sur le caractère et sur le rôle de d'Alembert [1]. D'Alembert n'a pas été un de ces mortels puissants et

[1] D'Alembert mourut le 29 octobre 1783.

extraordinaires, très-grands par certains côtés, très-faibles par certains autres, qui font les révolutions; il a été de la famille plus sage et plus réservée de ceux qui aident à les faire, en mettant de la prudence dans l'attaque, de la régularité dans la révolte et des qualités d'*organisateur* dans la destruction même. On ne peut pas dire que d'Alembert ait été une grande âme ni un génie de premier ordre; mais, tandis que ceux qui ont été plus richement partagés, se sont vus attaqués dans leurs personnes, outragés dans leurs intentions les plus pures, persécutés dans leur mémoire, et, en certains instants de lutte acharnée, chassés violemment de cette gloire dont ils n'avaient pas joui en paix un seul instant durant la vie, d'Alembert a gardé paisiblement cette place de haute estime et de considération profonde qui, dès son vivant, lui avait échu. Son image ne domine pas tout un siècle et tout un peuple, mais elle reste intacte. Elle gagne même à être vue de près. Et quand on étudie en détail les différents traits de cette physionomie plus délicate que forte et qui semble un peu effacée au milieu des grands contemporains, l'impression est plus satisfaisante qu'à une première vue. On estime plus, on aime mieux cet homme qui comme géomètre enrichit la science et comme écrivain la popularisa, faisant pour la fin du siècle ce que Fontenelle avait fait pour le commencement; qui, comme philosophe, contribua à une destruction légitime et nécessaire, en respectant plus que les assaillants ce qui avait encore droit au respect; et, comme individu enfin, éclairé, bon, scrupuleux, délicat et dévoué en affection, fut, selon toute la force d'un terme si heureusement employé par le dix-septième siècle et dont le nôtre a trop restreint le sens, un des plus *honnêtes gens* d'une époque de morale frivole et relâchée.

HENRI BAUDRILLART.

MALESHERBES.

MALESHERBES

NÉ EN 1721, MORT EN 1794.

Les révolutions ont une merveilleuse puissance pour contrarier la vocation des hommes qu'elles rencontrent sur leur chemin, pour se jouer, non-seulement de leur fortune et de leur volonté, mais aussi de leur caractère et de leur nature; pour leur imposer des rôles auxquels rien, dans leur existence, ne semblait les appeler; commandant, avec un caprice singulier, à celui-ci de figurer comme héros, à celui-là de tomber en victime. L'un et l'autre de ces lots échut à l'homme de bien dont nous ne craignons pas de faire la biographie, encore qu'il nous soit arrivé d'écrire son éloge; et son âme se rencontra de force à ne pas plier sous ce double fardeau, tout imprévu qu'il était, à supporter avec aisance cette destinée violente pour laquelle aucune habitude de sa vie ne semblait l'avoir préparé. En des temps ordinaires, c'eût été un de ces magistrats aux fortes et sévères études, au caractère intègre et ferme, aux loisirs noblement occupés, comme il en naissait autrefois, comme il ne s'en fait plus maintenant; et il n'aurait été question de lui que dans les souvenirs étroits du barreau, que dans les traditions obscures des cours judiciaires. Conduit par un long âge jusqu'aux jours du bouleversement social, il y a trouvé un échafaud, une statue, et son nom appartient à l'histoire par tous les titres qui font les hommes célèbres, les grandes vertus et les grandes infortunes.

Chrétien-Guillaume Lamoignon de Malesherbes, né le 6 décembre 1721, fils, petit-fils, neveu des principaux officiers du parlement de Paris, n'avait ni le choix ni l'incertitude de sa carrière. Il venait pour succéder à son père, à son grand-père, et pour continuer, dans une génération de plus, l'illustre mémoire laissée par le premier président son bisaïeul. Ainsi les choses allaient avant cette découverte des temps modernes, que toute fonction publique doit émaner directement du pouvoir pour la plus grande liberté des consciences et la plus grande sûreté des intérêts. Il reçut sa première éducation chez les jésuites, et il apprit le droit sous la conduite de l'abbé Pucelle, le patriarche du jansénisme. Substitut du procureur-général en 1741, il acquit en 1744 une charge de conseiller aux enquêtes. Ce temps, où il eut à remplir sans bruit des devoirs sévères, est celui où le caractère se développe et se fixe, où l'on prend sa place parmi les hommes. Celle qu'il parut vouloir y occuper avait plus d'utilité et de satisfaction personnelle que d'éclat et de renommée. La culture des lettres, le commerce des hommes instruits, une application particulière aux sciences d'un usage domestique, montrèrent dès lors quelle était la direction de son esprit et la portée de son ambition. Sa personne n'avait d'ailleurs rien de ces avantages extérieurs qui attirent les regards du monde, et promettent des succès souvent payés au prix du repos et de l'honneur. Il lui fallait quelque effort pour être distingué, et il eut le bon esprit de n'en pas faire; il se servit même de sa mauvaise tournure comme d'un déguisement pour se livrer sans gêne à d'honnêtes plaisirs.

Il avait ainsi atteint l'âge de vingt-neuf ans, faisant peu parler de lui, connu seulement parmi quelques savants avec lesquels il faisait un échange actif de recherches et de découvertes. La seule agitation peut-être de sa vie avait été causée par l'apparition des trois premiers volumes de l'*Histoire naturelle*, publiés en 1749, où l'on traitait assez lestement les maîtres et les méthodes de la botanique, sa science favorite. Il prit la plume pour les venger contre la dédaigneuse appréciation d'un grand écrivain. Mais il fut bientôt obligé de renfermer son manuscrit. Son père venait d'être appelé, en 1750, à la dignité de chancelier, et lui laissait sa charge de premier président à la cour des aides. Il fallut se donner à cet héritage, et comme si ce n'était pas assez de ces hautes fonctions, le chancelier détacha pour lui de son office la partie la plus difficile, la plus épineuse, la plus exposée aux colères, ce qu'on appelait le département de la librairie, c'est-à-dire le droit arbitraire de donner cours ou d'interdire la publicité aux écrits; pouvoir sans limite, et par cela même sans action utile, dans l'exercice duquel on avait affaire à toutes les susceptibilités, à toutes les exigences, à tous les caprices, à tous les amours-propres, y compris celui des auteurs, qui ne passe pas pour le plus complaisant. Vers le même temps, il remplaça un grand seigneur à l'Académie des sciences comme académicien honoraire.

A la cour des aides, il se rendit célèbre par sa résistance à l'établissement des impôts, par la sévérité de ses remontrances, par le zèle avec lequel il défendit les prérogatives de sa compagnie et les droits de l'humanité. Les actes de sa magistrature ont été recueillis dans un volume portant la date de « Bruxelles, 1779 », long-temps recherché comme un ouvrage défendu, enseveli aujourd'hui sous cet amas de livres qu'ont produits les diverses expériences de notre politique. On pourrait au besoin le consulter, quand les discussions de chaque jour nous laisseront du répit, pour s'assurer des progrès réels que nous avons faits, des abus détruits, des garanties obtenues, et peut-être serait-on surpris de trouver tant d'applications encore au blâme qu'il exprimait avec énergie. Mais un objet d'étude bien plus curieux, c'est d'y chercher quelque explication de l'histoire, quelque intelligence de cet ancien état social que nous connaissons si peu. La liberté de la tribune n'a rien fait entendre de plus ferme, de plus pénétrant, de plus hardi que ce langage d'un magistrat parlant tranquillement du haut d'un siége héréditaire, hors de portée des passions populaires, disputant en quelque sorte face à face avec la royauté. Toutes les ressources de notre éloquence parlementaire, la misère du peuple, le despotisme, les droits des sujets, les devoirs des rois, les limites de la puissance, les bornes de la soumission, l'obsession des courtisans, ces images, ces principes, ces reproches, qui nous sont devenus familiers, s'y trouvent rassemblés avec une force d'expression, une sévérité de logique, que nos orateurs, et je dirai plus, nos journaux, n'ont pas toujours égalées. Il nous semble que de chaque phrase il va sortir une violence de la foule ou du pouvoir, et pourtant rien ne s'ébranle à ces paroles d'une stérile vigueur, tant on se croit loin du danger. Les rigueurs dont on usait alors envers des personnages de cette dignité, je veux dire les ordres du roi renvoyant le magistrat dans sa terre, ne viennent pas même lui donner la consécration de la disgrâce. Cette espèce d'assaut courtois entre la puissance royale et l'autorité de la magistrature dure vingt ans sans que personne soit blessé.

Comme chargé du département de la librairie, M. de Malesherbes montra la même bonne volonté, le même désir de justice, le même esprit de liberté, et il fut souvent réduit à la même impuissance. Ses liaisons avec les gens de lettres, ses rapports avec les savants, le rendaient suspect de partialité pour des hommes dont la pensée curieuse se portait dès lors sur tous les mystères de l'ordre social. Le pouvoir qui lui était confié, absolu pour proscrire, ne l'était pas pour protéger. La cour, le clergé, le parlement, avaient aussi leur influence et leurs moyens d'action; ce qui échappait à la censure de l'un tombait sous la réprobation de l'autre. La faveur accordée par M. de Malesherbes à la publication de l'Encyclopédie ne put soutenir cet ouvrage que contre les prêtres; les magistrats furent plus difficiles, et condamnèrent ce que l'évêque de Mirepoix avait approuvé. La chaire dénonça M. de Malesherbes comme affilié à la conspiration des philosophes, et les philosophes le tourmentèrent de leurs exigences. S'il eut le bonheur d'apprivoiser l'humeur sauvage de Rousseau, il ne contenta pas toujours la vivacité capricieuse de Voltaire; l'aigre d'Alembert s'emportait fréquemment contre son impassible modération; les querelles littéraires faisaient toujours rejaillir sur lui quelque éclat de leur animosité; et il dut regarder comme un jour heureux pour son repos la retraite du chancelier son père en 1763. Il lui fut permis alors d'abdiquer cette dictature où il s'était fait beaucoup d'ennemis et beaucoup d'ingrats. Cependant il obtint, en quittant sa place, une satisfaction qui se fait ordinairement un peu attendre : dès le lendemain il fut hautement regretté (*a*).

Il continua à présider la cour des aides jusqu'au temps où la royauté, lasse des tracasseries que lui suscitaient les cours de justice, s'avisa de conspirer contre elles. Les tentatives de révolution réussissent rarement au pouvoir; celle-ci ramena vers le parlement l'affection des peuples, qui ne savait plus guère où s'attacher. M. de Malesherbes, dont le père avait été éloigné des affaires par le père du chancelier de Maupeou, se trouvait tout naturellement porté à la rencontre de l'aventureux ministre par l'intérêt de son corps, par l'intérêt de la justice, par tout ce qui établit une rivalité entre les hommes. Quoique les premières mesures du chancelier n'atteignissent que le parlement, la cour des aides prit fait et cause pour cette juridiction voisine qui était menacée. De vigoureuses et touchantes remontrances furent rédigées par M. de Malesherbes. Le roi refusa de les entendre. Repoussée dans son attitude suppliante, la cour des aides voulut faire acte d'autorité. Elle protesta contre l'établissement du nouveau tribunal qui devait remplacer le parlement, et défendit à ses officiers de reconnaître les décisions qu'il rendrait. Le premier président reçut l'ordre de porter cet arrêt à Versailles. Les magistrats qui l'accompagnaient remarquèrent en cette occasion, de la part des courtisans entassés dans l'œil-de-bœuf, bien plus de respects et d'égards qu'on n'en avait habituellement dans ce lieu pour les gens de robe. Le roi ne permit pas à M. de Malesherbes de parler, prit l'arrêt de ses mains, le fit biffer sous ses yeux, et quelques jours après, le 6 avril 1771, une lettre de cachet enjoignit à M. de Malesherbes de ne pas quitter sa terre. L'abolition de sa compagnie, exécutée par le maréchal de Richelieu, eut lieu en son absence.

Alors commença pour lui, dans ce qu'on appelait un exil, la vie pour laquelle il semblait né, celle qui aurait été de son choix, s'il avait pu répudier les devoirs que lui imposait son nom. Libre maintenant par la disgrâce, rien ne l'empêcha plus de suivre ses goûts et ses penchants. L'embellissement de la terre de Malesherbes, que son père, même avant sa mort arrivée en 1772, paraît lui avoir abandonnée, fut son unique, sa chère occupation. L'élève de Jussieu redevint homme des champs, et rien de plus; homme des champs par son costume, par ses connaissances agricoles, par son travail journalier. C'est surtout ainsi qu'il se présente au souvenir populaire, et qu'il donne prise à l'anecdote. Les traditions de ses habitudes, de ses bienfaits, de ses bons mots, de ses passe-temps, sont encore vivantes et pleines de charme dans le voisinage de ce château dont le maître s'appelle aujourd'hui Chateaubriand. On y montre les allées qu'il a plantées, la petite porte par où il sortait à la première aurore pour se mettre à la tête de ses ouvriers, les arbres importés des pays lointains qu'il a naturalisés dans son parc, et que le poète des Jardins a célébrés. Toute l'histoire de ce pays semble liée à sa mémoire, et à peine saurait-on que ce domaine existait avant lui, si les statues mutilées des seigneurs de Balzac d'Entragues ne venaient rappeler une autre généalogie et une célébrité bien différente.

Ses veilles n'étaient pas là moins occupées que ses journées. M. de Malesherbes écrivait beaucoup; il est peu de matières en histoire naturelle, en politique, en législation, qu'il n'ait savamment traitées; il avait même fait des vers avant d'avoir l'âge de raison. Un petit nombre de ses ouvrages qui ont survécu aux désastres de sa maison et à la dispersion de ses amis, annoncent un esprit laborieux, remontant curieusement en toutes choses aux causes et aux origines, déduisant les faits avec méthode et clarté; de plus, une grande netteté de raisonnement, un style pur et facile, exempt de déclamation, marqué partout au coin du bon sens, de la sagesse et de l'autorité. La critique intelligente y découvrirait facilement le caractère de l'homme, s'il ne s'était pas trouvé assez d'écrivains, se vantant de son intimité, qui ont revendiqué, avec plus ou moins de droit, l'honneur de nous le faire connaître. Tous s'accordent à le représenter comme un homme de manières affables, d'une bonhomie spirituelle, d'une admirable modestie, d'un aimable entretien, d'un enjouement inaltérable, que rendait plus piquant encore un peu de négligence et de distraction. Il survint plus tard d'autres épreuves qui montrèrent que tous ces mérites, d'un ordre vulgaire en apparence, tenaient à un principe de la nature la plus élevée; que cette gaieté sans accès, sans effort et sans retour, exprimait le calme d'une âme sûre d'elle-même, d'une conscience prête à tous les événements.

Trois ans et demi passés dans la retraite ne l'avaient pas fait oublier, même à Paris, lorsqu'un nouveau règne vint rajeunir dans l'opinion publique tout ce que le règne précédent avait trouvé de résistance. Louis XVI, avec cette probité de jeune homme qui, chez un roi, n'est pas toujours de la prudence, crut devoir rétablir les cours de justice supprimées par son prédécesseur. M. de Malesherbes reprit sa place à la cour des aides. L'Académie française, qui dès lors s'associait volontiers aux réactions politiques, l'appela dans son sein, où il fut reçu le 16 février 1775. Tout était alors pour lui triomphe, respect, admiration : il n'en abusa pas pour le ressentiment; mais il crut voir l'instant venu de réparer tous les torts, et de ne pas épargner les conseils. La reconnaissance de la cour des aides s'exprima par des remontrances sur toute la législation des impôts, qui eussent fort bien pu passer pour un acte d'opposition. Le roi se contenta d'empêcher qu'elles fussent rendues publiques; mais il pensa sans doute qu'un homme qui donnait de si bonnes leçons devait faire un excellent ministre, et il le nomma, au mois de juillet 1775, pour remplacer le duc de La Vrillière. Son département comprenait, avec la maison du roi, les attributions de ce que nous appelons la police générale; il s'étendait depuis la Bastille jusqu'à l'Opéra.

M. de Malesherbes faisait partie d'un ministère réformateur, caractère tout à fait conforme à celui qu'il avait adopté lui-même. Il procéda comme de coutume à la recherche des droits et des abus. Il se traça des lignes de conduite; il en fit même quelques essais louables. Il visita les prisons, en retira quelques malheureux, et soumit à la délibération d'un conseil choisi les ordres absolus du roi. Un de ses biographes raconte que comme on paraissait embarrassé devant lui sur l'emplacement où s'élèverait un jour la statue de Louis XVI, il désigna aussitôt « la Bastille. » Mais l'administration à laquelle il s'était associé, déjà ébranlée lorsqu'il y entra, se trouva bientôt impuissante contre les intrigues de cour, le mouvement imprimé aux compagnies souveraines, et toutes les impatiences réveillées par les promesses de l'avénement. Au bout de neuf mois, M. de Malesherbes s'aperçut qu'il s'était fourvoyé, et le dernier venu donna le signal de la retraite. Sa démission fut acceptée le 12 mai 1776 par le roi, qui, dit-on, lui adressa tristement ces paroles : « Vous êtes plus heureux que moi, vous pouvez » abdiquer. »

Pendant les dix années qui suivirent, il reprit ses habitudes champêtres. Il voyagea dans les provinces de France et dans les pays voisins. Il s'était précautionné contre les inconvénients de sa renommée, et son incognito lui procura des aventures plaisantes dont le conte et le vaudeville se sont emparés. M. Boissy d'Anglas en raconte une moins connue, et qui eut lieu dans Paris même. M. de Malesherbes se trouvait un matin dans les halles « avec son costume ordinaire, habit marron à grandes poches, boutons d'or, » manchettes de mousseline, le jabot barbouillé de tabac, la perruque » ronde, mal peignée et mise de travers, » quand deux femmes du peuple qui se disputaient sur le nom d'une plante, s'avisèrent de s'en rapporter à lui. Pour ce coup M. de Malesherbes s'imagina qu'on l'avait reconnu; il en avait déjà même ressenti un petit mouvement de vanité. Mais une des parties entre lesquelles il venait de juger le détrompa bientôt, en lui apprenant qu'à sa seule figure on l'avait pris tout de suite pour un apothicaire.

Cependant une première épreuve n'avait pas suffi pour le dégoûter du ministère. L'ambition était sans doute bien loin de lui, mais il ne pouvait renoncer entièrement à l'espoir de mettre en œuvre les projets d'amélioration sur lesquels il s'était exercé; car les honnêtes gens ont aussi leur obstination. La royauté en était déjà à ses derniers expédients lorsqu'on l'appela, en 1787, dans le conseil où Chrétien-François de Lamoignon, son cousin, était garde des sceaux; il eut la joie d'y faire adopter, en faveur des protestants, un édit qu'il avait préparé par de savants et lucides mémoires. Mais toute son influence, toute son action, se bornèrent à ce bienfait, qui ne fut pas encore généralement apprécié. Dans tout le reste il se vit réduit à la triste condition d'un fâcheux donneur d'avis, d'un malencontreux prophète, toujours écrivant, toujours montrant des inconvénients et des périls, toujours contrariant en vain la marche qui menait à l'abîme. Il se retira de ce mauvais poste au mois d'aout 1788. Il avait alors soixante-sept ans. Sa carrière semblait finie. Le temps était passé où les hommes de précaution et de ménagement pouvaient faire quelque bien. Les événements se pressaient avec une effrayante rapidité. Les idées étaient mobiles comme elles le sont toujours chez nous, mais toute leur pétulance se portait sans cesse en avant. Chaque lendemain était à un siècle de la veille. M. de Malesherbes, dont l'esprit, enfermé dans de certaines règles, marchait plus posément, reconnut bientôt qu'il perdrait sa peine à prévoir et à conseiller. Il écrivait en juillet 1790 : « Dans le temps des violentes passions, il faut bien se » garder de faire parler la raison, on nuirait à la raison même ; car les en» thousiastes exciteraient le peuple contre les mêmes vérités qui, dans un » autre temps, seraient reçues avec l'approbation générale. » Quatre mois plus tard il disait : « La passion populaire est à un tel point, que tout ce » que je dirais, et même le martyre, si je le subissais pour avoir dit la vé» rité, ne servirait de rien. »

Si la vie de M. de Malesherbes se fût arrêtée là, il n'aurait mérité que l'estime due aux bons et nobles caractères ; les éloges donnés à son courage de magistrat, à son amour du bien public, à ses vues de philanthropie et de sage liberté, se seraient affaiblis par la distance des temps, des mœurs et des idées ; on l'aurait compté seulement au nombre des hommes aimables, éclairés et vertueux ; il lui aurait manqué l'occasion d'être sublime. Il avait choqué autrefois la puissance royale, et il en avait été puni par un doux exil ; il lui restait à braver la puissance populaire, qui a bien d'autres rigueurs. Plusieurs années de silence avaient passé sur son nom, d'immenses événements s'étaient accomplis sans qu'il y fût mêlé, et avaient reculé bien loin les réputations du passé, lorsqu'au sein de la Convention, qui se préparait à juger Louis XVI, une lettre (*b*) vint révéler l'existence de ce vieux magistrat au caractère si doux, aux mœurs si simples, qui avait plaidé souvent la cause du peuple sous la monarchie ; c'était lui qui demandait maintenant à défendre son ancien maître, et cela avec des paroles si calmes, une telle tranquillité d'esprit, qu'il semblait n'avoir rien de plus à risquer qu'avec les rois.

Sa demande lui fut accordée ; les portes du Temple s'ouvrirent pour le recevoir faible et se soutenant à peine, il retrouva ses forces auprès du roi. Depuis le 14 décembre jusqu'au jour du jugement, il fut son serviteur actif, infatigable. Il concerta avec le jeune Desèze et le vieux Tronchet l'inutile défense de Louis XVI ; il lui fournit des nouvelles, des livres, de l'argent. Il obtint pour lui quelque respect de ses gardiens ; il alla lui chercher le prêtre qu'il avait désigné pour recevoir sa confession. Il parut ensuite devant la Convention; et lorsque la sentence de mort eut été rendue, il essaya de parler pour soutenir l'appel au peuple. Mais il ne put articuler que des mots en désordre, et retomba sans voix sur son banc. Il retourna auprès de Louis XVI pour lui annoncer que tout espoir était perdu; il en reçut des consolations, et le laissa aux mains de son confesseur. Le lendemain du 21 janvier, il revit l'abbé Edgeworth de Firmont, qui remit à sa foi les dernières pensées de Louis XVI, et il alla ensevelir sa profonde douleur dans sa terre de Malesherbes.

Là s'était abritée, sous la sauvegarde des bienfaits qu'il avait répandus autour de lui, une partie de sa famille: sa fille aînée, mariée au président Lepelletier de Rosambo; son gendre, son petit-fils, ses trois petites-filles, leurs maris et leurs jeunes enfants. Ces quatre générations, où se distribuaient des noms honorables, rassemblées dans un même asile, ne tardèrent pas à tenter les hommes chargés de fournir des têtes aux besoins de chaque jour. Dans le courant du mois de décembre 1793, on vint enlever M. de Rosambo et sa femme. Le lendemain M. de Malesherbes fut arrêté lui-même avec ses petits-enfants. Toute cette famille fut dispersée d'abord en différentes prisons, et réunie ensuite dans un lieu de captivité qu'on appelait Port-Libre. Ce fut là qu'à la vue de M. de Malesherbes, tous les prisonniers se levèrent pour lui offrir la place d'honneur; il la refusa pour la laisser à un vieillard plus âgé que lui. Depuis son arrestation il avait repris toute sa sérénité, toute sa bonne humeur, toute sa présence d'esprit. La translation de son gendre dans la prison de Sainte-Pélagie vint troubler cette espèce de bonheur. Peu de jours après, d'horribles voix firent entendre au pied des murs de Port-Libre le jugement et l'exécution du président de Rosambo. Le lendemain, les pourvoyeurs de l'échafaud appelèrent M. de Malesherbes, madame de Rosambo sa fille, madame de Chateaubriand sa petite-fille, et le comte de Chateaubriand, pour les conduire à la Conciergerie. Là on remit à M. de Malesherbes l'acte qui l'accusait de conspiration contre l'unité de la république. « On aurait pu le faire moins » absurde », dit-il froidement après l'avoir lu. Traduit aussitôt devant le tribunal révolutionnaire, on lui demanda s'il avait conspiré, il répondit « Non, » et son interrogatoire fut terminé. Peut-être faut-il dire qu'il se trouva un homme pour rendre témoignage contre lui. Un ancien domestique de madame de Sénozan, sa sœur, déclara qu'un jour M. de Malesherbes, entendant dire que la gelée avait détruit la récolte des vignes, s'était écrié : « Tant mieux; si le vin manque, le peuple sera plus tran- » quille. » Il fut condamné à mort, lui trentième, et avec lui sa fille, sa petite-fille, le mari de sa petite-fille. En sortant de la prison, son pied se heurta contre une pierre, et il dit gaiement à son voisin : « Voilà un » vilain présage; un Romain à ma place serait rentré. » C'était le 22 avril 1794. Une atroce combinaison avait réglé les tours de mort. Il ne fut placé sous le couteau qu'après avoir vu tomber la tête de ses enfants.

Quinze jours après cette journée, la Convention nationale décrétait des fêtes publiques en l'honneur de toutes les vertus.

A. Bazin.

(a) *Voici quelques extraits des Mémoires sur la librairie, remis par M. de Malesherbes à M. le Dauphin, en* 1759.

« Les abus de la *librairie* sont depuis long-temps montés à un tel point, qu'il n'est plus possible de les tolérer. L'auteur de ce Mémoire désirait ardemment, depuis long-temps, qu'il lui fût permis de s'expliquer en détail sur cet objet; mais il n'en a trouvé aucune occasion.

» Les ordres sévères qu'il aurait pu donner dans l'administration dont il est chargé, auraient été absolument inutiles, soit par le défaut de bons règlements pour les faire exécuter, soit par le mélange des différentes autorités qui y doivent concourir. C'est ainsi que, dans les dernières années de la vie de M. le chancelier d'Aguesseau, le parti que prit ce grand magistrat de ne permettre ni romans ni brochures frivoles, engagea d'autres ministres à établir une espèce de tribunal secret de tolérance, où on assurait les auteurs et les libraires qu'ils ne seraient point poursuivis en se soumettant à un examen particulier.

» C'est ainsi que M. le chancelier d'aujourd'hui a essayé inutilement, pendant plusieurs années, d'arrêter l'inondation de ces libelles téméraires, où, sous prétexte de défendre les droits de la magistrature, on ose discuter les droits de la souveraineté. Ses défenses ont été illusoires, et non-seulement les libelles ont paru, mais on les a vendus publiquement à la porte des spectacles et des promenades publiques. La crainte de déplaire à des magistrats qu'on croyait protecteurs de ces brochures a fait taire les lois....

. . . .

» Les condamnations faites par le parlement de livres anonymes et défendus, tels que la plupart de ceux contre lesquels il a sévi, sont absolument inutiles si on n'emploie pas de moyens pour découvrir les auteurs et les imprimeurs, et pour faire exécuter les défenses. Le parlement peut punir l'auteur de *l'Esprit* (Helvétius), parce qu'il s'est fait connaître; il peut arrêter le débit de l'*Encyclopédie*, parce que l'ouvrage est revêtu de privilége, et que le nom des libraires s'y trouve : mais tout l'effet de cet arrêt pour l'avenir sera que les auteurs de pareils ouvrages se cacheront comme ceux de presque tous les autres, et les livres ne paraîtront pas moins....

» Il est donc nécessaire que le Roi veuille bien déclarer que son intention est qu'on remette la règle dans la *librairie*, et ordonner qu'on en cherche les moyens.

. . . .

» L'objet le plus important de l'administration, dans ce moment-ci, doit être d'empêcher de paraître des ouvrages où l'on ose soumettre à l'examen l'autorité royale. La règle qu'on doit prescrire à cet égard au censeur ne sera point arbitraire ni incertaine. Il doit tout arrêter sur cette matière. En vain les philosophes et les savants prétendront-ils qu'ils sont les plus fermes défenseurs de la puissance souveraine, et que la contrainte qu'on leur impose privera le public d'une théorie sublime. Les droits du trône sont certains; ils ont des fondements plus solides que leurs vaines spéculations; et la découverte d'un axiome important en morale ou en jurisprudence ne compensera jamais les maux qui pourraient résulter de cette funeste controverse.

» Mais le siége de l'autorité étant une fois fixe, la loi d'obéissance étant une fois établie, y a-t-il un danger bien réel à laisser écrire sur toutes les autres lois et sur toutes les autres parties de l'administration? La crainte de décourager les dépositaires de l'autorité du roi, en éclairant le public sur leur administration, et les exposant par là à la critique, ne pourrait-elle pas être compensée par d'autres avantages? Il est certain, par exemple, qu'il se formerait plus de sujets dans les différentes parties de la science du gouvernement, science totalement ignorée de ceux qui ne sont pas admis dans le ministère, et que ceux qui y sont parvenus n'ont pas le temps d'apprendre. *Le Roi lui-même* n'aurait-il pas un intérêt sensible à trouver dans le public un dénonciateur inflexible, qui l'avertirait des fautes de ses ministres, de ses généraux et de ses magistrats?...

» M. Colbert a été détesté pendant sa vie et insulté après sa mort, quoiqu'il ne fût point permis d'écrire contre lui. Que serait-il arrivé de pis si la presse avait été libre? N'est-on pas fondé à penser, au contraire, que, si le public eût été plus instruit, une administration telle que celle de M. Colbert aurait trouvé des partisans comme des détracteurs, et que les sentiments auraient été au moins partagés?...

» D'autres personnes disent qu'il y a des opérations de finance contre lesquelles il est dangereux de laisser écrire, de peur de les décrier; mais le ministre de la finance ne manquera jamais d'écrivains en sa faveur, qui réfuteront aisément les sophismes qu'on voudrait lui opposer. Et je suis porté à croire que des opérations auxquelles une brochure peut nuire, sans qu'une autre brochure en puisse détruire l'effet, sont des opérations vicieuses; et comme le Roi n'a jamais eu, et qu'il n'aura jamais l'intention de tromper ses sujets, je crois qu'il faut encore regarder cette supposition comme un cas métaphysique....

. . . .

» J'ai gardé cet objet pour le dernier, comme le plus important. Les livres expressément contraires à la religion *ne peuvent être tolérés dans aucun pays.* Sur cela, tout le monde est d'accord; ceux même qui les favorisent par une inclination secrète, n'oseraient nier le principe que nous avançons.

» Il en est de même de la morale, qu'il était réservé à notre siècle de vouloir renverser. Ses principes sont ceux même du christianisme. La loi qui vengera la religion vengera la morale, et elle sera d'autant mieux observée, que le cri public s'est élevé, et que l'*indignation générale* a éclaté contre ces destructeurs des maximes que tout le monde se pique de respecter.

» Mais il arrive rarement que de pareils ouvrages soient présentés à la censure; c'est par les voies clandestines qu'ils s'impriment et se débitent. »

Puis, en 1789, il écrivait dans un nouveau Mémoire :

« ..... Je regarde comme un principe qui ne peut plus être contesté, que la liberté de la discussion est le moyen sûr de faire connaître à une nation la vérité, et je pose cette maxime comme un des principes fondamentaux de ce Mémoire ...

» Comme pendant plusieurs années j'ai traité cette question contradictoirement avec les plus zélés partisans des gênes imposées à la littérature, je crois être en état d'exposer leurs objections, et je vais l'entreprendre.

» On craint que cette liberté ne fasse paraître des ouvrages, 1° contraires aux bonnes mœurs, 2° contraires à la religion, 3° contraires aux principes du gouvernement, 4° contraires à l'honneur des citoyens : ces derniers sont ce qu'on appelle *les libelles diffamatoires.*

» Quant aux ouvrages contraires aux mœurs, ils sont défendus par la loi naturelle, qui est la loi commune de toutes les nations, et on n'a pas besoin pour cela de règlement sur l'imprimerie.

» *La liberté de la presse* n'assurera pas non plus l'impunité à ceux qui exhortent le peuple à la révolte, qui entreprennent de *détruire la religion*, ou qui insultent leurs concitoyens. De tels auteurs seraient punis comme *rebelles*, comme calomniateurs, s'ils n'étaient poursuivis pour le délit d'avoir imprimé sans permission.

. . . .

» Ne croyons pas que les membres de l'assemblée des *États* soient les seuls à qui il faille procurer des lumières. Ils ne sont que les représentants de la nation, c'est de la nation entière qu'ils doivent recevoir des instructions; c'est à elle qu'ils doivent compte de leur mission : c'est donc la nation entière qu'il faut instruire.

» ..... Une assemblée nationale, sans la *liberté de la presse,* ne sera jamais qu'une représentation infidèle, telle qu'ont été celles de nos États-Généraux, spécialement de ceux qui furent tenus sous le roi *Jean.*

» Si la nation avait été instruite alors comme elle peut l'être aujourd'hui, elle n'aurait pas laissé, en 1355, un petit nombre de bourgeois de Paris s'emparer, sous le nom des États, d'une autorité qui, étant en pareilles mains, devait nécessairement dégénérer en tyrannie : ce qui arriva réellement, et ce qui força cette nation à oublier tout ce qui avait été stipulé pour elle, pour ne songer qu'à se délivrer de ses faux représentants, devenus les ennemis communs du roi et du peuple. »

(*b*) « Citoyen Président, j'ignore si la Convention donnera à Louis XVI un conseil pour le défendre, et si elle lui en laissera le choix. Dans ce cas-là, je désire que Louis XVI sache que, s'il me désigne pour cette fonction, je suis prêt à m'y dévouer. Je ne vous demande pas de faire part à la Convention de mon offre, car je suis bien éloigné de me croire un personnage assez important pour qu'elle s'occupe de moi; mais j'ai été appelé deux fois au conseil de celui qui fut mon maître, dans le temps que cette fonction était ambitionnée par tout le monde : je lui dois le même service, lorsque c'est une fonction que bien des gens trouvent dangereuse. Si je connaissais un moyen possible pour lui faire connaître mes dispositions, je ne prendrais pas la liberté de m'adresser à vous. J'ai pensé que dans la place que vous occupez, vous auriez plus de moyens que personne pour lui faire passer cet avis.

» Je suis, etc.,

» Lamoignon-Malesherbes. »

Geny-Gros, imp. rue du Plâtre, 28. Paris

SUFFREN.

SUFFREN

NÉ EN 1726, MORT EN 1788.

Pierre-André de Suffren Saint-Tropez naquit à Saint-Cannat, en Provence, le 13 juillet 1726. Sa famille tenait depuis long-temps un rang distingué parmi la noblesse de Provence. Le marquis de Suffren Saint-Tropez, dont il était le troisième fils, le destinant à entrer dans l'ordre de Saint-Jean de Jérusalem et à servir dans la marine, l'envoya à Toulon aussitôt qu'il eut terminé ses études.

Le jeune Suffren fut admis dans les gardes de la marine au mois d'octobre 1743, et reçut l'ordre de s'embarquer sur *le Solide*. La France était alors en guerre avec l'Angleterre. Ce vaisseau faisait partie de l'armée française et espagnole combinée; et, pour son début, le jeune Suffren assista au combat que soutint ce bâtiment contre *le Northumberland*. L'année suivante, sur *la Pauline*, à la Martinique, il fut témoin d'un autre combat, et le sang-froid qu'il montra dans ces deux actions fit dès lors présager à ses chefs ce qu'il devait être un jour.

La paix d'Aix-la-Chapelle, qui fut signée le 18 octobre 1748, semblait devoir le condamner au repos; mais il profita de cette circonstance pour se rendre à Malte, et à son arrivée il fut immédiatement admis au nombre des chevaliers.

Nous ne nous arrêterons point au récit des premières campagnes de Suffren, qui se forma au dur et glorieux apprentissage de la marine sous des chefs habiles. Ce n'est que vers l'année 1781 que les circonstances vont lui procurer l'occasion de déployer ses talents et sa bravoure sur un plus vaste théâtre : nous l'allons voir alors prendre sa place parmi les plus grands généraux de l'époque.

La guerre ayant éclaté dans l'Inde, le ministère fit choix du commandeur de Suffren pour l'opposer au commodore Johnston. On mit sous ses ordres cinq vaisseaux et deux frégates, et le roi l'autorisa à porter le pavillon de chef d'escadre dans les mers au delà du cap de Bonne-Espérance.

Le 16 avril, *l'Artésien*, en approchant du mouillage dans la baie de Praya, reconnaît cinq vaisseaux anglais qui étaient à l'ancre. Aussitôt il revire de bord sur son escadre en signalant l'ennemi. D'après le nombre de voiles indiqué, Suffren, ne doutant pas que ce ne fût l'escadre du commodore Johnston, qu'il savait être sortie de Portsmouth quelque temps avant lui, forma de suite la résolution de l'attaquer, sans respect pour la neutralité du pavillon portugais qui flottait sur l'île. Le commandeur, après avoir fait signal à ses frégates et au convoi qu'il escortait de continuer leur route en tenant le vent, donna à son escadre l'ordre de se préparer au combat, de former la ligne sans égard à l'ordre de bataille, de forcer de voiles, et enfin de se préparer à mouiller. Tous ces signaux se multipliaient et se succédaient trop lentement au gré de sa bouillante ardeur. Lui-même, se couvrant de voiles à l'instant, et sans faire attention s'il était suivi des vaisseaux de son escadre, pénètre avec audace dans la baie, et, arrivé près du vaisseau commandant, laisse tomber l'ancre par son travers, à portée de pistolet, en faisant un feu terrible. *L'Annibal*, qui suivait immédiatement *le Héros*, vint mouiller en avant de lui. Dans cette position, recevant beaucoup plus de bordées qu'il n'en pouvait rendre, il éprouva en peu de temps les plus grands dommages dans sa mâture et dans ses agrès. *L'Artésien* manœuvrait pour venir prendre poste auprès du *Héros;* mais son capitaine ayant été tué dans cet instant, et ce vaisseau ayant été abordé par un bâtiment de la compagnie anglaise des Indes, il dériva au large. *Le Vengeur* et *le Sphinx*, après avoir tiré quelques bordées sur les vaisseaux ennemis qui se trouvaient par leur travers, se virent entraîner sous le vent par la force des courants, et furent obligés de laisser passer au large.

Suffren, voyant l'impossibilité de détruire un ennemi dont il avait juré la perte, abandonna enfin cette baie, mais avec autant de fierté qu'il y était entré, et prenant congé de l'escadre ennemie en la saluant à grands coups de canon.

Il se dirigea alors vers le cap de Bonne-Espérance, emmenant *l'Annibal* à la remorque, et il y fut rejoint quelques jours après par son convoi. Son arrivée avant l'escadre anglaise préserva cette colonie du danger qui la menaçait, et l'expédition de l'amiral Johnston n'eut d'autre résultat que la prise de cinq bâtiments hollandais dans la baie de Saldanha. Le commandeur, après avoir débarqué les troupes qui devaient rester au cap de Bonne-Espérance et pourvu aux divers besoins de ses vaisseaux, appareilla pour l'Ile de France, où il arriva dans les premiers jours de novembre, et fit sa jonction avec l'escadre aux ordres du comte d'Orves.

Suffren avait été précédé dans cette colonie par sa réputation, et on l'y attendait pour arrêter définitivement le plan de la campagne qu'on allait entreprendre. Sa division, à la suite du combat qu'elle venait de soutenir, avait des besoins de toute espèce, et plusieurs bâtiments devaient recevoir des réparations majeures. Le temps était précieux, mais sa présence semblait avoir tout ranimé. Il communiquait son ardeur et son activité à tout ce qui l'approchait; administrateurs, chefs, marins et soldats, tous étaient animés du plus beau zèle; la nécessité développait les ressources, et l'on vit, non sans étonnement, une escadre aussi considérable et un convoi aussi nombreux prêts à prendre la mer en un si court espace de temps.

Avant que l'escadre partît de l'Ile de France, il avait été décidé en conseil que Madras serait le point d'atterrage. Le projet du commandeur était de manœuvrer de manière à y arriver au point du jour et de surprendre les Anglais au mouillage par une attaque imprévue.

Le 14 février 1782, *la Fine*, qui chassait en avant, eut connaissance de la rade de Madras, et signala neuf vaisseaux. L'amiral Hughes, averti de l'approche des Français avant de les avoir aperçus, était allé mouiller sous le feu des forts de la place, et avait ainsi rendu sa position inexpugnable. Suffren, ne jugeant pas convenable de l'y attaquer, continua sa route en se dirigeant sur Poudichéry; mais à peine avait-il dépassé Madras qu'il vit les Anglais mettre sous voiles. L'amiral Hughes, étant parvenu à se glisser entre la côte et l'escadre française, se trouva le lendemain au milieu du convoi qu'elle escortait et s'empara de plusieurs bâtiments. Suffren, aussitôt qu'il en fut instruit, se couvrit de voiles, et le 17 au matin, se trouvant en présence de l'amiral anglais, à la hauteur de Sadras, il lui livra un combat qui dura environ deux heures, et dans lequel l'escadre anglaise fut très-maltraitée.

Au moment de l'arrivée du commandeur de Suffren dans l'Inde, le nabab Haïder-Aly fixait les regards et les espérances des deux nations qui faisaient alors les destins de ces vastes contrées. Fils de Felz-Mohamed, surnommé Nedym-Khan, il était né en 1719. Sa haute valeur, ses exploits lui avaient acquis le surnom de *Behadour*, qui signifie *héros*, et il le justifiait. De tous les souverains de l'Asie, il était le plus puissant. Fondateur de l'empire du Maïssour et possesseur d'un territoire de vingt-sept mille lieues carrées, ses revenus s'élevaient à deux krores de roupies, ou environ cent cinquante millions de francs; son armée allait à deux cent mille hommes, dont vingt-cinq à trente mille d'excellente cavalerie.

Le commandeur, prenant dès le premier moment l'initiative, exigea, avant le débarquement des troupes, que le nabab souscrivît un traité dont les principales conditions portaient que l'armée française serait indépendante, qu'on y adjoindrait un corps de quatre mille hommes de cavalerie et un autre de six mille d'infanterie, et qu'il serait annuellement payé à l'armée vingt-quatre lacks de roupies, ou environ sept millions deux cent mille francs, remboursables sur les revenus du territoire que ce prince devait céder aux Français.

Ces conventions arrêtées et signées par le nabab, les envoyés prirent congé de lui. A leur arrivée à Porto-Nove, le débarquement des troupes s'effectua, et Suffren, qui était impatient d'aller chercher les Anglais, ayant fait à ses vaisseaux les réparations les plus indispensables, appareilla de la rade Porto-Nove, le 23 mars 1782.

Ce ne fut que le 10 avril qu'il les découvrit. Deux jours entiers se passèrent en manœuvres de part et d'autre, les Anglais pour éviter le combat, et les Français pour le livrer. Il eut enfin lieu le 12; les deux escadres furent très-maltraitées; mais, si le commandeur n'obtint pas dans ce combat un avantage décisif, au moins le champ de bataille lui resta, et l'amiral Hughes l'abandonna dans le plus grand désordre.

Quelques jours après, l'escadre française avait en partie réparé ses avaries. Les Anglais, qui s'étaient aussi réparés, n'avaient pas cessé d'être en vue, quoiqu'ils eussent pu s'éloigner. Le commandeur fit mettre l'escadre sous divers ordres de bataille, offrant le combat à l'ennemi et le prolongeant dans ses différents bords; mais, voyant par la manœuvre de l'amiral Hughes qu'il ne pourrait l'engager à recommencer le combat, il prit le parti de forcer de voiles et de faire route pour le sud.

Qu'on se figure le spectacle imposant que présentait en ce moment l'escadre française, s'avançant en bel ordre pour offrir le combat à un ennemi déjà deux fois vaincu; et celui-ci, faisant l'aveu de son infériorité en refusant de se battre, quoiqu'il eût des forces égales. Le pavillon français, qui depuis long-temps n'avait paru dans ces mers qu'avec désavantage, y flottait alors avec orgueil et dignité.

Lorsque la nouvelle de la victoire remportée le 12 avril par Suffren parvint à Haïder-Aly, celui-ci en éprouva une joie extrême. Dès le soir même, il fit mander au dorbar l'envoyé français, et là, en présence de sa cour assemblée, il se fit lire la lettre par laquelle le commandeur lui faisait part de son combat : « Enfin, dit-il à ses généraux, les Anglais ont donc trouvé » leur maître! Voilà l'homme qui m'aidera à les exterminer. Je veux qu'a- » vant deux ans il n'en reste plus un seul dans l'Inde et qu'ils n'y possèdent » pas un pouce de terrain. » Et, s'adressant à M. Piveron de Morlat : « Écri- » vez, lui dit-il, à cet homme extraordinaire que j'ai le plus grand désir de » le voir, de l'embrasser et de lui témoigner toute mon admiration pour son » héroïque valeur. »

Le premier soin du commandeur, en arrivant à Batacolo, avait été d'envoyer par la voie de terre l'ordre aux bâtiments du convoi qui s'étaient réfugiés à Galles de venir le joindre immédiatement.

Le scorbut avait fait des ravages considérables dans les équipages; on débarqua les malades : les uns furent établis sous des tentes, et les autres répartis dans des maisons particulières. Les Hollandais fournirent quelques bœufs; le pays offrait assez abondamment une sorte d'herbage appelé *brèdes*, ce qui, joint à la pêche et au gibier qu'on pouvait se procurer facilement, arrêta bientôt les progrès de cette maladie.

Toutefois, ce qui contribuait plus efficacement encore à la prompte guérison des malades, c'était la sollicitude que leur témoignait l'amiral. Chaque jour il les visitait, s'informait de leur état, et veillait à ce qu'on pourvût à leurs besoins. Son apparition dans les salles y causait une joie universelle; malades et blessés oubliaient leurs maux; l'espoir et la consolation renaissaient à sa vue : aussi ses soins généreux avaient tellement accru l'attachement des marins et des soldats pour lui que, malgré les pertes qu'éprouvait toujours le vaisseau qu'il montait, c'était à qui remplacerait ceux que le sort des combats lui avait enlevés; tant est puissant sur les hommes l'empire de la générosité et de l'humanité alliées aux vertus guerrières.

Le 3 juin, toute l'escadre mit sous voiles.

A son arrivée à Goudelour, le commandeur envoya le major de son escadre auprès d'Haïder-Aly, pour lui proposer de reprendre Négapatam, dont les Anglais s'étaient emparés quelque temps auparavant, sur les Hollandais, et lui demander, à cet effet, quatre cents Européens et un bataillon de cipayes. La mission confiée à M. de Moissac auprès d'Haïder-Aly ayant complétement réussi, le commandeur fit embarquer immédiatement sur les flûtes tout ce qui était nécessaire pour un siége, les troupes furent mises sur les vaisseaux, et l'escadre reçut l'ordre de se préparer à mettre sous voiles au premier signal. Les circonstances paraissaient on ne peut pas plus favorables; mais l'activité de l'amiral anglais dérangea l'exécution de ce plan. Soupçonnant le projet de Suffren, il avait hâté les réparations de ses vaisseaux, et en quittant Trinquemale, il était venu mouiller devant Négapatam.

La frégate *la Bellone*, qui était restée à croiser pendant la relâche de l'escadre à Goudelour, rentra le 3 juillet, et apprit au commandeur l'arrivée de l'amiral Hughes à Négapatam. Aussitôt il donne l'ordre d'appareiller, et, conservant à bord les troupes et le train d'artillerie embarqués pour le siége qu'il ne perdait pas l'espoir de faire, il force de voiles pour aller présenter un nouveau combat à l'amiral anglais. Il ne tarda pas à l'apercevoir au mouillage.

Le 6 juillet 1782, l'action s'engagea. Bientôt le feu le plus terrible régna de part et d'autre. Le combat dura environ quatre heures et demie; les pertes en hommes furent considérables dans les deux escadres, mais la plupart des vaisseaux anglais furent entièrement désemparés, et tous, ayant cessé leur feu, allèrent directement au mouillage devant Négapatam, sans même attendre l'ordre de leur amiral.

Le commandeur, resté en panne sur le champ de bataille, voyait pour la troisième fois l'escadre anglaise fuir devant lui, et il hâtait même à grands coups de canon la marche de ceux qui n'exécutaient pas assez vite l'ordre de retraite que venait enfin de donner l'amiral Hughes. Suffren passa la nuit entière et une partie de la matinée du lendemain à observer les mouvements de l'escadre anglaise; mais voyant son inaction, il se détermina à conduire son escadre à Goudelour pour l'y réparer.

Elle était sous voiles depuis quelques heures, lorsqu'on aperçut un petit bâtiment détaché de l'escadre anglaise, portant pavillon parlementaire. L'amiral rendit aussitôt sa manœuvre indépendante, et mit en travers pour l'attendre.

L'officier qui montait ce bâtiment étant arrivé à bord du *Héros*, remit au commandeur une lettre de sir Édouard Hughes, par laquelle celui-ci réclamait le vaisseau *l'Ajax*, qui, dans le combat de la veille, après avoir amené son pavillon, l'avait ensuite rehissé et recommencé son feu. Le commandeur, pour qui cette réclamation était une énigme, répondit qu'il n'avait pas connaissance qu'aucun de ses vaisseaux se fût rendu, mais que si, par un événement quelconque, cela fût arrivé, il serait allé l'enlever lui-même au milieu de l'escadre anglaise; qu'au reste, il allait vérifier les faits, et que, dans le cas où cette réclamation aurait quelque fondement, il en rendrait compte à sa cour; mais qu'en attendant il ne pouvait prendre sur lui de livrer le vaisseau demandé. « Dites cependant à M Hughes, ajouta-t-il, » en s'adressant à l'officier anglais, que, s'il croit de son devoir d'insister, » il peut venir chercher ce vaisseau lui-même. » Telle fut la manière dont Suffren éconduisit le bâtiment parlementaire.

Le 25 juillet, Suffren ayant été prévenu que le nabab venait d'arriver à Bahour, le fit aussitôt saluer par le canon de la place et par toute l'artillerie de l'escadre. Il lui envoya en même temps son major pour le complimenter et prendre son jour pour leur entrevue.

Elle fut fixée au lendemain. Après la plus splendide réception et les premiers compliments, le nabab exprima toute la joie qu'il avait de voir le commandeur, et son admiration pour les victoires qu'il avait remportées sur les Anglais. « Avant votre arrivée à la côte, lui dit-il, je me croyais un » grand homme; mais vous m'avez éclipsé : vous seul êtes un grand homme » et un grand général. »

Le commandeur, avant de se rendre au camp du nabab, avait reçu la nouvelle de l'arrivée de M. de Bussy à l'Ile-de-France avec six vaisseaux de guerre, deux frégates et un grand nombre de bâtiments de transport, portant environ cinq mille hommes de troupes; il en fit part à Haïder-Aly, et lui apprit en même temps que ses frégates venaient de s'emparer d'une goëlette anglaise qui portait à Négapatam le colonel Horn, officier d'un mérite distingué. Le nabab reçut ces nouvelles avec la plus grande joie; et pour la témoigner, il détacha de son turban une aigrette en diamants, dont il orna le chapeau du commandeur.

Cette première entrevue, où il ne fut point question d'affaires, dura cependant près de trois heures ; le nabab, en la terminant, demanda à Suffren un entretien particulier, et le pria d'accepter un déjeuner pour le lendemain. Cette fois le nabab lui fit l'exposé de ses plans de campagne contre les Anglais, de ses projets de les chasser de l'Inde avec le secours de la France : mais en même temps il ne lui dissimula pas ses inquiétudes, causées par les conquêtes que l'armée anglaise avait récemment faites dans son pays de la côte de Malabar, et dans ses propres domaines ; ses craintes sur la défection des Mahrattes, qui, disait-il, finiraient par s'allier aux Anglais contre lui, et pourraient le mettre dans un grand danger, si les troupes françaises aux ordres de M. de Bussy n'arrivaient promptement à la côte.

La franchise militaire et la noblesse que mit Suffren dans ses réponses, l'intérêt qu'il témoigna au nabab pour tout ce qui pouvait tendre à l'accomplissement de ses desseins et à l'accroissement de sa puissance, l'empressement qu'il lui montra de remettre promptement à la mer pour aller combattre les Anglais, l'assurance positive qu'il lui donna de la prochaine arrivée des secours envoyés par le roi de France, charmèrent ce prince. Oubliant entièrement la morgue ordinaire aux souverains de l'Asie, il reconduisit le commandeur jusqu'au delà de sa tente, et lui dit : « Adieu, » monsieur de Suffren. Heureux le souverain qui possède un sujet aussi » précieux que vous! J'espère que vous reviendrez bientôt couvert de nou» veaux lauriers : je ne puis vous exprimer le désir que j'en ai, et la con» fiance que vous m'avez inspirée. »

Cet épisode de la vie de Suffren sera à jamais mémorable dans les fastes de l'Inde ; car il est sans exemple qu'un des plus puissants souverains de l'Asie se soit déplacé de plus de quarante lieues, avec une armée de quatre-vingt mille hommes, dans le seul but de donner un témoignage de son estime à un général étranger.

Le 21 août, le cutter *le Lézard* apporta au commandeur de Suffren des paquets de la cour, contenant l'approbation de sa conduite à la baie de la Praya, et la confirmation de toutes les grâces qu'il avait demandées pour les officiers de son escadre. Une lettre du grand-maître de l'ordre de Malte lui annonçait qu'il avait été fait bailli. Ces nouvelles portèrent la joie à bord de tous les bâtiments.

Le 25 août, l'amiral fit signal d'appareiller, et de former la ligne dans l'ordre naturel ; il en prit la tête. L'escadre fit route pour la baie de Trinquemale ; elle se trouva bientôt à la vue des forts, et elle mouilla dans la baie du Nord.

Le succès de l'entreprise de Suffren dépendait principalement de la célérité qui serait apportée à son exécution ; il fallait qu'une attaque aussi vigoureuse qu'imprévue fît tomber la place de Trinquemale avant qu'elle pût être secourue. On va voir le bailli de Suffren déployer sur ce nouveau théâtre les talents d'un général consommé dans l'art des siéges.

La descente se fit à deux tiers de portée de canon des forts. Les Anglais, pris à l'improviste, n'opposèrent aucun obstacle au débarquement. Ils poussèrent même la négligence au point de ne pas détruire les maisons qui environnaient les forts où ils se retirèrent.

Le 27 août, à la pointe du jour, l'amiral descendit à terre; il visita les travaux commencés, fit élever de nouvelles batteries de mortiers et de canons, et construire des retranchements.

En cinq jours de temps, le bailli de Suffren s'empara d'un des plus beaux ports de l'Inde et d'une place qui, par sa position, assurait ses moyens d'attaque, et facilitait les communications avec les autres possessions françaises dans ce pays[1].

Le pressentiment qu'avait l'amiral de l'arrivée prochaine de l'escadre anglaise ne tarda pas à se réaliser. Elle parut effectivement trois jours après la prise de Trinquemale. Suffren était encore à terre, occupé des moyens de mettre sa conquête à l'abri de toute attaque, et à assurer l'exécution de la capitulation, lorsqu'on signala plusieurs voiles, qui furent bientôt reconnues pour anglaises. Aussitôt il ordonne le rembarquement des troupes, retourne à bord de son vaisseau, et se dispose à aller livrer un combat d'une autre espèce.

L'escadre anglaise, qui, ainsi qu'on pouvait en juger, se disposait à entrer dans la baie, aussitôt qu'elle aperçut le pavillon blanc flottant sur les forts, laissa arriver tout à la fois, et continua à courir largue. Il devint évident alors que l'amiral Hughes, ignorant la prise de Trinquemale, arrivait pour le secourir; et sa manœuvre en ce moment marquait assez sa surprise et sa consternation.

Aussitôt que l'escadre fut sous voiles, l'amiral donna l'ordre de former la ligne, et peu de temps après celui d'arriver. On était à environ sept lieues de l'escadre anglaise, qui continuait à faire porter. La brise était très-forte. La grande inégalité de marche des vaisseaux, dont six seulement étaient doublés en cuivre, et des signaux mal compris empêchèrent que la ligne ne se formât comme elle aurait dû l'être. Une espèce de désordre s'ensuivit et donna un avantage réel à l'escadre anglaise. Pour comble de malheur, le feu prit à bord du *Vengeur* : la flamme qui sortait de toutes parts effraya les vaisseaux qui se trouvaient près de lui; ils forcèrent de voiles pour s'éloigner, et ce mouvement ne contribua pas peu à augmenter le désordre qui régnait déjà dans la ligne française.

[1] Les États-Généraux de Hollande, en reconnaissance des services qu'avait rendus le bailli de Suffren, firent frapper une médaille en son honneur. Le sculpteur Houdon exécuta pour eux le buste en marbre de cet amiral; et, à son retour en France, ils chargèrent leur ambassadeur de lui remettre, en leur nom, une riche épée garnie en diamants.

Suffren, se croyant abandonné par son escadre, était au désespoir, et voulait s'ensevelir sous les ruines de son vaisseau : déjà il avait perdu son grand mât; celui de perroquet de fougue et le petit mât de hune venaient de tomber. Aux cris de joie qu'il entend à bord d'un des vaisseaux ennemis qui le combattaient, il regarde sa mâture, et s'aperçoit que son pavillon de commandement est abattu. « Des pavillons! s'écria-t-il, qu'on apporte » des pavillons blancs; qu'on en mette tout autour du vaisseau ! » On le voyait, furieux, courant sur la dunette, s'offrir en quelque sorte aux boulets ennemis, ne voulant pas survivre à sa défaite; mais le génie de la France veillait sur lui, et, le couvrant de son égide, le réservait pour des succès qui devaient le dédommager de cette espèce d'échec.

Le 1er octobre, l'escadre étant réparée et approvisionnée, les forts de Trinquemale munis de bonnes garnisons, Suffren appareilla pour se rendre à Goudelour, où il mouilla le 4. Il se convainquit que les Anglais n'avaient fait aucune tentative sur ce point. Ainsi, c'était encore aux bonnes dispositions de l'amiral et à son activité qu'on devait la conservation de ce poste important.

On était arrivé au 12 octobre, le reversement de la mousson[1] allait bientôt s'opérer, et ni l'une ni l'autre escadre ne pouvait rester plus long-temps à la côte de Coromandel. Les Anglais gagnèrent celle de Malabar, et se réfugièrent à Bombay, où ils devaient trouver des secours de toute espèce.

Cependant, quel parti prendra Suffren ? Trinquemale lui offre, il est vrai, un port superbe où ses vaisseaux seront en sûreté, mais pendant la saison où l'on va entrer le climat en est insalubre; ses équipages, épuisés par tant de fatigues et par un si long séjour à la mer, loin d'y recouvrer la santé, y trouveront peut-être leur tombeau; et, pour l'amiral, la conservation des hommes est plus précieuse encore que celle des vaisseaux. On croyait qu'il mènerait son escadre à l'Ile de France, on le désirait même; les Anglais en étaient persuadés, et s'en réjouissaient déjà, mais tout le monde fut trompé.

L'île de Sumatra forme la partie orientale qui borne la mer des Indes. Achem, capitale du royaume de ce nom, est situé dans le nord-ouest. Ce lieu offre une rade assez sûre, garantie du côté de la mer par des îlots très-élevés. Le pays est arrosé par des rivières, les bestiaux y sont très-communs, la terre y est d'une fertilité telle, que les vaisseaux y trouvent en abondance, et à un prix très-modéré, toutes les espèces de rafraîchissements, et surtout des fruits délicieux. Ce fut cette rade que Suffren choisit pour faire hiverner son escadre.

[1] Le mot *mousson* est tiré de la langue malaise, et signifie *saison*. Les marins de l'Inde l'emploient pour désigner des vents périodiques auxquels on donne la dénomination du point d'où ils soufflent : ainsi l'on dit la mousson du sud-ouest, et la mousson du nord-est.

Les réparations avançaient rapidement, les malades se rétablissaient à vue d'œil, lorsqu'une corvette, expédiée de l'Ile de France, vint annoncer à l'amiral l'arrivée prochaine de M. de Bussy, avec trois vaisseaux de guerre sous le commandement de M. de Peynier, et un convoi chargé de troupes et de munitions. Cette nouvelle détermina Suffren à se mettre en mesure de se réunir à ce nouveau renfort, et il appareilla d'Achem le 20 décembre, cinquante jours après y être entré.

Le 12 janvier 1783, étant mouillé par le travers des bouches du Gange, on vit, à la nuit tombante, une corvette se diriger sous toutes voiles sur l'escadre, et laisser tomber l'ancre au milieu d'elle; c'était *le Coventry*, de trente canons, commandé par le neveu de sir Édouard Hughes : cet officier, croyant les Français bien loin de là, avait cru donner dans l'escadre anglaise. Le capitaine du *Coventry* informa Suffren que le nabab Haïder-Aly était mort, le 7 décembre, dans les environs d'Arcate. L'amiral donna des regrets à la perte de ce prince, qui les méritait par l'attachement constant qu'il avait montré pour les Français.

Cet événement, qui pouvait être de la plus grande importance pour le sort de l'armée, fortifia Suffren dans l'intention qu'il avait déjà de se rendre à la côte, et il fit route pour Goudelour, où il mouilla le 1er février.

Haïder-Aly-Kan était incontestablement un des hommes les plus extraordinaires que l'Asie eût produits. Son fils, Feth-Aly-Kan, communément appelé Typoo-Saheb, lui avait succédé, et paraissait avoir hérité de sa haine contre les Anglais, en même temps que de sa confiance dans les Français. Suffren s'empressa donc de lui écrire pour le féliciter sur son avénement, et l'engager à suivre les grands desseins de son père, en l'assurant que, de son côté, il le seconderait de tout son pouvoir.

M. de Bussy, attendu si impatiemment, arriva enfin avec trois vaisseaux et une frégate, escortant environ trente bâtiments, reste d'un convoi beaucoup plus considérable, mais qui avait été disséminé ou pris par les Anglais pendant le trajet.

La belle saison s'avançait, et l'on devait s'attendre chaque jour à voir paraître l'amiral Hughes. L'escadre française, dans l'état où elle se trouvait, ne pouvait se mesurer avec elle; son infériorité en nombre était le moindre des obstacles. L'amiral trouva dans cette circonstance la récompense de son activité; car les premiers vaisseaux entraient à peine dans la baie de Trinquemale, lorsque *la Fine*, qui était en observation, signala dix-sept vaisseaux de guerre. Suffren donna aussitôt l'ordre de forcer de voiles, et l'amiral Hughes sembla arriver tout exprès pour être témoin de l'entrée de l'escadre française à Trinquemale. Une heure plus tard, un combat était inévitable, et l'amiral français n'était pas plus en mesure de le livrer qu'en état de le soutenir.

Arrivé par le travers de la baie, l'amiral Hughes fit mettre en panne;

mais voyant la contenance de l'escadre française, disposée à virer sur ses embossures, et protégée d'ailleurs par une forte batterie placée sur la montagne de la Découverte, il laissa arriver, et continua sa route vers le sud.

Dans l'ignorance où était Suffren de la destination de l'escadre anglaise, il dut craindre qu'elle ne tentât quelque opération sur Goudelour. L'amiral était dans cette incertitude, lorsque des lettres de M. de Bussy, hasardées sur un bateau qui avait passé de nuit au milieu de l'escadre anglaise, vinrent confirmer ses craintes, et lui apprendre la fâcheuse position de cette place, qui était bloquée par terre et par mer.

Le vent permettait d'arriver en ordre de bataille sur l'escadre anglaise. Celle-ci, ne jugeant pas à propos de rester à l'ancre, appareilla ; en sorte qu'elle-même leva le blocus de Goudelour : elle ne devait plus le reprendre.

Il était déjà tard lorsqu'on aperçut l'ennemi : il n'entrait pas dans le plan de Suffren d'entamer un combat que l'approche de la nuit eût empêché d'être décisif ; aussi, lorsqu'il se vit à portée de canon de l'escadre anglaise, il fit tenir le vent à la sienne, et bientôt après il ordonna de virer vent devant, par la contre-marche. Les Anglais en firent autant.

La nuit se passa en observation de part et d'autre, les deux escadres courant des bordées. Au jour, l'escadre française se trouva la plus rapprochée de terre. Celle des Anglais était au large. La brise déjà très-faible de l'ouest tomba peu à peu, en sorte que, ne pouvant manœuvrer, Suffren fit mouiller l'escadre dans la rade de Goudelour.

En forçant, pour ainsi dire, les Anglais à lui céder cette position, l'amiral acquérait un grand avantage, celui de pouvoir renforcer ses équipages avec des détachements pris dans les troupes et parmi les Cipayes. Effectivement, on s'occupa pendant toute la nuit de l'embarquement de ces détachements, qui montaient à environ douze cents hommes. Les officiers apprirent à Suffren l'état de détresse où se trouvait l'armée, la joie que lui avait causée son arrivée, et l'espoir qu'elle mettait en son courage.

Le 18 juin au matin, l'escadre appareilla en forçant de voiles ; elle avait le vent sur l'ennemi. On manœuvra toute la journée pour engager le combat, mais inutilement ; les Anglais profitèrent de l'avantage de leur marche pour l'éviter. Le lendemain, même manœuvre avec aussi peu de réussite. Suffren ne concevait pas que l'amiral Hughes, qui avait sur lui la supériorité du nombre, n'acceptât point un combat présenté avec tant d'insistance.

Le 20 juin, enfin, l'escadre française, après diverses manœuvres, se trouva plus près de l'ennemi que les jours précédents. Les vents, qui étaient toujours à l'ouest, lui donnaient l'avantage. L'amiral passa sur sa frégate, et fit aussitôt, suivant son usage, le signal d'approcher l'ennemi à portée de pistolet.

Ce ne fut qu'à trois heures et demie que le combat s'engagea. Suffren, à bord de *la Cléopâtre*, parcourait la ligne, donnant ses ordres à tous les vaisseaux, mais n'ayant besoin d'en stimuler aucun, car tous combattaient vaillamment, surtout l'avant-garde, qui, dans cette journée, soutint le plus grand effort de l'ennemi.

On continua à combattre avec vigueur de part et d'autre pendant près de trois heures, mais le feu de l'escadre française, mieux nourri et plus vif, forçait de temps en temps les vaisseaux ennemis à laisser arriver.

L'ardeur des équipages était telle que la nuit qui survint put à peine faire cesser le combat. Les canonniers épiaient la lueur des feux à bord des Anglais pour diriger leurs coups; et l'on eut beaucoup de peine à les arracher de leurs pièces, lorsque l'ordre de cesser le feu eut été donné.

L'intention de Suffren étant de recommencer le combat aussitôt que le jour paraîtrait, les frégates parcoururent la ligne, en recommandant à chaque vaisseau de tâcher de ne point perdre l'ennemi de vue, et de rester en branle-bas. On vit distinctement ses feux pendant les premières heures de la nuit, mais ensuite ils disparurent.

Quoique ce dernier engagement n'eût rien produit de décisif, il n'en était pas moins glorieux pour le bailli de Suffren d'être venu attaquer une armée supérieure à la sienne, de l'avoir forcée de quitter sa position, de lever le blocus de Goudelour, et d'accepter un combat qu'elle aurait dû présenter elle-même. Mais pour un homme qui croyait n'avoir rien fait tant qu'il restait quelque chose à faire, ce n'était point assez que de rester maître du champ de bataille; il était venu pour secourir Goudelour, et il ne pouvait être satisfait que lorsque cette place serait entièrement délivrée.

On se figurerait difficilement la joie de l'armée assiégée, lorsqu'au lever du soleil, ses yeux, fatigués depuis si long-temps de l'aspect des couleurs ennemies, purent contempler le pavillon blanc, auquel la valeur de Suffren venait de donner, en quelque sorte, un nouvel éclat; l'ivresse était à son comble. On accourt sur le rivage : l'armée entière, oubliant que l'ennemi est sous les murs de la place, n'a plus qu'une seule pensée, qu'un seul désir, celui de voir l'amiral.

Il paraît enfin, il vient conférer avec le général sur les moyens de faire lever le siége, et lui offrir de disposer de ses troupes et de ses équipages. M. de Bussy l'attendait sur la plage avec son état-major : « Voilà notre sauveur, » dit ce général en le présentant à tous les officiers de l'armée. Alors les cris de joie se renouvellent, l'air en retentit, et l'écho put les porter jusque dans le camp ennemi.

Suffren, retourné à bord de son vaisseau, attendait l'issue des événements, lorsque, le 29 juin, à la chute du jour, une frégate anglaise fut aperçue portant pavillon parlementaire. Elle mouilla, quelques moments après, au milieu de l'escadre. Sir Édouard Hughes faisait proposer à l'amiral et à M. de Bussy de cesser les hostilités, en leur annonçant que des avis certains, venus par la caravane, lui avaient appris que les préliminaires de la paix avaient été signés à Versailles, le 9 février 1783. Suffren acquiesça, pour ce qui le concernait, à la proposition qui lui était faite. Une frégate fut chargée immédiatement de parcourir l'escadre pour annoncer cette nouvelle à tous les bâtiments qui la composaient. Le silence de la nuit fut interrompu par les cris mille fois répétés de *Vive le Roi!* auxquels on mêlait avec enthousiasme le nom du chef qui venait de soutenir avec tant de gloire l'honneur du pavillon français.

Le 26 mars 1784, le bailli de Suffren opéra son retour à Toulon, après une absence d'environ trois ans.

Jamais ni les Turenne, ni les Condé, ni même le maréchal de Saxe, ne reçurent, au retour de leurs campagnes, un accueil plus honorable, et en même temps plus flatteur que celui qui fut fait à Suffren à son arrivée à Versailles. En entrant dans la salle des gardes, le maréchal de Castries, alors ministre de la marine, dit : « Messieurs, c'est M. de Suffren. » A ces mots, les gardes du corps se levèrent, et, quittant leurs mousquetons, lui formèrent un cortége jusqu'à la chambre du roi.

Louis XVI l'entretint pendant plusieurs heures, et l'amiral fut étonné des détails dans lesquels ce monarque entra avec lui sur ses campagnes, ses opérations dans l'Inde, et surtout ses combats. Monsieur (depuis Louis XVIII), qui avait eu occasion de connaître Suffren lors de son voyage à Toulon, l'embrassa devant toute la cour, et le tint pendant quelques instants serré dans ses bras. La reine voulut le conduire elle-même chez M. le Dauphin, et, en le présentant à ce prince, elle lui dit : « Mon fils, voici M. de Suffren; apprenez de bonne heure à entendre prononcer, et à prononcer » vous-même le nom des héros, défenseurs de leur pays. » Madame la comtesse d'Artois, qui était malade à cette époque, et ne recevait personne, voulut cependant faire une exception en faveur de l'amiral. M. le duc d'Angoulême était occupé de ses études, lorsque Suffren entra chez lui. Ce prince se leva, et, en s'avançant, il lui dit : « Je lisais en ce moment même l'histoire » des hommes illustres; mais je quitte mon livre avec plaisir, puisque j'en » vois un. »

Les récompenses du souverain vinrent aussi honorer Suffren. Le roi le nomma chevalier de ses ordres, et lui accorda les entrées de sa chambre. Une quatrième charge de vice-amiral fut créée en sa faveur, et l'ordonnance portait, qu'étant uniquement érigée pour lui, elle serait supprimée à son décès.

Au mois d'octobre 1787, quelques difficultés qui s'étaient élevées entre la France et l'Angleterre ayant fait craindre une guerre nouvelle, le roi ordonna l'armement d'une armée navale au port de Brest, et désigna le bailli de Suffren pour en prendre le commandement. Il se disposait à se rendre en ce port, lorsqu'il fut atteint d'une maladie grave qui vint mettre obstacle à son zèle. Sa constitution, quoique très-forte, était affaiblie par les fatigues de sa dernière campagne, et il mourut à Paris, le 8 décembre 1788.

Suffren était d'une taille ordinaire, mais d'un embonpoint extrême. La régularité de ses traits donnait à sa physionomie un aspect noble et gracieux. Ses manières, aisées et polies avec ses égaux, devenaient douces et affectueuses pour ses inférieurs. Personne n'était plus affable ni plus simple que lui ; on l'a vu souvent s'entretenir familièrement avec ses matelots : aussi la confiance qu'il était parvenu à leur inspirer allait-elle jusqu'à l'enthousiasme.

A un sang-froid imperturbable dans l'action, le bailli de Suffren joignait une activité et une ardeur extrêmes. C'était un de ces hommes rares que la nature a rendus propres à tout. Courageux et brave, même jusqu'à la témérité, il était d'une rigueur inflexible pour les officiers chez lesquels il croyait remarquer de la faiblesse ou de la lâcheté ; et ni le rang, ni les liens de l'amitié, pas même ceux du sang, ne pouvaient tempérer sa sévérité, lorsqu'il s'agissait de fautes contre l'honneur ou contre la discipline. En un mot, il réunissait dans sa personne toutes les qualités qui font le guerrier illustre, le marin expérimenté et l'homme estimable. Ceux qui l'ont connu, et surtout les officiers qui ont servi sous ses ordres, ne prononcent encore aujourd'hui son nom qu'avec un sentiment de respect et d'admiration.

J.-F.-G. HENNEQUIN,

CHEF DE BUREAU AU MINISTÈRE DE LA MARINE.

Dessiné par Cam. Roqueplan. Gravé par Jules Porreau.

TURGOT.

TURGOT

NÉ EN 1727, MORT EN 1781.

Il semble que la popularité devrait être la récompense assurée des hommes qui ont le plus fait pour le peuple. Malheureusement il en est rarement ainsi. Capricieuse comme la fortune, mobile et fugitive comme elle, la popularité s'attache aux hommes, puis les quitte ou les reprend suivant les ondulations éphémères de ce flot changeant qu'on appelle la multitude. Souvent même, faute de lumières, le peuple n'éprouve que de la haine contre les hommes d'État qui ont le mieux servi ses intérêts et son bonheur. Colbert en a été un éclatant et triste exemple. Ce grand ministre, qui sut donner une si vigoureuse impulsion au commerce, et à qui nos principales industries durent en France leur naissance ou leur prospérité, Colbert mourut oublié de son roi et maudit de la foule.

Turgot ne fut ni aussi grand que Colbert, ni en butte comme lui à la haine populaire : son rapide passage aux affaires en a sans doute été la seule cause. Mais il fut un des rares hommes d'État qui dans toutes leurs actions n'eurent d'autre mobile que l'amour passionné du bien, qui surent transporter les principes d'un désintéressement absolu dans une région où trop souvent l'égoïsme seul (quels que soient les noms brillants qu'il revête) dirige et inspire ceux qui y jouent un rôle. Et pourtant Turgot, l'homme vertueux dans la plus haute acception du mot, n'est guère connu du peuple auquel il dévoua sans réserve ses veilles, ses méditations, sa vie tout entière.

Anne-Robert-Jacques Turgot naquit à Paris le 10 mai 1727. Il était le troisième fils d'Étienne Turgot, prévôt des marchands. De bonne heure il montra le calme d'un sage, et cette bienveillance, profonde parce qu'elle était réfléchie, qui plus tard donna un caractère si élevé à tous les actes de son administration. C'est ainsi qu'au collége il employait secrètement l'argent que ses parents lui donnaient pour ses menus plaisirs à acheter des livres pour de pauvres externes.

Suivant l'usage reçu alors, son frère aîné devant entrer dans la magistrature, le second dans l'armée, Turgot fut destiné à l'état ecclésiastique. Il entra à Saint-Sulpice; de là à la maison de Sorbonne où il fut élu prieur (décembre 1749), espèce de dignité élective que les docteurs de la Sorbonne conféraient à celui des bacheliers dont la famille avait le plus d'éclat et de crédit. Un de ses condisciples à la société de Sorbonne, l'abbé Morellet raconte ainsi[1] l'impression que leur fit Turgot : « Il annonçait dès lors tout ce qu'il déploierait un jour de sagacité, de pénétration, de profondeur. Il était en même temps d'une simplicité d'enfant, qui se conciliait en lui avec une sorte de dignité, respectée de ses camarades, et même de ses confrères les plus âgés. Sa modestie et sa réserve eussent fait honneur à une jeune fille. Il était impossible de hasarder la plus légère équivoque sur certain sujet sans le faire rougir jusqu'aux yeux et sans le mettre dans un extrême embarras. Cette réserve ne l'empêchait pas d'avoir la gaieté franche et naïve d'un enfant, et de rire aux éclats d'une plaisanterie, d'une pointe, d'une folie.

» Il avait une mémoire prodigieuse, et je l'ai vu retenir des pièces de cent quatre-vingts vers après les avoir entendues deux ou même une seule fois. Il savait par cœur la plupart des pièces fugitives de Voltaire, et beaucoup de morceaux de ses poèmes et de ses tragédies.

» Il avait passé toute son enfance presque rebuté, non pas de son père, qui était un homme de sens, mais de sa mère, qui le trouvait maussade parce qu'il ne faisait pas la révérence de bonne grâce, et qu'il était sauvage et taciturne. Il fuyait la compagnie qui venait chez elle; et j'ai ouï dire à madame Dupré de Saint-Maur, qui voyait madame Turgot, qu'il se cachait quelquefois sous un canapé ou derrière un paravent, où il restait pendant toute la durée d'une visite, et d'où l'on était obligé de le tirer pour le produire. »

Les mœurs parfaitement pures de Turgot se seraient fort accommodées de la retenue imposée par l'état ecclésiastique : mais sa jeune raison regardait déjà comme au moins très-imprudent un engagement qui liait sans retour pour la vie entière. Il songea donc à la magistrature. Le temps qu'il avait employé à étudier la théologie fut loin d'ailleurs d'être stérile pour son intelligence. En 1748, à vingt et un ans seulement, il avait composé trois fragments d'un traité sur l'existence de Dieu. Sa dignité de prieur en Sorbonne lui fournit l'occasion de prononcer deux discours qui furent très-remarqués, et sur lesquels nous reviendrons. Le premier servait de cadre à un tableau éloquent et vrai des bienfaits que la religion chrétienne a répandus parmi les hommes; le second offrait une esquisse des progrès de l'esprit humain, et développait assez nettement l'idée, si neuve alors, de la

[1] *Mémoires*, I, p. 11 et 12.

perfectibilité indéfinie de l'esprit humain. Son génie politique se faisait jour pour la première fois, et d'une manière précoce, en y prédisant la séparation future, si peu aperçue alors[1], des colonies anglaises d'avec leur métropole. La même année, après avoir traduit une partie du livre de Berkeley, il écrivait pour le réfuter deux lettres dont le fond a de l'analogie avec l'article *Existence* de l'Encyclopédie. L'année précédente, il avait révélé sa rare aptitude pour l'économie politique dans sa *Lettre à l'abbé de Cicé sur les inconvénients du papier-monnaie.*

Comme tous les grands esprits pour lesquels savoir est un but et non un moyen, Turgot avait le goût de l'universalité des sciences. Outre la théologie, la philosophie et l'économie politique, il étudia avec ardeur le droit, la morale, les mathématiques, la physique, l'astronomie. Il savait très-bien les langues classiques, possédait l'anglais, l'allemand, l'italien et même l'hébreu, et s'occupait d'étymologies. Ses fragments littéraires sont nombreux. Ils attestent, sinon la puissance de style qui fait les grands écrivains, du moins les efforts variés d'un esprit qui aime à s'ouvrir des routes nouvelles.

Cette passion de tout connaître s'alliait chez Turgot à un ardent amour de l'humanité. Aussi voulait-il vouer son activité à une profession plus immédiatement utile que celle de simple homme de lettres. Il obtint donc de son père, après son séjour en Sorbonne, la permission d'accepter une charge de maître des requêtes (28 mars 1753), et se consacra dès lors sans réserve aux travaux de l'administration, dans lesquels il porta les lumières de sa haute raison, et la fécondité de son dévouement si absolu au bien de ses semblables.

A dater de ce jour, Turgot se fit connaître et apprécier des hommes les plus distingués de la capitale. Au séminaire de Saint-Sulpice, il s'était lié avec les abbés de Brienne, de Boisgelin, de Very, de Cicé, qui depuis ont marqué dans l'épiscopat ou aux affaires, et avec le spirituel abbé Morellet. Présenté chez madame Geoffrin, il y connut Montesquieu, d'Alembert, Mairan, Helvétius, le baron d'Holbach, les abbés Galiani et Raynal, Thomas et Marmontel, c'est-à-dire qu'il s'y trouva en relation avec tous les écrivains ou les gens d'esprit qui brillaient dans les salons philosophiques. Il se lia ensuite avec les Trudaine, avec Gournay, et avec le docteur Quesnay, le créateur de l'économie politique. Toutefois, dans toutes ces réunions, si Turgot se faisait apprécier, il ne le devait pas à l'éclat de sa conversation. Pour développer aisément ses pensées, il lui fallait les petits cercles de l'intimité. A ses amis personnels, il se montrait bon et sensible; pour le reste des hommes, sa raison naturellement grave et sérieuse et ses manières réservées le faisaient paraître froid et même sévère. Aussi, plus tard, cette tournure de caractère lui nuisit à la cour.

[1] 11 décembre 1750.

Pendant cette partie de sa vie qu'on peut appeler ses préludes administratifs, il montra en deux circonstances caractéristiques quels étaient les principes qui devaient diriger sa conduite. Chargé un jour d'examiner l'affaire d'un employé des fermes qui était sous le coup d'une accusation, et persuadé d'avance que, cet homme étant coupable, il aurait à remplir envers lui un devoir de rigueur, Turgot ne se pressa pas de s'en occuper. Mais ayant reconnu ensuite que cet employé était innocent, il se crut obligé de réparer le tort que ce délai avait pu lui causer, et lui remboursa à ses frais les appointements dont, suivant un odieux usage, cet employé avait été privé pendant toute la durée du procès. Une autre fois, chargé de conclure dans une affaire, il ne se laissa pas arrêter par la crainte d'un échec, et suivit plus, dans le rapport qu'il fit, les suggestions de l'équité que la lettre de la loi. Aussi les conclusions de son rapport furent-elles repoussées. Mais, quelques jours après, son amour-propre, s'il avait souffert, éprouva pour se consoler une satisfaction bien vive; car les parties elles-mêmes, persuadées par le travail du jeune maître des requêtes, transigèrent volontairement d'après ses conclusions, rendant ainsi un hommage précieux et éclatant à l'empire qu'exerce sur les cœurs droits la voix de la raison et de la justice.

Comme tous les hommes sincèrement passionnés pour la vérité, Turgot cherchait constamment à s'éclairer. Loin de fuir la discussion, il la provoquait; il interrogeait chacun pour en tirer quelques lumières. Il pensait que la discussion était seule propre à répandre abondamment dans les esprits les notions nécessaires pour initier un peuple à ce grand art de se gouverner soi-même, qui est le plus haut degré de la liberté politique. Dans ce but, il s'intéressa au succès de l'Encyclopédie, et y inséra les articles *Existence, Étymologie, Expansibilité, Foires, Fondations, Marchés.* Dans la suite, lorsque les encyclopédistes parurent former un parti, et que le gouvernement eut arrêté la publication de l'ouvrage, Turgot crut que son devoir comme magistrat lui interdisait d'y prendre part plus long-temps.

Il voyagea alors (1760) afin d'étendre l'horizon de ses connaissances; il visita Lyon, les Alpes, la Suisse, Genève, Bâle et l'Alsace, et acheva ainsi par l'observation de ces diverses contrées l'expérience précoce que lui avaient donnée l'étude et les affaires. L'occasion se présenta bientôt pour lui d'appliquer ses vues en administration. A son retour de ce voyage, il fut nommé intendant de la généralité de Limoges (8 août 1761).

Dans ses nouvelles fonctions, Turgot surpassa les plus vives espérances de ses amis. Il s'occupa de tout ce qui pouvait contribuer au bien-être de la population et à la prospérité de l'agriculture et de l'industrie. Limoges possédait une société d'agriculture. Turgot lui donna une activité nouvelle et introduisit dans la province la culture de la pomme de terre. Les routes, qui sont le grand moyen de l'agriculture, manquaient; il en créa, et fit faire un cadastre. Mais afin d'empêcher que les routes ne devinssent un fardeau pour les paysans, il abolit la corvée et la remplaça par une contribution additionnelle à la taille. De cette manière il trouva moyen de créer cent soixante lieues de routes nouvelles dans un pays montagneux. Il écrivit aux curés pour les faire concourir à ses vues, et s'attacha à vivifier le commerce des grains en le rendant libre. Dans le cours des années 1770 et 1771 la province de Limoges éprouva deux disettes coup sur coup, ce qui excita les passions et les préjugés de la multitude contre la libre circulation des grains. Turgot adressa des circulaires aux curés, ouvrit des ateliers de charité, prit des mesures administratives pour empêcher les magistrats municipaux de faire des approvisionnements, obtint des secours du gouvernement, en distribua en son nom privé, enfin il fit face à tout; et cette double disette qui menaçait d'avoir des suites terribles produisit peu d'effet dans le Limousin. Une réforme essentiellement utile qu'il fit encore fut le remplacement des réquisitions forcées par l'établissement d'un service régulier pour les transports de la guerre dans la province; mesure qu'il appliqua plus tard à tout le royaume lorsqu'il fut ministre des finances. En résumé, Turgot, dans le cours de treize années qu'il resta intendant de Limoges, appliqua le premier la plupart des principes qui aujourd'hui sont généralement réalisés dans l'administration; et il mettait tant de cœur à accomplir les améliorations qu'il avait conçues, que la seconde année de son séjour à Limoges, il refusa d'aller à Rouen, ce qui était un avancement, parce qu'il n'avait pas achevé la réforme de l'assiette de la taille dans le Limousin.

Cependant Turgot faisait de temps en temps une apparition à Paris. Sa réputation y grandissait sans cesse, et ses relations avec les gens de lettres allaient en s'étendant : d'Alembert et Condorcet devinrent rapidement ses amis personnels. Sur ces entrefaites arriva le moment où finit le règne honteux de Louis XV. Les derniers ministres de ce prince avaient semblé prendre à tâche de braver l'opinion dans toutes leurs mesures. Nulle part on ne suivait de règles, le caprice décidait de tout; et, en même temps, le pouvoir n'avait jamais été si faible ni si pusillanime malgré quelques accès de violence. Selon l'énergique expression de Condorcet, la nation éprouvait les maux de l'anarchie tandis qu'elle croyait sentir ceux du despotisme. La royauté avait nominalement un pouvoir absolu; mais ses ressources auraient exigé une main ferme, celle d'un Louis XIV, tandis qu'au contraire on sentait à chaque instant qu'elle manquait d'un appui solide. L'administration des affaires publiques était dans un état déplorable. Les querelles du parlement et du clergé avaient discrédité dans l'opinion ces deux grands corps. L'appui odieux et inique que le gouvernement avait donné souvent à des mesures inspirées par un fanatisme barbare, l'avait rendu lui-même le complice de ces mesures. La limite de tous ces pouvoirs était indécise;

la royauté, la noblesse, le clergé, les parlements, toutes les institutions du pays étaient en présence, sans harmonie, et souvent en guerre. La justice civile ne reposait que sur des bases incertaines; la justice criminelle était empreinte de barbarie. Les routes, les prisons, les hôpitaux, l'assiette et le recouvrement des impôts, tout était dans un état de désordre complet. La banqueroute, les emprunts, les loteries, les créations d'offices, les papiers royaux, tels étaient les expédients ordinaires des contrôleurs-généraux aux abois : c'était avec cela qu'on battait monnaie dans les temps de crise.

Le 10 mai 1774 Louis XVI monta sur le trône. Il se hâta d'appeler aux affaires le comte de Maurepas, vieux courtisan pour lequel la cour était toute la France. Celui-ci, sachant par sa femme que l'intendant de Limoges était en honneur auprès des gens de lettres, et en même temps sans appui aucun à la cour, et ne soupçonnant rien de la vigueur ni de la hardiesse de ses idées en administration, crut faire une chose habile à son point de vue en le nommant le 20 juillet 1774 au ministère de la marine, et le 24 août suivant au contrôle-général, c'est-à-dire au ministère des finances.

Le premier acte de Turgot au ministère fut d'écrire au roi une lettre admirable où il lui traçait les principes qui allaient le diriger. Après avoir déclaré qu'il ne fallait ni *banqueroute*, ni *emprunts*, ni *augmentation d'impôts*, mais réduire énergiquement les dépenses, il ajoutait ces remarquables paroles : « Il faut, Sire, vous armer contre votre bonté, de votre bonté » même; considérer d'où vous vient cet argent que vous pouvez distribuer » à vos courtisans, et comparer la misère de ceux auxquels on est quelque- » fois obligé de l'arracher par les exécutions les plus rigoureuses, à la si- » tuation des personnes qui ont le plus de titres pour obtenir vos libéra- » lités. Il y a des grâces auxquelles on a cru pouvoir se prêter plus aisément, » parce qu'elles ne portent pas immédiatement sur le trésor royal.... elles » sont de toutes les plus dangereuses et les plus abusives. Tout profit sur » les impositions, qui n'est pas absolument nécessaire pour la perception, » est une dette consacrée au soulagement des contribuables et aux besoins » de l'État.... J'ai prévu que je serais seul à combattre contre les abus de » tout genre, contre les efforts de ceux qui gagnent à ces abus, contre la » foule des préjugés qui s'opposent à toute réforme, et qui sont un moyen » si puissant dans la main des gens intéressés à éterniser les désordres. » J'aurai à lutter même contre la bonté naturelle, contre la générosité de » Votre Majesté et des personnes qui lui sont chères. Je serai craint, haï » même de la plus grande partie de la cour, de tout ce qui sollicite des » grâces, et on m'imputera tous les refus; on me peindra comme un homme » dur parce que j'aurai représenté à Votre Majesté qu'elle ne doit pas en- » richir même ceux qu'elle aime aux dépens de la subsistance de son peu-

» ple. Ce peuple, auquel je me serai sacrifié, est si aisé à tromper, que » peut-être j'encourrai sa haine par les mesures que j'emploierai pour le » défendre contre les vexations. Je serai calomnié, et peut-être avec assez » de vraisemblance pour m'ôter la confiance de Votre Majesté. Je ne re- » gretterai point de perdre une place à laquelle je ne m'étais jamais attendu; » je suis prêt à la remettre à Votre Majesté dès que je ne pourrai plus es- » pérer d'y être utile : mais son estime, la réputation d'intégrité, la bien- » veillance publique qui ont déterminé son choix en ma faveur, me sont » plus chères que la vie; et je cours le risque de les perdre, même en ne » méritant à mes yeux aucun reproche.

» Votre Majesté se souviendra que c'est sur la foi de ses promesses que » je me charge d'un fardeau, peut-être au-dessus de mes forces; que c'est » à elle personnellement, à l'homme honnête, à l'homme juste et bon, » plutôt qu'au roi, que je m'abandonne. »

Voilà certes un langage noblement hardi, qui n'honore pas moins le ministre qui le tient que le prince auquel il s'adresse. Fidèle aux principes qu'il venait d'énoncer, Turgot se hâta d'en faire l'application; et comme il connaissait à fond les finances et les questions d'industrie et de commerce, il se mit à l'œuvre immédiatement. Jusqu'alors il semblait que l'administration des finances n'eût qu'un but, l'augmentation des recettes du trésor. Les classes privilégiées du royaume, la noblesse et le clergé, savaient très-bien faire entendre leurs plaintes lorsque les mesures financières affectaient leurs intérêts; le peuple, et principalement celui des campagnes, dépourvu de toute espèce de moyens de se faire écouter et de réclamer contre l'iniquité des tailles, le peuple en définitive supportait à lui seul tout le poids des impôts les plus écrasants. Le premier soin du nouveau contrôleur-général fut de mettre un terme aux pensions que les fermiers généraux payaient à de grands seigneurs et à de grandes dames de la cour pour s'en faire appuyer dans l'occasion, et d'abolir une foule de vexations qui pesaient sur les classes pauvres. Les collecteurs de tailles, par un raffinement de fiscalité, avaient imaginé de rendre tous les habitants d'une paroisse solidaires du payement de cet impôt; et quand la somme ne rentrait pas intégralement dans la caisse des employés, ceux-ci infligeaient l'amende, la prison, la saisie aux communes retardataires. Turgot supprima cette inique solidarité en rendant l'impôt individuel. Puis il fit rendre une loi qui établît fermement la liberté du commerce des grains dans l'intérieur du royaume et ranimât ainsi la culture. Plus tard il rendit également la liberté à la circulation des vins.

En véritable homme d'État, Turgot avait compris que la force d'un pays réside surtout dans la classe la plus nombreuse, laquelle est en même temps la plus pauvre. Aussi le bien-être direct du peuple des campagnes était-il ce qui le préoccupait le plus, ce qui était pour lui l'objet d'une continuelle sollicitude. De là les efforts qu'il fit à la fin de son ministère pour abolir les corvées dans la campagne, et les maîtrises et les jurandes dans les villes, où les maîtres formaient une sorte de république qui s'imposait aux ouvriers. Mais avant d'en arriver là, il s'employa à diminuer le prix du pain, de la viande, des autres denrées et des objets manufacturés, et chercha à favoriser l'industrie en la débarrassant de mille entraves aussi gênantes qu'odieuses. Dans cette pensée, il brisa les vieux règlements qui faisaient obstacle à la fabrication de l'huile et du verre, et donna un grand essor aux défrichements. Il développa le commerce maritime en augmentant le nombre des ports qui avaient la faculté de faire des échanges directs avec les colonies. La facilité et le bon marché des transports pour les choses et les personnes sont essentiellement liés aux intérêts du commerce; il activa la navigation intérieure, établit la régie des messageries, et fit en sorte que le monopole de la circulation des personnes et des choses passât des mains des exploitants entre celles de l'État : or, vu les abus sans nombre qui fourmillaient dans cette branche de l'industrie, c'était là une amélioration énorme. Turgot d'ailleurs, ennemi de tout monopole, déclarait que celui-là n'était que provisoire; c'était à ses yeux un remède, c'est-à-dire une mesure transitoire. Les paysans étaient soumis à des réquisitions forcées de chevaux et de charrettes pour le service des transports de la guerre, et cela sans indemnité. Turgot abolit cet abus qu'il avait déjà détruit dans la province de Limoges pendant son intendance. Il fit révoquer le bizarre privilége dont jouissait l'Hôtel-Dieu de Paris de vendre seul de la viande dans la capitale durant le carême. Il frappait le monopole partout où il le rencontrait, chez les boulangers, chez les fabricants; il abolissait la banalité des fours et des moulins, rendant ainsi à l'industrie, partout où il trouvait l'occasion et les moyens de le faire, son libre essor et sa spontanéité, source de toute richesse et de toute puissance dans une grande nation.

D'un autre côté, la situation du trésor, que les banqueroutes successives de l'abbé Terray avaient constitué en déficit permanent, appelait le secours d'une main énergique, éclairée et honnête. Par une exactitude ponctuelle dans les payements, par la fidélité aux engagements pris, par l'esprit de justice avec lequel il faisait interpréter les lois fiscales, et une économie sévère dans les dépenses de la cour et du gouvernement, Turgot rétablit comme par enchantement le crédit public depuis si long-temps ruiné. Il obtint des résultats bien frappants; car, sans créer aucune taxe nouvelle, il augmenta le revenu public; sans faire d'emprunt, il éteignit des créances, diminua la dette flottante si dangereuse pour la liberté du trésor, et fit reparaître la justice dans les transactions entre l'État et les particuliers, transactions d'où l'on était accoutumé depuis un siècle à la voir complétement bannie. Et toutes ces réformes furent accomplies dans l'espace de vingt mois, malgré deux rudes attaques de la goutte, et au milieu des préoccupations formidables que lui donnait une affreuse épizootie qui atteignit alors tout le midi de la France.

Mais on comprend qu'une administration aussi active, en arrêtant les exactions de ceux qui exploitaient la fortune publique, devait susciter rapidement au contrôleur-général de nombreux et puissants ennemis. Ces ennemis devaient être d'autant plus dangereux que la science de Turgot en économie politique était alors fort en avant des opinions de ses contemporains, et que par cette raison il était plus facile aux personnes malveillantes d'induire en erreur un public ignorant sur le compte du ministre réformateur. Plus, en effet, les mesures qu'il avait prises étaient conformes au véritable intérêt de l'État, plus, par cela même, elles devaient tarir dans leur source ces scandaleuses dilapidations, ces profits honteux, auxquels depuis long-temps les gens de finance, et une foule de grands seigneurs de la cour, étaient habitués comme à une chose simple et naturelle, qui leur paraissait l'exercice d'un droit légitime et consacré, une sorte de propriété ; tant, à la longue, les abus les plus criants ruinent tout à la fois l'ordre public et déracinent dans les âmes les plus vulgaires notions de la justice et de la probité!

Une occasion se présenta bientôt, laquelle fit éclater une partie des mauvais vouloirs qui conspiraient la perte du ministre honnête homme. En accordant la liberté du commerce des grains seulement à l'intérieur du royaume, il n'avait pu que favoriser l'abaissement des prix et éloigner la disette, bien loin de l'attirer. Les avantages de cette mesure étaient si évidents, que les monopoleurs, auxquels seuls elle nuisait, tout en cherchant à exciter les esprits, n'avaient pas osé rendre leurs calomnies trop claires et trop précises. Mais l'année 1774 avait été mauvaise, et le blé était devenu un peu cher. Au printemps de 1775, une émeute eut lieu à Dijon et dans quelques parties de la Bourgogne, émeute qui fut mal apaisée par les autorités locales. En même temps des pamphlets répandus à profusion, et dirigés contre l'administration de Turgot, donnaient le mot d'ordre aux clameurs des salons. Turgot et ses amis y étaient représentés comme des esprits chimériques qui ne comprenaient rien au maniement sérieux des affaires, et qui, étrangers aux traditions administratives, étaient disposés à risquer les plus graves intérêts de l'État, et même la substance du peuple, pour la vaine expérimentation de leurs théories. Bientôt un soulèvement analogue à celui dont la Bourgogne avait été le théâtre éclata de nouveau : mais cette fois c'était aux portes mêmes de la capitale, à Pontoise, que l'émeute faisait explosion. La population serrée des environs de Paris offrait aux meneurs une plus ample et plus sûre moisson de désordres. Aussi la marche de l'émeute parut-elle, dès le premier instant (1er mai 1775), soumise à une certaine discipline. Des brigands qui criaient qu'on manquait de pain, payaient avec de l'or le blé qu'ils obligeaient les paysans de leur livrer à vil prix et qu'ils détruisaient ensuite. Ils répandirent de faux arrêts du conseil imprimés qui taxaient les grains au-dessous de leur valeur. A l'aide de ces faux arrêts et des mots terribles de disette et de monopole, ils ameutèrent la populace des villages et l'entraînèrent sur les marchés de l'Oise et de la Basse-Seine, qu'ils pillèrent, brûlant les granges et les fermes, coulant à fond les bateaux chargés de blé, et interceptant les arrivages. Sur les grandes routes, ils insultèrent ceux qui portaient du blé et des farines, et crevèrent les sacs qui renfermaient les comestibles. On remarquait que tout ce misérable brigandage était excité par des hommes étrangers aux localités[1]. Ils parurent à Versailles, où leur présence jeta la terreur, et enfin entrèrent dans Paris le lendemain matin et y saccagèrent les boutiques des boulangers et les halles.

Pendant que tout cela se passait, la cour restait inactive. Louis XVI défendit d'employer la force contre les brigands ; il fit même taxer par la police le pain à deux sous la livre, continuant de la sorte les exemples de faiblesse auxquels la populace était accoutumée dans toutes les circonstances semblables. Incapable de vraie force, l'ancien gouvernement absolu ne savait que sacrifier les marchands de blé et de farine aux clameurs de la multitude, comme des victimes expiatoires des malheurs publics. D'un autre côté, pendant que les brigands vociféraient sur la cherté du pain en détruisant toute espèce de comestibles, la main de l'autorité, malgré la présence de troupes nombreuses, ne se faisait sentir nulle part. Le lieutenant de police, le commandant du guet, et d'autres personnages haut placés, n'avaient témoigné par aucune mesure efficace qu'ils eussent horreur de l'émeute. Bien plus, le parlement avait, le soir même du jour où elle avait éclaté, rendu et fait afficher dans Paris un arrêt qui défendait les attroupements, mais qui déclarait que le roi serait supplié de faire baisser le prix du pain. Toutes ces circonstances réunies, d'autres renseignements encore, persuadèrent à Turgot (et il est difficile d'avoir une autre opinion) que non-seulement il y avait là un grand danger, mais que de plus ce désordre était le résultat d'un système arrêté d'avance, et que l'émeute était organisée et soudoyée par des gens qui trouvaient leur compte à discréditer son administration et ses réformes. Convaincu alors qu'il fallait agir avec promptitude et fermeté, il déploya dans ce moment critique autant de vigueur et d'énergie que les autres pouvoirs laissaient paraître de faiblesse et d'inertie. Il ne s'agissait de rien moins que du salut de la capitale. Il débuta par destituer le lieutenant de police ; puis il fit couvrir les affiches contenant l'arrêt du parlement par des placards qui défendaient les attroupements sous peine de mort, et qui interdisaient d'exiger le pain au-dessous du cours. Des fac-

[1] Voyez l'Instruction du roi aux curés du royaume, etc., de mai 1775.

tionnaires furent placés dans toutes les boutiques de boulangers. En outre, le parlement, qui voulait connaître des troubles, fut mandé à Versailles dès le matin qui suivit le jour de la publication de son arrêt. Là le roi, dans un lit de justice, cassa l'arrêt du parlement, attribua aux prévôts de maréchaussées le jugement des séditieux, en déclarant aux magistrats qu'il rejetait sur l'émotion causée par les circonstances une démarche qui aurait pu devenir dangereuse. Enfin, pour atteindre la sédition partout où elle essaierait de lever la tête, Turgot échelonna des troupes le long de la Seine, de l'Oise, de la Marne et de l'Aisne, fit poursuivre les pillards sans miséricorde aucune, et dissipa jusqu'aux dernières traces du soulèvement.

Dès lors la tranquillité fut rétablie, les arrivages de grains reprirent leur cours ordinaire, et rien ne vint plus entraver l'approvisionnement journalier de la ville de Paris. Pour la première fois, depuis des siècles peut-être, le gouvernement donna le grand et salutaire exemple de la force publique agissant avec fermeté, mais sans passion ni colère, et uniquement pour arrêter le désordre et protéger l'industrie légitime, sans faire aux préjugés et à l'ignorance du peuple aucun de ces coupables sacrifices qui avaient tant de fois déshonoré les gouvernements précédents.

Mais le calme de la rue, on le pense bien, n'avait pu s'étendre jusqu'à ceux dont les réformes de Turgot atteignaient ou menaçaient les injustes priviléges et les illégitimes trafics. Peu de temps après, on apprit que le même jour, 3 mai, des émeutes semblables à celles de Versailles et de Paris avaient éclaté à Lille, Amiens et Auxerre. Les ennemis de Turgot en profitèrent pour redoubler contre lui leurs attaques et leurs calomnies. On attribua à la liberté du commerce des grains la disette qui n'était que le résultat d'une mauvaise récolte; on affecta de dissimuler les mesures que Turgot avait prises avec le zèle le plus actif pour venir au secours des classes pauvres dans la conjoncture présente. Des gens des hautes classes, habitués à tirer de gros profits de leur protection, qu'ils vendaient à beaux deniers comptants aux négociants et aux traitants, furent les premiers à faire entendre des doléances, et affectèrent de s'apitoyer sur le sort des pauvres ouvriers des villes et des campagnes, qui servaient, disaient-ils, d'expérience aux doctrines de Turgot et des économistes.

Voltaire, il est vrai, soutint de sa plume, qui était alors une puissance, le ministre dont la vertu inflexible et les lumières irritaient tant d'odieuses passions. Mais l'appui de Voltaire, aux yeux de beaucoup de gens et surtout du clergé, était moins qu'un secours, et était loin de donner de la force à Turgot contre les influences de la cour. Maurepas lui-même faisait une guerre sourde aux mesures de son collègue des finances. Tout cela s'explique quand on se rappelle la situation des hautes classes de la société à cette époque. Il y avait sans doute parmi la noblesse quelques hommes dévoués aux intérêts généraux, mais c'était le petit nombre. La vie politique n'y soulevait qu'une guerre d'épigrammes peu meurtrière. L'aristocratie riait des abus très-volontiers et très-facilement; mais elle en profitait à peu près seule. Et comme le luxe grandissait chaque jour et devenait exorbitant, la noblesse avait besoin des faveurs de cour, des abus financiers, pour refaire des fortunes que la vie de cour, ou simplement l'éclat qu'elle affichait à l'armée, suffisait pour obérer et détruire.

Plus réguliers dans leurs mœurs, les magistrats n'avaient pas moins de morgue. L'esprit de corps tenait lieu du mobile aristocratique pour les rendre hostiles à tout ce qui contrariait les intérêts ou les priviléges de leur ordre. L'influence qu'ils exerçaient sur l'administration était, à cause de leur ignorance en ces matières, une source d'obstacles et d'entraves qui empêchaient le peu de bien qu'au milieu de mesures désastreuses quelques ministres essayaient. Ils s'étaient également immiscés dans les questions ecclésiastiques, et l'intolérance n'avait pas d'appuis plus fanatiques que les parlements.

Quant au clergé, ses plus hauts dignitaires, vivant continuellement à la cour, en avaient pris les allures, et presque toujours imité les désordres. L'incrédulité même y avait fait des prosélytes. Ceux qui étaient demeurés fidèles à leurs devoirs, habitant pour la plupart la province, étaient peu considérés, et en général ne brillaient ni par les lumières, ni par les talents, ni par les manières. De sorte que la partie active et remuante du clergé, tout entière à une ambition purement mondaine, et désireuse du pouvoir, cherchait à maintenir au moins, sinon à augmenter, ses biens temporels, ses richesses, se regardait comme un ordre nécessaire dans l'État, s'efforçait de rendre le gouvernement solidaire de ses prétentions de toute espèce, et se faisait, ainsi que la noblesse, exempter des charges publiques, sous prétexte que son bien était le patrimoine des pauvres et un territoire sacré.

Devant toutes ces exigences, diverses et souvent opposées entre elles, mais d'accord pour exploiter et grever la nation, combien les mesures réformatrices de Turgot ne devaient-elles pas sembler monstrueuses et effrayantes! Il n'aurait pas fallu moins que la volonté de fer d'un Richelieu pour dompter toutes ces passions, briser toutes ces résistances. Or, ce génie de l'action, qui ne recule devant aucun moyen pour atteindre son but, n'était pas celui de Turgot, qui portait dans la vie publique les respectables scrupules de la vie privée, et qui d'ailleurs ne trouva pas chez Louis XVI l'adhésion énergique qu'il lui aurait fallu.

Sur ces entrefaites, une circonstance nouvelle vint fournir un aliment de plus à tous les mécontentements. Il s'agissait de la cérémonie du sacre du roi, qu'au lieu de faire à Reims Turgot proposait, dans des vues d'économie, d'accomplir à Paris. Fidèle à ses convictions philosophiques et à l'esprit véritable du christianisme, Turgot, d'accord avec Malesherbes, désirait que le roi ne prononçât pas la formule de serment usitée, dans laquelle il jurait d'*exterminer les hérétiques*, déclarant que c'était là un reste de la barbarie d'un autre âge qu'on devait au plus tôt se hâter d'abolir. Il trouvait que dans cette formule le monarque promettait trop à son clergé et trop peu à la nation. Il ajoutait que Louis XIII et Louis XIV avaient été obligés d'éluder leur serment en publiant dans une déclaration qu'ils n'entendaient point y comprendre les *protestants*, c'est-à-dire les seuls hérétiques qui fussent dans le royaume. Aux yeux de Turgot, une promesse solennelle ne devait pas être une vaine cérémonie, une formule vide. Le ministre philosophe rendait ainsi leur sens et leur valeur au serment et aux idées religieuses. Mais malheureusement ces sages idées de tolérance, qui laissent à la conscience de chacun le soin et le droit exclusif de régler ses croyances religieuses, étaient loin encore d'être pratiquées : elles étaient loin surtout d'avoir pénétré parmi les hauts dignitaires de l'Église. Ceux-ci attribuaient au contraire aux idées philosophiques les désordres du temps, et ne cessaient d'exciter le pouvoir à revenir sur ce point à la politique de Louis XIV et de madame de Maintenon. Dans les remontrances de l'assemblée du clergé on demandait incessamment que les lois contre les protestants, tombées en désuétude par la douceur croissante et la mollesse des mœurs publiques, fussent appliquées rigoureusement. En face de pareilles exigences la proposition de Turgot avait les apparences d'un scandale. Et pourtant un peu de réflexion en faisait sentir la justesse et l'équité. Les politiques de la cour, aux yeux desquels la religion n'était qu'un instrument de gouvernement, n'étaient pas plus favorables aux idées de Turgot. Maurepas, qui était une espèce d'esprit fort, se trouva de la sorte d'accord avec les partisans des prétentions ecclésiastiques, et se ligua avec eux. On accusa Turgot de vouloir la ruine de la religion, on le qualifia de novateur imprudent; on ne lui épargna aucune de ces accusations banales que les factions rendent toujours nouvelles par la passion qu'elles mettent à les répandre contre les hommes qui ne fléchissent pas le genou devant elles. Louis XVI, prince ennemi assurément de toute hypocrisie, mais faible, se laissa persuader qu'il était de l'intérêt de l'État de ne rien innover dans la cérémonie du sacre. Ainsi de ce côté encore les idées de Turgot ne furent point admises, et le char de l'État continua de rouler dans la vieille ornière. Mais, comme pour se dédommager, Turgot se crut obligé de faire un mémoire où il expliquait au roi ses principes sur la tolérance, et où il s'attachait à montrer qu'un prince qui est convaincu que sa religion est la seule véritable, doit laisser la liberté absolue de la croyance et du culte à tous ses sujets sans exception. La seule consolation de Turgot au milieu de ces efforts inutiles fut le mot de Louis XVI. L'intelligence ordinaire de ce prince, guidée par une droiture parfaite, ne laissait pas que de voir assez clair au milieu des intrigues qui se croisaient autour de lui. En traversant, pour se faire sacrer à Reims, une partie des lieux où s'était passée un mois auparavant la sédition, le jeune roi, dont tout le peuple bénissait alors avec acclamation le gouvernement, s'écria : « *Il n'y a que M. Turgot et moi qui aimions le peuple.* »

Depuis ce moment le nombre des ennemis de Turgot ne fit que s'accroître. De nouvelles réformes excitèrent encore la haine des privilégiés. Lui-même put, à la fin de 1775, entrevoir sa chute prochaine. L'opinion, sans cesse excitée contre lui, murmurait à chaque opération de son ministère. Pour la frapper davantage on prêtait au ministre des projets chimériques et insensés. C'était à qui lui ferait obstacle parmi ces pouvoirs aristocratiques, dont les réformes atteignaient ou menaçaient les priviléges. De plus, trop confiant dans le sentiment public, qui n'était pas alors assez éclairé pour donner un appui énergique aux mesures que prenait le ministre, ni assez vif pour être une force suffisamment protectrice, Turgot n'avait derrière lui ni parti ni favoris pour le soutenir. Il n'avait en vue que la justice et le bien général, et ne cherchait pas d'autres secours : c'était là l'illusion d'une grande âme et d'un noble cœur.

Au commencement de 1776, Turgot soumit au roi un mémoire où il lui proposait l'abolition de la corvée, celle des droits perçus à Paris sur les grains, farines et autres denrées nécessaires au peuple, celle des offices sur les quais, halles et ports de la ville, celle des jurandes, et d'autres du même genre. Le mémoire était accompagné du texte des édits qui réglaient toutes ces matières, et contenait les préambules où étaient exposés les motifs des édits : Turgot donnait ainsi le premier exemple d'un exposé des motifs expliquant le but et les raisons d'une loi. Le roi approuva, le 6 février, les édits préparés par le contrôleur-général; mais il fallut un mois de négociations pour les faire adopter par le parlement. Encore les édits sur la corvée, sur les grains et sur les jurandes ne furent-ils enregistrés que dans un lit de justice, tenu le 12 mars 1776, où se signala d'une triste manière l'éloquence de l'avocat général Séguier. Celui-ci, dans son réquisitoire en réponse au garde des sceaux, osait dire que l'impôt qui remplaçait les corvées confondrait la noblesse et le clergé avec le reste du peuple, *qui n'a droit de se plaindre de la corvée parce que chaque jour doit lui rapporter le fruit de son travail pour sa nourriture et celle de ses enfants!* A propos de l'édit sur les grains, Séguier disait dans le même lit de justice : « Malgré le défaut de liberté, la ville de Paris n'a éprouvé de disettes réelles que celles qui ont été occasionnées par les refus de la terre. La liberté, au contraire, c'est-à-dire la cessation des règlements, a été l'occasion ou la cause des plus grands désordres. Abandonner la subsistance de la capitale aux spéculations des commerçants, c'est abandonner la certitude du présent pour un avenir incertain; c'est s'exposer à manquer de nourriture pour les citoyens, car il faut que le peuple vive de provisions. » Au sujet de l'édit qui abolissait les jurandes, Séguier énonçait les singulières propositions que voici : « Tous vos sujets, Sire, sont divisés en autant de corps différents qu'il y a d'états différents dans le royaume. La loi a érigé des corps de communautés, a créé des jurandes, a établi des règlements, parce que l'indépendance est un vice dans la constitution politique, parce que l'homme est toujours tenté d'abuser de la liberté... Relâcher les ressorts qui font mouvoir cette multitude de corps différents, anéantir les jurandes, abolir les règlements, c'est détruire les ressources de toute espèce que le commerce lui-même doit désirer pour sa propre conservation, etc. » Voilà un échantillon de la sagesse administrative et de la science économique du parlement. C'était contre de pareilles erreurs qu'avait à lutter Turgot. L'édit *sur la libre circulation des vins*, l'établissement d'une commission permanente de médecins pour prévenir les maladies endémiques et les épizooties, et celui d'une caisse d'escompte, furent les derniers actes par lesquels se signala sa carrière ministérielle. Cette activité prodigieuse, qui s'attaquait à tant d'objets divers, est tout à la fois une preuve de la connaissance profonde qu'avait ce grand ministre des besoins du royaume et de la nécessité pressante où l'on était d'y pourvoir. Ses améliorations intéressaient l'économie entière de l'administration, et s'il eût pu achever la réalisation de ses projets, il eût opéré une révolution par les moyens pacifiques. Il se sentait lui-même comme pressé d'en finir devant les résistances qui s'amoncelaient autour de lui, et dont il pressentait le funeste triomphe. « Il faut que je me hâte, disait-il ; » dans ma famille nous mourons tous de la goutte à cinquante ans. »

En effet, parmi les courtisans, les financiers, les grands seigneurs de la robe et de l'église, c'était une clameur à peu près universelle contre son administration et particulièrement contre l'abolition des corvées. A ces murmures se joignirent les plaintes non moins vives des marchands et des industriels qui voyaient avec douleur la destruction des jurandes. Chacun regardait comme sa propriété privée les abus et les monopoles qu'il avait exploités jusqu'alors, et se regardait comme lésé dans ses droits les plus légitimes si la liberté était rendue aux transactions commerciales et au travail de l'ouvrier. De tous les côtés pleuvaient, dans les bureaux du ministère, des pétitions et des mémoires qui avaient pour objet les édits rendus sous l'influence de Turgot. Les pétitions déclaraient que si on ne rapportait ces édits tout allait se dissoudre dans le royaume, qu'il n'y aurait plus de distinction ni de subordination entre les classes de citoyens, et que la concurrence entre les producteurs anéantirait tout commerce et toute industrie. On sait la ténacité avec laquelle l'ancienne noblesse et le clergé défendaient contre l'impôt l'immunité féodale de leurs terres. On peut juger des cris que leur fit pousser le remplacement de la corvée par un impôt, quoique pour l'exemple on eût soumis à cet impôt les terres du roi lui-même. La vanité aristocratique n'était pas moins blessée que les intérêts de corps par cette mesure qui mettait sur un point de l'égalité entre les roturiers et les privilégiés. Les gens de boutique se montrèrent sous ce rapport aussi vaniteux, aussi intraitables que les hautes classes, et également acharnés contre le principe de l'égalité industrielle. Ce qui achève de montrer jusqu'où allait le déchaînement contre Turgot, c'est qu'un pamphlet, qui parut alors, put être impunément et avec toute vraisemblance attribué à un des frères de Louis XVI, Monsieur, depuis Louis XVIII. On y peignait Turgot comme un « homme gauche, épais, lourd, né avec plus de rudesse que de caractère, plus d'entêtement que de fermeté, d'impétuosité que de tact; charlatan d'administration ainsi que de vertu, fait pour décrier l'une et pour dégoûter de l'autre. »

Malgré toute cette bruyante irritation, le contrôleur-général conservait la confiance royale. L'amour du bien public, qui était le mobile de Turgot, trouvait dans le cœur du jeune monarque un généreux écho. Mais Louis XVI était d'un caractère faible; les ennemis du ministre étaient nombreux, ardents, passionnés. Maurepas, secrètement jaloux de l'activité féconde et du crédit du contrôleur-général, encouragea d'odieuses manœuvres qui tendaient à rendre suspect à Louis XVI le zèle de Turgot. On supposa des lettres où celui-ci traitait avec une inconvenante légèreté la famille royale, et d'autres où l'on manifestait de vives alarmes sur les résultats de son administration. On y laissait entrevoir le déficit comme le résultat inévitable et permanent de cette administration, et un abîme sans fin au bout de tout cela. Turgot fut donc sacrifié dans la pensée royale. Sur ces entrefaites, Malesherbes, l'ami de Turgot, dégoûté des obstacles sans cesse croissants qu'il rencontrait à tout ce qu'il proposait, donna sa démission. Bientôt le roi montra de la froideur au contrôleur-général. Mais celui-ci, préférant par réflexion l'honneur d'être renvoyé sans cause à une démission que la postérité eût pu interpréter comme une faiblesse, attendit l'ordre de se démettre de ses fonctions, qui lui fut apporté le 12 mai 1776.

La nouvelle du renvoi de Turgot se répandit rapidement; de tous côtés, à Versailles et à Paris on s'en félicita bruyamment. Voltaire seul, avec quelques hommes éclairés, sentit le coup que la chute de Turgot portait aux espérances de ceux qui, voyant la profondeur du mal, appelaient de leurs vœux des améliorations successives au lieu d'une secousse qui ébranlerait tout. Dans l'*Épître à un homme* il exprima dignement sa douleur. « Jamais, dit Condorcet, il n'avait célébré un ministre tout-puissant comme il loua Turgot dans sa disgrâce. » Il écrivait à La Harpe (Corresp., 10 juin 1776) : « Je ne vois plus que la mort devant moi depuis que M. Turgot est hors de » place. Je ne conçois pas comment on a pu le renvoyer. Ce coup de foudre m'est tombé sur la cervelle et sur le cœur. » C'est une des choses qui honorent le plus Voltaire que la persistance qu'il mit à soutenir, à encourager Turgot. Deux ans après, lorsque, chargé lui-même des innombrables couronnes que l'enthousiasme public prodiguait à sa vieillesse, Voltaire reçut la visite de Turgot, on le vit, dès qu'il aperçut l'ancien ministre, se précipiter au-devant de lui malgré son âge et ses pas chancelants, lui saisir les mains malgré ses efforts, les baiser et les arroser de ses larmes en lui criant d'une voix étouffée : « Laissez-moi, laissez-moi baiser cette » main qui a signé le salut du peuple. »

Rendu à la liberté de la vie privée, Turgot écrivit au roi une lettre parfaitement digne, où, en lui exprimant ses regrets, il lui explique les raisons qu'il avait de ne pas donner sa démission. Il termine en faisant des vœux pour que les dangers qu'il avait voulu conjurer soient chimériques. L'histoire, hélas! a terriblement confirmé les douloureuses prévisions de ce grand ministre!

Le caractère de Turgot était de ceux qu'une disgrâce devait peu émouvoir. Il n'éprouva de peine qu'en voyant révoquer ses édits sur les corvées et les jurandes, et détruire ou amoindrir l'effet de la plupart des réformes auxquelles il s'était dévoué. Son cœur, que l'amour du bien public avait seul agité, ne fut ému que de ce côté. Pour ce qui le concernait personnellement, il n'avait que faire de l'éclat du pouvoir. Aussi reprit-il tranquillement et sans autres regrets ses anciennes études. Il avait été nommé le 1er mars 1776 membre de l'Académie des inscriptions et belles-lettres. La philosophie, la littérature, l'économie politique, les sciences exactes et naturelles, se partagèrent de nouveau l'activité infatigable de cette intelligence si pénétrante, si ferme dans sa sagacité. Il détourna son attention du spectacle des affaires publiques qui marchaient à grands pas, entre les mains de ses successeurs, vers une rapide décadence, et la reporta exclusivement vers toutes les branches des connaissances humaines. En 1775, il avait déjà fondé une chaire d'hydrodynamique à laquelle il avait nommé l'abbé Bossut : et à cette occasion il avait écrit une lettre assez longue où il développait ses connaissances sur la matière [1]. Lié avec d'Alembert, Condorcet, Lavoisier, Desmarets, Rouelle, il s'occupa avec ces savants de géométrie, d'astronomie, de chimie, de géologie, de physique. Il fit des expériences pour donner plus de précision au thermomètre, et recommença ses essais sur la distillation dans le vide. Avec l'abbé Rochon il chercha les moyens de multiplier, plus encore qu'avec l'imprimerie, les copies des livres. Enfin sa correspondance allait au dehors chercher un aliment scientifique. Il s'entretenait d'économie politique avec Smith, et discutait avec Price les moyens de rendre la révolution d'Amérique utile à l'Europe. Il dissertait sur l'impôt avec Franklin, et détournait un évêque anglican du singulier projet d'établir des moines en Irlande. Loin d'ailleurs d'être indifférent à la chose publique, ce fut lui qui, dès que la guerre devint imminente entre

[1] Voyez les *Mémoires de Bachaumont*, 26 novembre 1775.

la France et l'Angleterre, comprit l'honneur qu'il y aurait pour la nation à ce que le vaisseau de Cook fût respecté sur les mers. Il prépara un mémoire pour motiver cette mesure d'humanité; et ce fut sur ce mémoire, dont l'auteur resta inconnu pendant sa vie, que M. de Sartines soumit au roi cette mesure et la fit approuver.

Mais Turgot allait bientôt succomber à la goutte, mal héréditaire dans sa famille. Déjà il en avait essuyé de violents accès avant son ministère. Le travail forcé auquel il se livra pendant qu'il était au pouvoir, sans tenir compte des attaques répétées de ce mal, en aggrava considérablement l'intensité, au point que le repos de la vie privée devint impuissant pour y remédier efficacement. Enfin une dernière attaque, longue et cruelle, acheva la ruine d'une santé si ébranlée, mais ne put altérer ni la sérénité de son âme, ni même le calme de son humeur. Il mourut, entouré des soins pieux de l'amitié, le 20 mars 1781.

Le simple récit de la vie de Turgot donne la mesure de son esprit et de son caractère. Sa figure, grave, mais belle, et même imposante, était vraiment le reflet de son âme. Morellet, dont l'esprit caustique ne prodigue pas l'éloge, dit qu'il a laissé un doux souvenir à tous ceux qui l'ont connu particulièrement. C'est ce qu'attestent également Condorcet et Dupont de Nemours, qui ne parlent de Turgot qu'avec un attendrissement mêlé de respect. C'est qu'aussi, peu d'hommes ont ressenti l'amitié comme lui. La sienne était tendre, agissante, courageuse. Il était essentiellement bon et bienfaisant, non par un aveugle élan de sensibilité, à la manière des esprits légers, mais par raison, par un amour élevé et réfléchi du bien. Cette rare qualité apparut en lui dès ses plus jeunes années. Les mouvements instinctifs n'eurent jamais, à aucun âge, d'empire sur ses résolutions ni sur ses sentiments; et c'est en cela qu'on peut dire de lui que ce fut un sage. D'un autre côté ses habitudes de réflexion le rendaient extérieurement peu communicatif. Il ne put jamais vaincre complétement une certaine timidité de manière et de tenue que, lorsqu'il fut ministre, on confondit facilement avec le dédain.

De bonne heure il avait puisé auprès de ses deux maîtres Guérin et l'abbé Sigorgue, et de l'abbé Bon, ami de celui-ci, l'exemple d'un jugement libre et indépendant. Il leur avait inspiré, dit Morellet, une vénération profonde et une sorte de culte. Nul homme ne tolérait mieux que lui la contradiction la plus formelle; ce qui, dans le monde d'élite où il vécut, ajoutait un grand charme à son commerce et à sa conversation. La qualité dominante de l'esprit de Turgot était d'abord la pénétration : il saisissait rapidement et facilement les rapports les plus vrais, les plus justes entre les choses. Une autre grande qualité de cet esprit était l'étendue et la force. Quand il avait analysé une question, une vérité, il en démêlait nettement les principes et les bases, et en signalait toutes les conséquences. De la sorte il systématisait toutes ses idées, toutes ses connaissances. Son défaut était de n'être jamais content de ce qu'il avait fait, d'être dans certaines circonstances trop minutieux, ce qui aux affaires lui fit quelquefois retarder la publication de mesures qui étaient urgentes. Il manquait aussi de précision et d'éclat, d'où lui venait parfois une apparence d'obscurité.

Sa morale personnelle le rendait sévère pour lui, indulgent pour les autres. Dans le monde il conserva une pureté de mœurs bien rare à cette époque. Un de ses principes fut de mettre un accord invariable entre ses sentiments, sa raison et ses actes. Il avait en horreur toute espèce de masque et d'hypocrisie. Sa répugnance pour tout ce qui ressemble au charlatanisme était invincible, et il ne put jamais se résigner à l'emploi des petits moyens que ne dédaignent pas toujours les plus grands hommes d'État. Un trait de sa vie montre bien avec quelle honnête rigidité il comprenait les devoirs de la conscience. On sait que la carrière ecclésiastique offrait dans l'ancien régime une grande latitude à l'ambition. C'était le motif qui y jetait souvent des cadets de grande famille. On les appelait des abbés de condition. Lorsque Turgot eut fait connaître sa résolution de ne pas embrasser l'état ecclésiastique, ses amis, les abbés de Brienne, de Véry, de Cicé, de Boisgelin, furent très-étonnés et lui en demandèrent les motifs. Il y eut même entre eux et Turgot une conférence à ce sujet dans sa chambre. « Nous sommes unanimes à penser, lui dirent-ils, que tu veux faire une action tout à fait contraire à ton intérêt et au grand sens qui te distingue. Tu es un cadet de Normandie, et conséquemment tu es pauvre. La magistrature exige une certaine aisance sans laquelle elle perd même de sa considération, et ne peut espérer aucun avancement. Ton père a joui d'une grande renommée; tes parents ont du crédit. En ne sortant pas de la carrière où ils t'ont placé, tu es assuré d'avoir d'excellentes abbayes et d'être évêque de bonne heure. Il sera même facile à ta famille de te procurer un évêché de Languedoc, de Provence ou de Bretagne. Alors tu pourras réaliser tes beaux rêves d'administration; et, sans cesser d'être homme d'église, tu pourras être homme d'État à ton loisir; tu pourras faire toute sorte de bien à tes administrés. Jette les yeux sur cette perspective; vois qu'il ne tient qu'à toi de te rendre très-utile à ton pays, d'acquérir une haute réputation, peut-être de te frayer le chemin au ministère. Au lieu que si toi-même tu te fermes la porte, si tu romps la planche qui est sous tes pieds, tu seras borné à juger des procès; tu faneras, tu épuiseras, à discuter de petites affaires privées, ton génie propre aux plus importantes affaires publiques. »

C'était là assurément le langage d'amis sincères, mais aussi d'hommes plus épris du côté utile d'une carrière, que des obligations morales qu'elle imposait. Turgot leur répondit : « Mes chers amis, je suis extrêmement » touché du zèle que vous me témoignez, et plus ému que je ne puis l'exprimer du sentiment qui le dicte. Il y a beaucoup de vrai dans vos observa» tions; prenez pour vous le conseil que vous me donnez, puisque vous

» pouvez le suivre. Quoique je vous aime, je ne conçois pas entièrement » comment vous êtes faits. Quant à moi, il m'est impossible de me dévouer » à porter toute ma vie un masque sur le visage. »

Un pareil langage chez un jeune homme de vingt ans est certes très-caractéristique. Toute sa vie, et en toutes choses, Turgot fut le même homme. Il fut vraiment sage et vertueux, parce qu'il aima passionnément le bien, et qu'il l'aima pour lui-même.

Pour achever de connaître Turgot, et pour bien l'apprécier, il faut voir de plus près comment ce rare et grand esprit remua en tout sens le vaste champ de la science humaine. Les nombreux écrits qu'il a laissés attestent chez lui une activité aussi variée qu'infatigable, et la plus féconde curiosité. On a vu plus haut qu'il avait appris presque toutes les langues. Il traduisit de l'allemand Klopstock et Gessner, le premier écrivain allemand qui devint populaire en France; et de l'anglais, Shakspeare, Hume et Tucker. Il avait traduit le commencement de l'Iliade et les premiers poèmes d'Ossian, et c'est de lui qu'est le vers célèbre qui fut mis au bas du portrait de Franklin. Ces traductions, qui ne furent pas toutes achevées, sont remarquables en ce qu'elles montrent que Turgot aimait peu les sentiers battus. C'est là le motif qui lui fit essayer des vers métriques français, tentative qui n'eut aucun succès. Il cherchait à recueillir d'amples moissons, et éprouvait à la fois le besoin de beaucoup savoir et d'innover. Avant lui, personne en France ne songeait qu'il existât une littérature allemande. On s'en tenait au mot de Voltaire, qui souhaitait aux écrivains de ce pays *plus d'esprit et moins de consonnes*. Du reste, Turgot n'avait pas cet éclat et cette magnificence de style qui fait vivre les œuvres purement littéraires. Ce qu'il écrivait avait besoin d'être soutenu par la pensée. Mais de ce côté on retrouve toute sa puissance, toute son originalité. C'est ce qui aujourd'hui encore rend intéressante sa Lettre à madame de Graffigny (1751). Il s'y montre critique judicieux et plein de goût. L'économiste s'y révèle déjà par des pensées justes et neuves sur les avantages de la division du travail, et sur l'inégalité des conditions, qui est inévitable parmi les hommes, et le lien nécessaire de la société. C'est là qu'il exprime sur l'éducation cette pensée profonde qui vaut à elle seule bien des traités : « On connaît bien peu la force de l'éducation; » et j'en dirai une des raisons, c'est qu'on se contente de donner des règles, » quand il faudrait faire naître des habitudes. Voyez la puissance de l'édu» cation publique et de ce que le président de Montesquieu appelle les » mœurs : combien elle l'emporte sur tous les préceptes, combien elle règne » sur les rois, à quel point elle dicte les lois! » Turgot écrivait cela dix ans avant la publication de l'*Émile*.

Il a laissé le plan d'une géographie politique, où il aurait voulu que l'on montrât le rapport qui existe entre la configuration géographique d'un pays et le développement politique de la population de ce même pays; et le canevas de deux discours sur l'histoire universelle, où son intention aurait été d'étendre le point de vue de Bossuet, en indiquant la marche et les progrès de l'esprit humain, non plus seulement sous le rapport des idées religieuses, mais sous le rapport de toutes les idées, de toutes les connaisssances humaines.

Nous avons vu qu'il avait cultivé presque toutes les branches des sciences naturelles; dans presque toutes il essaya des expériences nouvelles. Morellet dit qu'il avait peu d'aptitude pour les mathématiques : malgré cela, il est certain que dès 1760 il donna avis à l'astronome Lacaille de l'apparition d'une comète près d'Orion. En 1748 il avait adressé une lettre à Buffon pour lui présenter des observations, qui ne sont pas sans valeur, sur sa théorie de la terre. Il donna à l'Encyclopédie l'article *Expansibilité*. Une circonstance heureuse l'avait initié de bonne heure aux principes de la physique moderne; dans ses classes supérieures, au collége du Plessis, il avait eu pour professeur l'abbé Sigorgue, le premier membre de l'université qui ait introduit la philosophie de Newton, comme on disait alors, dans l'enseignement public.

Mais, à proprement parler, ce ne furent là que les délassements de Turgot. Les deux sciences qui l'occupèrent le plus sérieusement et d'une manière constante, furent la métaphysique et la politique, et surtout l'économie politique. Parlons d'abord de cette dernière et des principaux écrits que Turgot y consacra.

Quoique Turgot ait cultivé toutes les sciences, sa préoccupation suprême avait pour objet les intérêts de la société. De là son goût pour les questions qui se rapportent à ces intérêts; de là son amour presque inné, tant il éclata de bonne heure, pour l'économie politique, science alors au berceau. Il était encore au séminaire (1749) et n'avait que vingt-deux ans lorsqu'il écrivit sa *Lettre à l'abbé de Cicé sur le papier-monnaie*. Il y met à nu tout ce qu'il y avait de chimérique dans les bases du système de Law, et cela avant que Quesnay eût rien écrit sur la science dont il est le créateur. Cette lettre du jeune séminariste est d'autant plus remarquable qu'on admirait généralement la conception de Law, malgré les désastres qu'elle avait causés. Suivant les partisans de ce système, les métaux précieux, employés comme monnaie, ne sont qu'un *signe* adopté pour la transmission de la richesse. La matière de ce signe étant indifférente en soi, le *papier* offre toutes sortes d'avantages. Le crédit d'un état est donc inépuisable, puisqu'il suffit qu'on ait confiance dans la volonté du prince qui choisit le papier pour signe représentatif de la richesse. A ces assertions, l'auteur de la Lettre à l'abbé de Cicé répliquait que tout crédit est un emprunt et suppose un remboursement; que le remboursement du signe doit se faire par la chose signifiée, c'est-à-dire par la richesse réelle, laquelle est loin d'être inépuisable. La monnaie, loin d'être purement un signe de richesse, est une richesse réelle, une marchandise véritable qui a son cours et sa valeur intrinsèque. Si les métaux précieux, en dehors de cette valeur, sont choisis de préférence à tout autre objet pour remplir l'office de monnaie, ce n'est pas à cause de l'éclat du métal, mais parce qu'ils peuvent être employés sous diverses formes; que sous un petit volume ils renferment une grande valeur; et enfin parce que, facilement divisibles et en parties exactement semblables, rien ne les empêche de devenir la commune mésure des autres marchandises, leur étalon, leur monnaie.

Ce sont là des vérités qui aujourd'hui paraîtront bien élémentaires; mais du temps de Turgot elles étaient nouvelles et en opposition avec la plupart des idées reçues. Il signale dans la même lettre les abus du papier-monnaie, et semble tracer d'avance, dans ces curieuses pages, les désordres financiers qui se réalisèrent plus tard pendant la révolution, lors de l'émission des assignats.

Quelques années après qu'il eut écrit cette lettre, vers 1755, Turgot s'étant lié avec Gournay et le docteur Quesnay, vit s'étendre, par le commerce de ces deux hommes, ses idées sur l'économie politique. C'est aussi à dater de cette époque, et grâce à leurs écrits, que l'on commença en France à entrevoir cette vérité, que la société, comme corps, est soumise autant que l'individu à des lois physiques et morales dont l'observation est pour elle la condition de son existence et de ses progrès en bien-être et en moralité. Turgot, l'ami de Quesnay et de Gournay, et de leur école, attribuait une importance extrême à l'industrie agricole. Il prenait à tous les deux ce qui lui paraissait bon et vrai dans chacun : sous ce rapport, il fut le précurseur d'Adam Smith. Le principe commun de ces économistes était que la liberté des actions qui ne nuisent à personne est établie sur le droit naturel; que la propriété en général est le fruit du travail, et la propriété foncière l'origine et l'aliment de toutes les autres, le fondement de la société politique. En deux mots : toute richesse vient du sol, et le travail ne prospère qu'à la condition de la liberté; la servitude lui est mortelle. Ce fut en présence des mille liens dans lesquels était retenu alors le travailleur que Gournay s'écria : « *Laissez faire, laissez passer.* » On a ridiculisé cette formule en lui donnant un sens absolu qu'elle n'avait pas dans l'esprit des hommes éminents qui l'adoptèrent. Elle n'était en réalité qu'une énergique protestation contre les monopoles et les entraves sans nombre sous lesquels les abus de la fiscalité et l'ignorance des gouvernants avaient étouffé le génie de l'industrie moderne. Dans l'*Éloge de Gournay*, Turgot expose merveilleusement les idées du maître des économistes, de Quesnay, et fait la critique la plus décisive des règlements prohibitifs, en mettant au jour les maux que ce système enfante. Aussi tous ses efforts administratifs, considérés au point de vue de l'économie politique, ne furent-ils que le développement actif de cette pensée : rendre le travail facile à l'homme pour qu'il produise davantage, et dans ce but le rendre libre et lui fournir au meilleur marché possible la matière première et les objets de première nécessité. Turgot est en France le premier homme qui ait inauguré l'émancipation des travailleurs.

Ce fut pendant son intendance qu'il écrivit ce qu'il a laissé de plus remarquable sur l'économie politique. Ce sont les ouvrages suivants : 1° *Réflexions sur la formation et la distribution des richesses ;* 2° un fragment intitulé *Valeurs et monnaies ;* 3° *Mémoire sur les prêts d'argent ;* 4° *Lettres sur la liberté du commerce ;* et 5° *Mémoire sur les mines.*

Le premier de ces écrits est le plus solide et le plus digne d'attention. On y trouve l'essence de la doctrine de Quesnay et de Gournay, et l'exposé parfaitement net et précis des principes généraux de la science. Seulement, comme Turgot appartenait à l'école des *physiocrates*, la tendance de cette école, dont son esprit étendu et modéré n'accepte jamais les exagérations systématiques, caractérise spécialement cet écrit. Ce n'est qu'en cela qu'il a une date, car sur tout le reste il est à la hauteur de la science actuelle. Suivant l'auteur des *Réflexions sur la formation et la distribution des richesses*, la matière, en tant que propre à satisfaire nos besoins ou nos plaisirs, est la seule richesse. Le travail agricole est donc la source de toute richesse. Mais l'agriculteur produit plus que n'exige sa consommation personnelle ; de là la possibilité du travail industriel, et par suite celle de la société civilisée. Les industries autres que l'agriculture, incapables de se suffire à elles-mêmes, tirent leur principe d'existence de cet excédant de matière fourni par le travail des agriculteurs. C'est cet excédant que l'école de Quesnay appelait le *produit net*, formule devenue bien célèbre dans l'histoire de l'économie politique. Ce produit net, perçu par les propriétaires sous la forme de rente ou de fermage, est le fonds sur lequel ils vivent, ainsi que tous ceux qui ne prennent point part aux travaux de la culture du sol. Le travail agricole est donc le travail par excellence. Tout capital dérive de la terre, et le travail industriel n'est qu'un moyen de conserver et de distribuer la richesse, mais ne la produit pas réellement. De plus, le droit le plus important pour l'homme étant celui d'user de ses capitaux fonciers et mobiliers de la manière qu'il juge la plus utile à son intérêt, toute atteinte à ce droit est une injustice contre l'individu et un tort fait à la société. Donc il faut l'entière liberté du travail et du commerce.

On voit comment cette doctrine, belle par sa simplicité et sa profondeur, par sa rigueur systématique a le tort d'ôter au travail industriel une partie de sa valeur. Celui-ci produit bien réellement, dans toute l'extension du mot ; car si le lin, par exemple, ou le bois, est une richesse, produit de l'agriculture, la toile et les meubles sont une autre richesse, produit de l'industrie.

Nous passons sous silence d'autres opuscules moins considérables, tels que ses articles *Foires*, *Marchés*, *Fondation*, dans l'Encyclopédie, et de nombreux mémoires ayant rapport à l'assiette et au recouvrement des impôts. Qu'on rapproche les idées de ce grand penseur de l'état dans lequel étaient alors l'administration des finances, l'industrie et l'agriculture dans notre pays, et on sera émerveillé de ce qu'il a fallu de pénétration et de génie à Turgot pour tracer les vérités qu'il découvrit, et de courage pour les faire passer dans les faits, malgré les préjugés et les obstacles de tout genre qu'il rencontra sur son chemin, et qui finirent par le renverser.

Parlons maintenant des écrits de Turgot sur la philosophie et la politique. Il est peu connu comme métaphysicien ; ce qu'il a écrit en ce genre mérite pourtant attention.

On a de Turgot deux morceaux assez étendus de métaphysique ; 1° l'article *Existence*, qu'il inséra dans l'Encyclopédie ; 2° deux lettres qu'il avait écrites en 1750 à un de ses amis pour réfuter le système de Berkeley.

Dans l'article *Existence*, il analyse cette notion et cherche ensuite comment nous passons de la simple impression passive de la sensation au jugement que nous portons sur l'existence même des objets. On y trouve, à côté de traces nombreuses de l'influence qu'exerçait alors la métaphysique sensualiste, quelque chose de plus pénétrant et de plus vif. L'auteur y distingue, avec plus d'énergie que de précision, le sujet qui sent de ses sensations et de leur collection, et déclare formellement que le premier fondement de la notion d'existence se trouve dans la conscience de notre propre sensation accompagnée du sentiment du *moi* qui résulte de cette conscience. Suivant lui, la notion d'existence s'applique également à ce qui est le fondement des rapports que les sens aperçoivent, c'est-à-dire à ce que les cartésiens appellent la substance. Ce fondement, ou cette substance, n'est ni ne peut être connu immédiatement, et ne nous est indiqué que par les rapports différents qui le supposent, c'est-à-dire les diverses perceptions ; et il ne correspond à aucune idée ni des sens ni de l'imagination. On voit ici le point par lequel Turgot s'échappe des liens habituels du sensualisme. Il n'y a rien de semblable dans Locke ni dans Condillac. Il est vrai que c'est là au fond la théorie de Descartes ; mais à cette époque Descartes n'était guère en honneur parmi les métaphysiciens, et c'est évidemment à son insu que Turgot le renouvelle.

Dans sa réfutation de Berkeley il débute par montrer que les rapports de nos sensations, qui se contrôlent mutuellement, excitent en nous la croyance à la réalité des objets. Il y aurait contradiction, ajoute-t-il, à supposer que des observations portant toutes sur des objets chimériques, et partant chimériques elles-mêmes, pourraient mener à des conclusions toutes vérifiées par l'expérience : il fortifie ce raisonnement par des exemples tirés des sciences naturelles et établit clairement de cette manière qu'il y a au dehors des rapports d'effets et de causes qui supposent des réalités.

Il ne voit pas que son propre raisonnement suppose l'idée d'un dehors et la notion d'extériorité. Il aurait fallu démontrer d'abord, par une analyse exacte des éléments du fait de la perception, que dans le jugement qui accompagne ce fait est impliquée l'idée d'un dehors, puisque le *moi* ne s'affirme qu'en se distinguant de ce qui n'est pas lui.

Les autres opuscules métaphysiques de Turgot n'ont pas la même valeur. On y voit seulement que, sur tous les points de cette science qu'il a traités, ses écrits contiennent d'excellents germes auxquels il n'a manqué que du temps ou d'autres circonstances pour mûrir et porter leur fruit. Ses *Observations et pensées diverses* révèlent encore, malgré leur forme fragmentaire, la vigueur de son esprit. Dans ses *Réflexions sur les langues* il se montre tout à fait le disciple de Locke et attribue, comme toute l'école sensualiste, une importance exagérée à l'étude et à l'analyse du langage. Il croit que l'étude des langues, bien faite, serait la meilleure des logiques, et que cette espèce de métaphysique expérimentale serait en même temps l'histoire de l'esprit humain, et du progrès de ses pensées, toujours proportionnel au besoin qui les a fait naître. Cette opinion de Turgot et des sensualistes a sa raison dans leur système. Les mots sont les signes sensibles des idées; et dans un système où les sens produisent toutes les idées, les mots sont l'intermédiaire le plus commode pour trouver dans le côté sensible des idées la part qui revient primitivement aux sens dans leur formation. Par ces motifs Turgot s'occupa beaucoup et avec succès d'étymologies, quoiqu'il reconnût lui-même que la science des étymologies est purement conjecturale. Mais il était persuadé que de semblables travaux seraient très-utiles pour construire une théorie générale des langues et créer la grammaire générale. Ses *Remarques critiques sur les Réflexions philosophiques de M. de Maupertuis sur l'origine des langues et la signification des mots* sont écrites du même point de vue et manquent souvent de justesse. Ni lui, ni Maupertuis ne reconnaissaient assez fortement l'activité originelle du *moi* ou de l'intelligence dans tous les faits de cet ordre. Comme toute cette école, Turgot ne s'aperçoit pas que pour *parler* et *comprendre* un langage quelconque, l'esprit doit posséder, préalablement à toute communication, le rapport du signe à la chose signifiée, qui ne se résout dans aucun autre, et sans lequel les mots seraient de vains bruits et non des signes représentant les idées.

Tout ce qui précède nous montre que les écrits métaphysiques de Turgot n'ont sans doute pas contribué sérieusement aux progrès de la science et n'ont peut-être d'autre valeur scientifique, aux yeux de l'historien, que celle d'une protestation trop indécise et trop timide contre les tendances du sensualisme contemporain, dont la dernière moitié du dix-huitième siècle devait voir les saturnales. Ce sont des pages où ce qui se trouve de vrai, de neuf, d'original, est plus honorable pour l'homme qu'il n'a été utile à la science. Mais elles ont certainement, comme études, servi plus que toute autre chose à étendre, à élever les idées de Turgot, à fortifier en lui cet ardent amour de l'humanité qui fut le mobile de tant d'actes utiles, de tant de mesures bienfaisantes, et qui a fait de lui un grand ministre devant la reconnaissance de la postérité.

Turgot aimait la politique, il l'aimait comme un noble cœur doit aimer les grands intérêts des nations. Son intendance et son ministère sont le plus clair témoignage des principes qui le guidaient dans l'administration des finances et le gouvernement de l'industrie. Il avait également approfondi les questions de pure politique. Ses écrits les plus importants sur ce sujet furent deux mémoires au roi. Le premier a pour objet l'établissement d'institutions municipales. On sait dans quel état était l'administration de la France à l'avénement de Louis XVI. Les limites des différents pouvoirs, mal définies, amenaient de scandaleux conflits entre le ministère, la magistrature et le clergé; de sorte que le pouvoir du prince était obligé d'intervenir pour terminer ces misérables débats. Ce pouvoir, absolu en apparence, était en fait vacillant et faible, et descendait souvent à de honteuses transactions, comme tout despotisme qui n'est pas exercé par une main vigoureuse. Frappé de ce désordre universel et des maux sans nombre qui en étaient la conséquence, Turgot pensa que le seul remède serait une constitution qui définirait tous les pouvoirs, les rattacherait les uns aux autres par les liens naturels de la raison et de la justice, et qui puiserait sa force dans le concours légal et régulier du peuple au vôte de l'impôt, et à la répartition des travaux publics sur toute la surface du pays. Il faut lire ce *Mémoire sur les municipalités* si on veut toucher du doigt quelques-unes des misères de l'ancien régime. Celui qui en met ainsi à nu les faiblesses, ce n'est pas un rêveur ni un bel esprit chimérique, c'est un homme qui a manié le pouvoir. Comme on sent, à chaque page de cet écrit, la décadence profonde de la vieille monarchie! comme on aperçoit là le médecin découragé qui n'a d'autre ressource que de renouveler une organisation affaiblie et décrépite! « Sire, disait Turgot, cette nation est nombreuse; ce n'est pas le tout qu'elle » obéisse; il faut s'assurer de la pouvoir bien commander; et, pour le faire » sans erreur, il faudrait connaître sa situation, ses besoins, ses facultés, et » même dans un assez grand détail. C'est ce à quoi Votre Majesté ne peut » pas espérer de parvenir dans l'état actuel des choses, ce que vos minis- » tres ne peuvent pas se promettre ni vous promettre, ce que les intendants » ne peuvent guère plus, ce que les subdélégués que ceux-là nommeront ne » peuvent même que très-imparfaitement pour la partie étendue confiée à » leurs soins.... La cause du mal, Sire, vient de ce que votre nation n'a » point de constitution. C'est une société composée de différents ordres mal » unis, et d'un peuple dont les membres n'ont entre eux que très-peu de » liens sociaux; où, par conséquent, chacun n'est guère occupé que de son

» intérêt particulier exclusif, et presque personne ne s'embarrasse de remplir ses devoirs ni de connaître ses rapports avec les autres : de sorte que, » dans cette guerre perpétuelle de prétentions et d'entreprises que la raison » et les lumières réciproques n'ont jamais réglées, Votre Majesté est obligée » de tout décider par elle-même ou par ses mandataires. On attend vos ordres spéciaux pour contribuer au bien public, pour respecter les droits » d'autrui, quelquefois même pour user des siens propres. Vous êtes forcé » de statuer sur tout, et, le plus souvent, par des volontés particulières, » tandis que vous pourriez gouverner comme Dieu par des lois générales si » les parties intégrantes de votre empire avaient une organisation régulière » et des rapports connus. » Voilà certes un beau et noble langage. Il fallait tout le désir de bien faire dont était animé le jeune roi pour se laisser dire d'aussi franches vérités. C'est, selon nous, dans des exemples de ce genre bien mieux que dans des anecdotes souvent contestables, qu'on apprend à apprécier la vertu de ce prince infortuné. Turgot montrait ainsi comment le despotisme crée des individus isolés, des classes distinctes, et amène l'anarchie, la mort des intérêts généraux. Son désir aurait été, contrairement à cet état de choses, de faire concourir toutes les forces vives de la nation au mouvement de l'État. Il proposait en conséquence de confier les intérêts inférieurs des communes, des arrondissements, des villes, à des conseils électifs chargés spécialement de cette gestion. D'autres conseils, également électifs, auraient réglé les affaires des provinces ; et enfin un conseil général, représentant le royaume comme une grande municipalité, aurait réglé les intérêts communs à tous les citoyens. Les propriétaires du sol auraient été seuls en possession d'élire les membres des conseils des communes, ceux-ci les membres du conseil supérieur, et ainsi de suite jusqu'au conseil suprême. Les petits propriétaires auraient eu le droit de se réunir pour déléguer un votant chargé de les représenter ; et pareillement les riches propriétaires eussent eu plusieurs voix. C'est la théorie du double vote, théorie vraie économiquement, mais politiquement fausse. Les députés devaient être payés. Le traitement pour les membres des conseils provinciaux ne devant être accordé que pour un mois ou deux sessions, et fixé sur un pied modique, par exemple 12 francs par jour ou 15 louis pour la députation, Turgot pensait qu'il n'exciterait pas la cupidité. Les députés eussent eu des mandats dont ils auraient été obligés de rendre compte à leurs commettants. Quant aux députés formant l'assemblée générale à Paris, leur traitement devait être de 1,000 écus pour six semaines de séjour dans la capitale.

En accordant ainsi aux propriétaires du sol le droit exclusif de représenter le pays, Turgot voulait en revanche que tout le fardeau de l'impôt retombât sur eux. A cet effet, il demandait la confection d'un cadastre général de la France. D'ailleurs il ne proposait au roi d'opérer cette réforme que graduellement et en ménageant les transitions.

Ce peu de mots sur le plus grand projet politique qu'ait conçu Turgot peut suffire pour en donner une idée exacte. Il ne faut ni s'exagérer, ni diminuer la portée de ce projet. L'économiste y domine la pensée de l'homme d'État et l'inspire. Dans ce système, dont il avait esquissé les détails dans son mémoire, les vexations, les abus, les inégalités de la féodalité eussent été abolies; mais l'action des assemblées municipales de tout ordre devait être limitée à la discussion des intérêts locaux, et ne jamais se confondre avec le pouvoir législatif qui demeurait exclusivement réservé au roi. Turgot déclarait formellement que ces assemblées ne seraient point des États, mais des réunions de citoyens, et qu'elles auraient à délibérer sur la répartition des impôts, les travaux publics, les routes et canaux, et la police des pauvres. On eût créé ainsi des comités consultatifs et non des chambres comme dans la monarchie anglaise et dans la nôtre. La force des choses, il est vrai, eût amené ce dernier résultat à la longue, et peut-être sans secousse violente. L'adoption du projet de Turgot aurait donc été un grand bienfait pour le pays. De son temps son projet parut une chimère. L'expérience l'a bien vengé depuis du reproche d'utopie; et certes rien ne justifie mieux la sagesse de son coup d'œil politique et la justesse de ses prévisions que l'histoire de ce qui arriva lorsqu'il eut quitté le pouvoir.

Une chose qui, dans l'esprit de Turgot, était essentiellement liée à ce projet, et qui forme en quelque sorte le vestibule et la base du *Mémoire sur les municipalités*, c'était la question de l'éducation nationale. Il voulait (chose bien remarquable) la « formation d'un conseil de l'instruction nationale, sous la direction duquel seraient les académies, les universités, les » colléges, les petites écoles.... Ce conseil n'aurait pas besoin d'être très- » nombreux, car il est à désirer qu'il ne puisse avoir lui-même qu'un seul » esprit. Il ferait composer dans cet esprit les livres classiques d'après un » plan suivi, de manière que l'un conduisît à l'autre, et que l'étude des de- » voirs du citoyen, membre d'une famille et de l'État, fût le fondement de » toutes les autres études qui seraient rangées dans l'ordre de l'utilité dont » elles peuvent être à la patrie. » Pour cet objet, il demandait des livres faits exprès, choisis au concours et avec soin, et un maître d'école dans chaque paroisse. L'instruction plus savante devait être donnée dans les colléges, mais il ne voulait pas que l'éducation fût exclusivement littéraire : « Celle-ci, » disait-il, forme des savants, des gens d'esprit et de goût; ceux qui ne sau- » raient parvenir à ce terme restent abandonnés et ne sont rien. » Il regardait comme plus nécessaire au bien de l'État de former des hommes vertueux et utiles; et il regardait aussi, sous ce rapport, l'éducation laïque comme bien préférable. L'instruction religieuse avait à ses yeux le précieux avantage d'une assez grande uniformité; mais, particulièrement occupée des choses du ciel, elle lui semblait pour tout le reste très-insuffisante. « La » preuve qu'elle ne suffit pas, disait-il, pour la morale à observer entre les

» citoyens, et surtout entre les différentes associations de citoyens, est dans » la multitude de questions qui s'élèvent tous les jours, où Votre Majesté » voit une partie de ses sujets demander à vexer l'autre par des privilèges » exclusifs; de sorte que votre conseil est forcé de réprimer ces demandes, » de proscrire comme injustes les prétextes dont elles se colorent. » Turgot espérait par l'ensemble de ces mesures, jointes à une administration éclairée et active, renouveler rapidement le moral de la nation et y faire germer les principes d'humanité et l'amour du bien de l'État, l'attachement aux intérêts généraux des citoyens, qui constituent le véritable patriotisme. C'est ainsi que, dans cette vaste intelligence, tout se tenait étroitement lié. Que l'on rapproche les idées de Turgot sur l'instruction publique, de ce qui a été fait depuis parmi nous, et on verra que, sur presque tous les points, on n'a guère été au delà de la réalisation de ses projets.

Le second écrit politique de Turgot est un *Mémoire au roi sur la manière dont la France et l'Espagne doivent envisager les suites de la querelle entre la Grande-Bretagne et ses colonies.* On y trouve des vues très-sensées sur les suites d'une guerre maritime, sur la marine française et sur l'avenir immense réservé aux colonies anglaises émancipées. Les questions coloniales y sont traitées très-habilement; il demande presque l'indépendance des colonies, et veut en faire des « provinces alliées et non plus sujettes de la » métropole. » L'exemple des embarras de l'Angleterre à cette époque portait déjà ses fruits. Dégagé de toute espèce de préjugés de secte, d'école, d'administration, le jugement libre de Turgot aborde et résout tous ces problèmes avec une indépendance parfaite. Il ne prend conseil que des intérêts généraux et supérieurs de l'État; il se montre là tout à la fois politique élevé et homme d'affaires, et il dépouille l'esprit des vieilles chancelleries pour s'inspirer de l'esprit du dix-neuvième siècle aussi économiste que politique.

Nous signalerons encore sa *Lettre au docteur Price sur les Constitutions américaines* (1776). La date de ce petit écrit rappelle les questions qui agitaient alors le monde politique; et on voit par les assertions qu'elle contient le chemin qu'avait déjà fait en France l'esprit public. Loin de s'y montrer, comme on pourrait le croire d'après ses idées, admirateur aveugle de l'Angleterre, Turgot y traite avec sévérité l'orgueil de cette nation et l'esprit de parti qui y règne en toutes choses. C'est là qu'il déclare que l'individu a des droits; que la nation ne peut les lui ôter que par la violence, par un usage illégitime de la force générale; et qu'une nation qui prétend en gouverner une autre, ne peut le faire que par la tyrannie. Il y désapprouve aussi la plupart des constitutions américaines, et surtout le serment religieux que plusieurs exigent de leurs représentants, et l'exclusion des prêtres du droit d'éligibilité. Il est persuadé que les Américains s'agrandiront forcément, non par la guerre, mais par la culture; et partageant l'enthousiasme de ses contemporains sur l'avenir réservé à cette jeune nation qui donnait alors de si beaux exemples au monde, et méritait la sympathie de tous les amis éclairés de l'humanité, il termine sa lettre par ces belles et touchantes paroles : « Il est impossible de ne pas faire des vœux pour que » ce peuple parvienne à toute la prospérité dont il est susceptible. Il est » l'espérance du genre humain : il peut en devenir le modèle. Il doit prouver » au monde, par le fait, que les hommes peuvent être libres et tranquilles, » et peuvent se passer des chaînes de toute espèce que les tyrans et les » charlatans de toute robe ont prétendu leur imposer sous le prétexte du » bien public. Il doit donner l'exemple de la liberté politique, de la liberté » religieuse, de la liberté du commerce et de l'industrie. L'asile qu'il ouvre » à tous les opprimés de toutes les nations doit consoler la terre. »

Parmi les questions politiques, il en est une qui a dans tous les temps préoccupé les hommes d'État, c'est celle des rapports de l'État et de l'Église. Au moyen âge, et jusqu'à la révolution, les institutions civiles en France furent mêlées aux institutions ecclésiastiques, et aujourd'hui encore un pareil état de choses se maintient dans une grande partie de l'Europe. Ce fait, qui eut sa raison d'être à une époque où le clergé seul gardait les traditions de l'administration romaine, devint une anomalie flagrante à mesure que l'ordre pénétra dans les gouvernements civils. Au dernier siècle, cet état de choses, loin d'être utile, ne se signalait plus que par des actes odieux d'intolérance. Le clergé s'était habitué à confondre son pouvoir avec celui de l'État; il avait trop oublié que la vraie et la seule base de toute croyance religieuse est l'adhésion libre et spontanée de la conscience, et il craignait que la liberté civile ne nuisît à l'influence et à l'éclat de la religion.

Il était impossible qu'un si difficile problème n'attirât pas l'attention d'une intelligence aussi élevée, aussi impartiale que celle de Turgot. Déjà, pendant qu'il était conseiller au parlement, les discussions de l'archevêque de Paris et du parlement le conduisirent à rechercher les principes et les limites de la tolérance civile et de la tolérance religieuse. Le jeune Turgot, qui avait vécu au séminaire, et qui, comme maître des requêtes et comme conseiller pénétrait dans l'intérieur de la magistrature, avait acquis la conviction profonde, et souvent exprimée par lui, que la morale des corps les plus scrupuleux ne vaut jamais celle des particuliers honnêtes. Cette conviction avait fortifié en lui une aversion naturelle pour tout ce qui sentait l'esprit étroit et injuste de secte et de parti. Il publia donc (1754), sous le voile de l'anonyme, à cause de sa position, *le Conciliateur*, ou *Lettres d'un ecclésiastique à un magistrat, sur le droit des citoyens à jouir de la tolérance civile pour leurs opinions religieuses ; sur celui du clergé de repousser, par toute la puissance ecclésiastique, les erreurs qu'il désapprouve ; et sur les devoirs du prince à l'un et à l'autre égard.* Selon l'auteur de cet écrit, l'État n'a que le devoir de protéger des intérêts communs à tous; et d'un autre côté l'intérêt de chaque homme est isolé par rapport à son salut. Aucune religion n'a donc droit à une *protection spéciale* de l'État; il ne lui faut que la complète liberté d'existence, à la seule condition que ses dogmes et son culte ne soient pas contraires au bien de la société : la loi qui va plus loin viole la conscience individuelle. Chaque église doit s'occuper des croyances, le gouvernement ne juge que les actes : mais il a le droit de s'occuper des dogmes par rapport à leur influence sur le bien et la sûreté de l'État. Une religion est donc dominante de fait, non de droit; car une religion est fondée sur une conviction, et les hommes réunis en corps n'ont pas le droit d'en adopter une arbitrairement pour tout le monde. Déjà il avait esquissé la même doctrine dans ses *Lettres sur la tolérance*, qu'il avait adressées en 1753 à un ecclésiastique qui avait été son condisciple en Sorbonne. Il était si persuadé de la vérité de ces principes, qu'il avait même écrit alors un fragment d'une *Histoire du jansénisme et du molinisme* pour montrer que tout le mal, en pareil cas, vient de l'intervention du gouvernement dans les querelles religieuses. Ce fragment respire une gravité politique ferme et paisible. Turgot y développe cette thèse que les difficultés religieuses naissent lorsque l'attention publique se fixe sur la partie spéculative de la religion. Comme le peuple ne saurait s'échauffer pour des questions de pure métaphysique qu'il ne comprend pas, afin de l'émouvoir on lui fait apercevoir dans la question autre chose que la question même; on lui persuade qu'il s'agit de l'essence de la religion, et que les fondements de la foi sont ébranlés; et on arrive ainsi à le passionner et à le soulever. Turgot conclut de là que toute intervention de la puissance civile dans les querelles religieuses est un mal et une injustice.

Le temps et l'expérience que donne l'exercice du pouvoir ne firent que confirmer Turgot dans cette conviction : il la reproduisit tout entière, vingt ans plus tard, dans le *Mémoire sur la tolérance* qu'il adressa au roi lors de la cérémonie du sacre. Dans ce mémoire, écrit d'un style plus large et plus ferme que les morceaux que nous venons de citer, et qui étaient l'ouvrage de sa jeunesse, il traite à fond et dans toute son étendue la question de la tolérance. A ses yeux, le principe de la tolérance a pour fondements la confiance qu'on doit avoir dans l'empire de la vérité sur tous les esprits et la certitude qu'il y a une religion vraie. « Le trouble dans la famille, avait-il » dit dans sa deuxième lettre, ne viendra pas de ce que l'enfant pensera » autrement que le père, mais de ce que le père voudra forcer son fils à » penser comme lui. » Il distingue très-bien la tolérance civile, qui est purement politique, de la tolérance religieuse. Il y aurait de l'impiété à confondre ensemble toutes les religions, une pareille tolérance ne serait rien moins qu'une indifférence religieuse absolue; mais aussi il n'y a que les gouvernements athées qui puissent se croire le droit d'être intolérants à l'égard des diverses croyances, et qui veuillent forcer le sanctuaire de la conscience humaine. Turgot voulait bien que l'État protégeât une religion, mais comme utile et non comme vraie, et tout au plus comme un moyen d'indiquer une règle avec une certaine autorité à l'indifférence et à l'ignorance de la foule. Cette action du gouvernement devait être purement morale et exempte de toute espèce de moyens coercitifs. Telle était l'opinion de Turgot. Une idée absolument fausse, en effet, quoique bien vieille et bien enracinée dans beaucoup d'esprits, est celle qui assimile le pouvoir civil et politique à la puissance paternelle. S'il y a une époque où les peuples sont enfants, il y en a une aussi où ils arrivent à la virilité, à l'âge mûr. Les lois faites pour les premiers sont nécessairement mauvaises pour les seconds. C'est de ce principe qu'il faut partir pour juger impartialement les vieilles lois qui proscrivent la tolérance. Autrefois on s'imaginait que les gouvernements et les rois avaient charge d'âmes, et partant qu'ils devaient imposer une croyance aux peuples. Le principe moderne de la responsabilité absolue de l'individu a remplacé peu à peu la vieille idée politique. Ce principe, qui implique la liberté de la croyance et de l'action, donne des droits aux individus, et limite aujourd'hui dans la conscience publique l'autorité politique en matière religieuse par l'établissement et la réalisation de la tolérance civile.

Un ami de la tolérance politique devait être celui de l'égalité civile : les deux principes se liaient en effet intimement dans l'esprit de Turgot. Autant son jugement exact et positif regardait comme un fait inévitable dans la société l'inégalité des conditions, autant il voulait que les lois accordassent à chacun une protection égale pour le libre développement de ses facultés. Dans son point de vue, l'inégalité des conditions était d'accord avec la diversité et l'inégalité d'aptitudes chez les individus; aussi était-il l'ennemi déclaré de tout ce qui est privilége, monopole, en un mot de tout obstacle humain à la liberté du travail dans toutes les classes de la société. De là son ardeur pour les réformes commerciales et économiques qu'il exécuta, et pour les réformes civiles qu'il entrevit, et que, faute de temps, il ne put en grande partie qu'indiquer et essayer incomplétement. C'était l'époque de la diffusion en France des idées de bienfaisance et de philanthropie; et ce n'est pas seulement comme économiste qu'il voulut l'abolition des corvées, des jurandes et des maîtrises, ce fut aussi comme philosophe essentiellement ami de tout ce qui intéresse la dignité humaine.

C'est ainsi que tout ce qu'a dit, tout ce qu'a fait Turgot, comme penseur, comme écrivain, comme homme d'État, a sa source et son explication dans ses idées philosophiques. Ce dévouement si noble et si beau au bien de ses semblables s'augmentait encore chez ce grand homme d'une foi profonde à la perfectibilité indéfinie de la race humaine. Ce n'était pas chez lui une opinion plus ou moins vive, une vue de l'esprit plus ou moins arrêtée, comme chez plusieurs écrivains du dernier siècle; non, c'était pour lui un dogme véritable, dans lequel il avait une foi absolue, qu'il exprima en maintes circonstances dans ses conversations avec ses amis, et qui, de bonne heure, fut comme la boussole qui servit à le diriger dans toutes les phases de son existence. On se rappelle qu'élu prieur de Sorbonne, il prononça, le 3 juillet 1750, un discours sur *les avantages que la religion chrétienne a procurés au genre humain*. A la fin de l'année, en sortant de charge, le 11 décembre 1750, il prononça un autre discours sur *les progrès de l'esprit humain*. Dans le premier, il débute par attaquer l'opinion de ceux qui pensent que le christianisme n'est utile que pour ce qui touche aux intérêts de l'autre vie, et il a parfaitement raison; car, par cela même que la destinée de l'homme est toute morale, et que la vie actuelle en est la préparation nécessaire, l'influence toute morale de la religion chrétienne est véritablement utile dans la plus haute et la plus grande acception du mot. Et quoique l'*Esprit des lois*[1], qui est de 1748, contienne déjà la même pensée, tout ce discours montre bien que chez Turgot elle n'était pas un plagiat, et qu'il y avait été conduit par ses réflexions personnelles. Il part de là pour montrer la faiblesse morale de l'antiquité résultant de l'incertitude des systèmes philosophiques et de la grossièreté des classes populaires, et de la fausse liberté des anciennes républiques. La religion chrétienne seule a rappelé dans le monde politique les idées de droit et de justice, lesquelles sont le vrai fondement de toute société civile, et a définitivement aboli toutes les barbaries dont le droit public des anciens était souillé. « En mettant l'homme » sous les yeux d'un Dieu qui voit tout, disait-il, elle a donné aux passions » le seul frein qui pût les contenir. Elle a donné des mœurs, c'est-à-dire » des lois intérieures plus fortes que tous les liens extérieurs des lois civiles. » Les lois captivent, elles commandent. Les mœurs font mieux; elles per- » suadent, elles engagent, et rendent le commandement inutile... Il semble » que les lois annoncent aux passions l'obstacle qu'elles peuvent renverser. .. » Les mœurs n'opposent point une autorité visible contre laquelle il puisse » se faire une réunion. Leur trône est dans tous les esprits. Se révolter » contre elles, c'est se révolter à la fois contre tous les hommes et contre » soi-même. Aussi les mœurs ne sont et ne peuvent être violées que par » quelques particuliers et dans quelques parties. En un mot, elles sont le » frein le plus puissant pour les hommes, et presque le seul pour les rois. » Or, la seule religion chrétienne a eu sur toutes les autres cet avantage, » par les mœurs qu'elle a introduites, d'avoir partout affaibli le despotisme... » Les limites de cette religion semblent être celles de la douceur du gou- » vernement et de la félicité publique. »

De ce tableau des bienfaits que l'avénement de la religion chrétienne a apportés au monde à l'idée du progrès de l'humanité et de la perfectibilité de l'esprit humain, il n'y avait qu'un pas. Aussi le second discours eut-il pour titre : *Des progrès successifs de l'esprit humain.*

[1] Liv. XXIV, chap. III.

Dans ce discours, Turgot examine d'abord pourquoi la marche de l'esprit humain, si sûre dès les premiers pas qu'il fait dans l'étude des mathématiques, paraît dans tout le reste si chancelante, si sujette à s'égarer. Il montre ensuite comment dans la vie tout est le prix de l'*effort*, parce que l'effort, le travail, est la destinée de l'homme en cette vie et la source de sa véritable grandeur. Il termine par une revue brillante et rapide des principales époques de l'histoire, et présente le tableau de la sécularisation des sciences dans l'Europe moderne et de la multiplication des académies et des sociétés savantes depuis Newton et Leibniz. On trouve çà et là dans ce discours, particulièrement à l'endroit où l'auteur parle du peuple romain, quelques réminiscences de Bossuet et de Montesquieu : mais ce qui en fait le mérite et l'originalité, c'est que Turgot ne songe pas à la religion seule comme Bossuet, ni à la politique comme Montesquieu, mais à l'esprit humain lui-même, la source et l'instrument de tout mouvement, de tout progrès. On sent à chaque page de ce discours qu'aux yeux de Turgot le monde et la vie actuelle sont un domaine que Dieu a livré à l'homme pour le cultiver et y développer sa puissance, à l'aide de sa liberté et de sa raison, et sous l'œil de la Providence. Les révolutions des empires, les nombreuses ruines que raconte l'histoire et qui semblent jeter des abîmes entre les différents âges de l'humanité, rien ne trouble le jugement du jeune philosophe. Tout cela au contraire lui sert de démonstration, et il s'écrie : « Ainsi que les tempêtes qui ont » agité les flots de la mer, les maux inséparables des révolutions disparais- » sent : le bien reste et l'humanité se perfectionne. »

Voilà bien la formule claire et précise, enfermée dans la magnifique enveloppe d'une grande image, du dogme de la perfectibilité indéfinie de l'humanité. Turgot est peut-être le premier en date de ceux qui en ont fait une véritable croyance philosophique. Déjà Bacon, il est vrai, sans prononcer le mot, avait indiqué mais non décrit la chose ; mais ce ne fut que bien tard, lors de la publication de l'Encyclopédie, en 1751, que les ouvrages du chancelier anglais furent lus et recherchés en France. Turgot ne pouvait avoir emprunté le dogme de la perfectibilité humaine ni à Vico, qu'il ne connaissait certainement pas, ni à Lessing qui n'avait rien publié encore, ni enfin à Herder dont le grand ouvrage est très-postérieur à 1750. Cette croyance s'enracina profondément dans son esprit, et loin de se laisser décourager, comme les caractères faibles, par les difficultés qu'il rencontrait ou qu'il prévoyait, il se plaisait au contraire dans ses entretiens avec ses amis à reporter sa pensée sur les espérance que cette idée suggère. Sans doute il mêla à cette noble croyance quelques illusions. Il pensait, par exemple, qu'un jour toutes les anciennes erreurs s'anéantiraient, et que toutes les vérités utiles finiraient par être généralement connues et adoptées par tous les hommes. Ce progrès, selon lui, n'avait pas de terme assignable. Mais qu'importent quelques illusions de détail? l'idée mère, l'idée féconde, seule vraie, était là déposée et ne devait plus périr : et ne suffit-elle pas à sa gloire?

Condorcet dit que Turgot avait formé le projet d'un grand ouvrage où il aurait exposé ses idées sur l'âme humaine, sur Dieu, le monde, les sociétés, les droits des hommes, les constitutions politiques, la législation, l'administration et l'éducation. C'est sans doute un malheur que la brièveté de sa carrière n'ait pas permis à Turgot d'achever un pareil ouvrage ; il avait touché à toutes les matières indiquées par Condorcet, et à toutes avec succès. Mais ce que nous savons de sa vie et de ses idées est suffisant pour nous faire pressentir, sous la variété de ses travaux et de ses écrits, quelque chose comme un système fortement agencé qui se révèle par ses effets, et qui, plus fécond que bien des systèmes éclos dans le cabinet, donna une même direction et un glorieux essor à toutes les manifestations de cette splendide intelligence. Peu d'hommes ont su mettre une si complète unité dans tous les actes de leur existence ; il y en a moins encore qui aient été mus d'une manière aussi constante par le seul amour du bien public et de l'humanité. C'est que l'âme de Turgot était digne de son génie, et, le seul peut-être dans un siècle si riche en grands écrivains et en philosophes célèbres, il a mérité le rare surnom de sage et de ministre vertueux.

Fr. Riaux,

Professeur à la Faculté des lettres de Rennes.

Dessiné par [illegible]   Gravé par [illegible]

LEKAIN.

LEKAIN

NÉ EN 1728, MORT EN 1778.

« Il n'est plus... rien n'en reste! » disait, en parlant de Lekain, l'homme qui, sur la même scène, avait obtenu après lui les plus beaux triomphes, le célèbre Molé. Cette douloureuse parole, si amère dans la bouche de celui qui la prononçait, est d'une vérité désespérante. La carrière de l'acteur a cela de malheureux, que l'homme de génie qui s'y est élevé le plus haut emporte avec lui tout ce qu'il a créé dans son art; rien ne lui survit. Et cet art cependant est le plus difficile de tous; c'est le seul où, pour tout dire en un mot qui semble d'abord une absurde contradiction, c'est le seul où l'inspiration soit de commande. Là, en effet, tout doit vous arriver à point nommé, rires et larmes, exaltation et désespoir, amour et haine, sans qu'on vous tienne compte du temps, du lieu et des prédispositions morales ou physiques. Quelles études, quelle intelligence ne faut-il pas pour arriver à être un bon comédien! Quel rare génie, pour être un acteur accompli! Aussi la nature en est-elle avare; aussi n'en paraît-il sur la scène qu'à de bien longs intervalles. Le dix-huitième siècle a eu le sien. Il le dut en partie à l'homme qui est devenu la personnification de cette époque, à Voltaire, et certes, pour nous servir d'une expression de ce dernier, si c'est lui qui a fait Lekain, ce n'est pas un de ses moindres ouvrages.

A la paix de 1748, il s'était formé dans Paris quelques réunions bourgeoises pour jouer la comédie. C'était une innovation : elle réussit. Une première société s'établit à l'hôtel de Soyecourt, au faubourg Saint-Honoré; une seconde à l'hôtel de Clermont-Tonnerre, au Marais; et une troisième à l'hôtel de Jabach, rue Saint-Méry.

Lekain, né à Paris le 14 avril 1728, avait vingt ans alors, et, à part un rôle de souffleur rempli avec succès au collége Mazarin, où il avait fait ses études, à part quelques tirades récitées avec enthousiasme devant les ouvriers de son père, et écoutées par eux avec tout le plaisir que donne une distraction qui fait perdre du temps, rien n'annonçait en lui un acteur.

C'était du reste un très-habile horloger, promettant dans cet état un digne successeur à son père. Toutefois, le désir de paraître en public, si naturel à son âge, lui fit solliciter son admission dans la troupe de la rue Saint-Méry; il l'obtint, et fut bientôt un artiste amateur de quelque célébrité. Divers incidents lui vinrent en aide. Des réparations qu'il fallut faire à la salle Jabach forcèrent la société dont Lekain faisait partie à demander asile à celle de l'hôtel Clermont-Tonnerre, qui l'accueillit assez obligeamment. Un traité fut conclu; on s'engageait à alterner les représentations et à partager les frais. Cette rivalité fit naître l'émulation, et l'émulation le talent. Le public commença à s'occuper des jeunes artistes; on prit parti pour ou contre; acteurs et actrices eurent leurs flatteurs et leurs critiques également partiaux et exagérés. Sauf ces légères et inévitables querelles, tout allait à merveille, quand on reçut l'ordre de fermer le théâtre... Qui le croirait? cette mesure avait été provoquée par la jalousie. Les succès des comédiens de l'hôtel Clermont-Tonnerre troublaient le sommeil de MM. les comédiens ordinaires du roi!

Quelque temps après, cependant, le crédit d'un prêtre janséniste, l'abbé Chauvelin, fut assez puissant pour faire révoquer l'ordre.

On donna, pour la réouverture de la salle, une pièce en cinq actes, *le Mauvais riche*, d'Arnaud-Baculard. La pièce, fort médiocre, jouée devant l'élite de la société parisienne, eut un assez mince succès. Voltaire assistait à cette représentation. Tout en disant à l'auteur, comme il en avait l'habitude, beaucoup de bien de sa comédie, Voltaire demanda quel était le jeune homme qui avait joué le rôle de l'amoureux; on le lui dit, et il témoigna à d'Arnaud le désir de se le faire présenter.

Le surlendemain, Lekain se rendit à cette flatteuse invitation. Il nous apprend dans ses Mémoires qu'il fut pénétré de respect, d'enthousiasme, d'admiration et de crainte, à la vue de cet homme, dont les yeux étincelaient d'esprit et d'imagination. Voltaire lui tendit les bras, et lui dit « qu'il remerciait Dieu d'avoir créé un être qui l'avait ému et attendri en proférant d'assez mauvais vers. » Il l'interrogea ensuite sur sa famille et ses projets d'avenir. Lekain lui répondit qu'il était décidé à abandonner l'état de son père, et que toute son ambition se bornait à être admis dans la troupe des comédiens du roi.

— « Ah! mon ami, s'écria Voltaire, ne prenez jamais ce parti-là. Croyez-» moi, jouez la comédie pour votre plaisir, mais n'en faites jamais votre état. » C'est le plus beau, le plus rare et le plus difficile des talents; mais il est » avili par des barbares et proscrit par des hypocrites.... Si vous voulez » renoncer à votre projet, je vous prêterai dix mille francs pour commencer » votre établissement, vous me les rendrez quand vous pourrez.... » —

« Étourdi, confus et pénétré jusqu'aux larmes des bontés et des offres généreuses de ce grand homme, que l'on disait avare, dur et sans pitié, je voulus, ajoute Lekain, m'épancher en remercîments. Je commençai quatre phrases sans en pouvoir terminer une seule; enfin, je pris le parti de lui faire ma révérence en balbutiant, et j'allais me retirer, lorsqu'il me rappela pour me prier de lui réciter quelques lambeaux des rôles que j'avais déjà joués.

» Sans trop examiner la question, je lui proposai assez maladroitement de lui déclamer le grand couplet de Gustave au second acte. — « Point, » point de Piron, » me dit-il avec une voix tonnante et terrible; « je n'aime » pas les mauvais vers; dites-moi tout ce que vous savez de Racine. »

» Je me souvins heureusement qu'étant au collége Mazarin, j'avais appris toute la tragédie d'*Athalie*, après avoir entendu répéter nombre de fois cette pièce aux écoliers qui devaient la jouer.

» Je commençai donc la première scène en jouant alternativement le rôle d'Abner et celui de Joad; mais je n'avais pas encore tout à fait rempli ma tâche, que M. de Voltaire s'écria avec un enthousiasme divin : « Ah! mon » Dieu, les beaux vers! et ce qu'il y a de bien étonnant, c'est que toute » la pièce est écrite avec la même chaleur, la même pureté, depuis la » première scène jusqu'à la dernière; c'est de la poésie inimitable... » Adieu, mon enfant, ajouta-t-il en m'embrassant; c'est moi qui vous » prédis que vous aurez la voix déchirante, que vous ferez un jour tous » les plaisirs de Paris; mais, pour Dieu, ne montez jamais sur un théâtre » public[1]. »

A une seconde entrevue, Voltaire, trouvant Lekain inébranlable dans sa résolution de devenir acteur, s'occupa de lui en faciliter les moyens. On eût dit, à le voir se mettre si activement à la disposition du jeune artiste, qu'il avait le pressentiment qu'un jour son élève serait en mesure de s'acquitter largement; qu'il lui rendrait en gloire ce qu'il recevait en argent, et que d'éclatants succès payeraient de généreuses leçons. Voltaire fit construire un petit théâtre pour Lekain et ceux de sa société qu'il voulut choisir; il l'y fit jouer, y joua même avec lui devant un parterre de choix, où les places étaient briguées par les plus illustres personnages de l'époque. Sous une aussi heureuse influence, le talent du jeune artiste se développa rapidement; et, après six mois de séjour chez le grand homme qui semblait l'avoir adopté, Lekain débuta enfin, sous son puissant patronage, à la Comédie-Française, le 14 septembre 1750.

Ce début fut un triomphe : mais l'atmosphère était changée; sur cette nouvelle scène, le succès éveillait la jalousie; après les applaudissements de la foule venaient les odieuses querelles des rivaux éclipsés : pendant dix-sept mois, chacune de ses représentations fut pour Lekain une lutte pénible, où il eut pour lui le public et contre lui les acteurs. A la fin, le roi se trouva

[1] *Mémoires de Lekain.*

parmi le public admirateur[1], et cette fois le public eut raison. On raconte à ce sujet qu'un acteur, lassé des injustes récriminations et des obstacles toujours renaissants opposés par ses camarades à la réception du débutant, leur dit un jour : « Si vous ne voulez pas, messieurs, le recevoir comme votre égal, recevez-le comme votre maître. » L'admission fut enfin décidée.

Inscrit sur le tableau de MM. les comédiens du roi au mois de février 1752 et reçu sociétaire avec *la moitié d'un quart et demi de part*, sans ressources contre la misère, sans appui contre une puissante cabale (car Voltaire était alors en Prusse), Lekain implora en vain les secours de tous les protecteurs officiels du théâtre, on les lui refusa; et, pendant trois ans de nouveaux et pénibles combats intérieurs, il dut faire taire ses justes ressentiments, refouler au fond de son cœur ses chagrins domestiques, ses inquiétudes d'avenir, ses angoisses de chaque jour, — lui si impressionnable et si sensible, — pour venir sur la scène intéresser avec d'autres malheurs, attendrir avec d'autres souffrances, comme si son âme n'eût pas eu assez de cette poignante réalité. Les paroles de Voltaire lui revinrent souvent à l'esprit, et certes, une volonté moins ferme et une vocation moins réelle eussent reculé devant tant de déboires; mais il se sentait invinciblement entraîné : il lui fallait, eussent-ils dû lui coûter la vie, les applaudissements, les cris, l'enthousiasme enivrant de la foule.

En 1755, un voyage qu'il fit, sans permission, à Bareuth, lui permit de mettre quelque ordre à ses affaires. Mais, au retour, vingt et un jours de prison lui apprirent ce que coûtait une velléité d'indépendance. Deux autres emprisonnements, à quelques années de distance, le ravirent encore au public et à ses travaux. Il y eut plus : on accueillit contre lui, dont tous les sentiments furent toujours nobles et élevés, et la probité délicate jusqu'à l'excès, une infâme calomnie, une honteuse accusation de vol. Il s'agissait d'une somme de soixante mille francs. L'accusateur était un comédien protégé par le duc de Richelieu; et quand toute la honte de cette odieuse imputation retomba sur son auteur, le duc s'opposa à son expulsion. Il fallut plus tard une autre cause pour le faire ignominieusement chasser.

L'injustice évidente de ces cruelles vexations n'arrêtait point les intrigues de tout genre ourdies contre Lekain au dedans et au dehors. Les réformes provoquées par lui au théâtre en avaient augmenté le nombre. Avant lui, la déclamation était emphatique et boursouflée; « c'était, à proprement dire, l'art de parler autrement qu'on ne parle. » Lekain fit disparaître toute enflure dans sa diction[2]; au langage prétentieux il substitua un langage simple et naturel : aussi souleva-t-il contre lui toute cette cabale qu'on retrouve à

[1] C'était à Versailles; Lekain jouait le rôle d'Orosmane : il arracha des larmes à Louis XV, qui dit en sortant de la salle : « C'est singulier, cet homme m'a fait pleurer, moi qui ne pleure jamais.... »

[2] Grétry, dans ses *Essais sur la musique*, a noté quelques passages des rôles de Lekain.

toutes les époques, se cramponnant au passé pour y trouver une excuse à sa routine, et ayant toujours un homme médiocre qui se retire à opposer à l'homme supérieur qui se présente. Lekain entreprit encore une révolution dans le costume, mais il ne put l'accomplir entièrement; c'était heurter par trop toutes les traditions reçues, et il dut subir, quoiqu'il en eût, la perruque poudrée et les manteaux de satin. Il fut plus heureux dans une autre tentative, la suppression des banquettes de la scène, sur lesquelles venaient parader les gens de cour pendant les représentations : mais il ameuta contre lui une partie de ces messieurs.

Dans toutes ces querelles, il avait pour lui le bon droit et la raison : en voici une où il eut le tort d'avoir trop d'esprit et de goût. On devait jouer à Versailles le *Venceslas* de Rotrou, *arrangé* par Marmontel. Lekain fut chargé du rôle de Ladislas. Il trouva ce rôle plat, froid et languissant dans Marmontel, mais plein de vigueur et d'énergie dans l'original. L'acteur et le poète de la cour étaient assez mal ensemble; le premier crut qu'une vengeance qui tournerait tout au profit de l'art lui était bien permise. Il imagina donc de répéter le rôle *modernisé* devant son auteur, se réservant de jouer l'autre en temps et lieu. Le jour de la représentation arriva. Les vers de Rotrou, dits avec toute la chaleur, la verve et l'entraînement que Lekain pouvait y mettre, et dont il tenait à faire preuve ce jour-là surtout, furent reçus avec enthousiasme. La cour était de bonne foi; elle croyait applaudir Marmontel, et le dédommager de ce que les autres rôles avaient de faible. On félicita beaucoup celui-ci, mais il ne pardonna jamais à Lekain les compliments qu'il lui avait valus, et s'en vengea plus tard.

Dans le monde, Lekain n'était pas seulement un homme d'esprit, c'était encore un homme du plus honorable caractère, plein de franchise et de dignité. On sait sa belle réponse à un officier de Saint-Louis qui se plaignait devant lui de l'état de misère où le gouvernement laissait languir ceux qui l'avaient servi sur les champs de bataille, quand on voyait des comédiens obtenir d'énormes retraites, après avoir été payés fort cher pendant toute la durée de leur engagement. « Eh! comptez-vous pour rien, » dit Lekain, qui l'avait écouté avec le plus grand calme, « le droit que vous croyez avoir » de me dire tout cela? »

De nobles encouragements vinrent cependant le dédommager des injustices dont il était victime. Son digne émule, le roi d'une autre scène, Garrick, lui écrivait pour lui demander son amitié et lui offrir la sienne. Le grand Frédéric voulut le voir à Berlin, et les lettres qu'il lui adressa prouvent l'estime la plus sincère, et la plus grande admiration pour son caractère et son talent.

Lekain était digne de l'une et de l'autre. Mais, pour arriver à ce haut degré, que de travaux et de veilles il lui avait fallu! Quelle profonde étude il avait faite du cœur humain! Il avait reçu de la nature la plus exquise sensibilité et la plus rare intelligence. Tous ses instants avaient été employés à développer ces précieuses facultés. Moins heureusement doué au physique, il était parvenu cependant à cacher, sous le prestige scénique, les défauts d'une taille lourde, d'un visage commun et d'un organe un peu sourd, et le charme était si réel, l'illusion si parfaite, qu'on entendit souvent les dames qui le voyaient jouer s'écrier avec enthousiasme : « Comme il est noble! comme il est beau!... » Chaque rôle nouveau était pour lui un nouveau triomphe. On attendait, avec une inquiète curiosité, la création du lendemain. Celle de la veille avait été si heureuse, si étonnante, qu'il était permis de douter que son talent pût arriver à la même hauteur; mais le doute n'était jamais justifié, et l'espérance la plus audacieuse se trouvait presque toujours dépassée. Nous ne pouvons résister au désir de citer, à l'appui de cette assertion, le témoignage de deux de ses contemporains, capables de le juger et de l'apprécier. « Que dirai-je de Lekain? écrivait le baron de Grimm en 1771. Il a porté son talent à un degré de sublimité dont il est impossible de se former une idée quand on ne l'a pas vu. Hors du théâtre, sa figure est laide, ignoble, et il devient au théâtre beau, noble, touchant, pathétique; il dispose de votre âme à son gré. Dans le rôle de Tancrède, il ne dit pas un mot qui ne vous ravisse d'admiration ou ne vous arrache des larmes. Il faut compter cet acteur parmi ces phénomènes rares que la nature se plaît à former de temps en temps, mais qu'elle n'est jamais sûre de produire deux fois... Je ne crains pas de dire que ce que nous avons vu dans la salle de la Comédie-Française, le 16 mars dernier, est non-seulement un spectacle unique en Europe, mais que c'est une merveille de notre siècle, qu'aucun autre siècle ne pourra se flatter de voir renaître. Je n'aurai point à me reprocher de n'en pas avoir joui délicieusement. J'ai senti l'empire de l'art lorsqu'il a atteint sa perfection; et mon âme en a été tellement ébranlée, qu'il m'a fallu plusieurs jours pour la calmer et la remettre dans son assiette..... Il faut regarder Lekain comme arrivé au plus haut degré de perfection depuis sa rentrée. »

Cette rentrée de Lekain avait eu lieu après une longue et dangereuse maladie qui l'avait éloigné de la scène pendant assez long-temps, et qui avait effrayé tous les admirateurs de son talent. Le public se préparait à l'indulgence. Quel fut l'étonnement général, quand on s'aperçut que la souffrance avait retrempé le génie de l'acteur, et qu'il lui devait la plus heureuse et la plus inconcevable transformation. Toutefois, cette maladie eût dû être un avertissement. La vie s'use vite au théâtre, celle des grands artistes surtout, et Lekain était trop prodigue de la sienne.

« La fatigue de ses rôles, nous dit La Harpe, était en proportion de la sensibilité qu'il y mettait. Son expression n'était pas seulement l'action de ses organes, c'était le tourment d'une âme bouleversée, qui retenait encore au dedans plus qu'elle ne produisait au dehors; ses cris et ses larmes étaient des souffrances; le feu sombre et terrible de ses regards, le grand caractère imprimé sur son front, la contraction de tous ses muscles, le tremblement de ses lèvres, le renversement de tous ses traits, tout manifestait un cœur trop plein qui avait besoin de se répandre, et qui se répandait sans se soulager; on entendait le bruit intérieur de l'orage, et quand il quittait le théâtre, on le voyait encore, comme l'ancienne Pythie, accablé du dieu qu'il portait dans son sein. Il lui fallait quelque temps pour revenir à lui, pour éloigner les fantômes et sortir de la tragédie. »

Lekain était lui-même son juge le plus sûr et souvent le plus sévère. Il ne lui suffisait pas d'avoir arraché des larmes ou enlevé des bravos, il lui fallait encore un suffrage plus difficile à obtenir, le sien. Ainsi, il joua pendant long-temps le rôle d'Oreste dans *Andromaque*, aux applaudissements de tous les spectateurs, mais toujours mécontent lui-même. Hors de la scène, poursuivi encore par les cris du parterre enthousiaste, il disait chaque fois : « Non, non, ce n'est pas cela. » Mais un jour, Oreste exhala ses fureurs sans qu'il s'élevât le moindre murmure d'approbation, et, ce jour-là, Lekain sortit en s'écriant : « Enfin, enfin j'ai trouvé ce que je cherchais... — Mais la salle est muette, lui répondit-on, vous n'avez pas été applaudi... — Ils n'y ont pas songé, » reprit l'acteur triomphant.

La tradition nous a conservé le souvenir des transports qu'il excitait, quand sa voix brisée et déchirante disait ce vers de Vendôme dans *Adélaïde Du Guesclin* :

Vous avez mis la mort dans ce cœur outragé;

de la terreur dont il glaçait tous les spectateurs à ce seul mot d'Œdipe :

Vous frémissez, madame;

Et dans Manlius, au fameux

Qu'en dis-tu?

On sait combien il était terrible, sauvage et passionné dans Gengis-Kan, impétueux et bouillant dans Achille; quel ton fastueux et prophétique il donnait à Mahomet; quelle ardeur de crimes, quel emportement de désirs avait Néron, quand il jouait ce rôle qu'il révéla au public. Orosmane encore fut une de ses plus merveilleuses créations : ce rôle si admirable de pathétique et d'intérêt passait inaperçu comme celui de Néron; Lekain le joua, et dès lors les autres personnages de la tragédie parurent sacrifiés. C'était aussi quelque chose d'inouï jusqu'alors. « Il faut, dit un des auteurs que nous avons cités plus haut, il faut, pour le concevoir, avoir vu cette terreur profonde, ce silence de consternation, interrompu de temps en temps par des accents douloureux qui répondaient à ceux de l'acteur, par des sanglots qui attestaient le froissement de tous les cœurs, par les larmes dont il avait besoin pour se soulager. Quel spectacle ! On eût cru, aux pleurs qui coulaient de tous côtés, aux signes multipliés de la désolation universelle, on eût cru voir un peuple qui venait d'éprouver quelque grande calamité : mais aussi, quel tableau ! que tous les traits en sont d'une vérité sublime ! »

A ces appréciations, il faut en ajouter une qui honore également Lekain et son auteur ; c'est celle d'un homme qui a porté le même art au même degré de sublimité, qui, comme Lekain, a été novateur et régénérateur au théâtre, et auquel on a cherché à le comparer souvent, bien que de tels parallèles soient presque toujours impossibles.

« Son jeu, a écrit Talma, son jeu plein, profond, pathétique, terrible, purifié de tous les effets bruyants et qui ne laissent point de souvenirs, poursuivait, jusque dans leur sommeil même, ceux qui venaient de l'entendre.

» Ce fut à la dernière époque de sa vie, qu'ayant acquis plus de connaissance des passions des hommes, ayant peut-être assisté lui-même à de grandes douleurs, il sut les peindre mieux ; et si, souvent, pour exprimer les peines de l'âme, sa voix mélancolique et douloureuse s'échappait à travers les sanglots et les larmes, souvent aussi, dans le dernier degré de la souffrance morale, sa voix altérée, couverte d'un voile, n'avait plus que des sons étouffés, pénibles, sinistres et mal articulés ; ses yeux, comme stupides, n'avaient plus de larmes ; elles semblaient toutes retomber sur son cœur. »

Cependant tant de gloire, achetée déjà, comme on l'a vu, par les privations, les injustices et les outrages qu'il avait à souffrir, lui coûtait encore de pénibles travaux, et sa santé s'altérait de plus en plus ; mais il s'en apercevait à peine. Si l'idée de prendre quelque repos se présentait à son esprit, un autre et plus pressant besoin lui succédait bien vite. Il fallait à son âme ardente les vives et profondes émotions de la scène ; il fallait à son organisation une continuelle et fébrile surexcitation dont la mort devait être le terme. Hélas ! le terme ne fut pas long. Un soir, Lekain joua le rôle de Vendôme, et ce soir-là, sa voix trouva des accents déchirants, des vibrations inconnues, qui bouleversèrent toutes les âmes. Jamais son geste n'avait été aussi pathétique, son jeu aussi sublime. Ce fut une immense ovation, le plus beau, le plus éclatant de ses succès. Il sortit, le délire à la tête, de cette chaude et enivrante atmosphère, par une froide nuit de février, et quelques jours après, au moment même où Voltaire, après trente ans d'absence [1],

[1] Voltaire ne vit jamais Lekain sur la scène de la Comédie-Française ; mais, de sa retraite de Ferney, il continua à veiller sur son ancien élève, qu'il appelle dans ses lettres son cher *Roscius*. Leur correspondance nous a été conservée dans les Mémoires de Lekain.

rentrait dans Paris aux acclamations de tout un peuple, un humble cortége accompagnait tristement les restes du grand comédien qui avait acheté de ses veilles et payé de sa vie le triomphe du poète.

Lekain avait cessé de vivre le 8 février 1778.

THÉODORE DESCHÈRES.

Dessiné par [illegible] — Geny-Gros, imp. rue du Plâtre, 28. Paris. — Gravé par [illegible]

BOUGAINVILLE.

BOUGAINVILLE

NÉ EN 1729, MORT EN 1811.

Pour qui veut étudier l'art, actuellement si avancé, de la navigation, il est curieux de jeter les yeux en arrière, et, à partir de l'expédition demi-fabuleuse et demi-véritable des Argonautes, de suivre ses progrès, tantôt insensibles et embarrassés, mais tantôt si spontanés et si rapides, que de toutes les grandes conquêtes des hommes sur les éléments, c'est encore celle de la mer qui les honore le plus.

Au moyen de leurs périples, les anciens se proposaient assurément de reconnaître des pays nouveaux, de faire, à leur manière, le relevé des côtes, de constater et de prendre les points de reconnaissance qui devaient servir à leurs descendants ou à leurs contemporains. Ces périples étaient des voyages de long cours, correspondant en quelque sorte à nos voyages autour du monde, avec cette différence que ceux-ci ont lieu dans le grand Océan, et que ceux-là restaient enfermés entre le Pont-Euxin et les colonnes d'Hercule, entre le détroit de Gibraltar et la mer de Constantinople : quelques-uns néanmoins se sont étendus, d'un côté, jusqu'au fond de la mer Noire, et, de l'autre, jusqu'aux îles Canaries. Parmi les plus fameux sont ceux de Hannon [1], de Scylax et d'Arrien, de cet Arrien né en Bithynie, et auteur d'une histoire d'Alexandre; enfin ceux de Néarque et de Pausanias, qui tous, malgré leurs faibles résultats, ont procuré à leurs auteurs la gloire que les voyageurs modernes nous paraissent avoir seuls réellement méritée.

Avant et après ces vieilles expéditions, nous voyons plusieurs peuples se distinguer et s'enrichir à l'aide de flottes nombreuses, mais sans sortir des voies tracées, sans aspirer à aucune glorieuse découverte. Tels furent principalement les Phéniciens : la Méditerranée demeura le théâtre de leurs

[1] Strabon a contesté l'authenticité de ce périple, et même l'existence de Hannon, qui passait pour être Carthaginois; Montesquieu et Bougainville sont d'une opinion contraire.

entreprises purement mercantiles. La mer de Marmara et ensuite la mer Rouge furent exploitées dans le même but. Plus tard, les républiques italiennes armèrent aussi un grand nombre de vaisseaux, destinés, les uns à protéger, les autres à faire le commerce du Levant; Venise et Gênes suivirent les traces de Sidon et de Tyr, Gênes, qui s'enorgueillit maintenant d'avoir donné le jour à l'immortel Christophe Colomb.

C'est dans le quinzième et le seizième siècle que la science maritime acquit ce développement gigantesque dont nous sommes encore étonnés. La certitude, alors établie, de la sphéricité de la terre, jointe à la connaissance de la boussole [1], fit découvrir aux Espagnols le Nouveau-Monde, aux Portugais le cap de Bonne-Espérance, aux Anglais le cap Horn. Les Hollandais sillonnèrent également, avec beaucoup de succès, toutes les mers nouvelles, et enfin les Français, pour s'être montrés les derniers dans la lice, n'en comptent pas moins aujourd'hui une foule d'expéditions savantes; ils n'en marchent pas moins les pairs des plus ardents navigateurs, quoiqu'ils n'aient eu, avant Bougainville, aucun nom à opposer aux noms célèbres des Drack et des Cavendish, écrits depuis long-temps sur les murailles de Westminster, ni aux illustrations navales qui avaient déjà élevé l'Espagne, le Portugal et la Hollande au rang des premières nations.

Louis-Antoine Bougainville, d'origine picarde, naquit à Paris le 11 novembre 1729. Il était fils d'un notaire et échevin de cette ville, et frère puîné de Jean-Pierre Bougainville, qui se distingua dans la littérature, et mourut, à l'âge de quarante et un ans, secrétaire de l'Académie.

Doué d'une excellente constitution et d'une énergie peu ordinaire, qui ne l'abandonna pas un seul instant durant sa longue existence, Louis-Antoine Bougainville devait arriver à la célébrité par une route opposée à celle de son frère, dont la santé fut continuellement débile, ou plutôt il devait exercer avec éclat toutes les professions auxquelles il se livrerait. Sa famille, qui le destinait au barreau, le vit avec peine abandonner cette carrière après avoir étudié le droit et s'être fait recevoir avocat au parlement. Jeune encore, il embrassa l'état militaire, et, comme si telle eût été sa véritable vocation, il devint tour à tour, et en très-peu de temps, aide-major dans le bataillon provincial de Picardie, aide-de-camp de Chevert, qui commandait à Sarrelouis, et capitaine aide-de-camp du marquis de Montcalm, chargé de la défense du Canada. La bravoure et l'habileté qu'il déploya dans cette périlleuse campagne, ses excursions à travers des bois impénétrables sur un territoire couvert de neige, ses exploits sur les bords du lac du Saint-Sacrement, où il brûla une flottille anglaise sous le fort même qui la protégeait, lui valurent, en 1758, le grade d'officier supérieur. Le 6 juin de la même année, un corps de cinq mille Français, harcelé et

[1] La boussole fut, dit-on, inventée en 1302 par un Napolitain nommé Jean Goia.

enveloppé par une armée de vingt-quatre mille hommes, allait être forcé de se rendre; Bougainville ordonne de faire face à l'ennemi, et, appuyé sur un faible retranchement, remporte une victoire éclatante. Payant de sa personne partout où le danger se montrait, il fit dans ce combat des prodiges de valeur, et il ne cessa d'encourager les siens par son exemple que lorsqu'il tomba, sur la fin de l'action, frappé d'un coup de feu à la tête : six mille Anglais étaient restés sur le champ de bataille.

Cependant le marquis de Montcalm ne tirait aucun bénéfice de ces avantages partiels, et le nombre toujours croissant de ses adversaires l'empêchait de tenter une action décisive. Il envoya Bougainville rendre compte en France de cet état de choses, et demander un renfort de quelques régiments. Malheureusement on avait alors des intérêts plus pressants à surveiller; aux sollicitations réitérées qui lui furent faites, le ministre Berryer se contenta de répondre : « Quand le feu est à la maison, on ne s'occupe pas des écuries. » Et tout se réduisit à cette vive repartie du généreux et loyal messager : « Du moins, monsieur, on ne dira pas que vous parlez comme un cheval. »

L'intervention d'une personne puissante fut nécessaire pour calmer le ressentiment du ministre : madame de Pompadour eut lieu de se féliciter d'y avoir employé son crédit; car le roi, informé de ce qui s'était passé et jaloux avant tout de reconnaître l'esprit de dévouement dont Bougainville avait fait preuve, lui donna la croix de Saint-Louis et le brevet de colonel. A son retour au Canada, Montcalm lui confia le commandement des grenadiers et des volontaires, et le chargea de protéger la retraite de l'armée qui se repliait sur Québec. Mais le sort de la colonie fut bientôt décidé comme le craignaient ses défenseurs. Nos troupes, attaquées de toutes parts et forcées d'en venir aux mains, firent de derniers et sublimes efforts, et déposèrent enfin les armes le 10 septembre 1759, après un combat inégal où Montcalm perdit la vie, et où le général anglais Wolf fut blessé mortellement.

Bougainville revint en France, impatient de faire oublier un revers qu'il n'avait dépendu ni de son conseil ni de sa valeur de prévenir. Il se jeta dans l'armée d'Allemagne, commandée par M. de Choiseul-Stainville : là il se rendit tellement utile et se fit tellement remarquer dans différents emplois brigués par des hommes de cœur et de mérite, que personne ne songea à contester ses services, lorsqu'il reçut, à titre de récompense, le don particulier et tout honorifique de deux canons de quatre livres de balles, et qu'il fit déposer ces canons dans sa terre de Normandie, où ils sont restés depuis, comme un témoignage de gloire héréditaire. C'est que Bougainville joignait au courage passif qui fait le bon soldat, cette force d'âme raisonnée qui se fonde sur des connaissances sérieuses ou sur la conscience intime de son propre génie. Élève de d'Alembert, il avait déjà une certaine réputation de savant quand il débuta, comme simple mousquetaire noir, dans le métier de la guerre. Il avait publié un *Traité du Calcul intégral* (deux volumes, 1752), pour servir de suite à l'analyse des *infiniment petits* du marquis de l'Hôpital, et il avait été reçu membre de la Société Royale de Londres, lors d'un petit voyage qu'il fit en Angleterre, vers cette même époque, en qualité de secrétaire d'ambassade.

Il semble que rien ne fut plus favorable à Bougainville que cette mobilité de caractère et cette instabilité d'opinion qui nous portent sans cesse vers des choses nouvelles, et font souvent de la vie un apprentissage continuel. La sienne mérite surtout d'être distinguée à cause de la multitude d'événements qui la remplissent, et qui ont plus ou moins contribué à la mettre en relief. A l'âge de trente ans, il aurait pu s'arrêter et jouir d'une réputation noblement acquise, d'une réputation glorieuse à plus d'un titre ; mais alors sa vocation dans ce monde, sa destinée, comme il le disait lui-même, n'eût pas été accomplie. Il était dans sa destinée de naviguer, quoiqu'on puisse soutenir que son goût prononcé pour la mer ne se développa que dans la malheureuse guerre de l'Amérique septentrionale. Ayant fait une étude approfondie des mathématiques, et continuellement tourmenté par ce besoin d'agir qui caractérise tout homme fortement organisé, il aurait sans doute trouvé dans les campagnes de l'armée de terre assez d'occasions de dépenser son activité et sa science, et, malgré ses premières courses maritimes, il serait encore demeuré fidèle à la vie des camps, si une circonstance indépendante de sa volonté n'eût ouvert une autre direction à ses idées, et ne l'eût forcé en quelque manière de remplir la tâche pour laquelle il était né.

La paix conclue à Paris sur la fin du règne de Louis XV, en donnant à l'Europe le repos après lequel elle soupirait depuis long-temps, ravit à une foule d'hommes avides de gloire les chances de se rendre célèbres, qu'ils avaient entrevues. Bougainville ne se trouva point embarrassé ; nul n'aperçut dans ses démarches ni dans sa conduite les indices d'une brusque et prompte détermination. Instruit du projet qu'avait eu la France d'établir un comptoir dans les îles voisines du détroit de Magellan, il se transporte à Saint-Malo, propose aux armateurs de cette ville de faire une descente aux *Malouines*, pour y former à leurs frais un établissement commercial, et obtient du génie hasardeux des Bretons les moyens d'exécuter ses projets : puis, l'agrément du roi lui étant octroyé avec le titre de capitaine de vaisseau, il n'attend plus que le vent favorable pour mettre à la voile.

Le 15 septembre 1763, une petite flotte, composée de deux navires bien équipés et bien armés, sortit du port qui commande à l'entrée de la Manche, de ce même port d'où étaient sortis Jacques Cartier[1], Jean-Bart et Duguay-

[1] Jacques Cartier découvrit le Canada en 1534, sous François Ier.

Trouin, les plus braves soutiens de notre marine. *L'Aigle* et *le Sphinx* portaient, avec une troupe de travailleurs, quelques-uns de ces êtres hardis et entreprenants qui ne reculent devant aucune mission si équivoque et si périlleuse qu'elle soit, de ces êtres dont le concours est nécessaire à l'exécution de toute grande entreprise, mais qui n'en recueillent pas toujours les bénéfices. On ne reçut des nouvelles de celle-ci que pour apprendre son entier accomplissement. Chaque mesure, chaque moyen de réussite en avait été calculé avec tant de justesse et de précision, que la prise de possession et l'installation définitive datèrent du même jour sur le mémorial de la colonie. Cependant les nouveaux colons ne tardèrent pas à être inquiétés, et ensuite contraints, pour des motifs qui étaient restés au-dessus de leurs prévisions, de renoncer à leurs plus belles espérances. Bougainville était à peine revenu d'un second voyage dans l'Atlantique, où il avait laissé ses protégés dans l'état le plus heureux et le plus florissant, que le gouvernement lui ordonna de livrer les îles Malouines aux Espagnols. Ces habiles maîtres du Paraguay n'avaient pas vu sans jalousie la prospérité de leurs voisins, et ils avaient intrigué auprès de la cour de France pour obtenir l'abandon d'une position qui pouvait leur devenir rivale et menaçante. Or, celui qui en avait doté sa patrie devait en effet être choisi pour négocier lui-même avec les héritiers de Vespuce, et l'on s'empressa de l'informer qu'ils s'étaient engagés d'avance à l'indemniser de ses pertes, et à dédommager de leurs dépenses le reste des propriétaires français. Il quitta de nouveau l'Europe, monté cette fois sur une frégate royale de vingt-six canons, *la Boudeuse*, construite depuis peu dans les chantiers de Nantes, et destinée à faire des excursions lointaines. Son entrevue, dans la rivière de la Plata, avec don Ruis Puente, envoyé de Madrid, fut convenable, et digne du représentant d'un grand peuple. Ils se rendirent ensemble aux Malouines, et, quand l'étendard d'Espagne eut pris la place de son drapeau national, Bougainville lut à ses compatriotes une lettre du roi qui leur permettait de rester sous la domination étrangère. Plusieurs familles profitèrent de cette faculté, mais un plus grand nombre se rembarqua pour son pays, sur les vaisseaux que le nouveau gouverneur des îles mit à leur disposition, et tout fut ainsi terminé le 1er avril 1767.

Bougainville aurait dû revenir également ; mais en acceptant le commandement de *la Boudeuse*, il avait songé à tirer parti d'une occasion qui peut-être ne devait plus se représenter pour lui. Il avait demandé et obtenu de son souverain, à titre d'indemnité, la permission de pénétrer dans les mers du Sud, et de rentrer à Nantes par une route opposée à celle qu'il avait prise en partant. Il voulait, sous une apparence d'intérêt personnel, procurer à sa nation un genre de gloire qui lui manquait ; il voulait faire le tour du monde : grande et noble ambition qui fut couronnée d'un plein succès, et qui répandit un nouvel éclat sur une renommée déjà si brillante.

Ainsi fut ouverte aux navigateurs français une carrière dans laquelle ils se sont montrés avec tant d'avantages ; ainsi fut comblée, dans les fastes de leur histoire, une lacune où ils ont, depuis, élevé tant de trophées : car il ne faut tenir aucun compte de la circumnavigation presque involontaire et nullement honorable, effectuée en 1714 par un certain Barbinais-Legentil, que son commerce avait appelé au Chili, et que divers bâtiments ramenèrent.

Après la conclusion de ses affaires avec l'Espagne, le commandant de *la Boudeuse* ne songea plus qu'à rencontrer un petit navire, une flûte chargée de vivres que le gouvernement avait promis de lui adresser ; cependant il eut occasion de visiter les principaux ports de cette partie de l'Amérique, depuis les côtes du Brésil jusqu'aux terres qui avoisinent le cap Horn, et de vérifier en même temps les cartes de Bellin. Il se trouva au Paraguay lors du renvoi des Jésuites des établissements qu'ils y avaient créés, et suivit avec le plus vif intérêt toutes les circonstances qui l'accompagnèrent : les détails curieux qu'il donne sur l'ordre d'expulsion et sur l'exécution prompte et brutale de cet ordre, émané aussi de la cour de Madrid, nous semblent de nature à justifier les plaintes de ceux qui en furent l'objet.

C'est en 1580, dit le témoin de leur dernier malheur, que l'on voit les Jésuites admis pour la première fois dans ces fertiles régions, où ils ont depuis fondé, sous le règne de Philippe III, les missions fameuses auxquelles on donne, en Europe, le nom de missions du Paraguay, et plus à propos en Amérique celui de missions de l'Uraguay, rivière sur laquelle elles sont situées : celles-ci ont toujours été divisées en peuplades, faibles d'abord et peu nombreuses, mais que des progrès successifs ont portées jusqu'au nombre de trente-sept sur la rive droite de l'Uraguay et de huit sur la rive gauche, régies chacune par deux Jésuites en habit de l'ordre. Deux principes qu'il est permis aux souverains de mêler ensemble, la religion et l'intérêt, avaient fait désirer aux rois d'Espagne la conversion des Indiens : en les rendant catholiques, on civilisait des hommes sauvages et on se rendait maître d'une contrée vaste et fertile. Les Jésuites s'en chargèrent ; mais ils prétendirent, pour remplir ces vues avec fruit, être indépendants du gouverneur de la province ; ils voulurent, en outre, qu'aucun Espagnol ne pénétrât dans l'intérieur du pays.

Le motif de cette demande était la crainte que les vices des Européens ne diminuassent la ferveur des néophytes en les éloignant du christianisme, et que la morgue espagnole ne leur rendît odieux un joug trop appesanti. La cour d'Espagne, approuvant ces raisons, régla que les missionnaires seraient soustraits à l'autorité du gouverneur, et que le trésor leur donnerait chaque année soixante mille piastres pour faire des défrichements ; que les Indiens payeraient par an une piastre par homme, depuis l'âge de dix-huit ans jusqu'à soixante ; qu'ils apprendraient la langue espagnole, etc., etc.

Les Jésuites entrèrent dans la carrière avec le courage du martyre et une patience vraiment angélique.

Ils avaient réussi au delà de toute espérance, lorsqu'en 1767 la cour d'Espagne changea subitement à leur égard. En les rendant solidaires des fautes de leurs frères d'Europe, on usa envers eux de la même rigueur; on les chassa du Nouveau-Monde, comme on avait chassé ceux-là de la Péninsule. Le Chili et le Mexique leur furent désignés comme lieux d'exil, et ils s'y rendirent sans opposer aucune résistance.

Bougainville, distrait momentanément par cette espèce de révolution, n'en pensait pas moins à prendre son essor; il n'en brûlait pas moins de continuer un voyage dont il savait les périls et les difficultés. Quatorze expériences, plus ou moins pénibles, et accomplies à des distances différentes par des marins intrépides, l'avertissaient du grand nombre d'obstacles qu'il aurait à vaincre, sans diminuer son ardeur ni son zèle. La destinée des Magellan et des Jacques Lemaire, morts *à la besogne*, ne l'intimidait pas; il contemplait d'un œil calme les épreuves si laborieuses des Noort, des Spilberg, des Roggewin, et les désastres plus récents de l'amiral Anson et du commodore Byron augmentaient son impatience au lieu de l'affaiblir. Mais il faut dire aussi qu'il possédait toutes les instructions laissées par ses prédécesseurs, qu'il était même familiarisé avec les données fournies par des voyageurs moins connus, tels que Paulmier-Gonneville, qui commanda en 1504 les vaisseaux de Louis XII, Saavedra, Mendoce, Mindana, Quiros et Abel Tasman, dont les utiles recherches dans la mer Pacifique ont également concouru à éclairer certains points de la navigation; et enfin, qu'il joignait à une théorie profonde tous les avantages d'une pratique consciencieuse. Personne mieux que lui ne semblait capable d'explorer l'Océan; personne alors ne paraissait offrir de meilleures garanties. Dans sa traversée de Nantes à Montevideo, un fort coup de vent, essuyé sur les côtes de France, l'avait forcé de relâcher à Brest deux jours après son départ; mais de là, appréciant les moyens et la force de *la Boudeuse*, il avait pu informer aussitôt le conseil maritime d'une résolution importante, que son esprit prévoyant lui suggéra, et qui était de renvoyer cette frégate des îles Malouines, s'il la trouvait inhabile à passer dans les mers australes, et il s'était réservé la faculté de continuer sa route sur la flûte *l'Étoile*, qui, dans tous les cas, devait le rallier à l'embouchure du fleuve de Buenos-Ayres et l'accompagner jusqu'à son retour en France, précaution nécessitée à cette époque par la grande difficulté des mouillages, par la construction imparfaite des navires, et par la quantité monstrueuse d'approvisionnements dont on était forcé de se munir.

Depuis que des améliorations de toute espèce ont été introduites dans le personnel et dans le matériel de la marine, depuis surtout que des voyages fréquents ont eu lieu, et qu'il est résulté de la comparaison de ces voyages une foule d'enseignements soit cherchés, soit imprévus, le fait d'entreprendre le tour du monde est autrement considéré. L'expérience seule a résolu des problèmes contre lesquels des volontés de fer s'étaient brisées; elle nous a conduits à considérer du même œil la plus longue traversée maritime et le plus faible déplacement par terre. Mais Bougainville n'en a pas moins compris, le premier, que le succès d'une expédition de mer ne repose pas seulement sur la hardiesse et l'audace de ceux qui la dirigent. Convaincu qu'il n'est pas toujours bon de prendre conseil de son intrépidité, il avait travaillé pour acquérir des moyens plus efficaces et plus sûrs, et il fut souvent obligé d'y avoir recours; car, malgré la saison favorable dont il profita pour se mettre en route, des tempêtes si violentes assaillirent ses deux équipages dans le détroit de Magellan, qu'il ne leur fallut pas moins de sept ou huit semaines de luttes et de travaux pour le franchir : sa longueur est estimée à cent trente-deux lieues. Les abris qu'ils rencontrèrent sous les falaises de la Terre-de-Feu, les baies et les anses qu'ils découvrirent sur la côte d'Amérique ne leur furent pas d'un grand secours, et ils ne tirèrent aucun bienfait de leurs visites aux Patagons. Le scorbut commençait à se faire sentir, et chacun avait déjà la crainte d'en être atteint, quand des précautions sanitaires prises à propos vinrent arrêter les progrès de cette maladie et limiter l'étendue de ses ravages. Plus d'une fois ensuite les tourmentes essuyées dans les eaux de la mer du Sud fournirent au commandant français l'occasion de déployer toutes les ressources de son génie, et il ne perdit jamais de vue que le principal but de ce voyage n'était pas tout à fait de résister aux attaques d'un élément furieux et de sortir triomphant du combat, mais qu'il consistait surtout à faire tourner au profit de la science chaque difficulté surmontée, chaque danger vaincu; ses découvertes, ses observations variées, et le grand nombre de corrections qu'il fit aux cartes marines de cette époque, le mettent au rang des navigateurs les plus célèbres. Il a mérité les éloges d'une foule de sociétés savantes, et l'on s'aperçoit à peine maintenant, en lisant son ouvrage [1], qu'il n'avait à son bord aucun de ces hommes éclairés dont la coopération a rendu si intéressant l'itinéraire du célèbre Anglais qui a marché sur ses traces.

Avant que les Européens eussent transporté dans les pays inter-tropicaux une partie des vices de leur vieux continent, avant qu'ils eussent trompé les peuplades sauvages de l'archipel indien, la plupart de ces peuplades étaient d'un commerce facile, et faisaient indistinctement aux marins de toutes les nations l'accueil le plus amical; mais dès qu'elles eurent appris à se défier de nos visites, dès que notre conduite perfide leur fut connue, elles firent payer plus cher le droit de les fréquenter, et souvent même il en coûta la vie à ceux qui prétendirent leur imposer un rapprochement qu'elles re-

[1] Deux volumes, 1772.

poussaient. Sans doute les derniers naufrages que nous avons eu à regretter eussent été moins désastreux, si on se fût attaché davantage à gagner la confiance des insulaires, et plus d'un Lapérouse eût joui du bonheur de revoir sa patrie.

Le séjour de Bougainville dans l'île importante de Taïti, et la relation vraiment touchante qu'il donne des mœurs de ses habitants, prouvent jusqu'à quel point ceux-ci étaient naïfs et sincères, et combien il importait de les traiter avec humanité. « Une relâche, dit-il, était devenue nécessaire à nos bâtiments, entamés par la mer et presque entièrement vides de provisions de bouche. La terre hospitalière des Taïtiens rendit la santé à nos malades; nos matelots y réparèrent aussi leurs forces épuisées, et s'y remirent en état de supporter les fatigues et les privations nouvelles qui les attendaient dans d'autres parages. »

Bougainville reconnut tour à tour, et avec la plus scrupuleuse exactitude, les grandes Cyclades, la Nouvelle-Bretagne, les Moluques et la Nouvelle-Guinée. Engagé sciemment dans le golfe de la Louisiade, il en sortit dans l'état le plus désespéré; et quand il aborda aux possessions de la Compagnie hollandaise, peu s'en fallut qu'il ne restât privé de tout secours. Les ordres les plus positifs et les plus sévères étaient donnés pour qu'aucun navire n'y fût admis sous un autre pavillon que celui de Hollande : le résident de Boëro consentit cependant à recevoir les Français, mais sur une déclaration écrite par leur capitaine, et dans laquelle on le sommait, au nom de l'humanité, d'ouvrir son port à des étrangers se rendant des Malouines dans l'Inde, et que la mousson contraire et le défaut de vivres avaient contraints de renoncer aux Philippines. Après cette démarche, ils ne songèrent plus qu'à se ravitailler, et nulle part ils n'en trouvèrent plus aisément les moyens; nulle part, soit à Batavia, à l'Ile-de-France, au Cap et à Sainte-Hélène, où ils eurent encore occasion de relâcher, assistance ne leur fut prêtée plus à propos.

La résidence de Boëro fut surtout appréciée par un sauvage de Taïti, qui avait voulu monter sur la frégate et courir les dangers du voyage. Le brave Aotourou, que rien n'avait découragé, et qui était parti du consentement de toute sa nation, croyait être là au terme du voyage; il était émerveillé de voir tant d'hommes habillés à l'européenne, et il conçut la meilleure opinion de ces hommes en les voyant apporter à bord une infinité de choses qu'il ignorait avoir été achetées. Son seul chagrin fut d'être délaissé le jour de la première visite au gouverneur de l'île; il s'imagina que la mauvaise façon de ses jambes, qu'il avait un peu contournées, en était cause, et il ne cessa, pendant plusieurs jours, de tourmenter les matelots pour qu'ils voulussent bien les lui redresser en montant dessus. Du reste, à terre il se conduisit avec esprit envers les Hollandais; il leur donna fort bien à entendre qu'il était chef dans son pays, et qu'il voyageait pour son plaisir avec ses amis.

La tristesse s'empara également de lui quand il fallut partir, ayant peine à croire que Paris fût plus beau que la ville qu'il quittait : peut-être ses idées ne changèrent-elles point lorsqu'il visita notre capitale, où son maître semble avoir pris plaisir à le garder pendant un an, et où il devint l'objet de la curiosité générale. Enfin, Bougainville se décida à le renvoyer ; il paya son passage de La Rochelle à l'Ile-de-France, et fréta ensuite le bâtiment qui dut le transporter à Taïti. Une somme de trente-six mille francs fut consacrée à cette œuvre ; c'était le tiers de sa fortune : madame la duchesse de Choiseul paya de sa bourse les graines, les outils et les bestiaux de différentes natures qu'Aotourou fut chargé de porter à ses compatriotes.

Mais si la société du Taïtien avait servi à distraire les équipages de *la Boudeuse* et de *l'Étoile* au milieu de leurs courses aventureuses, un autre incident non moins extraordinaire faillit mettre le désordre parmi eux. Le fidèle domestique du naturaliste Commerson, l'infatigable valet qui, sous le nom de Baré, servait un maître plus infatigable que lui, et dont il avait reçu la qualification de *bête de somme*, à cause de son ardeur à le suivre partout, sur les montagnes et dans les forêts, toujours chargé des objets recueillis et des aliments nécessaires à leurs excursions, ce valet sans pareil était une fille. On avait complétement oublié certain soupçon que ses manières avaient d'abord fait naître, et on aurait continué d'ignorer sa condition, si les sauvages d'une île où elle descendit, avant de toucher à Boëro, ne l'eussent reconnue à la première vue, et ne se fussent emparés d'elle pour lui faire les honneurs du pays ; ses compagnons eurent beaucoup de peine à l'arracher de leurs mains, et depuis ce moment il devint très-difficile d'empêcher les matelots de donner maintes alarmes à sa pudeur. Bougainville se rendit sur la flûte, reçut de Baré, tout en pleurs, l'aveu sincère de sa position, et prit des mesures convenables pour assurer la subordination des hommes et la tranquillité de la jeune femme : mesures qui seraient restées insuffisantes, comme il l'avoua plus tard naïvement, dans le cas d'un naufrage sur une terre déserte.

La Boudeuse entra à Saint-Malo le 16 mars 1769, après une absence de vingt-huit mois ; elle avait perdu six hommes et un officier. *L'Étoile*, qui arriva le 14 avril suivant, ne comptait que deux morts. Quoique ces pertes fussent assurément très-regrettables, si l'on compare cette expédition aux essais désastreux, aux tentatives pleines de sinistres qui l'ont précédée, on se félicitera encore de ce qu'elle n'ait pas coûté davantage, et l'on admirera au moins le bonheur, sinon le talent, du capitaine qui l'a conduite. Celui-ci, pour se soustraire aux louanges dont on l'accablait, ou plutôt pour mieux les mériter à ses propres yeux, conçut bientôt le plan d'un nouveau voyage, qu'il pensait diriger vers le pôle ; tous les préparatifs venaient d'en être terminés, lorsque le comte de Brienne arriva au ministère de la marine. Dans une entrevue qu'ils eurent ensemble, le ministre lui objecta qu'il manquait de fonds pour l'exécution de son projet, et lui parla même de manière à laisser croire qu'il n'y ajoutait pas la moindre confiance. Bougainville répondit avec fierté qu'il ne demandait pas une abbaye; et, voyant que le gouvernement ne songeait plus à le soutenir, il envoya à la Société Royale de Londres son travail, avec les notes de l'astronome Cassini, qui avait dû s'associer à l'entreprise : elle fut, en effet, tentée par un capitaine anglais, dont la route ne s'étendit pas au delà du quatre-vingtième degré. Deux lignes étaient tracées à cet étranger; on lui reprocha d'avoir pris celle que l'auteur du plan regardait comme la moins certaine.

La carrière des sciences devint un asile pour l'esprit pénétrant de Bougainville, qu'on avait arrêté dans sa marche la plus active, le serviteur désintéressé qu'un ministre venait de méconnaître, fut élu successivement membre de l'Institut dans la section géographique, et membre du Bureau des longitudes. Promu aux grades importants de maréchal-de-camp et de chef d'escadre, il consentit, en 1790, à se rendre à Brest pour calmer les troubles suscités dans les rangs de l'armée navale, commandée par Albert de Rions. Nous n'avons pas besoin de rappeler que ses efforts furent impuissants; dans ces moments d'effervescence, il n'appartenait à personne de faire rentrer dans leur devoir des soldats mutinés.

Bougainville se retira, et ne s'appliqua plus désormais qu'à goûter dans l'intérieur de sa famille[1] la joie et la sécurité qu'il voyait disparaître partout ailleurs. Sa plus grande occupation fut désormais de soulager les infortunes. Libéral jusqu'à la prodigalité, il éprouva souvent la nécessité de recourir à la bourse d'un oncle maternel qui avait depuis long-temps l'habitude de le nommer son très *cher* neveu. Les nombreux amis qu'il comptait dans le monde lui furent toujours dévoués; ils aimaient son naturel facile et son humeur enjouée, qui décelait une conscience exempte de reproches; ils estimaient sa conversation parce qu'elle était à la fois amusante et instructive, et surtout empreinte de tolérance et de désintéressement. Tous nous l'ont représenté comme ayant, avec une stature médiocre, un extérieur plein de noblesse et de dignité.

Enfin il était réservé à Napoléon de combler la mesure des honneurs que deux princes avaient accordés tour à tour à l'une des plus grandes illustrations de leurs règnes; le fils de l'ancien échevin de Paris fut, sur la fin de ses jours, élu comte et sénateur de l'Empire.

Il mourut dans sa ville natale, le 31 août 1811, après une courte maladie, et sans avoir jamais ressenti la moindre infirmité.

[1] Louis-Antoine Bougainville était marié et père de trois enfants; l'aîné seul appartient à la marine.

JULES AMIC.

Dessiné par H. Bailly — Gény-Gros, imp. rue du Plâtre 28, Paris. — Gravé par Delaistre

BEAUMARCHAIS.

BEAUMARCHAIS

NÉ EN 1732, MORT EN 1799.

Si Beaumarchais n'est pas une des gloires de la France, il est une de ses renommées. C'est un de ces hommes dont la biographie jette des lumières, sinon sur les événements, au moins sur le caractère de l'époque où ils sont nés, dont l'esprit explique leur siècle, et, jusqu'à un certain point, s'explique par leur siècle, et dont le talent mérite d'être étudié, d'abord en raison de sa propre importance et ensuite à cause des relations intimes qui le lient à une situation sociale. Qu'est-ce que Beaumarchais, en effet? C'est un homme dont la destinée est d'être déplacé partout : en bas, parce qu'il est supérieur à une condition infime; en haut, parce qu'il conserve, au faîte de l'édifice, les rancunes du bas de l'escalier. Nature où l'on trouve moins de grandeur que de passion, caractère qui a plus de verve que de force, franchise qui marche un pied dans le cynisme, habileté située sur les frontières de l'intrigue, illustration qui a des traits de famille avec le scandale, voilà Beaumarchais. C'est un homme supérieur qui regrette de ne pas être un grand homme; un homme indépendant qui se souvient d'avoir été dans la dépendance : plutôt arrogant que fier, et moins gai que railleur, il a l'âpreté qu'ont les gens mécontents des autres et quelque peu d'eux-mêmes, et il y joint l'insolence d'un homme humilié. Quoi de plus? Sa vie se passa à se rappeler et à tâcher de faire oublier ce qu'il avait été.

Pierre-Auguste Caron de Beaumarchais était né à Paris, le 24 janvier 1732, dans une condition appartenant aux arts mécaniques; son père exerçait l'état d'horloger et il destinait son fils à suivre la profession paternelle. Mais le caractère et l'esprit du jeune Beaumarchais en décidèrent autrement; car Beaumarchais était de ces hommes rares qui ont l'esprit de leur caractère et le caractère de leur esprit. Sa première passion, pendant sa jeunesse, fut la musique, et cette passion lui ouvrit l'entrée de la cour. Il fut appelé à donner des leçons de guitare et de harpe aux princesses, filles du roi Louis XV. Un talent d'agrément l'avait introduit à la cour, son esprit saisit cette occasion pour s'y créer une espèce de position qui ressemblait au crédit sans arriver à l'influence ; son habileté, debout sur cette position, sauta pieds joints jusqu'à la fortune. Toute la vie de Beaumarchais peut se comparer à un escalier tournant qui pivote sur lui-même : la base n'en est pas très-large, mais il arrive haut. Il y a dans cette vie un enchaînement de plaisirs et d'affaires qui lui donnent une physionomie spéciale : commencée par une ritournelle, elle traverse une règle de trois, et l'arithmétique de la finance, qui semblait devoir la dérober à ses premiers goûts, l'y ramena ; Beaumarchais était par-dessus tout un grand comédien, et, après quelques intermittences, sa vocation lui revenait toujours.

De tous les lieux où l'ennui, ce tyran de la prospérité, exerce son empire, la cour est celui où la pesanteur de son sceptre se fait le plus sentir : on peut en croire sur ce point madame de Maintenon, qui, pendant un si grand nombre d'années, aida le grand roi à en porter le fardeau, et qui se plaint si lamentablement dans ses lettres de ce que sa tâche avait de difficile et de rebutant. Combien de fois elle regretta les soupers de sa jeunesse, où, remplaçant par une histoire le rôti qui manquait, elle renvoyait ses convives heureux et contents, sans que cette catastrophe gastronomique coûtât la vie à un Vatel ! C'est qu'il vaut mieux avoir affaire à des auditeurs à jeun qu'à des convives blasés : l'appétit écoute et surtout comprend mieux que ces lourdes et laborieuses digestions de la puissance, qui, étendues, après le repas, dans leurs chaises longues, se détournent avec dégoût du banquet de la vie. Ainsi donc, Caron de Beaumarchais, en cas que l'ennui ait un royaume, se trouvait habiter sa capitale, puisque son étoile l'avait amené à la cour. Le secret de sa fortune est celui de bien d'autres fortunes plus hautes et glus grandes : il amusait dans le pays du monde où l'on s'ennuie le plus. C'est ainsi que, dans les dernières années de Louis XIV, madame la duchesse de Bourgogne avait joui, à un si haut degré, de la faveur du grand roi ; c'est ainsi que le duc de Fronsac, ce prince des étourdis, avait été l'enfant gâté de l'austérité de madame de Maintenon. Empêcher qu'une journée ne ressemble exactement à la journée qui l'a précédée ; troubler le cours de l'eau pour que les flots, en battant le rivage, ne redisent point exactement le même murmure ; remuer la vie pour la faire couler aujourd'hui autrement et plus vite qu'hier ; ouvrir une perspective nouvelle dans un horizon vieilli ; mettre un rayon de soleil dans un paysage décoloré, — on ne sent pas assez le bienfait reçu et accordé dans une pareille circonstance, car on ne demanderait point le secret de la puissance de l'homme qui a opéré ce miracle bienfaisant.

Or, qu'on se représente Beaumarchais, avec cet esprit vif et impétueux, ce tour de phrase original et pittoresque, ce don de trouver ces mots courts et pleins de sel qui sont les proverbes de l'esprit, comme les sentences de Cervantes sont ceux de la raison ; qu'on se représente Beaumarchais introduit dans une cour où l'on se mourait de langueur et d'ennui, à une époque où, dans toute la verve de sa jeunesse, il avait cette activité d'intelligence qui est le cachet de ceux qui doivent parvenir et qui ne sont pas encore parvenus. Il était d'abord moins que rien dans cette cour ; bientôt il en fut l'âme. Il ne paraissait devant les princesses que pendant les leçons qu'il leur donnait ; elles l'admirent dans leurs comités particuliers, puis, quelque temps après, dans leur société. Qui nous dira tout ce que le maître de harpe et de guitare dépensa de verve, et d'intelligence, et d'esprit, et d'épigrammes, et de reparties, et de finesses, et de saillies, et d'habileté, pour traverser ces trois étapes de la fortune qui l'élevèrent du rang d'homme à gages au rang d'homme de l'intimité? Vous croyez connaître Beaumarchais dans tout son lustre, dans toute sa puissance, vous qui l'avez étudié dans ses Mémoires judiciaires, et qui l'avez suivi dans son étonnante création de Figaro. Eh bien! détrompez-vous : vous ne connaissez peut-être que l'ombre, que le spectre de Beaumarchais. Figaro, si bouillant, si étincelant, si léger, si vif, si prompt, si plein de souplesse, de ressources, de verve, Figaro, dont l'esprit fait feu à chaque repartie, n'est peut-être qu'une épreuve après la lettre de son original, de son maître, de son créateur, de Beaumarchais. Peut-être celui-ci a-t-il dépensé, pour amuser la cour, cent fois plus de verve et d'esprit qu'il n'en a mis dans son *Barbier* et dans son *Figaro* pour amuser la ville ; peut-être lui en a-t-il plus coûté pour dérider un front plissé, pour mettre un sourire sur une bouche tiraillée par l'ennui, que sais-je? pour combattre l'influence d'un nuage qui passait sur le soleil, qu'il ne lui en a coûté pour rendre son nom immortel. Vous pensez sans doute que les plus grandes choses d'une vie sont les plus difficiles à accomplir. Erreur commune, mais erreur impardonnable cependant! Les petites choses sont bien plus difficiles à faire que les grandes, parce que, pour les grandes on part des petites, et que pour les petites on ne part de rien. Croyez-le bien : pour le banquier, ce qu'il y a de plus difficile à gagner, c'est le premier écu, pour le poète la première louange, et pour le conquérant la première bataille. Il fut dix fois plus difficile pour Bonaparte de devenir général que de devenir empereur. Le mérite n'est point, quand on a du génie, et que les premiers degrés sont posés, d'arriver au trône, où tout le monde vous pousse, et où la fortune vous conduit par la main! Le mérite, c'est, lorsqu'on n'est que sous-lieutenant d'artillerie, d'arriver à se distinguer au siége de Toulon ; le mérite, c'est d'oser livrer sur la Butte-des-Moulins une bataille aux sections réunies, marchant, enseignes déployées, sur Saint-Roch. Plus tard, la situation fera la moitié du succès de l'homme : ici, il faut que l'homme fasse tout, le succès et la situation. Il en est d'une destinée comme d'une colonne d'air : en bas, il faut plus d'efforts pour la déplacer, parce qu'elle est plus lourde ; à mesure qu'on monte, elle devient plus légère, et on la remue plus facilement. C'est ce que tous les parvenus de l'intelligence ou de la fortune éprouveront, chacun à son tour; c'est aussi ce qu'éprouva Beaumarchais.

Sa position à la cour lui valut la connaissance du célèbre Pâris-Duvernay, dont le nom rappelle ce terrible triumvirat qui, après le naufrage de Law, fut chargé du visa du système, sorte de question ordinaire et extraordinaire imposée à toutes les fortunes du royaume, étendues sur le chevalet en présence des redoutables interrogateurs, et obligées de confesser leur origine et leurs plaies. Un homme si bien en cour, sans la guitare duquel il n'y avait point de concert, et sans l'esprit duquel il n'y avait point de divertissante causerie, un pareil homme avait mille moyens de nouer des rapports utiles avec les fermiers-généraux; car, il faut rendre justice à ces représentants de l'or, sans toujours apprécier l'esprit, ils se sentaient pour lui l'attrait que tous les hommes éprouvent pour l'inconnu. Voilà donc Beaumarchais qui, en chantant, en causant, en amusant, arrive à la fortune. Il est intéressé dans de grandes entreprises; il a des capitaux, il les double, il les décuple; il déploie, dans cette nouvelle carrière, cette fécondité d'aperçus qu'il possède et l'immense activité dont il est travaillé : il est riche, il est millionnaire, sans cesser d'être homme d'esprit.

Ce qui le prouve, c'est que, malgré sa nouvelle position, il comprit qu'en France ce n'est point assez d'être riche. Une grande fortune assure le maintien d'un homme; mais aussi elle l'alourdit, si rien ne la motive. C'est une puissance, mais c'est un embarras; c'est une force, mais c'est un fardeau : car, dans ce pays de logique et de curiosité, où l'on veut savoir la raison et le pourquoi des choses, on n'aime point qu'un homme soit riche seulement parce qu'il a gagné beaucoup d'écus, on veut qu'il y ait derrière cette fortune de la naissance, du talent ou de la gloire; et c'est ce qui a rendu toujours la position des hommes d'argent assez équivoque et quelque peu ridicule chez nous. Beaumarchais le sentit, et voulut être autre chose qu'un homme d'argent; il le voulut avec d'autant plus d'ardeur que, si la fortune rendait sa position meilleure à la cour, elle la rendait un peu plus mauvaise devant le public. Qu'était-ce, en effet, que Beaumarchais pour l'opinion, à cette époque de sa vie? C'était un courtisan subalterne qui avait réussi par beaucoup de complaisance et un peu d'intrigue, un homme parti d'une position ambiguë pour arriver à une richesse équivoque, un aventurier qui avait fait à la cour ses épigrammes et sa fortune : or, vous le savez, la France est un pays où tout le monde veut parvenir, et où tout le monde méprise les parvenus.

Comment fera-t-il, le nouveau riche, pour expliquer et pour motiver sa richesse à cette société qui va le mépriser d'en haut et d'en bas, s'il ne se hâte d'être quelque chose de plus qu'un millionnaire? Il se fait auteur : mais d'abord il rencontre mal. Diderot avait ouvert, dans ce temps-là, un piége où plus d'un homme d'esprit est tombé : c'était le drame bourgeois, avec la bouffissure de ses sentiments et l'emphatique simplicité de son style; déclamation dialoguée, où le génie de la nation se faisait ennuyeux pour être plus sûr d'être grave, où les maximes abondaient, où les sentiments naviguaient à voiles déployées, comme des vaisseaux de haut-bord : Beaumarchais va se jeter tout droit dans le piége tendu par Diderot; ce génie fin, railleur, piquant, plein de verve, se laisse enterrer tout vif dans deux mélodrames. Que voulez-vous? Beaumarchais sentait bien que ce qui manquait à sa nouvelle position, c'était un peu de dignité, et, comme il ne connaissait l'ennui que par ouï-dire, dès qu'il se vit ennuyeux, il fut ravi d'avoir si bien réussi du premier coup, et se crut digne. C'est ainsi que le drame intitulé *Eugénie*, et celui qui a pour titre *Les Deux Amis*, virent le jour. Beaumarchais, dans ces deux drames, ne s'était point encore découvert lui-même, il ne s'était pas douté qu'on peut être auteur avec son esprit de tous les jours, et il avait cédé à une des passions du siècle, qui était de faire de la moralité en théorie et de l'immoralité en action. Tout ce siècle ressemblait assez à Rousseau, qui écrivait *Émile*, et qui envoyait ses enfants à l'hospice de Saint-Vincent On composait des pièces formidablement vertueuses, étrangement sensibles, où la nature jouait un grand rôle. Depuis que la philosophie ne voulait plus qu'on fît de bons sermons en chaire, elle en faisait de mauvais au théâtre; c'était bien honnête, mais c'était encore plus fastidieux. Malgré ce masque de gravité dont on enlaidissait la gaieté nationale, elle revenait quelquefois; elle revint donc pendant cette lugubre pièce des *Deux Amis*, fondée tout entière sur les embarras d'un négociant sur le point d'être obligé de suspendre ses payements, et une voix, s'élevant du parterre, égaya la première représentation en la troublant par cette réflexion méchante : « Il s'agit d'une banqueroute, et j'y suis pour mes vingt » sous. »

Si la carrière littéraire de Beaumarchais s'arrêtait ici, nous ne poursuivrions pas la relation de sa vie, ou plutôt nous ne l'aurions pas commencée. Mais une occasion allait se présenter qui devait révéler Beaumarchais à la France et le révéler à Beaumarchais lui-même. Quelle fut cette grande occasion que Beaumarchais trouva de se révéler à son siècle? ce fut l'affaire la plus simple et la moins dramatique du monde Beaumarchais, on l'a dit, avait été intéressé par le célèbre Pâris-Duvernay dans plusieurs de ses entreprises. Pâris meurt; Beaumarchais se trouve débiteur d'une somme de quelques mille francs à sa succession. Les héritiers veulent enfler cette somme : de là, contestation et procès. Ce procès, il était facile de le gagner; Beaumarchais aima mieux le perdre. Il lui était venu une idée, jusqu'à laquelle il ne s'était point élevé quand il avait voulu se faire auteur dramatique; c'était d'entrer dans la lice, non plus avec cet esprit officiel que l'on prend avec la robe d'avocat ou la plume d'auteur, mais avec son esprit, à lui, son esprit de tous les jours, vif, caustique, précis, acéré : il ne lui manquait plus qu'un adversaire un peu plus digne que celui que le hasard lui avait donné; il choisit sans façon le tribunal.

Pour comprendre ceci, il faut se reporter au temps où ces choses se passaient et à la société qui en était le théâtre. Cette société était effroyablement corrompue. Les sophismes l'avaient prise par la tête, l'immoralité par le cœur, et l'histoire sait aujourd'hui tout ce qu'il y avait d'abominations et d'extravagances en germe dans le cœur et dans la tête des hommes de ce temps. Les hautes classes étaient surtout en proie à cette double influence : la gangrène ne gagnait point le cœur, elle en venait. Il n'y avait pas une institution qui ne fût viciée par les hommes en qui elle se personnifiait; on aurait dit un vaste suicide où chaque classe devait être son bourreau. L'esprit de dérision que Voltaire avait fait respirer à la France était devenu l'esprit national; et la société démocratique, avec ses furieuses jalousies, se remuait déjà sous le sol, pendant que l'ancienne société se dégradait de ses propres mains. Beaumarchais choisit l'épisode de cette situation qui convenait à la position où il se trouvait. Il avait affaire à des membres du parlement Maupeou, et, au milieu de ce mépris général que tout ce qui était un peu au-dessus du niveau commun inspirait à chacun et ressentait pour soi-même, le parlement Maupeou jouissait d'une mésestime exceptionnelle et d'un mépris privilégié. Beaumarchais résolut donc, comme nous le disions tout à l'heure, de faire le procès au tribunal; il prit le public pour juge entre lui et ses juges, et l'auteur de deux drames ampoulés et emphatiques se mit à faire de la comédie judiciaire, mais de la comédie comme Beaumarchais savait la faire, de la comédie aristophanique, plutôt méchante que malicieuse, marchant la main pleine d'ironies, mordant les originaux sous prétexte de leur rire au nez de plus près, égratignant les ridicules pour être plus sûr de les chatouiller. Le théâtre de Beaumarchais commençait, ou plutôt c'était tout le théâtre de Beaumarchais qui venait de naître au tribunal, car les pièces que Beaumarchais composa plus tard sont la seconde génération des idées qu'il développa pendant son procès.

L'occasion était admirable : le plaideur faisait feu à coup sûr, et il trouvait des sympathies et des protections toutes prêtes à protéger son courage, téméraire sans être imprudent, et courant avec sécurité les risques sans périls d'une lutte où il avait tout à gagner. Le parlement Maupeou, comme on l'appelait, était odieux à tout le monde : l'ancien parlement, indigné d'avoir été remplacé par ce parlement d'institution ministérielle, criait à chaque coup : *Bien visé !* L'opinion publique reprenait en chœur après le parlement; la cour, qui faisait de l'opposition à cette époque où tout le monde en faisait, applaudissait à chaque attaque un peu vive. Ce que ne soupçonnait ni l'ancienne magistrature, ni la cour, c'est que cette pluie d'épigrammes retombait en écume sur l'ordre judiciaire tout entier, sur la magistrature, sur la justice telle qu'elle était organisée. On n'apercevait que les conseillers du parlement Maupeou, et c'était vraiment un intarissable sujet de joie de voir comme ils étaient traités, ces portraits si admirables, si criants, si délicieusement ridicules, qui passaient sous les yeux du public : le grand-cousin Bertrand; le conseiller Goëzman; l'homme à la montre aux brillants, si facilement acceptée et rendue de si mauvaise grâce; madame Goëzman : c'était la nouvelle du jour que ces Mémoires, c'était le journal de l'époque; oui, le premier journal qui parut en France s'appela *Beaumarchais*.

Mais pourquoi cette faveur universelle? Cette faveur n'est pas difficile à expliquer. La révolution sociale qui se faisait proche était fondée sur un sentiment : la lutte de la raison individuelle, du droit individuel, contre la raison sociale, contre le droit général. Or, Beaumarchais, dans son procès, était l'individu qui se battait contre une institution, l'homme du jour qui luttait contre les formes de la justice du passé. On avait pris pour devise, dans ce temps-là, la morale d'une fable de La Fontaine : « Notre ennemi, c'est notre maître. » Tout ce qui tenait de près ou de loin au gouvernement était renfermé dans l'anathème; tout ce qui attaquait le gouvernement, de près ou de loin, devenait le bienfaiteur de l'humanité : les pouvoirs faisaient bon marché d'eux-mêmes, et avouaient, entre deux portes, qu'il pouvait bien se faire qu'ils ne fussent que des abus. C'était une fièvre, une rage, un délire, et il se mêlait à tout cela des haines intérieures qui divisaient les grands supports de l'état, haines que les vers de la corruption, en se mêlant dans le corps social, avaient envenimées. Quelle mêlée, mon Dieu! les vieux parlements contre le nouveau, la magistrature contre la noblesse, la noblesse contre le clergé, et, par-dessus tout, les principes de la philosophie qui travaillaient toute cette société en décomposition, et un nouveau monde qui levait la terre, sur laquelle l'ancien monde chancelait. Comment les Mémoires de Beaumarchais, ces Mémoires pleins de vérités, de sophismes, de raison, de malignité, de force, d'imagination, de logique, de verve, de folie; comment ces plaidoyers si éloquents, ces romans de mœurs si accomplis, n'auraient-ils pas réussi dans une pareille société? comment ces Mémoires, armés en guerre contre l'ordre de choses ancien, n'auraient-ils point été salués par la société nouvelle pressée de naître? comment cette discussion spirituelle, audacieuse, téméraire, n'aurait-elle pas obtenu un succès général, dans cette époque où l'on voulait tout discuter?

Aussi Beaumarchais, qui semblait combattre tout seul, avait-il tout le monde derrière lui. Le favori de la cour de Mesdames était devenu le favori du public. On avait tout oublié, sa fortune et son origine; c'était le héros du jour, le grand homme : cette fois, il était presque arrivé à l'estime par l'épigramme. Le prince de Conti l'appelait un illustre citoyen; on l'aurait porté en triomphe, si M. de Sartine, intendant de la police par profession, et ami de Beaumarchais par choix, ne lui avait pas écrit que ce n'était pas tout que d'avoir été blâmé par le tribunal, qu'il fallait être modeste. Singulier temps, où celui à qui était commise la mission de mettre l'ordre dans les rues mettait du désordre dans les esprits.

Après les *Mémoires*, Figaro était trouvé; il ne s'agissait plus que de savoir quand il ferait son avénement. Beaumarchais plaidant contre le parlement Maupeou, et devant le parlement Maupeou, c'était en effet Figaro plaidant devant Brid'oison et contre Brid'oison. Toute la vie, tout le théâtre de l'auteur sera placé sous l'influence de ce souvenir. Beaumarchais ne sait faire que de la comédie personnelle; il est trop plein de lui-même, trop passionné, trop exclusif pour se séparer de ses créations. Il n'a qu'une idée dans la tête, mais une idée admirablement féconde : l'idée d'une personnalité intelligente placée sur le degré inférieur de l'échelle sociale, et qui lutte contre tout ce qui est au-dessus. C'est Beaumarchais en personne, qui s'est incarné dans Figaro, Beaumarchais qui se souvient des premières épreuves de sa vie, Beaumarchais conservant encore dans son cœur la rancune de ses humiliations, qu'il prête à Basile, pour les épargner à Figaro, son type favori, son portrait; Beaumarchais, le serviteur à gages de la cour, le joueur de guitare, dont l'emploi a été d'occuper l'oisiveté et d'amuser l'ennui : tout est dans cette idée. Figaro est le roi des pièces et de l'intelligence de Beaumarchais, parce que Figaro est Beaumarchais lui-même. Figaro est l'Achille de son Iliade, le Renaud de sa Jérusalem. Voyez comme il s'empare en maître de la scène, dès qu'il y entre, dans *le Barbier de Séville*. Beau diseur, beau chanteur, menant à fin tout ce qu'il daigne entreprendre, profitant de la fortune et sachant s'en passer; sorte de Caton fondu avec Diogène, traitant la supériorité de la naissance du haut de la supériorité de son esprit, ne détestant pas l'intrigue, mais allant au bien par le chemin qui conduit ordinairement au mal; l'homme des expédients, l'homme des inventions, l'homme des idées : voilà Beaumarchais, et par conséquent voilà Figaro.

Mais dans *le Barbier*, qui fut représenté en 1775, ce caractère n'est encore qu'esquissé; il n'a pas atteint tous ses développements, il n'est pas arrivé à son apogée. Il faut que l'idée se complète; il faut que les escarmouches, entre l'individu et la société, fassent place à la grande bataille. Les idées sont comme les événements; elles tendent à se formuler d'une manière plus précise et plus claire à mesure qu'elles avancent. Figaro a été l'un des principaux mobiles, le principal mobile de la première comédie de Beaumarchais; il sera, en 1784, le roi de la seconde, et, pour l'annoncer tout d'abord, il écrit son nom en toutes lettres au frontispice de cette apothéose : *le Mariage de Figaro*.

L'avénement de cette pièce, semée de tant d'épigrammes, fut annoncé par une épigramme. Le comte de Maurepas était un jour allé, avec tous les ministres, passer plusieurs heures dans un jardin public de ce temps-là, qu'on appelait la Redoute, et qui était devenu à la mode. Huit jours après, Beaumarchais va rendre visite au comte et lui annonce, dans le cours de la conversation, qu'il vient d'achever une comédie : c'était *le Mariage de Figaro*. Le comte de Maurepas, qui savait Beaumarchais mêlé aux plus vastes spéculations, ne comprenait pas qu'un homme qui remuait tous les ressorts du crédit, qui envoyait des armes à l'Amérique, qui avait la tête remplie de projets gigantesques, et la main dans plusieurs entreprises commencées, pût se reposer de ses travaux financiers par des travaux littéraires. « Et dans quel temps, lui dit-il, occupé comme vous l'êtes, avez-vous pu » composer une comédie? » Beaumarchais répondit : « Je l'ai composée, » monsieur le comte, le jour où les ministres du roi ont eu assez de loisir » pour aller tous ensemble à la *Redoute!* — Y a-t-il beaucoup de reparties » pareilles dans votre pièce? dit M. de Maurepas; en ce cas, je réponds du » succès. » Le succès du *Mariage de Figaro* prouva bientôt que le comte de Maurepas s'entendait mieux à deviner l'avenir des pièces de théâtre que celui des monarchies.

Il est inutile d'expliquer aujourd'hui ce qu'était *le Mariage de Figaro;* l'histoire s'est chargée de commenter la comédie, et rien ne vaut au monde les commentaires de l'histoire. Qui ne sait que c'était le hourra de la révolution qui se faisait proche, une *Marseillaise* sociale, chantée par les comédiens ordinaires du roi; l'hécatombe des puissants devant les faibles, des forts devant les petits. Nous avons dit que Beaumarchais avait conservé, dans la position où il était arrivé, les rancunes du bas de l'escalier : ici il met l'escalier sens dessus dessous, le haut en bas et le bas en haut; la société organisée est vaincue par ceux qui sont à la porte : Figaro triomphe de tout le monde; il est beau, il est puissant, il est habile; il en remontre à la justice, à l'aristocratie; il conduit l'univers, il est l'oracle, le dieu. Toutes les conventions sociales sont démolies; le savoir-faire individuel demeure seul en scène. Le comte, la comtesse, le juge, qu'est-ce que cela? marionnettes dont Figaro tient les fils.

Vous comprenez cette ironie immense jetée contre cette ancienne société appuyée sur les institutions qu'on bafouait en plein théâtre. Figaro, a-t-on dit, c'était le tiers-état. Non, Figaro, c'était la démocratie; la démocratie avec son activité, avec ses qualités, ses défauts, sa verve, sa puissance. Figaro, c'était le génie individuel luttant contre les pouvoirs sociaux dépourvus d'intelligence. Dans ces rendez-vous nocturnes où les acteurs mêlaient toutes les conditions sociales, dans le labyrinthe de cette intrigue, les saturnales commençaient. Voyez la différence des époques : Molière, à la cour du grand roi, lui donne la comédie de tous les obstacles qu'il avait trouvés sur la route de sa puissance; dans *les Précieuses ridicules* et dans *les Femmes savantes*, c'est la société du Marais, ce dernier vestige de la Fronde; dans d'autres pièces, comme dans *M. de Pourceaugnac*, c'est la noblesse des provinces : Beaumarchais, tout au contraire, donne à la ville la comédie de la cour ; c'est en bas qu'il prend tous les personnages qui jouent de beaux rôles dans sa pièce; c'est en haut qu'il place tous les personnages sacrifiés. Le comte Almaviva est plus élégant, mais il est aussi dupé que le bourgeois gentilhomme. Le rôle de Dorante, ce marquis si habile qui se moque de M. Jourdain, et qui prend sa bourse, est dévolu à Figaro. Vous le sentez à chaque scène, le sol de la société s'élève et le toit descend.

Qui ne sait tout ce qu'il fallut d'habileté à Beaumarchais pour ouvrir le théâtre à sa pièce? Il dépensa moins d'esprit, dit quelqu'un de cette époque, à la faire qu'à la faire jouer. Il en dépensa beaucoup, du moins; car, malgré la folie de l'époque, quelques intelligences eurent l'instinct de la portée de cette comédie, et les obstacles renaissaient le lendemain du jour où ils semblaient complétement aplanis. On jouera Figaro, on ne jouera pas Figaro! ce fut pendant long-temps la nouvelle du matin et celle du soir. Il faut jouer Figaro, il ne faut pas jouer Figaro, ce fut long-temps le seul objet en discussion partout où l'on discutait. Beaumarchais eut l'honneur de créer en France des partis. Le manuscrit voyageait de la police à la Comédie et de la Comédie à la police : Figaro déployait et reployait ses ailes : toute la France était là, le télescope à la main, attendant le passage de l'astre, et chaque soir l'attente publique était trompée; il y avait, par ordre supérieur, éclipse de Figaro. Enfin cette pièce de théâtre devint un si grand événement que le roi et la reine voulurent la juger. Savez-vous que c'était déjà un beau triomphe pour Beaumarchais de voir évoquer son affaire à cet auguste tribunal, d'avoir pour bureau de censure Louis XVI et Marie-Antoinette, le roi et la reine de France, le petit-fils de Louis XIV et la fille de Marie-Thérèse! Il y eut donc un très-petit et très-auguste comité réuni au château, un comité en deux personnes, le roi et la reine. Madame Campan fut mandée à l'improviste aux Tuileries, comme elle le raconte elle-même dans ses Mémoires : « Je reçus un matin un billet de la reine, dit-elle, qui m'ordonnait d'être chez elle à trois heures, et de ne pas venir sans avoir dîné, parce qu'elle me garderait très-long-temps. Lorsque j'arrivai dans le cabinet intérieur de Sa Majesté, je la trouvai seule avec le roi. Un siége et une table étaient placés en face d'eux, et, sur la table, un énorme manuscrit en plusieurs cahiers. Le roi me dit : « C'est la comédie de Beaumarchais; » il faut que vous nous la lisiez. Il y aura des endroits bien difficiles à cause » des ratures et des renvois. Je l'ai déjà parcourue, mais je veux que la » reine connaisse cet ouvrage. Vous ne parlerez à personne de la lecture » que vous allez faire. » Je commençai; le roi m'interrompait souvent par des exclamations toujours justes, soit pour louer soit pour blâmer. Le plus souvent il s'écriait : « C'est de mauvais goût! Cet homme ramène continuel- » lement sur la scène l'habitude des *concetti* italiens! » Au monologue de

Figaro, mais surtout à la tirade des prisons d'état, le roi se leva avec vivacité, et dit : « C'est détestable ! cela ne sera pas joué. Il faudrait détruire la » Bastille pour que la représentation de cette pièce ne fût pas une incon- » séquence dangereuse. Cet homme joue tout ce qu'il faut respecter dans » un gouvernement. »

Il était dans la destinée de Louis XVI d'avoir toujours tout le monde contre sa volonté. La cour, cette cour brillante et folle, qui se promettait tant de plaisir, tant de joie de la représentation du *Mariage de Figaro*, voulait que la pièce fût jouée, elle le fut. Malgré la défense du roi, on avait distribué les rôles aux comédiens ; on voulait jouir au moins d'une représentation autorisée par le premier gentilhomme de la chambre : M. de La Ferté prêta la salle de spectacle de l'hôtel des Menus-Plaisirs, où l'on répétait ordinairement les pièces de l'Opéra. Les billets furent distribués parmi les gens de cour : c'était un flot continuel de solliciteurs ; on s'épuisait en démarches, on faisait agir ses protections pour obtenir un de ces billets si désirés ; jamais tabouret de duchesse n'excita tant de passions et tant de brigues que les tabourets de l'hôtel des Menus où il fallait s'asseoir pour assister à la comédie de Beaumarchais. Pauvres têtes à l'envers, pauvre cour, encore plus folle que la *Folle journée !* Et il n'y eut pas, dans cette noblesse légère, un seul Bassompierre pour dire : Je crois que nous ferons » la folie de prendre La Rochelle ; » ou bien quelque doge de Gênes pour s'écrier : « Ce qui m'étonne le plus ici, c'est de m'y voir. » Non, il ne se trouva pas dans cette cour une étourderie aussi sensée que celle de Bassompierre. Ces hommes étaient si fous qu'ils en étaient devenus sérieux. Ils demandaient la représentation des friponneries de Figaro au nom de la liberté ; je ne suis pas bien sûr qu'ils ne la demandassent pas au nom de la morale. Tant qu'enfin, ils l'avaient à moitié obtenue, et déjà la salle était presque remplie de spectateurs, lorsque arriva l'ordre du roi qui interdisait cette représentation. Ce fut une clameur universelle, une colère inexprimable, la colère de la curiosité trompée. Dès ce soir même, la révolution faillit naître. On se révoltait contre une oppression aussi intolérable, contre une si inconcevable tyrannie : c'était la fameuse scène de l'ouverture des états-généraux, qui, pressée de se produire, heurtait à l'huis de l'histoire. Le Mirabeau de la soirée fut Beaumarchais, qui s'écria assez haut pour être entendu par tout le monde : « Messieurs, il ne veut pas qu'on la représente » ici, je jure, moi, qu'elle sera jouée ailleurs ; peut-être dans le chœur de » Notre-Dame ! » Beaumarchais était trop modeste : les pièces du procureur de la commune, Chaumette, qu'on joua quelques années plus tard, à Notre-Dame, ne valaient point le *Mariage de Figaro*. Mais vous sentez toute la portée de cette parole : la révolution était déjà faite. Dès ce soir-là, le roi de France n'était plus roi, l'auteur de Figaro était plus fort que lui, Beaumarchais était maître, il était roi, comme devait l'être Mirabeau.

Quelques jours après cette scène, on se hâta de dire au roi que l'auteur avait sacrifié les passages les plus violents de sa pièce, que tout ce qui pouvait porter ombrage au gouvernement était effacé. Alors Louis XVI, qui, dans toute cette intrigue qui servit de prologue au *Mariage de Figaro*, joua à peu près le rôle du comte Almaviva, moins les vices, alors Louis XVI, trompé par la cour, donna cette permission si long-temps refusée; il la donna dans la persuasion que la pièce, dépouillée de ses épigrammes, mourrait sous l'ennui. La vipère, lui avait-on dit, avait perdu la dent au venin : laissez donc aller la vipère; une fois sans venin, ce n'est plus qu'une couleuvre impuissante qui ne peut que ramper. Ainsi avait-on dit au roi; car il était dans la destinée de cet infortuné monarque de voir presque toujours la vérité et de n'entendre que des mensonges. Voilà donc qui est décidé : le *Mariage de Figaro* sera représenté; émondée, biffée, raturée, cette pièce doit tomber infailliblement, puisqu'elle n'a plus pour s'élever les ailes du scandale. Le roi en était si bien convaincu, qu'il le dit à M. de Montesquiou, qui partait pour la première représentation : « Que pensez-» vous du succès? » demanda le prince. « Sire, j'espère que la pièce tom-» bera. » Le roi répondit : « Et moi aussi. » Pauvre monarchie de Louis XIV, où en était-elle, mon Dieu! Obligée de faire des vœux pour la chute d'une comédie dont elle n'avait pu empêcher la représentation! Entendez-vous cela? Une royauté de huit siècles réduite à cabaler contre l'auteur de Figaro! Le vent emporta les espérances du roi, et la pièce alla aux nues. Les corrections, les sacrifices, les ratures de l'auteur, tout cela était une fable : le scandale était chose inviolable et sacrée pour l'auteur de Figaro; il lui portait en quelque sorte un respect filial, et, si sa plume avait effacé, elle avait effacé à côté. Beaumarchais, étourdi lui-même de l'effet qu'il avait produit, disait à qui voulait l'entendre : « Il y a quelque chose de plus fou » que ma pièce, c'est son succès! »

Ce qu'il y eut de plus étrange, c'est que la tête tourna si bien à l'auteur, qu'il finit par se persuader que sa pièce, ayant tous les genres de mérite possibles, devait avoir aussi celui de la moralité. Témoin la lettre qu'on fit circuler dans Paris, lettre adressée par Beaumarchais à M. le duc de Villequier, qui lui avait demandé sa petite loge pour des femmes qui voulaient voir Figaro sans être vues. « Je n'ai nulle considération, mon-» sieur le duc, répondait Beaumarchais, pour des femmes qui se permettent » de voir un spectacle qu'elles jugent malhonnête, pourvu qu'elles le voient » en secret; je ne me prête pas à de pareilles fantaisies. J'ai donné ma pièce » au public pour l'amuser et pour l'instruire, non pour offrir à des bégueules » mitigées le plaisir d'en aller penser du bien en petites loges, à condition » d'en dire du mal en société. Le plaisir du vice et les honneurs de la vertu, » telle est la pruderie du siècle. Ma pièce n'est pas un ouvrage équivoque : » il faut l'avouer ou la fuir. Je vous salue, monsieur le duc, et je garde

» ma loge. » Avouez qu'il est impossible d'être plus majestueusement impertinent et plus fièrement ridicule que ce coquin de Figaro! Aristophane, mon ami, c'est en vain que vous vous enveloppez sous le manteau de Socrate, que vous avez fait périr par vos *Nuées* : ce manteau vous cache mal, la lancette de votre fripon de barbier l'a troué.

Figaro obtint tous les genres de succès, ou plutôt son succès fut marqué par tous les symptômes qui accompagnent ordinairement les grandes réussites. Tous les théâtres voulurent avoir leur Figaro. Cette famille de Figaros n'était point née viable, et le père enterra tous les enfants : c'était justice. Quand une idée tombe de la plume d'un homme d'esprit, tous les insectes de la sottise, qui sont aux aguets, se jettent dessus et la dépècent à cœur joie. Que voulez-vous? L'intelligence est un pays où l'on n'échenille jamais. Figaro occupait les cent bouches de la renommée; ses admirateurs le portaient aux nues, et ses adversaires tâchaient de l'y atteindre. Ils faisaient contre lui des raisonnements, des épigrammes, et même des quolibets, à tel point qu'ils s'avisèrent de nommer un chien Figaro. Beaumarchais, qui ne dédaignait pas plus le calembour que toute autre arme offensive, répondit sur le même ton, que ce quolibet de chien était un chien de quolibet. Au milieu de ce déluge de lettres qui lui arrivaient de tous côtés, il y eut un suffrage qui le flatta plus que tout le reste. Ce fut celui d'un jeune homme qui lui écrivait que, las de lutter, depuis sa naissance, contre la misère, il n'était plus retenu dans la vie que par l'espoir de voir *le Mariage de Figaro*; que, trop pauvre pour payer sa place, il prenait le parti de demander un billet à l'auteur, bien résolu à se jeter dans la rivière en sortant du spectacle. Le jeune homme eut un billet, et fut détourné de cette pensée de suicide par Beaumarchais, qui le vit et le secourut; mais que de révélations dans cette anecdote! Ce jeune homme était le type de la société tout entière; elle aussi, elle n'avait devant elle qu'un jour sans lendemain, et elle employait ce jour à applaudir *le Mariage de Figaro*, sauf à se jeter à la rivière en sortant du spectacle, à s'y jeter ou à y être jetée.

La vie de Beaumarchais ne s'arrête point ici, mais elle devrait s'y arrêter. Dans presque toutes les existences, il y a une journée qui en est le point culminant; un pas plus loin, on ne fait plus que descendre. Ne disons donc pas que Beaumarchais vécut, disons qu'il se mourut pendant près de vingt-cinq ans encore. Cette période de décadence commence dans le procès de madame Kornmann, à la séduction de laquelle celui qui avait tracé les figures de Rosine et de la comtesse Almaviva était accusé d'avoir contribué. La popularité acquise par Beaumarchais dans un premier procès s'évanouit dans un second. Il avait cette fois pour adversaire M. Bergasse, intelligence grave et sérieuse, éloquence élevée qui n'a pas toujours su se tenir à l'abri de la déclamation, ce défaut de son époque; M. Bergasse, homme de bien avant tout, le *vir bonus dicendi peritus* du barreau antique, l'homme dont la vie sans tache parlait le plus beau des langages avant même que sa bouche ne s'ouvrît. Bergasse dit contre Beaumarchais de terribles choses; il usa et abusa peut-être contre lui de l'ascendant de sa vertu. Sans doute cette âme vertueuse s'était indignée à la peinture légère et même flatteuse du vice et de l'intrigue personnifiée dans Figaro, et elle voulut opposer à cette coupable apothéose une satire à la manière de Perse, en traçant le portrait de ce malheureux *qui sue le crime*. Le tribunal condamna M. Bergasse à une amende, mais l'opinion tout entière se rangea de son côté. On marchait vers 1789, la révolution commençait à poindre à l'horizon, et les esprits ressentaient les effets auxquels sont soumis les corps à l'approche des orages; l'avenir pesait déjà de tout son poids sur les imaginations haletantes et sur les cœurs oppressés. Le talent railleur de Beaumarchais perdait son à-propos dans un temps où tout tournait au sérieux, les événements comme les hommes : les situations ont, pour ainsi dire, une atmosphère qui marche devant elles, et les intelligences commençaient à se recueillir sous l'haleine froide et rude de l'avenir, qui leur arrivait par bouffées. En outre, Beaumarchais avait ici la position contraire à celle qui avait fait sa force dans son premier procès. En attaquant la légèreté corrompue, l'immoralité élégante, M. Bergasse se trouvait attaquer la cour, et Beaumarchais, en plaidant contre M. Bergasse, se trouvait la défendre : ce qui lui avait fait gagner son premier procès devant le public fut donc précisément ce qui lui fit perdre son second devant le même tribunal.

L'opéra de *Tarare* n'était pas de nature à relever sa popularité. Nous serions tenté de penser que Beaumarchais, ayant vu le succès obtenu contre lui par M. Bergasse, avait de nouveau pris la résolution d'être grave; or, il fit précisément pour l'opéra ce qu'il avait fait pour le drame; il fut ennuyeux. *Tarare* est un sermon de physique et de philosophie aligné en sentences rimées, que l'auteur a mal à propos prises pour des vers. Gluck, que Beaumarchais connaissait, et à qui il envoya son opéra à Vienne, eut le bon sens de répondre qu'il était trop vieux pour mettre en musique un si grand ouvrage, et passa le calice à son élève Salieri. Le fait est qu'autant aurait valu entreprendre de trouver des motifs de chant et des accompagnements pour le *système de la nature* du baron d'Holbach. Il n'y a rien de moins chantant au monde que les sciences; on s'en aperçut bien dans cette occasion. Ce que *Tarare* a de particulier, c'est un mélange continuel de l'esprit que Beaumarchais avait et de celui qu'il voulait avoir. La Nature, dans son prologue, parle quelquefois comme Suzanne, et le Génie du feu comme Figaro, et puis le style emphatique et le jargon inintelligible de la Science succèdent sans transition; on dirait une thèse et un vaudeville jetés dans le même moule. Tarare, c'est un Figaro qui a été dix ans au service des *Précieuses ridicules*.

On était en 1792, Beaumarchais approchait de la fin de sa carrière; il eut un de ces retours auxquels sont sujets ceux qui vieillissent ; sa création bien aimée, l'enfant gâté des rêves de sa jeunesse, Figaro se présenta à sa pensée, et, pour clore la trilogie commencée dans le *Barbier*, il écrivit *la Mère coupable*. Beaumarchais et Figaro deviennent vieux, et tous les personnages ont vieilli en même temps. On éprouve, en lisant cette pièce, ce sentiment amer de désenchantement qui vient vous saisir lorsqu'on vous montre, après une longue absence, une femme qu'on a vue belle, triomphante, adorée, et qu'en appelant vos regards sur un visage fané, sur des cheveux blanchis, sur un front creusé par les sillons du temps, ce laboureur impitoyable, on vous dit : C'est elle. Quoi ! c'est là ce Figaro que nous avons vu si brillant, si leste, si séduisant, si spirituel, si aimable! Quoi ! c'est là cette divine Rosine, si belle, si gracieuse, si fraîche, si charmante ! Quoi ! c'est là cette délicieuse Suzanne, si coquette, si fine et si folle ! La comtesse, une douairière ! Suzanne, une duègne ! Le comte, un vieillard quinteux et sombre ! Figaro, un vieux pédant en livrée ! Et Chérubin ? mort ; et Fanchette ? morte aussi, sans doute. Tout le monde du *Mariage* meurt ou va mourir dans le drame ; *la Mère coupable* est, à proprement parler, l'enterrement du *Mariage de Figaro*. Dans la comédie, le vice était masqué de fleurs ; dans le drame, les fleurs sont fanées et effeuillées, et les nudités du vice apparaissent dans leur laideur sale et cynique. L'adultère est là, non plus dissimulé, caché derrière le voile voluptueux que Suzanne jette sur les épaules nues de Chérubin ; mais l'adultère vivant, l'adultère en chair et en os. C'est horrible à voir, horrible à entendre, horrible à toucher ; sans même parler de ce misérable rôle de Begearss, dans lequel Beaumarchais voulut personnifier M. Bergasse, qui ne daigna pas s'en apercevoir, malgré l'anagramme, non plus que le public, qui ne comprit point cette diffamation, devenue innocente par son impudence même, comme ces poisons qui, pris à haute dose, ne produisent plus leur effet.

On voit qu'ici on est arrivé à la fin de l'esprit de Beaumarchais comme à la fin de sa vie ; et au fait, après cela, il n'y a plus rien dans la vie ni dans l'intelligence de Beaumarchais. Cet homme, naguère si arrogant, si fier, si résolu contre la cour, s'était senti saisi d'une peur horrible en présence de la révolution : ce qui prouve tout ce qu'il y avait de faux dans ce courage qui n'existait qu'en raison de l'absence du péril. Figaro faisait de son mieux afin d'obtenir son certificat de civisme ; sans parler de toutes ses belles sorties sur les clubs, dans *la Mère coupable*, l'auteur avait ajouté un sixième acte à *Tarare*, en le faisant précéder d'un prologue dans lequel on lisait ce passage : « O citoyens, souvenez-vous de ce temps où vos penseurs, » forcés de voiler leurs idées, s'enveloppaient d'allégories, et labouraient » péniblement le champ de la révolution. Après quelques essais, je jetai » dans la terre, à mes risques et périls, ce germe d'un chêne civique, au » sol brûlé de l'Opéra. » L'arbre de la liberté était un arbre stérile et mort, qui ne prêtait point son ombrage à ceux qui l'avaient planté : l'homme au chêne civique put bientôt s'en apercevoir. Ayant déjà perdu plus d'un million à publier les œuvres complètes de Voltaire, Beaumarchais crut se sauver en en dépensant un autre afin de faire venir du dehors soixante-douze mille fusils pour la république. Cette négociation lui fut fatale de toute manière : les fusils étant retenus en Hollande, Lecointre, ce jacobin tristement célèbre, accusa Beaumarchais, devant la Convention, de vouloir les livrer aux ennemis de la nation. L'ancien vainqueur de Goëzman publia encore à ce sujet des Mémoires, mais des Mémoires purement apologétiques, sans verve, sans force, sans inspiration, et dans les phrases desquels on sent passer le froid de la peur. On vit par là combien un homme d'esprit est petit en présence d'une grande situation, et l'on put comprendre la distance qui sépare l'intelligence de la vertu. Beaumarchais s'épuisait en vain en efforts, en vain s'humiliait-il pour obtenir le bénéfice de l'oubli, qui était le seul genre de clémence de cette époque : les passions dont il avait favorisé le développement finirent par l'atteindre. Il était riche et homme d'esprit ; c'était une supériorité de trop : une seule aurait suffi pour le rendre coupable. Il y eut une émeute populaire contre lui dans son quartier, et une multitude furieuse envahit sa maison. Il reste un récit circonstancié de cette échauffourée écrit de sa main, et l'on reconnaît, dans le ton et dans le style de cette pièce, la prolixité et l'incohérence d'une peur qui n'est point encore maîtresse d'elle-même, et qui ne pense point à se cacher. Nous avouons naïvement notre barbarie : M. de Beaumarchais ne nous inspire pas le moindre intérêt dans cette circonstance, et nous restons froid en présence de cette touchante relation. Il nous semble voir ici la corruption de l'esprit aux prises avec ses conséquences, comme nous voyons dans madame Dubarry, se débattant contre le bourreau, la corruption du cœur atteinte par la situation qu'elle a produite. Ce qu'il y a d'extraordinaire, c'est que l'écrivain qui avait mis en circulation les idées les plus violentes contre les supériorités sociales ne reconnut point dans les traits de cette foule envieuse de son esprit et de sa richesse, la comédie de Figaro qui venait frapper à la porte de son auteur.

L'existence de Beaumarchais est terminée. Peu de temps après cette visite, il fallut fuir. Quand il revint, il trouva sa fortune dévorée par ses créanciers et la révolution. Dégoûté du présent, sans espérance pour l'avenir, sans souvenir du passé qui pût lui donner cette force morale qu'on ne trouve que dans la conscience, il mourut subitement, le 19 mai 1799, avec le dix-huitième siècle, qui allait finir, et dont il avait été une des personnifications. On raconte que, la veille de sa mort, qui ne fut peut-être point naturelle, il eut, avec un homme d'un esprit remarquable, une conversation d'une heure, qu'il résuma ainsi : « Je pourrais bien me laisser tourmenter » encore quelque temps, mais je ne suis plus curieux. » Ce mot peint l'homme. La vie était pour lui un théâtre ; quand il y eut donné toutes ses pièces, il en descendit. Le linceul ne fut à ses yeux qu'un rideau tiré entre lui et les spectateurs, et la tombe des espèces de coulisses où les acteurs se déshabillaient.

Ainsi mourut Pierre-Auguste Caron de Beaumarchais, après avoir jeté sur sa vie un éclat sans considération, et une célébrité qui se confond avec le scandale. La véritable grandeur lui manqua, et il n'eut d'influence dans son siècle que celle qu'il emprunta aux passions au service desquelles il enrôla les ressources d'un esprit prodigieux. Les vicissitudes de sa vie et les caractères de sa nature se résument dans trois procès qu'il eut à soutenir, l'un contre le parlement Maupeou, l'autre contre Bergasse, le troisième contre Lecointre de la Convention. Il fut supérieur au parlement Maupeou par l'ascendant de la corruption intelligente et novatrice sur la corruption intelligente et gangrenée de vieillesse ; mais il fut inférieur à Lecointre comme à Bergasse, parce que l'esprit ne peut rien contre la force matérielle des choses et contre la force morale de la vertu. Beaumarchais était l'homme d'une œuvre ; il avait à faire Figaro, son tort fut de ne pas mourir le lendemain de la première représentation de cette pièce. Il avait annoncé que ce renversement des supériorités sociales, qu'on appelle la comédie de Figaro, serait joué partout, même dans le chœur de Notre-Dame ; sa comédie fut jouée partout, en effet, même chez son auteur, le jour où la révolution entra en maîtresse chez lui, en brisant ses portes.

A. Nettement.

FIN DU TOME CINQUIÈME.

TABLE

DU TOME CINQUIÈME.

FIN DE LA TABLE.

PARIS. IMPRIMÉ PAR PLON FRÈRES

www.ingramcontent.com/pod-product-compliance
Lightning Source LLC
LaVergne TN
LVHW010830120826
845149LV00016B/127

* 9 7 8 2 0 1 4 5 0 3 1 7 3 *